Hilbert Meyer

Schulpädagogik

Band I: Für Anfänger

in Zusammenarbeit mit
Carola Junghans und Dorothea Vogt

Cornelsen
SCRIPTOR

Gedruckt auf chlorfrei gebleichtem Papier
ohne Dioxinbelastung der Gewässer.

Die Deutsche Bibliothek – CIP – Einheitsaufnahme

Meyer, Hilbert:
Schulpädagogik/Hilbert Meyer. – Berlin: Cornelsen Scriptor
Bd. 1. Für Anfänger. – 1. Aufl. – 1997
ISBN 3-589-21145-8

Dieses Werk berücksichtigt die Regeln der reformierten Rechtschreibung und Zeichensetzung. Bei reproduzierten Texten wurde die Schreibung beibehalten.

5.	4.	3.	2.	1.	✓	Die letzten Ziffern bezeichnen
01	2000	99	98	97		Zahl und Jahr des Drucks.

Redaktion: Maria Bley, Vaterstetten
Herstellung: Hans Reichert, Oberursel
Umschlaggestaltung: Studio Lochmann, Frankfurt am Main,
unter Verwendung einer Zeichnung von Karsten Friedrichs, Oldenburg
Satz: FROMM MediaDesign GmbH, Selters/Ts.
Druck und Bindearbeiten: Clausen & Bosse, Leck
Printed in Germany
ISBN 3-589-211458
Bestellnummer 211458

Inhaltsverzeichnis

Erster Teil: Was ist eine Schule?

Zweiter Teil: Die Menschen zuerst

Dritter Teil: Vom Nutzen der Theorie

Band II: Für Fortgeschrittene

Erster Teil: Was ist eine Schule?

Vorweg: Dieser Band I der zweibändigen SCHULPÄDAGOGIK soll ein Studien- und Praxisbuch für Anfängerinnen und Anfänger in Lehrberufen sein. Band II richtet sich an Lehrerinnen und Lehrer, die schon ein paar Jahre an Berufserfahrung auf dem Buckel haben. Diese Aufteilung besagt nicht, dass in Band I die theoriearme, leicht verdauliche Kost und in Band II das kompakt-anspruchsvolle Wissen zu finden sei. Im Gegenteil. Dieser erste Band mutet seinen Leserinnen und Lesern mehr Theoriearbeit zu als der zweite. Aber wir haben uns immer bemüht, verständlich zu bleiben. Ob dies gelungen ist, müssen Sie entscheiden.

Hilbert Meyer, geb. 1941, ist der Hauptautor dieses Buches und meldet sich als „ich“ zu Wort. Wenn im Folgenden wiederholt von „wir“ oder von den „Autorinnen“ die Rede ist, so sind damit Carola Junghans, geb. 1970 und examinierte Lehramtsstudentin für das Lehramt an Grundschulen, und Dorothea Vogt, geb. 1947, Gymnasiallehrerin und seit 1997 Didaktische Leiterin an der Kooperativen Gesamtschule Wittmund (Ostfriesland) gemeint. Sie haben maßgeblich beim Zustandekommen dieses ersten Bandes mitgewirkt und tauchen wiederholt mit Einsprüchen, Exkursen, Praxisberichten und Stellungnahmen auf.

Hilbert Meyer

Carola Junghans

Dorothea Vogt

Viele weitere fachkundige Menschen, über die das Nachwort Auskunft gibt, haben beim Schreiben, Korrekturlesen und Zeichnen geholfen.

Erste Lektion: Schule als Lern- und Lebensort

1. Annäherungen

1.1 „Schulpädagogik im Hinterkopfe"

Was ist eine Schule? – Das wissen wir alle! Und dennoch macht es Sinn, dass Sie diese schlichte Frage als Erstes für sich selbst zu beantworten versuchen. Denn das Ziel, das wir uns beim Schreiben dieses Buches gesetzt haben, besteht nicht darin, Ihnen unsere Schulpädagogik „überzustülpen", sondern darin, Ihnen dabei zu helfen, sich Ihre schon lange vorhandene *„Schulpädagogik im Hinterkopfe"* bewusster zu machen:

- Schon als Schülerin[1] haben Sie umfangreiche Vorstellungen von guter und schlechter Schule aufgebaut, die Sie als Erstsemester an die Hochschule mitbringen.
- Im Verlaufe Ihres Studiums, Ihres Referendariats und im selbst verantworteten Unterricht entwickeln Sie Ihre Kenntnisse und Einstellungen fortwährend weiter.

---

1 Dort, wo die Mehrheit der gemeinten Personen weiblichen Geschlechts ist, werden wir in diesem Buch die *weibliche* Anredeform verwenden – in Schulfragen also sehr häufig! Wenn von Wissenschaftlern die Rede ist, sind sie – mehrheitlich – noch Männer. Ansonsten geht's bei uns bunt durcheinander.

Deshalb lautet die erste[2] und wohl auch wichtigste These dieses Buches:

> **These 1.1:** Jeder Mensch, der einmal zur Schule gegangen ist, besitzt bereits eine differenzierte „Schulpädagogik im Hinterkopfe“[3].

Warum dann noch ein derart dickes Buch lesen? – Weil Sie sicher sein können, dass es in Ihrer Schulpädagogik im Hinterkopfe noch eine Reihe blinder Flecken, Ungereimtheiten und Schwachstellen gibt, die es zu beheben lohnt! Wer sich ganz neu in Schulpädagogik einarbeitet, erhält deshalb in diesem Buch einen ersten orientierenden Überblick über den Stand der Forschung; wer schon mehr oder weniger große Vorkenntnisse mitbringt, erhält ein Ordnungs-Angebot. So können Sie *Ihre* Theorie an den von der Wissenschaftlergemeinschaft entwickelten Theoriebeständen abarbeiten und sie dadurch schrittweise in theoretisch besser begründete Bilder von Schule und Unterricht überführen.

Darum die erste Aufforderung zur Selbsttätigkeit (es werden weitere folgen!):

> **Arbeitsauftrag:**
> Notieren Sie mit einem einzigen Satz, wie Sie „Schule“ definieren:
>
> *Schule ist*
>
> Achten Sie darauf, dass Sie Ihre Definition *weit*, aber auch *spezifisch* genug formulieren. Eine Bestimmung wie „Ort, an dem Kindern etwas beigebracht wird“ reicht noch nicht; zum einen, weil diese Definition auch für den Platz vor dem Fernseher zuträfe, zum anderen, weil neben Kindern auch Jugendliche und junge Erwachsene zur Schule gehen. (Dieser Arbeitsauftrag wird in den Abschnitten 1.3 und 1.6 dieser Lektion weitergeführt.)

Vermutlich ist es Ihnen bei der Erledigung dieser Aufgabe ähnlich wie uns gegangen: Wir haben eine deutliche Vorstellung von Schule, aber dennoch Probleme, *allgemein* zu fassen, was Schule sei. Der Grund für diese Formulierungsschwierigkeiten: Selbst bei einer ganz allgemein gehaltenen Definition müssen wir noch Eingrenzungen vornehmen, die immer ein Stück weit willkürlich bleiben, weil unsere Vorstellungen von einer guten Schule oder unsere Erfahrungen mit schlechten Schulen darin einfließen.

---

2 Den *Thesen* wird zum leichteren Identifizieren jeweils die Lektionsnummer vorangestellt, die in der Anzahl deutlich geringeren *Arbeitsdefinitionen* werden jedoch in beiden Bänden durchnummeriert.

3 Die Begriffe „Schulpädagogik“, „Theorie der Schule“, „subjektive Theorie“, „wissenschaftliche Theorie“ werden in den Abschnitten 1.2, 2.2, 3.2 und 3.4 der Sechsten Lektion erläutert.

1.2 Statusgruppen

Es gibt verschiedene „Statusgruppen“ mit einem je unterschiedlichen rechtlichen und persönlichen Verhältnis zur Schule:

(1) Menschen, *die in der Schule ihren Arbeitsplatz* haben: Lehrerinnen und Schülerinnen (Austauschschüler, Gastschüler), die Schulleitung, das nichtunterrichtende Personal (Hausmeister, Schulassistent, Schulsekretärin), Praktikantinnen, Referendare und Lehramtsanwärterinnen, Fach- und Seminarleiter;
(2) direkt *beteiligte oder betroffene Menschen*: Eltern, Erziehungsberechtigte, Verwandte; die Ehefrau des Hausmeisters;
(3) Menschen, die in *Lehre, Unterricht und Schulleben eingebunden* werden: die Bibliothekarin der Stadtbücherei; Eltern, die am Unterricht teilnehmen oder eigene Gruppen leiten (z. B. an Projekttagen); Mitarbeiter des Jugendamts, des Arbeitsamts; Sozialpädagogen, der Verkehrspolizist, die Pastorin, ein Zirkuslehrer;
(4) Menschen, die Schulen *beaufsichtigen, beraten* oder *erforschen*: der Schulamtsdirektor, die Schulpsychologin; die Beratungslehrerin; Schulentwicklungsmoderatoren; der Dezernent der Bezirksregierung, der Kultusminister, die Landtagsabgeordneten und der Schulausschuss des Landtags; Schulforscher;
(5) Menschen, die dem Schulleiter und dem Hausmeister helfen, den Schulbetrieb aufrechtzuerhalten und das Gebäude zu pflegen: der Schuldezernent der Stadt oder der Gemeinde; Ratsherren und -frauen, Handwerker und Techniker, Lieferanten;
(6) „Kulturbeflissene“, die hin und wieder in die Schulen kommen (Vortragende, Künstler, Vereinsmitglieder) und sie nutzen, um den Schülerinnen oder einem breiteren Publikum ihr Anliegen näher zu bringen.

Diese gut 13 Millionen Bundesbürger und -bürgerinnen (die Eltern nicht gezählt) sollen im Mittelpunkt unseres Buches stehen. Wir haben nach einem gemeinsamen Namen für diese Statusgruppen gesucht, aber keinen gefunden. Vielleicht ist dies symptomatisch für die Größe des Unternehmens „Schule“. Wir müssen uns also mit Begriffen wie „die Schulangehörigen“, die „Beteiligten“ oder „die Betroffenen“ behelfen.

1.3 Alltägliche Ansichten

Alle vom sozialen Tatbestand „Schule“ betroffenen Statusgruppen entwickeln *je spezifische Sichtweisen* auf die Schule. Ihr Standort färbt die Wahrnehmung und Beurteilung mit mehr oder weniger kräftigen Farben ein:

- Die frisch eingeschulte *Grundschülerin* Hanne Hüsch z. B. geht vermutlich noch recht vergnügt zur Schule. „Lernen ist geil“, sagt sie ihrer Mutter und sie meint damit eine unendliche Fülle von Lernerfahrungen, aber auch von Gerüchen, von Körperkontakten, von Gedanken und Gefühlen, von Liedern und Spielen.
- „Hoffentlich habe ich’s bald hinter mich gebracht“, sagt der *Abiturient* und er könnte ganze Leitzordner mit Assoziationen füllen.
- „Warum hilft mir niemand die Schule sauber zu halten?“, seufzt der *Hausmeister*.

- Und die *Stadtentwicklungsplanerin* rauft sich die Haare, weil sie eigentlich jetzt sofort wegen der rapide steigenden Schülerzahlen zwei neue Klassenräume an Hannes Schule schaffen müsste, die dann aber ebenso sicher in acht Jahren wieder leer stehen dürften.

These 1.2: Der Arbeitsplatz prägt das Bewusstsein.

Niemand kann sich dem Zwang dieser *typischen Sichtweisen* entziehen. Jede und jeder *deutet* für sich, wie Schule funktioniert und wie sie funktionieren sollte. Bestimmte Teile der Schulwirklichkeit werden dabei scharf ausgeleuchtet, andere werden vernachlässigt oder nur „von oben herab“ betrachtet.

These 1.3: Wir sind Gefangene unserer Erfahrungen[4].

Deshalb ist jeder Versuch, die Struktur und Qualität der eigenen Erfahrungen bewusst zu machen, wichtig. Denn nur bewusst gemachte Erfahrungen können an widersprechenden wissenschaftlichen Aussagen überprüft und gegebenenfalls verändert werden.

Wenn Sie dieses Buch (im Studium oder im Referendariat) in einer Kleingruppe durcharbeiten sollten, so empfehlen wir Ihnen deshalb, vor der weiteren Lektüre eine *Mindmap*, also eine gezeichnete Karte Ihrer subjektiven Theorie von Schule, anzulegen[5] und diese nach der Lektüre des Buches noch einmal anzuschauen:

Arbeitsauftrag:
- Suchen Sie sich einen ruhigen Platz, legen Sie ein DIN-A4-Blatt vor sich auf den Tisch und machen Sie als Erstes in der Mitte des Blattes einen kleinen Kreis mit dem Begriff, um den es gehen soll, in diesem Falle also „Schule“[6].
- Überlegen Sie ein oder zwei Minuten lang in aller Ruhe, welche Assoziationen Ihnen einfallen, und tragen Sie diese dann *einfach so, wie sie Ihnen in den Sinn gekommen sind*, auf den Ästen und Astgabelungen Ihrer Mindmap ein.

4 *Jegliches* Nachdenken über Schule ist immer schon ein Deutungsprozess, der von unseren bisherigen Erfahrungen gesteuert wird. Wenn wir an „Schule“ denken, haben wir ja nicht wirkliche Schulen in unserem Kopf, sondern *Bilder* von Schulen. Deshalb hat René Magritte Recht, wenn er unter sein akkurates Bild einer Pfeife schreibt: „Ceci n'est pas une pipe.“ – Nein: Es ist das *Bild* einer Pfeife, das im Betrachter ein mentales Abbild des Bildes einer Pfeife produziert.

5 Der Sinn, der theoretische Hintergrund und die Praxis des Mindmap-Zeichnens werden erläutert bei Buzan (1984:118–129); eine Anwendung für Schulen und Unterricht liefert Lipp (1994).

6 Begriffsalternativen, die ebenfalls das Zeichnen einer Mindmap lohnen könnten: „Lehrer(innen)arbeit“ oder „Berufswahlmotive“.

Das klingt alles komplizierter als es ist; zur Orientierung anbei die Mindmap eines Schülers einer Oldenburger Hauptschule zum selben Stichwort[7]:

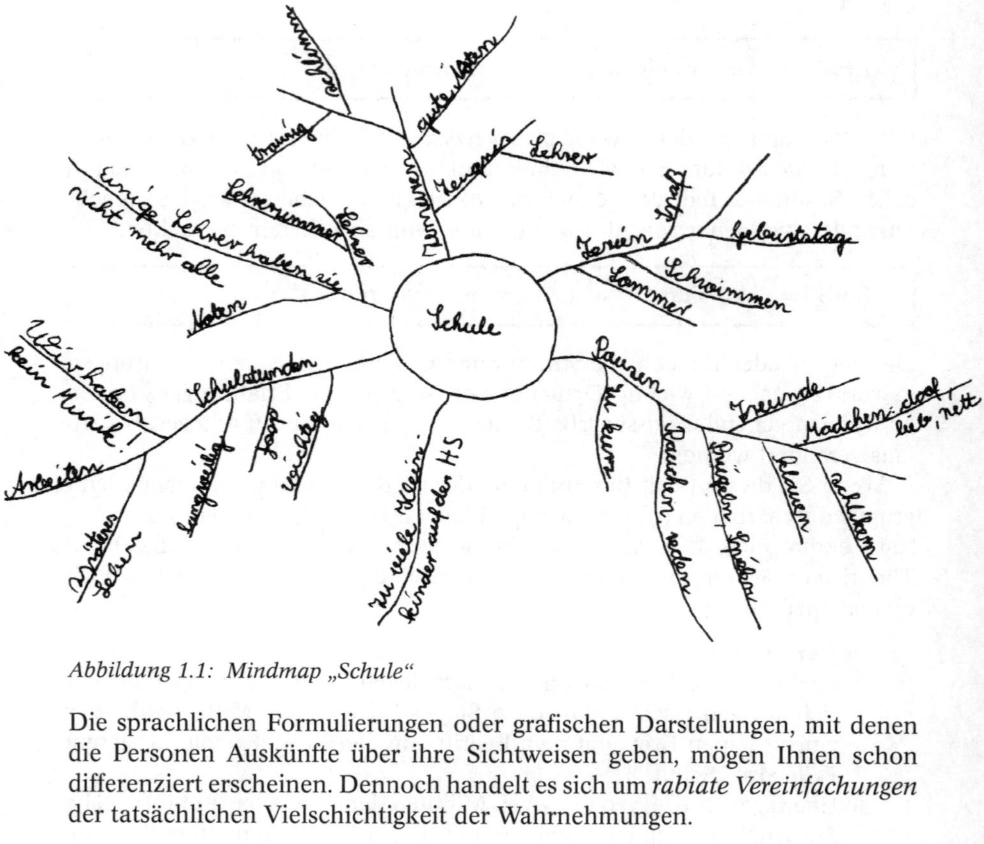

Abbildung 1.1: Mindmap „Schule"

Die sprachlichen Formulierungen oder grafischen Darstellungen, mit denen die Personen Auskünfte über ihre Sichtweisen geben, mögen Ihnen schon differenziert erscheinen. Dennoch handelt es sich um *rabiate Vereinfachungen* der tatsächlichen Vielschichtigkeit der Wahrnehmungen.

1.4 Unser Vorverständnis

Wir Haupt- und Koautorinnen sind ebenfalls durch unsere Arbeitsplätze geprägt und Gefangene unserer Erfahrungen. Wir haben beim Recherchieren und Schreiben dieses Buches aber auch viele neue Erfahrungen gemacht, die uns „gefangen genommen" und bei der Weiterentwicklung unserer Theorien im Hinterkopfe geholfen haben. Deshalb wollen wir Ihnen unser Vorverständnis *in Stichworten* mitteilen:

7 Das Blatt stammt von einem Schüler der Klasse 8b der Hauptschule Osternburg/Oldenburg; es wurde der besseren Reproduzierbarkeit wegen noch einmal abgeschrieben. Es enthält viele Aspekte, auf die „man" als Wissenschaftler nicht so schnell kommen würde: z. B. die klare Entgegensetzung von Pausen und Schulstunden. Deutlich ist zu erkennen, dass die sozialen Kontakte, die die Schule ermöglicht, dem Schüler sehr wichtig sind.

- Wir fühlen uns primär als Lehrende und erst sekundär als Forscher. Wir wollen ein *Studien- und Praxisbuch* schreiben, das einen Gesamtüberblick liefert. (Wir gehen dabei das Risiko ein, hier und dort den letzten und auch den vorletzten Forschungsstand nicht voll zu überblicken.)
- Wir haben eine *Vision von Schule*: Sie soll Erziehung und Unterricht fantasievoll verbinden; sie soll nicht nur *Lernort*, sondern auch *Lebensort* der heranwachsenden Generation sein.
- Schule soll so gestaltet werden, dass sie Lehrerinnen und Schülerinnen erlaubt, den aufrechten Gang zu gehen. Unser Bildungsziel heißt *solidarische Mündigkeit*.
- Schule ist für uns keine Idylle, sondern ein fortwährendes *Politikum*: Es geht darum, ob die Mächtigen im Staate bereit sind, die heranwachsende Generation und ihre Lehrerinnen ein Stück weit freizugeben für die selbstverantwortete Gestaltung ihrer Zukunft. Und natürlich auch darum, ob es eine ausreichende Anzahl von Lehrerinnen und Lehrern gibt, die fähig und interessiert sind, diese Dialektik von Zwang und Freiheit in ein inhaltliches Konzept von Schule umzusetzen.
- Schule als Lern- und Lebensort muss *gestaltet* werden! Es reicht nicht aus, sie nur zu erforschen. Wir sind also gegen Jammern und für das Zupacken[8]. *Schule ist machbar, Herr Nachbar!*

Die Gestaltung der Schule ist heute aber sicherlich nicht einfacher geworden, als dies vor 20 oder 30 Jahren der Fall war. Denn immer wieder erhält die Schule neue Aufgabenzuweisungen, ohne dass die dafür erforderlichen Ressourcen vorhanden oder auch nur in Sicht wären. Die *Schülerinnen* sind selbstbewusster, munterer und fordernder geworden – lauter kleine Prinzen und Prinzessinnen (wobei der Anteil an verhaltensauffälligen Schülern ebenfalls größer geworden ist). – Nur die *Lehrerinnen* sind weitgehend dieselben geblieben, so weit man dies von Menschen sagen darf: Sie sind gemeinsam alt, mit fortgeschrittenem Alter vielleicht ein bisschen weiser und gelassener, in vielen Fällen aber auch dünnhäutiger geworden.

Trotz dieser neuen Unübersichtlichkeit der Voraussetzungen und Aufgaben von Schule fordert heute kaum jemand – wie vor 25 Jahren –, die Schulen abzuschaffen[9]. Ebenso selten sind jedoch Leute zu finden, die mit der Schule rundum zufrieden wären. Wir sind es auch nicht. Und deshalb schreiben wir dieses Buch!

---

8 Es gibt inzwischen fast so etwas wie eine eigene Literaturgattung von schulpädagogischer *Jammer-Literatur*: z. B. Kozdon (1993), Giesecke (1996); diese Autoren zitieren lieber den SPIEGEL als den Stand der Forschung, sie haben viel zu kritisieren und keine oder nur restaurative Lösungen. Dagegen steht die – zumeist von Frauen geschriebene – schulpädagogische *Ermutigungs-Literatur:* z. B. von Iris Mann (1981); von Ute Andresen (1985); Dieter Sennlaub (1983); Wiltrud Döpp/Sylvie Hansen/Karin Kleinespel (1996) oder Ulrike Handke (1997).

9 So Illich (1972); ähnlich von Braunmühl (1975).

1.5 Perspektivenwechsel als Lernziel

Im Mittelpunkt dieser SCHULPÄDAGOGIK sollen die Gedanken, Gefühle und Handlungsperspektiven[10] *lernender Lehrerinnen* stehen. Letztere gibt's nicht nur in den Zeiten des Studiums und Referendariats, sondern ein Lehrerinnenleben lang und selbst noch nach der Pensionierung!

Unser Nachdenken über Schule ist durchtränkt von unseren Erinnerungen an die eigene Schülerinnenzeit und unsere Berufstätigkeit als Lehrerin und Hochschullehrer. Wir erinnern uns an ärgerliche und lieblose Situationen. Manches war schlicht unmenschlich, an anderer Stelle haben wir erlebt, dass Schulen auch Inseln der Humanität sein können. Selten waren bei den großen und kleinen Katastrophen des Schulalltags ausschließlich einzelne versagende Menschen oder allein die Schule als Institution haftbar zu machen. Vielmehr geht es im Erfolg und Scheitern von Schule fast immer um eine schwer zu entwirrende Mischung von menschlichen und strukturellen Unzulänglichkeiten. Diese schwer entwirrbare Mischung doch ein Stück weit aufzuklären ist das Ziel dieses Buchs. Wir wollen Ihnen zeigen, was auf Sie zukommt, wenn Sie sich entschieden haben, Lehrerin oder Lehrer zu werden. Wir wollen Ihnen vor allem deutlich machen, dass die Lehrerarbeit sehr viel mehr bedeutet, als täglich vier oder fünf Stunden zu unterrichten. Die nichtunterrichtlichen Aufgaben im Lehrberuf werden vielmehr immer wichtiger.

Wir wollen Ihnen helfen, ein optimistisches, aber dennoch nüchternes Berufsverständnis aufzubauen:

- Wie kann ich im Schulalltag die Zuversicht bewahren, einer sinnvollen Arbeit nachzugehen?
- Wie kann ich mich als Lehrerin in den Widersprüchen der Schule zurechtfinden und mit ihnen halbwegs sinnvoll umgehen?
- Welche Handlungsmöglichkeiten habe ich als Einzelkämpferin, welche im Team? Wo finde ich Verbündete?
- Wie kann ich mich an der Weiterentwicklung meiner heutigen (bzw. meiner zukünftigen) Schule beteiligen, ohne meine Möglichkeiten zu überschätzen?

Wir laden alle Leserinnen ein, diesen Text zu nutzen, um hier und dort zu einer neuen Blickweise auf Schule zu kommen. *Perspektivenwechsel* ist sinnvoll. Und dies ist in aller Regel keine einmalig vollzogene Korrektur. Es kommt gerade darauf an, wiederholt die Blickrichtung zu wechseln – von der Schülerin zur Lehrerin, von dort zum Schulleiter, zurück zu den Schülern und wieder zur Lehrerin[11]. Dies schafft Souveränität im Umgang mit Kolleginnen und Schülerinnen:

---

10 „Denken", „Fühlen" und „Handeln" sind drei Grundkategorien, auf die wir immer wieder zurückgreifen werden. Das Denken entspricht der *kognitiven* Dimension, das Fühlen der *affektiven* bzw. emotionalen und das Handeln der *psychomotorischen* oder enaktiven Dimension. Diese Dreiteilung hat analytischen Charakter, d. h., dass Handeln grundsätzlich von Kognitionen und Emotionen begleitet wird (mehr dazu in der Siebten Lektion).

11 Vgl. Kreienbaum (1992:11).

These 1.4: Das Wechseln der Perspektive dient der Professionalisierung des Handelns.

Dazu sollen in diesem Buch Anstöße gegeben werden.

1.6 Übungsaufgabe

Diese Aufgabe knüpft an die Frage an, die Sie im Abschnitt 1.1 beantworten sollten[12]: *Was ist eine Schule?* – In der folgenden Tabelle finden Sie eine ganze Reihe von Antworten auf dieselbe Frage. Wenn die These 1.2 zutrifft, müssten Sie die Aufgabe mit ein wenig Glück lösen können!

Arbeitsauftrag:
Kreuzen Sie bitte an, von welcher Statusgruppen-Vertreterin die folgenden Definitionen kommen könnten! Für jedes Feld ist nur *ein* Kreuz möglich.

	Definition:	Vorschulkind	Grundschulkind	OS-Lehrerin	Fachseminarleiter	Kultusminister	Erziehungswissenschaftler
1.	"Schüle ist ein Rahmen für das Aufwachsen."						
2.	"Schule ist ein Fik-Gefännis."						
3.	"Schule ist ein Sammelsurium von Spaß, Kommunikation und Wissensvermittlung."						
4.	"Schule ist eine Institution, in der 4000 Jahre Menschheitsgeschichte möglichst verantwortlich an die Kinder und Jugendlichen weitergegeben werden müss ohne sie (die Kinder!) kaputt zu machen."						
5.	"In die Schüle geht man mit einer Schültasche auf dem Rükken. Da lernt man Lesen und Turnen."						
6.	"Schule ist der gelebte Widerspruch."						

Abbildung 1.2: Subjektive Schul-Definitionen

Die Auflösung dieser Übungsaufgabe steht am Ende des Abschnitts 2.2.

12 Ich hoffe, dass Sie überhaupt etwas notiert haben. Wenn nicht, so wäre das schade! Sollten Sie auch in den folgenden Abschnitten die Übungsaufgaben überspringen, so dürften Sie sich um manchen Aha-Effekt bringen.

2. Begriffsklärungen

2.1 „Schule“

Es ist erstaunlich, dass in manchen Wissenschaften selbst die grundlegendsten Begriffe unklar sind: Kaum ein Arzt vermag auf einen Schlag zu definieren, was Gesundheit ist. Und „Gott“ zu definieren fällt Theologen mindestens so schwer. Der Reputation dieser Disziplinen tut das keinen Abbruch. Beim Thema Schule ist dies kaum anders. Wir benutzen die Begriffe „Schule“, „Lehrer“ oder „Schüler“ im Alltag ohne alle Verständigungsprobleme, aber wenn wir eine Definition liefern sollen, geraten wir ins Stocken.

Ich schlage nach reiflichem Überlegen folgende, wenig originelle Arbeitsdefinition[13] vor:

> **Arbeitsdefinition 1:**
> Schulen sind Institutionen zur gemeinsamen und planmäßigen Erziehung und Unterrichtung der heranwachsenden Generation.

Frage: Woher kommt das Wort „Schule“?

Antwort: Ein Lehnwort, das aus dem Griechischen („scholé“) über das Lateinische („scola“) ins Deutsche übernommmen wurde. Ursprünglich hieß es so viel wie Muße, freie Zeit, Arbeits-Losigkeit, schon bei den alten Griechen auch Vortrag, Studium und Schule.

Frage: Sind die Eltern nach dieser Definition „Teil“ der Schule?

Antwort: Ja, schließlich sind sie die Erziehungsberechtigten und durch Elternarbeit, durch Beteiligung am Schulleben und an der Gremienarbeit der Schule dabei.

Frage: Ist eine Schule, in der es drunter und drüber geht, in der also *nicht* gemeinsam und planmäßig gearbeitet wird, keine Schule?

Antwort: Doch! Es ist dann eben eine schlecht geführte Schule, die den Kriterien nur teilweise genügt.

Frage: Fallen kommerzielle oder private Institutionen wie eine Ballett-, eine Feuerwehr- oder eine Fahrschule unter diese Definition?

Antwort: Ja!

Frage: Sind 40- oder 50-jährige Menschen, die z. B. eine Meisterprüfung ablegen wollen und deshalb noch einmal zur Schule gehen, Teil der „heranwachsenden Generation“?

Antwort: Nein! Dennoch sind sie – als Ausnahmen von der Regel – mit gemeint.

---

13 Von *Arbeits*definition spreche ich, um die grundsätzliche Revidierbarkeit der definitorischen Setzungen deutlich zu machen. Weitere Definitionen finden Sie bei Einsiedler (1974:16), Benner (1977/1995: 47–82); Fingerle (1983a); Heckel/Avenarius (1986:5); Apel (1995:25 ff.); Apel/Grunder (1995:7–25).

Wer mit der Arbeitsdefinition 1 unzufrieden ist, möge sich das Schulgesetz eines Bundeslandes oder das von Österreich oder aus den Kantonen der Schweiz besorgen. Zumeist findet sich dort gleich am Anfang eine juristisch abgeklopfte und sehr viel genauere Definition von Schule. Im *Niedersächsischen Schulgesetz* (§ 1, Absatz 2 in der Fassung vom 27. September 1993)[14] heißt es:

Schulen sind alle auf Dauer eingerichteten Bildungsstätten, in denen unabhängig vom Wechsel der Lehrkräfte sowie der Schülerinnen und Schüler nach einem in sich geschlossenen Bildungsplan allgemein bildender oder berufsbildender Unterricht in einem nicht nur auf einzelne Kenntnisgebiete oder Fertigkeiten beschränkten Umfang für mindestens zwölf Schülerinnen oder Schüler und mindestens für die Dauer von sechs Monaten erteilt wird. Einrichtungen der Erwachsenenbildung und Hochschulen sind keine Schulen im Sinne dieses Gesetzes.

Die Arbeitsdefinition 1 kann nun präzisiert werden:

- Schulen sind *„auf Dauer gestellt"*; in ihnen muss das Rad nicht jeden Morgen neu erfunden werden. Schulen planen vielmehr den regelmäßigen Schülerinnenwechsel und auch den gelegentlichen Lehrerinnenwechsel in ihre Organisationsstruktur ein[15].
- Schulen haben eine gewisse *Mindestgröße*, die eher organisatorisch und ökonomisch als pädagogisch begründet ist.
- Schulen haben bestimmte *Aufgaben* bzw. Zwecke zu erfüllen: Erziehung und Unterricht sind die bekanntesten, weitere Aufgaben kommen hinzu.
- Schulen haben einen *Bildungsauftrag*; sie beanspruchen, die Entwicklung der Schülerpersönlichkeit positiv zu beeinflussen, also deutlich mehr als nur das Training einzelner Fertigkeiten zu leisten.

Dadurch, dass in der Arbeitsdefinition die Zwecksetzungen von Schule mit benannt werden, entsteht ein eigentümliches Spannungsverhältnis:

- Schulen *sollen* der Erziehung und Unterrichtung dienen,
- aber in Millionen von Einzelfällen kann empirisch nachgewiesen werden, dass die Schulen dieses Ziel nur teilweise oder auch gar nicht erfüllt haben[16].

---

14 Überraschend ist vielleicht die Festlegung der Untergrenze „zwölf Schülerinnen oder Schüler"; der Kultusminister dürfte gegen noch kleinere Schulen (z. B. auf einer Hallig) wenig einzuwenden haben, aber der Finanzminister besteht darauf, keine einklagbaren Rechtsansprüche zu schaffen. Die Autoren des Gesetzes haben übrigens in der führenden Schulrechtskunde von Heckel/Avenarius (1986:4 f.) abgekupfert.

15 Eine „Sommerschule" der Caritas oder ein Historikerkongress sind keine „Schulen", auch wenn noch so viel gelehrt und gelernt wird!

16 „Schule überleben" heißt ein Buchtitel (Kahl 1983), in dem Schülerinnen ihre Sicht der Dinge zum Ausdruck bringen und nicht mit Kritik sparen. Immer wieder hören wir von Lehrerinnen, dass sie mit ihren Erziehungsbemühungen gescheitert seien, und von ehemaligen Schülerinnen, die Schule habe sie „kaputt gemacht".

Ich halte deshalb fest: Die Arbeitsdefinition 1 hat eine *deskriptiv-analytische* (beschreibende) *und* eine *normative* (wertsetzende) *Seite.* Das Problem der Schulpädagogik als Wissenschaft besteht darin, dass beide Betrachtungsweisen in einer oft schwer zu durchschauenden Art ineinander verwickelt sind. Dieses Spannungsverhältnis ist für nahezu alle übrigen Arbeitsdefinitionen dieses Buches ebenfalls gegeben. Mehr dazu im Exkurs zur Sechsten Lektion.

Ich werde die Arbeitsdefinition 1 in diesem Buch schrittweise erläutern:

- Sofort anschließend wird verhandelt, was mit dem Begriff „heranwachsende Generation" gemeint sein könnte.
- Dann folgt in Abschnitt 3 dieser Ersten Lektion die Erläuterung der Zweckbestimmung von Schule.
- Danach, im Abschnitt 4, wird erläutert, worin das Gemeinsame dieser gemeinsamen Erziehung besteht.
- In der Zweiten Lektion werden juristische, institutionelle und organisatorische Anteile der Definition erläutert.

Darüber hinaus komme ich an vielen weiteren Stellen, die Sie sich über das Register erschließen können, auf Einzelaspekte der Arbeitsdefinition 1 zurück.

2.2 *„Heranwachsende Generation"*

Die in der Arbeitsdefinition 1 enthaltene Formulierung *„Heranwachsende Generation"* ist nur scheinbar eindeutig. Der Begriff wird seit jeher[17] von den Pädagogen benutzt, aber kaum einer kümmert sich um seine begriffliche Präzisierung:

- Sind die *Jahrgangskohorten* der in den letzten 20 Jahren, also 1977 bis 1997, geborenen Kinder gemeint? Dies dürfte die geläufigste Vorstellung sein. Sie geht davon aus, dass festliegt, wie groß der Generationenabstand ist – nämlich 20, 25 oder 30 Jahre – und dass diese 20 bis 30 Jahrgangskohorten jedes Jahr „unten" um den Jahrgang der Neugeborenen angereichert werden, während „oben" bei den erwachsen gewordenen 20- bis 30-Jährigen abgespeckt wird.
- Oder gehört *jeder, der noch lernen muss,* dazu? Dann wäre allerdings heute, wo sich das Konzept des „lebenslangen Lernens" schrittweise durchsetzt, die Gesamtbevölkerung eines Staates „heranwachsende Generation". Dadurch verlöre der Begriff jede Differenzierungsmacht.
- Gibt es *psychologische Kriterien* für das Ende der Schulzeit, z. B. das Erreichen der Pubertät oder der Adoleszenz? Dann wäre die Schulzeit allerdings mit zwölf oder mit achtzehn Jahren zu beenden. Wer danach noch immer zur Schule geht, wäre ein Spätentwickler!
- Oder müssen wir in einem Zeitalter, in dem das *„Ende der Kindheit"*[18] eingeläutet wurde, auf die Idee einer Generationendifferenz völlig verzichten, weil die früher gültigen Charakterisierungen für die Unselbstständigkeit der Kinder und Jugendlichen lange verwischt sind?

---

17 Zum Beispiel Friedrich D. E. Schleiermacher (1826/1960:9).

18 Gemeint ist die These des amerikanischen Medienwissenschaftlers Neil Postman, dass es in der modernen Mediengesellschaft zu einer Aufhebung der Status- und Kompetenzabgrenzungen zwischen Kindern und Erwachsenen gekommen sei (Postman 1983).

Man kann den Begriff auch, wie dies Marko Martin im folgenden Zitat tut (Kursbuch 121:2), einer *ideologiekritischen Analyse* unterziehen und wird dann feststellen, dass hinter der Unterscheidung der heranwachsenden Generation von der Erwachsenengeneration Herrschaftsinteressen stecken.

Marko Martin: Wir sind alle anders

„Der Generationskonflikt ist die letzte Zuflucht der Homogenitätssüchtigen. Nach Klasse, Rasse und Nation ist bei denen jetzt die Generation dran. Wenn schon die gleichen Ladenschlusszeiten auf Dauer nicht mehr zu halten sein werden, dann muss *wenigstens noch das gemeinsame Alter einer Generation für Übersichtlichkeit sorgen. Generation kann doch auch einfach eine ganz normale Beschreibungskategorie sein.* Oder eine Zwangsjacke. Wem nützt denn das ganze Gerede von einer Generation, gar von einer ‚Generation X'?

Das ist jetzt aber eine sehr marxistische Fragestellung.

Na und. Sobald eine Ansammlung disparater Individuen durch eine Etikette definiert wird, ist sie beherrschbar. Für Politiker, für Werbeleute, für ein Heer von Experten ..."

Welcher Generationenbegriff ist stichhaltig? Man verstrickt sich bei diesen Abwägungen schnell in theoretische Ungereimtheiten[19]. Deshalb verzichten wir auf demographische, soziologische oder psychologische Definitionen und machen eine *pragmatische Festlegung*: Wir legen fest, dass mit dem Begriff „heranwachsende Generation" jene Jahrgänge einer Gesellschaft im Alter von circa 6 bis circa 20 Jahren gemeint sein sollen, die *durch Gesetz* schulpflichtig sind oder aber - zum Teil in höherem Alter - freiwillig die allgemein- oder berufsbildenden Schulen besuchen.

Auflösung der Übungsaufgabe aus Abschnitt 1.6

- Das *erste Statement* ist gleich ein wenig knifflig. Es handelt sich um eine von Erziehungswissenschaftlern, und zwar von Jürgen Diederich und Elmar Tenorth, vorgeschlagene Definition (Diederich/Tenorth 1997:184), die ich als systemtheoretisch kennzeichne, weil das System als Ganzes und nicht die in ihm handelnden Subjekte im Mittelpunkt der Aufmerksamkeit stehen.
- Das *zweite Statement* ist schon wegen der originellen Schreibweise unschwer als Schüleräußerung zu erkennen. Es stammt von Patrick, einem Schüler einer dritten Grundschulklasse, der für eine Examensarbeit seine Einstellung zur Schule und zum Unterricht offen legen sollte.
- *Definition 3* stammt von der Oldenburger Orientierungsstufen-Lehrerin[20] Elisabeth Stoldt.

---

19 Eine kritische Abrechnung zum laxen Umgang der Wissenschaftlerinnen mit dem Generationenproblem liefert Rolf Nemitz (1996). Eine kulturtheoretische Aufarbeitung der Generationenfrage bringen Eckart Liebau/Christoph Wulf (1996).

20 In Niedersachsen ist die Orientierungsstufe eine eigenständige Schulform für die Jahrgänge 5 und 6 des allgemein bildenden Schulwesens.

- *Definition 4* stammt vom niedersächsischen Kultusminister Rolf Wernstedt. Die Definition betont zwei wichtige Aufgaben eines Kultusministers: Er muss die Lehrpläne gestalten und er hat die oberste Rechtsaufsicht, er muss also geradestehen, wenn Schüler unmenschlich behandelt worden sind.
- *Statement 5* hat Ida-Lotta Hybrant, ein vierjähriges Kindergartenkind, beigesteuert. (Der Vater ist Sportlehrer!)
- Die *sechste Stellungnahme* kommt von dem Realschullehrer und Fachseminarleiter Dieter Vorrath, Oldenburg.

3. Erziehung und Unterricht

3.1 Begriffsklärungen

In der Arbeitsdefinition 1 wird *„das Pädagogische"* der Institution Schule durch dessen Zwecksetzung ausgedrückt. Schulen dienen der Erziehung und Unterrichtung der heranwachsenden Generation (oder sie sollten dies zumindest tun). Was ist damit gemeint? Wenn wir im Alltag die Wörter „Erziehung", „erzogen" oder „unerzogen" benutzen, so gibt es kaum Verständigungsprobleme. Eine systematische Definition fällt dennoch schwer, obwohl oder gerade weil das Wort „Erziehung" für die Erziehungswissenschaft namensstiftend ist:

- Erziehung ist *mehr* als biologische Reifung und *anderes* als Entwicklung. Erziehung kommt nicht von selbst, sie muss gewollt sein.
- Erziehung ist *mehr* als Gewöhnung und „bloßes" Lernen von Fakten oder Techniken – eine soziale Dimension gehört unverzichtbar dazu.
- Erziehung ist *anderes* als Sozialisation (Einbindung in die Gesellschaft)[21].

Aber worin besteht dieses „Mehr"? Offensichtlich halten wir ein Menschenkind *dann* für erzogen, wenn es *sich selbst* disziplinieren, auf Vernunftargumente eingehen und sein eigenes Handeln verantworten kann. Erziehung ist nichts Passives. Sie setzt – rein logisch – die Selbsttätigkeit und Selbstständigkeit des zu Erziehenden voraus – selbst dort, wo der Erziehungsprozess mit Gewalt, also ohne innere Zustimmung des zu Erziehenden, begonnen wird:

These 1.5: Erziehung ist – rein logisch – nur als Erziehung zur Selbstständigkeit denkbar.

Das Ziel der Erziehung ist die Persönlichkeitsbildung. Das Erziehen ist dann der *Prozess*, mit dem ein solcher Zustand herzustellen versucht wird. Ich definiere[22]:

---

21 Die Unterscheidung von Erziehung und Sozialisation ist höchst kompliziert (vgl. Vogel 1996). Ich gehe darauf in der Achten Lektion, Abschnitt 2.3 ein.

22 Weitere Definitionen bei Heid (1994); eine knappe und gute Einführung in den Erziehungsbegriff bei Gudjons (1995:173–209); ausführliche Herleitungen bei Kron (1996:54–60; 195–278).

Arbeitsdefinition 2:
Erziehung ist die absichtliche Einwirkung von Erziehern auf die heranwachsende Generation zum Zwecke der Persönlichkeitsbildung.

Von Erziehung sprechen wir erst dann, wenn es mindestens *zwei Erziehungspartner* gibt, einen Erzieher/eine Erzieherin und einen zu Erziehenden (altertümlich auch Zögling genannt).

Die zweite Aufgabe von Schule ist die *Unterrichtung* der heranwachsenden Generation. Sie erfolgt im Unterricht. Aber was ist das? Auch hier haben wir keinerlei Probleme, uns umgangssprachlich zu verständigen und die vielen sinnfälligen Erinnerungen an die eigene Schulzeit wachzurufen. Wir verbinden mit „Unterricht" mindestens einen Lehrenden und mehrere Lernende, zumeist auch Unterrichtsfächer, die Klassengemeinschaft und die Schule als Gebäude. Eine systematische Definition ist das aber noch nicht. Auch Unterricht ist irgendwie *mehr* als bloßes Training oder schiere Vermittlung von Fachkenntnissen. Das Ziel, die vermittelte Sach- und Fachkenntnis *vernünftig* in Theorie und Praxis anzuwenden, kommt eben hinzu. So wie Erziehung immer auf ein bestimmtes Ideal von „Erzogenheit" orientiert ist, ist auch Unterricht kein wertfreier Begriff für beliebige Formen der Wissens- oder Fertigkeitsvermittlung, sondern eine *vernunft*gesteuerte Tätigkeit[23].

Arbeitsdefinition 3:
Unterricht ist die planvolle pädagogische Interaktion von Lehrenden und Lernenden zum Zwecke der Aufklärung und der Vermittlung von Handlungskompetenz.

Auch bei der Definition von Unterricht muss also eine beschreibende (misslungenen Unterricht einschließende) und eine normative (unsere Ideale ausdrückende) Ebene des Begriffs unterschieden werden.

In der Schule sollen nun gemäß Arbeitsdefinition 1 Erziehung und Unterricht miteinander verknüpft werden. Was ist damit gemeint? Zunächst einmal nichts anderes als eine schlichte Tatsachenfeststellung:

These 1.6: Es gibt keinen Unterricht, der nicht zugleich erzieht.

Die These ist empirisch gemeint: Wo immer unterrichtet wird, wird auch erzogen. Dies liegt an der Organisationsform von Schule. Es geht immer um

23 Vgl. Terhart (1994).

eine direkte Interaktion von Lernenden und Lehrenden. Dadurch entstehen zwangsläufig Erziehungswirkungen - unabhängig davon, ob die Beteiligten dies wünschen oder nicht, ja ob sie es wahrnehmen oder nicht. Die Schule - als Institution - erzieht!

3.2 Herbart zum „erziehenden Unterricht“

Die These, dass Unterricht zugleich erzieht, hat eine zweite, erziehungs*theoretische Bedeutung*, die ich aus der 1806 veröffentlichten „Allgemeinen Pädagogik“ des Pädagogen *Johann Friedrich Herbart* (1776-1841) übernehme.

Diese zweite Argumentationslinie ist normativ. Es geht darum, wie Erziehung und Unterricht miteinander verknüpft werden *müssten*, wenn denn die Erzieher freie Hand in der Festlegung der Rahmenbedingungen und der Setzung der Ziele hätten. Herbart formuliert dieses Problem philosophisch. Er fragt, aus welcher Disziplin denn die oberste Richtschnur für die Erziehung abgeleitet werden müsste. Und er gelangt zu der damals wie heute noch kaum eingelösten Forderung, die praktische Erziehung sei *„aus dem Zweck der Erziehung selbst* abzuleiten“. Damit verwarf Herbart die damals und bis heute gängigen Alternativen, z. B. die Herleitung der obersten Ziele aus der christlichen Offenbarung, aus dem Interesse des (absolutistischen) Staates oder aus dem Erziehungsauftrag der Familie. Der oberste Zweck der Erziehung ist die *Bildung* des Zöglings. Er soll angeleitet werden, selbstständig und mündig zu werden. *Deshalb* forderte Herbart, Unterricht und Erziehung zu verknüpfen:

Johann Friedrich Herbart

„Pädagogik ist die Wissenschaft, deren der Erzieher *für sich* bedarf. Aber er soll auch Wissenschaft besitzen zum *Mitteilen*. Und ich gestehe gleich hier, keinen Begriff zu haben von Erziehung *ohne Unterricht*, so wie ich rückwärts, in dieser Schrift wenigstens, keinen Unterricht anerkenne, der nicht erzieht.“ (Herbart 1965, Bd.2:22)

Ich *übersetze* das altertümliche Deutsch: Der Erzieher braucht Pädagogik „für sich“, also als seine Berufswissenschaft; er benötigt zusätzlich Wissenschaften „zum Mitteilen“, er soll also die Unterrichtsinhalte wissenschaftsorientiert vermitteln. Und er soll, so Herbart, akzeptieren, dass Unterricht immer Erziehungseffekte hat, so wie Erziehung immer unterrichtsrelevant ist, weil sie nicht im luftleeren Raum erfolgen kann, sondern auf einen Sach-, Sinn- oder Problemzusammenhang zu beziehen ist, auf den hin erzogen wird. Der Zusatz „in dieser Schrift wenigstens“ ist wohl so zu deuten, dass Herbart für die Berufserziehung andere Maßstäbe setzte (vgl. Blankertz 1969:143).

Erziehung ist immer normativ, weil sie die Selbstständigkeit und Mündigkeit des zu Erziehenden zum Ziele haben *muss*. Andere Zielbestimmungen, seien sie ethisch auch noch so wertvoll, sind aus *pädagogischen* Gründen abzulehnen. Übertragen in heutiges Vokabular:

These 1.7: Unterricht, der nicht zur Selbstständigkeit erzieht, verdient nicht den Namen Unterricht – er wäre bloße Abrichtung, Manipulation oder Unterhaltung.

Herbarts Forderung ist bis heute umstritten. Es gibt viele Lehrerinnen und auch Wissenschaftler, die Schule lieber auf „reines" Unterrichten begrenzt sehen möchten, weil die wachsenden Erziehungsprobleme vieler Schülerinnen immer häufiger dazu führen, dass der normale Unterricht zusammenbricht. Wer nicht „unterrichtsfähig" sei, möge an die Eltern zurückgeschickt oder mit Hilfe der Jugendämter „versorgt" werden, schreibt z. B. Hermann Giesecke in seinem Buch „Wozu ist die Schule da?" (1996:204[24]). Der Autor lockt seine Leserinnen mit dem Versprechen, dass dann die tägliche Unterrichtsarbeit leichter und der Frust geringer werden würden.

Ich meine, Hermann Giesecke irrt! Seine Forderung ist fahrlässig und risikoreich zugleich. Denn „die" Familie funktioniert nur noch in einem Teil der Bevölkerung so, wie es für Gieseckes Konzept unterstellt werden müsste (was er selbst an anderer Stelle ausführlich schildert!). Die Schulen dürften bei der Umsetzung dieser Maxime ein Viertel oder sogar ein Drittel ihrer Schülerschaft verlieren, die angepassten Schülerinnen wären die „Modernisierungsgewinner", aber die Jugendhilfe müsste explosionsartig ausgebaut werden. Dort würde dann mit den Mitteln geschlossener Anstalten für „Zucht und Ordnung" zu sorgen sein. Was Giesecke fordert, ist – mit Verlaub – eine Aufkündigung des schulpädagogischen Grundkonsenses der Republik und eine Kampfansage an die sozial Schwachen (die eben besonders häufig auch die Auffälligen und Lernbehinderten sind).

Ich beziehe deshalb die Gegenposition zu Giesecke: Die Erziehungsaufgaben der Schule sind auf Grund des Wandels der Lebensbedingungen und Lernvoraussetzungen der Schülerinnen noch wichtiger geworden, als dies früher der Fall war!

These 1.8: Aus einer „Instruktionsschule", die auch erzieht, wird gegenwärtig immer deutlicher eine „Erziehungsschule", die auch instruiert.

Wir können uns die Schüler und Schülerinnen nicht so zurechtschnitzen, wie wir sie gerne hätten, sondern müssen sie dort abholen, wo sie stehen! Dies als

24 Vgl. auch Band II, Dritte Lektion.

„Infantilisierung" der Aufgaben der Schule zu veräppeln (wie es Giesecke 1996:87 tut) ist der Sache unangemessen.

Herbart entwickelte eine ganze *Theorie des erziehenden Unterrichts*, die – genauer betrachtet – bis heute eine schulpädagogische Provokation darstellt[25]. Für Herbart ist pädagogisch gefasster Unterricht per se erziehender Unterricht (s. o.). Aber dies ist alles andere als eine moralische Überwältigung der Lernenden[26]. Vielmehr geht es darum, die anzueignenden Inhalte und die dabei genutzten Umgangsformen und Unterrichtsmethoden so zu gestalten, dass der Zögling *selbst tätig* werden kann[27]. Nur wenn er seinen Lernprozess selbst mitgestalten kann, können Urteilsfähigkeit und Handlungskompetenzen wachsen. Deshalb die Ergänzungsthese zu These 1.5:

> **These 1.9:** Selbstständigkeit im Denken, Fühlen und Handeln können Schülerinnen nur erlangen, wenn sie von Beginn an zur Selbsttätigkeit angehalten werden.

Ich erläutere Herbarts Begriffe im Einzelnen:

- Die „eigentliche Erziehung" differenziert Herbart in zwei Grundprozesse: in „Unterricht" und in „Zucht".
- Gelingt der so konzipierte Unterricht, so führt dies beim Zögling zur Herausbildung „vielseitiger Interessen", die Herbart wiederum in „Erkenntnisinteressen" und in „Teilnahmeinteressen" ausdifferenziert.
- *Erkenntnisinteressen* werden dreifach unterteilt: in die Erkenntnis der Mannigfaltigkeit der Dinge der Welt (= empirisches Erkenntnisinteresse), in die Erkenntnis der Gesetzmäßigkeiten der Welt (= spekulatives Interesse) und in die Erkenntnis ihrer ästhetischen Verhältnisse (= Bildung des Geschmacks).

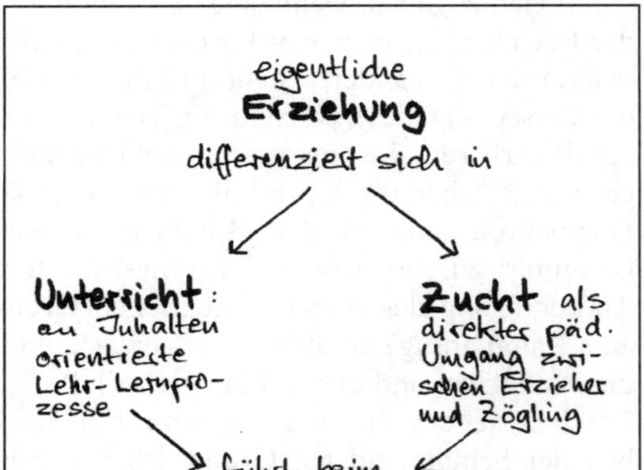

Abbildung 1.3: Herbart-Schema

25 Herbart (1806/1965:9–155); vgl. Benner (1986); Ramseger (1991); Hellekamps (1991).

26 Obwohl die Herbartschüler des 19. Jhs. (die „Herbartianer") Unterrichtsentwürfe mit peinlich belehrenden und moralisierenden Schlüssen vorgelegt haben – aber das war ein missverstandener Herbart!

27 Vgl. Benner (1986:124) „Erziehender Unterricht folgt weder einfach sachstrukturellen Gesetzlichkeiten eines Lehrstoffes noch verbindlichen Normvorstellungen der Erwachsenen. Er transformiert vielmehr die anzueignende Sache und ihre Struktur ebenso wie die vorgegebenen Normen der Erwachsenen in Handlungsvollzüge der Lernenden."

- Die *Teilnahmeinteressen* zielen auf die Teilnahme am Leben und Wachsen der anderen Menschen, an ihren Schicksalen und Lebensorientierungen. Auch hier trifft Herbart eine dreifache Untergliederung: Teilnahme am Menschen (= ethischer Aspekt), an der Gesellschaft (= politischer Aspekt) und Interesse am Verhältnis beider zum höchsten Wesen (= Religion).
- „Zucht“ hat für Herbart keine negative Bedeutung; er meint damit die Persönlichkeitsbildung durch „Umgang“ mit anderen Menschen und durch „Erfahrung“.
- Die „Erziehung“ soll den Zögling zur Einsicht führen und ihn zum freien moralischen Handeln befähigen. Wir hatten dies eben als „Persönlichkeitsbildung“ bezeichnet.
- „Unterricht“ findet dann statt, wenn zum unmittelbaren Umgang des Erziehers mit den Zöglingen etwas Drittes hinzu kommt, nämlich der Unterrichts*inhalt*.
- Der Zweck des Erziehenden Unterrichts ist die Bildung des Individuums - nichts anderes. Herbart lehnt ausdrücklich ab, die Erziehungsziele der Schule den Interessen des Staates anzupassen (s. o.). Aber er merkt an, dass mit solcher Verweigerungshaltung der Erzieher den staatlichen Interessen besser gedient sei, als wenn der Staat die Erziehungsmaximen, Lehrpläne und Ausbildungsvorschriften direkt vorgebe.
- Das Wort *„Regierung“* hatte bei Herbart die Bedeutung, eine elementare Ordnung herzustellen, ohne die - so Herbart - planmäßige Erziehung und Unterweisung nicht möglich sei. Sie beginnt im Säuglingsalter, ist also noch nicht an die Einsicht und Zustimmung der zu Erziehenden gebunden. Das „Regieren“ der Kinder durch die Erwachsenen schafft den *Rahmen* für die eigentliche Aufgabe, das Erziehungsgeschäft.

Herbarts Theorie des „erziehenden Unterrichts“ ist anspruchsvoll (und hier nur in ersten Stichworten skizziert). Herbart erwartet vom Erzieher eine radikale Orientierung auf den Zögling und unterstellt weitgehende Freiheiten in der Setzung der Ziele, der Wahl der Inhalte und Methoden. Denn nur dann ist es möglich, die Lernhandlungen des Zöglings in den Mittelpunkt der Aufmerksamkeit des Erziehers zu rücken.

3.3 Ein Disput mit Lothar Klingberg

In Potsdam lebt Lothar Klingberg, einer der maßgeblichen Pädagogen der DDR, zugleich ein guter Herbartkenner. Er war Hochschullehrer an der Pädagogischen Hochschule Karl Liebknecht, Potsdam, ist aber schon vor zehn Jahren emeritiert worden[28]. Wir (Dorothea Vogt, Alexandra Obolenski und Hilbert Meyer) sind am Reformationstag 1996 zu ihm gefahren, um mit ihm über unsere Arbeitsdefinition von Schule zu diskutieren. Wir wurden freundlich von ihm, seiner Frau Renate und dem 14 Jahre alten Hund Toschka in der „Fasanerie“, einem Zweifamilienhaus mitten im Schlosspark Sanssouci empfangen. Wir haben das intensive, dreistündige Gespräch zu folgendem Disput zusammengefasst:

Lothar Klingberg: Ich finde es schön, dass ihr Oldenburger auf euren Genius Loci zurückkommt, aber so, wie ihr bisher argumentiert habt, werdet ihr weder Herbart noch eurem Anliegen, eine Schulpädagogik zu schreiben, gerecht. Das Wichtigste

28 Mehr zu seinem wissenschaftlichen Werk in Jank/Meyer (1991:235-284).

Lothar Klingberg

an einer Schul-Pädagogik ist immer noch die Pädagogik, und die kommt in euren bisherigen Bestimmungen zu kurz!

Herbart war ja ein radikaler Schulkritiker. Das könnt ihr bestens in dem feinen Aufsatz von Dietrich Benner „Was ist Schulpädagogik?" nachlesen[29]. Herbarts Theorie des Erziehenden Unterrichts war ja keine Schul-, sondern eine Erziehungstheorie. Ihr vereinnahmt sie viel zu schnell für die Schule!

Herbart hat sich, ausgehend von seinen Hauslehrererfahrungen in der Schweiz, sein Leben lang gefragt, ob es *überhaupt* möglich sei, Schulen so zu gestalten, dass in ihnen erziehender Unterricht stattfinden kann. Und seine damalige Antwort wird heute gern überlesen. Sie lautete „Nein":

- Kein Mensch gleicht dem anderen. Genau das ist das Problem der Staatsschule: Sie nimmt, wie Herbart das formuliert hatte, die *„Verschiedenheit der Köpfe"* (siehe S. 324, H. M.) der Schüler und Schülerinnen nicht angemessen zur Kenntnis.
- Die Staatsschule versucht, die Individualität der Schüler mit Hilfe von Lehrplänen, Klassen, Zensuren herbeizuführen. Sie zwängt die Denkbewegung der Schüler in den 45-Minuten-Takt der Schulstunde und sie reduziert die Selbsttätigkeit der Schülerinnen auf ein Minimum. – Wie soll das funktionieren?

Herbarts Position zu dieser Frage könnt ihr z. B. an seinem 1810 gehaltenen Vortrag mit dem Titel „Über Erziehung unter öffentlicher Mitwirkung" studieren[30]. Herbart gelangt hier zur Ablehnung der „Staatsschule"[31]. Seine eigene Idee ist demgegenüber, dass zwischen die Familien und den Staat freie, ungebundene Lehrer treten, die eine „dritte Kraft" bilden und sich, wenn möglich, die zueinander passenden Schüler und Schülerinnen selbst zusammensuchen. Es ist nicht übertrieben zu sagen, dass Herbart der Urahn der „Freien Schulen" ist.

Ihr kennt ja sicherlich Herbarts Forderung, die Pädagogik mit einheimischen Begriffen[32] zu schreiben und sie vor den fremden Eroberern zu bewahren. Diese Forderung ist überraschend aktuell. In der DDR hatten wir unsere liebe Not mit den linearen Ableitungen aus dem Marxismus-Leninismus. Aber heute, unter gesamtdeutschen Verhältnissen, ist es in dieser Frage kaum besser. Es gibt einen vordergründigen Soziologismus in der Schulpädagogik, den man mit Herbarts „Erziehendem Unterricht" zurückweisen kann. Herbart sagte: Die Pädagogik darf nicht zum

29 Benner (1995:47–82); vgl. auch Hellekamps (1991:96–103).
30 Der Vortrag ist bei Apel/Grunder (1995:37–45) abgedruckt.
31 Herbart fordert, die Pädagogik von der Indienstnahme für staatliche Zwecke ganz zu befreien, und er vergleicht die Staatsschule immer wieder mit einer *Fabrik*: „Jedes Individuum bedarf der Erziehung für sich, und darum kann die Erziehung nicht wie in einer Fabrik arbeiten" (zit. nach Apel/Grunder 1995:39).
32 Vgl. Abschnitt 1.3 der Sechsten Lektion!

Mittel der Politik gemacht werden. Aber „Schule" dient nun einmal staatlichen Interessen. Sie ist verregelt durch Richtlinien und viele Vorschriften. Und in ihr sitzen oft genug Schüler, die über Tisch und Bänke gehen, also im wörtlichen Sinne ungezogen sind. Da fehlt die „Regierung" in Herbarts Sinne, und erst recht die „Zucht". Wie will man denn unterrichten und erziehen, wenn sich die Schüler nicht einmal ansprechen lassen?
Anton Semjonowitsch Makarenko hat einmal gesagt: „Ich fordere etwas von dir, weil ich dich achte!" – Dieser Satz hätte auch von Herbart stammen können, und er ist auch heute – sieben Jahre nach der Wende – aktuell. Ihr habt – gegen Hermann Giesecke gewandt – den pädagogischen Grundsatz formuliert, „den Schüler dort abzuholen, wo er steht". Das ist aber nur die halbe Wahrheit. Der Schüler muss sich auch, und wenn es nur ein kleiner Schritt ist, auf den Lehrer zubewegen!
Das Wort „Zucht" klingt ja in unseren Ohren befremdlich. Es erinnert an Zuchthaus und Züchtigung. Aber es hat doch die selbe sprachliche Wurzel wie „Erziehung". Also, ich meine, ohne Zucht geht es nicht. Herbart hat diesen Begriff als einen zutiefst pädagogischen Begriff verstanden und sehr liberal definiert[33] – gerade auch im Alter, als er wieder in Göttingen war.
Dorothea Vogt: Ich bin ja an jedem Wochentag in der Schule, und das, was Sie eben gesagt haben, tut mir richtig gut! Denn ich beobachte, dass ich genau dies von meinen Schülern erwarte, sich einen Schritt auf mich zuzubewegen. Und wenn ich unter Kollegen darüber klage, dass es un*gezogene* Schüler gibt, die mich behandeln, als ob ich von einer Dienstleistungsfirma käme, Schüler, die mich nicht einmal grüßen, wenn ich in den Klassenraum komme, dann gucken mich die Kollegen manchmal so mitleidig an, als ob ich von vorgestern sei. Was Herbart forderte, ist nicht von vorgestern, sondern höchst aktuell und pädagogisch vernünftig! – Aber wie kann man das, was er meinte, heute so formulieren, dass es nicht zu tausend Missverständnissen führt?
Lothar Klingberg: Wir müssen uns überlegen, wie Zucht heute verstanden werden kann. Da kommt ein Element hinzu, das bei Herbart nicht sonderlich ausgeprägt war (weil er beim Erziehenden Unterricht eher an seine Hauslehrerzeit dachte), das wir aber aus der Reformpädagogik, von Makarenko u.a.m. kennen:
Die Zucht soll ja aus der *Erfahrung* und dem *Umgang* erwachsen. Wir können heute sagen: aus der demokratischen Regulierung der Erzieher-Zögling-Gemeinschaft. Wir haben in der DDR-Pädagogik dazu „Kollektiverziehung" gesagt, aber das ist mir eigentlich zu ungenau. Ich spreche vom „kollektiven Subjekt des Unterrichts". Das ist ein anspruchsvoller, sicherlich auch von einigen missbrauchter Begriff. In meinem Buch „Lehrende und Lernende im Unterricht" könntet ihr nachlesen, was ich damit meine[34]. Ein kollektives Subjekt entsteht, wenn die Schüler und Schüle-

33 Herbart schreibt z. B. im „Umriß pädagogischer Vorlesungen" (aus den Jahren 1835/1841; Herbart 1965:216): „Die Zucht schaut in die Zukunft des Zöglings. Sie beruht auf der Hoffnung und zeigt sich zunächst in der Geduld. Sie mäßigt die Regierung, die sonst durch größere Härte vielleicht schneller zum Zwecke käme. Sie mäßigt selbst den Unterricht auf den Fall, dass seine Wirkung das Individuum zu stark anspannt."

34 Klingberg (1990:145 ff.).

rinnen so viele methodische Kompetenzen entwickelt haben, dass sie den Unterrichtsprozess aktiv mitgestalten können. Die übliche Gleichsetzung „Lehrer"/„Lehrender" und „Schüler"/„Lernender" muss dann aufgehoben werden. Eine fortschrittliche Pädagogik versucht doch gerade, die Lehrenden immer wieder zu Lernenden zu machen und umgekehrt. Alle zusammen tragen Verantwortung für das Gelingen des Lehr-/Lernprozesses.
Und nun frage ich: Wie muss eine Schule konstruiert sein, in der dieses Verständnis von gemeinschaftlichem Lernen und Lehren verwirklicht werden kann?

Darauf hätte ich gern in eurem Buch eine Antwort! L. K.

Eine schnelle Antwort auf Klingbergs Frage hatten und haben wir nicht. Wir werden auf diesen „Stachel im Fleische" einer jeden Schulpädagogik aber immer wieder zurückkommen. Wir fassen zusammen:

These 1.10: Die Staatsschule ist nur erst in Ansätzen „erziehungsfähig".

Aber die *Richtung* der staatlichen Schulentwicklung der letzten Jahre und Jahrzehnte müsste von Herbart (und sicherlich auch von Lothar Klingberg) begrüßt werden. Die Individualisierung des Lernens wird ja viel deutlicher als früher eingeklagt. Und die Schulen selbst erhalten unter dem Etikett „Schulautonomie wagen" deutlich mehr Freiräume als noch vor wenigen Jahren.

4. Schule als Lehr-Lerngemeinschaft

Ich setze die schrittweise Erläuterung der Arbeitsdefinition 1 fort. Es hieß dort, Schule diene der *gemeinsamen* Erziehung und Unterweisung. Was ist damit gemeint? – Zunächst einmal der Tatbestand, dass schulisches Lernen nicht im einsamen Kämmerlein, sondern nur in tätiger Auseinandersetzung mit anderen denkbar ist. Herbart hätte gesagt: Erziehender Unterricht kann nur gelingen, wenn Lehrende und Lernende „Umgang" miteinander haben. Aber was ist das: pädagogischer Umgang?

Diese Frage ist so wichtig, dass etwas mehr Zeit und Raum für ihre Erörterung aufgewandt werden soll:

- Ich beginne im Abschnitt 4.1 mit einer *formalen Analyse* des Lehr-Lernverhältnisses und beschreibe, was unter „direkter Interaktion" zu verstehen ist.
- Im Abschnitt 4.2 frage ich dann, was das für die *Pädagogik* Spezifische an diesen Interaktionen ist, und gelange dabei zum Begriff des „pädagogischen Bezugs".
- Im Abschnitt 4.3 folgt ein längeres Beispiel einer Gesamtschullehrerin (Enja Riegel) für die *bewusste Gestaltung des pädagogischen Bezugs* unter realen, also schwierigen schulischen Bedingungen.
- Zum Schluss fasse ich die Argumentation zu einer Arbeitsdefinition für „pädagogische Gemeinschaft" zusammen.

4.1 *Direkte Interaktion*

Was ist das Besondere der *schulischen* Organisationsstruktur? Worin unterscheidet sie sich z. B. von der Organisation eines Finanzamts? – Ein Finanzamt kann sämtliche Kontakte mit seinen „Kunden“ schriftlich (oder in Zukunft über Datenautobahnen) abwickeln; es geht um Verwaltungshandeln, das in seinem Charakter abstrakt ist und die Klienten zu Objekten macht. Kirchen, Gefängnisse, Krankenhäuser oder Schulen sind in diesem Punkt anders konstruiert. Sie setzen einen *direkten Kontakt* voraus. Der Patient will leibhaftig kuriert, das Hochzeitspaar will „face to face“ getraut und die Schülerinnen wollen oder sollen *gemeinsam* gebildet werden. Sie müssen untereinander und auch mit ihren Lehrerinnen kommunizieren können, wenn der Zweck der Schule erfüllt werden soll[35].

These 1.11: Schule muss so organisiert werden, dass eine *direkte Interaktion* zwischen Lehrerinnen, Schülerinnen und nichtunterrichtendem Personal möglich ist.

Der Interaktionsbegriff[36] stammt aus der Soziologie und ist Gegenstand vielfältiger theoretischer Debatten, ja zum Namenspatron für eine ganze Richtung der Soziologie, für den „symbolischen Interaktionismus“ (Brumlik 1983) geworden. Das braucht hier nicht zu interessieren. Wichtig ist, *die kleinste soziale Einheit* zu bestimmen, auf die sich Interaktionsprozesse jedweder Art beziehen:

(1) Person A tut etwas.	(1) Die Lehrerin zieht die linke Augenbraue hoch.
(2) Person B reagiert darauf.	(2) Der Schüler nimmt Blickkontakt auf und blinzelt wohlwollend zurück.
(3) Person A nimmt zur Kenntnis, dass und wie B reagiert hat.[37]	(3) Die Lehrerin lässt die Augenbraue sinken und blinzelt ebenfalls.

35 Vgl. das immer noch grundlegende, auch für viele weitere Aspekte zu empfehlende Buch von Reinhard und Anne-Marie Tausch (1991). In dieser Hinsicht unterscheidet sich die Schule grundlegend von den Massenmedien, die ja gern als „die“ großen Konkurrenten der Schule definiert werden. Der Fernsehregisseur oder Tagesschausprecher ist auf Vermutungen angewiesen, ob sein Programm zumutbar und verstehbar ist (Luhmann 1996:12). Schule bietet den unschätzbaren, wenn auch manchmal anstrengenden Vorteil direkter Rückmeldungen.

36 *Interaktion* (vom lateinischen interagere = etwas zusammen machen/handeln) bezeichnet ein sinnvolles und zielbezogenes Handeln von mindestens zwei Interaktionspartnern. Auch in der Psychologie wird der Begriff (mit mehreren Bedeutungsrichtungen) verwandt; vgl. Perrez/Huber/Geißler (1993). Der Begriff wird also anders als in der Informatik definiert, wo ein Computerbenutzer auch mit Geräten oder Texten interagieren kann.

37 Dabei gilt Watzlawicks Kommunikationsaxiom: „Man kann nicht *nicht* kommunizieren.“

Ein solcher Dreischritt, der nicht länger als ein oder zwei Sekunden zu dauern braucht, wird von Soziologen auch als „*doppelter Interakt*" bezeichnet und kunstvoll interpretiert[38].

Der Schulalltag setzt sich aus einer unendlichen Fülle doppelter Interakte zusammen. Eine Lehrerin dürfte in einer *Minute* – je nach Unterrichtssituation und ohne dass dies besonders auffiele – 10 bis 20 doppelter Interakte vollführen. Das sind in einer Schulstunde 500 bis zu 1 000 und an einem Schulvormittag fünfmal so viele Interakte – und dies nicht nur mit einem, sondern in der Mehrzahl der Fälle mit 10, 20 oder 30 Interaktionspartnern. Kein Wunder, dass der Lehrerberuf so anstrengend ist!

Die Notwendigkeit direkter Interaktion besagt *nicht*, dass jeder fortwährend mit jedem reden oder etwas unternehmen müsste. Dies dürfte selbst an sehr kleinen Schulen zum baldigen Chaos führen. Es muss vielmehr *geregelt* werden, wer mit wem wann wo und wie interagiert. Und genau deshalb sind zum Teil höchst kunstvolle *schulische* Interaktionsstrukturen geschaffen worden, die sich von Gefängnissen, Krankenhäusern und Kirchengemeinden deutlich unterscheiden.

4.2 Pädagogischer Bezug

Schulische Interaktion ist wesentlich dadurch gekennzeichnet, dass *gelehrt* und *gelernt* wird[39], und zwar in pädagogisch gestalteten Situationen: d. h. mit einer Lehrlogik, die systematischen Wissenserwerb ermöglicht und soziale, kreative und weitere Kompetenzen auszubauen erlaubt, in Klassenräumen, die anregungsreich und schön gestaltet sind, in einem Schulklima, das zum Lernen verleiten soll.

Wir nutzen im Folgenden zur Kennzeichnung der spezifisch *pädagogischen* Interaktionsformen den einheimischen Begriff des pädagogischen Bezugs[40]. Ein pädagogischer Bezug liegt dann vor, wenn die Lehrerinnen lehren *wollen* und die Schülerinnen sich bewusst darauf einlassen:

38 Genauer übersetzt müsste man sagen: *zweifacher Interaktions-Akt*; vgl. Weick (1995:13).

39 Es kommen natürlich noch zahlreiche weitere Tätigkeiten hinzu, die wir in der Dritten und Vierten Lektion ausführlich darstellen werden.

40 Der Begriff wurde von Herman Nohl geprägt. Er bezeichnet bei ihm ein „geistiges Verhalten selbstständiger Art, das sich auf den werdenden Menschen richtet um seiner höheren Form willen" (Nohl 1982:134). Nohls Konzeption ist nicht unumstritten und dazu in einer für heutige Ohren schwülstig wirkenden Sprache beschrieben („Die Grundlage der Erziehung ist also das leidenschaftliche Verhältnis eines reifen Menschen zu einem werdenden Menschen, und zwar um seiner selbst willen, dass er zu seinem Leben und zu seiner Form komme" (a.a.O.). Ich meine, dass Nohls Betonung der emotionalen Seite des pädagogischen Bezugs richtig ist, dass aber die durch seine Formulierungen nahe gelegte Selbstaufopferung des Erziehers für den Zögling eine korrekturbedürftige Übersteigerung darstellt (vgl. auch Giesecke 1997). P. S.: Kenner der geisteswissenschaftlichen Pädagogik unterscheidet man von Schnelllesern dadurch, wie sie Nohls Vornamen schreiben!

Arbeitsdefinition 4:
Der pädagogische Bezug beschreibt ein Verhältnis von Lehrenden und Lernenden, das in gegenseitiger Achtung und im Lehrenwollen und Lernenkönnen begründet ist.

Die Betonung liegt in dieser Definition auf „gegenseitig". Ein pädagogischer Bezug kommt nur dann und nur dadurch zustande, dass sich beide Seiten als Personen wahrnehmen, achten und anerkennen. Menschlichkeit im Umgang und kommunikative Kompetenz, also die Fähigkeit, sich zuzuhören und auszutauschen, sind deshalb mehr als eine wünschenswerte Zugabe. Sie sind grundlegende Voraussetzungen für die Gestaltung des Bezugs.

Da Bilder manchmal mehr als Worte sagen, zwei Kontrastbilder:

Die Zeichnung von Karsten Friedrichs von 1997 glossiert den Bericht eines Referendars über eine misslungene „Vorführstunde": Der Referendar handelt nicht altersstufengerecht; die Schüler reagieren mit Albernheiten.

Das 1936 entstandene Foto des bekannten Reformpädagogen Adolph Reichwein zeigt ihn mit seinen Volksschülerinnen in seiner kleinen Schule in Tiefensee bei Berlin. Lehrer und Schülerinnen haben ganz offensichtlich den pädagogischen Bezug hergestellt. Die Schülerin - nicht der Lehrer - erhebt den „didaktischen Zeigefinger". Lehrender und Lernende sind in direktem Kontakt miteinander (auch in Körperkontakt!), sie bleiben aber auf die Sache, nämlich die Zeichnung und die ausgestopfte Eule, konzentriert.

Adolf Reichwein

4.3 Ein Bericht von Enja Riegel

Schule lebt davon, dass möglichst oft pädagogische Bezüge zwischen den Lehrenden und Lernenden geschaffen werden. Aber wie macht man das in der heutigen Zeit? *Enja Riegel*, Leiterin der Helene-Lange-Gesamtschule in Wiesbaden, liefert ein Beispiel. Sie beschreibt in dem Büchlein „Geschichten mit Kindern"[41] eine *dramatische Erziehungssituation*. Ihre Geschichte hätte auch die im Gespräch mit Lothar Klingberg erwähnte Überschrift tragen können: „Weil ich dich achte, *fordere ich etwas von dir*". Ich zitiere ihren Bericht wörtlich, aber um mehr als die Hälfte gekürzt[42].

Streiten

Jonathan und Alexander

„Frau Riegel, kommen Sie schnell in die Klasse, der Alex blutet!" – „Der Jonathan hat dem Alex auf die Nase geboxt, kommen Sie schnell!" Eva und Miriam, zwei Schülerinnen aus meiner Klasse 5, waren mit diesen Worten am Ende der ersten großen Pause ins Sekretariat gestürzt.

Ich ließ alles liegen und ging sofort in die Klasse. Alexander, ein stämmiger zehnjähriger Junge, der sehnig und gut durchtrainiert wirkte, war umringt von den Jungen und Mädchen seiner Klasse, die versuchten, ihn zu trösten. Ich bahnte mir einen Weg, überzeugte mich davon, dass das Blut gestillt war, legte ihm die Hand auf den Kopf und fragte, was passiert sei. „Der Jonathan und der Alex haben sich auf dem Schulhof gestritten, und dann ist der Jonathan auf ihn drauf und hat ihm eins auf die Nase gegeben."

Ich sah mich nach Jonathan um. Er war ein schmaler, hoch gewachsener Junge mit längeren blonden Haaren. Er saß alleine an seinem Tisch, hielt die Fäuste vor die Augen und bemühte sich, seine Tränen zu unterdrücken. Plötzlich sprang er auf und schrie: „Das stimmt nicht! Alex hat angefangen und hat mich getreten! Da hab ich mich gewehrt."

Von den umstehenden Schülerinnen und Schülern war nicht genau herauszubekommen, wer denn wirklich angefangen hatte und aus welchem Grund sich die beiden gestritten hatten. Ich versuchte, auch Jonathan zu beruhigen. Beiden sagte ich, dass wir in der letzten Stunde dieses Vormittags im Klassenrat darüber reden würden, um den Streit zu schlichten. (...)

Dies war der Anfang einer erbitterten Feindschaft zwischen Alexander und Jonathan. Mehrmals in der Woche kam es zwischen beiden zu Rempeleien, zu Ringkämpfen und regelrechten Prügelszenen. Keiner ließ eine Gelegenheit aus, den anderen zu verfolgen und auch mit Worten zu verletzen. Immer

41 A. Becker/von Hentig (1996:11–24).

42 Die Berichte über die Situation im Elternhaus der beiden Jungen und über den Fortgang der Schullaufbahn fehlen.

wieder wurde diese Feindschaft von der ganzen Klasse beraten. Die übrigen Schülerinnen und Schüler beschwerten sich, dass beide die vereinbarten Regeln sowohl vor und nach dem Unterricht als auch in den Pausen nicht einhielten. Die Klasse insgesamt war parteiisch und hielt eher zu Alexander, während Jonathan isoliert war. Nach der Schule fuhren Alexander und Jonathan gemeinsam mit einem dritten Jungen in ein und demselben Bus (...) nach Hause. Manchmal berichtete Eric: „Immer wenn wir aus dem Bus raus sind, fängt einer an zu rennen, und dann jagt ihn der andere, bis sie nicht mehr können."

Ich stand vor einem Rätsel: Als wären sie von einer magnetisch anmutenden Kraft miteinander verbunden, gerieten die beiden Jungen in einen Konflikt, der sie ständig zur Wiederholung fast traumatischer Szenen weiter und tiefer hineintrieb.

Wiederholte Gespräche mit den Eltern verliefen erfolglos. (...)

Die Klasse litt und wünschte sich insgeheim, Jonathan loszuwerden. Dann wäre doch alles in Ordnung. Auch Kollegen empfahlen dies als sinnvolle Ordnungsmaßnahme. Dennoch schreckte ich davor zurück, einen der beiden in eine andere Klasse zu versetzen. Stattdessen wollte ich noch ein letztes Mal einen Versuch wagen, dass wir alle, Alexander, Jonathan, die Klasse und ich, eine Lösung fänden.

Ich bat die Klasse, dass wir uns mit unseren Stühlen in einen Kreis setzen. Als wir den Kreis geschlossen hatten, sagte ich nach einer kurzen Pause:

- „Wir alle sind unglücklich über die Feindschaft zwischen Alexander und Jonathan. Wir sehen jeden Tag, wie sie sich wehtun. Aber ihr spürt ja auch, dass diese Auseinandersetzungen uns alle treffen. Jedenfalls, solange wir keine Lösung gefunden haben, können wir nicht gut miteinander weiterarbeiten. Deshalb bitte ich euch nun, dass ihr mithelft, einen neuen Weg zu finden."

Die Kinder waren sehr ernst und still, sie spürten irgendwie, dass etwas Entscheidendes geschehen würde und dass es auch von ihnen abhing, ob der Frieden wieder hergestellt werden könne.

Nun bat ich Alexander und Jonathan, sich in den Kreis zu begeben und sich einander gegenüberzusetzen, und zwar in etwa einem Meter Abstand voneinander. Unsicher und eher widerwillig taten sie es. Nun forderte ich beide auf, jeweils den anderen genau anzuschauen. Dann bat ich die Klasse, einfach still zu sein und die beiden in Gedanken mit ihren guten Wünschen für eine friedliche Lösung zu begleiten.

Jetzt trat völlige Stille ein, niemand wagte, sich zu rühren oder zu flüstern. Die Kinder waren so gespannt, als ob sie einem Drama auf der Bühne zuschauten. Nach einer kurzen Zeitspanne, die endlos schien, sagte ich:

- „Wir beginnen jetzt mit einigen Übungen, die ihr ganz genau befolgen müsst. Seid ihr bereit, diese Übungen mitzumachen?"

Die beiden Jungen nickten.

- „Und ihr", zur Klasse gewandt, „seid auch ihr bereit, die nun folgenden Übungen genau zu beobachten und zu begleiten?"

Das Einverständnis der Klasse war fast nur spürbar, kaum wahrnehmbar, weil die Spannung und Stille trotz der Worte anhielt. Nun stellte ich Alexander und Jonathan die folgende Aufgabe:

- „Jeder soll den anderen spielen und ihn bei irgendeiner Handlung, an die ihr euch gut erinnern könnt, nachahmen."

Rasch war durch das Los entschieden, dass Jonathan zuerst dran war. Wieder Stille, aber eine sehr angespannte Stille:
Beide Jungen wären am liebsten auf und davon gelaufen, aber ihr gegebenes Jawort, der Kreis und die spürbare Erwartung aller Anwesenden hielt sie. In dieser Stille dauerte es fast überlang, bis endlich Jonathan den Alexander spielte, wie er als Linkshänder einen Text schrieb. Die Kinder mussten etwas lachen, und wäre ich nicht dabei gewesen, wäre der Alexander dem Jonathan wutentbrannt an die Gurgel gegangen.
Nun war Alexander dran. Er hatte sich schon überlegt, was er machen würde: Er spielte, wie Jonathan, der kurzsichtig war, seine Brille putzte und wieder auf die Nase setzte. Auch diese Szene löste Heiterkeit und Entspannung aus.
Nachdem wieder Ruhe eingekehrt war, stellte ich die nächste Aufgabe:
„Jeder von euch beiden soll dem Anderen etwas sagen, was er gut an ihm findet." Ich wusste: Das war für beide noch schwerer.
Wieder trat Stille ein. Alexander versuchte schnell damit fertig zu werden: „Mir gefallen deine neuen Jeans." Jonathan saß lange unbeweglich und stumm dem Alexander gegenüber, bis ihm die Tränen in die Augen traten. Schließlich sagte er ganz leise und stockend: „Du hast ein sehr schönes Bild gemalt."
Alle atmeten erleichtert auf, während Alexander fast etwas berührt schien.
Am Ende dieser Stunde gab es zwei weitere Aufgaben für die Woche. Die erste Aufgabe war: Jeden Morgen vor dem Unterricht sollte die Klasse um Jonathan und Alexander einen Kreis bilden, die beiden sollten sich die Hand geben und sich gegenseitig etwas für den Tag wünschen. Die zweite Aufgabe

sollte sein: Alexander und Jonathan sollten den Heimweg nach dem Ausstieg aus dem Bus ohne zu rennen unter der Aufsicht von Eric zurücklegen. Und die Klasse sollte darüber wachen, dass sich die beiden in der Pause nicht zu nahe kämen.

In der darauf folgenden Woche ging ich jeden Morgen vor dem Unterricht in die Klasse und stellte mich mit in den Kreis. Am ersten Tag schrie Alexander: „Dem gebe ich keine Hand!" Auch Jonathan hielt seine Hände auf dem Rücken verschränkt. Durch meine Anwesenheit bekundete ich: Ich lasse nicht locker, aber Alexander und Jonathan blieben unversöhnlich. In der Klasse entstand eine unterschwellige Unsicherheit über die Situation, ob sie sich ihr wirklich weiter aussetzen sollte! Schließlich sah ich mich gezwungen, die beiden daran zu erinnern, dass wir alle ein Abkommen geschlossen hatten und sie bereit gewesen waren, die von mir gestellten Aufgaben genau zu erfüllen.

Die Klasse und ich blieben beharrlich stehen und warteten, bis sich die beiden zögernd die Hand gaben, sich dabei fast nicht berührten und schnell wieder zurückzuckten. Alexander sagte kaum hörbar: „Ich wünsche dir einen guten Tag." Jonathan sehr leise: „Ich dir einen guten Morgen."

Die Kinder im Kreis atmeten erleichtert auf. Wir alle hatten gespürt, dass die Situation beinahe zusammengebrochen wäre und im letzten Moment gerade noch gerettet worden war.

Im Laufe der Woche wurde das Händegeben zwar nicht selbstverständlich, aber einfacher, und die Wünsche für den Tag konkreter – z. B. Alexander: „Ich wünsche dir, dass du eine gute Englischarbeit schreibst", und Jonathan: „Ich wünsche dir, dass du beim Tennisturnier gewinnst."

Der nächste Klassenrat am Ende der Woche begann entspannt, fast fröhlich. Jonathan und Alexander, wieder in der Mitte des Kreises, berichteten über ihre Erfahrungen während der Woche, insbesondere das grässliche Händegeben, aber wie es dann doch leichter gefallen und einfacher gegangen ist. Die Mitschülerinnen und Mitschüler berichteten von ihren Beobachtungen während der Pausen und während der anderen Unterrichtsstunden: Es war zu keiner Prügelei gekommen. Lediglich Eric klagte darüber, dass das ruhige Nach-Hause-Gehen nicht immer geklappt habe.

Nach den Berichten der Kinder schloss ich wieder eine Übung für Jonathan und Alexander an: Jeder sollte sich vom anderen etwas wünschen. Und am Ende gab es zwei Runden: Jeder Mitschüler und jede der Mitschülerinnen sollte in der ersten Alexander mitteilen, was man gut an ihm findet, und in der zweiten dem Jonathan. Wir schlossen diesen Klassenrat mit dem Gefühl, dass wir einen Schritt vorangekommen waren, obgleich sicher kaum jemandem bewusst geworden war, dass Jonathan und Alexander begonnen hatten, ihre negativen Sonderrollen in der Klasse aufzugeben, und dass insbesondere Jonathan vielleicht das Gefühl hatte, erstmals in die Klasse aufgenommen worden zu sein.

In den beiden folgenden Wochen wurden die Aufgaben für Jonathan und Alexander sowie für die Klasse fortgeführt und jeweils am Ende einer Woche wurde im Klassenrat darüber berichtet. Und tatsächlich entspannte sich das Verhältnis zwischen Jonathan und Alexander allmählich immer mehr, bis sie nach einem halben Jahr fähig waren, im Projekt „Naturkatastrophen" zu dem von beiden gewählten Unterthema „Vulkane" für eine gewisse Zeit in einer Gruppe erfolgreich zusammenzuarbeiten.

Ich weiß nicht, wie Sie, liebe Leserin, auf diesen Bericht reagiert haben. Mehrere Studentinnen und Lehrerinnen, die den Text gelesen hatten, waren geteilter Meinung. Es gab volle Zustimmung zum Verhalten der Lehrerin, aber auch ein mulmiges Gefühl:

- „Sollen wir uns im Praktikum oder Referendariat genauso verhalten?"
- „Was wäre gewesen, wenn die Intervention der Lehrerin nicht geklappt hätte?"
- „Kann man/frau ohne psychologische Zusatzausbildung eine solche Maßnahme riskieren?"

Die Bedenken kann ich nicht beiseite schieben, aber ich finde, Enja Riegels Bericht ist ein *Lehrstück* für das, was wir oben als Schul*pädagogik* gefordert haben. Sie hat der Versuchung widerstanden, das Problem auf andere Instanzen abzuwälzen. (Sie hätte einen der beiden Schüler in eine andere Klasse überweisen oder ihn dem Schulpsychologen zuführen können.) Stattdessen hat sie den Konflikt zur Aufgabe der ganzen Klasse gemacht und sehr überlegt und zielstrebig den sozialen Rahmen festgelegt, innerhalb dessen eine Konfliktregulierung versucht werden sollte.

These 1.12: Erziehender Unterricht kann nur gelingen, wenn ein geordneter Rahmen für den Umgang der Menschen geschaffen wird.

Enja Riegel hat im wörtlichen und im übertragenen Sinne einen Handlungsrahmen geschaffen. Sie hat sich und allen Schülerinnen einiges zugemutet, aber Erfolg gehabt[43]. Dies setzt eine „starke" Lehrerpersönlichkeit voraus – und das ist keine Frage des Alters, des Geschlechts oder der Gehaltsstufe, sondern des Selbstvertrauens in die eigene Kraft. Wir schließen deshalb eine zweite These an:

These 1.13: Schule lebt vom *Selbstvertrauen* der Lehrenden und Lernenden, ihre Aufgaben *selbst* lösen zu können.

43 Enja Riegels Bericht geht weiter; ich empfehle mit Nachdruck, ihn zu Ende zu lesen!

4.4 *Pädagogische Gemeinschaft*

Ich komme damit zum letzten, noch nicht erläuterten Element der Arbeitsdefinition 1. Ich hatte definiert, dass die Schüler und Schülerinnen *gemeinsam* erzogen und unterrichtet werden sollen. Hinter dieser Forderung steckt der uralte pädagogische Traum der Schule als Gemeinschaft – einer humanen und solidarischen Lebensform, die die Institution für Lehrende und Lernende zur Heimat werden lässt:

> **Arbeitsdefinition 5:**
> Schule ist eine pädagogische Gemeinschaft, die einen geordneten Rahmen, schützende Regeln und bewusst gesetzte Freiräume für das Leben, Lernen und Arbeiten aller bereithält.

Mit anderen Worten: Schule soll eine *gute Ordnung*[44] darstellen, in der sich Vielfalt entwickeln kann und Gleichheit erfahrbar wird:

- Eine solche Schule geht behutsam mit der kostbaren Zeit um, die Lehrerinnen und Schülerinnen in ihr zubringen.
- Sie bietet gepflegte Räume, die ansprechend gestaltet und einsichtig geordnet sind.
- Sie fördert durch die in ihr geltenden Interaktionsregeln die Verbindlichkeit und Verlässlichkeit.
- Sie macht sich stark für die Schwachen und versucht, Gewalt zu reduzieren.

Ich denke dabei an die Idee der Schule als „polis"[45] im Sinne Hartmut von Hentigs[46]: Ordnung und Verständigung über die Grenzen, sich geborgen fühlen und Spaß miteinander haben sind Elemente der Schulgemeinschaft. Damit ist aber keine nach rückwärts gewandte Romantisierung der griechischen Sklavenhaltergesellschaft gemeint, sondern eine nach vorn gerichtete konkrete Utopie einer humanen, politisch aktiven Zukunftsschule.

In Arbeitsdefinition 5 steckt ein im Prinzip optimistisches Gemeinschafts- und auch ein Menschenbild, das aus der Tradition der europäischen Aufklärung abgeleitet ist (vgl. Meinberg 1988). Menschenbilder liefern weder reine Beschreibungen noch reine Erfindungen, sondern *Entwürfe* möglichen Denkens, Fühlens und Handelns. Wir skizzieren das dieser SCHULPÄDAGOGIK zugrunde gelegte Menschenbild in acht Punkten:

---

44 Vgl. Prengel/van der Voort (1996); Oser/Althoff (1993).

45 *Pólis* heißt im Griechischen so viel wie Stadtgemeinde oder Bürgerschaft; das Wort „Politik" ist davon abgeleitet.

46 Von Hentig (1993:212): „Die Schule als Erfahrungsraum ist zugleich auch ein Ort, an dem der einzelne die Notwendigkeit, die Vorteile und den Preis des Lebens in der Gemeinschaft erfährt. Die Schule ist eine *polis*. Man lernt am Modell dieser Gemeinschaft die Grundbedingungen des friedlichen, gerechten, geregelten und verantworteten Zusammenlebens und alle Schwierigkeiten, die dies bereitet. Gemeinschaft fordert Ordnungen, Selbstdisziplin, Einigung auf die Zwecke und die Grenzen des Zusammenseins. Gemeinschaft bedeutet auch stärker sein, sich geborgen fühlen, Spaß miteinander haben."

(1) Lehrer und Schüler sind – wie jeder andere Mensch auch – zur Vernunft und Freiheit, aber auch zur Destruktion und Selbstzerstörung fähig. Es ist ihre Aufgabe, mündig zu werden.
(2) Mündigkeit und aufrechter Gang sind aber nicht angeboren. Sie müssen erlernt werden.
(3) Jeder Mensch hat ein Bedürfnis nach Liebe und Anerkennung.
(4) Menschen lernen, wenn überhaupt, immer ganzheitlich, also mit Kopf, Herz, Händen und allen Sinnen.
(5) Menschen sind neugierig! Sie stellen Fragen und können staunen, sie wollen ihre Umwelt erfahren und sie experimentierend erproben.
(6) Menschen machen Fehler, aber sie können auch aus Fehlern lernen.
(7) Menschen versagen – und müssen akzeptieren, dafür zur Verantwortung gezogen zu werden.
(8) Menschen suchen die gute Ordnung. Sie wollen einen verlässlichen Rahmen für ihr Handeln – und auch einmal in Ruhe gelassen werden.

Fragt sich bloß, ob ein solcher Traum von guten Menschen in guter Ordnung mehr als einen frommen Wunsch darstellt. Wir meinen (an Enja Riegels Bericht erinnernd): Dies ist keine Fiktion! Es gibt verwirklichte Ansätze zu einer solchen menschlichen Schule: Inseln der Humanität in einer aus den Fugen geratenden Welt.

Die Idee der „Schule als Gemeinschaft“ entspricht auch dem empirisch ermittelten Wunsch der ganz überwiegenden Mehrzahl der Schülerinnen[47] und sicherlich auch der Eltern.

Aber eine solche Schule kommt nicht von selbst zustande, sondern muss immer wieder neu erarbeitet und notfalls erkämpft werden! Wir orientieren uns an Theodor W. Adornos kontrafaktischer (= gegen den Augenschein formulierter) Perspektive:

> „Das Pathos der Schule heute, ihr moralischer Ernst ist, dass inmitten des Bestehenden nur sie, wenn sie sich dessen bewusst ist, unmittelbar auf die Entbarbarisierung der Menschheit hinzuarbeiten vermag. Mit Barbarei meine ich (...) das Äußerste: wahnhaftes Vorurteil, Unterdrückung, Völkermord und Folter; darüber soll kein Zweifel sein. Dagegen anzugehen, ist, so wie Welt im Augenblick aussieht, in der, zumindest temporär, keine weiter reichenden Möglichkeiten sichtbar sind, vor allem anderen an der Schule." (Adorno 1969:84)

Schlichter ausgedrückt: Wo sonst, wenn nicht in der Schule, soll die heranwachsende Generation lernen, dass es nicht nur Eigennutz und Ellenbogenmentalität, sondern auch noch das Engagement für Menschen und Sachen um ihrer selbst willen gibt?

47 In einer interessanten empirischen Untersuchung mit dem Titel „Schüler sehen Schule anders“ hat *Veronika Nölle* herausgefunden, dass 96 Prozent der erfassten Sekundarschülerinnen erwarten, dass die Schule „Lebens- und Erfahrungsraum“ sein soll; diese Erwartung sei eine „Allgemeine Grundorientierung der Schüler und Schülerinnen“ (Nölle 1995:189).

5. Dialektik des Lehrens und Lernens

5.1 Eine Flasche Veuve Cliquot

Vorweg: Ich wette mit Ihnen um eine virtuelle Flasche Veuve Cliquot-Champagner, dass Sie immer dann, wenn bisher von „Lehrenden“ die Rede war, an die Lehrerinnen und ihre männlichen Ergänzungen gedacht haben, so wie Sie bei „Lernenden“ die Schülerinnen und Schüler vor Augen hatten. *Dies ist falsch!* Ein Bild hält uns gefangen, das zwar durch die herkömmliche Unterrichtspraxis der Schulen nahe gelegt wird, aber eine Chance zur Schulreform verspielt.

> **These 1.14:** Lehren ist kein Privileg der Lehrerinnen, Lernen kein Privileg der Schülerinnen.

Lehrerinnen haben die Pflicht, hin und wieder in die Rolle der Lernenden zu schlüpfen. Schülerinnen haben das Recht, ihre Lehrkompetenzen zu entwickeln. Dieser Rollenwechsel kann, wie alle bestätigen, die sich getraut haben, ausgesprochen lehrreich für beide Seiten sein. Und nur dann kann das entstehen, was Lothar Klingberg im obigen Gespräch und in verschiedenen Schriften[48] als „kollektives Subjekt des Unterrichts“ bezeichnet hatte. Zugespitzt formuliert:

> **These 1.15:** Die Schülerinnen tragen Verantwortung für das Erfolgserlebnis ihrer Lehrerinnen.

Und die Lehrerinnen tragen Verantwortung dafür, dass sich die Schülerinnen von ihnen emanzipieren können[49]!

5.2 Arbeitsdefinitionen „Lehrerin“ und „Schülerinnen“

Die Hauptaufgabe der Schule besteht darin, die heranwachsende Generation zu erziehen und zu unterrichten. Die pädagogische Grundlegung der Schulpädagogik muss deshalb im *Zentrum* ihrer Aufgaben, also beim Lehren und Lernen, und nicht bei schönen Randerscheinungen (wie Schulfeiern, Pausen und Ferien) gesucht werden. Deshalb setze ich den Versuch, Schule zu

48 Klingberg (1990:145 ff.); vgl. auch Jank/Meyer (1991:280).

49 Anmerkung Carola Junghans: „Theoretisch hört sich das alles gut an. Aber ich würde so gern mal einen Unterricht sehen, wo das spürbar und sichtbar ist!“

definieren, mit der Frage fort, wie Lehren und Lernen aufeinander bezogen sind. In Friedrich Kluges Etymologischem Wörterbuch der deutschen Sprache (19. Aufl. 1963) finden sich folgende Herleitungen:

Lehre *f.* mhd. *lēre*, ahd. asächs. *lēra*, ags. *lār*, engl. *lore* 'Kenntnis'. Grundbed. 'rechter Weg'. Das mit Gleis verwandte *lēra* übersetzt in ahd. Glossen auch lat. *via*. Dasselbe Wort ist Lehre 'Meßwerkzeug' als dt. Ausdruck für Kaliber, Modell bei Bergleuten, Dachdeckern, Drechslern, Fischern, Glasern, Jägern, Schlossern, Seilern usw., auch in Fühler-, Grenz-, Latten-, Loch-, Rachen-, Schraub-, Schublehre und Lehrbogen.

lehren schw. Ztw. 'wissen machen', ahd. *lēren* (aus **lērjan*), asächs. *lērian*, anl. *lēran*, afries. *lēra*, ags. *lǣran* (woraus entlehnt anord. *lǣra*), got. *laisjan*: gemeingerm. Faktitiv zu einem primären Ztw., das im got. Prät.-Präs. *lais* 'ich weiß' erhalten ist (dazu got. *leis* 'kundig' und *leisei* 'Kunde' in *lubja-leis*, *-leisei* 'giftkundig, Giftkunde'). Als Grundbed. von *lais* wird 'ich habe erwandert, erfahren' erwiesen durch die Verwandtschaft mit Gleis und leisten (s. d.).

lernen schw. Ztw., mhd. *lērnen*, älter *lirnen*, ahd. *lērnēn*, *-ōn*, *lirnēn*, asächs. *līnon* (aus **liznōn*), afries. *lērnia*, *lirnia*, ags. *liornian* 'lernen; lesen, bedenken', engl. *learn*: westgerm. Bildung zum Part. des unter lehren genannten Prät.-Präs., das zuerst als got. *lais* 'ich weiß' begegnet, mit gramm. Wechsel; möglicherweise der einzige Rest der im Got. noch lebenskräftigen *-nan*-Verba: H. F. Rosenfeld, Zs. f. vgl. Phon. 1955. 372. Grundbed. 'wissend werden' (vgl. Lehre, List). In der Bedeutung 'lehren' erscheint md. *lērnen* schon im 14. Jh. Das Part. Prät. kann in aktivem Sinn stehen: „er ist ein gelernter Schlosser", vgl. trunken.

Lehren hatte also die Grundbedeutung „den rechten Weg weisen", und lernen, sich „den rechten Weg weisen zu lassen". – Eine sympathische Wurzel für die daraus abgeleitete Berufsbezeichnung Lehrer/Lehrerin.

Was haben Lehrerinnen und Schülerinnen gemeinsam und worin unterscheiden sie sich? Wir machen einen Vorgriff auf die Dritte und Vierte Lektion und sagen schon hier, wie wir „Lehrerin" und „Schülerinnen" definieren:

Arbeitsdefinition 6:
Eine Lehrerin ist ein Mensch, der Schülerinnen beim Lernen hilft.

Arbeitsdefinition 7:
Schülerinnen sind Menschen, die sich beim Lernen von Lehrerinnen helfen lassen.

Das Lehren ist dem Lernen systematisch untergeordnet. Eine gute Lehrerin weiß, dass sie nicht *lernen machen* kann[50]. Lernen kann ein Mensch, sei er

50 Dies ist eine für das Berufsethos und die Psychohygiene der Lehrerin höchst bedeutsame Einsicht. Wer sie beherzigt, ist gegen die lehrertypische Belehrungssucht gefeit.

Kind oder Erwachsener, Lehrerin oder Schülerin, immer nur für sich selbst! Die gegenteilige Vorstellung, dass die Lehrerin ihren Schülerinnen „alles beibringen“ müsse, ist zwar weit verbreitet[51], aber naiv. Wie kommt diese falsche Vorstellung zustande? Dies dürfte kein Zufall sein, sondern eine Folge der Arbeitsplatzsituation der Lehrerinnen: Wir Lehrerinnen sind Gefangene unserer subjektiven Sicht auf Schule und Unterricht (vgl. These 1.3)! Und diese Sicht ist durch die unendliche Mühe geprägt, immer wieder von neuem erklären, anschieben, loben, tadeln und „den rechten Weg weisen“ zu müssen.

5.3 Die Verwicklung der Lehrerin in den Lernprozess der Schülerin

Wie sehen Schülerinnen die Aufgabe ihrer Lehrerinnen? Ich bin in den Unterricht einer 4. Grundschulklasse gegangen und habe eine Tischgruppe befragt[52]:

Hilbert:	Wozu ist der Lehrer überhaupt da? Wozu braucht ihr den?
Yvonne:	... damit nicht immer alle durcheinander schreien!
Max:	... damit wir ans Arbeiten gehen!
Mareile:	... damit wir intensiv mitarbeiten.
Hilbert:	Könnt ihr das denn nicht alleine? Eben im Gruppenunterricht habt ihr doch auch 'ne ganze Stunde gut mitgearbeitet.
Mareile:	Ja, das können wir!
Eltje:	Ja, alleine lernen ist viel besser. In Mathe, bei Herrn Renken, der schimpft immer nur.
Hilbert:	Ist das nicht ein Widerspruch? Jetzt sagt ihr: Alleine lernen ist viel besser. – Eben habt ihr gesagt, der Lehrer muss dabei sein, damit ihr ans Arbeiten kommt!
Schüler	(denken nach)
Eltje:	Ja, einen Lehrer brauchen wir schon. Aber es muss ja nicht so weit gehen, dass man Magenschmerzen davon kriegt!

Was lehrt dieses Beispiel? Die Position der Schülerinnen ist scheinbar unklar. Sie wollen selbstständig sein, aber sie wissen, dass sie dazu Hilfen nötig haben. Es fehlt ihnen an Selbstdisziplin und vermutlich auch an Methodenkompetenz zum Eigenlernen.

Das Gespräch mit den Schülerinnen erinnert an den von Maria Montessori überlieferten Ausspruch einer Schülerin: *„Hilf mir, es selbst zu tun“*[53]. Diese

---

51 Siehe Abschnitt 1.1 der Vierten Lektion.

52 Ein Kontrollgespräch im Jahrgang 4 der *Laborschule Bielefeld* verlief nahezu gleich. Jelena: „Es ist schon besser, wenn eine Lehrerin dabei ist und uns beim Lernen hilft. Wenn Wiltrud (= die Lehrerin Wiltrud Döpp) nicht dabei ist, dann arbeiten wir nicht so gut, weil wir ja nicht wissen, wie es weitergeht.“ Marie: „Manchmal ist's gut, wenn Wiltrud weg ist. Aber sie muss noch im Raum sein! Nur wenn sie mit am Tisch sitzt, dann werd ich manchmal nervös.“

53 Montessori (1988:44).

Bitte ist zwar in sich unlogisch konstruiert (entweder mache ich's selbst oder eben nicht selbst), sie ist dennoch pädagogisch betrachtet sinnvoll, unmissverständlich und auch logisch!

> **These 1.16:** Schulisches Lernen ist ein Vorgang, in dem die Schülerinnen die Lehrerinnen in ihren Lernprozess verwickeln.

In der Gesprächsszene wird angedeutet und im Montessori-Zitat auf den Punkt gebracht, was wir als *Dialektik des Lehrens und Lernens* bezeichnen. Wir skizzieren diese Dialektik[54] in drei Argumentationsschritten:

1. Lehrerinnen und Schülerinnen nehmen Schule und Unterricht aus unterschiedlichen Perspektiven und mit unterschiedlichen Interessen wahr:

- Die Lehrerin tritt vor ihre Klasse und fühlt sich dann für alles Weitere, was passiert, verantwortlich. Sie macht sich ganz selbstverständlich zum *Motor* des Unterrichtsprozesses. Sie folgt damit einer in ihrer Ausbildung eingebläuten und in der Berufspraxis weiter verinnerlichten *Handlungslogik*:
  - Eine Stunde will eröffnet und beendet sein,
  - eine Schülerfrage muss beantwortet werden (Wer schafft's schon, sie stehen zu lassen?),
  - ein Fehlverhalten will geahndet, eine besondere Leistung muss gelobt werden,
  - eine Klassenfahrt muss vorbereitet und ausgewertet,
  - ein unverhoffter Gast in den Lehr-Lernprozess integriert werden.
- Aber auch die Schülerinnen haben ihre je eigenen Interessen und entwickeln ihre eigene Handlungslogik:
  - Sie wollen lernen (zumindest die Mehrzahl von ihnen),
  - sie wollen gute Erklärungen bekommen,
  - sie wollen anerkannt und geliebt werden, auch einmal Sieger und nicht immer nur Verlierer sein, dann aber auch wieder in Ruhe gelassen werden,
  - sie wollen sich in der Schule wohl fühlen und mit ihren Mitschülerinnen zusammen sein.

2. Wir behaupten: Der skizzierte Interessenwiderspruch ist nicht zufällig entstanden, Schule ist vielmehr *in sich* widersprüchlich konstruiert. Es gibt eine „natürliche“ Interessenkollision zwischen Lehrenden und Lernenden, die eine Folge der *Eigenlogik* des Lehrens und des Lernens ist[55]:

- Das Lehren ist seiner Struktur nach *konservativ*. Es dient der Bewahrung und Weitervermittlung des kulturellen Besitzstandes einer Gesellschaft. Dies legt eine Vorbildfunktion der Lehrerinnen sowie Führung und Kontrolle nahe.
- Das Lernen ist seiner Struktur nach *revolutionär*. Es erlaubt den Schülerinnen, das Lernen zu lernen und sich von jeglicher Vormundschaft zu befreien.

---

54 Die dialektische Deutung von Lehr-Lernprozessen hat eine lange, durchaus kontroverse Tradition (vgl. Litt 1927/1949; Schmied-Kowarzik 1974; Heydorn 1981; Klafki 1982; Klingberg 1982; Duncker 1987; Gruschka 1988); eine interessante unterrichtsmethodische Deutung: Dirks (1994).

55 Vgl. Klingberg (1995:27–34); Meyer (1987, Bd. 1:53–56).

- Lehren ist nicht möglich, ohne zu leiten.
- Lernen kann man immer nur für sich selbst (s. o.).

3. Diese Widersprüchlichkeit ist nichts Negatives und schon gar nicht moralisch zu kritisieren. Im Gegenteil: Erst auf Grund des grundlegenden Unterschieds zwischen den Aufgaben der Lehrerin und dem Selbstständigkeitsdrang der Schülerin kommt das Erziehungsgeschäft in Gang! Auf Grund der Interessenkollision muss die Lehrerin ihre Schülerinnen, ob ihr dies behagt oder nicht, immer wieder zwingen, etwas zu tun, was diese von sich aus nicht oder zumindest ganz anders tun würden. Aber die Lehrerin tut dies nicht, weil sie ihre Schülerinnen quälen oder entmündigen will, sondern weil sie die Hoffnung nicht aufgibt, sie dadurch zu mehr Können und Selbstständigkeit zu führen.

These 1.17: Die Lehrerin hat die Aufgabe, die Schülerinnen mit Liebe und Gewalt zur Selbstständigkeit zu führen.

Schule ist für Schülerinnen wie Lehrerinnen Zwangsjacke und Freiheitsangebot in einem. Systematisch und nur scheinbar paradox formuliert:

These 1.18: Der pädagogische Bezug ist ein sich selbst negierendes Gewaltverhältnis[56].

Der Lehrer will etwas von seinem Schüler. Und wenn dieser sich aufmacht und auf dem Tische tanzt, schaut der Lehrer unglücklich drein, statt sich über den gelungenen Emanzipationsprozess zu freuen:

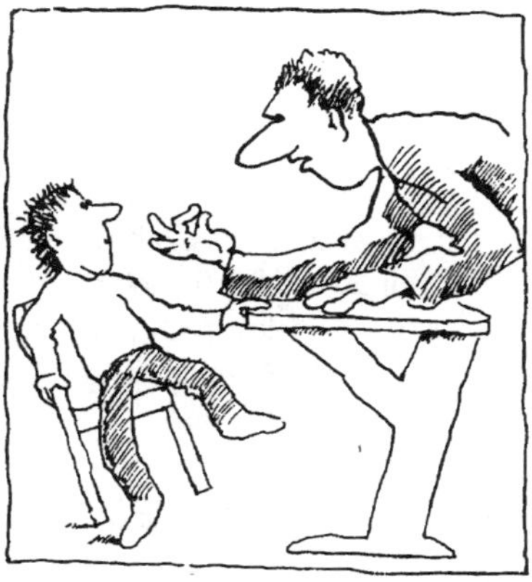

56 Vgl. Benner (1987:187); vgl. Meyer (1987, Bd. 1:54).

5.4 Liebe, Gewalt und Selbstständigkeit

Vermutlich irritiert Sie die Wahl der Begriffe „Gewalt“ und „Liebe“ in These 1.17, während bei „Selbstständigkeit“ die meisten mit dem Kopf nicken:

- Mit „Gewalt“ ist natürlich nicht körperliche oder psychische Gewalttätigkeit gemeint. Vielmehr geht es um die *strukturelle Gewaltausübung* der Lehrerin und der Institution Schule, also die Verfügung über die Zeit, die Körper, über die Gedanken und Fantasien der Schülerinnen, um das Zensieren ihrer Leistungen und die daraus abgeleiteten Laufbahnentscheidungen[57].
- Mit „Liebe“ sind natürlich nicht die „Schmetterlinge im Bauch“ gemeint, die jüngere und auch ältere Herrschaften unvermutet überkommen können, sondern die beharrliche und *professionelle Zuwendung* der Lehrerin zu ihren Schülerinnen. Eine Lehrerin, die sich ihren Schülerinnen mit emotionaler Intelligenz nähert, braucht nicht mit gleicher Münze heimzuzahlen. Die Liebe macht sie langmütig; sie erlaubt ihr, erwartungswidrig zu handeln – also die Erziehung fortzusetzen, auch wenn ein Schüler die Regeln wiederholt verletzt hat, wenn er seine Lehrerin attackiert oder aus der Erziehungssituation zu flüchten versucht[58].
- „Selbstständigkeit“ der Schülerinnen ist dann erreicht, wenn sie ihren Lernprozess in die eigene Regie übernehmen und von sich aus entscheiden, wo und wann sie die Hilfestellung der Lehrerin benötigen. Dieses Ziel kann im Offenen Unterricht bei einzelnen Schülern und Schülerinnen schon in der 1. Klasse erreicht werden.

Carola Junghans, Koautorin und Korrekturleserin dieser Lektion, hat einen Einspruch gegen die These 1.17 und ihre Deutung formuliert. Sie schreibt:

Lieber Hilbert!

Ich finde die These 1.17 sehr wichtig, weil ich an mir selbst sehe, dass ich mich oft vor der Auseinandersetzung mit dem Gewaltaspekt drücke, aber problematisch zugleich, weil damit ein Idealbild der Lehrerin geformt wird, das mich bedrängt, statt mich zu ermutigen. Denk doch mal an deine frühere Polemik gegen die

57 Dies ist das Eingeständnis, dass es eine „reine“ Schülerorientierung, in der *nur* die Schülerinteressen verwirklicht werden, in der Institution Schule nicht geben kann.

58 Klaus Prange, Erziehungswissenschaftler aus Tübingen, hat einmal in einer Diskussionsrunde in Oldenburg gesagt: „Wer seine Schüler liebt, handelt unprofessionell. Der Professionelle handelt methodisch.“ Ich halte dieses gegenseitige Aufrechnen zweier unterschiedlicher Kompetenzen für falsch! Ich muss als Lehrerin lernen, Gefühle zu zeigen (weil sie das Lernen beflügeln können), ich muss lernen, meine Gefühlspanzerungen abzustreifen, ohne dadurch verletzbar zu werden. Und ich muss natürlich auch mein Methodenrepertoire entwickeln. Beides zusammen macht die gute Lehrerin aus!

Feiertagsdidaktiker, denen du vorgeworfen hast, von unrealistischen Annahmen beim Vorbereiten des Unterrichts auszugehen![59]
Du schreibst: „Die Liebe macht langmütig." – Als *Vorsatz* finde ich das richtig (auch wenn es mich eher an das Neue Testament als an die Schule erinnert), aber lieferst du auch das *Rezept*, um das schlechte Gewissen zu beruhigen, wenn ich trotz Liebe kurzatmig und manchmal auch ungerecht geworden bin? Eine gute Lehrerin hat das Recht, auch mal einen Austicker zu bekommen, weil sie – hoffentlich – Mensch geblieben ist. Wichtig ist doch, welche Möglichkeiten ich den Schülerinnen und mir selbst lasse, mit meinen Unzulänglichkeiten umzugehen. Wenn ich meine Schülerinnen so weit hätte, dass sie sich zu sagen trauen: „Frau Junghans, das war blöd!", und wenn ich sie nach solchen Sätzen nicht abbügle, dann wäre ich schon froh und glücklich!

Deine Carola

P. S.: Jetzt verstehe ich auch, warum ihr von „Lektionen" und nicht von „Kapiteln" sprecht. Eine Lektion ist belehrend und richtungsweisend, schaltet aber ab und zu die Realität aus!

Liebe Carola!

Du hast ja Recht: Ich formuliere manchmal Ansprüche, die ich selbst nie und nimmer erfüllen könnte. Vielleicht muss ich deutlicher machen, welche *Funktion* solche Anspruchsformulierungen haben: Ich sage nirgendwo: Wer diese Ansprüche nicht erfüllt, darf nicht unterrichten. Ich sage auch nicht: Wer das nicht schafft, ist 'ne schlechte Lehrerin. Vielmehr will ich die *Richtung* beschreiben, in die *ich* mich weiterentwickeln möchte. Und deshalb empfehle ich diese Richtung auch *den anderen*!
Übrigens: Was du unter „P.S." angemerkt hast, ist richtig! Wir sprechen in diesem Studienbuch von Lektionen (= Lesungen), weil wir belehren *wollen* – ohne jedes schlechte Gewissen! Nur die ironische Schlussbemerkung kann ich so nicht stehenlassen! Wenn wir fordern, den Schülerinnen mit Liebe und Langmut zu begegnen, so macht eine solche Forderung nur deshalb Sinn, weil wir genau wissen, dass sie in der Realität des alltäglichen Schulbetriebs nur zum Teil und in widersprüchlicher Form eingelöst werden kann. Das ist kein „Ausschalten", sondern eine anspruchsvolle Form des Ernstnehmens der Realität!

Dein Hilbert

59 Meyer (1980:181).

6. Die T.E.A.M.-Schule – „A place for kids to grow up in“[60]

Wie müsste eine Schule organisiert werden, in der es den Lehrerinnen leicht gemacht wird, Schülerinnen beim Lernen zu helfen, in der es den Schülerinnen leicht gemacht wird, das Lernen in wachsendem Umfang in die eigene Regie zu übernehmen und in der sie den Mut entwickeln können, etwas ganz anders zu machen, als ihre Lehrerinnen dies für möglich halten? Die Antwort auf diese Frage soll in diesem letzten Abschnitt der Lektion skizziert werden.

Das Organisationsmodell der *herkömmlichen Schule* ist nahezu allen Leserinnen dieses Buches bekannt. Es stammt aus dem 15. und 16. Jahrhundert, also aus jener Epoche, in der die *Jahrgangsklasse* erfunden wurde. – Damals ein gewaltiger Fortschritt, auch in didaktisch-methodischer Hinsicht. Die Einrichtung fester Jahrgangsklassen mit Fachunterrichtsprinzip erleichterte die „Verwaltung“ größerer Schülermengen und die Lehrerzuteilung zu diesen Schülern. Sie führte zur Ausformung des Frontalunterrichts und bildete die Voraussetzung zur flächendeckenden Durchsetzung der Allgemeinen Schulpflicht[61]. Viele ältere und jüngere Schulbauten atmen diesen eher an bürokratischen und militärischen Idealen von Effektivität orientierten Geist – auch das von Karsten Friedrichs gezeichnete Herbart-Gymnasium, das noch vor wenigen Jahren „Hindenburgschule“ hieß.

Aber dieses Organisationsmodell von Schule behindert heute, so behaupten wir, die *pädagogische* Gestaltung der Schule als Lebensort, und zwar deshalb, weil sie in einer früher vielleicht noch akzeptablen, heute aber überholten Weise *nur* auf die möglichst geschickte Unterrichtsversorgung ausgerichtet ist. Das reicht aber nicht, wenn die Schule nicht nur ein Lern-, sondern auch ein Lebensort werden soll. Dann müssen neue Modelle, Zeitraster und Räume für das gemeinsame Leben, Lernen und Arbeiten erdacht werden, die nicht mehr am 45-Minuten-Takt der Schulstunde orientiert sind.

---

60 Das Zitat in der Überschrift stammt von Paul Goodman, einem leidenschaftlichen anarchistischen Schultheoretiker aus den USA (vgl. Goodman 1975 und das Nachwort von Stefan Blankertz).
61 Vgl. Meyer 1987, Bd. 2:185.

Wir haben deshalb das herkömmliche Leitbild beiseite geschoben und stattdessen neue Bausteine definiert, die unserer Vision von Schule eher gerecht werden[62]. Wir laden Sie herzlich ein, die nächsten Seiten in Ruhe - mit einer Tasse Tee oder einer Tabakspfeife - zu studieren und die eigene Fantasie laufen zu lassen!

Abbildung 1.4: T.E.A.M.-Schule

62 Dabei knüpfen wir dort an, wo das Buch „Unterrichtsmethoden" (Meyer 1987, Bd. 2:425) aufhörte.

Die Zeichnung von Seite 53 soll einen ersten plastischen Eindruck liefern. Unsere Zukunftsschule besteht aus dem „Marktplatz" und aus verschiedenen „Säulen" des Lehr-Lernbetriebs, die als Marmorsäulen im Bild eingetragen sind:

- Es gibt viele Menschen, die im *Gespräch* miteinander sind. Und zumeist ist nicht einmal zu erkennen, wer der Lehrende und wer die Lernenden sind.
- Die *drei Säulen* symbolisieren das Lehr-Lernangebot der T.E.A.M.-Schule. Die Dreigliedrigkeit soll dazu beitragen, dass die Schülerinnen eine ausgewogene Mischung von gemeinsamem und individualisiertem Lernen praktizieren können.
- Die *Werkstätten* unterstützen die Lehrgänge und Projekte, liefern aber auch die Erfahrungs- und Handlungsräume für Freiarbeit und Eigenlernen.
- *Marktplatz* (agorá) und *Rat der Wilden und Weisen* sorgen für die Herstellung einer Schulöffentlichkeit. Wir übernehmen hier Zukunftswerkstatt-Ideen von Alexandra Obolenski, Gesa Ziemer, Carola Junghans und Andreas Feindt (alle Uni Oldenburg).
- Die *Pausen, Feste & Feiern* und der *Freizeitbereich* sorgen für Podien, für Nischen und Freiräume zum Aufwachsen.

Nun zu den Einzelheiten[63] unserer erträumten Zukunftsschule:

Teams

Die wichtigsten „Bausteine" sind in der Abbildung nicht eingezeichnet, aber mitzudenken: die aus leibhaftigen Schülerinnen und Lehrerinnen gebildeten Lehr-Lern-Teams. Eine Lehrerin ohne Schülerinnen ist schon rein logisch schwer vorstellbar, und ein Schüler, der ohne Lehrer auskommen will, ist kein Schüler, sondern Autodidakt (siehe S. 89). Deshalb ist die *kleinste pädagogische Einheit* der Schule nicht der Schüler oder die Lehrerin, sondern das Team[64].

Wir stellen uns vor, dass die Schülerinnen und Lehrerinnen von Anfang an zu festen Teams zusammengefasst sind, um Dauer und Verbindlichkeit in die pädagogischen Beziehungen zu bringen. Ein Team besteht aus sieben Schülerinnen und einer Lehrerin. Die Lehrerinnen sind also Mitglieder der Teams, nicht nur ihre Moderatorinnen.

In den Teams wird besprochen, welche *Entwicklungsaufgaben*[65] sich die einzelnen Schülerinnen und auch die Lehrerinnen für die nächste Zeit setzen. Die Schülerinnen sind keine Duckmäuser; sie sind, wo's drauf ankommt, frech, witzig und selbstbewusst. Aber dort, wo Ernst geboten ist, sind sie einfühlsam gegenüber den anderen Teammitgliedern und konzentriert bei der Sache. Sie können ungemein beharrlich in der Verfolgung ihrer Ziele sein, weil sie von

---

63 In Band II wird dieses Modell weiter entfaltet.

64 Ich hätte auch – mit Lothar Klingberg – vom Kollektiv oder – mit Peter Petersen – von Stammgruppen oder mit der Odenwaldschule von Familien sprechen können.

65 Vgl. die Dritte Lektion, S. 108.

der 1. Klasse (dem ersten Team) an gelernt haben, dass Beharrlichkeit zum Ziel führt und dass Selbstvertrauen belohnt wird.

Die Lehrerinnen dieser Schule wissen genau, was sie wollen und besitzen deshalb auch die Souveränität, die Schülerinnen über lange Strecken an langer Leine lernen zu lassen. Sie sorgen für die Organisation der Lernsituationen, und sie sind zur Stelle, wenn die Schülerinnen durch die zugemutete Selbstständigkeit überfordert worden sind und die Flinte ins Korn werfen wollen.

Die Lehrerinnen haben alle guten Eigenschaften, die sich denken lassen: Sie sind engagiert und ernsthaft, humorvoll und manchmal frech, sie buckeln nicht vor der Obrigkeit, und sie haben Hobbys, an denen sie auch die Schülerinnen teilhaben lassen. Sie können natürlich auch hin und wieder verzweifeln, wütend werden und sie machen handfeste Fehler – aber sie haben gelernt, Fehler zuzugestehen und professionell mit ihren Gefühlen umzugehen.

Die Teams sind eine „Lehr-Lerngemeinschaft", d. h., dass sie als Kollektiv für die Lehre und die Lern- und Entwicklungsprozesse aller Teammitglieder zuständig sind. Insofern haben sie eine demokratische Grundstruktur. Sie sind aber nicht völlig frei, sondern gehalten, ihre Lern- und Entwicklungsaufgaben nach den vereinbarten Schulprogrammen und professionellen Standards wissenschaftsorientierten Arbeitens zu bewältigen.

Gemeinsamer Unterricht

Der gemeinsame Unterricht vereint vier Teams zu einem festen Lernverband. Er schafft die Grundlagen für die Individualisierung der Lernprozesse und für deren Integration in gemeinsame Arbeitsvorhaben. Zum Gemeinsamen Unterricht zählen auch die Wochenplan-Stunden, der Klassen- bzw. Teamrat, Stunden zur Vorbereitung von Exkursionen, von Schulfeiern u.a.m.

Lehrgänge

Lehrgänge werden in festen Lehr-Lernverbänden absolviert (meistens also als Zusammenfassung mehrerer Teams), bei Bedarf auch in Schülertandems.

Lehrgänge vermitteln systematisch geordnete Sach- und Fachkompetenz, entsprechen also über weite Strecken dem früheren Fachunterricht. Größere Teile dieses Unterrichts finden in Form von aufgelockertem Frontalunterricht statt; es werden aber auch Vorträge und Vorlesungen angeboten (auch von Schülerinnen). Es gibt regelmäßige Leistungskontrollen und Rückmeldungen an die Schülerinnen und fest institutionalisierte Lehrgangskritik an den Lehrenden.

Übergeordnetes Ziel der Lehrgänge ist die Vermittlung von Sach- und Fachkompetenz.

Wochenplanarbeit

Die Schülerinnen haben Tages-, später Wochen-, Monats- und Jahrespläne, in denen sie ihre Lernarbeit dokumentieren. Diese Lernpläne werden zunächst gemeinsam mit den Lehrerinnen, dann schrittweise selbstständig angefertigt. Die Wochenplanarbeit bietet den Schülern und Schülerinnen einen stark individualisierten und materialgestützten Unterricht, in dem das Lerntempo von Schüler zu Schülerin wechseln kann. Wochenplanarbeit ergänzt das Lehrangebot der Lehrgänge.

Übergeordnetes Ziel ist neben der eigenständigen Aneignung von Sach- und Fachwissen der Aufbau einer stabilen Arbeitshaltung und die Vermittlung von Methodenkompetenz.

Freiarbeit

Bei der Freiarbeit sind die Schülerinnen in der Wahl der Arbeitsthemen, der Methoden und Materialien, der Zeiten und Sozialformen (Einzel-, Partner- oder Gruppenarbeit) frei. Sie können selbstständig aus den von Lehrerinnen und anderen Schülerinnen hergestellten Arbeitsmaterialien auswählen oder sich selbst neue Schwerpunkte setzen. Die Lehrerinnen begleiten und beraten die Schülerinnen bei ihrer Freiarbeit.

Übergeordnetes Ziel ist die Vermittlung von Ichstärke und Kreativität.

Projektarbeit

Projekte sind vollgültige Bestandteile der Lehr-Lernstruktur und nicht nur Pausenfüller vor den Ferien. Sie werden von den Teams gemeinsam geplant, vorbereitet und ausgewertet. Reine „Schülerprojekte“ sind möglich und werden unterstützt.

Übergeordnetes Ziel der Projektarbeit ist die Befähigung zum solidarischen Handeln.

Marktplatz

An jeder Schule gibt es einen oder mehrere Marktplätze, auf denen sich das Schulleben abspielt und die Schulöffentlichkeit hergestellt wird. Der Marktplatz dient der Begutachtung und dem Verkauf der in der Schule hergestellten „Waren“. Hier werden Lehrangebote gemacht, Arbeitsergebnisse von einzelnen, von Teams oder Projekten den kritischen Augen der Schulöffentlichkeit ausgesetzt, hier können Eltern informiert, Resolutionen verabschiedet und Gäste empfangen werden.

Der Marktplatz kann an unterschiedlichen, manchmal auch nur virtuellen Orten stattfinden (auch das WorldWide-Web hat Marktplatz-Qualitäten). Schöner ist es aber, wenn eine bestimmte Fläche – ein *Forum* – geschaffen wird, das die Marktplatz-Funktionen übernimmt. Dieser Platz kann von Schülerinnen und Lehrerinnen mit Bedeutung, mit lebhaften Erinnerungen und Hoffnungen belegt werden.

Rat der jungen Wilden und alten Weisen

Dieser Baustein dürfte auf den ersten Blick am befremdlichsten wirken. Der Rat kann sich zu allen Schulfragen, die ihm wichtig erscheinen, äußern. Er hat aber keine Weisungsbefugnisse – er kann nur Ratschläge geben und die Konferenzen und die Schulleitung in ihrer Arbeit unterstützen.

Weisheit in Schuldingen ist keine Altersfrage. Zu „Weisen" zählen wir deshalb alle, die sich professionell um den alltäglichen Schulbetrieb und dessen Weiterentwicklung kümmern: die pensionierte Rektorin, einen Evaluator aus der Bezirksregierung, Studentinnen, die eine Examensarbeit geschrieben haben – lauter Menschen, die nicht auf Grund ihres Titels oder ihrer Funktion, sondern durch die Qualität ihrer Argumente in den Rat gehören.

Zeiten

Der Schulvormittag ist in Doppelstunden-Blöcke aufgeteilt. Je nach Alter der Schülerinnen und Gesamtkonzept der Schule beginnt der Unterricht nach der offenen Eingangsphase an einem Tag mit zwei Stunden Fachunterricht, am anderen mit zwei Stunden Freiarbeit. Der Mittwoch ist Projekttag; Freitag ist der Tag für die alle vierzehn Tage stattfindenden Schulfeiern.

Räume

Jedes Team hat einen eigenen Raum, der in Absprache mit dem Hausmeister gestaltet wird. Die Schülerinnen haben für ihre Belange ein Schülerbüro, über das sie mit wachsender Eigenverantwortung die für die Projektarbeit erforderlichen Außenkontakte abwickeln. Die Lehrerinnen haben ein Lehrerzimmer, das aber nicht wie ein Bahnhofswartesaal, sondern wie ein wirklicher Arbeitsraum aussieht. In großen Schulen gibt es mehrere Lehrerstationen, in denen jede/jeder seinen eigenen Schreibtisch hat.

Jede Schule hat mehrere Werkstätten, die als aufgaben- und projektbezogene Lernstationen konzipiert sind: eine Fahrradwerkstatt, die einen Warmluftballon baut; eine Ökostation, in der die Schülerinnen auf kommerzieller Basis Apfelsäfte herstellen[66], eine Druckwerkstatt, in der die Kleinen mit Célestin Freinets Segen das Lesen und Schreiben lernen und die Großen ihre Erkundungsberichte, Hausarbeiten, Plakate, neue Computerprogramme u.a.m. herstellen.

Für jede Werkstatt gibt es eine oder zwei verantwortliche Lehrerinnen. Werkstattzeiten werden auf dem Marktplatz ausgelobt. Teams, die in einer Werkstatt arbeiten wollen, müssen dafür bezahlen (z. B. dadurch, dass sie etwas zum weiteren Ausbau der Werkstatt beitragen, indem sie sauber machen oder Naturalien abliefern). Die Werkstätten werden durch Labors, fachwissenschaftliche Funktionsräume, eine Bühne, Lernecken, Lehrpfade, Mädchen- oder Jungenräume usw. ergänzt.

Schulleitung

Diese Schule hat, wie könnte es anders sein, eine starke und selbstbewusste Schulleitung, die sich in wesentlichen Fragen mit dem Rat der Wilden und Weisen abstimmt, aber sich nicht hinter dieser obersten Autorität versteckt. Sie lässt die Lehrerinnen und Schülerinnen bei den vielen kleinen und großen Pannen nicht im Regen stehen, sondern stellt sich vor sie, vermittelt und hilft.

Wir haben uns überlegt, welchen *Namen* wir dieser Schule geben könnten. „Marktplatzschule" wäre denkbar gewesen, klingt aber spröde und trifft nur einen Teil des Gemeinten. Die Namen „Gemeinschafts-" oder „Polis-Schule" kämen in Betracht. Wir nennen diese Schule T.E.A.M.-Schule:

66 Vgl. den Bericht über die Appelbräu e. G. von Bernhard Hauke in: Jank/Meyer (1991:376–384).

Der Name ist natürlich mit Bedacht gewählt. Eine solche Schule kann nur in Teams entwickelt werden; sie hat noch einen alternativen Charakter und sie lebt von der kritischen Öffentlichkeit, die auf dem Marktplatz hergestellt wird.

Wir fassen die Botschaft dieser Ersten Lektion zu einer These zusammen, auf die wir in beiden Bänden dieser SCHULPÄDAGOGIK wiederholt zurückkommen werden:

These 1.20: Schule ist Lern- *und* Lebensort für Lehrende und Lernende.

Wir benötigen deshalb eine neue Schul- und Unterrichtskultur, die die Aufgaben der Schule radikaler als bisher üblich denkt und das solidarische Handeln, die Teamarbeit und die Eigenverantwortung der Schülerinnen betont. Dies ist ein mühsames, aber lohnendes Geschäft: mühsam, weil dafür Liebe, Zeit und Geld erforderlich sind (und die sind immer knapp) – lohnend, weil wir selbst schon nach kurzer Zeit einen persönlichen Nutzen davon haben können. Es könnte ja passieren, dass das Unterrichten, Erziehen und gemeinsam Leben wieder Spaß macht!

Zweite Lektion: Schule als Institution

1. Wem gehört die Schule?

1.1 „Ownership"

Wem gehört die Schule? – Eine nahe liegende, dennoch überraschend selten gestellte Frage! Ich empfehle Ihnen, sie auch *in Ihrem Bekanntenkreis zu stellen*: Die Antworten machen wie in einer Nussschale deutlich, welche Hoffnungen und welche Desillusionierungen die Antwortenden mit Schule verknüpfen. Wir haben gut 100 Schülerinnen, Lehrerinnen und andere Erwachsene gebeten, eine spontane Antwort auf diese Frage zu geben:

Ich komme auf den Schulhof der Grundschule „Wallschule" in Oldenburg und bin sofort von neugierigen Kindern umringt. Meine Frage: „Wem gehört die Schule?" Ein Erstklässler, mit zweifelndem Unterton: „Herrn Weiß." (= Hausmeister); eine Erstklässlerin: „Nein, Frau Hornbostel!" (= Schulleiterin), ihre Freundin: „Ja, Frau Hornbostel!"; ein Drittklässler mit Fragezeichen auf der Stirn: „Helmut Kohl?" – Dann nähern sich zwei „große Damen" aus der 4b mit bedeutender Miene: „Dem Staat!".[1]

Besuch an der Laborschule Bielefeld. Ich stelle Marcel, Jahrgang 4, dieselbe Frage. Seine Antwort: „Die Schule gehört Bielefeld und den ganzen Lehrern und Kindern."

1 Unter diesen Kindern war keines, das „den Kindern" oder „uns" gesagt hätte.

Darauf Marie, seine Stammgruppenkameradin: „Ich weiß nicht. Gehört die nicht Hartmut von Hentig? Der hat die Schule gegründet!" Jelena: „Ja, die Laborschule gehört Hartmut von Hentig! Den kennen wir! Der hat bei uns seinen 70. Geburtstag gefeiert."
Eine Zwölftklässlerin, Waldorfschule Oldenburg: „Sie gehört den Schülern und Eltern."
Die Lehrerin einer Montessorischule: „Den Kindern."
Die Lehrerin eines Gymnasiums: „Wenn ich mir die Schule jetzt, direkt vor den Ferien anschaue, kann ich nur sagen: Die Schule gehört den Vandalen!"
Eine Stadtamtfrau: „Die Schulen gehören *uns*!"

Wem gehört also die Schule? Die Frage ist *juristisch* geklärt (vgl. den nächsten Abschnitt), aber aus pädagogischer Sicht offen! Sie gehört als Gebäude der Kommune oder einem privaten Träger, als Institution dem Bundesland oder einem anderen Träger. Die *pädagogische* Antwort müsste jedoch lauten: Die Schule gehört jenen, die in ihr leben und arbeiten, also den Lehrerinnen und Schülerinnen. Leider erleben viele Schülerinnen und Lehrerinnen die Schule ganz anders. Sie erleben viele Zwangssituationen und sie haben das Gefühl, dass sie sich ihre Handlungsspielräume immer wieder mühsam freischaufeln müssen.

In der angelsächsischen Literatur wird dieses Problem unter dem Schlagwort *„ownership"*[2] diskutiert: Eine Schule ist dann gut, wenn die in ihr lebenden und arbeitenden Menschen nicht nur das Gefühl, sondern die tatsächliche Macht haben, ihre Angelegenheiten selbst zu regeln.

These 2.1: Schule muss so gestaltet werden, dass sie den Schülerinnen und Lehrerinnen „gehört".

Gerade in „offenen" Grundschulklassen, in denen die Lehrerin, die Schülerinnen und Eltern gemeinsam das Konzept erarbeitet und sich für dessen Umsetzung stark gemacht haben, ist zu spüren, wie schön es sein kann, wenn eine Schülerin voller Stolz erklärt: „Dies ist *meine Klasse*!" In These 2.1 werden nicht nur Erwartungen an die für die Schule politisch Verantwortlichen formuliert, sondern auch hohe Ansprüche an die Lehrerinnen und Schülerinnen gestellt. Eigentum verpflichtet - man kann es nicht erben. Es muss immer wieder neu erarbeitet werden.

1.2 Schule als „öffentliche Anstalt"

Die Schule ist ein soziales Gebilde mit einer eigenen Prägung, zugleich aber auch - zumindest in Deutschland - ein Bestandteil der öffentlichen Staatsverwaltung. Deshalb unterliegen die einzelnen Schulen auch der staatlichen

2 Vgl. Ekholm u. a. (1995:65).

Aufsicht. Sie sind rechtlich gesehen unselbstständig. (Bis vor kurzem durften sie nicht einmal ein eigenes Konto führen!)

Die Juristen sagen dazu, die Einzelschule sei eine *„nichtrechtsfähige öffentliche Anstalt“*[3]. Früher wurde daraus gefolgert, dass die „Besucher“ dieser Anstalt, also die Schüler und Schülerinnen, keine Rechtssubjekte, sondern Rechts*objekte* sind, die ihrer Bildungspflicht nachkommen und sich deshalb in einem „besonderen Gewaltverhältnis“ befinden, wie es auch für Beamte, Soldaten und Strafgefangene galt. Erst im Jahre 1972 hat der Bundesgerichtshof klargestellt, dass diese Rechtsposition überholt und nicht dem Grundgesetz entsprechend ist.

Die Schülerinnen begeben sich, wenn sie ihrer Schulpflicht nachkommen, nicht in ein besonderes Gewaltverhältnis, sondern in ein *öffentlich-rechtliches Rechtsverhältnis*[4]:

> **These 2.2:** Schülerinnen, Lehrerinnen, Hausmeister & Co. sind die Rechtssubjekte der nichtrechtsfähigen öffentlichen Anstalt Schule.

Das Bildungsrecht und die Schulpflicht schaffen dazu den allgemeinen gesetzlichen Rahmen, innerhalb dessen die „Angehörigen“ dieser Anstalt handeln können. Dabei geht es insbesondere darum, die Rechte und Pflichten des Einzelnen, sei er/sie nun Schülerin, Lehrerin, Schulleiter oder Elternteil, so klar auszuformulieren, dass dadurch die berechtigten Interessen der anderen und der Schulgemeinschaft insgesamt nicht über Gebühr strapaziert werden.

Es gibt einen langen Streit darüber, wer für die seit vielen Jahrzehnten beklagte rechtliche Regelungsdichte des Schulsystems Verantwortung trägt. Die Juristen sagen, dass die *„Juristifizierung“* der Schule nicht von ihnen, sondern von übereifrigen Verwaltungsbeamten, von prozesshungrigen Eltern und Lehrern erzwungen worden sei. Viele Lehrer und auch die Lehrergewerkschaften sehen dies anders.

Engagierte Schuljuristen haben, um der Juristifizierung zu begegnen, einen Musterentwurf für ein Schulgesetz geschrieben, in dem nur noch die grundlegenden Fragen juristisch geregelt werden, während die lebendige Ausfüllung den Schulen „vor Ort“ überlassen wird (vgl. Heckel/Avenarius 1986:13 f.). Die Flut an Erlassen und Verordnungen, die jede Rektorin auf ihren Schreibtisch bekommt, könnte dann radikal reduziert werden.

Die rechtliche Klärung des Schulverhältnisses bedeutet nicht, dass es in den Schulen überall demokratisch und gerecht zuginge – im Gegenteil! Die Schule ist in mancherlei Hinsicht noch nicht demokratiefähig. Wohl aber gilt, dass die rechtlichen Voraussetzungen für eine weitergehende Demokratisierung dieser „Anstalten“ inzwischen geschaffen sind.

---

3 Heckel/Avenarius (1986:67).
4 Heckel/Avenarius (1986:296).

1.3 *Wer besucht die Schule?*

Wenn das Stichwort „Schulbesuch“ fällt, denken wir an Schülerinnen und vielleicht noch an die dazugehörigen Lehrerinnen. Aber diese Vorstellung ist entschieden zu eng. Dorothea Vogt hat mit Hilfe ihrer Schulleitung aufgelistet, wie viele Menschen in einer *Zeitspanne von vier Wochen* vor den Sommerferien das Gebäude ihrer Schule – das *Mariengymnasium in Jever* – zur Arbeit aufgesucht oder aus anderen Gründen besucht haben:

(1) 890 Schüler und Schülerinnen sowie 80 Lehrer und Lehrerinnen, circa 200 der gut 400 Eltern und Erziehungsberechtigten (zum Elternsprechtag und zur Anmeldung der neuen Schülerinnen), die Schulpsychologin;

(2) zwei Hausmeister, ein Schulassistent, Reinigungskräfte, die Fensterputzkolonne; ein Buchbinder (eine Spezialität des Mariengymnasiums auf Grund der überaus wertvollen uralten Buchbestände), zwei Sekretärinnen und eine Auszubildende des Landkreises, ein Energieberater, zwei Installateure für neue Technologien, ein Briefträger, ein Paketbote;

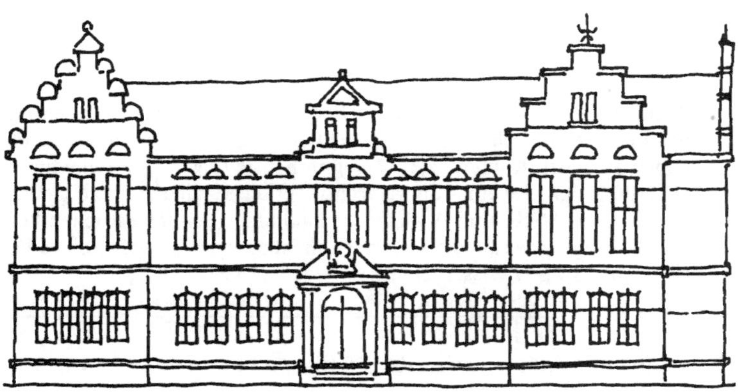

(3) Referendarinnen, Fachleiter, Seminarleiter, Studentinnen (für punktuelle Erkundungen und für Praktika);

(4) 36 französische und 32 tschechische Austauschschülerinnen von den Partnerschulen in Nort-sur-Erdre und Carnac (für zwei Wochen) sowie Trudnov (für zehn Tage); Gastschülerinnen aus den USA, Australien, Kanada, Mexiko;

(5) eine Fremdsprachenassistentin aus Frankreich (für ein Jahr), ein Kollege aus dem Regionalen Umweltzentrum (RUZ) aus Schortens;

(6) ein Theaterpädagoge, ein Regisseur, zwei Schauspielerinnen und ein Maler von der Norddeutschen Landesbühne Wilhelmshaven; mehrere Musiker; mehrere Autoren und Schriftsteller (verteilt auf das Halbjahr);

(7) ein Journalist vom „Jeverschen Wochenblatt“ (die *Tages*zeitung im Örtchen); ein Jugendoffizier der Bundeswehr;

(8) Mitglieder des Schulausschusses des Landkreises Friesland;

(9) ein Mitarbeiter des Arbeitsamtes (zu berufsorientierenden Gesprächen mit Schülerinnen der Oberstufe), Wartungskräfte für die naturwissenschaftlichen Fachräume und für die Technik (Heizung, Elektroanlagen), ein Architekt für einen bevorstehenden Umbau), mehrere Handwerker, Restaurateure für eine wiederentdeckte wertvolle Holzdecke in der alten Aula, Mitarbeiter einer Spezialfirma für den Einbau einer kleinen Theaterbühne, ein Klavierstimmer;

(10) zweimal die Polizei (einmal zur Verkehrserziehung/Fahrradkontrollen, einmal im Zusammenhang mit Drogenfahndung); einmal der Notarzt; dreimal der Zulieferer für den Schulkiosk und die Milch-, Kaffee- und Kakaoautomaten;

(11) zwei Studienrätinnen anderer Schulen, die sich in der Schule umschauten, weil sie erwägen, sich auf eine frei gewordene Funktionsstelle (= Beförderungsstelle) zu bewerben;

(12) Der Einzige, der eher aus Zufall in diesen vier Wochen *nicht* in der Schule war: der zuständige *Dezernent* aus der Bezirksregierung Weser-Ems. Kurze Zeit später sah man ihn dann aber fast jeden Tag beim so genannten Dezernentenabitur[5] und nach den Sommerferien sofort wieder bei Unterrichtsbesuchen von Lehrkräften, die eine dienstliche Beurteilung erhalten mussten, weil sie sich auf eine Funktionsstelle an einer anderen Schule beworben haben.

Nachmittags und abends waren in der Schule:

(13) Schülerinnen und Lehrerinnen, die Unterricht und AGs haben; Lehrerinnen, die ihren Unterricht vor- und nachbereiten, die Experimente aufbauen, abbauen, die an Konferenzen, Fachgruppensitzungen usw. teilnehmen;

(14) circa 80 Mitglieder eines Sportvereins, der die Turnhalle nutzt, circa 40 Besucher von AOK- und Volkshochschulkursen, einmal wöchentlich eine Kleinkunstgruppe (die die Theaterbühne nutzt); 60 Besucher eines Vortrags eines auswärtigen Wissenschaftlers.

Das Mariengymnasium Jever ist nur ein Beispiel für viele, aber wir waren beim Recherchieren selbst verblüfft, wie groß der Personenkreis ist, der *direkt* mit Schule zu tun hat! Die Erhebung zeigt, dass Schulen weit mehr als „Unterrichtsanstalten" sind. Sie dienen dem Austausch zwischen den Nationen, sie sind der Sockel für vielfältige kulturelle Aktivitäten, sie helfen bei der Gesundheitsvorsorge usw. Deshalb gilt:

These 2.3: Schulen sind Kulturträger.

5 Mündliche Abiturprüfungen unter Vorsitz des Dezernenten.

1.4 *Schule, Schulträger und Eltern*

Wie kann ein Hauch von Systematik in die lange Liste von „Schulbesuchern" aus Abschnitt 1.3 gebracht werden? Ich schlage vor, die folgenden vier Subsysteme zu unterscheiden: (1) die einzelne Schule „vor Ort", (2) die Schulaufsicht, (3) den Schulträger und (4) das soziokulturelle Umfeld mit den Eltern oder Erziehungsberechtigten:

Abbildung 2.1: Einzelschule

Im Einzelnen geht es um folgende Gruppierungen:

(1) Die *„Schule vor Ort“*. Zumeist befindet sich die Einzelschule in einem einzigen Gebäudekomplex; große Schulzentren oder Berufsbildende Schulen können aber schon mal auf fünf bis zehn Standorte verteilt sein.
Die Einzelschule ist rechtlich nicht selbstständig (s. o.). Über ihr „schweben“ die Landesregierung und deren nachgeordnete Behörden. Das Land „löhnt“ am meisten für diese Schule, weil es die Gehälter des Lehrpersonals zu tragen hat – und das dürften ungefähr 75 Prozent der Gesamtkosten sein (siehe S. 83).
Schulen können und sollen heute ein eigenes Schulprofil entwickeln. Immer mehr Schulen gehen deshalb dazu über, ein *Schulprogramm* zu entwerfen und von der Gesamtkonferenz verabschieden zu lassen. Im Programm werden die Schwerpunkte der Arbeit und die Perspektiven für die Weiterentwicklung der Schule festgehalten.

(2) Die staatliche *„Schulaufsicht“* wird in der Fünften Lektion ausführlich dargestellt.

(3) *„Schulträger“* ist der juristische Fachbegriff für eine Gebietskörperschaft[6], einen Verein oder eine andere Körperschaft im rechtlichen Sinne. Der Träger ist zuständig für[7]:
- die Finanzierung, den Bau, die Inventarbeschaffung und Instandhaltung des Schulgebäudes;
- die Einstellung und Finanzierung des nichtunterrichtenden Personals (mit Ausnahme der Schulassistenten);
- die Infrastruktur der Schule (Mensa, Bibliothek, Sportplätze/-hallen);
- die Festlegung der Schuleinzugsbereiche, Schülerbeförderung u.a.m.
- Die wichtigsten Schulträger in der BRD sind die Kommunen (also Städte, Gemeinden), in geringem Umfang das Land oder ein Landschaftsverband; erst mit großem Abstand folgen als Anbieter die freien Träger (Kirchen, Kongregationen, Waldorfschulverein e.V.; Elternvereine als Träger freier Schulen usw.).
- Die jährlichen Ausgaben der Kommunen sind erheblich, auch wenn sie im Bewusstsein der Beteiligten oft keine Rolle spielen. Die Grafik auf Seite 67 zeigt die wichtigsten Ausgabenposten mit geschätzten Anteilen für eine durchschnittliche Schulregion[8].
- Jede Kommune muss einen Schulentwicklungsplan vorlegen. Er wird vom Stadtrat/vom Kreistag oder dem Gemeinderat verabschiedet und muss der Bezirksregierung zur Genehmigung vorgelegt werden.

(4) *„Soziokulturelles Umfeld“* meint in unserem Zusammenhang *zum Ersten* die Familien und Elternhäuser der Schülerinnen, *zum Zweiten* nicht organisierte Kulturträger, die für die Kinder- und Jugendkultur wichtig sind (jugendliche peergroups, Musikbands und Internet-Nutzer, die Fantasy-Spielgruppe und die Discoszene); *zum Dritten* das, was sich auch offiziell als Kulturträger der Kommune und der Region versteht: Kirchen und Gewerkschaften, die lokalen und regionalen Vereine, die Volkstanzgruppe, die Lokalpresse, Bürgerinitiativen, Musikschulen, Volkshochschulen, kommerzielle Freizeitanbieter usw.

---

6 Das sind der Bund, die Länder, die Kommunen, Landschaftsverbände usw.

7 Vgl. Heckel/Avenarius (1986:101 ff.).

8 „Unterhaltung“ bezeichnet im Haushaltsplan das Instandhalten und Umbauen der Gebäude, Wege usw.; „Bewirtschaftung“ meint die Nutzungskosten: Heizung, Strom, Grundsteuer, Reinigungskosten kommerzieller Reinigungsdienste usw. (Quelle: Haushaltsplan der Stadt Oldenburg 1996).

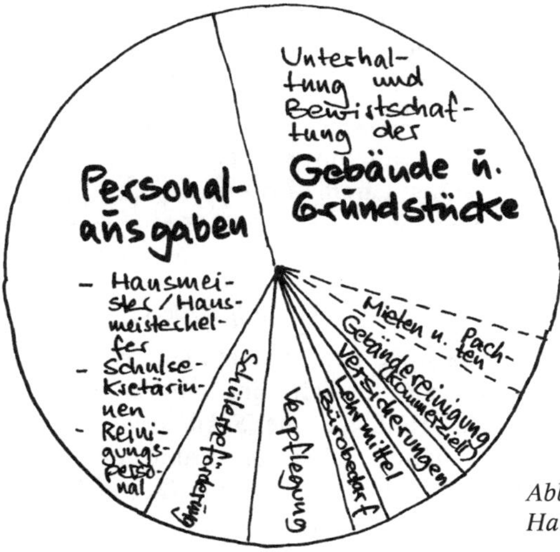

Abbildung 2.2: Haushalts-Torte

Die Mitwirkung der *Eltern und Erziehungsberechtigten*[9] ist rechtlich geregelt. Sie ist gerade bei jüngeren Schülerinnen sehr wichtig, bei älteren nimmt ihre Bedeutung kontinuierlich ab:

- Alle Erziehungsberechtigten haben das Recht, am Unterricht ihrer Kinder und Heranwachsenden teilzunehmen.
- Für jede Klasse muss eine Klassenkonferenz gebildet werden, die ihre Klassen-Elternsprecher wählt.
- In der Gesamt- oder Schulkonferenz der Schule haben die Eltern Sitz und Stimme (in allgemeinen Schulangelegenheiten).
- Weitere Institutionen zur Interessenvertretung der Eltern sind der Stadt- bzw. Gemeindeelternrat, der Kreiselternrat und der Landeselternrat.

Über diese Rechtsansprüche hinaus gibt es vielfältige Beteiligungsmöglichkeiten. Eltern können als Fachleute in den Unterricht integriert werden; sie beteiligen sich an Projektwochen oder helfen, den Ökoteich auszubuddeln; sie nehmen an Klassenfahrten teil und organisieren Schulfeste; sie bilden Schulvereine und beteiligen sich ideell und finanziell am Schulleben.

Bei der *Bewertung der Elternmitarbeit* steckt man allerdings in einem Zwiespalt: Nichts ist schöner als Eltern zu haben, die helfen, wo sie nur können, die sich von den Lehrerinnen beraten lassen und in jeder Hinsicht auf engen Kontakt bedacht sind. Der Pferdefuß dabei: Von dieser intensiven Elternmitwirkung profitieren, wie empirische Untersuchungen belegen[10], insbesondere die Kinder aus Mittelschichts-Elternhäusern (die auch den größten Teil der Klassenelternsprecher stellen). Die Kinder aus sozialen Randgruppen und aus Problemfamilien haben es in vielen Klassen auch deshalb schwer, weil

9 Vgl. Zubke (1980); Marz/Zubke (1981); Heckel/Avenarius (1986:92–98); Meyenberg (1996a).
10 Peters (1979).

die „bildungsbeflissenen“ Eltern mit großer Beharrlichkeit eine Aufmerksamkeit für ihre eigenen Kinder einklagen, die dann anderen Kindern, die es besonders nötig hätten, abgeht.

> **These 2.4:** Elternmitwirkung muss so gelenkt werden, dass Schülerinnen aus sozial schwachen Familien keine Nachteile davon haben.

1.5 Schule im Demokratisierungsprozess

Ich komme zur Eingangsfrage zurück. Wem gehört die Schule? Die Schule wird heute nicht mehr selbstherrlich vom Landes-, Stadt- oder Pfarrherren geführt, sondern auf der Grundlage einer *Schulverfassung*[11] in einem komplexen Gemisch von obrigkeitsstaatlicher Verwaltung und demokratischer Selbststeuerung geleitet. Im Jargon der Entscheidungstheoretiker: Es gibt Top-down-Strukturen *und* Bottom-up-Strukturen.
Demokratische Organe der Schule, die ich zu den Bottom-up-Elementen zähle, sind:

- die Schulleitung;
- die Gesamtkonferenz, weitere Konferenzen (siehe Abschnitt 2.2 der Fünften Lektion);
- der Personalrat der Schule, dazu der Bezirks- und der Landespersonalrat (als Vertretung der Interessen der Lehrerschaft);
- die Schülerselbstverwaltung; Landesschülervertretung;
- die „Schulkonferenz“ – ein Gremium an Stelle oder über der Gesamtkonferenz, das paritätisch aus Lehrervertretern und Eltern-/Schülervertretern gebildet wird und als oberstes Organ der teilautonomen Schule dem Schulleiter und der Gesamtkonferenz Weisungen erteilen kann;
- die Interessen des nichtunterrichtenden Personals werden von den Personalvertretungen der Kommunen wahrgenommen.

Demokratische Organe der Schülerinnen sind[12]:

- die Klassenkonferenz;
- die Klassensprecherin;
- die Schülervertretung (SV) und ihr Parlament; manchmal auch eine Schülerzeitung;
- der von den Schülersprechern gebildete Stadt- oder Kreisschülerrat mit gewählten Sprechern und der Landesschülerrat.

Der an vielen Schulen von den Schülerinnen gewählte Verbindungs- oder Vertrauenslehrer soll zwischen den Lehrkräften und den Schülerinnen vermitteln. Je nach Amtsverständnis kann dieser Lehrer demokratische Prozesse stützen oder unterlaufen[13].

---

11 Vgl. Heckel/Avenarius (1986:66–100).
12 Vgl. Zubke (1982).
13 Eine umfassende Aufarbeitung und praktische Ratschläge liefert Marleen Noack (1996).

Radikalere Formen der Schülerbeteiligung an der Schulleitung sind von Reformpädagogen zu Beginn des 20. Jahrhunderts entwickelt worden, in den Regelschulen der Bundesrepublik bis heute aber nur ansatzweise verwirklicht worden[14].

Der für jede Schule durch Gesetz festgelegte Bildungsauftrag[15] enthält in allen Bundesländern eine klare Verpflichtung, auch in den Schulen „mehr Demokratie zu wagen“ (Willy Brandt):

- Schulen sollen Toleranz und Gerechtigkeit gegenüber ihrer Klientel üben;
- sie sollen Chancengleichheit anstreben;
- jeder Schüler, jede Schülerin und auch die Lehrerinnen sollen in der Schulgemeinschaft eine Stimme haben und gehört werden;
- es muss jedem/jeder erlaubt sein, Fehler zu machen;
- Gewaltbereitschaft sollte in gewaltlose Formen der Konfliktregelung überführt werden.

Kurz: In der Schule sollen demokratische Umgangsformen eingeübt werden. Die Umsetzung solcher Tugenden im alltäglichen Schulbetrieb ist allerdings mehr als mühsam:

- Die Schulen haben immer noch nicht das Recht, sich die *Schulleitung* selbst zu wählen oder sie abzuwählen.
- Für die Schülerinnen besteht Schul*pflicht*. Und wer dieser Schulpflicht nicht nachkommt, erhält einen Bußgeldbescheid oder wird von den Vollzugsbeamten der Ordnungsämter abgeholt und der Schule „zugeführt“.
- Die grundgesetzlich garantierte *„Freiheit von Forschung und Lehre“* gilt – leider – nicht für Lehrer und Lehrerinnen, sondern nur für Hochschullehrer.
- Lehrerinnen dürfen nicht *streiken*.
- Die professionelle *Selbstkontrolle*, wie sie für andere akademische Berufe selbstverständlich ist, steckt in den Kinderschuhen.
- Schülerinnen bzw. deren Eltern haben keine rechtlichen Möglichkeiten, Lehrerleistungen durch fachmännische Dritte beurteilen zu lassen.

Demokratisches Verhalten der Schulangehörigen, der Schulaufsicht und der Träger ist deshalb keine Selbstverständlichkeit. Aber ebenso klar ist, dass Schulen ihren früheren Status einer reinen Obrigkeitsschule abgelegt haben.

These 2.5: Schule ist auf Grund ihres rechtlichen Rahmens und ihrer politischen Verfassung erst in Ansätzen demokratiefähig.

Die demokratischen Elemente sollten deshalb in den nächsten Jahren und Jahrzehnten beharrlich weiter ausgebaut werden, z. B.:

- durch die Entwicklung neuer und offener Leitbilder für Schule;
- durch den Ausbau der Teamarbeit bei Lehrerinnen und Schülerinnen;
- durch Widerspruchsrechte der Schülerinnen und Lehrerinnen;

---

14 Z. B. die Klassenkonferenzen bei Célestin Freinet oder die Schülergerichte bei Janusz Korczak.
15 Vgl. S. 193.

- durch eine gerechte Leistungsbewertung und das beständige Bemühen um Gewaltreduzierung;
- durch die Erprobung neuer Formen der Schulaufsicht und Schulberatung.

Erst dann könnte endgültig davon gesprochen werden, dass aus der Obrigkeitsschule eine Lehrer-und-Schülerschule geworden ist.

2. Schule als Institution

Zu den wenigen wissenschaftlich unstrittigen Aussagen über Schulen gehört, dass sie Institutionen sind und eine Organisationsstruktur haben. Der Begriff „Institution“ ist deshalb auch in unsere *Arbeitsdefinition 1* eingegangen. Es gibt eine eigene wissenschaftliche Disziplin, die Institutionentheorie, die sich ausschließlich mit der Analyse und Konzipierung von Institutionen beschäftigt[16] und eine in den letzten Jahren boomende Organisationstheorie[17], die im Wesentlichen in der Betriebswirtschaft entwickelt wurde, nun aber immer mehr für die Analyse von Schulen genutzt wird[18].
Die Begriffe Institution und Organisation gehen in der einschlägigen soziologischen Literatur allerdings bunt durcheinander[19]. Wir verwenden in diesem Buch beide Begriffe und nehmen eine Hierarchisierung vor:

- Die Schule als Ganzes ist für uns eine Institution.
- Jede solche Institution besitzt eine mehr oder weniger stark entfaltete Organisationsstruktur (und zusätzlich eine Personal- und eine Lehrplanstruktur).

2.1 Arbeitsdefinition und gesellschaftliche Funktionen

Der Institutionenbegriff kommt zwar auch in der Alltagssprache vor, ich verwende ihn aber als wissenschaftlichen Begriff und nehme mir das Recht, ihm eine spezifische Bedeutung zu geben. „Institution“ ist für mich ein *theoretisches Konstrukt*. Als „Konstrukt“ wird ein Begriff oder Begriffsgefüge bezeichnet, der oder das vom Wissenschaftler konstruiert worden ist und nur indirekt empirisch beobachtet werden kann, und zwar dadurch, dass *Indikatoren* vereinbart werden, bei deren Vorliegen gefolgert wird, dass auch das Konstrukt „vorhanden“ sei[20].

Wörtlich übersetzt heißt Institution „Einrichtung“. Es gibt eine unendliche Fülle weiterer „Einrichtungen“: neben der Schule z. B. die Ehe, die Familie, eine Skatrunde, die Love Parade oder das jährliche Schulfest. Was immer Menschen „institutionalisiert“ haben, ist dann auch eine Institution.

---

16 Mayntz (1963), Schelsky (1973); Türk (1989); vgl. Schulenberg (1970); Baethge/Nevermann (1984: 55–186); Kemper (1991); Krüger/Lersch (1993:54–72).
17 Vgl. Türk (1989).
18 Vgl. Rolff (1993), Gairing (1996).
19 Vgl. Gukenbiehl (1992); dagegen Arbeitsgruppe Soziologie (1986).
20 Weitere Beispiele für theoretische Konstrukte sind z. B. „Handlungskompetenz“ (Arbeitsdefinition 15), „pädagogisches Ethos“ (Nr. 25/S. 281) und „Sozialisation“ (Nr. 29/S. 302), Persönlichkeit, Bildung usw.

Das Wesentliche an Institutionen ist nicht die Frage, welche zu Stein oder Papier geronnenen „Ausscheidungen“ sie produziert haben (z. B. Gebäude, Vereinssatzungen, Besitztümer oder bedrucktes Papier). Der Witz der Institution besteht gerade darin, dass es sich um ein *geistiges Gebilde*[21] handelt, dem gegenüber alle Mitglieder einer Gesellschaft bestimmte Erwartungen entwickeln.

Arbeitsdefinition 8:
Eine Institution ist eine soziale Erfindung zur Normalisierung von Erwartungen.

Die Schule *normiert* und *normalisiert*, welche Lehrverpflichtungen die Gesellschaft eingegangen ist und was von der heranwachsenden Generation an Lernleistungen erwartet werden kann. *Man* weiß dann, was ein Schulabsolvent *mit Fug und Recht* an Kenntnissen, Fähigkeiten und Haltungen mitzubringen hat. Durch die (schon vor gut 4 000 Jahren eingeleitete) Institutionalisierung des Lehrens und Lernens in Form von Schulen erhält das Lernen der heranwachsenden Generation also einen bestimmten, gesellschaftlich akzeptierten *Sinn*[22].

Schule spezialisiert sich auf Bildung. Andere Institutionen, die sich z. B. auf Krankenfürsorge, auf Forschung oder Bestrafung spezialisiert haben, werden dadurch entlastet.

In der menschlichen Frühgeschichte „passierte“ das Lernen, indem die Kleinen den Großen über die Schultern schauten und bei deren Besorgungen mitmachten. Dies wird mit einem Fachbegriff als funktionale Bildung – im Gegensatz zur intentionalen Bildung und Erziehung – bezeichnet. Funktionale Bildung kann aus vielfältigen Gründen in unserer Zivilisation nur noch einen immer kleiner werdenden Teil zur erforderlichen Gesamterziehung beitragen. Deshalb sind „Schulen“ für die Gesellschaft überlebenswichtig geworden, weil sie die immer komplizierter und störungsanfälliger werdenden Prozesse in der Wirtschaft, in der Politik und im geselligen Leben vor herumstreunenden bildungsbeflissenen Lernern bewahren. Das ist ironisch formuliert, aber es gehört nicht viel Fantasie dazu sich auszumalen, was passieren würde, wenn ab morgen zwölf Millionen Kinder und Jugendliche und ihre 800 000 Lehrerinnen ausschwärmten und die Fabriken, Gerichte, Bauernhöfe, die Ministerien, Krankenhäuser und Bundeswehreinrichtungen bevölkerten, um Pastorin, Ärztin, Seemann oder Hausmann zu werden.

---

21 Vgl. Diederich/Tenorth (1996:333); von der Schule als *Erfindung* spricht auch Wolfgang Schulenberg (1970).

22 Vgl. Berger/Luckmann (1970:49–98); Krüger/Lersch (1993:42–53); Apel (1995:114 f., 144).

2.2 *Bestandsprobleme und Grenzen*

Jede Institution muss, um ihre Aufgaben auf Dauer erfüllen zu können, bestimmte Bestandsprobleme lösen: Sie muss (1) wissen, wozu sie da ist, also ihre Ziele bzw. ihren Auftrag klären; man sagt auch, sie muss ihre „Philosophie“ entwickeln. Sie muss (2) Regeln ausbilden, nach denen die Mitglieder oder Nutzer der Institution handeln. Sie muss – zumindest bei größeren Institutionen wie der Schule – (3) eine Organisationsstruktur aufbauen, um die Komplexität der Aufgabenstellung zu verringern und die Arbeitsteilung (funktionale Differenzierung) vornehmen zu können. Sie muss (4) klären oder von anderen festlegen lassen, wer Mitglied der Institution ist und wer nicht[23]:

(1) Die *Zielsetzungen* der Schule ergeben sich erstens aus dem politisch ausgehandelten und in den Schulgesetzen der Bundesländer festgelegten Bildungsauftrag; zum anderen aus dem Denken, Fühlen und Handeln der Beteiligten. Das besondere Kennzeichen der Schulinstitution ist, dass sie auch bei unklaren, ja nebulösen und/oder widersprüchlichen generellen Zielsetzungen immer noch funktioniert.

(2) Die *Regeln* erlauben es den Mitgliedern der Institution, miteinander in Austausch zu treten. Sie sind sozusagen „kommunikatives Schmieröl“. Zur Einhaltung der Regeln werden positive und negative Sanktionen entwickelt.

(3) Die *Organisationsstruktur* dient der Reduktion von Binnen-Komplexität und der Leistungssteigerung durch funktionale Differenzierung (s. u.).

(4) *Mitglieder* der Institution Schule sind:
- die Schülerinnen,
- der Lehrkörper bzw. das Kollegium,
- die Schulleitung,
- nichtunterrichtendes Personal,
- die Eltern.

Die Mitgliedschaft ist juristisch geregelt[24].

Jede Institution hat eine bestimmte Grenze oder „Außenhaut“, ohne die es nicht überleben, ja nicht einmal als Institution wahrgenommen werden könnte[25]. Die Grenze der Schule zu anderen gesellschaftlichen Subsystemen kann zunächst einmal zeitlich definiert werden:

- Wenn sich die Schülerinnen auf den Schulweg machen, *beginnt* „Schule“; wenn sie wieder zu Hause sind, endet Schule. Solange die Schülerinnen in der Schule sind, unterliegen sie der Schulaufsicht und befinden sich in einem „besonderen Rechtsverhältnis“ (s. o.).

---

23 Ähnliche Auflistungen bei: Feldhoff (1974); Fend (1980:56–58).

24 Die Schülerinnen unterliegen bis zum 9. Schuljahr der Schulpflicht, danach gehen sie freiwillig zur Schule. Die Frage, welche weiterführende Schulform sie besuchen, wird nach Elternwille und Begabungsprognosen der abgebenden Schulen entschieden. Die Frage, an welche Einzelschule eine Schülerin gehen kann oder muss, wird über die Schuleinzugsbereiche geregelt oder aber generell freigegeben. Die „Mitgliedschaft“ der Lehrerinnen wird über deren Berufsausbildung (in der Regel das Erste und Zweite Staatsexamen) und die Einstellung durch die Landesbehörden geregelt.

25 Vgl. Türk (1989:122).

- Für die Lehrerinnen gilt Ähnliches. Sie haben aber größere Spielräume beim Verlassen der Institution, auch wenn sie ihre Rolle (als Lehrerin einer bestimmten Schule identifiziert zu werden) *immer* mit sich herumtragen.

Die Grenze kann aber auch psychologisch, historisch oder systemtheoretisch definiert werden. Wir kommen darauf an verschiedenen Stellen dieses Buches (z. B. in der Siebten und Neunten Lektion) zurück.

3. Schule als Organisation

3.1 Organisieren als intelligentes Handeln

Schulen handeln, zumindest dem Anspruch nach, planmäßig (vgl. Arbeitsdefinition 1). Planmäßigkeit meint eine im weitesten Sinne intelligente Gestaltung der Abläufe schulpädagogischen Handelns, also die Orientierung an vorgegebenen oder gemeinsam vereinbarten Zielen und Programmen und die Kontrolle des Erfolgs.

Die Wörter Organisieren und Organisation stammen vom griechischen „órganon“ (= Werkzeug, Gerät). Organisationen sind mithin Werkzeuge, um bestimmte Zwecke zu erreichen - mehr nicht.

Was ist dann die Organisationsstruktur einer Schule? - Ich dachte zunächst, dies sei ein äußerlich sichtbarer, genau definierter Bestandteil der Schule, sozusagen ihr „Knochengerüst“. Aber das ist falsch; ein Bild hielt mich gefangen. Erst durch das lehrreiche und unkonventionell geschriebene Buch von Karl Weick „Der Prozess des Organisierens“ (1995) entstand Klarheit: Eine Organisation ist - ebenso wie die Institution - ein geistiges Gebilde (das allerdings hin und wieder materiale Bestandteile ausbildet).

Das Organisieren dient der Lösung von Problemen, die sonst nicht oder nur mit einem sehr hohen Zeit- und Arbeitsaufwand gelöst werden könnten; als geistige Tätigkeit ist es an mehrere normative Voraussetzungen gebunden:

(1) Organisieren klappt nur dann, wenn die Beteiligten mehr oder weniger fest an bestimmte Organisationsmythen glauben („wir sind gute Organisateure“, „beim nächsten Mal klappt's schon besser“, „die Generalprobe *muss* ja danebengehen“).
(2) Organisieren klappt nur dann, wenn der Organisator tatsächlich zuständig ist und auch die Macht hat, seine Lösung durchzusetzen[26].
(3) Der Organisator muss Fantasie haben. Es macht ihm Spaß, Ordnung zu schaffen, aber auch zu improvisieren.
(4) Alle Beteiligten müssen sich halbwegs an die Vorgaben und Absprachen halten.

Ein Beispiel

- Der Oberstudiendirektor einer Berufsbildenden Schule im Norddeutschen hatte zu wenige Lehrer. Dies war sein Organisationsproblem. Da erfand er sich eine *Fantom-*

26 Mein Vater hatte eine etwas ungenau gehende Uhr, was zu Silvesternacht zum Problem wurde. Es war drei nach Zwölf, aber wir durften immer noch nicht auf's neue Jahr anstoßen. Vaters Kommentar: „Wann Neujahr ist, bestimme *ich*!“

klasse (was angesichts der organisatorischen Komplexität von Berufsbildenden Schulen kein allzu großes Kunststück ist), meldete sie an seine Vorgesetzten und erhielt eine entsprechende Erhöhung der Lehrermessstundenzahl. Das Problem war also zunächst einmal gelöst, aber die Sache flog leider auf, der Schulleiter wurde strafversetzt.

- Die Mehrzahl der genannten normativen Voraussetzungen für gutes Organisieren war erfüllt: Der Oberstudiendirektor hatte Macht und Fantasie. Er war zuständig – aber letztlich nicht geschickt genug. Sonst hätte er die Risiken seines Handelns besser kalkuliert.

Ich leite aus dem Beispiel und den vorhergegangenen Überlegungen die folgende handlungstheoretische Definition ab:

> **Arbeitsdefinition 9:**
> Organisieren ist die intelligente Verknüpfung von Einzelhandlungen zu Handlungsketten.

Der Begriff „Handlungskette" ist ganz schlicht zu verstehen. Er meint nicht mehr, als dass zwei Einzelhandlungen absichtlich miteinander verknüpft werden[27]. Die Einzelhandlungen können in der Hand einer Einzelperson liegen oder auch von mehreren Personen ausgeführt werden. Ein Beispiel: das alphabetische Ordnen der Schülernamen und das Zuteilen der Schülerinnen in vier Parallelklassen einer Grundschule nach dieser Liste.

Der Maßstab für „intelligent" schwankt; er hängt von der verfügbaren Zeit, dem Personal, von den verfügbaren Mitteln und der Handlungsmoral ab. Das Beispiel „Klassen nach Alphabet bilden" zählt sicher *nicht* zu den intelligenten Lösungen! Und die Erfindung einer Fantomklasse auch nicht.

3.2 Planung des Organisierens

Vom Organisieren selbst kann und muss die Planung des Organisierens unterschieden werden, auch wenn in realen Handlungsprozessen eine fortwährende Vermischung von Handeln – Begutachten – neu Planen – Handeln stattfindet. Die logische Struktur der Pläne kann sehr unterschiedlich sein. Es hilft, sich die folgenden *drei* grundlegenden Typen vor Augen zu halten[28]:

(1) *Ziel-Mittel-Ketten.* Ich entscheide mich für meine Ziele und suche dann nach den optimalen Mitteln zur Verwirklichung der Ziele. Dies ist *nur scheinbar* die naheliegendste Form der Organisation. Denn sie hat zur Voraussetzung, dass ich genau weiß, welche Prioritäten ich bei meinen Zielen habe und welche Mittel zu welchen Ergebnissen führen. Dies ist

27 Vgl. Weick (1995:11–13); vgl. auch Miller/Galanter/Pribram (1991).
28 Vgl. Luhmann (1968).

aber in komplexen sozialen Systemen nur selten der Fall. Meistens will ich mehrere Ziele gleichzeitig verfolgen, weigere mich aber, eine klare Prioritätenliste der Ziele herzustellen, weil jedes Ziel für sich wichtig ist. Aber ohne eine solche Liste funktioniert kein Zweck-Mittel-Programm.
Strenge Ziel-Mittel-Planung scheitert oft schon im Vorfeld an dem fehlenden Wissen darüber, welche Mittel mir tatsächlich zur Verfügung stehen und wie geeignet sie sind. Oft kommt auch kein Konsens über die Zielprioritäten zustande oder es mangelt an der Disziplin bei der Umsetzung von Plänen. Es gibt also zahllose Gründe dafür, beim Planen behutsam zu sein. (Da hilft der Merkspruch: Wer besonders gründlich plant, wird vom Zufall besonders hart getroffen!)
Bei fast allen schulischen Planungsvorhaben gilt deshalb ein Grundsatz der Systemtheorie, der lautet: *„Optimale Lösungen sind suboptimal.“* Denn der Kraft- und Zeitaufwand für die letzten 5 Prozent der tollsten aller Zielplanungen ist meistens viel zu hoch. Das gilt für ein Null-Energie-Ökohaus genauso wie für die „optimale“ Aufteilung von 117 I-Dötzchen auf fünf 1. Klassen.

(2) *Wenn-dann-Ketten.* Damit ist gemeint, dass bestimmte Maßnahmen der Schule an bestimmten Zeitpunkten oder Ereignissen festgemacht werden. Zwei schlichte Beispiele: Wenn es klingelt, gehen alle in die Pause. Wenn es regnet, dürfen alle drinnen bleiben.
Wenn-dann-Planungen sind überraschend einfach durchzuführen, weil ihr Rationalisierungsniveau niedrig ist. Ich brauche „nur“ Konsens darüber, was das handlungsauslösende Ereignis sein soll, dann kann die Handlungskette einsetzen. Welche Ziele dabei erreicht werden sollen, bleibt aber oft genug im Nebel der guten Absichten verborgen[29].

(3) *„Muddling through“.* Wörtlich zu übersetzen mit „sich durchwurschteln“. Damit ist gemeint, dass der Handelnde von Fall zu Fall entscheidet, was passieren soll. Man kann auch von Ad-hoc-Planung oder Improvisation sprechen. Dieser Planungstyp mag auf den ersten Blick chaotisch erscheinen, er kann aber, sofern „intuitiv“ des Richtige getan wird, höchst wirkungsvoll sein. Voraussetzung für die Effektivität dieses Planungstyps ist also intuitive Kompetenz oder reflektierte Routine[30]. Gerade die weiche Strategie des „muddling through“ ist besonders effektiv, wenn es gilt, mit unerwarteten Situationen und Aufgaben fertig zu werden.

(4) Man kann sich auch eine Handlungskette vorstellen, die kreisförmig zusammengeschlossen ist. Dann hat man ein organisationstheoretisches *Per-*

29 Ein Beispiel: „Wer in der Pause raucht, darf nicht mit auf die Klassenfahrt (Lehrer ausgenommen).“ – Ein klarer Beschluss! Aber welche Erziehungsziele dabei genau verfolgt werden, welche Nebenfolgen eintreten und ob das Mittel „Klassenfahrt-Entzug“ tatsächlich der Zielerreichung dient, bleibt ungeklärt.
30 Das ist eigentlich die Quadratur des Kreises – aber in der Schulpädagogik dennoch erforderlich – vgl. Meyer (1987b:48).

petuum mobile[31] erfunden. (Mir sind noch keine Beispiele eingefallen, aber ich bin sicher, dass es sie geben muss.)

Organisation ist nötig, um Routineaufgaben effektiv und zeitsparend zu lösen, aber auch um neue Lösungen für neue Probleme zu finden. Es kann jedoch zu einem Problem werden, wenn zu oft neue Lösungen gesucht und gefunden werden. Dann entstehen unübersichtliche Verhältnisse, in denen immer wieder alles Mögliche angezettelt wird, was dann auch ebenso schnell wieder vergessen ist. Gunter Otto, Erziehungswissenschaftler aus Hamburg, hat einmal formuliert: „Nicht jedes Mal, wenn ein Lehrer etwas das erste Mal in seinem Leben tut, handelt es sich um eine Innovation." Richtig! Es kommt schließlich darauf an, dass neue Lösungen tatsächlich zur einer verbesserten Aufgabenerfüllung führen. Ebenso wichtig wie die Suche nach *neuen* Lösungen ist deshalb das Bemühen, eine „Nachhaltigkeit" (= dauerhafte Wirksamkeit[32]) für vernünftige alte Problemlösungen zu sichern.

3.3 Was ist die Organisationsstruktur der Schule?

Die Mitglieder der Schule bauen die Organisationsstruktur durch ihr intelligentes, hin und wieder auch dümmliches, bewusst geplantes oder intuitiv angemessenes Handeln auf und sichern dadurch die Ordnung und Berechenbarkeit des Schulbetriebs. Die Organisationsstruktur schafft also Verlässlichkeit und Berechenbarkeit der Handlungen der Schulangehörigen; sie klärt, wer für was zuständig ist und strukturiert vor, was wann wo zu tun und zu lassen ist. Im Jargon des Soziologen Niklas Luhmann: Schule arbeitet – wie jedes andere soziale System auch – mit Strategien der Komplexitätsreduktion und der funktionalen Differenzierung:

- *Reduktion von Binnenkomplexität* soll heißen, dass mit Hilfe der Organisationsstruktur die unendliche Fülle *möglicher* Handlungsweisen des Systems Schule auf einige wenige reduziert wird. Von *Binnen*komplexität wird gesprochen, weil die Schule als Ganzes wiederum für die Gesamtgesellschaft so etwas wie Außenkomplexität reduziert.
- *Funktionale Differenzierung* beschreibt die Aufgaben- und Rollenverteilung an die Mitglieder der Institution. Dem Anspruch nach dient dies der Leistungssteigerung. Es kann aber auch Verkrustungen geben, die leistungsmindernd wirken (s. u.).

These 2.6: Die Organisationsstruktur der Schule dient der Reduzierung von Binnenkomplexität und der Leistungssteigerung durch funktionale Differenzierung.

31 Onno Meyer: Dies ist ein unsauberer Sprachgebrauch – typisch für Geisteswissenschaftler!

32 „Nachhaltigkeit" (englisch: sustainability) ist das neue Zauberwort der Organisationsentwickler. Dies zeigt den Klimawechsel in der Bildungspolitik: Vor 25 Jahren war das Gegenteil angesagt: „Unter den Talaren Muff von tausend Jahren!"

Komplexitätsreduktion und funktionale Differenzierungen stellen sich nicht von selbst ein, vielmehr müssen die von den Institutionsangehörigen bevorzugten Lösungen *„festgeklopft"* werden. Das Festklopfen erfolgt dadurch, dass für gut gehaltene Lösungen gelobt und in das Organisationsrepertoire der Schule aufgenommen werden, während die für schlecht gehaltenen Lösungen diffamiert werden. Dazu sagt man auch: lernende Organisation oder kurz Organisationslernen. Das kann sehr subtil, z. B. durch spitze Zwischenbemerkungen in der Gesamtkonferenz oder offen-platt vor sich gehen. Die gelobten Lösungen müssen nicht unbedingt die im ökonomischen oder pädagogischen Sinne optimalen Lösungen sein. Es gibt bei der Bewertung von Organisationsleistungen die wunderlichsten subjektiven Bewertungskriterien. Ich leite aus diesen Überlegungen eine auf der Definition 9 aufbauende weitere Arbeitsdefinition ab:

Arbeitsdefinition 10:
Die Organisationsstruktur einer Schule ist ein zu festen Formen gewebtes Netz von Handlungsketten, die von der Mehrheit der Beteiligten als Problemlösungen anerkannt werden.

Wenn das Schulsportfest halbwegs geklappt hat, so wird sein Organisationsplan – mit den erforderlichen Modifikationen – auch für die Organisation der Weihnachtsfeier benutzt. Ob es immer die Mehrheit sein muss, die einem Organisationsnetz innerlich zustimmt, wäre noch zu diskutieren. (In einem Gefängnis wäre die Annahme zumindest für bestimmte Bereiche unrealistisch.) Wichtig ist nur die Feststellung:

These 2.7: Die Organisationsstruktur einer Schule ist das Ergebnis eines gemeinsamen, aber nicht immer gemeinschaftlichen Lernprozesses.

3.4 Teilstrukturen

Die Organisationsstruktur einer Schule untergliedert sich in bestimmte Bereiche oder organisatorische Teilstrukturen:

- Es gibt *feste Zeiten*: Das Schuljahr beginnt am 1.8. und endet am 31.7. eines jeden Jahres. Eine Unterrichtsstunde dauert 45 Minuten. Es gibt pro Jahr 75 Tage Ferien. Die Sommerferientermine werden zwischen den 16 Bundesländern gestaffelt[33].
- Es gibt *Räume*, in denen sich das Schulleben entfaltet: Klassenzimmer und Fachräume, Lehrerzimmer und Schülertoiletten, „Marktplätze" und Nischen.

33 Zuständig für solche Festlegungen ist die Kultusministerkonferenz (siehe S. 355).

- Es gibt *soziale Formationen*: den „Lehrkörper“, die „Schülerschaft“, die Eltern, das nichtunterrichtende Personal.
- Es gibt eine große Anzahl fest installierter *Regeln* und *Verfahren*: Jahrgangsklassen und Systeme der äußeren und inneren Differenzierung; Kontrollsysteme, Informations- und Entscheidungsstrukturen, Beurteilungs- und Zensierungssysteme.
- Jede Schule wird hin und wieder kontrolliert und/oder sie entwickelt eigene *Kontrollmechanismen*[34].

Für verschiedene Organisationsaufgaben gibt es unterschiedliche *technische Apparate*: Regale, Lautsprecherdurchsage-Maschinen, Klingeln, Schülerkarteien, Rechtsvorschriften, Aufbewahrungsorte usw. Auch das Schulgebäude, die Klassenräume, das Gelände drumherum sind – organisationstheoretisch gesehen – eine technische Apparatur. Auf Grund des materialistischen Missverständnisses (siehe S. 73) wird die Bedeutung dieser Apparate aber oft überbewertet. Ein guter Organisator kann aus Mist Gold machen; ein schlechter Organisator macht's umgekehrt.

Die Teilstrukturen können an jeder Schule unterschiedlich gestaltet werden. Und auch die begriffliche Erfassung der Strukturen, also die Namensgebungen, variieren. Die nächste Abbildung zeigt *eine* von mehreren Möglichkeiten der Untergliederung.

Abbildung 2.3: Organisationsstruktur

34 Als *Kontrollinstrumentarien* werden zumeist die Schulaufsicht und Schulkonferenzen, manchmal auch die Eltern genannt. Dies sind allerdings reichlich stumpfe Instrumentarien: Nur wenige Lehrer und Lehrerinnen werden von Schulaufsichtsbeamten besucht. Hopf/Nevermann/Richter (1980:78) errechneten vor 17 Jahren, dass eine Lehrerin durchschnittlich nur alle sechs Jahre einmal im Unterricht Schulratsbesuch erhielt. Es ist sehr selten, dass Lehrerinnen per Konferenzbeschluss aufgefordert werden, einen Missstand abzustellen. Lehrerinnen haben eben „pädagogische Freiheit“, und Schulen sind, wie das Niedersächsische Schulgesetz bestimmt, in der Wahrnehmung ihrer Aufgaben selbstständig. Die Frage, wie das Verhältnis von Fremd- und Selbststeuerung an den Schulen gestaltet wird, ist deshalb ausgesprochen spannend.

3.5 Organisationskritik

Trotz der Tatsache, dass Organisationsstrukturen jeweils wieder neu erlernt werden müssen, können sie eine erstaunliche Lebensdauer entwickeln. Dabei helfen bestimmte *Organisationsmythen*, ein stabiles Klima der Innovationsfeindlichkeit zu schaffen („Das haben wir schon immer so gemacht", „Da könnte ja jeder kommen", „Meine Klasse will so etwas nicht"). Gerade die Organisationsvorschriften, die von den Bildungsverwaltungen auf zentraler Ebene für die Stabilisierung der verschiedenen Schulformen, für Versetzungsordnungen, Abschlussregelungen, für das Beamtenrecht, für Bauvorschriften usw. geschaffen worden sind, haben Schule insgesamt heute zu einem starren Apparat verkommen lassen.

Kritik ist also nötig (und sie ist seit Jahrzehnten in aller Schärfe formuliert worden), sie kann aber auch in eine gerade bei Pädagogen beliebte Organisationsfeindlichkeit umkippen, die niemandem hilft und vielen schadet:

- Martinus Langeveld (1963:107): „Die voll durchorganisierte Schule ist also vom schlimmsten Übel. Sie ist das Gegenstück zur Verwahrlosung."
- Edmund Kösel (1995:13): Organisationen „entwickeln ein Eigenleben und eine Dynamik, über die sie sich verselbstständigen und vom ‚Diener' zum ‚Herrn' werden können."

Edmund Kösel hat Recht. Aber die Konsequenz ist nicht der Verzicht auf Organisation, weil dies nur zur Folge haben kann, dass andere Instanzen das Organisieren des Schulbetriebs per Fernsteuerung betreiben. Nötig ist vielmehr die Entmythologisierung der naiven Erwartungen und Befürchtungen, die Laien gegenüber der komplizierten Organisationsstruktur auch schon kleinerer Schulsysteme entwickeln können. Diese Entmythologisierung kann nur durch eine kritische Analyse der behaupteten und tatsächlichen Leistungen von Organisationen, also durch Evaluation[35] erfolgen.

These 2.8: Die klügste Form der Organisationskritik ist das Ausdenken besserer Organisationsstrukturen.

Ich fasse zusammen: Wer Schule neu denken will, darf sich nicht damit begnügen, nur die Ziele, Inhalte und Beziehungsformen der Schule neu zu definieren. Er muss auch ein neues Organisationsverständnis entwickeln und dafür sorgen, dass es in die Praxis umgesetzt wird. Deshalb haben wir diese SCHULPÄDAGOGIK in der Ersten Lektion mit der Beschreibung der T.E.A.M.-Schule eröffnet, in der organisatorische Teilstrukturen bereits zu erkennen sind, die aber noch sehr viel deutlicher herausgearbeitet werden müssen.

35 Evaluation meint die empirische Überprüfung und Bewertung von Schule, Unterricht, Lehrplänen oder Schulentwicklungsmaßnahmen – mehr dazu in Band II, S. 222 ff.

4. Schule in Zahlen

„Schule“, das ist heute – am Ende des 20. Jahrhunderts – so etwas wie ein *staatlicher Großkonzern* mit einem ungewöhnlich stark ausgebauten Verwaltungsapparat:

- Es gibt in der Bundesrepublik Deutschland derzeit ungefähr 720 000 Lehrerinnen[36], gut 12 Millionen Schülerinnen[37] und 38 000 Einzelschulen[38]. Zusammen sind dies beinahe 13 Millionen Menschen – ungefähr ein Sechstel der Gesamtbevölkerung der Bundesrepublik Deutschland hat *direkt* mit Schule zu tun.
- Die Lehrerinnen könnten eine *Menschenkette* von 1 200 km, also von Hamburg bis Genua, bilden. Die 12 Millionen Schülerinnen (mit etwas kürzeren Armen) kämen 12 000 bis 13 000 km weit, also von Hamburg über Gibraltar bis nach Kapstadt:

Zum Vergleich: Die bundesdeutschen Automobilfirmen und Hersteller hatten 1992 insgesamt 479 000 Beschäftigte; die Deutsche Bundesbahn 1996 180 000 Beschäftigte.

- *„Schülerberg“*: Alle westdeutschen Bundesländer rechnen seit einigen Jahren wieder mit stark ansteigenden Schülerzahlen, die fünf neuen Länder mit stark sinkenden Zahlen. Die Tabelle auf der nächsten Seite zeigt eine Hochrechnung der Zahlen bis zum Jahr 2000[39].
- *Schulformen*: Die Schullandschaft Deutschlands ist *buntscheckig*. Im Jahre 1994 gab es circa 100 verschiedene Schulformen, d. h.: von ihrem Bildungsauftrag her unterschiedlich definierte, selbstständige Schulen des Regelschulsystems. Die wichtigsten sind Grundschulen, Gesamtschulen, Haupt- und Realschulen, Gymnasien, Berufsbildende Schulen. An letzteren gibt es allein 600 Ausbildungsberufe, für die Lehrerinnen ausgebildet und Fachkunden entwickelt werden müssen.

---

36 Im Jahre 1993 waren es in der Bundesrepublik Deutschland, Ost und West, laut Kultusministerkonferenz 713 804 Lehrerinnen und Lehrer. Auf eine Vollzeit-Lehrerin kamen 1993 im Durchschnitt 15,7 Schülerinnen und Schüler.

37 Im Jahr 1993 gab es in der BRD 12 005 374 Schülerinnen. Diese Zahl schließt die Berufsbildenden Schulen ein. An den öffentlichen *allgemein bildenden* Schulen befanden sich im Schuljahr 1995/96 insgesamt 9,93 Millionen Schülerinnen (Quelle: Kultusministerkonferenz und Harenberg Lexikon der Gegenwart, 1996:319). Zum Vergleich: Es gibt in der BRD gut 18 Millionen Rentner und Rentnerinnen.

38 Eine ausführliche Darstellung der Zahlen und der demographischen Hintergründe finden Sie bei Böttcher/Klemm (1995) und in: Arbeitsgruppe Bildungsbericht (1994, passim). – Übrigens: Der Zusatz „passim“ besagt in wissenschaftlicher Literatur, dass in dem Buch an *vielen* verschiedenen Stellen Aussagen zu dem angesprochenen Problem zu finden sind.

39 Quelle: Harenberg Lexikon (1996:319); die Hochrechnung ist recht genau, weil die Kinder und Jugendlichen, die darin erfasst werden, ja allesamt bereits geboren sind.

Schule: Schülerzahlen im Vergleich

Schulform[1]	**1997**	**1998**	**1999**	**2000**
Grundschule	3 732 700	3 661 000	3 566 200	3 463 700
Hauptschule	1 114 900	1 135 400	1 192 300	1 199 200
Realschule	1 225 600	1 245 300	1 268 200	1 298 600
Gymnasium				
– Sekundarbereich I[2]	1 629 300	1 653 200	1 679 000	1 709 800
– Sekundarbereich II[3]	682 300	708 100	721 200	721 200
– gesamt	2 311 600	2 361 300	2 400 200	2 431 000
Gesamtschule[4]				
– Primarbereich[5]	25 700	23 600	21 400	19 200
– Sekundarbereich I[2]	453 000	464 000	474 000	484 000
– Sekundarbereich II[3]	56 000	60 000	63 000	65 000
– gesamt	534 700	547 600	558 400	568 200
Insgesamt	8 919 500	8 950 600	8 985 300	8 960 700

1 Prognose für ausgewählte allgemein bildende Schulen;
2 Klassen 5–10; 3 Klassen 11–12/13;
4 Integrierte Gesamtschule; 5 Klassen 1–4, nur in Berlin, Brandenburg, Hamburg, Hessen, Niedersachsen, Schleswig-Holstein und Thüringen

- *Unterrichtsversorgung*: Die Unterrichtsversorgung schwankt zwischen den Bundesländern und zwischen den einzelnen Schulformen erheblich: Es gibt auch 1997 Schulen (insbesondere Gymnasien), die rein rechnerisch immer noch auf eine Unterrichtsversorgung von 115 oder sogar 120 Prozent kommen, es gibt 300 Meter weiter eine kleine Grundschule, die nur auf 85 Prozent kommt. Deshalb gibt es die von allen Beteiligten beklagten Abordnungen und Teilabordnungen: Insbesondere Gymnasiallehrerinnen werden an Orientierungsstufen versetzt, Sekundarschullehrerinnen mit Grund- und Hauptschulexamen werden an Grundschulen versetzt. Viele fühlen sich dort todunglücklich, andere entdecken, dass dies „die" Jahrgangsstufe ihrer Wunschträume ist.
- *Vertretungsunterricht*: 5 bis 10 Prozent der Unterrichtsstunden fallen wegen Erkrankung, Fortbildung und weiterer Aktivitäten aus. (Genaue Zahlen liegen 1997 nicht vor, dürften aber in Kürze zu erwarten sein.) Das heißt, dass in Deutschland circa 400 000 Vertretungsstunden täglich organisiert und dann auch gehalten werden müssen.
- *Klassenstärken/Klassenobergrenzen*: In den fünf neuen Ländern sinken die Schülerzahlen. Es besteht kaum Neueinstellungsbedarf für Lehrerinnen. In den westlichen Bundesländern werden die Klassenobergrenzen angesichts steigender Schülerberge und leerer Kassen (wieder) hochgesetzt[40]:

40 Quelle: Niedersächsisches Kultusministerium Jan. 1997 (Pressestelle).

Klassenobergrenzen (und durchschnittliche Klassenfrequenzen im Schuljahr 1995/1996) **der westdeutschen Flächenländer nach Schularten**

	Baden-württemberg	Bayern	Hessen	Niedersachsen	Nordrhein-Westfalen	Rheinland-Pfalz	Saarland	Schleswig-Holstein
GS	31 (22,4)	32 (24,3)	28 (21,9)	28 (21,1)	30* (23,4)	30* (22,6)	29 (21,1)	29* (21,2)
OS	–	–	30 (24,4)	28 (23,5)	–	–	–	–
HS	33 (21,0)	33 (24,1)	28 (19,9)	28 (20,3)	30* (23,3)	30* (22,8)	30 (21,6)	29 (19,8)
RS	33 (25,9)	33 (26,9)	33 (25,7)	30 (23,5)	30* (27,7)	30* (26,1)	33 (27,4)	29 (21,9)
Gy	33 (25,5)	33 (26,9)	33 (26,5)	30 (24,6)	30* (26,7)	30* (26,0)	33 (26,2)	29 (23,7)
IGS	33 (23,5)	33 (25,2)	30 (25,1)	28 (24,9)	30* (27,7)	30* (27,8)	30 (27,4)	29 (23,5)

NRW: * Nach Genehmigung des SAA bei GS und HS und nach Entscheidung der Schule bei RS, Gym und IGS. Rheinland-Pfalz: * Abweichungen um bis zu 3 Sch. (27–33) nach Entscheidung der Schulleitung im Benehmen mit der Gesamtkonferenz und der Elternvertretung für bis zu 2 Jahren möglich, darüber hinaus im Einvernehmen. Schleswig-Holstein: * Die Schulen können abweichend auch höhere oder niedrige Grenzen festlegen.

- 70 000 junge Menschen verließen die Schulen im Schuljahr 1994/95 *ohne Abschluss*. Das ist eine erschreckend hohe Zahl – 7,3 Prozent im Bundesdurchschnitt[41].
- *Kosten*: Eine Schulstunde kostete die Bundesländer am Ende der 80er-Jahre je nach Gehaltsstufe der Lehrerin, Schulform und Medien- bzw. Gebäudekosten zwischen 100 und 150 DM (Berechnung von Franz Cornelsen, 1989). Heute (1995) kostet eine Doppelstunde Sportunterricht einschließlich Ruhestands- und Verwaltungskosten zwischen 236 DM und 307 DM. Das macht für diese Doppelstunde 10 000 DM pro Jahr[42].
- Eine Lehrerin brachte dem Land Niedersachsen 1996 im Durchschnitt Kosten von 82 500 DM[43].
- Eine Grundschülerin kostete das Land Niedersachsen im Jahre 1996 ungefähr 4 400 DM netto. Sie müsste also an jedem der gut 200 Unterrichtstage des Jahres für 22 DM klüger geworden sein! Sollte sie sieben Jahre später zum Gymnasium kommen, wird sie 8 065 DM pro Jahr (d. h. 40 DM je Tag) an Kosten bereiten[44].

41 Das Land NRW schnitt im Ländervergleich mit 4,8 Prozent am besten, das Land Berlin mit 12 Prozent am schlechtesten ab (Quelle: Kultusministerkonferenz und Harenberg Lexikon der Gegenwart 1996:319).

42 So das Ergebnis eines Kienbaum-Gutachtens für das Land Bayern (Kienbaum 1995).

43 Niedersächsische Landesregierung/Arbeitsgruppe Personalkostenreduzierung (1996 – unveröff.).

44 Vgl. Bund der Steuerzahler e. V. Niedersachsen und Bremen 1996, Tabelle VII – weitere Zahlenangaben in der Zwölften Lektion.

- Eine Schülerin, die zwei Tage schwänzt, prellt den Staat also um 40 bis 80 DM. Die dreimal fünf Minuten, die manche Lehrerin täglich verspätet aus dem Lehrerzimmer in das Klassenzimmer geht, kosten grob kalkuliert 30 DM je Tag.
- Der *„Umsatz"* des Großkonzerns Schule ist die produzierte Bildung. Ob die Bilanzen ausgeglichen sind, weiß niemand, weil die „Bildung" nicht in D-Mark umgerechnet werden kann und weil die Abnehmer keinen Pfennig zahlen (und das ist gut so). Denn die Bildung wird den Abnehmern vom Staat[45] geschenkt. Bekannt ist jedoch, wie viel die Schulen in Deutschland in jedem Jahr kosten[46]:

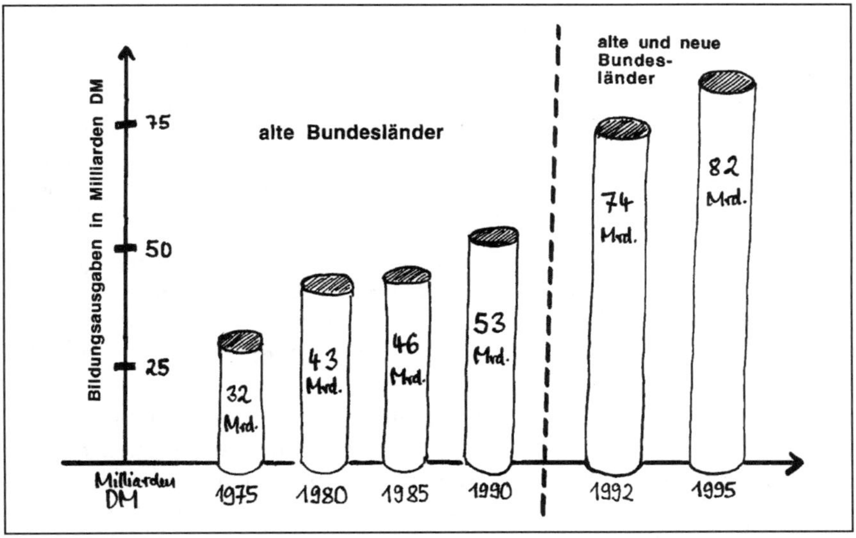

Abbildung 2.4: Bildungs-Gesamtausgaben

Zum Vergleich: Für die Jugendhilfe (Sozialfürsorge, sozialpädagogische Betreuung von 80 000 Heimkindern) wurden 1996 30 Milliarden DM ausgegeben[47]. 19,9 Milliarden DM hat die Bundesanstalt für Arbeit 1995 für ihre Bildungsmaßnahmen ausgegeben[48]. Für die Betriebliche Weiterbildung hat die deutsche Wirtschaft 1992 insgesamt 36,5 Milliarden DM errechnet[49]. Ich war über die Vergleichszahlen überrascht und formuliere als These:

45 Die „Abnehmer" zahlen dann während ihres gesamten Erwerbslebens für das Bildungswesen – die Kosten werden nur gestundet.

46 In dieser Tabelle sind die Nettogesamtausgaben (= Bildungsetats der Haushalte – ohne Hochschulen und Weiterbildung) von Bund, Ländern, Kommunen und Zweckverbänden erfasst. Damit werden Personal, Fortbildung, Unterhalt und Investitionen der Gebäude usw. finanziert. Einnahmen der Schulen sind demgegenüber so gering, dass sie vergessen werden können (Quelle: Bund-Länder-Kommission für Bildungsplanung und Forschungsförderung 1996:20). Die Ausgaben je Schüler finden Sie auf Seite 402.

47 Quelle: DER SPIEGEL, 3/1997.

48 Quelle: „Grund- und Strukturdaten" 1995/96 des Bundesministers für Bildung und Wissenschaft (BMBW).

49 Hochrechnung des Instituts der deutschen Wirtschaft, Köln – vgl. Ekholm u. a. (1996:67).

These 2.9: Schulen sind vergleichsweise preiswerte Einrichtungen.

- Der *Werbeetat* für diesen Großbetrieb ist noch nirgendwo erfasst worden, er dürfte verschwindend gering sein. Zu den Werbemaßnahmen zählen neben den Selbstdarstellungen und der Pressearbeit der Landesregierungen und Kommunen z. B. die in den letzten Jahren immer häufiger gewordenen Werbeveranstaltungen der weiterführenden Schulen, die sich bei freigegebenen Schuleinzugsbereichen in Konkurrenz zu den anderen Schulen herausputzen wollen.

Schulen haben ein differenziertes System der *Lehreraus- und weiterbildung*:

- An insgesamt 315 Hochschulen der Bundesrepublik Deutschland werden Lehrerinnen ausgebildet. Jedes Jahr beenden 16 000 von ihnen ihr Studium mit dem Ersten Staatsexamen[50].
- Das Land Nordrhein-Westfalen gab 1994 für seine 160 000 Lehrerinnen 136,5 Millionen DM für die Fortbildung aus; pro Kopf sind das 853 DM. Zum Vergleich: Im Jahre 1992 zahlten ost- und westdeutsche Unternehmen für ihre Mitarbeiterfortbildung im Durchschnitt 1 924 DM[51].
- Jedes Bundesland hat mit so wohlklingenden Namen wie LISA, PLIB und NLI Landesinstitute für Lehrerfortbildung und Curriculumentwicklung eingerichtet. Manche Lehrerinnen sind dort zweimal im Jahr, andere (bis zu einem Drittel der Lehrerschaft) haben die letzten fünf Jahre an keiner einzigen Fortbildungsmaßnahme teilgenommen.

Die vielen Fakten sagen noch nichts darüber aus, wie dieser staatliche Großbetrieb in der *öffentlichen Meinung* dasteht[52]. Die Zeiten, in denen die Bildungspolitik Konjunktur hatte, sind lange vorbei. Seit dem Ende der sozialliberalen Bildungsreformphase, also ungefähr seit 1975, sind Bildungsfragen in der Politik „dethematisiert" worden. Im Widerspruch dazu steht die große lokale Aufmerksamkeit, die Schulfragen finden. Es gibt kaum eine Tageszeitung, die nicht mindestens jeden zweiten Tag einen Bericht über Schulprobleme und -erfolge veröffentlichte.

50 Daten für das Jahr 1991, aus: BMBW (1994:135, 163).
51 Vgl. Ekholm u. a. (1995:67–69).
52 Eine aktuelle empirische Erhebung: Rolff/Bauer/Klemm/Pfeiffer (1996b:13–55).

Zweiter Teil:
Die Menschen zuerst

Dritte Lektion:
Schule aus Schülerinnensicht

Fotos: Veit Mette

Der Titel dieser Lektion ist mit Bedacht gewählt. Wir haben *nicht* vor, Ihnen „die“ Schülerin bzw. „den“ Schüler vor Augen zu führen. Das wäre nicht einmal in einem eigenen, nur diesem Thema gewidmeten Buch zu schaffen. Wir konzentrieren uns – abgesehen von dem einleitenden Definitionsteil und dem Exkurs – darauf, Ihnen die Schule *aus der Sicht* verschiedener Schülerinnen zu erläutern.

1. Was ist eine Schülerin?

1.1 Bericht über eine Schülerinnen-Befragung

Befragt habe ich (Dorothea) eine 6. Klasse einer Orientierungsstufe und eine 7. Klasse eines Gymnasiums im ländlichen Raum. Zunächst zu den OS-Schülerinnen. Sie haben ihre Antworten auf meine Frage „Was ist ein Schüler/eine Schülerin?“ auf Karteikarten und ohne Namen festgehalten. Die meisten Antworten beschreiben Schülerinnentätigkeiten und -befindlichkeiten. Hier eine Auswahl, die die Breite der Antworten spiegelt:

- eine Schülerin bekommt etwas „beigebracht“, macht Hausaufgaben und übt viel;
- sie fühlt sich „manchmal doof“;
- sie soll „gehorchen“ und den Unterricht „nicht stören“;
- sie darf „auch mal lustig“ sein;
- Schülerinnen „machen Blödsinn“, „prügeln sich“ und „rauchen“.

Ein Teil der Klasse weist auf die Ziele des Lernens hin. Schülerinnen müssen/wollen lernen, weil sie gute Noten brauchen; einen „guten Beruf“ ergreifen wollen oder sollen; in der Schule „wichtige Dinge fürs Leben“ erfahren können und möglicherweise auch „für sich selbst“ lernen wollen.

Für zwei Schülerinnen ist wichtig, dass die eine „Busfahrerin“ und die andere „Fußgängerin“ ist. Sie resümieren: „Alle Schülerinnen sehen anders aus“. Einer Schülerin war klar, dass Kinder „eine Schulpflicht haben“ und dass „jeder einmal Schüler war“. Zwei Kurzdefinitionen lauteten so:

- „Eine Schülerin hat Pflichten, Stunden, Pausen und Lehrer.“[1]
- „Eine Schülerin ist keine Sklavin.“

Die nächsten beiden Schülerantworten im Faksimile – wir kommen darauf zurück!

1 Das passt zu der Mindmap des Hauptschülers von Seite 18.

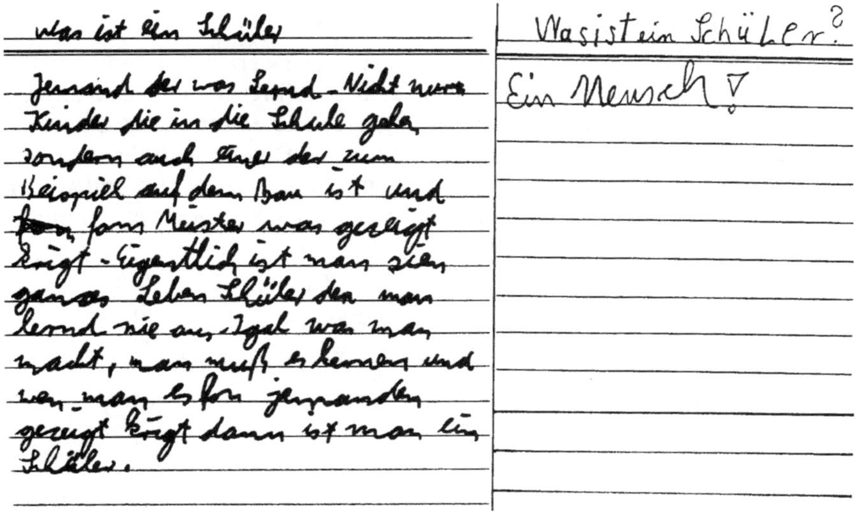

Abbildung 3.1: Karteikarten

Die 7. Klasse eines Gymnasiums in einer Kreisstadt derselben ländlichen Region formuliert ähnliche Definitionen wie ihre jüngeren Mitschülerinnen aus der OS, allerdings sind sie weniger konkret, und es dominieren die Aspekte der Verwertbarkeit und Brauchbarkeit von Lernen und Schule. Sich selbst sehen diese Gymnasiastinnen dabei eher als bemitleidenswerte Kreaturen:

- „Die Schüler sind sozusagen Sklaven und vorne an der Tafel steht der Cäsar."
- „Ein Schüler ist ein sich mit Lehrern plagender Mensch, der vor Lernen einen dicken Kopf bekommt."
- „Ein Schüler ist ein armes Wesen."

Die deutlich kritischeren Untertöne in den Stellungnahmen verschärfen sich noch, wenn Sekundarstufen-II-Schülerinnen befragt werden[2]. Dies kann man gutwillig als Zeichen der wachsenden Reife der Schülerinnen deuten, aber es sollte für jeden an Schule interessierten Menschen eine Provokation bleiben. Schließlich ist es kein Naturgesetz, dass Schüler „Sklaven" sind oder „vom Lernen einen dicken Kopf" bekommen müssen. Generell gilt:

> **These 3.1:** Je älter die Schülerinnen, umso kritischer die Sicht auf Schule.

2 Dies ist ein genereller Befund der *Schülerforschung*; vgl. Czerwenka u. a. (1990:217); Kanders/Rösner/Rolff (1996 passim).

1.2 Arbeitsdefinition „Schülerin“

Wir haben im Schulalltag nicht die geringsten Schwierigkeiten, mit den Bezeichnungen „Schüler/Schülerin“ oder „Lehrer/Lehrerin“ umzugehen. Deshalb waren wir überrascht, in der einschlägigen Literatur[3] zwar sprachlich abgehobene juristische, aber keine pädagogischen Definitionen für „Schüler“ vorzufinden. Wir müssen die Definition also selbst konstruieren[4] und greifen zu diesem Zwecke auf die zwei im Abschnitt 1.1 wiedergegebenen Formulierungen der Wangerländer Schüler zurück:

> "Egal was man macht, man muß es lernen
> und wenn man es von jemandem gezeigt krigt
> dann ist man ein Schüler."
> "Ein Schüler ist ein Mensch."

Wir finden die Formulierungen schon beinahe genial, weil sie die Tätigkeit und die Befindlichkeit des Schülers in den Mittelpunkt rücken. Schüler „krigen gezeigt“[5], was und wie man lernt, und sie sind auch nur Menschen! Die Schüler liefern sozusagen eine *didaktisch-anthropologische* Definitionsvorlage.

> **Arbeitsdefinition 7:**
> Schülerinnen sind Menschen, die sich beim Lernen von Lehrerinnen helfen lassen.

---

3 Es gibt inzwischen eine interdisziplinär arbeitende *„Schülerforschung“*, in der rechtliche, psychologische, soziale und natürlich auch pädagogische Aspekte des Schülerdaseins untersucht worden sind. Gut geeignet als Überblick sind Hanns Petillon „Der Schüler“ (1987) und das Jahresheft „Schüler“ des Friedrich Verlags (Friedrich 1984); vgl. auch K. Ulich (1983) Es gibt viele Darstellungen von *Schülerbiografien* (Nittel 1992; Kassis 1995; Hurrelmann/Wolf 1986; Kleinespel 1990; Wicke/Messner 1995:107–146). Besonders gut ist die *subjektive Sicht* der Schülerinnen auf die Schule untersucht worden (Heiland 1979; Hagstedt/Hildebrand-Nilshon 1980; Czerwenka u. a. 1990; Fichten 1993; Noelle 1995). Und auch viele *Schülerinnen selbst* haben sich zu Wort gemeldet:
- Bücher, die im Wesentlichen Schülerberichte enthalten: Hassio (1980); Kahl (1983); die Jahreshefte des Friedrich Verlags zu „Schule“, „Unterrichtsstörungen“, „Schüler“;
- Lehrer aus Schülersicht: Czerwenka u. a. (1990);
- ein Schulprofil aus Schülersicht: Harringa (1988);
- Schulleiter aus Schülerinnensicht: E. Dietrich u. a. (1989);
- kritische Schülerinnen: N. Weber u. a. (1996).

4 Das *Konstrukt „Schüler“* ist eine historische Erfindung der Neuzeit. Und der Zusatz „Schülerinnen“ und die damit verknüpfte Zurkenntnisnahme eines eigenen Geschlechts, eigener Perspektiven und Machtansprüche ist allenfalls seit zehn Jahren gebräuchlich. Auch die Begriffe „Kindheit“ (vgl. Ariès 1975), „Jugend“ (Fischer 1982) oder „Mutterliebe“ (Toppe 1996) sind allesamt *konstruiert* und können, wie Neil Postman zum Begriff „Kindheit“ behauptet, auch wieder verschwinden.
Was ein Schüler ist und was er sein sollte, wird mithin von fast allen Schulpädagogen als bekannt vorausgesetzt. Dies gilt auch und gerade für jene Wissenschaftler, die die Parteinahme für „den Schüler“ in großen Worten auf ihr Panier geschrieben haben. Die Sichtweisen der Schüler verflüchtigen sich, wenn die Autoren konkret werden (vgl. Fromm 1987; 1996).

5 Das Wort „zeigen“ hat übrigens dieselbe sprachliche Wurzel wie „Didaktik“. Beide Wörter stammen vom indogermanischen „deik“ ab (griechisch: deíxis und didáskein).

Frage: Ist diese Definition nicht ein bisschen illusionär? Geht doch mal in die Schule!

Antwort: Die Definition ist nicht illusionär, sondern - ebenso wie Arbeitsdefinition 6 – tätigkeitsorientiert! Woran sonst wollen Sie das Schüler-sein in einem *pädagogischen* Sinne festmachen? Nur so lässt sich vermeiden, bei unangemessenen Defizit-Definitionen zu landen. Wenn Sie das Schülersein als „unfertig“, „hilflos“, „unwissend“ o. Ä. definieren, verwickeln Sie sich in viel größere Widersprüche![6]

Frage: Und was ist mit jenen Menschenkindern, die zwar zur Schule kommen, aber das Lernen verweigern?

Antwort: Schülerinnen, die die Hilfestellung ihrer Lehrerinnen verweigern, behalten ihren Status natürlich bei, aber im pädagogischen Sinne sind sie nicht mehr oder noch nicht Schülerinnen, sondern entweder mit der Schule „fertig“ (was ja immer einen doppelten Wortsinn annehmen kann) oder auf dem Weg zum Autodidakten.

Frage: Was ist ein Autodidakt?

Antwort: Ein Autodidakt[7] ist ein „Selbstlerner“, der sich in eigener Regie aus- und weiterbildet, also ohne Lehrmeister und ohne Nutzung von Bildungseinrichtungen weiterkommt - sozusagen der lebende Beweis dafür, dass es auch ohne Schule geht![8]

Frage: Und was ist mit den Schülerinnen, die schwänzen?

Antwort: Sie sind juristisch gesehen ebenso Schüler wie die Lernverweigerer. Die Schule behält selbstverständlich die Verantwortung für sie. (Ganz nebenbei: Dieses Problem gibt's ja nicht nur bei den Schülerinnen, sondern auch bei Referendarinnen und „fertigen“ Lehrerinnen[9].)

1.3 Die Schule ist für alle da!

Das eben angesprochene Problem der Lernverweigerung sollte zunächst einmal von der Schuldfrage abgekoppelt und dadurch „entemotionalisiert“ werden. Lernverweigerung ist ein didaktisches, ein motivationspsychologisches, ein sozialisationstheoretisches und schließlich auch ein *ethisches* Problem:

---

6 Vgl. Nemitz (1996).

7 Eine Neubildung aus dem Griechischen: autos (= selbst) und didaktikė téchne (= Lehrkunst); vgl. Asselmeyer (1986).

8 Eine Sammlung *autobiografischer Berichte* von Autodidakten bringt Rutschky (1987:155–174); in einer Darmstädter Quelle um 1818 findet sich (1987:167): „Es lag wesentlich an dieser Fahrlässigkeit des Schulbetriebs, an dem Mechanismus der Methode, an der Teilnahmslosigkeit der Lehrer, an dem ungeweckten Interesse der Schüler, an dem für einen durstigen Geist allzu spärlich zugetröpfelten Quell des Unterrichts, dass zu meiner eingewurzelten Abneigung vor der Schule auch noch die Gleichgültigkeit gegen allen Schulunterricht hinzukam (...) Unbefriedigt in der Schule warf ich mich daher bald in eine geistige Tätigkeit außer der Schule und begann mitten in dem geregelten Lehrkurs des Gymnasiums ein Autodidakt zu werden. Nichts war da, was mich nicht zur Bereicherung meiner Kenntnisse gelockt hätte.“

9 Das Schwänzen von Referendarinnen thematisiert Ulrike Handke (1997); über Lehrerinnen haben wir keine empirischen Angaben gefunden. Wie im Schulalltag auf schwänzende *Schülerinnen* reagiert werden kann, beschreibt Johannes Schattner (1996): Die Spielräume der Schule sind sehr, sehr eng.

- Haben die Lehrerinnen das Recht, Schülerinnen zu etwas zu zwingen, was sie partout nicht wollen? Sie „opfern" dann ja die Freiheit der Schülerin für eine ungewisse Zukunft.
- Umgekehrt, haben sie das Recht oder gar die Pflicht, die Lernunlust der Schülerinnen schlicht als deren Willen zu akzeptieren?
- Zwingen die Lehrerinnen sie zum Lernen, so verletzen sie den Grundsatz der Gewaltfreiheit,
- lassen sie sie laufen, so verbauen sie ihnen wahrscheinlich Zukunftschancen.

Friedrich Schleiermacher hatte diese Frage schon 1826[10] ausführlich erörtert und kam dabei zu dem radikalen Schluss, dass die Pädagogen *kein Recht* haben, den Schülerinnen eine selbstbestimmte Gegenwart *um der Zukunft willen* zu nehmen. Aber er folgerte daraus nicht, dass die Lehrerinnen die Hände in den Schoß legen und darauf warten sollten, dass sich die Lernlust wieder meldet. Er erwartete vielmehr, dass sie die Spontaneität und Spiellust der Kinder und Jugendlichen so gut wie irgend möglich für das Lernen ausnutzen. Später, wenn die Schülerinnen *von sich aus* Dinge lernen wollen, die für sie keinen unmittelbaren Sinn und Gebrauchswert haben, könne das „spielende" Lernen schrittweise durch das Lernen für die Zukunft abgelöst werden.

Wir übernehmen Schleiermachers Position und folgern daraus: Die Schule ist für alle da! Auch für jene, die als noch nicht oder als nicht mehr lernfähig gelten[11]. Die Schule dient eben nicht nur der Erziehung und dem Unterrichten. Sie soll zum Lebensraum werden. Sie hat auch und gerade dann, wenn sich die Schüler selbst Knüppel zwischen die Beine schmeißen, die Aufgabe, die Schüler zu schützen und zu pflegen.

These 3.2: Schule ist ein Schutz- und Schonraum *für alle.*

In der Achten Lektion werden wir formulieren: Die Schule hat eine *Humanfunktion*! Es gibt übrigens eine ganze Reihe von Alternativschulen (von Summerhill bis Glocksee), in denen keine Lernpflicht besteht, wo aber dennoch der allergrößte Teil der Schülerinnen jeden Tag freiwillig und gern an die Lernarbeit geht.

1.4 Grundbedürfnisse

Schülerinnen der heutigen Generation stellen den Zweck der Schule nur selten in Frage. Sie wissen, dass Schule „zum Lernen da" ist:

- Ein Viertklässler der Laborschule Bielefeld, der von der Lehrerin als besonderes Raubein angekündigt worden war: „Ich gehe zur Schule, damit ich was lerne. Und damit ich später im Beruf etwas kann. Das ist doch klar. Deshalb müssen wir der Schule auch dankbar sein." (Februar 1997)

10 Schleiermacher (1960:45–51).
11 Die Betonung liegt auf *„gelten"* – es gibt unseres Erachtens keine völlige Lernunfähigkeit (vgl. These 3.18, S. 119).

Aber Schülerinnen haben weitere Motive, die den Lernwunsch oft genug überlagern:

- Schülerinnen gehen in die Schule, weil sie *Kontaktbedürfnisse* haben: vorrangig zu den Mitschülerinnen, aber auch zu den Lehrerinnen[12].
- Sie wollen als *Individuen* wahrgenommen werden. (Dazu gehören so schlichte Dinge wie das zügige Erlernen ihrer Namen.)
- Sie wollen *geliebt* werden.
- Sie wollen hin und wieder in *Ruhe* gelassen werden.
- Sie wollen auch einmal *Sieger* sein (und nicht immer nur zu „Spielen ohne Sieger" gezwungen werden).
- Sie wollen *rangeln* und raufen, also ihre Motorik ausleben (und spielen deshalb bei der durch die Institution Schule erzwungenen Stillstellung der Körper immer weniger mit).
- Sie suchen Geborgenheit und nutzen ihre Lehrerinnen als *Schnuffeltuch*[13] und in der nächsten Minute als *Scheuerpfahl*[14].

Die Schüler und Schülerinnen bringen ihre Grundbedürfnisse häufig so verquer zum Ausdruck, dass es schwer fällt, sie unvoreingenommen zur Kenntnis zu nehmen, und noch schwerer, sie zu befriedigen. Ein Beispiel:

Martina Sulies, Lehrerin an der Hauptschule Osternburg/Oldenburg: „Die Schülerinnen sind heute so archaisch, so urwüchsig, wie ich mir das früher nie vorgestellt hätte. Und sie drücken das auch aus. Die gehen auf den Flur und schreien einem Mitschüler hinterher ‚deine Mutter ist 'ne Fotze'. Die haben solch 'ne Wut im Bauch, dass das einfach raus muss. Und das kommt daher, dass sie das Gefühl haben, immer immer wieder zu kurz gekommen zu sein: zu Hause, in der Grundschule, in der Orientierungsstufe. Und dann behandeln sie uns Lehrerinnen auch so wie ihre Mutter oder ihren Vater, an denen sie ihren Frust auslassen wollen."

12 Czerwenka u. a. (1990:139): Auffällig viele Schülerinnen erklären, dass sie eigentlich *nur wegen der geselligen Kontakte* in die Schule kommen. Eine Gymnasiastin: „In die Schule gehe ich wegen der Pausen!" Vgl. auch Faulstich-Wieland (1992:14–17) und Nölle (1995:131).

13 Ein „Schnuffeltuch" ist nicht zum Schnäuzen da, sondern um etwas Schönes und Weiches zum „Knuddeln" zu haben.

14 Der Scheuerpfahl oder Schubjack war ein Pfahl, der in baumlosen Gegenden von den Bauern auf der Weide eingeschlagen wurde, damit sich die jungen Fohlen und das Vieh ihr Fell daran glatt reiben konnten.

Es erübrigt sich, lange über die *Berechtigung* von Grundbedürfnissen zu debattieren. Denn wenn sie an der einen Stelle – mit extremem Kraftaufwand – zurückgedrängt werden, kommen sie an anderer, unerwarteter Stelle wieder zum Vorschein und stören dort zumeist noch mehr. Deshalb die These:

> **These 3.3:** Die Grundbedürfnisse der Schüler und Schülerinnen nach Liebe und Anerkennung, nach Ruhe und Beständigkeit, nach dem Ausleben ihrer Motorik und dem Ausdrücken ihrer Gefühle haben *Vorfahrt* im Schulbetrieb.

Die Schülerinnen wollen sich in der Schule *wohl fühlen*[15]. Und sie unterscheiden sich in dieser Hinsicht so gut wie gar nicht von ihren Lehrerinnen: Auch sie haben Grundbedürfnisse; auch bei ihnen steht das Sich-wohl-fühlen in der Werteskala ganz oben. Dennoch ist umstritten, wie mit den Schülerinnen – insbesondere im Blick auf ihre emotionalen Bedürfnisse – umzugehen sei. Emotionale Zuwendung ist *die* entscheidende Grundvoraussetzung für das Sich-wohl-fühlen, aber sie wird von einigen Lehrerinnen als zu belastend empfunden und von manchen Theoretikern als überflüssig, ja schädlich erklärt (Giesecke 1996:229). Wir wissen heute jedoch genauer als vor einer Generation, wie wichtig für den Lernerfolg gerade die emotionale Dimension ist. Die emotionale Ausstrahlung der Lehrerin beeinflusst, wie Studien zur guten Schule, zur pädagogischen Atmosphäre und zum so genannten *Pygmalion-Effekt* bewiesen haben, nicht nur das Lernklima (was niemand bestreiten wird), sondern auch die Lernergebnisse nachhaltig:

- Sie kennen sicherlich das Musical „My fair lady". Der antike Pygmalion-Mythos hat dazu die Vorlage geliefert. Erst als sich Eliza Doolittle in ihren Englischlehrer, Professor Higgins, verliebt, schafft sie es auch, ihr Cockney-Englisch abzulegen und in vollendetem „Hochdeutsch" das Lied zu singen „Es grünt so grün ...".
- Dieser Effekt wird in der empirischen Unterrichtsforschung als Pygmalion-Effekt bezeichnet[16]. Und er gilt in beide Richtungen: Eine im pädagogischen Sinne „erotische" Schulatmosphäre erhöht die Lehrbereitschaft der Lehrenden und die Lernbereitschaft und Lernerfolge der Lernenden. (Dabei wissen die Schülerinnen und Schüler sehr genau zwischen sexueller Anmache und liebevoller Achtung zu unterscheiden!)

Die Bereitschaft, Gefühle (Achtung und Zuneigung, aber auch Enttäuschung oder Ärger) gegenüber den Schülern und Schülerinnen zu zeigen, ist also keine zur Not entbehrliche Zutat zur Lehrerarbeit, sondern eine der wichtigsten Voraussetzungen überhaupt (vgl. Tausch/Tausch 1991).

15 Das *Sich-wohl-fühlen-Wollen* in der Schule wird in einer ganzen Reihe empirischer Untersuchungen bestätigt (Specht/Fend u. a. 1977:88 ff.; Czerwenka u. a. 1990:161). Es ist auch in anderen Disziplinen zum Forschungsgegenstand gemacht geworden – vgl. die WHO-Definition für Gesundheit; vgl. Abele/Becker 1991. Der Vorzug dieser Neuorientierung ist darin zu sehen, dass nicht mehr in Defizitkategorien über diese zusätzlichen Bedürfnisse nachgedacht wird.

16 Rosenthal/Jacobson (1971); zur Kritik: Elashoff/Snow (1972); Kurzfassung in Meyer (1987, Bd. 2:199 f.).

These 3.4: Wer seine Schülerinnen erreichen will, muss Gefühle zeigen.

Arbeit mit den Gefühlen ist anstrengend. Sie muss professionell kontrolliert werden. Aber es gibt unseres Erachtens keine Alternative.

1.5 Die Schülerin als Rechtssubjekt

Eine Schülerin ist ein „Besucher einer öffentlichen Pflichtschule“[17]. Die „öffentliche Pflichtschule“ gibt es erst seit 1919 (Art. 145 der Weimarer Reichsverfassung). Vorher bestand eine Unterrichts- bzw. Bildungspflicht, d. h., reicher Leute Kinder konnten auch durch Hauslehrer o. Ä. unterrichtet werden. (Dänemark kennt bis heute nur die Unterrichts-, nicht die Schulpflicht.)

Heute *müssen* alle zur Schule. Schülerinnen, die ihre Schulpflicht dauerhaft verletzen, werden zwangsweise (von der Polizei) zur Schule gebracht; das Ordnungsamt kann den Eltern Bußgelder auferlegen[18]. Dies ist allerdings nach Auffassung aller Beteiligten nicht einmal mehr Ultima Ratio, sondern schlicht die Kapitulation der Pädagogik vor der gesellschaftlichen Funktion von Schule. – Der schwänzende Schüler wird ja nicht deshalb von der Polizei gebracht, weil damit zu rechnen wäre, dass er daraufhin besser lernt, sondern weil die Mitschülerinnen daran erinnert werden sollen, dass es klüger ist, freiwillig zu erscheinen.

Die semantische Widersprüchlichkeit der Juristenformel vom „Pflicht-Besuch“ macht deutlich, welche historische Altlast die Schule mit sich herumschleppt. Sie ist ein Kind des Absolutismus und seiner Begeisterung für zentrale Bürokratien. Und nur langsam setzt sich bei den in Staat und Politik Verantwortlichen die Einsicht durch, dass eine Schülerin ein Subjekt oder, wie Hugo Gaudig vor 80 Jahren formulierte, die „Täterin ihrer Taten“ ist. Heute gilt: „Aus dem Schulverhältnis als einem Rechtsverhältnis ergibt sich, dass der Schüler nicht Objekt der Schule ist. Mag er noch so unreif, unfähig, uneinsichtig oder eigenwillig sein: er ist in seiner Personenwürde (Art. 1 Abs. 1 GG) und als Träger von Grundrechten zu respektieren“[19].

These 3.5: Die Schülerin ist Rechts*subjekt*.

Jede Schülerin hat Ansprüche, aber auch Pflichten. Sie hat Sach- und Fachkompetenz in Schuldingen und in mancherlei Hinsicht einen klareren Kopf als die Lehrerinnen. Wir zitieren aus einem Text des Berliner Erziehungswissenschaftlers Konrad Wünsche[20]:

17 Fingerle (1983b:530); vgl. Dietze (1984).
18 Heckel/Avenarius (1986:311, 324).
19 Heckel/Avenarius (1986:299).
20 Wünsche (1994:365 f., 370 f.).

„Das Angebot der Schule gilt nicht einem Kunden, sondern einem Rechtssubjekt. Der Schüler hat ein Anrecht wahrzunehmen, nicht nur Bedürfnisse zu befriedigen. Wenn man sagt, die Sechsjährigen brennen darauf, in der Schule Lesen und Schreiben zu lernen, so erkennt man sie als fähig und in der Lage, ihr Recht auf Bildung wahrzunehmen. Dieser subjektive Wille ermöglicht ihnen objektiv den Status eines Schülers. Schulanfänger pochen wie immer artikuliert auf das Recht, ihre Bildungsfähigkeit zu entfalten. Dass sie hier ein Recht wahrzunehmen haben und nicht ihr momentanes Bedürfnis zu stillen, werden sie bemerken, wenn sie erstmals lustlos zur Schule gehen. Denn das Recht auf Bildung verpflichtet den Staat zu den entsprechenden Angeboten und verpflichtet den Schüler, sie wahrzunehmen. Das nennen wir Schulpflicht, eine Erfindung der Neuzeit. (…)"

Die Schülerinnen als „Subjekte" zu betrachten und zu behandeln ist nichts anderes, als die Rechte der Kinder zu verwirklichen, wie sie in der *UN-Kinderrechtskonvention* festgeschrieben, aber erst 1989(!) durch die Vollversammlung der Vereinten Nationen verabschiedet und 1992 von der Bundesrepublik Deutschland ratifiziert worden sind:

Die vier Grundprinzipien der UN-Kinderrechtskonvention

1. *Gleichbehandlung:* Kein Kind darf aufgrund des Geschlechts, aufgrund von Behinderung, wegen seiner Staatsbürgerschaft oder seiner Abstammung benachteiligt werden (Artikel 2).
2. *Im besten Interesse des Kindes:* Das heißt, dass bei politischen und gesellschaftlichen Entscheidungen die Interessen und Belange der Kinder vorrangig berücksichtigt werden sollen (Artikel 3).
3. *Das Grundrecht auf Überleben und persönliche Entwicklung:* Die Vertragsstaaten verpflichten sich, das Überleben und die Entwicklung des Kindes im größtmöglichen Maße sicherzustellen (Artikel 6).
4. *Die Achtung vor der Meinung des Kindes:* Kinder sollen ihre Meinung frei äußern können, bei Erwachsenen Gehör finden und ihrem Alter entsprechend an Entscheidungen beteiligt werden (Artikel 12).

Aus: Erziehung & Wissenschaft 12/96

2. Schule als Lebens- und Lernort

Schule ist ein Lern- und Lebensort für Schülerinnen und Lehrerinnen. Dies wird zumeist *normativ* gedeutet: Schule ist *noch kein* solcher Ort, sie soll erst dazu gemacht werden. Man kann die These 1.20 von Seite 59 aber auch *deskriptiv-analytisch* verstehen, also schlicht zur Kenntnis nehmen, dass und wie die Schülerinnen in der Schule einen erheblichen Teil ihrer Lebenszeit verbringen. Diese analytische Betrachtung soll in diesem zweiten Abschnitt der Lektion im Vordergrund stehen.

Es gibt inzwischen viele Interpretationen der alltäglichen Bedingungen schulischen Lebens und Lernens. Dabei sind positive Berichte eher rar –

Berichte über die Schule als Zwangsanstalt gibt's dagegen in Hülle und Fülle[21]. Wir werden wiederum das Wiederkäuen dieser Studien vermeiden und stattdessen selbst recherchierte Berichte liefern. Sie haben begrenzte Aussagekraft, können aber gut durch Ihre eigenen Beobachtungen ergänzt und gegebenenfalls korrigiert werden.

Wir stellen in diesem zweiten Abschnitt der Lektion vier Fragen und versuchen, sie ansatzweise zu beantworten:

- Wie identifizieren sich Schülerinnen mit der *Zeit* der Schule?
- Wie identifizieren sie sich mit dem *Raum* der Schule?
- Was bedeuten die *Mitschülerinnen* und die *Lehrerinnen* für sie?
- Wie bewusst organisieren die Schülerinnen ihr *Lernen*?

In einem fünften Schritt verlassen wir die analytische Betrachtungsweise und fordern, eine Schule zu schaffen, in der die Schülerinnen die Verantwortung für ihre Bildung besser wahrnehmen können und die Chance haben, sich selbst *Entwicklungsaufgaben* zu setzen.

2.1 Die Erfahrung der Zeit

Schülerinnen müssen heutzutage *im Durchschnitt* sieben Stunden pro Tag aufwenden, um zur Schule zu gehen oder zu fahren, dort zu arbeiten und wieder nach Hause zu kommen[22]. Die Hausaufgaben kommen noch hinzu. In höheren Klassen werden bis zu 50 Stunden je Woche mit Schule und Hausaufgabenerledigung zugebracht. Das ist objektiv zu viel! Eine Abiturientin hat, rein rechnerisch, ein Fünftel ihres Lebens hinter sich gebracht (noch vor wenigen Jahrzehnten war es ein Drittel!). Wie erleben Schülerinnen diese Zeit? Wir haben zwei Szenen herausgesucht, um der Frage näher zu kommen.

---

21 Ältere, insbesondere sozial- und schulkritisch orientierte Studien:
- Konrad Wünsche: Die Wirklichkeit des Hauptschülers (1972);
- Job-Dieter Klink: Klasse H.7e. Aufzeichnungen aus dem Schulalltag (1974);
- Projektgruppe Jugendbüro und Hauptschülerarbeit: Die Lebenswelt von Hauptschülern (1975); hier können Sie nachlesen, warum Friedhöfe ein beliebter Aufenthaltsort sind;
- Klaus-Jürgen Tillmann: Unterricht als soziales Erfahrungsfeld (1976);
- Gerd-Bodo Reinert/Jürgen Zinecker: Schüler im Schulbetrieb (1978);
- Horst Rumpf: Die übergangene Sinnlichkeit (1981);
- Klaus Hurrelmann/Hartmut K. Wolf: Schulerfolg und Schulversagen im Jugendalter (1986).

Neuere Studien:
- Marianne Horstkemper: Schule, Geschlecht und Selbstvertrauen (1987);
- Freya Klier: Lüg Vaterland (1990); über die Schulbedingungen in der DDR der 80er Jahre;
- Uta Enders-Dragässer/Claudia Fuchs (Hrsg.): Frauensache Schule (1990);
- Maria Anna Kreienbaum: Erfahrungsfeld Schule (1992);
- Arno Combe/Werner Helsper: Was geschieht im Klassenzimmer? (1994);
- Rösner/Böttcher/Brandt: Lehreralltag – Alltagslehrer (1996).

In den gängigen *Lehrerzeitschriften* („Pädagogik", „Die Grundschule", „Grundschulzeitschrift", „Die Höhere Schule", „Pädagogik und Schulalltag") hat es in den letzten 20 Jahren in regelmäßigen Abständen Berichte zum Schülerinnen-Schulalltag gegeben. Einen guten Überblick bringt Heft 7–8 (1992) der Zeitschrift „Pädagogik" (mit einem Forschungsüberblick von Hannelore Faulstich-Wieland).

22 Daten für die Sek-I in west- und ostdeutschen Bundesländern; genaue quantitative Angaben bei Kanders/Rösner/Rolff (1996:72). Ein Einzeldatum (Adam 1995:126): Die Schülerin Heike P. aus Kassel ist in der Oberstufe jede Woche 39 Stunden in der Schule und erledigt darüber hinaus umfangreiche Hausaufgaben, Klausur- und Exkursionsvorbereitungen.

Erste Szene: Die Wichtigkeit der Pausen

Der folgende Schüleraufsatz wurde von einem Gymnasiasten (Klasse 9) als Strafarbeit abgeliefert. Thema der Strafarbeit: „Verhalten während der Pausen“:

> Ursprünglich gedacht waren die Pausen (wie der Name schon sagt) als PAUSE, in denen sich sowohl Schüler als auch Lehrer erholen und gegebenenfalls etwas essen.
>
> In der Realität hingegen haben Schüler und Lehrer in den Pausen mehr zu tun als in mancher Stunde:
> Der Schüler muss diverse Hausaufgaben (manchmal mehrere DIN-A4-Seiten) abschreiben, unregelmäßige Verben büffeln, Spickzettel aller Art anfertigen und seine Mitschüler verprügeln sowie (man mag es kaum glauben) seinen Bauchladen unters Volk bringen. In diesem finden sich neben harmloseren Dingen neuerdings auch Waffen aller Art.
> Der Lehrer muss nicht nur die sich schlagenden Schüler trennen, sondern auch noch jede Menge Klassenarbeiten abziehen, seine Nikotinsucht stillen (hierin stehen ihm aber die Schüler in nichts nach …) und so ungeliebte Dinge wie z. B. Klassenbücher ausfüllen.
> Wen wundert es da, dass ein eventuelles zweites Frühstück der Schüler gern in die Stunden verlegt wird?
> Leider sind jedoch die ausgepumpten Lehrkräfte jetzt äußerst schlecht gelaunt, sodass ein konstruktiver Unterricht von beiden Seiten verhindert wird.
>
> 26.4.'97

Der Schüler hatte sichtlich Spaß am Formulieren – und an einem Gymnasium reelle Chancen, dass diese Sprachkünste honoriert und der ironische Ton überlesen wurden.

Schülerinnen befinden sich in Halbtagsschulen an jedem Schulvormittag ungefähr *45 bis 50 Minuten in Pausen*. Das entspricht, auf die Woche umgerechnet, einem Hauptfach mit fünf Wochenstunden! Ein erstaunlich wichtiger Teil des Schülerinnenlebens, der aber in der Reflexion der meisten Lehrerinnen und in der schulpädagogischen Literatur völlig unterbelichtet bleibt[23].

In Pausen entfaltet sich das Schulleben auf höchstem Komplexitätsniveau. Für viele Schülerinnen sind die Pausen die stressreichsten Phasen des Schul-

23 Eine Ausnahme: Peter Kraft (1978); vgl. auch Rösner/Böttcher/Brandt (1996).

tags. Der Strafarbeit schreibende Schüler hat völlig Recht. Das Wort „Pause" ist eigentlich falsch. Auch das „Spielen" in den Pausen ist „Arbeit". Zum „Spiel" wird diese Tätigkeit erst durch die Definitionsmacht der Erwachsenen.

Eine Grundschülerin:
„Schule ist schön. Pausen sind schöner. Ferien sind am schönsten."

These 3.6: Schulpausen sind „unterrichtsfreie *Arbeits*zeit".

Zweite Szene: Abi-Rede

Sicherlich haben Sie das Ritual noch in Erinnerung (sofern Sie nicht aus der Nach-68er-Ära stammen, in der Abi-Feiern weitgehend abgeschafft waren): Der Direktor hat gesprochen und nun darf auch noch der Sprecher des Abiturjahrgangs ans Pult[24]:

„Dreizehn Jahre Schule sind statistisch gesehen ein Fünftel unseres Lebens. War das reine Energieverschwendung? Wir vergessen rund 90 Prozent des Gelernten und einen Teil der 10 Prozent Wissen werden wir niemals verwenden können. Die ‚solide Allgemeinbildung' funktioniert als Gehirntraining: Wir schlucken Fakten, Daten und Zahlen. ‚Wie viele Außenelektronen hat Blei, wie viele Rippen die Schnecke?'
Wenn wir jetzt an den Unterricht zurückdenken, so fällt uns als Erstes die Langeweile ein, die sich bald in den meisten Fächern einstellte. Jetzt, wo die Schule vorbei ist, erinnern wir uns kaum an die Inhalte. Unser Denken kreist um die Erlebnisse, die wir mit den Menschen hatten, z. B. Gespräche in den Pausen, SV-Arbeit usw.
Unsere Lehrerinnen und Lehrer haben eine Machtposition, der sich viele von ihnen nicht bewusst sind. Sie haben die Macht, bei uns SchülerInnen Persönlichkeit und Bewusstsein aufzubauen, aber sie nutzen die Chance nicht. Uns wird durch die Mimik und Gestik der LehrerInnen das Gefühl gegeben, dass wir nichts können, nichts wissen und nichts sind. Oder ist es ein Zufall, dass in unserem Jahrgang kein Mädchen einen Physik-LK gewählt hat?
Uns ist aufgefallen, dass wir im Laufe der Zeit verlernt haben, Gefühle auszudrücken. Wir sollen sachlich diskutieren (selbst beim Thema Judenvernichtung), abstrahieren, analysieren, kategorisieren. Die Denkschemata der Schule verringern unsere Sensibilität. Wir vermissen Themen, die für uns große emotionale Bedeutung haben. Wir vermissen Beziehungen zwischen den Fächern.
Wir sind passiv geworden: Ich sitze im Unterricht, sagen wir: Englisch – das ist natürlich willkürlich und hypothetisch, es könnte jedes andere Fach sein. Ich sitze also im Englischunterricht und stelle fest: lauter Wiederkäuer, die keine Kühe sind – Reproduktionen von Geistlosigkeit. Und auch mein Geist ist nicht da, und ich schweige.

24 Die hier gekürzt wiedergegebene Rede stammt aus dem Jahre 1989. Sie war von mehreren Schülerinnen gemeinsam erarbeitet worden. Einer der kritisierten Lehrer verlangte hinterher eine Entschuldigung, was die Abiturientinnen aber ablehnten.

Ich frage mich: Was tue ich hier? Aber nicht ernsthaft, sondern nur um zu sagen: Mann, ist das öde.
Ich sollte mich ernsthaft fragen: Was tue ich hier? Es ist *meine* Zeit, die ich hier verbringe. Wenn ich nichts will vom Lehrer, dann kann er mir auch nichts geben. Eigentlich dürfte ein Lehrer nie dazu kommen, mich scharf über seinen Brillenrand hinweg zu fixieren und auszufragen – eigentlich müsste ich ihn doch ständig löchern!?
Langweiliger Unterricht? *Ich* bin langweilig. Jede Stunde lebt von mir, sackt mit mir unter den Tisch und schnarchend sauge ich sie in meinen Schlummer hinein.
Wenn ein Lehrer langweilig ist, könnte ich ihm auch in den Arsch treten – meinetwegen verbal. Warum aber lasse ich alles mit mir geschehen? Ich benehme mich wie eine Marionette; ein Kind in der Trotzphase ist älter als ich. Ich sollte mich öfter gehen lassen und nicht gelassen zuschauen, wenn andere mich gängeln. *Es ist meine Zeit, die ich hier verbringe!"*

Wir haben nicht vor, mit Ihnen darüber zu räsonieren, ob die Kritik der Schülerinnen an ihren Lehrerinnen berechtigt war oder nicht. Denn dazu fehlt uns jede Beurteilungsgrundlage. Aber wir wiederholen die Eingangsfrage dieses Abschnitts: *Wie identifizieren sich diese Schülerinnen mit der Zeit der Schule?* – Offensichtlich nur in einer sehr distanzierten, zugleich überhitzten und unterkühlten Form und immer weniger, je dichter sie ihrem Ziel, dem Abitur, gekommen sind.

Die Abiturientinnen beklagen sich über das, was wir in der Ersten Lektion (S. 50) als „strukturelle Gewalt" der Schule bezeichnet haben und sie kritisieren darüber hinaus persönliche Gewalt. Sie stellen fest, dass die Schule nicht nur über ihre Zeit und ihre physische Anwesenheit verfügt hat, sondern auch über ihre Gefühle und Fantasien – nicht total, aber doch in erheblichem Umfang und mit großer Intensität. Sie stellen fest, dass sie passiv geblieben sind, *obwohl* sie Spielräume für mehr Aktivitäten gesehen hatten. Sie warteten lieber darauf, entlassen zu werden. Sie formulieren ein Rollenverständnis, das eher zu den Insassen einer geschlossenen Anstalt als zum Leitbild Schule als Lebensort passt.

Es fällt schwer, ein solches Rollenverständnis auf den Begriff zu bringen. Wir greifen deshalb zu einer Metapher:

These 3.7: Der Schüler ist ein „Passagier" der Schule.

Eine Schülerin befindet sich in der Situation einer Schiffsreisenden, die eine Passage nach Übersee gelöst hat[25]: Sie steigt in das Schiff ein und ist – zumindest in der 1. Klasse – begeistert über die vielen Fähnchen, die Kommandobrücke und die breite Reeling, sie ist stolz auf den Kapitän und verknallt

25 Wir lehnen uns in der Wortwahl an den soziologischen Begriff der Statuspassage an.

sich vielleicht acht Jahre später in den Ersten Offizier. Aber sie merkt recht bald, wie lang eine solche Fahrt werden kann, wie wenig Passagiere zu vermelden haben und wie wenige Häfen zwischendurch angelaufen werden. Je älter sie geworden ist, umso deutlicher wird das Gefühl, dass es nun an der Zeit sei, das Schiff zu verlassen.

Die Abi-Rede belegt auch, dass die Vorstellung, die Schülerinnen würden mit den Jahren immer lernbereiter, verkehrt ist. Erstaunlich oft geht es, wenn wir unsere Arbeitsdefinition für „Schülerin" zugrunde legen, eher bergab: „Ein Kind in der Trotzphase ist älter als ich", sagen die Abiturientinnen und sie zeigen durch ihre Rede, dass die Zeit nun wirklich „reif" für einen neuen Lebensabschnitt ist.

2.2 Die Erfahrung des Raums

An jeder Schule gibt es Lern- und Aufenthaltsräume, Geschäfts- und Vorratsräume, öffentliche und geheime, heilige und profane Räume:

- Zu den heiligen zählt etwa das liebevoll hergerichtete Kabäuschen des Hausmeisters links vom Haupteingang oder – für die Schüler – das Lehrerzimmer.
- Zu den profanen Räumen, in denen gelärmt und zur Not auch gerauft werden darf, gehören zumeist die kahlen Flure, die Klassenräume in den Pausen, die Pausenhalle und der Schulhof.

Raumfragen sind Machtfragen! Über das gesamte Schulgelände ziehen sich vielfältig überlappende Netze verschiedener, äußerlich nicht wahrnehmbarer *Reviere*, die kaum anders als in der Tierwelt verteidigt werden:

- Es gibt Lehrer-Reviere und Schüler-Reviere, Hausmeister- und Sekretärinnenreviere, Schulleiter- und Elternreviere.
- Es gibt Räume für die Kleinen und für die Großen, für die Cliquen und für die Außenseiter.
- Es gibt gefährliche Räume und befriedete Räume.

Räume werden „besetzt". Es gibt sogar mobile Raumbesetzungen: Fast jeder Lehrer und erst recht der Schulleiter trägt eine unsichtbare „Raumglocke" mit sich herum. Damit wird von Körperwissenschaftlern die Distanzzone bezeichnet, die Menschen um sich herum aufbauen. Sie wird durch Amt, Alter, Geschlecht und Persönlichkeit definiert. Sie ist bei kleinen Kindern viel geringer als bei den Großen; auch Frauen haben in aller Regel eine kleinere Raumglocke als Männer[26]. Die Schülerinnen sind gut beraten, wenn sie die Raumglocken ihrer Lehrerinnen akzeptieren – andernfalls ist der Ärger vorprogrammiert[27].

Identifizieren sich die Schülerinnen mit der Schule als ihrem „Lern-Raum"? Wenn ja, wo und wie? Wir haben wiederum zwei Szenen rekonstruiert:

---

26 Vgl. Henley (1988); Rosenbusch/Schober (1995).
27 Auch Referendarinnen sind gut beraten, ja keinen falschen Stuhl im Lehrerzimmer zu besetzen, sondern erst einmal zu fragen, ob's genehm ist.

Erste Szene: Mittelstufe eines Gymnasiums

Bernadette Schmitt berichtet aus der Distanz von neun Jahren, wie sie die Räumlichkeiten ihrer Schule während ihrer Mittelstufenzeit an einem Gymnasium im Ruhrpott in Erinnerung hat:

„Als Erstes fallen mir ein: *kaputte Türen*, kaputte Fenster, und dass die Türen auf den Mädchentoiletten nicht schlossen. Es war schmutzig, alles dreckig grau; Abfall lag rum, also wirklich 'ne schreckliche Erinnerung.
Dann die tristen langen *Flure*. Überall Flachdächer über dem großen Neubau. Den Altbau mochte ich lieber!
Unser *Klassenzimmer*: kahl und hässlich, aber hell – mit einer großen Fensterfront. Auf der rechten Seite eine Metallschiene zum Aufhängen von Bildern, aber es hing nie ein Bild daran. Auf dem Fußboden graue PVC-Platten, dunkel verfugt. Die Decke war mit quadratischen grauen Platten mit kleinen Löchern beklebt, aber ein paar hingen immer halb runter. Dazu Neonlicht – drei Schalter, damit man's hinten, in der Mitte und vorn beleuchten konnte.

Mir fallen die bemalten und *beritzten Tischplatten* ein. Das war immer interessant. Einmal, in der 9. Klasse, hatte ein Junge in einer Freistunde einen Liebesbrief auf meinen Platz gemalt. Das war mir todpeinlich. Mit grünem Filzstift und eingekreist in einem Kasten. ‚Liebe Schnecke' begann der Brief. Ich hab erst da gemerkt, dass mich einige Mitschüler ‚Schnecke' nannten.
Wenn der *OHP* reingeschoben wurde, setzte bei mir Panik ein: Hasskappe, Oberfrust! Ich wusste dann schon: Jetzt wird es tödlich langweilig. Alles viel zu kompliziert und viel zu schnell.
Wir hatten in unserem Klassenzimmer *Nachtspeicheröfen*, die in der Nacht mit billigem Strom aufgeheizt wurden. Die funktionierten nie, waren immer viel zu heiß oder die Warmluftgebläse sprangen nicht an. Wir haben uns dann einen Spaß daraus gemacht, uns mit möglichst vielen gleichzeitig draufzusetzen und zu testen, wer es trotz der Hitze am längsten aushielt. Das hat Spaß gemacht, und da konnte

ich ja auch mal dicht gedrängt genau neben *dem* Jungen sitzen, mit dem ich schon immer Tuchfühlung aufnehmen wollte.
Ich weiß noch, dass wir nie ins *Lehrerzimmer* durften. Wir durften sowieso nur in der großen Pause kommen, mussten klopfen, dann kam der Lehrer, der Lehrerzimmerdienst hatte. Dem mussten wir sagen, mit wem wir sprechen wollten. Und irgendwann kam der dann. Mit ‚Lehrerzimmer' verbinde ich lange Wartezeiten und hin und wieder einen Blick ins Allerheiligste."

Bernadettes Bericht bestätigt empirische Studien zur Schularchitektur[28] und zur Schülersicht von Schulwegen, Schulgelände und Schulgebäuden:[29] Es gelten eher konventionelle, aber gut nachvollziehbare Maßstäbe: „Wohnlichkeit" und *„Gemütlichkeit"* sind für die meisten Schülerinnen der wichtigste Maßstab, es soll aber auch „ruhig" zugehen und „sauber" sein.

Zweite Szene: Hauptschule in einem Schulzentrum

Hafice, eine türkische Schülerin der Hauptschule Osternburg, hat sich bereit erklärt, mir (Hilbert) jene Plätze ihrer Schule zu zeigen, die ihr besonders wichtig sind. Hafice ist von Geburt an behindert und fährt – äußerst behänd – im Rollstuhl. Ihre Freundin Marianne kommt mit und schiebt hin und wieder, während ich auf jeder von Hafice vorgeschlagenen Station ein Foto mache:[30]

(1) Erstes Foto: Kaffeeautomat im Keller.
(2) Schülergraffiti im Keller. Hafice hat daran mitgemalt und ist stolz drauf.
(3) Raucher-Lehrerzimmer. Hilbert: „Warum zeigst du mir das?" Hafice: „Ach, nur so."
(4) Das Edeka-Geschäft in der Nähe. Wir kaufen eine Tüte Chips. Der Kaufmann weigert sich, mit auf das Foto zu kommen.
(5) Der Fahrradstand. Dort treffen wir zwei (rauchende) Jungs, die gerade schwänzen.
(6) Wir schauen uns mit Vergnügen eine Feueralarm-Schutzübung der ganzen Schule aus dezenter Ferne an. Alle Klassen müssen im Gänsemarsch auf den Hof, damit der Konrektor die Häupter seiner Lieben zählen kann.
(7) Öko-Teich: „Den knipsen Sie mal; da haben wir auch mitgearbeitet."

28 Dirlewanger u. a. (1977) haben die „Erlebensdimensionen" von Schülern für Schulbauten erforscht und sind zu folgender Prioritätenliste gelangt: (1) Gemütlichkeit (2) baulicher Zustand (3) Eignung für schulisches Lernen (4) Ruhe (5) Sauberkeit (6) Vertrautheit.
29 Sochatzy (1988:166 ff.) – dieses Buch (S. 113–185) ist eine Fundgrube für alle, die empirische Daten zur Schülersicht von Schule suchen!
30 Noch sinnvoller wäre es gewesen, die Schülerin fotografieren zu lassen – vgl. Schratz (1996:68).

(8) Inzwischen ist große Pause. Wir rollen zu der *Raucherecke* hinter dem Schuppen, vom Lehrerflur aus nicht einzusehen. Hafice schlägt vor, ein Gruppenfoto mit allen Rauchern zu machen. Die Mädchen trauen sich, die Jungs verkrümeln sich. (Im Schulzentrum wird gerade eine Aktionswoche gegen Rauchen und gegen Hasch-Handel von Fremden durchgeführt.)

Die Deutung der zwei Szenen ist relativ einfach: Schülerinnen identifizieren sich nicht abstrakt mit Schule, sondern konkret mit jenen Plätzen, die für sie mit intensiven (positiven oder negativen) *sinnlichen Erfahrungen* und mit *Selbsttätigkeit* verknüpft sind:

- Hafice zeigt mir das Wandbild, den Ökoteich, den Kaffeeautomaten und die Raucherecke: Plätze des Genusses und der Selbstbestimmung.
- Bernadette berichtet, wie sie dabei war, als die Nachtspeicheröfen ihrer Klasse demoliert wurden.

Räume, Plätze, Mobiliar, die keinen Platz für Selbsttätigkeit vorsehen, werden von den Schülerinnen „gnadenlos“ umfunktioniert. Wir folgern:

> **These 3.8:** Die Schule wird zur Schülerschule durch Freiräume für sinnvolle Selbsttätigkeit.

Die Betonung liegt auf „sinnvoll“. Schule kann zu „action and fun“ verkommen; auch Vandalismus ist formal betrachtet Selbsttätigkeit. Schülerinnen müssen das Recht zugestanden bekommen, *ihre Räume in Besitz zu nehmen* und in der Klasse bzw. im Lernverband zu gestalten. – Genau das meinten wir in der Zweiten Lektion mit „ownership“.

2.3 *Mitschülerinnen und Lehrerinnen*

In der Schule können die Schülerinnen in der Auseinandersetzung mit den Mitschülerinnen, den Lehrerinnen und der Schulleitung erfahren, dass sie nicht allein auf der Welt sind, sondern sich einfügen müssen, aber auch, dass sie unverwechselbar sie selbst sind und für vieles verantwortlich gemacht werden, was zu Hause von den Eltern geregelt worden wäre.

- Schülerinnen können Selbstvertrauen und Selbstkritik lernen. Sie werden aber auch erfahren, dass Schule Angst machen kann.
- Sie lernen, sich mit anderen abzustimmen, sich zu vertragen und zu raufen.
- Sie können eigene Stärke und Ohnmacht, aber auch Geliebtsein und Geschlagenwerden erfahren. Sie können lernen, solidarisch oder gemein zu handeln.
- Sie lernen, dass sie für eine (Klassen-)Gemeinschaft Mitverantwortung tragen, aber in wichtigen Fragen, z. B. den Noten und Zeugnissen, allein dastehen.
- Sie erfahren, dass sie einen guten Ruf haben, ihn aber auch verlieren können.

- Sie erwerben schon nach kurzer Schulzeit ein erstaunliches Geschick im Einsatz von Schülertaktiken und Inszenierungstechniken: Verzögern und Beschleunigen, Verwirren, Mogeln, Schummeln, Anschwindeln, Verstecken, Provozieren usw.[31].

Der Einfluss der Mitschülerinnen auf die schulische Sozialisation ist ausführlich untersucht worden. Er ist von allergrößter Bedeutung für den Entwurf und die Ausformung des „Selbstkonzepts" der Schülerinnen[32]. Sie müssen sich nicht lieben, aber sie können sich aneinander reiben; sie erfahren, inwiefern sie gleich, aber auch inwiefern sie unverwechselbar sind:

These 3.9: Schule dient dem Aufbau von Ichstärke durch die Erfahrung von Gleichheit und Differenz.

In der schon mehrfach zitierten Repräsentativbefragung des Dortmunder Instituts für Schulentwicklungsforschung[33] aus dem Jahre 1995 erklärte übrigens ein überraschend hoher Teil der 1 942 befragten Sek-I-Schülerinnen, *gut* mit den Klassenkameraden auszukommen:

Ich komme mit meinen Klassenkameraden gut aus.

	Zustimmung	unentschieden	Ablehnung	Summe abs.
Schülerumfrage gesamt	82	15	3	1 942
nach Schulform:				
Hauptschule	77	19	5	397
Realschule	83	13	4	571
Gymnasium	87	13	1	669
Gesamtschule	82	15	3	304

Die Identifikation und Auseinandersetzung mit den Lehrern und Lehrerinnen muss nach Altersstufen, Schulformen sowie alten und neuen Bundesländern differenziert beurteilt werden:

- Grundschülerinnen entwickeln zumeist ganz spontan ein herzliches emotionales Verhältnis zu „ihrer" Lehrerin; je älter die Schülerinnen werden, umso deutlicher nabeln sie sich emotional ab (siehe S. 87).
- Seit langem ist auch bekannt, dass die Schülerinnen der Haupt- und Sonderschulen sehr viel stärker als die der Realschulen und Gymnasien ihre Lehrer und Lehrerinnen als Persönlichkeiten, ja als Ersatz für Vater und Mutter betrachten.
- Gymnasialschülerinnen (und deren Eltern) erwarten eher, dass sich die Lehrerinnen aus Erziehungsfragen heraushalten.

---

31 Vgl. Heinze (1980) und die Literaturübersicht bei Fichten (1993:202 f.).
32 Vgl. Pekrun/Fend (1991), Tillmann (1989); Combe/Helsper (1994); der Begriff „schulische Sozialisation" wird in der Achten Lektion geklärt.
33 Kanders/Rösner/Rolff (1996:65).

In den neuen Bundesländern wirkt, wie neuere Untersuchungen zeigen[34], die DDR-Schultradition einer engen Lehrer-Schüler-Eltern-Kooperation bis heute in der Einschätzung von Schülerinnen und Lehrerinnen nach:

- Auch an Gymnasien vermissen viele Schülerinnen und Eltern den früher engeren Kontakt, die ganz selbstverständlichen Hausbesuche und gemeinsame außerschulische Unternehmungen.
- Und auch viele der Gymnasiallehrerinnen der neuen Länder bedauern die Reduzierung dieser erzieherischen Aufgaben.

Die Schülerinnen nehmen die Lehrerpersönlichkeit differenziert und ganzheitlich zugleich wahr. Sie können die Körper- und Verbalsprache ihrer Lehrer bis in die kleinsten Details nachspielen. Die Eigentümlichkeiten und Marotten ihrer Lehrer sind Anlass zu vielen Gesprächen, stiller Verehrung und lautem Spott. Gerade in der Sekundarstufe I, mit Beginn der Pubertät, spiegeln die Schülerinnen ihr erwachendes Selbstbewusstsein in ihrem Urteil über die Lehrerinnen:

- Unendlich lange Pausen- und Nachmittagsgespräche darüber, wer wen vorzieht, wer eine „Schacke“ hat und wer nicht.
- Aufwendige Strategien, um die Lehrer auf sich aufmerksam zu machen oder auch, wenn nötig, um sich zu verbergen.

Was die Schülerinnen an ihren Lehrerinnen schätzen und was sie stört, ist in vielen quantitativen und qualitativen Studien erforscht (s. o.):

- Besonders beliebt sind Lehrerinnen, die gerade heraus sagen, was sie wollen, die gerecht und fachkompetent sind. (Wen wundert's!)
- Unbeliebt sind schlecht vorbereitete, zynische oder willensschwache Lehrerinnen. (Kommentar einer Oldenburger Gymnasiastin, 8. Klasse, 1990: „Herr X kann sich total nicht durchsetzen. Jeder macht, was er will. Außerdem lässt er überhaupt nicht mit sich reden. Dann kommt immer gleich: aus, Schluss, vorbei! Was die Schüler denken, ist ihm scheißegal. Das ist der totale Prinzipienreiter.“)
- Besonders unbeliebt sind ungerechte Lehrerinnen. Die schon zitierte Studie von Kanders/Rösner/Rolff (1996:61) zeigt, dass die deutschen Schülerinnen ihren Lehrerinnen in dieser Frage *schlechte Noten* erteilen (vgl. die Tabelle S. 105).
- Deutlich positiver fallen die Schülerurteile zu der Frage aus, ob sich die Lehrerinnen um Schülerinnen kümmern, die *„nicht klarkommen“* (Kanders/Rösner/Rolff 1996:60).

Wir kommen auf die Eingangsfrage zurück: Wie identifizieren sich die Schülerinnen mit „ihrer“ Schule? Sie wissen, dass sie den Freuden und Leiden der Schule nicht ein Leben lang, sondern nur für eine befristete Zeit ausgesetzt sind. Deshalb sind sie gegenüber dem *Hauptzweck* der Schule, der Bildung, oft erstaunlich indifferent. Umso wichtiger sind die *Nebenzwecke*: das Zusammenleben mit den Mitschülerinnen, das Rangeln und Raufen, die „Helden-

34 Behnken (1991); Fuhrmann (1993); Riedel/Griwatz/Leutert (1994).

Die Lehrer behandeln alle Schüler gleich.

	Das stimmt ...			
	für die meisten Lehrer	für einige meiner Lehrer	für nur sehr wenige oder keinen	Summe abs.
Schülerumfrage gesamt	27	46	27	1 939
nach Geschlecht:				
männlich	30	45	26	966
weiblich	25	47	29	972
	Ich finde, das ist für einen guten Lehrer ...			
	besonders wichtig	ziemlich wichtig	nicht so wichtig	Summe abs.
Schülerumfrage gesamt	77	19	5	1 925
nach Schulform:				
Hauptschule	70	24	7	395
Realschule	79	18	3	566
Gymnasium	79	17	4	664
Gesamtschule	73	22	5	302

taten" ihrer Schulklasse. Erst später kommt die Identifikation mit der Schule insgesamt hinzu[35]:

> **These 3.10:** Schülerinnen identifizieren sich zuerst mit ihrer Schülerrolle, erst später und oft nur gebrochen mit den Lehrerinnen und der Schule insgesamt.

2.4 *„Wie ich am besten lernen kann"*

Wir haben in mehreren Klassen Schülerinnen befragt, wie sie lernen. Die Fragen fielen höchst individuell aus, es gab aber auch Gemeinsamkeiten. Jede Schülerin hat ihre eigene *Lernbiografie*; sie entwickelt Vorlieben und Abneigungen, Routinen und Blockaden. Sie erfährt, ob Leistungsdruck zu Lernblockaden oder zu Lernsteigerungen führt usw. Dies sind individuell zurechtgemodelte Lernstrategien, die von der Schule viel stärker beachtet und zur *Methodenkompetenz* ausgebaut werden sollten: Der Schüler muss Methode haben! – Und die Aufgabe der Lehrerinnen ist, ihm dazu zu verhelfen (vgl. Meyer 1987a u. b).

35 Dies deckt sich mit der Entwicklung der *Heimatliebe*: Es ist ein gerade unter Pädagogen verbreiteter Irrtum, Heimatliebe wachse in der Altersstufe, in der Heimatkunde bzw. Sachunterricht gegeben wird, also im Kindesalter. Empirische Untersuchungen über „symbolische Ortsbezogenheit" zeigen, dass die Identifikation mit Räumen und Institutionen zumeist erst im Erwachsenenalter erfolgt (vgl. Meyer 1968).

Der Grad der Bewusstheit der eigenen Methodenkompetenz ist unterschiedlich hoch. Wie hoch er ist, hängt offensichtlich unmittelbar damit zusammen, wie stark die Lehrer und Lehrerinnen diese Frage mit ihren Schülerinnen bearbeiten. Die Schülerinnen eines eher konventionellen Gymnasiums gaben uns auch eher ärmliche Antworten[36], machten aber wenig Rechtschreibfehler. Die Schülerinnen der IGS Aurich gaben deutlich fantasievollere Auskünfte – mit etwas mehr Rechtschreibfehlern. Zwei Schülerinnen einer 10. Klasse der IGS Aurich beantworteten unsere Frage folgendermaßen:

Mädchen, 17 Jahre, Klasse 10:
Wie ich am besten lernen kann

Ich lerne am besten Vokabeln bei leiser klassischer Musik. Wenn ich die Vokabeln dann etwas kann, spiele ich Schule. Ich schreibe mir Tests, und denke, ich wäre Lehrer und Schüler zugleich. Nachdem ich den ‚Test' dann geschrieben habe sehe ich ihn nach und mache eine Berichtigung. Den Vorgang wiederhole ich so oft bis ein Test fehlerfrei ist.
Wenn ich Filme sehe, kann ich mir am meißten merken wenn ich nichts schreiben muss (Stichwörter). Ich konzentriere mich vollkommen auf den Film. Wird ein Thema interessant geschildert, weckt man meine Neugier am meißten. Bin ich erstmal neugierig gemacht worden, bin ich ziemlich wissenshungrig, das Thema schwiert den ganzen Tag in meinem Kopf rum und ich lese alles was es über dieses Thema gibt und merke mir alles ohne etwas aufgeschrieben zu haben.

Mädchen, 15 Jahre, Klasse 10:
Wie lerne ich?

Ich kann am besten zu Hause lernen. Da habe ich viel ruhe und kann mich konzentrieren. Die Informationen die ich nicht weiß hole ich mir aus Büchern oder Freunden, Geschwister und Eltern.
Ich finde es gut wenn der Lehrer das Thema gut mit den Schülern durchgehen und auch die Meinungen von den Schülern hören wollen. Toll ist es wenn die Lehrer den Unterricht mit den Schülern zusammen gestalten. Wenn es nur eine kleine Gruppe ist (AG oder WPK) sollte man freier zum Lehrer reden können.
Ich bin der Meinung, dass die Lehrer, die die Aufgaben einfach an die Tafel schreiben und sagen, dann macht man, doof sind. Viele Schüler brauchen die Hilfe der Lehrer und können es nicht einfach ohne Vorbesprechung.

Was fällt auf? Zunächst einmal die Wichtigkeit des Lernorts. Er soll gemütlich sein. Es soll ruhig sein, aber Musik ist erwünscht. Ein Junge der Klasse schrieb: „Ruhe kann auf die Dauer deprimierend wirken und führt nur zu schlechten

---

36 Drei Zitate aus einer 7. Gymnasialklasse: „Wie wir lernen? Fragen beantworten, Texte lesen, schriftliche Fragen beantworten, Texte ausfüllen und ergänzen.", „gut aufpassen, zuhören und mitmachen", „freundliches Gesicht machen und so tun, als ob man bei der Sache ist". Diese Schülerinnen sind offensichtlich im Unterricht über weite Strecken zur Passivität verdammt. Sie haben keine Chance, sich als Subjekte ihres Lernprozesses zu sehen.

Noten." Aber das ist eine Außenseiterposition. Ein anderes Mädchen schreibt, dass sie am besten in der Badewanne lernt.

Wir verallgemeinern: Schülerinnen entwickeln schon nach kurzem Schulbesuch Klugheitsregeln, wie sie in der Allgemeinen Didaktik seit jeher propagiert werden: „Vom Einfachen zum Komplizierten", „Vom Bekannten zum Unbekannten", „Vom Nahen zum Fernen". Sie entwickeln individuelle Übungstechniken: „Ich stelle mir bildlich vor, was der Lehrer gesagt hat" oder „Ich denke, ich wäre Lehrer und Schüler zugleich". Und sie leisten, so gut sie es vermögen, eine Integration der in den verschiedenen Fächern angebotenen, disparaten Fachinhalte (was viele ihrer Lehrerinnen nicht mehr können oder wollen). „Lernen" wird viel häufiger, als wir es vorher gedacht hatten, mit „*zu Hause* lernen" verknüpft. Hier wird eine Tendenz deutlich, die sich bei den von uns befragten Schülerinnen eines 13. Jahrgangs/Gymnasium noch verstärkte:

These 3.11: In der Schule wird Lernstoff eingesammelt. Das Lernen selbst findet zu Hause statt[37].

Wir fassen die Ergebnisse der Abschnitte 2.1 bis 2.4 zusammen und kommen damit auf die Eingangsfrage zurück: *Wie identifizieren sich die Schülerinnen mit der Schule?*

Mitbestimmung bei der Auswahl der Ziele, Inhalte und Methoden	Verfügung über die Lernzeit	Inbesitznahme der Räume	Identifizierung mit den Mitschülerinnen	Identifikation mit den Lehrerinnen und der Schule insgesamt
mehrheitlich eher gering	eher gering, aber zum Teil ausgelagert nach zu hause	teils, teils	zumeist hoch	unterschiedlich hoch; bei älteren eher abnehmend

Abbildung 3.2: Identifikation mit der Schule

Unsere Recherchen zeigen, dass die Schüler und Schülerinnen die Schule nur in einem sehr eingeschränkten Sinne als *ihr Eigentum* betrachten. Sie zweifeln nicht an der Notwendigkeit von Schule und Unterricht, aber sie sehen ihre Mitwirkungsrechte nüchtern bis desillusioniert:

These 3.12: Schülerinnen sind Kleinaktionäre mit Anspruch auf Dividende, aber ohne Stimmrecht.

37 Diese These gilt sicherlich noch nicht für Grundschülerinnen.

Welche Schlussfolgerungen sind daraus zu ziehen? Man kann und darf sicherlich keine platten Ableitungen vornehmen. (Dann müsste in jedem Klassenraum Musikberieselung stattfinden, dann läge es nahe, Schüler-Intensivstationen mit Badewanne und Videoequipment einzurichten – so, wie dies Suggestopäden ja auch seit langem fordern.) Nein – schulpädagogische Folgerungen aus solchen Recherchen müssen in ein stimmiges *bildungstheoretisches Konzept* eingebettet werden. Dazu liefert der Abschnitt 2.5 und 3 dieser Lektion erste Überlegungen.

2.5 *Entwicklungsaufgaben der Schülerinnen*

„Ich würde gerne für mich lernen, aber ich denke mir, dass ich erstmal mein Abitur schaffen muss; ich muss also erstmal fürs Abitur lernen, und dann, wenn ich fertig bin, lern ich für mich."[38]

Diese Schülerin hat sich mit der Schule arrangiert – aber um einen hohen Preis! Und eben dies ist der *alltägliche Skandal der Schule*! Warum, verdammt noch mal, soll es unmöglich sein, die Schule so zu gestalten, dass sich die Schülerinnen selbstbewusst und lebenskritisch *eigene* „Entwicklungsaufgaben" setzen? Und sie dann mit Hilfe der Lehrer und den Instrumentarien der Schule bearbeiten? Die Schülerinnen sollen „für das Leben lernen" – so formulierte Schule doch immer ihr Ziel. Aber offenbar sind „Schule" und „Leben" auch beim Übergang ins dritte Jahrtausend für die Mehrzahl der Schülerinnen zwei paar Schuhe. Der berühmte Satz[39] „Nicht für die Schule, sondern für das Leben lernen wir" legt ja förmlich nahe, dass das Leben in der Schule selbst fehlt – so die sarkastische Bemerkung einer Lehramtsstudierenden in der Vorlesung im Sommersemester 1995.

Es gibt ein schulkritisches, insbesondere für die Sekundarstufe II ausformuliertes Konzept, die *Bildungsgangdidaktik*[40], das sich zum Ziel gesetzt hat, Schul- und Unterrichtsmodelle zu entwickeln, die es den Schülerinnen erlauben, ihre *eigenen* Lebens- und Entwicklungsperspektiven in den Mittelpunkt schulischen Lernens zu rücken – und nicht die noch so gut gemeinten Ideen

---

38 Eine Abiturientin des Abiturjahrgangs 1996 (Adam 1996:125).

39 Wolfgang Fichten, Korrekturleser dieser Lektion, hat genau recherchiert: Dieser dem römischen Philosophen Lucius Annaeus *Seneca* zugeschriebene Satz ist eine *Fälschung*: Bei Seneca heißt es in den „Epistulae Morales" (Moralische Briefe; erschienen 62–65 n.u.Z.):

> Quoniam, ut voluisti, morem gessi tibi, nunc ipse dicam mihi quod dicturum esse te video: latrunculis ludimus. In supervacuis subtilitas teritur: non faciunt bonos ista sed doctos. Apertior res est sapere, immo simplicior: paucis (satis) est ad mentem bonam uti litteris, sed nos ut cetera in supervacuum diffundimus, ita philosophiam ipsam. Quemadmodum omnium rerum, sic litterarum quoque intemperantia laboramus: non vitae sed scholae discimus. Vale.

Da in den üblichen Schulausgaben der Schriften Senecas dieser Text fehlte, hatten und haben die Schüler keine Chance, der Fälschung auf die Schliche zu kommen. Wolfgangs Kommentar: Klar, wer für eine solche Fälschung verantwortlich sein dürfte: die Pädagogen!

40 Vgl. Gruschka/Kutscha (1983); Gruschka (1985); Kordes (1989); Hericks (1993:47 ff.) Kumetz/M. Meyer (1997).

der Lehrplankonstrukteure zu verwirklichen. Die Schülerinnen sollen angeleitet werden, sich selbst Entwicklungsaufgaben zu setzen. Der Begriff stammt von Robert Havighurst, einem amerikanischen Soziologen der Nachkriegszeit[41].

Arbeitsdefinition 11:
Entwicklungsaufgaben sind gesellschaftlich notwendige, für schulische Lernbedingungen kleingearbeitete Aufgaben, die sich Schülerinnen selbst setzen, um auf ihrem Weg in die Erwachsenengesellschaft voranzukommen.

Jeder Mensch hat solche Entwicklungsaufgaben, egal auf welcher „Schule" er ist. Er muss lernen, sein Leben als „Weg" zu sehen, den er mit wachsender Selbstverantwortung zu gehen hat. Er muss sich seiner Biografizität bewusst werden. Er muss lernen, seine Familie, die Umwelt, seine Freundesgruppen und auch die Schule als Bildungsherausforderungen zu betrachten. In einer pluralen, durch Individualisierungsschübe gekennzeichneten Gesellschaft wird er dazu immer weniger durch „Sitte und Gebrauch" angeleitet. Immer früher hat er selbst die Chance, aber auch die damit verbundene Mühe, den aufrechten Gang zu proben[42]. Fünf Beispiele[43]:

- Ich muss lernen, mich in die Gemeinschaft einzuordnen, ohne den aufrechten Gang aufzugeben.
- Ich muss meine Geschlechtsrolle definieren.
- Ich muss mich mit der Religion und verschiedenen Glaubensangeboten auseinander setzen.
- Ich muss klären, welchen Beruf ich anstrebe,
- und dann auch eine Entwicklung hin zur „Berufsfähigkeit" durchmachen.

Die Entwicklungsaufgabe „Berufsfindung" lässt sich ja nicht dadurch lösen, dass ich immer mehr Wissen über unterschiedliche Berufsfelder anhäufe. Vielmehr geht es um einen *Perspektivenwechsel* vom (mehr oder weniger intelligenten) Herumstreunen durch denkbare Alternativen hin zu einer produktiven, oft aber auch schmerzlichen Beschränkung: *Dies* will ich – und *anderes* lasse ich links liegen! Carola Junghans beschreibt, wie sie mit der „Entwicklungsaufgabe Berufsfindung" umgegangen ist:

---

41 Havighurst (1972) spricht von „developmental tasks"; er orientiert sich dabei zum Teil an John Deweys Philosophischem Pragmatismus. Havighurst stellte sich vor, dass jeder Heranwachsende ein „cluster" (eine Traube/ein Bündel) von Aufgaben hat, deren Bewältigung ihn auf die jeweils nächsthöhere Entwicklungsstufe bringt. Die heute diskutierten Konzepte gesellschaftlicher Pluralität und wachsender Individualisierung waren Havighurst jedoch noch fremd – seine Beispiele für Entwicklungsaufgaben entsprechend schlicht gestrickt.

42 Vgl. Heitmeyer/Olk (1990); Popp (1996).

43 Weitere Beispiele bei Hericks (1993:52).

„Ich kann mich eigentlich gar nicht genau an den Punkt erinnern, an dem ich mich für meinen Beruf entschieden habe. Das ging nicht Knall auf Fall, sondern schrittweise. Irgendwann in der 10., 11. Klasse, war mir klar, dass ich Lehrerin werden will. Mein Vorbild war meine Tante, die auch Lehrerin ist und die ich sehr liebte. Die hat mir mal das Buch von Ute Andresen geschenkt ‚So dumm sind sie nicht. Von der Würde der Kinder in der Schule'. Ich hab das Buch gelesen und war verblüfft, weil ich bei dieser Frau ein völlig anderes Interesse an Kindern herausgelesen habe, als ich es damals tagtäglich von meinen eigenen Lehrern präsentiert bekam.
In der Sek-I hatte ich im Matheunterricht unter den inkompetenten Lehrern gelitten. In der Oberstufe hab ich dann gesehen, dass es auch anders geht. Und da entstand bei mir der Vorsatz, Mathe zu studieren, damit es meine Schüler mal besser haben! Noch während der Abi-Phase habe ich einem kleinen Asylantenmädchen, einer Tamilin, Nachhilfeunterricht gegeben. Wir haben Plätzchen in Buchstabenform gebacken und sie dann aufgegessen, und das Rechnen haben wir beim Einkauf für die Plätzchen geübt. Erst im Studium habe ich mitbekommen, dass Maria Montessori und die Verfechter des Handlungsorientierten Unterrichts ganz ähnliche Ideen entwickelt haben.
Ich habe auch 'ne ganze Zeit lang Wochenendschichten im Altersheim gemacht, aber dann sofort gemerkt, dass das nichts für mich ist."

Es gibt vielfältige Erwartungen der Gesellschaft an die heranwachsende Generation. Zu Entwicklungsaufgaben werden sie aber erst, wenn sie von dem Heranwachsenden in die Lebensperspektive aufgenommen, also biografisch angeeignet worden sind. Die je individuelle Aneignung einer Entwicklungsaufgabe ist dann schon der erste Schritt zur ihrer Bewältigung. Entwicklungsaufgaben haben immer eine objektive und eine subjektive Seite:

- Sie drängen sich förmlich auf, und in diesem Drängen stecken gesellschaftliche Normen und Zwänge.
- Aber niemand kann Entwicklungsaufgaben diktieren. Erst dann, wenn ein Heranwachsender sich aus freien Stücken eine Aufgabe gesetzt hat, beginnt der Entwicklungsprozess.

Carolas Bericht zeigt nun, dass sie die Bewältigung der Entwicklungsaufgabe „Berufsfindung" eher gegen die Schule als mit ihr angepackt hat. Vermutlich ist Carolas Entscheidungsprozess an ihrer Schule nicht einmal zur Kenntnis genommen worden. Gerade die Gymnasien tun sich immer noch schwer mit ihrer Aufgabe der Berufsvorbereitung.

Eine Schule, die sich nicht um die Entwicklungsaufgaben ihrer Schülerinnen kümmert, verzichtet zwangsläufig darauf, die Schüler und Schülerinnen *zu Verbündeten im Bildungsprozess*[44] zu machen. Denn durch das Sich-Ein-

44 Die Bildungsgangdidaktik im definierten Sinne lässt sich gut mit der schon von Jean Jacques Rousseau entwickelten *Kontraktidee* verbinden: Lehrerin und Schülerinnen schließen einen Kontrakt über Lehrpflichten und Lernabsichten, der möglichst konkret und überprüfbar sein sollte (vgl. Schweizerischer Lehrerverband 1994).

lassen auf Entwicklungsaufgaben kann es bei den Schülerinnen nicht nur zu großen *Motivations-*, sondern auch zu *Kompetenzschüben* kommen. Hin und wieder beobachten wir Lehrerinnen bei Schülern die Bewältigung einer Entwicklungsaufgabe und kommentieren dann, dass Freerk oder Alois „einen gewaltigen Schritt nach vorn gemacht“ hätten und nun „ganz anders“ dastünden.

Die Spielräume für die freie und selbstbestimmte Setzung von Entwicklungsaufgaben sind im Schulkontext notwendigerweise eng. An die Stelle der selbstgesetzten Entwicklungsaufgaben treten deshalb immer wieder schulische *„Bewältigungsaufgaben“*[45]: der Kampf mit der zweiten Fremdsprache, die mit Ach und Krach gelingende Versetzung in die nächste Klasse, die Beendigung der Streitigkeiten mit meinem Tischnachbarn, die Überwindung meiner Schüchternheit. Aber die Zielperspektive sollte klar benannt werden:

> **These 3.13:** Schule sollte in Zukunft so gestaltet werden, dass sich die Schülerinnen ihrer Entwicklungsaufgaben bewusst werden können, dass sie sie im schulischen Bildungsangebot ansatzweise wieder erkennen und sie mit der und nicht gegen die Institution Schule bearbeiten können.

3. Die Wichtigkeit der Schülerinnensicht

3.1 „Welches Strickmuster hat Frau Vogts Pullover?“

Im Verlaufe ihrer Schulzeit entwickeln Schülerinnen ein häufig sehr differenziertes, vor allem aber tief verinnerlichtes Bild von Schule. Das kann man an Erwachsenen beobachten, die sich zu Schul- und Bildungsfragen äußern. Ihre eigenen Schulerfahrungen sind so tief verwurzelt, dass sie oft kaum in der Lage sind, sich heutigen „normalen“ oder gar alternativen Unterricht vorzustellen.

> **These 3.14:** Jede Schülerin, jeder Schüler entwickelt in der Schule ein subjektives Bild von Schule[46].

Schülerinnen haben in aller Regel *sehr viel Zeit*, sich „den Laden“, in dem sie sich Tag für Tag mehrere Stunden lang aufhalten, genau anzuschauen. Und anders als in den Wunschbildern oder Überzeugungen ihrer Lehrerinnen haben sie oft auch Langeweile[47]. Das schafft noch mehr Gelegenheiten zum Durchdenken der eigenen Befindlichkeit und subtilen Beobachten. Darin entwickeln sie besondere Fähigkeiten, und Dorothea staunte nicht schlecht,

---

45 Vgl. Seung-Nam Son (1997).
46 Wir erinnern an die Thesen 1.1 bis 1.3 aus der Ersten Lektion.
47 Vgl. Czerwenka u. a. (1990); Fichten (1993:119–182); Kanders/Rösner/Rolff (1996:60).

als sie noch nach Jahren von ehemaligen Schülerinnen den Strickmusterwechsel ihrer Winterpullover detailgenau beschrieben bekam. Wir benutzen das Wort „subjektiv" in These 3.14 also nicht wertend, sondern analytisch[48]. Das Subjekt „Schülerin" entwickelt seine Sicht der Dinge und das ist ein ganz natürlicher Vorgang.

Für jeden an schulischen Interaktionsprozessen Beteiligten gibt es – rein logisch – ein *Selbst-* und ein *Fremdbild*, also das Bild, das ich mir von mir selbst mache und das, das die anderen von mir haben. Es gibt:

- das Selbstbild und das Fremdbild von Lehrerinnen,
- das Selbst- und das Fremdbild der Schülerinnen,
- das Schülerbild der Lehrerin (also die Vorstellungen, die die Lehrerin von ihren „Pappenheimern" verinnerlicht hat)
- und die Lehrerbilder der Schülerinnen.

Die Kommunikationssituation in der Schule erhält dadurch ihre Würze, aber auch ihre erstaunliche Komplexität. Wenn alle Beteiligten ihre je subjektive Sicht von Schule entwickeln, so entstehen *bunte Teppiche* unterschiedlichster Sichtweisen. Richtig kompliziert wird's aber erst, wenn nach der jeweiligen subjektiven Sicht des anderen gefragt wird. Anders formuliert: Wie spiegeln sich die subjektiven Sichtweisen im (subjektiven) Bewusstsein der Beteiligten?

- Welches Bild hat der Lehrer davon, wie seine Schüler ihn wahrnehmen? (Welches ist das Lehrerbild vom Lehrerbild der Schüler?)
- Und was vermuten die Schüler, dass ihr Lehrer von ihnen denkt? (Welches ist also das Bild der Schüler vom Schülerbild des Lehrers?)

Es gibt aber nicht nur die Differenz zwischen Selbst- und Fremdbild, sondern auch noch die Ausdifferenzierung in das *Wunschbild* und das *Realbild*: „Wie wünsche ich mir den Lehrer?", „Wie ist er tatsächlich?"[49] Die subjektive Sicht ist also mindestens dreifach ineinander verschachtelt:

- Erste Schachtel: meine Sicht der Schule und der Mitschüler; unterteilt nach Realbild und Wunschbild;
- zweite Schachtel: die *tatsächliche* Mitschüler- und Lehrersicht von mir; unterteilt nach Real- und Wunschbild;
- dritte Schachtel: meine realen und meine erhofften *Spekulationen* über die Sichtweisen meiner Mitschülerinnen und Lehrerinnen von mir.

Im Abschnitt 1.4 dieser Lektion haben wir den Pygmalioneffekt erwähnt, der hier wiederum eine Rolle spielt:

- Ein positives Schülerbild der Lehrerin löst – vermittelt über ihre verbale und körpersprachliche Zuwendung – bei den Schülerinnen Lerneifer und emotionale Zufriedenheit aus.
- Ein negatives Schülerbild der Lehrerin führt zu Frust und Lernblockaden.

48 In der Sechsten Lektion, Abschnitt 3.4 wird diese Frage wieder aufgegriffen.
49 Umfangreiche Erhebungen zu dieser Differenz bringen Czerwenka u. a. (1990) und Kanders/Rösner/Rolff (1996).

- Umgekehrt gilt natürlich die gleiche Gesetzmäßigkeit: Die Verantwortung, die die Schülerinnen für die Erfolgserlebnisse ihrer Lehrerinnen wahrnehmen, wirkt „lehrfördernd" auf die Motivation und Kompetenz der Lehrerin zurück.

Wie man in den Wald hineinruft, so schallt's heraus. Oder: Was ich für wahr halte, hat auch reale Folgen.

3.2 Objektiver Faktor Subjektivität

Das empirische Wissen und der veränderte gesellschaftliche Kontext von Schule führen heute jedoch zu einer deutlich veränderten pädagogischen Gewichtung der subjektiven Sicht von Schülerinnen.

Früher war Schule noch sehr viel selbstverständlicher als heute eine Lern- und Paukschule[50]. Man ging in die Schule, weil der Lehrer wichtige, andernorts nicht oder nur sehr schwer zu vermittelnde Kulturtechniken (Lesen, Schreiben, Rechnen) u. Ä. zu bieten hatte. Die „Befindlichkeit" der Pennäler beim Lernen war Nebensache; Verzweiflung und Tränen wurden allenfalls mit Lern-Mythen bagatellisiert („Ohne Fleiß kein Preis", „Per aspera ad astra[51]"). Heute nähern wir uns einer „Erlebnis- und Aktionsschule". In ihr sind die Einstellungen und Gefühle der Schülerinnen kein Beiwerk, sondern ein wichtiger Bestandteil der täglichen Unterrichtsarbeit geworden. Immer häufiger und in einer wachsenden Zahl von Fächern spielt es eine Rolle, welche Einstellungen die Schülerinnen zum Unterrichtsthema und zur Form der methodischen Vermittlung haben. Immer bedeutungsvoller werden ihre Haltungen gegenüber dem System Schule wie auch gegenüber der einzelnen Lehrerin und Mitschülerin. In ihrem Privatleben, ihren Freundschaftscliquen, in ihrem Konsumverhalten und ihren Freizeitbeschäftigungen ist dies nicht anders. Es geht in unserer Gesellschaft immer weniger um das ewige Seelenheil oder die gerechte Gesellschaft, sondern um die Ästhetisierung des Alltags. Das *„Projekt des schönen Lebens"* (Schulze 1992) steht im Mittelpunkt. Dieser Individualisierungsschub der Gesellschaft macht vor den Toren der Schule nicht Halt. Wir formulieren in Anlehnung an einen Aufsatztitel von Rudolf zur Lippe (1975):

> **These 3.15:** Subjektivität wird – immer mehr – zum objektiven Faktor der Schul- und Unterrichtskultur.

50 Fels (1994:52): „*Pauker* sind Lehrer, die es ablehnen, Ursachenfragen zu stellen. Sie halten sich nur an die Symptome."

51 „Nur durch harte Arbeit kommst du in den Sternenhimmel."

Man mag positiv oder kritisch zu dieser wachsenden Bedeutung von Subjektivität stehen – aber man wird sie nicht ändern können. Deshalb muss neu und radikal gefragt werden, wie die je subjektive und sich oft wandelnde Schülerwahrnehmung der Unterrichtsinhalte und der Beziehungsstrukturen in *pädagogischer* Hinsicht zu beurteilen ist. Unsere Position:

> **These 3.16:** Die Lehrerin hat die pädagogische Pflicht, die subjektiven Sichtweisen der Schülerinnen ernst zu nehmen, weil anders keine Erziehung zur Mündigkeit möglich ist[52].

Die Lehrerin kann sich nicht damit zufrieden geben, dass die Schülerinnen Lippenbekenntnisse zu den Themen des Unterrichts abgeben. Sie muss daran interessiert sein, dass die Schülerinnen das, was sie sagen, auch tatsächlich meinen. Deshalb ist es wichtig, dass sich jede Lehrerin intensiv um die Ermittlung der subjektiven Sichtweisen „ihrer" Schülerinnen bemüht.

Es gibt inzwischen eine ganze Menge didaktisch-methodischer Ideen zur Ermittlung der Schülersicht. Wir nennen nur drei kleine *Beispiele*:

- **Karteikartenabfrage**
  Sie können sich mit schriftlichen Befragungen ein eigenes Bild machen. Wir raten insbesondere Lehramtspraktikantinnen und Referendarinnen, hin und wieder die folgende in vier Minuten zu erledigende anonyme *Schülerbefragung* zu machen:

  Verteilen Sie an jede Schülerin eine kleine Karteikarte. Lassen Sie sie in Ruhe die folgenden zwei Fragen beantworten:
  Frage A: Was sollte in den nächsten Wochen beibehalten werden?
  Frage B: Was sollte abgestellt oder verändert werden?

  Es ist viel geschickter, die Schülerinnen zu fragen, was im Unterricht geändert und was beibehalten werden soll, als zu fragen: „Hat euch mein Unterricht gefallen?" – Da reicht ein „Ja" oder „Nein" – und Sie sind so klug als auch zuvor!
  Die Anonymität solcher Befragungen ist in Schulklassen im strengen Sinne kaum zu wahren, weil die Lehrerin die Handschriften ihrer „Pappenheimer" kennt. Dennoch sollten Sie auf Namensangaben oder andere Erkennungsmerkmale verzichten, weil dann insbesondere die älteren Schülerinnen auch das aufschreiben, was sie *positiv* finden (aber im Unterrichtsgespräch unterdrücken, um nicht als „Schleimi" zu erscheinen).

52 Eine umfassende didaktische Theorie dazu liefert Edmund Kösel in seinem „Handbuch zur subjektiven Didaktik" (1995).

- **Punkte-Kleben**
  Eine Alternative zur Karteikartenabfrage ist das „Punkten“: Dazu benötigen Sie kleine Klebepunkte und ein Stück Wandzeitungs- oder Packpapier. Darauf notieren Sie ein Kreuz mit zwei Dimensionen und vier Fragerichtungen. Die Dimensionen können auch völlig anders lauten. Das hängt ganz davon ab, was Sie wissen wollen. Sie können auch zwei verschiedene Punkte-Farben einsetzen und dadurch zu komplexeren Rückmeldungen kommen.

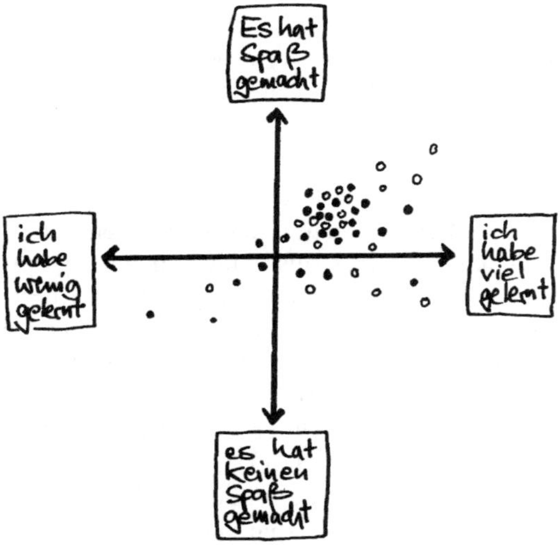

Abbildung 3.3: Punkte-Kreuz

- **Schülerforschung**
  Sie können auch daran gehen, gemeinsam mit Ihren Schülerinnen deren subjektive Sicht zu erforschen, z. B. indem Sie, wie dies Wolfgang Fichten gemacht hat, die Schülerkritzeleien und -graffiti zum Gegenstand einer Schüleruntersuchung machen (Fichten 1989; 1993).

3.3 Subjektpositionen im Unterricht

Die Frage, welche Sicht die Schülerinnen haben, ist nur der erste Schritt. Entscheidend ist die zweite Frage: Wie sollte eine professionell denkende und handelnde Lehrerin mit der subjektiven Sicht ihrer Schülerinnen umgehen?

Wenn wir uns als Erwachsene (und Lehrerinnen) mit der Meinung der Kinder und Jugendlichen beschäftigen, so geschieht das aus unserem pädagogischen (d. h. dem Kinde zugewandten) Interesse heraus, ein „Anwalt“ oder „Parteigänger“ der Heranwachsenden zu sein. Damit kann nicht gemeint sein, die Erhebung der Schülersicht von Schule und Unterricht in erster Linie zur Effektivierung unserer Lehraufgaben zu nutzen. Die Schülersicht darf nicht funktionalisiert werden! Wer dem einzelnen Kinde eine es befriedigende, wertvolle Entwicklung ermöglichen will, der muss auch danach fragen, was es will:

These 3.17: Schülerinnen sind nicht „Gegenstand" didaktischer Erwägungen und noch so gut gemeinter Lehrabsichten, sondern Akteure und Mitgestalter des Unterrichtsprozesses.

Wie anders sollten sie ihre Subjektposition einbringen können? „Subjektposition" bedeutet nicht nur die geistige Aktivität der Schülerinnen im Lernprozess. Subjektposition ist auf mehr, auf dreierlei bezogen:

- erstens auf den Aneignungsprozess von Unterrichtsinhalten,
- zweitens auf die sozialen Beziehungen im Unterricht, im System Schule und in deren sozialem Umfeld
- und drittens auf den Gestaltungsprozess von Unterricht selbst.

Im dritten Punkt wird ein qualitativer Sprung zu einer neuen Sicht auf die Beziehungen zwischen Lehrenden und Lernenden deutlich. Wer ernst machen will mit einer solchen Haltung, muss zulassen, ja sogar fordern, dass die Schüler-Individuen in allen Bereichen des Unterrichts und des Schullebens mitentscheiden, mitgestalten und dann auch mitverantworten.

Wir fassen zusammen: Das Wissen um die Schülerperspektive hilft einerseits bei der Professionalisierung der Lehrerinnen, es ermöglicht andererseits „Kurskorrekturen" in Schule und Unterricht. Dies kommt den Schülerinnen zugute, weil ihr Schulalltag interessanter, Gewinn bringender und in vielerlei Hinsicht befriedigender wird. Dies kommt den Lehrerinnen zugute, weil auch für sie der Unterricht anregender, ja spannender wird.

Exkurs:
Lerntheorien

(gemeinsam mit Wolfgang Fichten[53])

1. Was heißt „Lernen"?

Es besteht Konsens unter den Wissenschaftlern, dass das menschliche Lernen von der genetisch gesteuerten menschlichen Entwicklung (oder Reifung) abzugrenzen ist. Lernen heißt, dass ein Mensch, der zum Denken, Fühlen und Handeln fähig ist, Lernhandlungen vollzieht und danach etwas besser kann als vorher.

Die Fähigkeit zu lernen ist Kennzeichen des Humanen überhaupt. Selbst die Befähigung zum aufrechten Gehen, die seit Johann Gottfried Herder (1744-1803) als „Behuf des Menschen" bezeichnet wird, ist nicht genetisch festgelegt, sondern bedarf der Selbsterfahrung und der Ermutigung durch die anderen.

Wolfgang Fichten formuliert einen ersten *Einspruch*:

Lieber Hilbert!

Du hast gerade formuliert, Lernen heiße, dass jemand Lernhandlungen vollzieht und danach „etwas besser kann als vorher". Im Adjektiv „besser" steckt ein Werturteil, das Psychologen so nicht fällen würden. Ein schlichtes Beispiel:

Wolfgang Fichten

- Zwei Kinder sind beim Essen. Das eine Kind leckt seinen Teller ab, um den letzten Fitzel Ketschup zu bekommen. Das andere Kind wird vom Vater ermahnt und isst bis zum Schluss mit Messer und Gabel.
- Beide Verhaltensweisen sind „funktional äqivalent". Dem Organismus wird Nahrung zugeführt.
- Das zweite Kind hat dabei etwas Neues gelernt. Es zeigt eine *andere* Verhaltensweise als vorher. Diese andere Verhaltensweise wird vom Vater positiv beurteilt und entsprechend gelobt. Sie als „besser" zu bezeichnen ist nichts anderes als eine – in Mitteleuropa seit längerem geschätzte – gesellschaftliche Konvention.

53 Wolfgang Fichten, Leiter der „Forschungswerkstatt Schule und Lehrerinnenbildung" der Carl von Ossietzky Universität Oldenburg und Diplompsychologe, hat diesen Exkurs durch seine Fachkompetenz möglich gemacht. Vielen Dank! – Wir haben den dialogischen Charakter bewahrt.

Wenn du „Lernen" per definitionem mit einem Qualitätsmaßstab verbindest, bringst du *gesellschaftliche Normen* ins Spiel, die bei der „reinen" wissenschaftlichen Analyse von Lernprozessen zunächst einmal außen vor bleiben müssen. „Lernen" in einem wertfreien Sinne liegt natürlich auch dann vor, wenn ein Schüler negativ bewertete Kompetenzen erwirbt. Auch das geschickte Stehlen, das Prügeln und Quälen werden gelernt, aber wir weigern uns, dazu Erziehung oder Bildung zu sagen.

Ich akzeptiere Wolfgangs Einwand und komme zu der folgenden Definition:

Arbeitsdefinition 12:
Lernen ist eine Verhaltensänderung des Menschen auf Grund der Verarbeitung von Wahrnehmungen zu Erfahrungen.

Um auch nur das kleinste Fitzelchen zu lernen, müssen grundlegende *Voraussetzungen* im lernenden Subjekt gegeben sein:

- Ich muss ein *Wahrnehmungsvermögen* haben; sonst könnte ich nicht in Kontakt zu meiner Umwelt treten.
- Ich muss *handeln* können; sonst könnte ich nicht auf meine Wahrnehmungen reagieren.
- Ich benötige ein *Gedächtnis* bzw. Erinnerungsvermögen, weil alle neuen Lernschritte auf vorhergehenden aufbauen.
- Ich muss Wirkungen *antizipieren*, also mein Handeln planen und seine Folgen für mich und andere durchdenken können.
- Ich muss in der Lage sein, die neuen Inhalte oder Kompetenzen in die schon vorhandenen geistigen und körperlichen Strukturen *einzuarbeiten*, um sie auf Dauer zu verinnerlichen.

Frage: Kann man das Lernen sehen?

Antwort: Nein. Man sieht nur neue Verhaltensweisen der Schülerinnen, von denen wir *vermuten*, dass sie durch Lernen verursacht worden sind.

Frage: Was heißt „Verhaltensänderung"?

Antwort: Eine Verhaltensänderung ist keine zufällig gelungene Leistung, sondern eine verinnerlichte Fähigkeit eines Menschen zur Auseinandersetzung mit seiner natürlichen und sozialen Umwelt. Wir haben mit Absicht diesen neutralen Begriff gewählt, weil der Lernbegriff – anders als der Erziehungsbegriff aus Arbeitsdefinition 2 – beschreibend und nicht normativ ist.

Frage: Was heißt „Erfahrung"?

Antwort: Erfahrungen zu machen heißt, bestimmte Wahrnehmungen, Erlebnisse oder Informationen konstruktiv aufzuarbeiten; man könnte auch sagen: sich anzueignen[54]. Erlebnisse *hat* man, Erfahrungen *macht* man.

---

54 Die Kognitionspsychologen, z. B. Jean Piaget, haben differenzierte Theorien für diesen Prozess aufgestellt.

Frage: Was ist der Gegenstand des Lernens?

Antwort: Alles, was man sich nur ausdenken kann: die Verbal- und Körpersprache, Kopfereignisse (also neues Wissen, Kenntnisse über Zusammenhänge und Bewertungen, Lerntechniken), Einstellungen und Haltungen (z. B. der ethische Kode aus der Vierten Lektion), Gefühle (Lachen und Weinen, Ängste und Fantasien), Handlungskompetenzen (planen, auswerten, aufrecht gehen, schwimmen, Körperbeherrschung üben usw.).

2. Lernen und Reifung

Über die Frage, wie groß der Lernanteil in Relation zum Reifungsanteil in der menschlichen Entwicklung ist, streiten sich die Wissenschaftler seit jeher. Es gilt heute als ausgemacht, dass bei *jeder* beobachtbaren Entwicklung eines Menschen grundsätzlich eine *Mischung* von reifungsbedingten und lernbedingten Veränderungen des Individuums vorliegt[55]. Vor 25 Jahren hielt man den Anteil der durch Sozialisation und Lernen ausgelösten Leistungsfortschritte für sehr hoch, inzwischen ist man/frau wieder etwas vorsichtiger geworden. (Die Frage ist hochpolitisch: Wenn Lernen groß und Reifung klein geschrieben werden, wächst die Bedeutung der Schule - und umgekehrt.)

Was folgt daraus, dass die anthropologischen und lerntheoretischen Grundlagen des Lernens umstritten sind[56]? Die einzig vernünftige Maxime kann nur lauten: Die Abstempelung einer Schülerin als „lernunfähig" ist wissenschaftlich nicht zu legitimieren (und schulpraktisch auch nicht!).

These 3.18: In jedem Einzelfall (also bei jeder Schülerin, die vor uns im Unterricht sitzt), ist davon auszugehen, dass sie lernfähig ist.

3. Lerntheorien

Es gibt inzwischen ein gutes Dutzend unterschiedlicher Lerntheorien, die menschliches und tierisches Lernen erforschen und konzeptualisieren:

- Wir empfehlen Ihnen das Buch „Psychologie des Lernens" von Guy R. Lefrançois (1994). Ein verständliches und hochschuldidaktisch großartig durchgearbeitetes Buch[57]!

55 Eine ausführliche, gut lesbare Darstellung des Forschungsstandes bei Prenzel/Schiefele (1993).

56 Vgl. Schleiermacher (1826/1960:19).

57 Geraffte Überblicke bringen Helmut Skowronek (1991) und Herbert Gudjons (1995:211–227); eine ausführliche Darstellung des Standes der Forschung: Skowronek (1969); Walter Edelmann (1993). Von dem Piagetschüler Hans Aebli stammt das anspruchsvolle, aber grundlegende Werk „Denken: Das Ordnen des Tuns" (1980, 2 Bde.).

Besonders beliebt war die Erforschung der Lerngesetze an Tauben, Ratten und Plattwürmern[58]. Es hat sich aber langsam herumgesprochen, dass dies für die Analyse der Mehrzahl schulischer Lernaufgaben wenig bringt.

Besonders gut ist das kognitive Lernen, eher beiläufig das emotionale Lernen erforscht.

Was leisten Lerntheorien und was nicht: Sie *analysieren*, wie ein Individuum lernt, und sie entwickeln daraus ein *theoretisches Modell* über die Wirkungs- und Steuerungsmechanismen der Informationsverarbeitung[59]. Die Forschungsergebnisse legen nahe, bei der Steuerung von Lernprozessen insbesondere darauf zu achten, wie die lernenden Individuen die *Kodierung* ihres Wissens vornehmen. Lerntheorien sagen uns aber nichts über den Sinn und die Bedeutung der gespeicherten Informationen für die lernenden Subjekte. Und sie berücksichtigen nur ansatzweise die soziale Komplexität *schulischen* Lernens[60].

These 3.19: Es gibt noch keine Lerntheorie, die die Komplexität schulischen Lernens angemessen berücksichtigt.

Lerntheorien sind deshalb kein Ersatz für die Didaktik (als Theorie des Lehrens und Lernens). Aber sie helfen, die Frage auszudifferenzieren, wo die Schulen das Lernen der Schülerinnen fördern und wo sie es behindern.

In seinem grundlegenden Werk „Lernen" liest der Psychologe Klaus Holzkamp denn auch den Schulpädagogen über 600 Seiten Text die Leviten. Er konstatiert eine „Verwahrlosung der schulischen Lernkultur" und fordert neue Lernstätten, in denen „subjektorientiertes expansives Lernen" möglich wird[61]. Recht hat er – aber zur praktischen Umsetzung seiner Forderungen sagt er wenig oder nur Altbekanntes.

Ist die in These 3.19 geübte Kritik eines Didaktikers an den Lerntheorien der Psychologen gerecht? Ich meine ja! Aber mein Koautor Wolfgang Fichten sagt ebenso deutlich nein und erläutert in dem nun folgenden *Brief*, was Lerntheorien zu leisten beanspruchen und was nicht:

58 Man hat erforscht, wie lange Regenwürmer brauchen, um zu lernen, dass am Ende eines bestimmten Ausgangs in ihren Erdlöchern ein Gerät installiert ist, das beim Berühren einen elektrischen Schlag auslöst.

59 Vgl. jedoch zur Rolle der Gefühle beim Lernen Hofer/Pekrun/Zielinski (1993:254 ff.); man kann auch Unterricht über Gefühle machen; vgl. Fichten „Emotionen im Unterricht – Unterricht über Emotionen" (1997).

60 Die Forscher fangen gerade an, die Beeinflussung des Lernens durch das *Interesse* der Schülerinnen zu klären (vgl. Krapp 1992); aber sie haben nur fragmentarische Antworten auf die Frage, wie das Lernen durch die Anwesenheit der Mitschülerinnen und der Lehrerin beeinflusst wird.

61 Holzkamp (1993:341 ff.).

4. Brief eines Psychologen

20.2.1997

Lieber Hilbert: Du solltest mal Psychologie studieren!

(1) Zunächst zu deinen Bemerkungen zu den *Ratten-, Tauben- und Plattwurmexperimenten*: Ja, es hat sie gegeben, aber doch nur, weil die Forscher im Rahmen ihrer Grundlagenforschung Lern*prinzipien* erkennen wollten, die nicht platt, sondern intelligent für weitere Forschungsvorhaben zu nutzen sind. Die Pädagogik kann solche Grundlagenforschung nicht betreiben, weil bei ihr Experimente aus moralischen Gründen ausgeschlossen sind. Aber das ist doch kein Grund, die Psychologen verächtlich zu machen!

(2) Du schreibst in These 3.19, dass es leider noch keine pädagogisch akzeptable Lerntheorie gebe. – Richtig. Aber das klingt so, als ob es sich um ein Versagen der Psychologie handle. Das ist falsch! Die Psychologen haben das Lernen ganz allgemein untersucht, sie waren nicht speziell am schulischen Lernen interessiert. Deshalb ist es notwendig, sich aus den vorliegenden Theorien das herauszusuchen, was schulrelevant ist.
Es ist der Fehler der Pädagogen, immer allgemein von „Lernen" zu sprechen und dann zu erwarten, dass die Psychologen eine für jede Frage gültige Lerntheorie bereitstellen[62]. – Eine solche Supertheorie gibt es nicht, und es wird sie wohl auch nie geben (vgl. Lefrançois 1994:220)! Es gibt allerdings einige interessante Ansätze zur Integration der unterschiedlichsten Lerntheorien, auf die ich gleich noch zu sprechen komme.

(3) Die Pädagogen müssen zur Kenntnis nehmen, dass auch die Lernpsychologie eine eigene Wissenschaftsgeschichte hat, die die Entwicklung ihrer Fragestellungen bestimmt:

- Erst kam Iwan P. *Pawlow* (der russische Forscher mit dem „Pawlowschen Hund", 1849–1936). Er meinte, Verhalten sei nichts anderes als eine Reaktion auf auslösende Reize (Stimuli). Aber seine Versuche gelten nur für den so genannten Reflexbogen – nicht für Gefühlslernen oder das Große Einmaleins! Weil auch Menschen Reflexe zeigen, gilt Pawlows Forschung auch für Menschen – nur für schulisches Lernen ist diese Lerntheorie praktisch irrelevant.
- Dann kam B. F. *Skinner* (1904–1990) und meinte, Verhalten sei nicht nur außen- und reizgesteuert. Er konnte zeigen, dass tatsächlich ein Großteil menschlichen Verhaltens über sogenannte Verstärker („Belohnungen" und „Bestrafungen") zu steuern ist. Wir vermeiden z. B., eine heiße Herdplatte anzufassen, weil wir irgendwann einmal die Hitze gespürt oder uns ver-

62 Diesem Irrtum war übrigens auch der von Pädagogen gern zitierte und beschimpfte behavioristische Psychologe Burrhus F. Skinner erlegen. Vgl. Skinner (1973).

brannt haben. – Solches „operante Konditionieren" spielt auch in der Schule eine gewisse Rolle – warum sonst loben und tadeln wir die Schülerinnen?

- Dann kam Albert *Bandura* und meinte, Skinners Theorie sei unzulänglich. Es gibt viele Lernvorgänge, die mit dieser Theorie nicht erfasst werden können, z. B. der Tatbestand, dass plötzlich eine neue, anspruchsvolle Verhaltensform als Ganzes da sein kann. – Deshalb entwickelte Bandura seine Theorie des „Lernens durch Abgucken" (= Modelllernen).
- Jean *Piaget* (1896–1980) hat – um nur ein Beispiel zu nennen – experimentell nachgewiesen und theoretisch gefasst, welche komplexen Denkoperationen schon für das Lösen der allereinfachsten Rechenaufgaben erforderlich sind.
- Dann kam der Harvard-Psychologe Jerome *Bruner* und fragte sich, wie entdeckendes und problemlösendes Lernen aussehen könnte. Und er entwickelte eine kognitive Lerntheorie.
- Und so weiter ...

Ich folgere daraus: Jeder Wissenschaftler hat auf Grund einer Kritik der Defizite seiner Vorgängertheorien eine neue Theorie für einen bestimmten Lernbereich abgesteckt. Dadurch ist der Diskussionsstand immer komplexer geworden. Die Wissenschaftslandschaft sieht deshalb heute wie ein Flickenteppich aus, aber das entspricht der Realität. Man sollte sich mit der Vielfalt der Ansätze für unterschiedliche Zwecke und Lernbereiche abfinden. Dies heißt dann aber auch, dass Lehramtsstudierende eine Palette verschiedener Lerntheorien für verschiedene Zwecke kennen lernen sollten, damit sie in ihrem späteren Berufsalltag besser von der einen auf die andere Lerntheorie umsteigen können.

(4) Es gibt viele verschiedene Lernarten bzw. *Lerntypen*, und jede Theorie erklärt nur einen Teil davon. Besondere Beachtung verdient deshalb der Integrationsansatz von Robert M. Gagné, dargestellt in seinem Buch „Die Bedingungen menschlichen Lernens" (Gagné 1969). Gagné unterscheidet acht Lerntypen. Guy Lefrançois (1994:222) hat sie in der auf Seite 123 abgebildeten Tabelle übersichtlich zusammengestellt.

(5) Du schreibst, dass das *emotionale Lernen* von den Kognitionspsychologen nur am Rande erforscht worden sei. Das ist nur halb richtig. Kognitionspsychologen haben die Emotionen keineswegs vergessen, vielmehr interpretieren sie sie als kognitive Bewertungsprozesse. Die Entgegensetzung von „Kognition" und „Emotion" wird also in modernen kognitiven Lerntheorien aufgelöst[63].

63 Gut nachzulesen bei Mandl/Felix u. a. (1993).

Acht Lerntypen

Typ I: Signallernen

Definition: Einfaches Pawlowsches Konditionieren.
Beispiel: Eine Autohupe ertönt. Ein Mann springt wie wild weg. Der gleiche Mann sieht ein anderes Auto, diesmal ein leises. Er springt wieder wie wild weg.
Wichtige Theoretiker: Pawlow, Watson

Typ II: Reiz-Reaktions-Lernen

Definition: Bildung einer einzelnen Verbindung zwischen einem Reiz und einer Reaktion.
Beispiel: Eine fette Sau wird im Uhrzeigersinn herumgedreht, während ihr stolzer Besitzer, ein Psychologe, sanft sagt: „Dreh' dich". Nach jeder vollzogenen Drehung wird der lächelnden Sau ein Stück Apfel verabreicht. Nach 730 Äpfeln und 1459 Drehungen (der Psychologe aß einmal einen halben Apfel) kann die Sau sich nun drehen, wenn der Psychologe „Dreh' dich" sagt. Das ist langsames Reiz-Reaktions-Lernen.
Wichtige Theoretiker: Skinner, Thorndike, Hull, Spence.

Typ III: Kettenbildung – motorische Ketten

Definition: Die Verbindung einer Abfolge motorischer Reiz-Reaktions-Verhaltensweisen.
Beispiel: Sie sehen einen Mann, der sich selbst seine Zähne zieht. Er führt seine Hand zum Mund, öffnet seinen Mund und geht mit der Hand hinein, legt Daumen und Zeigefinger um den rechten oberen Eckzahn und zieht. Dann macht er mit den unteren Zähnen das gleiche. Die S-R-Kette kann wie folgt vereinfacht werden:

S	R--S		R--S		R---S		R
Hand zum Mund	Mund öffnen	Mund offen	Hand einführen	Hand eingeführt	Finger anlegen	Finger angelegt	ziehen

Wichtige Theoretiker: Guthrie, Thorndike, Skinner

Typ IV: Kettenbildung – sprachliche Assoziation

Definition: Die Verbindung einer Abfolge verbaler Reiz-Reaktions-Verhaltensweisen.
Beispiel: eins, zwei, drei, vier, fünf
Wichtige Theoretiker: Hebb, Bruner

Typ V: Das Lernen multipler Diskriminationen

Definition: Lernen, zwischen hochgradig ähnlichen Reizinputs zu unterscheiden. Das Lernen von Diskriminationen ist „...im wesentlichen eine Sache der Bildung einer Reihe verschiedener Ketten" (Gagné, 1965, S. 115).
Beispiel: Das Erlernen einer fremden Sprache schließt das Lernen von verbalen Ketten in dieser Sprache ein. Da diese Ketten schon in der Muttersprache vorhanden sind, müssen Lernende zwischen diesen beiden diskriminieren.
Wichtige Theoretiker: Bruner, Skinner und Hebb

Typ VI: Begriffslernen

Definition: Begriffslernen ist das Gegenteil von Diskriminationslernen. Es umfaßt das Ordnen von Dingen zu Klassen und das Reagieren auf Klassen als Ganze.
Beispiel: Ein Kind lernt, daß ein englischer Setter ein Hund ist. Es sieht eine Katze und sagt: „Wauwau". Es hat ein „Wauwau"-Konzept entwickelt, wenn auch ein falsches.
Wichtige Theoretiker: Hebb, Bruner, Skinner und Piaget.

Typ VII: Regellernen

Definition: „Eine Regel ist eine erschlossene Fähigkeit, die das Individuum befähigt, auf eine Klasse von Reizsituationen mit einer Klasse von Leistungen zu reagieren" (1970, S. 191).
Beispiel: Eine einfache Regel wird durch die Aussage „Psychologie macht Spaß" exemplifiziert. Diese Regel zu verstehen, schließt das Verstehen des Konzepts „Psychologie" und des Konzepts „Spaß" ein. Manche Studenten und Studentinnen verstehen weder ... noch ...
Wichtige Theoretiker: Bruner, Piaget

Typ VIII: Problemlösen

Definition: Die Anwendung von Regeln bringt „Regeln höherer Ordnung" hervor. Das ist das unausweichliche Ergebnis der Anwendung von Regeln auf Probleme.
Beispiel: Es soll ein Dorabotur gefangen werden – ein elementares Problem. Vier Regeln können bei der Lösung dieses einfachen Problems angewandt werden:
1. Doraboturen mögen Schrapse
2. Schrapse wachsen in 2-Fuß-tiefen Höhlen
3. Doraboturen haben Schwänze, die immer mindestens 3 Fuß lang sind.

(6) Neuerdings betrachtet man Lernen vor allem als den Prozess der Informationsaufnahme und -verarbeitung. Hieraus sind die sogenannten Netzwerk-Modelle hervorgegangen (vgl. Mandl/Felix/Hron 1993:143 ff.), die – ganz schlicht formuliert – davon ausgehen, dass bei der Informationsaufnahme im Gehirn Erregungsmuster entstehen, die sich durch das ganze Gehirn fortsetzen. Sie sind auch für Pädagogen interessant, weil aus ihnen pädagogische Prinzipien abgeleitet werden können:

- Die Wichtigkeit des *Wiederholens*: Es ist sinnvoll, „Netzwerk-Knoten" immer wieder zu aktivieren. Deshalb ist die zuerst von dem Psychologen Jerome Bruner entwickelte Idee des *Spiralcurriculums*[64] vernünftig!
- Die Bedeutsamkeit des *Vorwissens* der Schülerinnen: Neue Informationen können dann viel besser verinnerlicht werden, wenn es gelingt, sie an vorhandene „anzudocken" und sie dann an der entsprechenden Stelle im Netzwerk abzulegen.

(7) Ich fasse zusammen: Es gibt nicht „die" Lerntheorie, sondern eine breite Palette unterschiedlicher Theorien, die aus unterschiedlichen Erkenntnisinteressen heraus entwickelt worden sind und die für schulisches Lernen von unterschiedlicher Bedeutung sind. Wer Lehrer bzw. Lehrerin werden will, sollte sie ohne Scheuklappen studieren und selbst überlegen, was für die gewählte Schulstufe, für die Schulform und für die studierten Unterrichtsfächer von Interesse ist und was nicht.

Nichts für ungut, Hilbert. Das musste euch Pädagogen mal gesagt werden!

Wolfgang F.

64 In einem Spiralcurriculum wird ein und derselbe Sachverhalt mehrfach, aber auf jeweils höherem Komplexitätsniveau durchgenommen.

Vierte Lektion: Was ist eine Lehrerin?

Ich verfolge in dieser Lektion zwei *Ziele*: Ich will Ihnen eine Fülle von Sachinformationen zum Lehrerberuf vermitteln und Sie zugleich dazu verleiten, sich differenziert mit dem eigenen Berufsverständnis auseinander zu setzen. – Das zweitgenannte Ziel ist das wichtigere. Es ist allerdings allein durch die Lektüre eines Buches nicht zu erreichen. Einfacher und durchschlagender ist es, wenn Sie ergänzend zur Lektüre eigene Unterrichts- und Schulerfahrungen machen. Nutzen und genießen Sie dabei so weit wie irgend möglich den Status der Amphibie, in dem sich die Mehrzahl von Ihnen gerade befinden dürfte: Sie sind nicht mehr Schülerin oder Schüler, aber auch noch nicht „berufsfertige" Lehrerin oder Lehrer. Der Amphibienstatus hat Nachteile: Sie haben noch nicht viel zu vermelden, wenn schulpraktische Entscheidungen anstehen. Der Status hat aber auch Vorteile: Sie sind noch nicht betriebsblind und Sie haben noch keine schlechten Routinen[1] entwickelt. Ihnen fällt im Schulbetrieb und in der Literatur noch manches als ungereimt oder schädlich auf, was für Routiniers eine nicht mehr hinterfragte Selbstverständlichkeit geworden ist.

These 4.1: Amphibien haben wenig Schwierigkeiten mit dem Perspektivenwechsel.

Sie sollten ein Tagebuch über Ungereimtheiten führen – die Eintragungen könnten später, wenn Sie Ihre Schule weiterentwickeln wollen oder auch nur ihre eigene Lehrerbiografie rekonstruieren wollen, höchst wertvoll werden.

1 Es gibt natürlich auch gute und hilfreiche Routinen, die die Tagesarbeit erleichtern und Kopf und Hände für kritische Situationen und wirkliche Neuerungen frei halten.

1. Annäherungen

1.1 „Was ist ein Lehrer?" - Bericht über eine Straßenbefragung

An einem schönen Sommertag im Jahre 1995 habe ich mich um 13 Uhr - also zum Schulschluss - auf den Bürgersteig vor einer Straßenkneipe in Oldenburg gestellt und in knapp 20 Minuten[2] 16 vorbeikommenden Jugendlichen und Erwachsenen immer nur die gleiche Frage gestellt: „Was ist ein Lehrer?" - Hier die spontanen Antworten, die von mir aber schon grob vorsortiert worden sind.

Instruktionsdefinitionen:

Schüler, 7. Klasse Hauptschule (HS): „Ein Lehrer ist ein Mensch, der jemandem etwas beibringt."
Schülerin, 12. Klasse, Waldorfschule: „Eine Lehrerin ist eine Frau, die möglichst gut und interessant Wissen vermitteln kann."
Student, 8. Semester: „Ein Lehrer ist jemand, der Kindern anderer Leute etwas beibringt."
Gastwirtin: „Wissensvermittler."
Studentin, 7. Semester: „Jemand, der Kindern beibringt, was vermeintlich richtig ist."

Persönlichkeitsdefinitionen:

Schüler, 8. Klasse HS: „Einer, der viel rumschreit."
Lehrerin: „Ein Lehrer, das ist auch nur ein Mensch!"
Hausfrau/Französischlehrerin: „Einer, der Ausstrahlung haben sollte und auch selbst lebt, was er vermitteln will."
Psychotherapeutin, Mutter: „Ein *Vorbild!* Viele Lehrer regen sich über aggressive Schüler auf und sind selbst cholerisch bis zum Letzten."
Schüler, 8. Klasse Realschule (RS): „Klassenoberhaupt."

2 Die Ergebnisse dieser Befragung sind reichlich zufällig, weil keine Repräsentativität der ausgewählten Probanden gegeben ist. Wir benutzen die Befragung deshalb lediglich als *Ideensteinbruch* für die Begriffsklärung in den nachfolgenden Abschnitten dieser Lektion.

Schülerin, 9. Klasse RS: „Ein Wesen, das einem sagt, was man nicht machen darf. (Pause) Aber manche können auch nett sein."
Studentin, Fach Religion: „Ein Mensch, der den Mut hat, die Verantwortung für 30 Kinder zu übernehmen und keinen durchs Netz fallen zu lassen."

Der Lehrer als Beamter:
Hausfrau: „Ein Lehrer ist Beamter mit gutem Gehalt und langen Ferien."

Sozialpädagogische Definition:
Grundschulrektorin: „Ein Mensch, der Sozialarbeit macht – einer, der die gesellschaftlichen Verhältnisse der Schüler kennt und die Kraft hat, sich damit auseinander zu setzen."
Studentin/Mutter: „Ein Pädagoge, ein Organisator."
Landschaftsplanerin: „Ein Lehrer? Um Gottes Willen. Das ist eine Vertrauens- und Bezugsperson – eine pädagogische Ersatzperson für die Eltern."

Was fällt bei diesen Spontandefinitionen auf?

- Fast alle Definitionen sind emotional getönt und alle sind insofern einseitig, als sie die eigene Lebenssituation in die Beantwortung hineinspiegeln.
- Ein Teil der Definitionen ist eher beschreibend („einer, der viel rumschreit"), ein anderer Teil ist normativ („sollte Ausstrahlung haben"); ein dritter Teil vermischt deskriptive und normative Elemente („jemand, der den Mut hat ...").
- Das Verb „beibringen" wird auffällig oft verwendet – ein Wort, das in der pädagogischen Fachsprache so gut wie gar nicht vorkommt[3], aber dringend genauer analysiert werden müsste[4].
- In manchen Definitionen kommt ein gewisser Respekt vor der Schwierigkeit der Aufgabe zum Ausdruck, es gibt aber auch sarkastische Kommentare.

Es ist ein Leichtes, diese Befragungsaktion an anderem Ort zu wiederholen. Ich vermute, dass Sie dann zu ganz ähnlichen Ergebnissen kommen werden und die These 1.2 von Seite 17 bestätigen werden. Der Arbeitsplatz bestimmt das Bewusstsein:

- Die *Schülerinnen* beklagen sich über ihre Abhängigkeit von den Lehrerinnen. Sie wollen nicht nur pauken, sondern lustbetont lernen und auch mal unbeobachtet sein.
- Die *Lehrerinnen* sehen die alltägliche Mühe ihrer Berufsarbeit und betonen die hohe Verantwortung, die sie tragen.

---

3 Eine Ausnahme ist Jürgen Henningsens Buch „Erfolgreich manipulieren – Methoden des Beybringens" (1974) – ein provozierend-köstliches Buch – leider ist es vergriffen und der Verlag konkurs.

4 Wenn ein Begriff in der Schulpraxis immer wieder benutzt wird, aber in der Theorie unbekannt ist oder nur negativ ausgrenzend verwandt wird, entsteht der Verdacht eines *Theoriedefizits*. „Beibringen" hat einen schlechten Klang, weil es an das Eintrichtern von Wissen nach dem Muster des Nürnberger Trichters erinnert. Aber es gibt auch eine positive Bedeutung. Der Schüler, der seinem Lehrer attestiert, er könne etwas „so gut beibringen", bescheinigt ihm Instruktionskompetenz.

- *Eltern* und andere Erwachsene erkennen die Schwierigkeiten der Lehrerarbeit, wünschen sich den Lehrer aber noch stärker als ein Vorbild für ihre Kinder.

Welche der Spontandefinitionen ist richtig, welche falsch? – Das ist eine *falsch gestellte Frage*! Schule ist heute derart vielgestaltig, dass es „den" Lehrer nicht mehr geben kann. Der bei den Schülerinnen und in der Gesellschaft zu beobachtende Individualisierungsschub hat längst auch die Lehrerschaft erreicht:

These 4.2: Es gibt keine *typischen Lehrer/-innen* mehr.

1.2 Skizze eines Lehrerbiotops

In einem zweiten Annäherungsschritt an das Lektionsthema „Lehrer/Lehrerin" will ich nun einige *Fakten* zum Lehrerberuf auflisten. Die einfließenden ironischen Untertöne sollen gesellschaftliche Vorurteile zum Lehrerberuf glossieren und vielleicht ein wenig anknacksen.

- Zunächst: Ein Lehrer ist in Deutschland in der Mehrzahl der Fälle eine *Lehrerin*! Die Zahlenangaben schwanken für 1992/93 um die 60 Prozent[5]. Die folgende Tabelle stammt aus einem Aufsatz von Jürgen Diederich (1994:232):

Jahr	Hauptberufliche Lehrer		Schüler	Schüler/Lehrer
	Anzahl	Frauen-Anteil		
1960	211,1	38,3 %	6 654 900	30,7 : 1
1970	313,4	51,8 %	8 937 500	26,7 : 1
1980	498,0	55,3 %	9 124 300	19,9 : 1
1990	493,0	56,2 %	6 881 500	15,2 : 1

Abbildung 4.1: Frauen- und Männeranteile

Hin und wieder trifft man auf einen männlichen Lehrer, dem die Tatsache Angst macht, dass der Frauenanteil immer größer wird, aber wir denken, dies hat den Schulen gut getan. Die „Verweiblichung" des Lehrers hat die Professionalisierung des Berufs vorangebracht – so argumentiert zumindest die Bielefelder Grundschulpädagogin Dagmar Hänsel (1992). Nun ist es an der Zeit, dass Frauen auch in Führungspositionen und Funktionsstellen angemessen repräsentiert werden.

- Eine Lehrerin gehört heute zumeist zur Generation der Großeltern. Im Jahre 1996 hatte eine Lehrerin das stolze Durchschnittsalter von knapp 47 bis 48 Jahren[6]. Der als Menetekel gemeinte GEW-Spruch aus den 80er-Jahren „Unser Jüngster wird

5 Ulich (1996:13) nennt für 1992 62 Prozent, Horstkemper (1995:209) für 1993 58,8 Prozent.

6 Für Hamburg wurden für das Jahr 1994 50,5 Jahre gemeldet (mündliche Auskunft des Leiters des Schulamtes). Im Land Niedersachsen betrug das Durchschnittsalter für Lehrerinnen aller Schulformen im Jahre 1996 46,6 Jahre (Angabe GEW/KM). Vgl. auch Böttcher/Klemm (1995:52) mit bundesweiten Zahlen für 1993/94.

fünfzig" ist an vielen Schulen schon lange Wirklichkeit. Die folgende Tabelle (aus Diederich 1994:234) zeigt, wie unausgewogen der „Lehrerberg" ist, der durch die Jahre wandert und erst ab 2005 in nennenswertem Umfang pensioniert wird.

Alter	1959	1971	1980	1990
bis 30	14,3 %	27,6 %	17,8 %	2,5 %
30 - 35	16,1 %	19,1 %	23,6 %	8,2 %
35 - 40	13,6 %	10,5 %	20,4 %	22,4 %
40 - 45	9,0 %	11,4 %	15,0 %	24,4 %
45 - 50	11,4 %	11,5 %	7,6 %	20,1 %
50 - 55	11,0 %	6,8 %	7,7 %	13,9 %
55 - 60	13,9 %	7,4 %	6,1 %	5,9 %
60 - 65	9,7 %	4,9 %	1,7 %	2,1 %
über 65	0,9 %	0,8 %	0,1 %	0,5 %

Dies ist der "Lehrerberg", der circa 2010 ins Pensionsalter kommt.

Abbildung 4.2: Alter der eingestellten Lehrer/Lehrerinnen

- Die durchschnittliche Klassenstärke liegt bei knapp 20 Schülerinnen, die Lehrer-Schüler-Relation ungefähr bei 1:15. Die Relation wird sich in den nächsten Jahren mit Sicherheit verschlechtern[7].
- *Lebensarbeitszeit*: Bis zu ihrer Pensionierung gibt eine Lehrerin (auf voller Stelle) 35 000 bis 42 000 Unterrichtsstunden: 20 bis 27 Stunden wöchentlich, knapp 100 Stunden monatlich und knapp 1 000 Stunden im Jahr. Die Gesamtarbeitszeit für Beamte soll wieder auf 40 Wochenstunden[8] erhöht werden, zugleich sollen aber – wie in der freien Wirtschaft – flexiblere Arbeitszeitmodelle eingeführt werden. Es sollen unter anderem Lebensarbeitszeitkonten geführt werden, um aktuelle Versorgungsengpässe abzupuffern und vielleicht auch, um individuellen (z. B. altersbedingten) Bedürfnissen der Lehrerinnen gerecht zu werden.
- Lehrerinnen sind *nicht vom Aussterben bedroht*. Sie bilden mit 713 000 Beschäftigten (siehe S. 80) an öffentlichen und vermutlich gut 100 000 Lehrerinnen an Schulen in freier Trägerschaft sowie schulähnlichen Einrichtungen die mit weitem Abstand größte Gruppe innerhalb der akademischen Berufe (ungefähr 20 Prozent).
- Es gibt in Deutschland eine erhebliche, allerdings langsam sinkende *Lehrerarbeitslosigkeit*. Die offizielle Statistik der Bundesregierung nennt für das Jahr 1985 insgesamt 29 364 voll ausgebildete und arbeitslos gemeldete Lehrerinnen, für 1990 22 027[9]. Diese Zahlen sind aber viel zu schön, um wahr sein zu können!
- Zum Schuljahrsbeginn 1996/97 wurden in der Bundesrepublik Deutschland gut 14 000 Lehrer und Lehrerinnen *neu eingestellt* (im Vergleich zum Vorjahr ein Plus von 4,2 Prozent in den alten, ein Minus von 44,5(!) Prozent in den neuen Ländern[10]). Für die neuen Länder sagen alle Prognosen, dass eigentlich bis zum Jahre 2005 überhaupt kein Neueinstellungsbedarf besteht, weil die Lehrer und Lehrerinnen in diesem Zeitraum im gleichen Umfang in Pension gehen werden, wie auch die Schülerzahlen sinken werden.

7 Genaue und schulformspezifische Angaben in der Tabelle von S. 82.
8 Gemeint sind Zeitstunden.
9 Quelle: Bundesminister für Bildung und Wissenschaft 1992.
10 Quelle: Zeitschrift „Pädagogik" (1/1997:59).

- Lehrerinnen sind *standorttreue Pflanzen*. Sie verlassen ihre einmal eingenommene Stellung höchst selten – es sei denn zur vorzeitigen Pensionierung. In den USA sieht dies völlig anders aus: Hier haben nach fünf Jahren 50 Prozent der Junglehrerinnen die Schule wieder verlassen – auch kein erstrebenswerter Zustand (vgl. Barth 1992)! Weil die meisten Lehrerinnen standorttreu sind, ist die Strafversetzung eines Beamten an eine andere Schule schon eine der schlimmsten disziplinarrechtlichen Maßnahmen, die es gibt.
- Eine Lehrerin hat ein *feines Leben*: vormittags vier Stunden Unterricht, nachmittags Tennis und Frisör, abends Selbsterfahrungsgruppe in der Volkshochschule, Ostern Lanzarote und im Sommer Scharbeutz. – Leider stimmt an diesem Bild allenfalls die Urlaubsplanung. Der Lehrerberuf ist heutzutage *Schwerstarbeit*. Lehrerinnen stehen unter hohem Dauerstress[11]. Das Herzinfarktrisiko ist besonders hoch. Sie sind entsprechend häufig krank.

  Lehrerinnen sind im Vergleich zu anderen Berufsgruppen nachgewiesenermaßen fleißig[12], werden aber das Image des „Faulsacks“ (so der niedersächsische Ministerpräsident Gerhard Schröder 1996) schwer los.
- Viele Lehrerinnen sind kommunalpolitisch und auch überregional politisch aktiv. Im Bundestag stellen sie seit langem die mit Abstand größte Berufsgruppe: 1996 z. B. 130 von 672 Bundestagsabgeordneten.
- Mit 63 Jahren werden Lehrerinnen, wenn alles seinen geregelten Gang geht, pensioniert (in Zukunft wohl wieder mit 65). Aber dieses so genannte „Pensionsdienstalter“ (zu unterscheiden vom Gehalts- und vom Jubiläumsdienstalter) erreichen immer weniger von ihnen. Das durchschnittliche tatsächliche Pensionierungsalter liegt zurzeit bei 53 Jahren. Unter den Frühpensionierten waren im Jahre 1989 32 Prozent, die sich wegen Dienstunfähigkeit pensionieren ließen (was umfangreiche amtsärztliche Überprüfungen voraussetzt). Diese Zahl ist erschreckend hoch und sie scheint noch weiter hochzuschnellen. Für 1994 ermittelte der Bayerische Landesrechnungshof bei seinen Lehrerinnen einen Anteil von über 53 Prozent Dienstunfähigen unter den Frühpensionierten[13].
- Lehrerinnen genießen einen gewissen *„Biotopenschutz“*: Wenn sie sich fahrlässig verhalten und Schaden anrichten, so übernimmt ihr Dienstherr die Kosten. Erst wenn sie „grob fahrlässig“ handeln (das ist ein juristischer Fachbegriff), können sie nach einem langen Verfahren unter Umständen haftbar gemacht werden.
- Lehrerinnen werden *gut bezahlt*[14], auch wenn einige von ihnen klagen. Bezogen auf fehlende Beförderungschancen in Grund- und Hauptschulen sowie auf die Relation der Hauptschullehrer- zu den Gymnasiallehrergehältern halte ich diese Klagen sogar für berechtigt:

---

11 Vgl. Winkel (1997:130–139); Combe/Buchen (1996).

12 Die empirischen Erhebungen ergeben übereinstimmend während der Schulzeit sehr hohe Wochenarbeitszeiten von 45 bis 55 Zeitstunden – vgl. Ulich (1996:50).

13 Quelle: DER SPIEGEL, 3/1997:25.

14 Die Bundesrepublik gehört weltweit zu den Ländern mit den höchsten Lehrergehältern. In den USA, in England, Frankreich und erst recht in den osteuropäischen Ländern sind sie deutlich niedriger.

- Eine Grundschullehrerin (Besoldungsstufe A 12) erhielt im Jahre 1996 ein monatliches Bruttogehalt[15] von 4 537,02 DM[16] sowie Beihilfen und, wenn's gut geht, auch noch in den nächsten Jahren ein Weihnachtsgeld;
- eine Realschullehrerin (A 13) erhielt 4 999,17 DM;
- eine Studienrätin (A 13) 5 193,01 DM;
- ein Oberstudiendirektor - mit Gehaltsstufe A 16 und zumeist männlichen Geschlechts - erhielte, wenn er mit 30 Schulleiter würde (was nahezu ausgeschlossen ist) 6 135,47 DM plus Zulage - also ungefähr genauso viel wie ein C-4-Professor an der Universität.

Für die Höhe der Lehrergehälter gilt also - von der Erzieherin bis zum Hochschullehrer - die ärgerliche Faustregel:

These 4.3: Je höher der Erziehungsanteil an der Lehrerarbeit, umso niedriger das Gehalt!

- Auffällig sind die *Gesellungsformen*: Man trifft Lehrerinnen zumeist in Rudeln, aber anders als Wölfe und Termiten arbeiten sie nicht gemeinsam, sondern einsam. Dennoch ist die Lehrerarbeit von einer manchmal lästig werdenden *Öffentlichkeit* geprägt. Denn tagtäglich berichten die Schülerinnen ihren Eltern, was die Lehrerinnen wieder angestellt haben; fast jeden Nachmittag sind die Schülerinnen damit beschäftigt, ausführlich wiederzukäuen, was sie von ihren Lehrern und Lehrerinnen halten. Aber nur die Kleinen unter den Schülerinnen erzählen umgekehrt ihrer Lehrerin, was zu Hause vorgefallen ist[17].
- Lehrerinnen haben ein niedriges gesellschaftliches Ansehen. In den *Ranking-Listen* zu verschiedenen akademischen Berufen schneidet der Lehrerberuf seit Jahrzehnten schlecht ab. Im November 1991 ermittelte das Allensbacher Institut für Demoskopie die folgenden Werte[18] (siehe S. 132):
- Lehrerinnen und Lehrer sind seit jeher Gegenstand der Kritik und des Gespötts. Dies ist am Medienereignis Schule (z. B. den Titelgeschichten „Schule '88: voll ätzend"/ STERN 11/1988; „Chaos Schule"/SPIEGEL 41/1991; „Horrorjob Lehrer" SPIEGEL 24/1993) ebenso gut wie an den zahllosen Karikaturen[19] und literarischen Abrechnungen abzulesen[20].

15 Das Gehalt wird im Zweijahresrhythmus um die jeweils nächste Gehaltsstufe erhöht. Die Zahlenangaben beziehen sich auf eine 30-jährige Person. Das Bruttogehalt erhöht sich, wenn man/frau verheiratet ist, es wird niedriger, wenn der Ehepartner selbst verdient, und höher, wenn Kindergeld und sonstige Leistungen gezahlt werden. Wer's genauer wissen will, sollte sich die Gehaltstabellen bei der GEW besorgen oder bei Heckel/Avenarius (1986:241-252) nachlesen.

16 Die Angaben stammen aus der niedersächsischen Gehaltstabelle des Jahres 1996. Das Bruttogehalt setzt sich zusammen aus dem Grundgehalt, dem Ortszuschlag (bei A 12 = 1 173,48 DM) und der Stellenzulage (bei A 12 = 72,71 DM).

17 Elisabeth, eine meiner Grundschülerinnen in meiner Junglehrerzeit: „Du, Herr Meyer, ich hätte wohl 'ne Frau für dich: meine Cousine. Die ist neunzehn. Die kannst du haben! Meine Mama hat gesagt, ich soll dir das bloß nicht erzählen, aber ich tu's doch." Um doch noch zu einem ungestörten Privatleben zu kommen, ziehen es heute viele Lehrerinnen vor, in einer anderen Stadt oder wenigstens einem anderen Stadtviertel zu wohnen. Früher gab es auch für Lehrer die Residenzpflicht; oft genug *musste* der Lehrer auch in die Dienstwohnung ziehen. Heute ist sie abgeschafft.

18 Laut „Allensbacher Jahrbuch der Demoskopie", hrsg. von Nölle-Neumann/Köcher (1993:837).

19 Dabei sind die Lehrer unter den Karikaturisten zumeist die bissigsten: z. B. Peter Gaymann (der mit den Hühner-Postkarten) oder Johannes Hickel (1985); vgl. auch Klant (1983).

20 Frank Wedekinds „Frühlings Erwachen", Franz Kafkas „Prozess", Heinrich Manns „Professor Unrath" (verfilmt als „Blauer Engel"); Hermann Kants „Aula".

Ansehen

Frage: „Hier sind einige Berufe aufgeschrieben. Könnten Sie bitte die fünf heraussuchen, die Sie am meisten schätzen, vor denen Sie am meisten Achtung haben?" (Zahlen in Prozent)

November 1991	Alte Länder	Neue Länder
Arzt	79	89
Pfarrer, Geistlicher	42	25
Hochschulprofessor	41	31
Rechtsanwalt	35	51
Botschafter, Diplomat	33	39
Apotheker	30	32
Ingenieur	28	20
Atomphysiker	27	26
Unternehmer	26	21
Direktor einer großen Firma	22	18
Fernsehjournalist	18	20
Volksschullehrer	17	34
Studienrat	16	11
Politiker	14	15
Regierungsdirektor im Ministerium	10	12
Bundeswehroffizier	9	7
Buchhändler	9	8

Fernsehserien wie „Dr. Specht" spielen bei der Bewusstseinsbildung über den Lehrberuf eine erhebliche Rolle, auch wenn oder besser gerade weil die im Film gezeigte Schul- und Unterrichtswirklichkeit die wirkliche Wirklichkeit nur am Rande berührt[21].
Filme wie „Der Club der toten Dichter" stillen Schülersehnsüchte und werden entsprechend häufig angesehen[22]. Ältere Klamaukfilme (mit Theo Lingen oder Heintje) und Softpornos („Schulmädchenreport") kommen hinzu, haben aber auch in den Augen der Konsumenten definitiv nichts mehr mit der Wirklichkeit zu tun.
Wir empfehlen Ihnen, Theodor Wiesengrün Adornos Aufsatz „Tabus über dem Lehrberuf" (1969b) zu lesen, um sich einen Reim darauf zu machen, warum Lehrer in unserer Kulturtradition als „Pauker", „Steißtrommler" oder „erotisch kastrierte Typen" gelten, während sie in anderen Kulturen, z. B. im alten China oder in der jüdischen Tradition, eine geradezu magische Verehrung erfuhren[23].

■ Lehrerinnen und Lehrer besitzen „ein gewisses Aroma des gesellschaftlich nicht ganz Vollgenommenen" (Adorno 1969b:69). Die Ursachen dafür sind vielfältig. Einer der Gründe könnte in einer subtilen gesellschaftlichen Ächtung jener Berufsgruppen liegen, die es „nur" mit Kindern zu tun haben. Aus diesen Gründen ist es nicht verwunderlich, dass viele Lehrerinnen ein ausgeprägtes Deklassierungsbewusstsein haben (vgl. Combe 1971; Schefer 1969:45–50).

Ich fasse die Abschnitte 1.1 und 1.2 zusammen: Die Buntscheckigkeit der Spontandefinitionen und die Vielfalt der Vorurteile ist meines Erachtens ein deutliches Indiz dafür, dass das Bild der Gesellschaft von der Berufsarbeit der Lehrer und Lehrerinnen wenig ausgewogen und in vielen Details unrealistisch ist. Es schwankt zwischen respektvollen, kritisch-nüchternen und ironisch-sarkastischen Einschätzungen. Was könnten die Ursachen dafür sein? Ein wich-

---

21 Unterricht, wichtigstes Element von Schule, wird in der Serie so gut wie gar nicht gezeigt – bis auf so Urtypisches wie Aktzeichnen mit Modell.

22 Vgl. die Studie „Schule im Kino" und die Rezensionen von Fritz Koch (1987; 1990; 1997).

23 Adornos Kritik ist sarkastisch; seine Erfahrungsgrundlage ist allerdings im Wesentlichen die seiner eigenen Gymnasialschülerzeit und seiner Prüfungstätigkeit für das gymnasiale Lehramt. Ich halte deshalb dagegen: Auch an Gymnasien hat sich in den letzten 70 Jahren einiges geändert!

tiges Moment ist sicherlich die Tatsache, dass jeder Erwachsene früher Schülerin bzw. Schüler gewesen ist, noch allerlei unverdaute Erlebnisse mit sich herumschleppt und nicht in der Lage ist, den Perspektivenwechsel vom Lernenden zum Lehrenden vorzunehmen. Dadurch ist das Erinnerungsbild zwar dicht und prall gefüllt von den vielen sinnlichen Erinnerungen an die lange Schulzeit, aber alles andere als ausgewogen[24]!

These 4.4: Das gesellschaftliche Bewusstsein vom Beruf der Lehrerin ist ungenau und in vielen Punkten unrealistisch[25].

Die Lehrerinnen sind heute nicht nur für die Schülerinnen (siehe S. 91), sondern auch für viele Erwachsene mangels geeigneter Alternativen zum Scheuerpfahl geworden. Fast jeder meint, ihnen verbindliche Ratschläge machen zu können - nur den Arbeitsplatz mit ihnen tauschen will fast niemand.

1.3 Übungsfrage

Im Exkurs am Schluss dieser Lektion wird die Frage verhandelt werden, was eine gute Lehrerin sei. Zur Vorbereitung bitte ich Sie, spontan aufzuschreiben, wie *Sie* diese Frage beantworten würden:

Für mich ist eine **gute** Lehrerin, ein **guter** Lehrer jemand/eine, der/die:

24 Vgl. Kempowski (1986), Schneider (1996).
25 Vgl. Otto (1978:45), Ulich (1996:27).

2. Begriffsklärungen

2.1 Arbeitsdefinition „Lehrerin"

Lehrerinnen sind keine Handwerker und auch keine Therapeuten, ebenso wenig Verkäufer oder Entertainer, sondern Fachleute für Erziehung und Unterricht. Dafür benötigen sie didaktisch-methodische Handlungskompetenzen, die sie im Zuge ihrer Berufsausbildung erworben haben und während der Berufstätigkeit weiter ausbauen oder auch wieder verkümmern lassen.

Ich hatte schon in der Ersten Lektion (S. 46) einen Definitionsvorschlag für „Lehrer/Lehrerin" gemacht, auf den ich nun zurückkomme.

> **Arbeitsdefinition 6:**
> Eine Lehrerin ist ein Mensch, der Schülerinnen beim Lernen hilft.

Das ist zunächst einmal eine *absichtlich schlichte Definition*, die deutlich machen soll, dass diese Arbeit zu schaffen ist! Die Lehrerin ist nicht für alles, was sich im Klassenzimmer abspielt, verantwortlich. Sie ist kein Zampano, der gegen die Übermacht der Medienindustrie ankämpft, sondern ein Mensch, der gut beobachten, ruhig abwarten und dort, wo dies nötig ist, einschreiten und helfen kann. In der Definition sollen die *Tätigkeiten* der Lehrerin in den Mittelpunkt gerückt werden – nicht ihre guten Absichten und auch nicht ihre gesellschaftliche Funktion.

2.2 Arbeitsdefinition „Lehren"

Lernen und Lehren müssen sich ergänzen und auch theoretisch aufeinander bezogen werden (vgl. Terhart 1986b). Deshalb die nächste Arbeitsdefinition:

> **Arbeitsdefinition 13:**
> Lehren ist die Inszenierung von pädagogischen Situationen, die Lernerfahrungen ermöglichen.

„Inszenieren" ist ein weiterer Grundbegriff dieser Schulpädagogik, den ich ohne jede abfällige Bedeutung verwende und auf Seite 267 erläutern werde.

Ich hätte es mir mit Arbeitsdefinition 13 einfacher machen und formulieren können: „Lehren ist die methodisch gestaltete Vermittlung von Kenntnissen und Fähigkeiten." – Aber dies wäre ein naives Verständnis von Schule und Unterricht, das schon auf Seite 47 kritisiert worden ist:

These 4.5: Keine Lehrerin, und sei sie noch so geschickt, kann *lernen machen*. – Lernen kann nur die Schülerin selbst!

Die Lehrerin kann aber den Rahmen des schulischen Lernens (= die pädagogische Situation) bestimmen und ausgestalten, sie kann hin und wieder einen Lehrervortrag halten, ein Gespräch leiten, sie ist die Hauptverantwortliche für die Auswahl der Unterrichtsinhalte und sie kann – last, not least – ihre Persönlichkeit als Vorbild in die Lehr-Lernprozesse einbringen.

Bei genauerem Nachdenken sind die zunächst schlichten Definitionen 6 und 13 doch recht anspruchsvoll. Eine gute Lehrerin weiß nicht nur, dass Schülerinnen unterschiedlich lernen, sondern hat auch ein Handlungsrepertoire, mit dem sie auf unterschiedliche Lernstile eingehen kann. Sie kann eine lernförderliche Atmosphäre herstellen, sie kann, wie dies Enja Riegel in der Ersten Lektion demonstriert hat, Konflikte produktiv auflösen und das soziale Lernen begleiten. Sie hat die nötige innere Ruhe, um sich beim Handeln zu beobachten und hinterher darüber zu reflektieren, was gut war und was verbesserungsbedürftig ist.

2.3 *Lernen lernen und Lehren lehren*

Das Lernen lässt sich nicht auf das unmittelbare Erlernen vorgegebener Inhalte beschränken. Es kann – auch dann, wenn die Lehrerin dies nicht vorgesehen hatte – auf das Lernen des Lernens überspringen. Dies liegt an einer bisher noch nicht besprochenen Eigentümlichkeit des Lernens:

These 4.6: Lernen ist selbstreflexiv.

Während ich etwas lerne, kann ich – nicht immer, aber doch immer öfter und tiefer – darüber nachdenken und dann auch üben, *wie* ich lerne. Zunächst vertiefe ich mich in aller Regel ganz in die Sache; man spricht ja auch davon, sich in einem neuen Thema „verloren" zu haben. Das passiert Erwachsenen vor allem dann, wenn sie sich neuen Hobbys zuwenden, wenn sie z. B. einen PC gekauft haben und sich nun „hineinfummeln" oder wenn sie ein Segelboot eigenhändig reparieren. Irgendwann lehne ich mich nach solchen Vertiefungsphasen – im wörtlichen und im übertragenen Sinne – zurück und denke nach, was ich denn da eben getan habe, wie meine Schrittfolge im Arbeitsprozess war, ob eine Pause angesagt ist oder ob es vielleicht klüger wäre, an der anderen Ecke des Problems weiterzumachen. Lernen ist mit Arbeiten direkt verknüpft – man spricht zu Recht von Lernarbeit. Es entfaltet sich im stetigen Wechsel von Vertiefung und Besinnung. Und genau dies ermöglicht nachdenkenden Menschen, selbstreflexiv zu werden, was schlicht übersetzt nur heißt, über sein eigenes Denken und Tun nachzudenken.

Lernen-Lernen ist, wie Systemtheoretiker sagen würden, ein *„reflexiver Mechanismus"*, also eine Tätigkeit, die auf sich selbst bezogen und dadurch in ihrer Wirksamkeit um ein Vielfaches gesteigert werden kann[26]. Es gibt solche Mechanismen in vielen sozialen Belangen und Tätigkeitsfeldern:

- Statt Normen zu setzen, kann ich (sofern ich die Macht dazu habe) das Setzen von Normen normieren.
- Statt eine Fülle von Einzelentscheidungen zu treffen, kann ich entscheiden, wie oder durch wen entschieden werden soll.
- Statt Geld zu erwirtschaften, kann ich Geld kaufen.
- Und während ich übe, kann ich das Üben üben[27].

Eine geradezu geniale Dauerlösung der Aufgaben der Schule und des Unterrichts besteht deshalb darin, *das Lösen* von Aufgaben zu lehren, statt *Lösungen* zu pauken. Anders formuliert:

These 4.7: Das Lernen des Lernens ist das Klügste, was eine Schülerin tun kann.

Also sollte das *Lehren der Begeisterung zum Lernen* die vornehmste Aufgabe der Lehrerinnen werden! Dass sich viele Lehrerinnen so verhalten, als ob sie nichts von dieser Maxime hielten, hat andere Gründe, auf die wir in späteren Lektionen zu sprechen kommen.

Eine gelungene didaktische Verlebendigung und Konkretisierung des Konzepts „Lernen Lernen" ist an der Schweizer Hochschule in St. Gallen entstanden: Erwin Beck/Titus Guldimann/Michael Zutavern (Hrsg.): Eigenständig lernen (1995).
Die Autoren berichten unter anderem, wie Schülerinnen ein „Lerntagebuch" geführt haben, wie sie ihre Rechentechniken eigenständig reflektiert haben u.a.m.

Das Lernen-Lernen als reflexiven Mechanismus zu betrachten ist keine neue Weisheit, sondern in bestimmten Aufgabenfeldern seit Erfindung der Schule eine Selbstverständlichkeit: z. B. beim Vermitteln der Kulturtechniken Rechnen/Schreiben/Lesen. Wer *das* kann, hat – im Alter von sechs oder sieben Jahren – bereits die drei wichtigsten Schlüsselqualifikationen seines Lebens erworben. Er kann sich von den Lehr-Lern-Inszenierungen der Lehrerinnen freimachen und – allein oder gemeinsam mit anderen – zum Eigenlernen übergehen.

26 Vgl. Luhmann (1970).
27 Auf einen reflexiven Mechanismus spielt auch der folgende Studentenwitz an: Der Student weiß, wie es geht. Der Doktorand weiß, wo das Buch darüber steht. Der Professor weiß, wo sein Doktorand steht.

Eine wichtige Einschränkung muss gemacht werden: Wer das Lernen-Lernen propagiert, arbeitet mit einer *Transferhypothese*. Er behauptet, dass das, was in dem einen Lernbereich erlernt wurde, mehr oder weniger problemlos auf andere Lernfelder übertragen werden könne. Für das Lesenlernen und die dadurch ausgelöste geistige Beweglichkeit stimmt dies natürlich. In anderen Lernfeldern ist die Sachlage komplizierter. In groß angelegten empirischen Untersuchungen in den USA wurde schon in den 60er-Jahren nachgewiesen, dass selbst innerhalb des Faches *Mathematik* Transfer von Können nicht automatisch einsetzt; es gibt Schülerinnen, die in Geometrie stark sind und in Algebra versagen und umgekehrt. Transfer tritt nicht automatisch ein, sondern nur dann, wenn das Transferieren mit eingeübt wird[28].

Eine intelligente Strategie zur Beförderung des Lernen-Lernens besteht darin, die Schülerinnen immer wieder zum Lehren herauszufordern. Das passiert ja auch von der 1. Klasse an[29]. Nichts zwingt deutlicher zur Herstellung von Klarheit als die unverhoffte Pflicht, vorn zu stehen und den Mitschülerinnen etwas beibringen zu müssen. Viele Lehrerinnen inszenieren das Lehren-Lernen so geschickt, dass es den Schülerinnen richtig Spaß macht, nach vorn zu kommen. Schon Grundschülerinnen können kleine Forschungsberichte geben, Rechenaufgaben erklären, Ausstellungen machen oder Erkundungen u. Ä. in eigener Regie durchführen und hinterher in der Klasse berichten!

> **These 4.8:** Das Lehren des Lehrens ist der Königsweg zum Lernen des Lernens.

3. Juristische und rollentheoretische Definitionen[30]

3.1 Die Lehrerin als Beamtin

Eine der auf Seite 127 befragten Frauen formulierte kurz und knapp: „Ein Lehrer ist ein Beamter mit gutem Gehalt und langen Ferien." Über die Höhe des Gehalts und die Länge der Ferien mag man streiten; über die Tatsache, dass die große Mehrzahl aller Lehrerinnen und Lehrer den Beamtenstatus besitzt, nicht. *Noch* ist es so[31]!

---

28 Vgl. Gage/Berliner (1986:371).

29 Ein schönes Beispiel für solche Lehr-Lern-Praxis liefert Holger Kossik: „Schüler lernen lehren" (1996).

30 Eigentlich sollte noch ein Abschnitt zur *psychoanalytischen Definition* des Lehrerberufs folgen, ich habe aber vor der Schwierigkeit der Aufgabe kapituliert (vgl. Hans-Georg Trescher: „Die Psychoanalyse ist nur ganz oder gar nicht (für die Pädagogik, H. M.) zu haben" (1993:176); vgl. auch Brück (1978).

31 Ob *Sie*, wenn Sie 1997 ein Lehramt studieren, noch in den Genuss des Beamtenstatus gelangen, ist unklar! Die Finanzsituation der Länder lässt überall – unabhängig von der parteipolitischen Couleur – Pläne zur Kostensenkung hervorsprießen. Einige Ministerien wollen alle Lehrer um eine Gehaltsstufe absenken, aber im Beamtenstatus belassen; andere wollen sie die ersten vier oder fünf Jahre im Angestelltenverhältnis halten und erst dann verbeamten; in Sachsen-Anhalt werden schon jetzt nur die Schulleiterinnen verbeamtet.

Der Beamtenstatus hat *Vor- und Nachteile*:

- Die Beamtin erhält als Dreingabe zum Beamtenstatus einen „Dienstherrn“[32], der sich zumeist im Hintergrund hält, aber zu narzisstischen Kränkungen neigt und im Ernstfall sehr massiv auftreten kann.
- Die Beamtin muss vor Dienstantritt einen Eid schwören – leider nicht den sokratischen Eid Hartmut von Hentigs (siehe S. 163), sondern den beamtenrechtlich relevanten Eid auf die Verfassung des Bundeslandes (die aber so gut wie keine Lehrerin vorher oder hinterher gelesen hat).
- Eine Beamtin darf nicht einfach beim Kultusminister anrufen und sich bechweren oder dies und jenes klären. Sie muss sich grundsätzlich an den Dienstweg halten, weil ihre Vorgesetzten informiert sein wollen oder müssen. (Nur bei Beschwerden über den direkten Vorgesetzten darf eine Hierarchietreppe übersprungen werden.)
- Die Beamtin bekommt keinen Lohn, sondern erhält „vermögenswerte Rechte“ (zu Deutsch: ein Gehalt), um ihre besonderen Dienste für den Staat erbringen zu können[33]. Das Geld gibt's deshalb immer schon zum Monatsanfang, nicht erst zum Schluss nach erbrachtem Dienst.
- Eine Beamtin darf nicht streiken. Und wenn sie's doch tut, bekommt sie einen Eintrag in ihre Personalakte und einen geringen Gehaltsabzug. Letzteres ist für politisch aktive Lehrerinnen zu verschmerzen, es könnte sich aber karrierebehindernd auswirken.

Überprüfter Pädagoge

- „Man“ wird Beamtin auf Lebenszeit[34] (frühestens mit 27 Jahren und nach nochmaliger Überprüfung durch die Schulaufsicht).
- Die Beamtin genießt Privilegien. Der Staat hat nämlich eine „besondere Fürsorgepflicht“. Um der Privilegien verlustig zu gehen, reicht es keineswegs, silberne Löffel zu stehlen oder Alkoholikerin zu werden. Eine Entlassung setzt ein aufwändiges, höchst selten praktiziertes Disziplinarverfahren voraus.
- Eine Beamtin muss sich von Amts wegen *politisch mäßigen*, wobei dies in der Vergangenheit der BRD (alt) eigentlich immer nur nach links kontrolliert worden ist. Auf dem rechten Auge hatten die meisten Schulverwaltungen der BRD braunen Star, links eine erhöhte Rotlichtempfindlichkeit.
- Schließlich gibt es noch einige atavistische Reste im Beamtenrecht, die hin und wieder Ärger bereiten. Eine Beamtin muss Deutsche sein (aber nicht mehr lange!); sie darf nicht in Holland oder Österreich um die Ecke wohnen, sondern muss ihren ersten Wohnsitz auf deutschem Hoheitsgebiet haben, um im Kriegsfall rechtzeitig zu Hause zu sein[35].

32 „Dienstdamen“ gibt's noch nicht. – Das „Herr“schaftsverhältnis drückt sich auch in der Wortwahl aus.
33 Zu den vermögenswerten Rechten zählen weiterhin das Ruhegehalt (Pension), die Hinterbliebenenversorgung, Beihilfen, Reisekostenvergütungen usw. (Heckel/Avenarius 1986:241–252).
34 „Auf Lebenszeit“ muss nicht heißen „lebenslänglich“. Man darf auch wieder ausscheiden – der Eid gilt dann aber weiter (z. B. im Blick auf das Verschwiegenheitsgebot)!
35 Diese Vorschrift lockert sich allerdings mächtig. – Sie wird durch EG-Recht überholt.

Die offizielle Begründung für den Beamtenstatus lautet: Lehrerinnen müssen verbeamtet werden, weil sie zur Ausübung von Hoheitsrechten befugt sind. Hoheitsrechte liegen z. B. darin, dass die Lehrerin

- die Schülerinnen benoten muss,
- dass sie sie bestrafen kann,
- dass die Schulkonferenz Schülerinnen sitzen lassen kann
- und dass Schulen Zwischen- und Abschlusszeugnisse vergeben. (Deshalb darf die Schule auch ein Siegel führen, das vom Rektor oder von seiner Sekretärin im Allerheiligsten verwahrt wird.)

Der Beamtenstatus macht die Lehrerin zu einer ganz besonderen Sorte Mensch:

These 4.9: Die Lehrerin ist, ob's ihr behagt oder nicht, staatstragend.

3.2 Politische Gängelung – Pädagogische Freiheit

Der Eintritt in den Schuldienst ist, weil es sich bei Schulen um nichtrechtsfähige Anstalten handelt (s. o., S. 62), mit Einschränkungen der Rechte der Lehrerinnen verbunden. Einige Grundrechte sind verbrieft und einzuklagen (das Recht auf die freie Entfaltung der Persönlichkeit, die Glaubens- und Gewissensfreiheit). Andere wichtige Rechte gelten nur mit Einschränkungen:

- Das Grundrecht der „Freiheit von Forschung und Lehre“ (GG Art. 5 Abs. 3) gilt leider nur für jene, die das vertretene Wissen selbst produziert haben, also durchweg nur für Hochschullehrer und sonstige Wissenschaftler.
- Die Grundrechte zur freien Meinungsäußerung und zur freien politischen Betätigung[36] gelten nur eingeschränkt (s. o.). Lehrerinnen müssen also das Kunststück fertig bringen, die Schülerinnen zur Demokratie und zum aufrechten Gang zu erziehen, selbst aber diese Rechte nur in verstümmelter Form wahrnehmen zu können.

Demokratisches Verhalten von Vorgesetzten und Kolleginnen ist in Schulen keine Selbstverständlichkeit. Die Einschränkungen wiegen umso schwerer, weil Lehrerinnen kaum Alternativen auf dem Arbeitsmarkt haben. Die Einschränkung der Lehrerrechte sowie die rechtliche Unselbstständigkeit der Einzelschule ist aber nicht *nur* von Nachteil. Wäre die Schule öffentlich in dem Sinne, den die moderne Mediengesellschaft hervorgebracht hat, säßen die Lehrerinnen wahrscheinlich fortwährend vorm Kadi; über ihre Stärken und Schwächen würde in der Lokalpresse berichtet, und die Schadensersatzforderungen nach misslungener Erziehung könnten horrend werden.

36 Art. 5, Abs. 1 GG: „Jeder hat das Recht, seine Meinung in Wort, Schrift und Bild frei zu äußern und zu verbreiten.“ Art. 3, Abs. 3: „Niemand darf wegen … seiner … politischen Anschauungen benachteiligt oder bevorzugt werden.“

Lehrerinnen haben jedoch *pädagogische Freiheit*, die inzwischen in den Schulgesetzen aller Bundesländer mehr oder weniger deutlich festgeschrieben ist[37].

These 4.10: Die Lehrerin ist in der Gestaltung ihres Unterrichts und der Wahrnehmung ihrer Erziehungsaufgaben frei.

Der pädagogische Freiheitsbegriff muss schulpädagogisch-inhaltlich gefüllt werden:

- Als *methodische Freiheit* bezeichnet er das Recht und die Pflicht der Lehrerin, selbst und vor Ort zu entscheiden, welche Unterrichtsmethoden angesichts der Lernvoraussetzungen der Schülerinnen zielführend sind.
- Als *didaktische Freiheit* bezeichnet der Begriff die Einsicht, dass Methodenentscheidungen Rückwirkungen auf Ziel- und Inhaltsentscheidungen haben.
- Als *Freiheit in Erziehungsfragen* weist der Begriff darauf hin, dass nicht von oben befohlen werden kann, wie Erziehungsaufgaben wahrzunehmen sind, weil sie jeweils neu, situationsspezifisch und mit Einsatz der ganzen Lehrerpersönlichkeit gelöst werden müssen.

Das klingt gut und das ist auch gut – aber alles andere als ein Freibrief für Alleingänge oder unterrichtsmethodische Marotten. Die pädagogische Freiheit wird begrenzt:

- durch die fortbestehende Gültigkeit der Richtlinien und der Konferenzbeschlüsse einer Schule,
- durch das fortbestehende Recht der Schulaufsicht, den Unterricht einer Lehrerin zu visitieren und Anordnungen zu geben[38]
- und vor allem natürlich durch so genannte Sachzwänge des täglichen Schulbetriebs.

Konferenzen dürfen aber nichts beschließen, was die einzelne Lehrerin in eine Notlage bringt. Und die Lehrerinnen sollten sich nicht auf ihre Freiheit gegenüber Konferenzbeschlüssen berufen, wenn es um eigene Bequemlichkeiten geht oder um die Befürchtung, lieb gewordene Routinen aufgeben zu müssen. Die Frage drängt sich auf, ob, wann und unter welchen Umständen eine größer gewordene individuelle Freiheit der Lehrerin in eine der ganzen Schule dienende kollektive Freiheit umschlägt. – Peter Fauser hat sich in seinem grundlegenden Buch „Pädagogische Freiheit“ (1986) dieser Frage genähert.

Ich fasse zusammen: Die pädagogische Freiheit der Lehrerin steht in einem heftigen Spannungsverhältnis zu der in den vorhergehenden Abschnitten

37 Vgl. Heckel/Avenarius (1986:234–237) und B. Otto (1978:46); Klafki (1985); K. Ulich (1996:20–22); besonders gründlich: Fauser (1986).

38 Dazu geben Heckel/Avenarius (1986:236) allerdings folgenden salomonischen Kommentar: „Dieser Grundsatz erfährt seine Korrektur durch die Wirklichkeit, die Reglementierungen des Unterrichts weitgehend verbietet, weil sie unwirksam zu sein pflegen.“

skizzierten politischen Gängelung. Der Lehrberuf ist von seiner Struktur her nicht harmonisch, sondern konfliktträchtig. Solange sich die Lehrerinnen angepasst und unauffällig verhalten, werden sie kaum Schwierigkeiten mit der Obrigkeit haben, aber auch wenig Überzeugungskraft bei den Schülerinnen besitzen. Versuchen sie dagegen, aufrecht zu gehen oder gar aufmüpfig zu werden, so knirscht es zumeist recht bald im Gebälk der öffentlich-rechtlichen Anstalt.

These 4.11: Der Lehrerberuf ist widersprüchlich konstruiert.

3.3 Rollenerwartungen - Rollenwidersprüche - Lösungen

Das in These 4.11 angedeutete Problem ist in rollentheoretischen Analysen zum Lehrerberuf ausführlich dargestellt und in einen größeren Problemzusammenhang eingeordnet worden[39]. Eine Rolle wird definiert als Bündel der Erwartungen, die sich auf den Inhaber einer Position richten, z. B. an eine Lehrerin[40]:

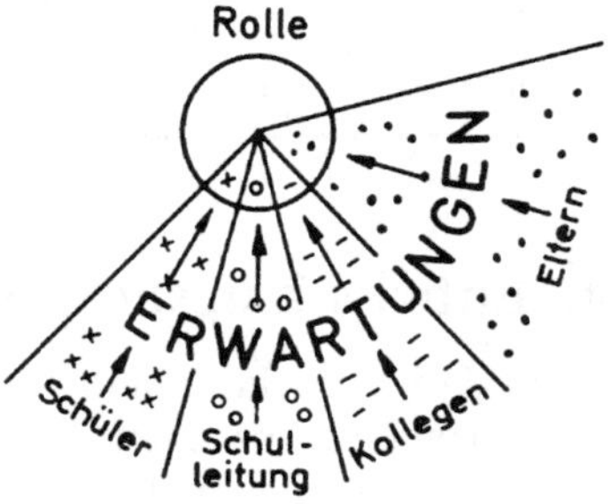

Abbildung 4.4: Lehrerrollen

- Das Wort „Rolle" kommt vom lateinischen „rotulus" (= Gedrehtes). Im Mittelalter war damit die Papierrolle gemeint, auf der z. B. die Mitglieder der Zünfte eingetragen wurden. Erst im 17. Jahrhundert wurde das Wort von Andreas Gryphius auf Schauspielerrollen im Theater übertragen. Im 20. Jahrhundert fand dann - vermittelt über US-amerikanische Soziologen - eine nochmalige Begriffsausweitung statt. Nun wurde jedermann und jede Frau als Rollenträger/in definiert.
- Jede Lehrerin/jeder Lehrer ist mit einem ganzen Bündel unterschiedlicher Rollen*erwartungen* konfrontiert. Ein Gutteil der Erwartungen verträgt sich miteinander, aber nicht alle. Dann liegt ein *Inter*rollenkonflikt vor: Die Jungen in der Klasse erwarten anderes vom Lehrer/von der Lehrerin als die Mädchen, die Schulleitung anderes als der Sprecher der GEW-Gruppe, der Hausmeister anderes als der Fachdidaktiker an der Hochschule, mit dem er oder sie immer noch Kontakt hat.

Die Lehrerin/der Lehrer muss lernen, konkurrierende oder gar widersprüchliche Rollenerwartungen auszugleichen oder aber mit den Widersprüchen zu leben. Dafür gibt es mehrere, zumeist mit Arbeit verbundene Möglichkeiten:

39 Rollentheorien wurden in der BRD (alt) insbesondere in den 70er-Jahren heftig diskutiert; eine gut verständliche Einführung in die Rollentheorie bringt die Arbeitsgruppe Soziologie (1986:20–37); vgl. auch Mollenhauer (1968); Haug (1972); Combe (1971; 1975); Nave-Herz (1977).

40 Schema übernommen aus Arbeitsgruppe Soziologie (1986:24).

- Sie/er kann konkurrierende Rollenerwartungen abfedern, indem sie zeitlich versetzt erfüllt werden (vormittags Lehrerin auf halber Stelle, nachmittags Hausfrau und Mutter oder Hausmann und Vater, abends Kulturbeflissene oder Kegelbruder).
- Sie/er kann aber auch daran gehen, ein *eigenes* Rollenverständnis zu entwickeln, also nicht mehr sklavisch, sondern flexibel auf die Rollenerwartungen der anderen einzugehen und bei bestimmten Erwartungen deutlich und begründet nein sagen.
- Sie/er kann durch ihre/seine Erziehungsarbeit versuchen, die Rollenerwartungen eines Teils der Rollenpartner und -partnerinnen zu verändern; wir können auch sagen, sie zu *modellieren*.

In der Fachliteratur wird ein solcher konstruktiver Umgang mit den eigenen Rollenerwartungen und -widersprüchen mit dem interaktionistischen Rollenkonzept begründet und von älteren, die Unverrückbarkeit der Rollen betonenden Theorien abgegrenzt[41]. Die älteren Theorien sprechen vom Übernehmen einer Rolle („role taking"), die interaktionistischen vom Entwickeln einer Rolle („role making"). Nur die letzteren Ansätze sind als Theorierahmen für pädagogische Arbeit geeignet. Sie erlauben, von der „Selbstrolle" zu sprechen, die durch pfiffig-kreative oder auch mühsam-hartnäckige Integrationsleistungen des Rollenträgers entsteht.

These 4.12: Jede Lehrerin sollte lernen, ihre Selbstrolle kreativ auszufüllen und die Rollenerwartungen ihrer Rollenpartner zu modellieren.

4. Entwicklungsaufgaben einer Lehrerin

In der Dritten Lektion hatten wir bereits von den Entwicklungsaufgaben der *Schülerinnen* gesprochen. Es macht meines Erachtens Sinn, das mit diesem Begriff verknüpfte didaktische Konzept auch auf den Lernprozess von Lehrerinnen und Lehramtsstudierenden anzuwenden. Unsere Ausgangsthese lautet:

These 4.13: Wer gelernt hat, sich selbst Entwicklungsaufgaben zu setzen, hat auch gute Chancen, eine gute Lehrerin zu werden.

4.1 „Geborene Pädagogen" – gibt's die?

Wie wird man zu einer guten Lehrerin? Kann man lernen, Schülerinnen beim Lernen zu helfen? Es gibt zwei entgegengesetzte Positionen zu dieser Frage. Die erste lautet: „Diese Fähigkeit entwickelt sich schrittweise durch praktisches Tun und Nachdenken." Die Gegenthese lautet: „Der eine kann's sofort oder zumindest nach kurzer Zeit – der andere lernt's nie!" Die zweite Position

41 Kurzdarstellung bei Meyer (1987, Bd. 2:357 f.); ausführlich: Krappmann (1969; 1983).

unterstellt, dass es bestimmte Merkmale in der Persönlichkeitsstruktur guter Lehrerinnen gibt, die genetisch festgelegt sind und nur zur Entfaltung gebracht werden müssen. Im folgenden Disput diskutieren wir diese wichtige Frage:

Doro: Mein Großvater, Walter Vogt, war ein Volksschullehrer aus dem Schlesischen, nach dem Krieg wurde er Rektor einer kleinen Volksschule in Hessen. *Der war ein geborener Pädagoge*, wie ich es nie wieder erlebt habe!

Hilbert: Geborene Pädagogen gibt's nicht! Zeig mir doch mal das Gen, das jemanden zum Lehrer macht!

Doro: Das kann ich natürlich nicht, weil es ja um ein ganzes Bündel von Eigenschaften geht, von denen einige vererbbar sein dürften, andere nicht.

Aber ich kann dir berichten, wie ich meinen Großvater *erlebt habe*. Als ich als siebenjähriges Mädchen mit meinen Eltern aus Algerien zurückkehrte, wohnte ich bei ihm. Er hat mich nachts aus meinem Bett geholt und mir mit seinem Fernrohr die *Sterne gezeigt*. Meine Großmutter hat ihn deshalb ausgeschimpft, aber das hat er mit Fassung getragen. Da hab ich die Ringe des Saturn gesehen. Und dann hat er mir erläutert, wie das Universum entstanden ist, und dass das wohl doch alles ein bisschen anders war als in der Bibel dargestellt.

Er hatte eine *himmlische Geduld*. Ich wollte den ersten Schneeklumpen, den ich in meinem Leben sah, aufbewahren. Großmutter amüsierte sich, aber mein Großvater holte völlig ernst eine Schüssel, da legten wir den Klumpen hinein, und nach dem Essen war er nur noch eine Pfütze Wasser, in der ein bisschen Dreck und zwei Strohhalme schwammen. Natürlich nutzte er die Gelegenheit, mir die Aggregatzustände von Wasser zu erklären.

Er hat mir beigebracht, wie man *auf Bäume klettert*. Er mit seinen 60 Jahren voraus, ich hinterher. „Du musst dich immer an drei Enden festhalten: ein Fuß und zwei Hände oder zwei Füße und eine Hand!" Da hat meine Großmutter wieder mit ihm geschimpft.

Auch wenn du protestiert, ich bleibe dabei: Mein Großvater war ein *geborener Pädagoge* und ich habe ihn auch deswegen geliebt!

Hilbert: Dass du ihn geliebt hast, will ich dir gern glauben, aber niemand kommt als geborener Pädagoge mit Pensionsanspruch auf die Welt! Lehrer werden erzogen, nicht geboren!

Doro: Und wie erklärst du dir, dass sich gerade jene Lehrer, die wir für geborene Pädagogen halten, meistens schon in sehr jungen Jahren für ihren Beruf entschieden und dann auch nie daran gezweifelt haben?

Hilbert: Auch das ist für mich eher ein Sozialisationseffekt als eine Frage der Vererbung.

Doro: Gut! Rein biologisch vererbt sich Ein-guter-Lehrer-sein-können vielleicht nicht. Aber es gibt Lehrerpersönlichkeiten, die sind einfach überzeugend, die haben ein gewisses Etwas, das manchem anderen fehlt. Frag' doch mal unter deinen Kollegen. Nahezu jeder erinnert sich an diese besonders liebevollen, ideenreichen und engagierten Menschen!

Der Disput drehte sich bald im Kreise. Wir haben ihn abgebrochen. Aber in einem Punkt waren wir uns sofort einig: Die Persönlichkeitsstruktur der Lehrerin ist *die* entscheidende Größe ihrer Lehrkompetenz.

Was ist das Faszinierende an Lehrerpersönlichkeiten wie Doros Großvater? Offensichtlich doch ihre Haltung den Kindern gegenüber:

- Sie nehmen junge Menschen ganz *ernst*.
- Sie reden nicht viel, sondern *zeigen* ihnen die Welt.
- Sie lassen sich „auf Augenhöhe" mit ihnen ein.
- Und sie haben so unendlich wertvolle Tugenden wie *Geduld* und *Fantasie*.

Der französische Soziologe Pierre Bourdieu (geb. 1930[42]) hat genauer analysiert, wie berufsbezogene Haltungen und Tugenden entstehen und daraus eine ganze *Habitus-Theorie* entwickelt: Im „Habitus" kommt das zum Ausdruck, was einen Menschen trotz aller Individualität zum Angehörigen einer bestimmten Gruppe, einer Klasse oder eines Berufs macht. Der Habitus vermittelt zwischen subjektiven Formungen und objektiven Strukturen.

Doros Großvater handelte scheinbar höchst individuell und atypisch. Bei genauerem Hinschauen sind dennoch Habitusstrukturen zu erkennen, die für den Volksschullehrerstand insgesamt kennzeichnend waren: Die Liebe zur Astronomie teilte er mit Adolf Diesterweg (1790–1866), einem der berühmtesten Volksschul-Pädagogen des 19. Jahrhunderts, und vielen anderen Kollegen. Die Welt zu zeigen, statt über sie zu reden, ist ein pädagogischer Gemeinplatz seit Johann Amos Comenius (1592–1670) und Jean Jacques Rousseau (1712–1778). Die Lehrerrolle ist Doros Großvater und vielen anderen einfach „zur zweiten Haut" geworden. Deshalb kommen wir so häufig auf den Gedanken zu sagen, jemand sei ein „geborener Erzieher". Deshalb sagen wir zu anderen, er habe „den falschen Beruf gewählt", wohl wissend, dass es keine „typischen Lehrer" mehr gibt (vgl. These 4.2).

Jede Lehrerin und jeder Lehrer entwickelt auf Grund ihrer/seiner Berufszugehörigkeit eine bestimmte Haltung. Und dies wird Ihnen, liebe Leserin, ebenso gehen! Deshalb sollten Sie diesen Prozess der Lehrerwerdung nicht dem Zufall oder den Verhältnissen überlassen, sondern ihn so gut es geht steuern. Sie sollten sich die Entwicklung *Ihrer eigenen* Lehrerhaltung bewusst machen. Sie sollten versuchen, sich die markanten Scharnierstellen, aber auch

42 Vgl. die Kurzbeschreibung seines Werks in Treibel (1995:199–219).

die leisen Wandlungen in Ihrer beruflichen Entwicklung hin und wieder bewusst zu machen. Wenn Sie dies tun, so entwickeln Sie das, was Wissenschaftler als *biografische Kompetenz* bezeichnen[43]. Und wer sich seiner „Biografizität" bewusst ist, kann auch den Schülerinnen besser bei der Bewältigung ihrer Entwicklungsaufgaben weiterhelfen.

Wir werden anhand konkreter biografischer Beispiele erläutern, wie solche Entwicklungsprozesse hin zu „berufsfertigen" Lehrerinnen verlaufen können. Dabei haben Carola Junghans, Bettina Kappelhoff, Saskia Krüger und Ines Gueinzius - allesamt jetzige oder ehemalige Lehramtsstudentinnen der Carl von Ossietzky Universität Oldenburg - geholfen[44].

- Es beginnt mit einem Bericht aus dem ersten Praktikum (Abschnitt 4.2),
- dann folgt ein Brief aus Anlass von Examensstress (Abschnitt 4.3).
- Bei der dritten Station (4.4) geht es um die Frage, wie man/frau Klassenlehrer/in wird.
- Zum Schluss (4.5) fassen wir diese Überlegungen zu einer Arbeitsdefinition für Entwicklungsaufgaben von Lehrerinnen zusammen.

4.2 Erste Station: „Jessica auf dem Schrank"

Nach dem Abitur machte Carola Junghans im Jahr 1990 ein mehrmonatiges Praktikum in der Integrationsklasse[45] einer Grundschule in Essen - eine neu gebildete 1. Klasse. Ihre erste, in Abwesenheit der Klassenlehrerin selbst gegebene Unterrichtsstunde beschreibt sie so:

Vierzehn Kinder saßen an Gruppentischen in der Klasse, in der ich Mathematik unterrichten sollte. Jens, ein geistigbehinderter Junge, und Manuel, lernbehindert, an verschiedenen Tischen. Alle Kinder wussten Bescheid, dass die beiden mit Hilfe von Materialien an ähnlichen Aufgaben wie die anderen arbeiten und dabei von ihren Tischnachbarn Unterstützung bekommen konnten.
Ich hatte eine Partnerarbeit vorbereitet. Die Schüler sollten mit roten und blauen Steckwürfeln eine einfache Aufgabe zum Subtrahieren ausführen. Ich begann, ihnen die Aufgabe zu erklären. *„Möglichst locker bleiben", dachte ich und setzte mich links neben das Pult. Ich versuchte, aufmunternd und freundlich zu gucken. Das fiel mir nicht schwer. Ich wusste, dass die Klasse ein Wirbelsturm sein konnte, ich wusste aber auch, dass ich mit den meisten von ihnen in den letzten Wochen gut ausgekommen war. Die Kinder hatten meinen Sonderstatus als Praktikantin schnell raus, und ich genoss es, dass sie mich auf dem Pausenhof noch in ihre – manchmal seltsamen – Spiele einbezogen und dass mich die Mädchen in diverse „Geheimnisse" einweihten. Ich wiegte mich in der Sicherheit, sie auf meiner Seite zu haben.*

43 Vgl. Baacke/Schulze (1993); Terhart u. a. (1994); Dirks (1996); Krüger (1996).
44 Die erzählten Geschichten sind teils autobiografisch (4.2 und 4.4), teils in mehrfachen Überarbeitungen entstandene „Kunst-Stücke" zu real gemachten Erfahrungen (4.3).
45 Vgl. die Elfte Lektion.

Und die 14 Kinder fingen auch alle mit der Arbeit an – *Ein schönes Gefühl!* Ich wandte mich einer Schülergruppe näher zu. Und im selben Augenblick war es vorbei mit der Ruhe. Jessica, ein kleines, drahtiges Mädchen mit völlig zerzausten Haaren tauchte plötzlich unter den Tisch, bahnte sich einen Weg durch die Schultornister, schnappte sich, an der Kommode angekommen, einen Stuhl und kletterte in Sekundenschnelle von diesem auf die Kommode und von dort mit einem kräftigen Zug auf den großen Schrank. Da oben saß sie nun – im Schneidersitz, mit verschränkten Armen – und schaute mich provozierend an.

Ich fragte sie, was sie da oben vorhabe. „Ich habe keine Lust auf Mathe. Der Unterricht ist mir zu langweilig." – *„Zu langweilig", schoss es mir durch den Kopf. „Ich habe doch gerade erst angefangen! Und außerdem: Jessica ist in der 1. Klasse. Die hat doch keine Ahnung davon, wie der Unterricht erst in fünf Jahren aussieht. Soll sie doch froh sein, dass sie jetzt noch ihre Steckwürfel hat."* Den Rest der Klasse hatte ich nicht mehr im Blick.

Ich wusste, dass Jessica, wenn sie wollte, durchaus etwas zuwege brachte, gerade in Mathe. Das „keine Lust auf Mathe" nahm ich ihr nicht ab. „Dann eben da oben", dachte ich, nahm mir eine Packung Steckwürfel und den Aufgabenzettel und marschierte zum Schrank.

Als ich halbwegs oben war, ging mir durch den Sinn: *Hoffentlich vergleichen die Kinder meine Kletteranstrengungen nicht mit denen von Jessica. Und hoffentlich hält der Schrank (den die Klassenlehrerin und ich gerade vom Sperrmüll besorgt hatten) unser beider Gewicht aus?* Erst als ich oben war und mich umschaute, sah

ich die gespannten Gesichter, auf die ich aus erhobener Perspektive schaute. Selbst Jessica hatte von ihrem Provo-Blick Abstand genommen. *„Du musst jetzt was sagen", dachte ich.* Und mir fiel nichts Originelleres ein, als die Kinder an ihre Matheaufgaben zu erinnern und sie zum Weiterarbeiten aufzufordern.

Ich war überrascht, dass sie es tatsächlich taten, aber mir blieb keine Zeit, darüber nachzudenken, warum sie es taten. Ich stellte die Steckwürfel zwischen Jessica und mich, wir begannen mit der Aufgabe und rechneten fast die ganze Stunde. Als es klingelte, krabbelten wir beide vom Schrank und ich beendete – mit ziemlich verspannten Schultern – die Stunde.

Hinterher wurde mir klar: Jessica wollte genau das erreichen – sie wollte alle Aufmerksamkeit für sich – und wahrscheinlich brauchte sie sie auch! Ich habe keine Ahnung davon, was die anderen Kinder in dieser Stunde gelernt haben. Und ich hatte mir all die Katastrophen gar nicht ausmalen können, die denkbar waren: Tumult in der Klasse – die übrigen Schülerinnen verlassen den Raum – meine

Hosennaht platzt! Aber dass die Stunde trotz dieser ungeplanten und risikoreichen Aktion so planvoll über die Bühne ging, habe ich als heimlichen Erfolg verbucht!

Wir ersparen Ihnen, liebe Leserin, die Frage, wie Sie in dieser Situation gehandelt hätten. – Das lässt sich am grünen Tisch nicht gut beantworten. Aber wir fragen, was diese Geschichte mit der Entwicklung schulpädagogischer Kompetenzen zu tun hat. Unseres Erachtens eine ganze Menge! Carola hatte schon vorher gewusst, dass diese Schulklasse für Überraschungen gut ist[46]. Das musste sie nicht neu lernen. Neu war etwas anderes:

- Carola konnte lernen, ihre innere Ruhe zu bewahren.
- Sie musste Jessicas Verhalten dekodieren und kam zu dem Schluss: „Jessica will Aufmerksamkeit und sie braucht sie auch." (Carola schreibt, dass ihr dies erst hinterher bewusst geworden sei, aber ihre Entscheidung, auf den Schrank zu klettern, belegt, dass sie die Situation sofort intuitiv so gedeutet hatte.)
- Sie hat den Mut zu einer unkonventionellen Lösung gehabt und war damit erfolgreich.

Solche Erfahrungen produzieren Selbstvertrauen! Gleich in ihrer ersten Schulstunde hatte die Studentin dadurch die Chance, ihre „Schulpädagogik im Hinterkopfe" neu zu justieren – und das könnte ein Gewinn fürs ganze Lehrerinnenleben sein. Ich verallgemeinere:

> **These 4.14:** Ausgangspunkt für die Entwicklung von schulpädagogischer Kompetenz ist das Selbstvertrauen der Lehrerin.

Wenn ich nicht die feste Überzeugung habe, dass die Schülerinnen mit mir besser als ohne mich lernen, dann sollte ich den Lehrerinnenberuf an den Nagel hängen bzw. ihn nicht erst ergreifen! Solches Selbstvertrauen sollte aber immer mit Nachdenklichkeit und Selbstkritik verbunden werden. Nichts ist für die Schülerinnen und die Kolleginnen belastender als eine bräsig-unkritische Hoppla-hier-komm-ich-Lehrerin.

Offensichtlich war die Erfahrung mit Jessica auf dem Schrank eine „Scharnierstelle" im Prozess der Persönlichkeitsentwicklung der Studentin – sonst hätte sie nicht sieben Jahre später so lebhaft und nachdrücklich darüber berichtet.

Die Entwicklung schulpädagogischer Kompetenzen erfolgt – dies lehrt die Szene – ganzheitlich. Sie setzt Theoriewissen der Praktikantin (über Integrationspädagogik, über Mathematikdidaktik und Stundenplanung), eine genaue Beobachtung der Situation und eine pädagogische Haltung voraus, die sicherlich schon einige Zeit vorher grundgelegt worden ist. Aber erst das eigene Erleben und die Meisterung der Situation bringen den Entwicklungsschub.

46 Ich empfehle mit Nachdruck das Buch von Ulf Mühlhausen zur Überraschungsdidaktik (1994).

4.3 Zweite Station: „Ein Traum und ein Brief an Hille“

Wir überspringen wichtige Etappen im Prozess der Lehrer(innen)werdung und befinden uns mitten in der heißen Prüfungsphase zum Ersten Staatsexamen für das Lehramt an Grundschulen. Der folgende Brief, den Eva-Lotte Rehbein an ihre Freundin Hille in Holland schreibt, ist ausgedacht, aber nicht erfunden. Er stellt eine dichte Beschreibung der wirklichen Erfahrungen, der Träume und Ängste von Bettina, Carola und Saskia dar:

Liebe Hille!

Eigentlich habe ich ja gar keine Zeit, die Matheprüfung steht noch aus. Dank für deinen Brief und deine Frage, wie's mir geht.
Hast du schon mal davon geträumt, dass du fliegen kannst? Stell dir vor, du nähmest Anlauf: Plötzlich hast du keinen Kontakt mehr zum Boden und fliegst über die große Wiese hinter dem Haus, über den Deich, den Strand entlang, scheuchst ein paar verwirrte Vögel in den Salzwiesen auf, aber du fliegst weiter.
Zwischendurch hast du das Gefühl, nicht mehr genug Schwung zu haben, und meinst, dich noch mal kräftig abstoßen zu müssen, auf der großen Düne, da wo wir beide immer spazieren gegangen sind. Und dann geht's weiter – immer höher – immer weiter – immer leichter. Es ist großartig.
Liebe Hille, *gestern Morgen bin ich mit diesem Traum im Kopf aufgewacht*. Und da hatte ich noch genau drei Stunden Zeit bis zur mündlichen Prüfung in Religion – mein zweites Unterrichtsfach – die Prüfung, bei der mir die Knie weich wurden, wenn ich nur daran dachte.
Du kennst das Ganze ja noch von deiner eigenen Prüfung. Am schlimmsten ist nicht die Prüfung selbst, sondern die Abhängigkeit von den Prüfern – vor allem in der Vorbereitungsphase. Lange Warteschlangen vor dem Sprechstundenzimmer. Der autoritär-einschüchternde Zettel an der Tür: „Sprechstunde von 10 bis 11 Uhr – Namen in die freien Zeilen eintragen!“ Längst ist der Zettel übervoll. Für die vielen Studentinnen ist eine Stunde eben zu kurz. Vor der Tür: angespannte Stimmung. Hin und wieder ein aufmunternder Plausch mit der Stuhlnachbarin: „Machst du auch Prüfung bei Hirsch? Und über welches Thema? Echt? Das ist doch ganz schön kompliziert, oder?“ Die Tür geht auf. Ein verstörtes Etwas kommt heraus. Die aufgeschnappten Wortfetzen zur mitgebrachten Freundin machen die Situation schnell klar: Vier Wochen vor Examensbeginn teilt der Prof mit, dass der vom früheren Lehrstuhlvertreter unterschriebene Leistungsnachweis nicht anerkannt wird. Ein neuer muss her. Das ist die neue Masche!
„Hoffentlich erinnert er sich noch an mich und findet meine gewählten Prüfungsthemen o. k.“ Während er in meinem Themenzettel liest, schaue ich

betreten in meine Mappe, in der ich die übrigen Unterlagen auffällig geordnet zusammengetragen habe. Meine Knie zittern unter dem Tisch. Er hat mich noch nicht mal angeguckt, als ich reinkam. „Dann bin ich gespannt, ob Sie es schaffen, uns daraus eine interessante Prüfung zu präsentieren." – Mehr nicht? Ich kann gehen? Jetzt bin ich das gestörte Etwas, das zur Tür heraustritt.
Ich weiß ja, Hille, du hättest mir kräftig auf die Schultern geklopft und gesagt: „Vergiss den Alten!" Ich habe ihn aber nicht vergessen! Sonst hätte ich auch nicht diesen Traum gehabt! Erst als mir klar geworden war, welches Spielchen er mit mir spielt, wie er es anstellt, mich kleinzuhalten, konnte ich mit der Situation wieder umgehen. Und ich wusste, dass ich mich von ihm nicht kleinkriegen lassen würde.
Hirsch war der Schlimmste von allen. In der Prüfung bin ich auf ihn losgegangen, habe ihm die Hand geschüttelt und ihn so lange angeguckt, bis er sich bequemte, zurückzugucken. Aber die Prüfung lief doch ganz gut! Note 1,6! Hätte ich vorher nie gedacht!
Die Prüfungszeit ist viel zu lang! Seit sechs Monaten bin ich mit nichts anderem beschäftigt. Und dann diese Stimmungs-Wechselbäder: Himmelhochjauchzend, wenn du dein Thema spannend findest und das Gefühl hast, wirklich etwas Neues gelernt und viel geschafft zu haben. Zu Tode betrübt, wenn du merkst, dass dein ganzes Leben nur noch aus Prüfungen besteht und du noch nicht einmal weißt, ob du jemals eine Stelle kriegen wirst. – Fata morganen (schreibt man das so?) von Sonne, Strand, Sand, Meer und Liebe ... Wenn dir jemand sagt: „Das schaffst du schon", denkst du, der hat doch keine Ahnung, was da sonst noch alles dran hängt. Und wenn jemand sagt: „Und wenn's nicht so gut wird, ist das auch kein Beinbruch!", denkst du: Der traut mir auch gar nichts zu! Ständig kommt man mit den Ansprüchen an sich selbst durcheinander und schafft es kaum, sie auf ein realistisches Maß zu bringen (was ist das auch!?).
Du musst lernen, deinen Tag genau zu strukturieren. Und selbst die Pausen einzuplanen. Du musst immer wieder neue Themen bearbeiten, um frischen Wind in dein Gehirn zu bringen (und die Prüfer zu erfreuen), aber auch auf alte Themen zurückgreifen, um ökonomisch zu arbeiten. Zu allem Überfluss überkommt dich dann auch noch das Gefühl, zum ersten Mal im Leben „richtig" zu studieren!
Aber warum erzähl ich dir das alles!? Das kennst du doch! Alles in allem: Es geht mir mal so, mal so. Und ich freue mich auf den 7.7. Dann habe ich nämlich meine letzte Prüfung!

Take care,

Deine Lotti

Ist das Bewältigen einer Examensphase eine Entwicklungsaufgabe? – Nicht zwangsläufig. Denn es ist ja eine weitgehend fremdbestimmte Lern- und Lebensphase. Weitgehend, aber nicht vollständig. Das zeigt Eva-Lottes Beispiel. Die Prüfungsvorbesprechung war im wahrsten Sinne des Wortes überwältigend. Aber sie hat sich aufgerappelt und das Beste daraus gemacht. Sie hat sich klar gemacht, was für ein Spielchen man mit ihr spielte – und das hat geholfen.

These 4.15: Das Bewusstmachen einer Entwicklungsaufgabe ist der erste Schritt zu ihrer Bewältigung.

4.4 Dritte Station: „Ich bin jetzt Klassenlehrerin"

Wiebke Willerich sitzt seit vier Wochen auf ihrer ersten Planstelle, und zwar an einer Grundschule im Ruhrpott. Die Schule ist vierzügig und hat 340 Schülerinnen; einen Rektor, eine Konrektorin, achtzehn Kolleginnen und nur einen Kollegen (also eine durchaus übliche Zusammensetzung). Wiebke hat uns geschrieben, wie es ihr geht:

Hallo!

Ich bin eine von den Glücklichen, die 'ne Planstelle bekommen haben, und bis jetzt kann ich sagen, dass es mir großen Spaß macht, täglich herausgefordert zu werden. Aber was das wirklich heißt, eine Klasse eigenständig zu führen, ist mir in meinem Referendariat überhaupt nicht deutlich geworden. Seit vier Wochen dreht sich alles nur noch um Schule: Du schläfst um 10 Uhr abends ein, sonst wäre das gar nicht durchzuhalten, letzter Gedanke: Schule. Der Wecker klingelt um 6 Uhr. Erster Gedanke: Schule! Ich bin wirklich an die Grenzen meiner Kraft gekommen. Ich war die ersten Tage so angespannt, dass ich mittags nur noch heulen konnte. Dazu dann die Anfänger-Erkältungen, irgendetwas hatte ich immer aufgeschnappt in meiner Klasse. Ich bin einfach noch nicht so immun. Und dann geht's auch auf die Stimme, aber das hab ich gerade wieder gepackt.
Was mich besonders belastet: Ich muss in meiner dritten Klasse, in der ich die Klassenlehrerin bin, stark Grenzen setzen. Ich habe schon mehrfach störende Schüler mit einem Aufgabenblatt in die Nachbarklasse geschickt – das ist ja nicht gerade Edelpädagogik! Ich kämpfe darum, dass bestimmte Anstandsregeln eingehalten werden, dass die Schüler nicht während der Stunde rülpsen, dass sie nicht fortwährend den anderen und sich selbst ein Bein stellen. Ist ja irgendwie auch verständlich. Die Schüler wollen mich als neue Lehrerin testen, sie versuchen auszubrechen. Ich bin dabei in eine Lehrerinnenrolle gerutscht, die von meinem Idealbild weit entfernt ist und die ich auf

keinen Fall auf Dauer so haben will. Mir schwirrt fortwährend ein Montessori-Satz aus dem Studium im Kopf herum: „Brich nicht den Willen des Kindes!" Aber wenn ich Grenzen setze, dann handle ich natürlich gegen den Willen der Kinder.
Auch von den Eltern der Klasse bin ich richtig gefordert. Auf dem ersten Elternabend habe ich deutlich gesagt, was ich erwarte. Das Gespräch war schwierig, weil ich einiges in der Klasse ändern und dabei meine Vorgängerin nicht bloßstellen wollte – eine herzliche Frau, die viel über gut Zureden versucht hatte, aber es dabei dann auch beließ. Sie hatte auch viele Regeln mit den Schülern abgesprochen; die hingen sogar groß an der Klassenzimmerwand, es hielt sich bloß keiner dran. Aber „meine" Eltern haben die Änderungen, die ich eingeführt hab, glaube ich, richtig gefunden.
Mit meinen Kolleginnen komme ich einigermaßen aus. Aber Teamarbeit ist hier ein Fremdwort. Das heißt natürlich nicht, dass du schalten und walten kannst, wie du willst. Du musst dich in das Kollegium integrieren, und d. h., in tausend neue Sachen reindenken; und dann die ganzen Beziehungsverflechtungen, die man erstmal durchschaut haben muss!
Oh Gott, nun bin ich also Beamtin – das klingt so konservativ. Dennoch: die Sicherheit ist schon schön, und das feste Gehalt auch!

Seid gegrüßt im fernen Oldenburg,

eure Wiebke

Was hat Wiebkes Bericht mit Entwicklungsaufgaben von Lehrerinnen zu tun? – Wir meinen, eine ganze Menge:

- Wiebke war überwältigt von der Anstrengung der ersten Wochen, aber sie hat's gepackt und insbesondere die Aufgabe der Klassenlehrerin sehr bewusst wahrgenommen, eigene Maßstäbe formuliert und sie auch umgesetzt.
- Sie hat gelernt, dass sie Grenzen setzen muss. Aber sie hat dieses Grenzensetzen als Konflikt zwischen ihren pädagogischen Idealen und der rauen Schulwirklichkeit wahrgenommen. Sie ist „in eine Rolle gerutscht", in der sie auf keinen Fall „auf Dauer" bleiben will.

Das Grenzensetzen zwingt Wiebke dazu, ihr Bild von einer guten Lehrerin neu zu justieren. Immanuel Kant wäre ihr Bericht darüber, wenn er ihn denn gelesen hätte, höchst vertraut vorgekommen. Im Jahre 1803 schrieb er, das Hauptproblem der Erziehung liege darin, dass die Zöglinge zur Freiheit geführt werden sollen, dass dies aber nicht ohne die Unterwerfung unter Regeln und Gesetzmäßigkeiten vonstatten gehen könne. Deshalb forderte er, „die Freiheit bei dem Zwange zu kultivieren", und erläuterte, dass dies möglich sei, wenn das Kind zur Einsicht in die genannten Gesetzmäßigkeiten geführt werde (Kant 1966, Bd. 6:711). – Aber genau hier liegt ja das Problem. Die vorherige

Klassenlehrerin war mit dieser Maxime mehr oder weniger gescheitert. Die Antwort der Theoretiker, die beiden Pole Gewalt und Freiheit auszubalancieren, hilft Wiebke nicht weiter! Deshalb sollte nüchtern festgehalten werden:

These 4.16: Es gibt eine Reihe schulpraktischer Probleme, auf die die schulpädagogische Theorie keine die Praktikerin befriedigende Antwort zu geben weiß.

4.5 Arbeitsdefinition „Entwicklungsaufgabe"

Entwicklungsaufgaben müssen biografisch angeeignet werden – so, wie dies Carola, Eva-Lotta und Wiebke vorgeführt haben.

Stefania Wilczynska (die vergessene Mitarbeiterin von Janusz Korczak): „Wenn du die Kinder erziehen willst, musst du dein eigenes Leben reich gestalten. Lies, gehe ins Theater, liebe die Natur, versuche dich selbst zu fühlen, so weit und so viel du nur kannst. Alles, was in dir selbst geschieht, was in dir selbst lebendig werden kann, kommt schließlich der Pädagogik zugute."

Entwicklungsaufgaben sind dann bewältigt, wenn die Lehrerin bzw. Lehramtsstudentin subjektiv das Gefühl hat, „die Sache gepackt" zu haben, und wenn sie dieses Gefühl an den Standards professionellen Lehrerhandelns[47] überprüft hat. Der zuletzt genannte Anspruch ist unverzichtbar. – Wir alle kennen Menschen, die zwischen Selbst- und Fremdbild keinen Unterschied machen und damit ihre Mitmenschen nerven.

Wir fassen die Überlegungen der Abschnitte 4.1 bis 4.4 zu einer Arbeitsdefinition zusammen:

Arbeitsdefinition 14:
Eine Entwicklungsaufgabe einer Lehrerin ist eine biografisch bedeutsame und subjektiv als notwendig empfundene Herausforderung zum Aufbau schulpädagogischer Handlungskompetenz.

Entwicklungsaufgaben können nicht allgemein gültig definiert werden – dann wären sie ja kein Dokument eines persönlichen Entwicklungsprozesses mehr. Dennoch sind sie nicht beliebig, sondern durch das Aufgabenfeld, um das es

47 Diese Kompetenzen werden in der Vierten Lektion von Band II erläutert.

geht, vorstrukturiert. Bestimmte Entwicklungsaufgaben drängen sich dabei förmlich auf (etwa die Aufgabe, die Prüfungsvorbereitung zu organisieren, oder eine Klasse führen zu lernen), andere sind marginal oder erst später dran.

Vielleicht hilft es Ihnen ein wenig bei der Bewältigung von Entwicklungsaufgaben, wenn Sie sich ein Symbol oder ein Wappentier zulegen, das Ihr mentaler Begleiter auf dem Weg zur berufsfertigen Lehrerin wird.

Ich (Hilbert) habe dies auch getan und mir den Igel als Symboltier gewählt. Er ist neugierig und friedfertig, immer in der Lage, sich zu verteidigen, aber im Herzen Pazifist!

5. Handlungskompetenzen im Lehrerinnenberuf

Der eben zur Definition der Entwicklungsaufgaben verwandte Begriff „Handlungskompetenz“ ist ein theoretisches Konstrukt[48], das im Schulalltag so gut wie überhaupt nicht benutzt wird, in der Fachliteratur seit knapp 20 Jahren aber umso geläufiger ist[49]. Ich will ihn im Folgenden erläutern.

5.1 Pädagogischer Takt und schulpädagogische Handlungskompetenz

Der Begriff Handlungskompetenz ist ausgedacht worden, um besser erklären zu können, wie es guten Lehrerinnen, Schülerinnen und sonstigen Menschen gelingt, zwischen ihren Einsichten, Zielen und Konzepten (also ihrer Theorie im weiteren Sinne) und ihrem unterrichtspraktischen Tun (ihrer Praxis) zu vermitteln[50]. Die auf den ersten Blick nahe liegende Vorstellung, Theorie würde *direkt* in Praxis übersetzt, ist leider naiv. Dazu ist diese Praxis viel zu komplex. Die Entscheidungen, die eine Lehrerin treffen muss, sind in Sekundenschnelle erforderlich. Die Handlungen, die sie ausführen muss, sind oft in emotional angespannte Situationen eingebettet; sie müssen glaubwürdig, und d. h. mit der ganzen Person, vollzogen werden. Eine Lehrerin, die immer erst wie auf dem PC die Datei „Theoriewissen“ öffnen müsste, um dann nach der richtigen Eintragung zu fahnden, dann wieder in Praxis zurückzuschalten, wäre verraten und verkauft.

Eine ganz andere Art der Vermittlung zwischen Theorie und Praxis ist also nötig. Sie kann rein logisch nicht selbst Theorie sein. Aber wer oder was vermittelt da? Diese Frage wird in der Wissenschaft mit Hilfe des Kompetenz-

48 Der Konstruktbegriff ist auf Seite 70 bereits erläutert worden.
49 Vgl. Heursen (1983); M. Meyer (1986); Hericks (1993); in der DDR war der eigentlich geschicktere Begriff der *Könnensentwicklung* gebräuchlich.
50 Vgl. Hänsel (1975); Döring (1980); Miller (1986); Flaake (1989); Bromme (1992); Combe/Buchen (1996).

konstrukts beantwortet. Wenn wir von Handlungskompetenz sprechen, unterscheiden wir zwangsläufig zwischen drei Größen:

- eine sichtbare Oberflächenstruktur, die mit anderen Begriffen auch Praxis, Handeln, Durchführung oder Performanz genannt werden könnte;
- eine Tiefenstruktur, also das, was sich im Innern des Menschen abspielt, und mit anderen Begriffen auch geistige Tätigkeit, subjektive Theorie, Kognition genannt wird;
- und ein in unserem Alltagsbewusstsein oft nicht vorhandenes, dennoch unverzichtbares drittes Element, das die eigentliche Vermittlung zuwege bringt.

Wir nennen dieses dritte Element vorläufig Umsetzungsregeln:

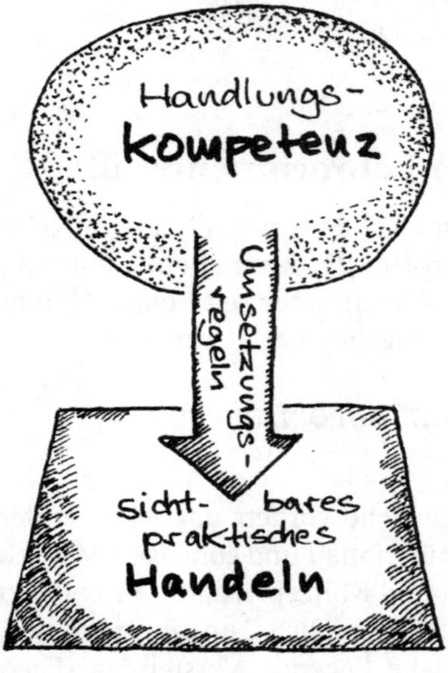

Abbildung 4.5: Theorie-Praxis-Vermittlung

Den Unterschied von Oberflächen- und Tiefenstruktur können Sie sich auch anhand der Theorien zum Spracherwerb verdeutlichen. Es reicht ja nicht, dass das Kind, das sprechen lernt, einzelne Sätze korrekt nachspricht, es kommt vielmehr darauf an, eigene neue Sätze zu bilden. Und schon ganz kleine Kinder beherrschen diese Kunst in beeindruckender Weise. Sprachtheoretiker sprechen deshalb ebenfalls von der Tiefenstruktur der Sprache. Letztere wird nicht genetisch vermittelt, sondern von jedem Kind, das das Sprechen lernt, neu verinnerlicht. Auf ihrer Grundlage kann ein Mensch neue Sinnzusammenhänge erfassen und auch selbst herstellen – Sinnzusammenhänge, die mit den Wörtern und Sinnhorizonten, an denen das Sprechen erlernt wurde, kaum mehr zu vergleichen sind.

Weil Kompetenzen theoretische Konstrukte sind, können sie nicht im naturwissenschaftlichen Sinne nachgewiesen werden, sondern nur durch Selbstreflexion des Handelnden oder durch Deutungen von Beobachtern erschlossen werden – eben so, wie wir das im Abschnitt 4 im Blick auf die Entwicklung der schulpädagogischen Handlungskompetenzen schon versucht haben.

Die Zeichnung 4.5 ist aber noch sehr pauschal. Um von Handlungskompetenz in einem wissenschaftlichen Sinne sprechen zu können, müssen weitere Annahmen gemacht werden, die man als Teilkonstrukte des Gesamtkonstrukts Handlungskompetenz bezeichnen kann:

(1) Wir müssen unterstellen, dass es ein handlungsfähiges und mit pädagogischem Selbstvertrauen ausgestattetes *Subjekt* gibt (in anderer Literatur auch „Selbst", „Lehrerpersönlichkeit", „Ich", „Bewusstsein" o. Ä. genannt). Dieses Subjekt ist sozusagen der Motor der Handlung.
(2) Das Subjekt koordiniert sein Handeln auf der Grundlage seiner verinnerlichten *subjektiven Theorie* bzw. Schulpädagogik im Hinterkopfe. Diese subjektive Theorie ist immer eine Mischung aus eigenem Erfahrungswissen und Theoriewissen.
(3) Die subjektive Theorie wird im Wesentlichen durch die bis dahin von der Lehrerin bzw. Lehramtsstudentin gemachten schulpädagogisch relevanten *Erfahrungen*[51] gebildet, korrigierend und/oder bestärkend fließen Teile des erworbenen akademischen Theoriewissens ein.
(4) Das Subjekt orientiert sich an einem Satz schulpädagogisch relevanter Wertorientierungen, die wir zusammenfassend als *„ethischen Kode"* bzw. „Berufsethos" bezeichnen.
(5) Das Subjekt verfügt über ein *Repertoire* von Handlungsalternativen.
(6) Aus diesen Alternativen wählt es mit Hilfe von Umsetzungsregeln eine Alternative aus.
(7) Fehlt in komplexen schulischen Situationen eine geeignete Handlungsalternative, so wird eine neue ausgedacht oder die (aktuelle) Unlösbarkeit der Aufgabe festgestellt.

In Abbildung 4.6 von Seite 156 habe ich versucht, diese Teilkonstrukte in eine gewisse innere Ordnung zu bringen:

In der Mitte der Zeichnung das handelnde *Subjekt*, in unserem Falle also die - hoffentlich - mit Selbstvertrauen und Reflexionsfähigkeit ausgestattete Lehrerin. Drum herum der Kranz der rein logisch für praktisches Handeln erforderlichen Teilkonstrukte. (Die realen physiologischen Prozesse im Gehirn eines handelnden Menschen sind natürlich noch um ein Vielfaches komplexer und erst in Ansätzen erforscht.)

Die gegenläufigen Pfeile in Abbildung 4.6 sollen andeuten, dass beim Handeln ein fortwährender Austausch zwischen der sichtbaren praktischen Arbeit und der geistigen Tätigkeit stattfindet. Das handelnde Subjekt macht ja im selben Moment neue Erfahrungen, die seine subjektive Theorie bekräftigen oder auch verändern können.

Wie soll man sich diesen Austausch in der Pädagogik vorstellen? – Der erste Pädagoge, der sich darüber gründlichere Gedanken gemacht hat, war der schon wiederholt zitierte Johann Friedrich Herbart (vgl. S. 28). Er führte einen neuen Begriff in die erziehungswissenschaftliche Fachsprache ein: den des *pädagogischen Takts*. Dieser Takt ist in seiner Theorie das „Missing Link" zwischen Theorie und Praxis.[52] Ich übernehme seinen Begriff für dieses Buch.

Mit „Takt" sind nicht höfliche Umgangsformen gemeint, auch wenn die in der Schule genauso selbstverständlich gelten sollten wie im sonstigen gesell-

51 Ewald Terhart u. a. haben in einer gründlichen empirischen Studie Lehrerinnen befragt, woran sie sich orientieren: „Es zeigt sich, dass sich die meisten Lehrkräfte darüber einig sind, dass mit wissenschaftlichem Wissen für die konkrete Praxis wenig auszurichten ist." (Terhart u. a. 1994:205). Nur 15 Prozent der Befragten sagten, dass sie sich an Wissensbeständen aus dem Referendariat orientieren, nur 6 Prozent an Erinnerungen aus dem Studium.

52 Vgl. Klingberg (1992); Muth (1962); van Manen (1991); Winkel (1997:16, 52).

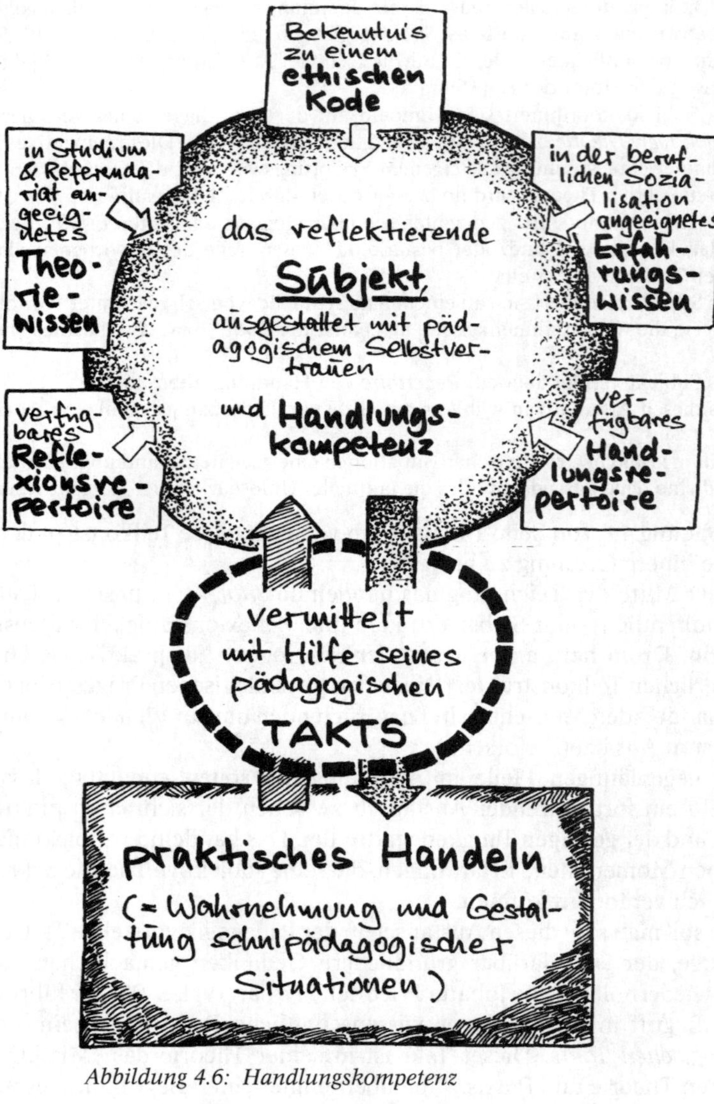

Abbildung 4.6: Handlungskompetenz

schaftlichen Leben. „Pädagogischer Takt“ ist die Fähigkeit, theoretisch für richtig gehaltene Positionen mit Witz und Fantasie in Alltagshandeln umzusetzen, aber auch, sich durch die Praxis in der Theoriebildung anregen zu lassen. Das Wort kommt ja wie der Tango vom lateinischen „tangere“ und heißt nichts anderes als „berühren“. Herbart schreibt:

„Nun schiebt sich aber bei jedem noch so guten Theoretiker, wenn er seine Theorie ausübt, (...) zwischen die Theorie und die Praxis ganz unwillkürlich ein Mittelglied ein, ein gewisser Takt nämlich, eine schnelle Beurteilung und Entscheidung, die nicht wie der Schlendrian ewig gleichförmig verfährt, aber auch nicht, wie eine vollkommen durchgeführte Theorie wenigstens *sollte*, sich rühmen darf, (...) die wahre Forderung des individuellen Falles ganz und gerade zu treffen." (aus den „Ersten pädagogischen Vorlesungen" von 1802, Nachdruck in Herbart 1964, Bd. 1:126)

Herbart hat nur wenige weitere Ausführungen zum Taktbegriff gemacht (vgl. Klingberg 1993), ich beschreibe den pädagogischen Takt deshalb mit eigenen Worten: Pädagogischer Takt ist gekennzeichnet:

- durch eine große Wachheit und Sensibilität gegenüber den Schülerinnen,
- durch Flexibilität gegenüber den eigenen Zielen und theoretischen Orientierungen,
- durch Geduld,
- durch Fantasie beim Lösen neuer, unerwarteter Probleme,
- durch pädagogisches Selbstvertrauen,
- durch emotionale Intelligenz,
- aber auch durch eine routinemäßige Sicherheit im schnellen Begreifen und Beurteilen pädagogischer Situationen (ausführlichere Erläuterungen zum „Takt" bringt die Erste Lektion von Band II).

Eine Lehrerin, die Handlungskompetenz besitzt, hat also Takt. Und der hilft ihr, ihre pädagogischen Routineaufgaben wie auch neue, vorher noch nie durchdachte und schon gar nicht trainierte Tätigkeiten auszuführen - gerade so, wie Carola mit Jessica auf dem Schrank dies demonstriert hat. Ich fasse zusammen:

> **Arbeitsdefinition 15:**
> Schulpädagogische Handlungskompetenz besteht aus der Fähigkeit, die Schule in immer wieder neuen, nie genau vorhersehbaren pädagogischen Situationen taktvoll, zielorientiert und unter Beachtung der institutionellen Rahmenbedingungen zu gestalten und weiterzuentwickeln.

5.2 *Tätigkeitsfelder*

Schulpädagogische Handlungskompetenz lebt von einer Handlungsgrammatik, mit der höchst unterschiedliche Handlungen in vielen, im Detail kaum mehr aufzulistenden schulischen Feldern ausgeführt werden können. Es gibt viele Bücher, in denen diese Tätigkeitsfelder beschrieben und katalogisiert worden sind[53]. Ich versuche eine eigene Katalogisierung, lehne mich aber bei der Wahl der Namen an den „Strukturplan für das Bildungswesen“ aus dem Jahre 1970 an[54]:

1. Unterrichten

Lehrerinnen haben die Aufgabe, Lehr-Lernsituationen zu gestalten, in denen die ihnen anvertrauten Kinder und Jugendlichen etwas lernen, was sie ohne diese Anleitung überhaupt nicht, nur unvollständig oder in unangemessener Weise lernen würden. Ich bezeichne diese Aufgabe als Instruktionsfunktion.

Instruieren ist grundsätzlich mehr als reines Vermitteln von Wissen. Die Schülerinnen sollen ja auch lernen, mit ihrem neu erworbenen Wissen vernünftig umzugehen. Eine *gute* Lehrerin ist genau daran zu erkennen. Sie will nicht mit ihrem Fachwissen vor den Schülerinnen brillieren, sondern versucht, ihre Begeisterung für den Unterrichtsstoff an sie weiterzuvermitteln.

Die gute Lehrerin gibt den Schülerinnen Hilfe zur Selbsthilfe. Dies unterscheidet die Lehrerarbeit von anderen akademischen Berufen:

- Ein Priester macht sich nicht überflüssig, sondern bleibt von der Wiege bis zur Bahre der Lebens- und Sterbebegleiter.
- Ein Arzt heilt den Kranken, aber nur selten macht er ihn fachkompetent (obwohl dies besser wäre), sondern trifft eine Diagnose und verschreibt die passende Therapie.
- Nur bei der Psychologin sehen wir verwandte Strukturen. Sie heilt den Patienten dadurch, dass sie ihm hilft, seine Probleme aufzuarbeiten, sodass er sich über sich selbst aufklären kann.

Das Wissen, das die Lehrerin vermittelt, ist allen zugänglich. Die Lehrerin ist keine Schamanin, sondern von Berufs wegen damit befasst, sich selbst zu entzaubern. Sie vermittelt „nur“, was andere geschaffen haben. Und sie tut dies, wenn sie eine geschickte Lehrerin ist, in einer Art und Weise, durch die sie sich selbst Schritt für Schritt überflüssig macht (vgl. S. 49 f.).

Frage: Gibt es kein Verzaubern der Schülerinnen in pädagogischer Absicht? *Antwort:* Doch, natürlich, z. B. dann wenn ich ihnen einen literarischen Text vorlese und dies so gut gelingt, dass sie an meinen Lippen hängen. Aber diese Verzauberung muss – in pädagogischer Absicht – wieder aufgelöst werden.

---

53 Z. B. Flechsig/Haller (1975); L. Roth (1991b:949–1119); von Martial/Bennack (1995).

54 Vgl. Deutscher Bildungsrat (1970:217–220).

2. Erziehen
Es gibt keinen Unterricht ohne Erziehung (s. o., S. 27). Aber dies heißt nicht, dass das Erziehen von selbst oder nebenbei stattfände. Im Gegenteil. Das Erziehen einer ganzen Schulklasse ist psychophysische Schwerstarbeit. Das wichtigste „Werkzeug" ist dabei die eigene Person. Die Lehrerin muss loben und tadeln, Streit schlichten, trösten und schimpfen, Vorbild sein und Nachsicht üben – Stunde für Stunde und Tag für Tag und mit einem hohen Grad an professioneller Kontrolle der eigenen Gefühle.

3. Beurteilen
Die Lehrerin muss tagtäglich beurteilen und auch kontrollieren. Da sich Erfolg und Misserfolg der Schülerinnen nur selten objektiv und kurzfristig bestimmen lassen, kommen hier besondere Ansprüche auf die Lehrerin zu. Sie muss *Gerechtigkeit erfahrbar* machen.

4. Beraten
Je unübersichtlicher die Lebensverhältnisse, umso wichtiger die Beratung! Die Lehrerin soll den Schüler nicht nur in seinem individuellen Lernprozess beraten, sondern sich auch an der Bildungs-, Erziehungs-, Schullaufbahn- und Berufsberatung beteiligen. Da sie nicht alles wissen kann, muss sie lernen, die vorhandenen Serviceeinrichtungen (Schulpsychologischer Beratungsdienst, Berufsberatung) gezielt zu nutzen.

5. Innovieren
Innovieren heißt auf gut Deutsch Erneuern. Dabei dachten die Autoren des Strukturplans vor allem an die Beteiligung der Lehrerinnen an der Curriculumreform. Heute ist Curriculumentwicklung „dethematisiert". Sie ist im subjektiven Empfinden der Beteiligten und auch objektiv betrachtet unwichtiger geworden. Stattdessen sind die Lehrerinnen heute viel stärker gefordert, sich an der Profilbildung und Entwicklung *ihrer* Schule vor Ort zu beteiligen (vgl. S. 372).

Die Erwartungen der Strukturplan-Autoren an die Tätigkeit der Lehrerin sind – gelinde gesagt – happig! Dennoch sind sie sinnvoll! Die Strukturplan-Autoren rücken die Verantwortung für die Schulreform dorthin, wo sie hingehört, nämlich zu den in der Schule arbeitenden Lehrerinnen und Lehrern!

Würde der Aufgabenkatalog heute, ein Vierteljahrhundert später, nochmals geschrieben, so würden sicherlich weitere Aufgaben hinzukommen. Der Umgang mit den schwieriger gewordenen Schülerinnen erhielte mehr Gewicht. Ich formuliere deshalb zweieinhalb weitere Kompetenzen:

6. Ordnen und Organisieren

Schule soll einen geordneten Rahmen für das Aufwachsen bereithalten. Das geht nur, wenn die Schule selbst innerlich und äußerlich aufgeräumt ist. – Wie sonst sollen die Schülerinnen lernen, ihr eigenes Leben in Ordnung zu bringen?

Ordnung zu schaffen ist meines Erachtens ein anthropologisches Grundbedürfnis. Wer aufgeräumt hat, der wird auch innerlich zu einem „aufgeräumten Menschen". Das heißt nicht, dass jedes Klassenzimmer und jedes Lehrerpult den Ordnungserwartungen des Hausmeisters entsprechen müsste, sondern dass die Nutznießer (also die Schülerinnen und die Lehrerin selbst) einen Zustand als geordnet erleben.

Das Organisieren ist nichts anderes als komplexes Ordnen. Je unstetiger der Schulbetrieb ist, umso kostbarer wird diese Kunst[55]. Wo anerkannte Ordnungsstrukturen fehlen, brechen mühsam aufgebaute soziale und pädagogische Situationen immer wieder zusammen. Lehrerinnen, die nicht organisieren können, haben es deshalb besonders schwer. Es klingt überzogen und preußisch-konservativ, aber es ist etwas dran: Ordnung ist das halbe (Lehrerinnen-)Leben.

Mit Ordnungswünschen sind schon die größten Grausamkeiten, ja der Völkermord begründet worden. Deshalb sei angemerkt: Wir meinen keine tote, sondern eine lebendige Ordnung, die Spielräume herstellt, statt sie zu verbauen[56].

7. Reparieren

Weil die Lebensprobleme vieler Schülerinnen ihre Lernprobleme immer mehr überlagern, müssen die Lehrerinnen, ob sie wollen oder nicht, zunächst einmal die Sozialisationsdefizite der Schülerinnen auszugleichen versuchen. Dies nenne ich ein wenig despektierlich, aber dafür deutlich das Reparieren der sozialen Beziehungen. Das Wiederherstellen des Selbstvertrauens der Schülerinnen muss hinzu kommen.

Eine Schule, die diese Aufgabe ernst nimmt, kann dann streckenweise den Charakter einer Sozialstation erhalten. Und die Lehrerinnen einer solchen Schule fragen sich, ob sie noch als Lehrerin oder eher als Sozialarbeiterin und manchmal auch als *„streetworker"* fungieren: Sie kümmern sich um das geregelte Frühstück, sie klären, ob der abgehauene Vater Taschengeld für die Klassenfahrt zahlen muss oder nicht, sie kooperieren mit dem Jugendamt und gehen dem Verdacht auf sexuellen Missbrauch nach.

---

55 In der amerikanischen Literatur heißt dieses Tätigkeitsfeld „classroom management" (Doyle 1986).

56 Aron Bodenheimer hat deshalb ein beeindruckendes „Plädoyer für die Unordnung" (1994) geschrieben.

Weil das Reparieren immer wichtiger wird, sprechen Schulpädagogen und Schulpolitiker teils zustimmend (Struck 1994; 1995), teils polemisch (Kozdon 1993:183–190; Giesecke 1996) immer öfter von der „Sozialpädagogisierung der Schule“. Manche formulieren dies noch drastischer und sprechen von *Klempnerschulen*. Für diese Aufgabe ist freilich die Mehrzahl der jungen Lehrer und Lehrerinnen schlecht vorbereitet. Denn in der Lehrerausbildung kommen sozial- und sonderpädagogische Fragestellungen bis heute kaum vor. Eine Einführung in die Sozialpädagogik der Schule liefert Arnulf Hopf 1997.

5.3 Spezialisierungen: Klassenlehrer, Vertrauenslehrer, Beratungslehrer

Die eben aufgelisteten Tätigkeitsfelder bilden den Kernbestand der Lehrerinnenarbeit. Es gibt darüber hinaus an jeder Schule eine funktionale Ausdifferenzierung der Handlungsfelder, die dazu beitragen soll, den „Unternehmenszweck“, also die Bildung der heranwachsenden Generation, besser zu erfüllen. Ich spreche im Folgenden von „Spezialisierungen“ der Lehrertätigkeit.

- *Klassenlehrerin:* Die Führung einer Klasse gehört zu den – in der schulpädagogischen Literatur vernachlässigten – Kernaufgaben. Eine historische Herleitung, fundierte empirische Erhebungen und ein umfassendes schulpädagogisches Konzept für die Arbeit des Klassenlehrers finden Sie bei Lothar Martin (1996).
- *Tutorin:* Sie hat – insbesondere in der gymnasialen Oberstufe – Beratungs- und Leitungsaufgaben, die den Wegfall der Klassenlehrerin kompensieren sollen.
- *Vertrauens*- oder Verbindungslehrerin: Sie wird zumeist von der Schülervollversammlung gewählt und ist – je nach Situation und Amtsverständnis des Inhabers – „Puffer“ oder „Durchlauferhitzer“ für Lehrer-Schüler-Konflikte.
- *Beratungslehrerin:* Sie soll sowohl Schülerinnen, die in persönliche Krisen, Leistungstiefs usw. geraten sind, aufhelfen als auch die Schule insgesamt im Schulentwicklungsprozess unterstützen. Diese zweite Aufgabe ist jedoch schwieriger zu erfüllen; viele Beratungslehrer haben hierbei resigniert.
- *Schulentwicklungsmoderator:* Ein Lehrer, der nach einer speziellen Weiterbildungsmaßnahme eine Schule in ihrem Entwicklungsprozess berät.

Wie die Spezialisierungen „geschnitten“ werden, hängt von persönlichen Schwerpunktbildungen, von Vorlieben und Abneigungen und vom Profil der Schule ab. Eine Lehrerin kann auch mehrere Spezialisierungen in ihrer Person vereinen. Für viele Spezialisierungen gibt es durch Erlass genau umrissene Entlastungsstunden, z. B. für

- Personalratstätigkeit,
- Fachberatung Sport,
- Verkehrsobmann,
- schulische Gleichstellungsstellen,
- Schülerbibliotheksarbeit,
- Fachberatung Museumspädagogik,
- Fachberatung Theaterarbeit.

Ein Teil dieser Stunden wird zentral, also auf Landesebene oder durch die Bezirksregierungen vergeben, der größere Teil wird jeder Schule – je nach Größe unterschiedlich umfangreich – als „Anrechnungstopf“ zugewiesen. Dieser Stundentopf ist in den letzten Jahren in allen Bundesländern allerdings stark zusammengestrichen worden.

Die Stundenentlastungen machen die Spezialisierung attraktiv; sie sind zumeist entsprechend heiß umkämpft. Noch attraktiver sind für eine Auswahl von Lehrerinnen teilweise oder vollständige Abordnungen, z. B.:

- an eine Universität zur Unterstützung der Lehre,
- an ein Regionales Umweltzentrum,
- an die Bezirksregierung oder in das Kultusministerium,
- an ein Regionales Pädagogisches Zentrum,
- zur Mitwirkung an Modellversuchen,
- zum Aufbau eines Schulmuseums usw.

Die Spezialisierungen haben im Bewusstsein der Lehrerinnen einen sehr hohen Stellenwert. Es entstehen immer wieder „Selbstausbeutungsverhältnisse“, d. h., die Kolleginnen arbeiten um ein Vielfaches mehr, als sie dafür entlastet werden. Viele Lehrerinnen tun dies um der Sache willen. Andere verhindern dadurch einen Burnout. Dritte nutzen die Spezialisierung, um sich vom „Fußvolk“ abzugrenzen.

6. Umgang mit Ansprüchen an den Lehrberuf

6.1 Hartmut von Hentigs „sokratischer Eid“

Ganz oben in Abbildung 4.6 prangt der ethische Kode bzw. das Berufsethos[57] der Lehrerin. Es ist ein flüchtig' Ding und hat mit dem Beamteneid (s. o.) wenig gemein. Im Zentrum des ethischen Kodes steht vielmehr eine doppelte Denkfigur: einerseits das Eigenrecht der Schülerinnen, andererseits der Anspruch der Lehrerinnen auf einen sinnvollen, auch subjektiv befriedigenden Arbeitsplatz – und zwar um der Lehrerinnen selbst willen.

Hartmut von Hentig hat sich die Mühe gemacht, den ethischen Kode in die Form eines „sokratischen Eides“ zu bringen (vgl. von Hentig 1993:246 f.). Er rät jeder Lehrerin und jedem Lehrer, diesen Eid zu Beginn der Berufstätigkeit als Selbstverpflichtung einzugehen. Ich zitiere ihn im vollen Wortlaut:

57 Vom griechischen Wort „éthos“ (Gewohnheit, Sitte, Brauch).

Der sokratische Eid

Foto: dpa

Hartmut von Hentig

Als Lehrer und Erzieher verpflichte ich mich,

- die Eigenart eines jeden Kindes zu achten und gegen jedermann zu verteidigen;
- für seine körperliche und seelische Unversehrtheit einzustehen;
- auf seine Regungen zu achten, ihm zuzuhören, es ernst zu nehmen;
- zu allem, was ich seiner Person antue, seine Zustimmung zu suchen, wie ich es bei einem Erwachsenen täte;
- das Gesetz seiner Entwicklung, so weit es erkennbar ist, zum Guten auszulegen und dem Kind zu ermöglichen, dieses Gesetz anzunehmen;
- seine Anlagen herauszufordern und zu fördern;
- seine Schwächen zu schützen, ihm bei der Überwindung von Angst und Schuld, Bosheit und Lüge, Zweifel und Misstrauen, Wehleidigkeit und Selbstsucht beizustehen, wo es das braucht;
- seinen Willen nicht zu brechen – auch nicht, wo er unsinnig erscheint; ihm vielmehr dabei zu helfen, seinen Willen in die Herrschaft der Vernunft zu nehmen; es also den mündigen Verstandesgebrauch und die Kunst der Verständigung wie des Verstehens zu lehren;
- es bereit zu machen, Verantwortung in der Gemeinschaft und für diese zu übernehmen;
- es die Welt erfahren zu lassen, wie sie ist, ohne es der Welt zu unterwerfen, wie sie ist;
- es erfahren zu lassen, was und wie das gemeinte gute Leben ist;
- ihm eine Vision von der besseren Welt zu geben und die Zuversicht, dass sie erreichbar ist;
- es Wahrhaftigkeit zu lehren, nicht die Wahrheit, denn „die ist bei Gott allein".

Damit verpflichte ich mich auch,

- so gut ich kann, selber vorzuleben, wie man mit den Schwierigkeiten, den Anfechtungen und Chancen unserer Welt und mit den eigenen immer begrenzten Gaben, mit der eigenen immer gegebenen Schuld zurechtkommt;
- nach meinen Kräften dafür zu sorgen, dass die kommende Generation eine Welt vorfindet, in der es sich zu leben lohnt und in der die ererbten Lasten und Schwierigkeiten nicht deren Ideen und Möglichkeiten erdrücken;
- meine Überzeugungen und Taten öffentlich zu begründen, mich der Kritik – insbesondere der Betroffenen und Sachkundigen – auszusetzen, meine Urteile gewissenhaft zu prüfen;

- mich dann jedoch allen Personen und Verhältnissen zu widersetzen – dem Druck der öffentlichen Meinung, dem Verbandsinteresse, dem Beamtenstatus, der Dienstvorschrift –, wenn diese meine hier bekundeten Vorsätze behindern.

Ich bekräftige diese Verpflichtung durch die Bereitschaft, mich jederzeit an den in ihr enthaltenen Maßstäben messen zu lassen."

Der Eid geht zu Herzen. Aber Vorsicht ist geboten. Wer „entflammt" ist für seinen Beruf, kann auch „ausbrennen".

6.2 Einspruch

Ich habe die Koautorin Carola Junghans direkt nach ihrem Ersten Examen gebeten, den sokratischen Eid Hartmut von Hentigs für sich „kleinzuarbeiten", also auf realistische Maßstäbe zurückzuführen. Hier kommt ihre Antwort, die allerdings anders ausgefallen ist, als ich erwartet hatte:

Lieber Hilbert! 11.2.97

Du hast mir die Aufgabe gestellt, den sokratischen Eid von Hartmut von Hentig in meine eigene „Alltagssprache" umzutexten. Seit drei Tagen versuche ich krampfhaft, diese Aufgabe zu bewältigen. Leider muss ich dir sagen: Ich kann es nicht – und ich halte es nach reiflichem Überlegen auch nicht mehr für sinnvoll, deinen Auftrag zu erfüllen. Ich will dir erklären, warum.

Ich habe nicht etwa deshalb Probleme, weil mir keine „Verpflichtungen" einfielen. Im Gegenteil, es sind *viel zu viele*. Aber genau da sitzt der Knackpunkt. Es sträubt sich alles in mir, diese zu Papier zu bringen, weil ich mich schon bei der Vorstellung daran erschlagen fühle.

Du hattest ja gesagt, ich solle versuchen, Hartmut von Hentigs Ansprüche „auf den Boden zurückzubringen". Aber was ist der „Boden"? Du gingst davon aus, dass dies der verinnerlichte ethische Kode der Lehrerin sei. Mir ist das viel zu weit von mir entfernt. Der Boden, das bin doch *ich selbst*, mein ganzer Körper, meine Gefühle, Gedanken, Ängste und Schwächen! – Also das, was man landläufig unter „Lehrerpersönlichkeit" versteht.

Ihr Herren Hochschullehrer habt's da gut. Ihr seid etabliert und erfolgreich mit Euren pädagogischen Idealen. Großväterlich sitzt ihr in euren imaginären Schulklassen vor imaginären Schülern und seid langmütig und geduldig. Aber was mache *ich* als blutjunge Lehrerin, die mit Sicherheit wiederholt auf dem Bauch landen wird und zunächst einmal das Aufstehen lernen muss? Zugepflastert mit Idealen, denen ich kaum zu widersprechen wage, die für mich aber in dieser Situation unerreichbar sind, wird das Aufrappeln noch viel schwerer!

Ich bin ja bereit, Verpflichtungen einzugehen, aber ich brauche auch *Raum zum Lufthölen*, um die Ansprüche „auf die Reihe zu kriegen", die sich vor mir auftürmen – als Mutter, Ehefrau, Freundin, Schülerin, Tochter, Schwiegertochter, Enkelin und eben als Lehrerin, die die aus den Fugen geratene Welt für die Schülerinnen für ein paar Stunden jeden Tag wieder in Ordnung bringen soll.
In von Hentigs Eid fehlt mir ein wichtiges Element: die *Fähigkeit, mich abgrenzen* zu können, damit ich nicht den Boden unter den Füßen verliere! Ein „sokratischer Eid" ist bei der Ausübung der Lehrerarbeit als roter Faden sinnvoll, aber ich muss es auch *vor mir selbst* rechtfertigen, wenn ich die eingegangenen Verpflichtungen nicht einhalten kann.
Ich bezweifle, dass sich diese Spannung jemals auflösen lässt. Ich stelle aber auch in Frage, ob die formulierten Ideale überhaupt greifen *können*, wenn nicht die Lehrerin selbst in ihrer Persönlichkeit gestärkt wird.
Könntest du dir darum nicht einmal verstärkt Gedanken machen?

So long,

Deine Carola

Ich habe keine schnelle Antwort auf Carolas Bitte. Die Ansprüche, die die Gesellschaft heute an Lehrerinnen stellt, sind in der Tat happig – und sie wachsen eher noch weiter an, als dass sie sänken. Sie sind im wahrsten Sinne des Wortes unermesslich geworden, während die Erfolge der Arbeit erstens begrenzt und zweitens selten oder nie mit Eindeutigkeit zu erkennen sind[58].

These 4.17: Eine Lehrerin weiß nie, ob sie genug getan hat.

Das satte Gefühl der Zufriedenheit mit den eigenen Leistungen stellt sich im Lehrerberuf spät oder gar nicht ein. Denn es ist so schwer zu erkennen, was die Schülerinnen aus eigener Kraft und was sie auf Grund der Hilfestellungen der Lehrerin gelernt haben. Dies hängt mit der in der Ersten Lektion erörterten Dialektik des Lehrens und Lernens zusammen:

- Gerade leistungsstarke (männliche) Schüler haben oft das Gefühl, den eigenen Lernfortschritt primär der eigenen Leistungsfähigkeit zuschreiben zu können. Sie emanzipieren sich von ihren Lehrerinnen, und das ist gut so[59].

58 Vgl. Flaake (1989:116 f.); auch Studentinnen, Hausfrauen und Mütter können unter diesem „Unermesslichkeits-Syndrom" leiden.

59 Die Arbeitsgruppe Schulforschung (1980) ist der Frage nachgegangen, wie sich Schüler einerseits, Lehrer andererseits den Erfolg und Misserfolg einzelner Schüler erklären. Die empirische Studie ergab, dass sie in wichtigen Punkten genau entgegengesetzte Erklärungsmuster hatten: Lehrer machten für Schwierigkeiten primär das soziale Umfeld der Schüler verantwortlich – die Schüler dagegen das methodische Geschick bzw. Ungeschick der Lehrer (vgl. auch Hurrelmann/Wolf 1986).

- Mädchen sind da viel sensibler und behutsamer. Ihnen kommt das Selbstvertrauen, das sie im Kindesalter noch haben, im Verlauf des Aufwachsens allzu oft abhanden. An diesem Prozess dürfte die „Männerschule" erheblichen Anteil haben (vgl. Horstkemper 1987; Kreienbaum 1992).

Es gehört zum Aufwachsen dazu, sich seiner eigenen Kräfte bewusst zu werden. Deshalb ist Dankbarkeit älterer Schüler gegenüber ihren Lehrern auch eher selten; mindestens so oft machen sie sich zum Richter[60].

Was folgt aus Carolas Einspruch für unseren Versuch, die Handlungskompetenzen von Lehrerinnen zu bestimmen? Ich schlage vor, die Liste der Teilkonstrukte aus Abbildung 4.6 zu ergänzen, und zwar um die Fähigkeit sich abzugrenzen und so etwas wie eine Anspruchsökonomie zu entwickeln:

Abbildung 4.7: Anspruchsökonomie

- Ein Problem, das ich nicht lösen kann, darf ich nicht zu meiner eigenen, höchst persönlichen Sache machen!
- Probleme, die ich lösen könnte, die aber aus Zeit-, Kraft- oder Zuständigkeitsgründen de facto nicht durch mich gelöst werden können, darf ich ebenso wenig zu meiner Sache machen.

Der ökonomische Umgang mit den eigenen Kräften und das Sich-Abgrenzen-Können müssen gerade von Anfängerinnen erlernt werden – so, wie das Wiebke Willerich auf Seite 151 vor Augen geführt hat.

These 4.18: Wer nicht gelernt hat, sich abzugrenzen, wird zur hilflosen Helferin.

6.3 *Burnout, Zynismus und ein guter Rat*

Viele Lehrer und Lehrerinnen fühlen sich durch die Ansprüche ihres Berufs chronisch überfordert und reagieren mit psychosomatischen Störungen, die oft genug bis zur Dienstunfähigkeit führen (siehe Abschnitt 1.2 dieser Lektion). Der Fachbegriff dafür lautet *Burnout*. Er scheint die Lehrerinnen häufiger als

60 Die Abi-Rede von Seite 97 f. liefert ein Beispiel; vgl. auch Loch (1979:95–97).

Angehörige anderer Berufsgruppen zu treffen. Anne-Rose Barth (1992) schätzt, dass in Deutschland – auch nach strengeren medizinisch-psychologischen Kriterien – 25 Prozent der Lehrerschaft daran (in unterschiedlicher Intensität) leiden. Das sind erschreckend viele.

Der Begriff Burnout ist inzwischen in die Alltagssprache von Lehrerinnen eingegangen. Er wird oft schon dann benutzt, wenn man/frau „keinen Bock mehr hat",„reif für die Insel" ist oder total frustriert in die Frühpensionierung gegangen ist[61]. Aber das ist nicht gemeint. Es handelt sich um eine sehr *ernste psychische Erkrankung*, die durch Depersonalisation, emotionale Erschöpfung und stark reduzierte Leistungsfähigkeit gekennzeichnet ist.

Es gibt typische Verläufe des Burnout. Ich zitiere die Zusammenfassung des Forschungsstandes bei Bauer/Kopka/Brindt (1996:20):

„Oft verläuft der Berufseinstieg zunächst viel versprechend. Mitarbeiter fühlen sich unentbehrlich, leisten freiwillig unbezahlte Mehrarbeit, leben ganz für ihre Klienten – als Lehrer eben für ihre Schüler. Es folgt eine Phase der Desillusionierung. Pädagogen gehen auf Distanz zu ihren Klienten, benutzen Stereotypen zur Klassifizierung und rufen angesichts von Widerständen nach Sanktionen. In der nächsten Phase treten dann Depressionen und heftige Aggressionen auf, die sich manchmal gegen das System, manchmal auch gegen einzelne Interaktionspartner richten. Aggressionen richten sich in vielen Fällen auch gegen das Selbst und äußern sich in psychosomatischen Beschwerden oder selbstschädlichen Handlungen.
Begleiterscheinungen und Ausdrucksformen der Depression sind Humorlosigkeit, reduzierte Selbstachtung, Bitterkeit, ein Gefühl von Leere, Ohnmachtsgefühle und schließlich Apathie.
Die emotionale Erschöpfung geht einher mit einem Abbau der kognitiven Leistungsfähigkeit, die sich in Ungenauigkeit, Desorganisation, Unfähigkeit zu klaren Anweisungen und Gedächtnisschwäche manifestiert. Motivation und Kreativität gehen verloren. Die betroffene Person entwickelt keine arbeitsbezogenen Fantasien mehr und verhält sich unflexibel. In schweren Fällen kommt es zu einer Verflachung des emotionalen Lebens. Informelle soziale Kontakte werden reduziert, einst sorgsam gepflegte Interessengebiete einfach aufgegeben.
Die betroffenen Menschen geraten in einen Teufelskreis sich selbst verstärkender negativ erlebter Erfahrungen. Begleiterscheinungen dieses Prozesses sind psychosomatische Reaktionen wie Immunschwäche, Schlafstörungen, Atembeschwerden, Muskelverspannungen, Rückenschmerzen, nervöse Ticks, Magen-Darm-Geschwüre und zunehmende Abhängigkeit von Alkohol, Kaffee, Nikotin. Im Endstadium treten Hoffnungslosigkeit, ein Gefühl der Sinnlosigkeit, Selbstmordabsichten und Verzweiflung (Burisch 1994) auf."

---

61 Autobiografische Berichte zu burnout-ähnlichen biografischen Entwicklungen enthält der Band „Lehreralltag – Alltagslehrer" (Rösner/Böttcher/Brandt 1996, passim).

Die Autoren betonen aber, dass es keinen Automatismus im Verlauf einer solchen Erkrankung gibt. Und sie vermuten, dass eine Variante des Burnout der „beruflich erworbene Zynismus“ von Lehrerinnen ist:

„Zyniker sind häufig arbeitsfähig und kommen mit beruflichen Anforderungen zurecht. Ihre Aggression äußert sich darin, dass sie berufliche Werte, die sie ursprünglich verehrt und dann aufgegeben haben, nun bei anderen bekämpfen. Sie wirken motivationsdämpfend auf ihre Umgebung, wobei es ihnen selbst vergleichsweise gut gehen kann.“ (Bauer/Kopka/Brindt 1996:20/21)

Zyniker sind Ihnen – also jungen Lehrerinnen gegenüber – zumeist argumentativ, aber nicht moralisch überlegen. Ich schließe mich deshalb Ulrike Handke (1997:25) an und empfehle Ihnen: Meiden Sie als Anfängerinnen diese Menschen!

Beide Verläufe – Burnout und Zynismus – stellen für die betroffenen Schülerinnen (und natürlich auch für die Lehrerinnen) eine Katastrophe dar. Deshalb muss alles getan werden, um solche Entwicklungen in den Frühphasen der beruflichen Sozialisation zu korrigieren. Dies stellt sowohl für den Dienstherrn wie für jede einzelne Lehrerin eine wirkliche Herausforderung dar. Der Dienstherr hat dafür zu sorgen, dass nicht-krankmachende Arbeitsplätze geschaffen werden (und da gibt es dringlichen Handlungsbedarf). Und die Lehrerin sollte bereit sein, an sich selbst zu arbeiten.

6.4 „Arbeit an mir selbst“ – schon im Studium und Referendariat

Niemand hat schon bei Studienbeginn eine entfaltete Lehrerinnenpersönlichkeit vorzuweisen (es sei denn, dass sie bzw. er schon vorher in einem pädagogischen Berufsfeld gearbeitet hat). Vielmehr sind Studium und Praxisphasen ja gerade dazu da, bei der Entwicklung der Handlungskompetenz, des Selbstvertrauens und der Selbstkritik zu helfen. Und diese Erwartung ist auch durchaus realistisch. Ein Lehramtsstudium bietet gute Chancen zur Entwicklung der eigenen Persönlichkeit. Dies heißt nicht, dass es sich um eine Dienstleistung handelte, die Ihnen die Hochschule auf dem silbernen Tablett entgegenbrächte. Im Gegenteil: Die Hochschulen sind groß und anonym geworden. Kein Mensch zwingt Sie, an die Arbeit zu gehen. Es gibt tausend Nischen und Fluchtwege und kaum Zwischenkontrollen. Sie müssen also selbst darum kämpfen, dass die Universität ihre Bildungsmächtigkeit auch Ihnen gegenüber zeigt. Sie müssen sich Kontakte zu Kommilitoninnen erarbeiten, Arbeitszusammenhänge zu den Hochschullehrern suchen (und nicht nur jammern, dass alles so schrecklich überfüllt sei). Auch an Universitäten gibt es Inseln der Humanität. Aber die muss man/frau suchen!

Was heißt, an sich selbst zu arbeiten? – Ich kann gar nicht alles aufschreiben, was mir auf der Stelle dazu einfällt:

- Sie sollten sich z. B. mit dem für den Lehrerinnenberuf höchst wichtigen Thema *„Körpersprache"* auf wissenschaftlicher Grundlage[62] beschäftigen, aber auch so schlichte Dinge tun, wie die Rechtschreibung zu verbessern ...
- *Stille Schülerinnen* gibt's auch an der Uni! Stillsein ist eine Tugend, aber nicht in jeder Lehr-Lernsituation! Die Uniseminare bieten tausend Möglichkeiten, sich hinter der Vorderfrau zu verstecken. Sie sollten, wenn Sie zu dieser Sorte Mensch zählen, üben, sich gezielt und unaufdringlich in den Vordergrund zu schieben[63].
- *„Arbeit im Team"* – Viele kommen leider ohne Team-Kompetenzen von der Schule an die Uni. Das Lehramtsstudium bietet in dieser Hinsicht allerbeste Lerngelegenheiten – Sie müssen sie nur ergreifen!
- Sie sollten lernen, *Sitzungen zu leiten*, Gesprächslisten zu führen, im richtigen Augenblick auf das Dokumentieren von Ergebnissen zu drängen. Sie sollten wissen, was ein Geschäftsordnungsantrag ist und wie man damit umgeht – wie sonst wollen Sie später mal als Rektorin eine Konferenz leiten?

Ich komme zum Schluss: Sie sollten sich fragen, *warum* Sie den Lehrerberuf ergreifen wollen. Sie sollten klären, welche Ansprüche Sie an sich selbst stellen und was Sie sich davon versprechen, ein Leben lang Schülerinnen zu unterrichten. Und Ihre Antworten sollten Sie ehrlich auf ihre Tragfähigkeit hin überprüfen.

Carola Junghans: Was meinst du mit *„Ansprüche klären"*? Forderst du Supervision oder eine Lehranalyse für jede Lehramtsstudentin? Das fände ich gar nicht schlecht. Denn es ist ganz schön schwer herauszufinden, welche Ansprüche an mich selbst ich tatsächlich habe.

Antwort: Ja, es muss im Lehramtsstudium und in der Schule zu einer Selbstverständlichkeit werden, supervidiert zu werden. Da sind uns die sozialpädagogischen Einrichtungen um Jahrzehnte voraus. Ob jeder/jede eine Lehranalyse machen muss, ist schwerer zu beurteilen. Ich denke eher, dass dies den Fachleuten vorbehalten bleiben sollte. Aber jede Lehrerin muss wissen, was Psychotherapie leisten kann, damit sie deren Hilfen gegebenenfalls für sich oder einzelne Schülerinnen in Anspruch nehmen kann.

Carola: Das hört sich gut an, aber was es nicht gibt, kann ich auch nicht in Anspruch nehmen! – Um diese sinnvolle Forderung für *alle* Lehramtsstudentinnen zu ermöglichen, müsste zunächst die Lehrerausbildung grundlegend reformiert werden!

---

62 Ich empfehle das Buch: Heinz Rosenbusch/Otto Schober „Körpersprache in der schulischen Erziehung" (1995) und warne vor Autoren wie Samy Molcho (1983/1996). Er ist sicherlich ein begnadeter Pantomime, aber er transportiert mit seinen Fotos ein machohaftes Menschenbild, das für den Lehrerberuf ungeeignet ist.

63 Vgl. Dählmann u. a. (1996).

Exkurs: Was ist eine gute Lehrerin?

Wir hatten Sie im Abschnitt 1.3 dieser Lektion gebeten, eine Definition für „gute Lehrerin/guter Lehrer“ abzugeben. Diese Frage soll nun wieder aufgenommen werden – und zwar durch die Gegenüberstellung eines Katalogs und zweier Briefe zum Thema.

Im Abschnitt A finden Sie einen im Anschluss an einen Vortrag von Gerold Becker[64], Berlin, aufgestellten Katalog jener Tugenden, die eine gute Lehrerin auszeichnen. Im Abschnitt B folgt ein geharnischter Protest von Dorothea Vogt, im Abschnitt C meine Antwort auf diesen Protest. Der Disput ist nicht erfunden; er hat sich ungefähr so in der diesem Buch zugrunde liegenden Vorlesung abgespielt.

A Ein erster Tugenden-Katalog

- **Eine gute Lehrerin ist gesund und belastbar!**
  Vielleicht irritiert es Sie, dass dieses von Gerold Becker an die oberste Stelle gesetzte Merkmal auch von mir als Erstes genannt wird. Aber wenn ich mir anschaue, wie viele Lehrerinnen vorzeitig pensioniert werden, wie viele oft krank sind (und dadurch ihre Kolleginnen mitbelasten), wie viele schwänzen, so gewinnt dieses Merkmal an Gewicht! Es wird physisch und psychisch immer anstrengender, den Lehrerberuf auszuüben. Wer heute Lehrerin werden will, sollte dies bedenken!
- **Eine gute Lehrerin ist neugierig auf Schüler!**
  Sie geht auf Augenhöhe mit den Schülern. Wer nur neugierig auf die Inhalte ist, sollte Bibliothekar, Dolmetscher oder Wissenschaftler werden. Für den Lehrerinnenberuf reicht dieses Motiv nicht aus! Ich muss Spaß daran haben, wie sich Kinder und Jugendliche entwickeln! Und ich muss mich freuen können, wenn sie sich von mir emanzipieren!
- **Eine gute Lehrerin hat Humor!**
  Dass mit Humor nicht Witzereißen gemeint ist, dürfte klar sein! Humor ist tief in der Persönlichkeitsstruktur eines Menschen verankert, aber nicht angeboren, sondern – ebenso wie Zynismus – eine *erlernbare* Tugend, die dann erreicht ist, wenn ich über mich selbst lachen kann, auch einmal Fünfe grade sein lassen kann und den Schülerinnen die richtige Mischung von Leistungserwartung und Toleranz signalisiere.
- **Eine gute Lehrerin ist Fachfrau für die Gestaltung von Lehr-Lernsituationen.**
  Sie weiß, dass die Sachlogik eines Problems nicht mit dessen Lehrlogik identisch ist! Sie arbeitet an ihrer Handlungskompetenz und sie nimmt ihre Schülerinnen ganzheitlich und nicht nur als Lernmaschinen wahr. Sie beteiligt sich an der Gestaltung des Schullebens, z. B. am Aufbau eines Lernorte-Netzes oder an der Organisation der schulinternen Fortbildung. Und sie ist selbstkritisch; sie weiß, dass zwischen ihren guten *Absichten* und den Lern*erfolgen* der Schülerinnen Welten liegen können.

64 Am 30.05.1995 auf einem GEW-Kongress zur Lehrerbildung im Curio-Haus in Hamburg; in einem andernorts veröffentlichten Vortrag zum selben Thema entwickelt der Autor ein komplexeres Modell (Becker 1996).

Vielleicht hat es Sie beim Lesen dieses Katalogs überrascht, dass das Kriterium „fachwissenschaftliche Kompetenz“ fehlt! Ich habe dieses Merkmal absichtlich weggelassen – nicht, weil ich Fachkompetenz für unnütz hielte, sondern weil ich die Erfahrung gemacht habe, dass fehlende Fachkompetenzen – guten Willen vorausgesetzt – eher zu kompensieren sind als Defizite im didaktisch-methodischen Bereich und in der Persönlichkeitsstruktur.

B Dorothea Vogts Einspruch

Lieber Hilbert!

So geht das nun wirklich nicht!

(1) Es ist ja schön, wenn ein Lehrer gesund ist, aber das ist keine Tugend, sondern Fügung. Wenn du diese Forderung an die erste Stelle deines Kataloges setzt, so leitet sie ungewollt Wasser auf die Mühlen derjenigen, die gegenwärtig den Berufsstand der Lehrerinnen schlecht machen: „Großverdiener", „Schulstunden sind nicht einmal ganze Stunden", „zu viel Ferien", „Halbtagsjob", „Schmarotzer" und „faule Säcke" – das bekommen wir Lehrerinnen täglich zu hören. Daraus werden dann Forderungen abgeleitet wie die Heraufsetzung der Pflichtstundenzahl, Verlängerung der Lebensarbeitszeit, Fortbildung in den Ferien, ja sogar unbezahlte Mehrarbeit. Deine Forderung hält, wenn sie umgesetzt würde, die Arbeitslosenzahlen hoch und führt zur noch größeren Überalterung der Kollegien.

(2) An vielen Schulen arbeiten körperbehinderte Kolleginnen und Kollegen; oft haben sie aber nicht den Beamtenstatus inne, weil der Staat sie von vornherein nur als Angestellte einstellt, um finanzielle Belastungen bei Krankheit, Kur oder bei Pflegebedürftigkeit zu vermeiden. Natürlich sind behinderte Lehrerinnen nicht „krank", oft genug werden sie aber als krank (= minderwertig) angesehen und erleben wie andere Behinderte in der Gesellschaft eine soziale Diskriminierung. Ich fordere: Körperbehinderte Lehrerinnen sollten denselben Status wie ihre nichtbehinderten Kolleginnen genießen. Sie haben das Recht auf eine besondere Fürsorge durch den Dienstherren. – Also nochmal: Warum steht der Punkt „Gesundheit" bei dir an so exponierter Stelle? – Auch Zahnmediziner, Finanzbeamte, Metallfacharbeiter und Straßenbahnführer … sollten gesund sein!

(3) Warum sind denn so viele Lehrerinnen krank? Doch nicht, weil sie Spaß daran hätten oder sich vor der Arbeit drücken wollen, sondern weil Schule heute in vielen Bereichen so konstruiert ist, dass sie krank macht. Ich finde, die Aufnahme der Forderung, gesund zu sein, lenkt von den Pflichten des

Dienstherren ab, dafür zu sorgen, dass Lehrerinnen Verhältnisse vorfinden, die es ihnen erlauben, ein (Berufs-)Leben lang zu unterrichten, ohne auf halber Strecke ausscheiden zu müssen. (Natürlich meine ich nicht die bequemen unter den Kollegen, die nur in Ruhe gelassen werden wollen; z. B. den, der schon morgens mit dem Surfbrett auf dem Autodach zur Schule kommt, oder die Kollegin, die sich nachmittags um drei mit den Worten „Wer stört denn da?" am Telefon meldet.)

(4) Dein Tugendkatalog ist ein *Heile-Welt-Katalog* für den unpolitischen Lehrer! Hauptsache, Lehrer und Schüler fühlen sich wohl – was drumherum passiert, wird nicht in den Blick genommen! Was folgerst du denn aus Tugend Nr. 1? Willst du körperbehinderte Lehrerinnen aus der Schule ausschließen? Sollen Lehrer, die – aus welchen Gründen auch immer – in eine Lebenskrise geraten, entlassen werden? Sollen in Zukunft nur noch Nichtraucherinnen und durchtrainierte Fahrradfahrer eingestellt werden?

(5) Der zweiten und dritten Tugend aus deinem Katalog kann ich voll zustimmen; ich würde aber den dritten Punkt dem zweiten zuordnen und beide noch ergänzen: Neugierig auf Kinder und Jugendliche zu sein reicht nicht aus. Ich muss als Lehrerin auch neugierig sein auf ihr Zuhause, ihre Eltern, Freunde, ihr ganzes Umfeld. Ich muss mich für sie *als ganze Person* interessieren und darf mich dabei dennoch nicht aufdrängen. Dazu gehört, dass ich Humor habe; Humor ist kein Extrapunkt. Er gehört zur Neugier dazu; denn diese setzt ja Freundlichkeit, Gelassenheit, Nähe wo nötig, aber auch Abstand und Kritikfähigkeit an der eigenen Person voraus. Ich will Kinder und junge Menschen nicht nur einfach *überstehen*, sondern sie *erleben*.

(6) Mir fehlt noch eine weitere Tugend, die du – typisch Theoretiker – unterschlagen hast. Ich muss auch *Grenzen zeigen* können. Ich muss mich auch trauen, den Schülerinnen zu sagen: „Ihr nervt! So geht das nicht weiter!" Und ich will Schüler nicht immer „da abholen" müssen, „wo sie stehen", sondern sie auffordern, sich einen Schritt auf mich zuzubewegen, sich einzulassen auf mein Angebot und einen eigenen, unverwechselbaren Beitrag zu leisten. Letzten Endes kann eine ernstzunehmende Lehr-Lern-Situation nur auf gegenseitiger Forderung und Förderung beruhen – schön gesagt, aber nicht leicht zu bewerkstelligen! Denn ich sehe oft an jungen Kolleginnen, dass sie das nicht können.

(7) Du hast schon selbst angemerkt, dass *Fachkompetenz* als Eigenschaft einer guten Lehrerin in deiner Auflistung – sogar mit Absicht – weggelassen ist. Das geht nicht! Defizite in diesem Bereich können niemals gegen andere Tugenden und Kompetenzen verrechnet werden. Es stimmt auch nicht, dass sie leichter als Defizite im didaktisch-methodischen Bereich zu kompensieren sind. Eine gute Lehrerin muss ihr Fachgebiet zu jeder Zeit beherrschen und

sich stets auf dem Laufenden halten. Eine didaktisch noch so klug aufgebaute Unterrichtsstunde nützt nichts, wenn sich der Schüler in einer Sackgasse wieder findet, weil ihn die Lehrerin im Unklaren gelassen oder sogar auf Grund fachlicher Fehler in die Irre geführt hat.
Die Fachkompetenz zu betonen heißt nicht, die Schüler mit Fachwissen zu überhäufen. Niemals wird eine Lehrerin ihr *gesamtes* Wissen an die Schüler vermitteln wollen, aber in ihrer Unterrichtsvorbereitung, beim Auswählen und Schwerpunktesetzen wird sie immer die Hintergründe dessen mitbedenken, was sie vermittelt. Hinzu kommt, dass sie die Bildungsbedürfnisse von Heranwachsenden immer ernster nehmen muss, zugleich sich aber noch konsequenter als früher um die Spezialisierung ihrer Schülerinnen kümmern sollte. Beides zusammen erfordert ein hohes Maß an fachlicher und fächerübergreifender Kompetenz und gleichzeitig Professionalität in der Gestaltung von Lernsituationen.

(8) Zum Schluss fehlt mir eine ganz wichtige Eigenschaft, die ich – wenn überhaupt – an die erste Stelle des Katalogs setzen würde: Eine gute Lehrerin ist bereit, immer wieder weiterzulernen und zwar a) bezogen auf ihre Fachkompetenz, b) bezogen auf ihr didaktisch-methodisches Können, c) bezogen auf ihre sozial- und sonderpädagogischen Kompetenzen, schließlich d) im Blick auf die Bereitschaft, sich an Innovationen ihrer Schule zu beteiligen. In der aktuellen Umbruchsituation des Lehrerberufs gibt es deshalb nichts Wichtigeres als eine ständige berufsbegleitende Fortbildung!
Die gute Lehrerin sollte sich auch in *bildungs- und schulpolitische Diskussionen* einmischen, eigene Haltungen und Forderungen dazu entwickeln und mutig dafür einstehen. Schließlich ist Schule ein Arbeitsplatz wie andere auch, und über die Bedingungen dort haben die „Arbeitnehmer" ein Wörtchen mitzureden. Lehrerinnen haben legitime eigene Interessen – die müssen sie nicht immer und ewig aus denen ihrer Klientel ableiten!
Damit bin ich wieder am Anfang meines Einspruchs angelangt, Hilbert: Eine gute Lehrerin *kämpft* auch für bessere Bedingungen an ihrem Arbeitsplatz, damit sie nicht krank wird!

Ich habe mit Karsten Friedrichs Hilfe eine Zeichnung angefertigt, in der „meine" bevorzugten Tugenden aufgelistet sind. Darin verzichte ich aber auf jede Prioritätensetzung. Man darf die Tugenden nicht nach wesentlich und unwesentlich sortieren – sie gehören zusammen:

eine gute Lehrerin hat:

Nichts für ungut,

Deine
Dorothea

C Hilberts Antwort

Oldenburg im Oktober 1996

Liebe Dorothea:

Ich gebe zu: Dein Tugendenkatalog ist wirklich durchdachter! Insbesondere die Bemerkung, der Katalog sei „unpolitisch", hat mich getroffen, weil ich da einen blinden Fleck im Denken hatte. Zur Tugend Nr. 1 kann ich nur anmerken, dass ich nicht die physische, sondern die *psychische* Gesundheit meinte. Der Dienstherr hat eine Fürsorgepflicht, na klar. Aber die ist nichts wert, wenn die Lehrerin nicht selbst auf ihre Gesundheit Wert legt. Inzwischen haben mich auch andere Studentinnen, Referendarinnen und Kolleginnen auf diese Tugend Nr. 1 angesprochen. Also: Ich ziehe dieses erste Kriterium für „gute Lehrerin" zurück.

Die Forderung, fachwissenschaftliche Kompetenz und pädagogisches Können *auszubalancieren*, finde ich gut. Das Polarisieren der Ansprüche hilft in der Tat nicht weiter. Mir fiel beim Lesen deines Textes ein Streitgespräch ein, das ich mit einem stellvertretenden Seminarleiter hatte. Er beklagte, dass ich die Rolle der Fachwissenschaften zu gering ansetze. Und er endete mit dem Satz: „Herr Meyer, wenn zu uns ein junger Mensch ins Referendariat kommt und er beherrscht sein Fach nicht, dann kann er Selbstmord machen!" Ich habe dem Kollegen geantwortet: „Und wenn er nichts von Pädagogik versteht, dann können die Schüler Selbstmord machen." – Aber wie gesagt, dieses Polarisieren ist falsch. Beides tut Not!

Und noch ein neuer Punkt: An der Summerhill-Schule in England ist es üblich, neu aufzunehmende Kollegen und Kolleginnen beim Einstellungsgespräch zu fragen, welches *Hobby* sie haben: Gibt es irgendetwas, was du gut kannst und was dein Leben und vielleicht auch die Schulgemeinschaft bereichern könnte? Das würde ich meinem Katalog gern anfügen: Ein guter Lehrer ist nicht *nur* Lehrer.

Die Forderung, zum lebenslangen (Weiter-)Lernen bereit zu sein, hatten Gerold Becker und auch ich schlicht vergessen. Deshalb stimme ich dir auch in diesem Punkt zu. Es gibt keine geborenen Lehrer und Lehrerinnen. Lehrerinnen werden erzogen wie andere Menschen auch! Wenn ich vor eine Klasse trete, muss ich meine eigene Schülerzeit verdaut haben und wissen, was ich den Schülerinnen beibringen will.

Herzlich,

Dein Hilbert

Fünfte Lektion: Hausmeister, Schulleiter & Co.

1. Hausmeister[1]

Vorweg: In der schulpädagogischen Literatur kommt der Hausmeister so gut wie überhaupt nicht vor[2]. Aber in Alltagsgesprächen von Lehrerinnen und in empirischen Studien zum Referendariat ist immer wieder zu lesen, dass er an einzelnen Schulen eine herausragende Rolle einnehmen kann[3]. Deshalb beginnt diese Lektion zum „weiteren Personal“ mit dieser wichtigen Figur!

1.1 Feindbild – Freundbild

Jeder, der einmal Schüler oder Schülerin war, hat ihn noch in Erinnerung: zumeist von mittlerem Alter, grauer Kittel oder blaue Latzhose, unverhofft an Plätzen auftauchend, wo man lieber unter sich geblieben wäre, gravitätisch

1 Die eigentlich fälligen Analysen zum Schulassistenten und zur Schulsekretärin entfallen aus Platzgründen. Eine gute Sekretärin hat entscheidenden Einfluss auf das Schulklima. Sie kanalisiert die Kommunikation, sie ist Nothelferin für viele und sozialer Kitt für alle. Eine Arbeitsplatzbeschreibung bei Bessoth/Brand u. a. (1992).

2 Ich habe nur eine einzige Monografie zum Thema gefunden: Hönig (1982).

3 Auch bei Schulleiterfortbildungen gehört das Klagen über den Hausmeister zum Standardrepertoire. Nicht immer, aber hin und wieder ist dies eine Folge von Standesdünkel.

den Raum füllend oder eher wie „Schmidtchen Schleicher“ einher schreitend. Unzählige seiner Sprüche sind noch im Kopfe, z. B.: „Ich und der Herr Direktor haben beschlossen, dass ab 11 Uhr hitzefrei ist.“

Es gibt liebevolle Anekdoten und wilde Geschichten über das Verhalten von Hausmeistern. Dabei kehrt ein Punkt immer wieder: Hausmeister haben manchmal ein geradezu narzisstisches Verhältnis zu den Räumen und Gebäuden der Schule. Eine Lehrerin aus einer fernen Großstadt berichtet:

„Unser Hausmeister, Herr Schwarz, ist von Beruf Maler, 55 Jahre alt, seit 15 Jahren an unserer Schule. Er wohnt in der Dienstwohnung auf dem Schulgelände. Seine Frau regiert im Hintergrund mit und schimpft auf die Lehrer. Wenn du von ihm etwas erledigt haben willst, musst du vorher genau überlegen, ob das nicht „unter seiner Würde" sein könnte. Plakate im Treppenflur aufhängen ist unter seiner Würde, Ausbesserungsarbeiten an der Klassenraumdecke auch. Botengänge zur Stadtverwaltung und Privatgeschäfte am Schülerkiosk sind nicht unter seiner Würde. Seit einem dreiviertel Jahr renne ich hinter ihm her, weil einige meiner aufgeschossenen Jungs größere Stühle und Tische benötigen. Meinst du, der hätte sich das auch nur einmal angeschaut!?
Das Auffälligste an ihm ist sein *Schlüsselfimmel*. Er schließt alles ab, was er nur irgendwie erreichen kann. Kürzlich hat er den Schrank im Konrektorzimmer abgeschlossen, und wir kamen nicht mehr an das Kopierpapier heran. Mit dem Argument, dass in eine Innenstadtschule zu häufig Einbrecher kommen, haben wir eine Zentralverriegelung erhalten. Wochentags ab 18 Uhr und an Wochenenden kommt nur noch die Schulleiterin mit ihrem Zweitschlüssel in das Gebäude. Wenn ich am Wochenende etwas in der Schule erledigen will, geht jedes Mal eine elende Telefoniererei und Bettelei los, um in die eigene Schule zu kommen.
Herr Schwarz hat einen *unersättlichen Raumbedarf*. Eine Fläche nach der anderen schneidet er sich in Salamitaktik heraus: Erst den ganzen Dachboden – den braucht er für irgendetwas, aber frag' mich nicht, wofür. Dann die Hälfte des Kellers. Jetzt will er den nächsten Kellerraum haben, um eine abschließbare Werkstatt einzurichten. Kürzlich fehlte der große Schraubstock aus dem Werkraum der Schüler. Wo war er? Beim Hausmeister!
Herr Schwarz *hört nur auf die Rektorin*, auf keinen sonst. Wenn *wir* mit irgendeinem Wunsch kommen, geht's zum einen Ohr rein, zum anderen wieder aus. Also muss ich wegen jedem Kinkerlitzchen zur Rektorin dackeln[4]. Die schimpft dann, dass sie mit ihrer Arbeit nicht nachkommt."

4 Dies entspricht der Rechtslage: Nur der Rektor ist Dienstvorgesetzter des Hausmeisters.

Ein Gegenbild liefern Hausmeister Klaus-Dieter Szag und seine Frau Elke von der Vollen Halbtagsgrundschule Ofen bei Oldenburg:

Ich (H. M.) komme auf den Schulhof und frage *zwei Lehrerinnen*, die Pausenaufsicht führen, ob der Hausmeister da ist und wie sie ihn beurteilen:

„Unser Hausmeister ist das Tollste, was ich je erlebt hab! So etwas von freundlich! Und er geht wirklich auf die Bedürfnisse der Schüler ein! Seine Frau ist genauso. Ich kann mich nicht entsinnen, dass es jemals Ärger gab.

Herr Szag ist ja Bienenzüchter und Mitglied der Freiwilligen Feuerwehr. Da kannst du dir ausrechnen: Keine Lehrerin lässt diese beiden Themen im Sachunterricht aus. Dann kommt er mit schwerem Gerät auf den Schulhof, legt ein Feuer, löscht es wieder, lässt die Kinder auf der Spritze mitfahren. Er hat extra für uns einen Bienenschaukasten angefertigt. Wir haben neben der Küche einen richtigen Backofen, auch den hat er gebaut.

Wir sind eine Schule mit Öko-Schwerpunkt. Ohne Ehepaar Szag ginge das gar nicht."

Ich gehe zum *Schulleiter* und frage ihn: „Warum loben alle den Hausmeister?" Herr Vogt:

„Er denkt mit bei allem, was man ihm anträgt. Und dann kommt er sofort oder spätestens am nächsten Tag mit einer Idee, wie das Problem gelöst werden könnte. Ohne ihn könnten wir unseren Öko-Schwerpunkt überhaupt nicht umsetzen. Herr Szag und seine Frau, die identifizieren sich wirklich mit unserer Schule!"

Ich frage Frau Szag, wie sie sich in der Schule fühlt:

„Wir sind sehr gerne hier, auch weil wir *beide* an der Schule arbeiten können[5]. Wir haben einen guten Schulleiter. Er geht auf unsere Belange ein, er hat Verständnis für Technik und verlangt nichts Unmögliches. Und das Kollegium lässt uns spüren, dass wir dazugehören. Wir machen bei allen Feiern mit. Wir sind nichts Niederes."

Von solchen Hausmeisterseheрaaren sollte es viele geben! Aber an manchen Schulen herrschen solche wie Herr Schwarz. An einigen ist das Verhältnis zum Hausmeister auch endgültig zerrüttet. In diesen Fällen sollten Gründe nicht nur beim Hausmeister, sondern auch im Verhalten des Kollegiums gesucht werden[6]. Während Hausmeister Schwarz eine Über-Identifizierung mit den Räumlichkeiten der Schule und eine Unter-Identifizierung mit dem Bildungsauftrag vornimmt, schafft es das Ehepaar Szag offensichtlich, die Pflege und Instandhaltung des Gebäudes und die Beteiligung an Bildungsaktivitäten auf originelle und fachkompetente Weise miteinander zu verknüpfen. Solcher Erfolg ist kein Zufall, sondern von beiden Seiten – Schulleitung und Hausmeisterehepaar – durch Beziehungsarbeit hergestellt. Beide Seiten nehmen einander ernst und gehen kollegial miteinander um.

5 Frau Szag hat eine Stelle als Reinigungskraft.

6 Stoßseufzer des Leiters eines großen Schulzentrums: „Ein Hausmeister braucht viel Lob und Anerkennung – sonst macht er Sperenzchen, oder er ist – wie unserer – dauernd krank. Die Kollegen sollten nicht alles, was nicht klappt, auf sein Versagen schieben. Vielleicht sind die Leuchtstoffröhren nur deshalb noch nicht ausgewechselt, weil die Elektrofirma die vor Wochen bestellte Lieferung immer noch nicht gebracht hat. Also: Seinen Hausmeister muss man pflegen – dann hat man mehr davon!"

These 5.1: Ein guter Hausmeister setzt die Instandhaltung des Gebäudes nicht absolut, sondern sieht auch den Bildungszweck des „Unternehmens“ Schule.

1.2 Berufsprofil

Für Schulhausmeister gelten die folgenden, von Bundesland zu Bundesland leicht variierenden Strukturdaten (vgl. Hönig 1982)[7]:

- *Geschichte:* Der Vorläufer des Hausmeisters war der „Pedell“, den es aber nur an großen Schulen gab. An den Volksschulen war der Dorfschulmeister sein eigener Hausmeister und die Frau des Dorfschulmeisters in aller Regel für die Reinigung zuständig.
- *Einstellungsvoraussetzungen:* Der Hausmeisterberuf ist kein Ausbildungsberuf. Ein Hausmeister hat zumeist einen Berufsabschluss – möglichst aus einem handwerklichen oder technischen Berufsfeld – zur Voraussetzung, er kann in einigen Bundesländern aber auch ohne jede formale Qualifikation eingestellt werden.
- *Vergütung:* Sie erfolgt zumeist nach dem Bundesangestelltentarif (BAT); je nach Anzahl der zu verwaltenden Unterrichtsräume von BAT IX hoch bis BAT VIb[8].
- *Arbeitszeit:* Circa 50 Stunden unter Einschluss eines Bereitschaftsdienstes. Urlaub *muss* in den Schulferien genommen werden. Mit 63 Jahren geht ein Hausmeister in *Rente*, wenn er nicht vorher erwerbsunfähig oder arbeitsunfähig geworden ist[9].
- *Dienstverhältnis:* Dienstrechtlich untersteht er seinem Dienstherrn, zumeist also dem kommunalen Schulträger; der Schulleiter hat Weisungsrecht. Gegenüber dem Reinigungspersonal ist der Hausmeister selbst Vorgesetzter.
- *Dienstpflichten/Tätigkeitsbereiche:* Die Festlegungen können sich von Kommune zu Kommune gering verschieben[10]. In aller Regel gehört zu den Aufgaben:
  - Aufsichtstätigkeiten im weitesten Sinne (Bewachung des Geländes, Öffnen und Schließen der Türen, Beleuchtung, Beflaggung an gesetzlichen Feiertagen),
  - Beaufsichtigung des Reinigungspersonals,
  - Bedienung und Wartung der Heizungsanlagen,
  - Beaufsichtigung der sanitären Anlagen,
  - Pflege der Gebäude und des Schulgeländes (Pflege der Grünanlagen, Schneeräumen, Laubräumen usw.),
  - kleinere Reparaturarbeiten,
  - Unfallverhütungsmaßnahmen, Sofortmaßnahmen bei Unfällen,
  - Schadensmeldungen an den Schulträger.
- Gewerkschaftlicher *Organisationsgrad*: nicht höher oder niedriger als in anderen Bereichen des öffentlichen Dienstes.

---

7 Ich danke Stadtamtfrau Elke Meisch vom Schulverwaltungsamt der Stadt Oldenburg für weitere Auskünfte.

8 1997 erhielt ein BAT-IX-Angestellter (40 Jahre, verh., zwei Kinder) 3 570,95 DM brutto; ein BAT-VIb-Angestellter (dito) 4 236,91 DM brutto; ungefähr 60 Prozent davon werden netto ausgezahlt.

9 Der Anteil an vorzeitig verrenteten Hausmeistern ist deutlich niedriger als der der frühpensionierten Lehrerinnen.

10 Ausführliche Beschreibungen bei Hönig (1982:20–61).

- *Fortbildung:* Die Beteiligung an Fortbildungsmaßnahmen ist, obwohl sie regelmäßig angeboten wird, eher gering[11].
- *Attraktivität:* Der Hausmeisterberuf ist offensichtlich nicht nur wegen der Zugehörigkeit zum öffentlichen Dienst von ungebrochener Attraktivität. Man ist ein gutes Stück weit „sein eigener Herr"; es gibt keine Stechuhren und viele Möglichkeiten zur individuellen Schwerpunktsetzung. Die Fluktuation ist – zumindest in den 90er-Jahren – gering. Studien über Burnout bei Hausmeistern habe ich nicht gefunden.
- *Konflikte* können entstehen, (1) wenn die Zuständigkeiten nicht klar geregelt sind, (2) wenn der Freizeitanspruch unklar ist oder von der Schulleitung nicht akzeptiert wird, (3) wenn sich Schulleiter und Kollegium nicht einig sind, was sie vom Hausmeister erwarten, (4) wenn der Hausmeister nicht von sich aus initiativ wird, sondern für jeden Handschlag auf eine Anweisung des Rektors wartet. In aller Regel werden diese Konflikte durch Gespräche geregelt. Wenn dies nicht ausreicht, findet eine Abmahnung durch die Dienstaufsicht statt.

Ich fasse zusammen: Die Tätigkeitsbereiche des Hausmeisters sind halbwegs klar definiert, aber Aus- und Fortbildung sind diffus. Der Beruf bietet erhebliche Spielräume für die kreative Ausgestaltung, aber auch für Fluchtbewegungen. Die ÖTV hat sich intensiv um das Berufsbild gekümmert und schlägt die Berufsbezeichnung „Schulhausverwalter" vor. Sie hat einen Musterdienstvertrag veröffentlicht (vgl. Hönig 1982:16–19). Trotz dieser Bemühungen muss festgestellt werden:

These 5.2: Der Professionalisierungsgrad des Schulhausmeisterberufs ist (noch) als niedrig zu bezeichnen.

1.3 *Pädagogischer Umgang*

Das Beispiel des Hausmeisterehepaars Szag zeigt, dass es möglich ist, das Hausmeisteramt mit schulpädagogischem Arbeitsanteil auszufüllen. Der Hausmeister leistet dann einen unmittelbaren Beitrag zur Erfüllung des Bildungszwecks der Schule:

- Er beteiligt sich z. B. an der ökologischen Umgestaltung der Schule.
- Er nimmt als Experte am Unterricht teil (im Sachunterricht der Grundschule, in Technik und Naturwissenschaften der Sekundarstufen).
- Er gibt – exemplarisch für andere Berufe – Einblick in seinen Berufsalltag. Lehrer und Schüler machen die Arbeit des Hausmeisters zum Projektgegenstand[12].

Viele Schulen gehen im Zuge der Autonomiediskussion dazu über, bestimmte Leistungen der Kommune in eigener Regie durchzuführen und das ersparte Geld für andere Zwecke zu nutzen. So wird die Energieeinsparung honoriert.

11 In der Stadt Oldenburg ist in den vergangenen zwei Jahren kein einziger Antrag auf Fortbildung gestellt worden.

12 Der Lehrer Ernst Purmann (1982) beschreibt, wie er mit Grundschulkindern einen Videofilm über den Hausmeister hergestellt hat.

So können Reinigungsarbeiten von den Schülerinnen und Lehrerinnen durchgeführt werden. Das eingesparte Geld kommt der Schule ganz oder in Teilen zugute[13]. Solche Maßnahmen sind nur durchzuführen, wenn der Hausmeister aktiv mitmacht.

2. Schulleitung[14]

2.1 Wer leitet die Schule?

Die meisten von Ihnen dürften die Frage, wer die Schule leite, ohne großes Zögern ungefähr so beantworten: „der Schulleiter" (also an Grund-, Haupt- und Realschulen ein Rektor, an Gymnasien und Berufsbildenden Schulen ein Oberstudiendirektor). Aber diese Antwort ist zu zwei Dritteln falsch. Denn erstens gibt's inzwischen auch schon hier und dort Rektorinnen[15] und zweitens leitet der Rektor bzw. Direktor die Schule teils auf Grund seiner Beauftragung durch den obersten Dienstherren, teils jedoch *im Auftrag der Gesamtkonferenz*. Die Gesamtkonferenz ist wiederum die durch Amtsmitgliedschaft und Wahlen legitimierte Vertretung aller Angehörigen der Schule. Die Frage aus der Überschrift muss deshalb formal so beantwortet werden:

These 5.3: Die Schule leitet sich selbst.

Schulen sind – trotz berechtigter Klagen über zu geringe Selbststeuerungsrechte (bei der Wahl des Personals, der Finanzierung usw.) – ansatzweise selbstständig und haben ihre eigenen demokratischen Organe (siehe S. 68). Das Wort „Schulleitung" hat also zwei Bedeutungen: Zum einen ist es der Fachbegriff für die Funktion des Leitens und Repräsentierens der Schule nach innen und außen; zum Zweiten bezeichnet der Begriff die Menschen, die diese Funktionen ausüben:

- An kleinen Schulen ist dies ein Schulleiter mit der Amtsbezeichnung „Hauptlehrer", an ganz kleinen ein „Lehrer als Leiter".
- Von einer bestimmten Schülerzahl an kommt eine Konrektorin/ein Konrektor oder stellvertretender Direktor dazu.

---

13 Die Helene-Lange-Schule Wiesbaden hat mit dem eingesparten Geld einen Theaterpädagogen angestellt. Dass dies andernorts auch Job-Killer-Maßnahmen werden können, muss jedoch mitbedacht werden.

14 Die Ausführungen dieses zweiten und des dritten Abschnitts sind zunächst für niedersächsische Verhältnisse formuliert, dann aber ansatzweise verallgemeinert worden. Die rechtlichen Bestimmungen variieren von Bundesland zu Bundesland geringfügig. Einen umfassenden Überblick finden Sie bei Heckel/Avenarius (1986). Den Stand der Forschung zur Schulleiterproblematik und erschöpfende Bibliografien bringen Storath (1995) und Wissinger (1996).

15 Wir erinnern jedoch an unsere Maxime aus der Ersten Lektion: Wenn die Mehrzahl der Gemeinten männlichen Geschlechts ist, wird auch diese sprachliche Form gewählt.

- An großen Schulsystemen kann die „Schulleitung“ aus einem guten Dutzend Menschen bestehen: der Schulleiter selbst, sein Stellvertreter, die Abteilungs- oder Fachbereichsleiter, der Didaktische Leiter[16], Stufen-Koordinatoren usw.
- An reformorientierten Schulen arbeiten kollegiale Steuergruppen. Der Schulleiter ist dann durch freiwilligen Verzicht auf ihm zustehende Rechte „nur“ Primus inter Pares (= Erster unter Gleichen). Im Arbeits- und Entwicklungsprozess teilen sich die Mitglieder der Schulleitung Arbeit und Verantwortung.

Das folgende Schaubild zeigt den Stellenplan der Alexander-von-Humboldt-Schule Wittmund/Ostfriesland, einer großen Kooperativen Gesamtschule. Das Bild soll illustrieren, wie komplex Leitungsstrukturen großer Systeme inzwischen geworden ist. Die Schule hat insgesamt 1 630 Schülerinnen und 120 Lehrerinnen. Je ein Drittel der Lehrerinnen sind von ihrer Ausbildung Hauptschul-, Realschul- oder Gymnasiallehrerinnen. Es gibt insgesamt 16 Leitungsstellen[17]: einen Gesamtschuldirektor, seinen Stellvertreter, für jeden Schulzweig einen eigenen Leiter, die Didaktische Leiterin sowie neun Funktionsstellen für die Fachbereichsleiter[18], die die Fachkonferenzen für verschiedene Fachbereiche leiten. Dass der Leiter der Hauptschule die niedrigste Besoldungsgruppe hat, ist der Sache nach nicht gerechtfertigt, sondern ausschließlich eine Folge der beamtenrechtlichen Regelung der Zugänge zu dieser Laufbahn. Das Leitungspersonal hat unterschiedlich umfangreiche Stundenentlastungen – aber keiner/keine ist vollständig vom Unterricht freigestellt. Es gibt auch kaum einen Schulleiter, der dies anstrebt.

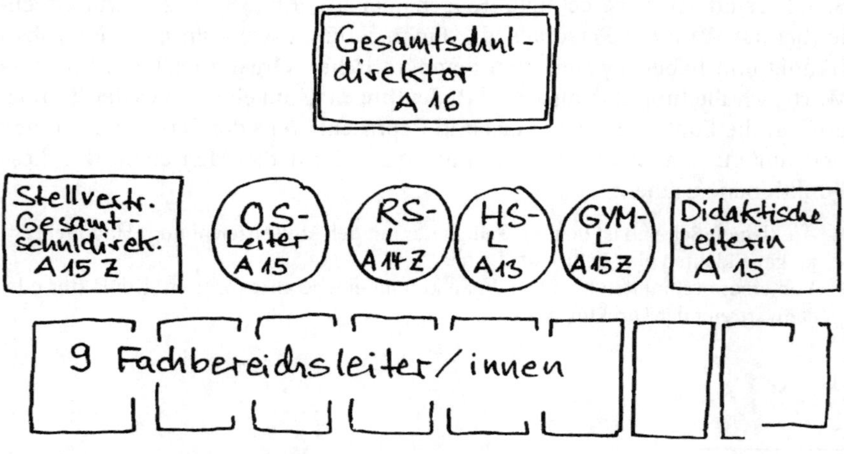

Abbildung 5.1: Stellenplan KGS Wittmund

16 Diese Funktion ist eine Erfindung der Gesamtschulen; der DidaLei hat die Aufgabe, die inhaltlich-pädagogischen Aufgaben einer Schule zu koordinieren.

17 „A“ steht für die A-Besoldung (vgl. Abschnitt 1.2 der Vierten Lektion), „Z“ für Zulage.

18 Nach herkömmlichem Verständnis zählen sie nicht zur Schulleitung, nehmen aber in einer Schule mit wachsender Autonomie immer mehr Leitungsaufgaben wahr.

Was sind die Aufgaben der Schulleitung?

(1) Die Schulleitung trägt die Gesamtverantwortung für die Schule und vertritt sie nach außen.
(2) Die Schulleitung achtet auf die Einhaltung der geltenden Rechts- und Verwaltungsvorschriften.
(3) Der Schulleiter übt das Hausrecht aus. Wenn er abwesend ist, vertritt ihn sein Stellvertreter. Wenn dieser weg ist, ein anderer Lehrer oder der Hausmeister.
(4) Der Schulleiter ist Vorgesetzter mit beschränktem Weisungsrecht für das Lehrpersonal.
(5) Die Schulleitung führt die laufenden Verwaltungsgeschäfte aus. Der Schulleiter ist Vorgesetzter der im Dienst des Schulträgers stehenden Mitarbeiter (Hausmeister, Schulassistent, Sekretärin).
(6) Er organisiert einen dem Erziehungs- und Bildungsauftrag seiner Schule entsprechenden Schulbetrieb.

Der Rektor/Direktor *leitet* also die Schule, aber er ist an die Rechts- und Verwaltungsvorschriften sowie Weisungen der Schulaufsicht einerseits, an die Konferenzbeschlüsse seiner Schule andererseits gebunden.

2.2 *Konferenzen*

Die wichtigste Konferenz ist die Gesamtkonferenz (in einigen Bundesländern die Schulkonferenz – siehe S. 68). Hinzu kommen die Fach- oder Fachbereichskonferenzen, die Leitungskonferenz, Klassen-, Jahrgangs- oder Teamkonferenzen und Versetzungskonferenzen (als Sonderformen der Klassenkonferenzen). Mitglieder der Gesamtkonferenz sind der Schulleiter, die Lehrkräfte, die pädagogischen Mitarbeiter, Schülervertreter und Vertreter der Eltern und Erziehungsberechtigten, zumeist auch die der Schule zugewiesenen Referendarinnen und Anwärter.

An großen Schulen gibt es oft weitere Steuerungs- und Planungsgruppen: für die Organisation der Lehrerfortbildung, für die Cafeteria, für den Freizeitbereich, für die Schulentwicklung usw.

Die Aufgaben und Rechte der Konferenzen sind in den Schulgesetzen geregelt. In Niedersachsen heißt es z. B. (in § 36 NSchG):

(1) Die Konferenzen entscheiden über alle wesentlichen Angelegenheiten der Schule.
(2) In Angelegenheiten
   1. der Leistungsbewertung und Beurteilung,
   2. von Klassenarbeiten und Hausaufgaben und deren Koordinierung,
   3. der Unterrichtsverteilung und Stundenpläne,
   4. der Stundenanrechnungen auf die Unterrichtsverpflichtung der Lehrkräfte,
   5. der Regelung der Vertretungsstunden,
   6. der Tätigkeit der pädagogischen Hilfskräfte und

7. der Beurlaubung von Schülerinnen und Schülern bis zu drei Monaten entscheiden die Konferenzen nur über die Grundsätze.

(3) Die Konferenzen haben bei ihren Entscheidungen auf die eigene pädagogische Verantwortung der Lehrkräfte, insbesondere auf deren methodische und didaktische Freiheit, Rücksicht zu nehmen.

Der erste Satz ist der wichtigste: *Alle wesentlichen* Angelegenheiten müssen von den Konferenzen entschieden werden – z. B. Versetzungsbeschlüsse; Besetzungsvorschläge für Funktionsstellen; die Frage, ob eine Schule einen Antrag auf Teilnahme an einem Schulversuch stellt; Grundsatzfragen der Verteilung der Finanzmittel usw. Den dritten Absatz dieses Paragrafen sollten Sie sich besonders genau merken! Er geht über die frühere Gesetzgebung hinaus, in der den Lehrerinnen nur die „Methodenfreiheit" zugestanden wurde (siehe S. 140). Die einzelnen Lehrer und Lehrerinnen haben heute also – rechtlich gesehen – eine starke Stellung gegenüber der Schulleitung.

In Gesamtkonferenzen großer Schulsysteme geht es oft tödlich langweilig zu.

Hundertzwanzig Kolleginnen, die alle dringliche andere Aufgaben zu erledigen hätten, sitzen da, hören zu, was „die da vorne" erzählen, gehen zu Nebenbeschäftigungen über (die sie ihren Schülerinnen strikt verbieten würden) und hoffen, dass das Spektakel bald vorbei ist.

Ein Schulleiter, der Beschlüssse und Mehrheitspositionen seiner Konferenzen zu manipulieren versucht, *muss* scheitern, auch wenn er auf Grund des Beamtengesetzes noch erstaunlich lange im Amt bleiben dürfte. Deshalb ist er gut beraten, wenn er die Konferenzen als Chance und nicht als Klotz am Bein versteht und sich bemüht, sie interessant zu machen und pädagogisch zu gestalten. Als *Faustregel* kann dabei gelten: Organisationsfragen so kurz wie möglich, pädagogische Fragen deutlich mehr als üblich (vgl. Flößner 1980; 1995).

Die offiziellen Leitungsorgane sind natürlich nur die eine, nämlich schulrechtlich festgelegte und bei der Besichtigung von Schulen an den Türschildern erkennbare Seite. Es gibt eine zweite, heimliche Geschäftsordnung[19] an jeder Schule, durch die geregelt wird, wer wirklich das Sagen hat:

- Wenn sich Rektor und Konrektor bekämpfen (was gar nicht so selten vorkommt), muss „irgendwie" geregelt werden, wem das Kollegium folgt.
- Bei solchen Machtspielen kann auch herauskommen, dass eine inoffizielle Schattenregierung gebildet wird, die aus der von der Schulaufsicht eingesetzten Schulleitung Marionetten macht.

Ich fasse dies zusammen und variiere einen Satz des Preußenkönigs Friedrich des Großen:

> **These 5.4:** Der Schulleiter ist der erste Diener seines Staates. Je besser er dient, umso mehr Macht hat er.

2.3 60 Minuten aus dem Alltag eines Schulleiters

Am 15.4.1996 habe ich den Schulleiter Werner Kähler von der Hauptschule Osternburg/Oldenburg eine Stunde lang begleitet und einfach nur mitgeschrieben, was in dieser Zeit passierte:

8.40 Uhr: Werner Kähler kommt aus dem Unterricht (Mathematik, Klasse 8) zurück. Er geht rund und schaut nach, ob alles o. k. ist.

8.45 Uhr: Das Telefon klingelt. Werner eilt in sein Dienstzimmer und nimmt ab: Ein Schüler der Hauptschule Ofenerdiek und seine Mutter sind am Apparat. Der Schüler will an die HS Osternburg wechseln. Werner hält sich bedeckt.

8.48 Uhr: Werner telefoniert mit dem Rektor der Hauptschule Ofenerdiek, um zu erfahren, was für eine Geschichte sich hinter dem Telefonanruf verbirgt (wie so oft: eine traurig stimmende Geschichte!).

9.01 Uhr: Werner wendet sich den – seit Tagenden auf seinem Schreibtisch liegenden – 15 Reisekostenanträgen anderer Schulleiter zu, die an einer von ihm durchgeführten Lehrerfortbildung des NLI (= Niedersächsisches Landesinstitut für Lehrerfortbildung, Hildesheim) teilgenommen haben. Er muss jedes Formular prüfen und „sachlich richtig zeichnen".

19 Jede soziale Institution hat eine heimliche Geschäftsordnung. Der erste Wissenschaftler, der die Frage nach der „hidden agenda" sozialer Institutionen stellte, war der vor den Nazis in die USA geflohene Kurt Lewin.

9.07 Uhr:	Telefonanruf des Schuldezernenten der Stadt, Dr. Ekkehard Seeber. Es geht um Baumaßnahmen am sogenannten Pestalozzi-Gebäude auf dem Schulgelände. Die Stadt will mit Yehudi Menuhin ein Musikprojekt in diesem Haus realisieren. Die Schule hat schon grundsätzliches Interesse bekundet, aber das Projekt ist noch in vielen Punkten unklar.
9.19 Uhr:	Werner wendet sich wieder seinen Reisekostenanträgen zu.
9.23 Uhr:	Anke Lindemann, Klassenlehrerin der 9b, kommt ins Zimmer, um sich abzustimmen, wie die Schüler ihrer Klasse darüber informiert werden sollen, dass ein Mitschüler einen Verkehrsunfall verursacht hat und nun schwer verletzt auf der Intensivstation liegt. Die beiden sind sich einig: „Wir werden bei den Verletzungen mal nicht zu sehr ins Detail gehen, sonst kippen die Schüler aus den Latschen."
9.25 Uhr:	Werner wendet sich wieder seinen Reisekostenanträgen zu.
9.31 Uhr:	Der Schulassistent des Schulzentrums kommt ins Rektorenzimmer, um mitzuteilen, dass er die Kopien mit den Arbeitsplänen der integrierten Lehrerteams der HS Osternburg und der HS Kreyenbrück leider noch nicht fertig hat. (Werner ist verärgert.)
9.35 Uhr:	Werner geht ins Lehrerzimmer. Auf dem Flur trifft er auf seine Kollegin Dagmar, die sich mit der Schülerin Wiebke aus der 8b unterhält. Wiebke hat vor fünf Monaten ein Baby bekommen. Die Lehrerinnen haben ihr geholfen, die dafür vorgesehenen sozialen Dienstleistungen der Stadt in Anspruch zu nehmen. Dagmar strahlt Wiebke an: „Schön, nicht, so ein kleines Baby!"
9.38 Uhr:	Werner trinkt Kaffee, hört sich einen begeisterten Bericht seiner Kolleginnen Ina und Dagmar über die Klassenfahrt der 10 nach England an.
9.42 Uhr:	Werner springt wieder auf: „Ich hab jetzt Unterricht in Jürgens Klasse. Was ich da mache, weiß ich noch nicht. Das kläre ich bei Stundenbeginn."[20]

Frage an den Schulleiter nach dieser Stunde: Was sind charakteristische Tätigkeiten von Schulleitern?

Antwort: Der Schulleiter sollte möglichst häufig greifbar sein, er ist für alles zuständig, er versucht, den Überblick zu wahren, vor allem aber: Er bemüht sich, auch bei größeren Turbulenzen Ruhe zu bewahren. Oder, vornehmer ausgedrückt:

These 5.5: Die Hauptaufgabe des Schulleiters am Vormittag ist „management by flying around in cold blood".

Frage: Worin liegen die Schwierigkeiten oder besonderen Ansprüche des Amtes?

Antwort: Du musst eine klare Linie haben und den Buckel hinhalten – auch dann, wenn die Vorschriften unklar oder widersprüchlich sind, und auch, wenn etwas schief gelaufen ist. Eigentlich kann man als Schulleiter keinen Tag hinter sich bringen, ohne mindestens eine Vorschrift außer Kraft gesetzt zu haben.

20 Ich nehme daran teil: Die Stunde läuft – vorbereitet mit Hilfe der Türklinkendidaktik – bestens.

Frage: Was kann man als Schulleiter alles falsch machen?

Antwort: Neu in das Amt des Schulleiters gewählte Kolleginnen und Kollegen haben oft den falschen Ehrgeiz, ständig alles richtig machen zu wollen und alles selbst zu kontrollieren. Sie werden an dieser Zielvorgabe früher oder später scheitern! Viel sinnvoller ist es, alle am Schulbetrieb teilnehmenden Personen an Leitungsaufgaben zu beteiligen und so Teilbereiche zu schaffen, in denen autonom entschieden und gehandelt werden kann.

Frage: War es für dich schwierig, in die Schulleiterrolle hineinzufinden[21]?

Antwort: Ja, zunächst schon. Ich hatte eine vom Kollegium geradezu verehrte Vorgängerin, eine beeindruckende Frau! Und als ich dann neuer Schulleiter wurde, fragte ich mich doch, ob das nicht eine Nummer zu groß für mich würde. Aber jetzt habe ich mich eingearbeitet und komme, glaube ich, halbwegs klar ...

Frage: Wenn du ein Symbol für dein Amtsverständnis wählen müsstest. Was würdest du wählen?

Antwort: Eine Birke. Die ist grün, üppig und genügsam. Und wenn mal Feuer gemacht werden muss, brennt Birkenholz auch nass.

Ich verallgemeinere Werner Kählers Aussagen: Der Schulleiter hat ein Bündel unterschiedlicher und oft genug antagonistischer (= einander widersprechender) Aufgaben wahrzunehmen:

- Er ist die Anlaufstelle für die staatliche Schulaufsicht, aber auch der erste Diener seiner Gesamtkonferenz (s. o.).
- Er muss zwischen Lehrerinnen, Schülerinnen und Eltern vermitteln. Oft kommen zu ihm Eltern, weil sie die Hoffnung aufgegeben haben, bestimmte Missstände im direkten Gespräch mit den Lehrerinnen ihrer Kinder zu beheben, manchmal wollen sie auch nur jemanden anschwärzen.
- Er hat - im Guten und im Bösen - den entscheidenden Einfluss auf die Schulatmosphäre und das pädagogische Ethos (vgl. S. 281).

Was auf Seite 141 über die Widersprüchlichkeit der Rollenerwartungen an Lehrer und Lehrerinnen gesagt wurde, gilt für einen Schulleiter in noch ausgeprägterem Maße:

> **These 5.6:** Ein guter Schulleiter ist Weltmeister im Ausbalancieren von widersprüchlichen Erwartungen an die und in der Schule.

Das setzt ein verändertes Selbstverständnis voraus: weg vom patriarchalischen „Chef", weg von der Vorstellung einer straff durchorganisierten Bürokratie – hin zum fairen Partner, zum demokratischen „Türöffner" für die Bewältigung des Schulalltags, für Konfliktlösungen und für Initiativen zur Schulentwicklung. Eben dies fordern auch die neueren Theoriekonzepte zur Schulleitung.

---

21 Vgl. zu dieser Frage Storath (1995).

Ich fasse die Aufgaben der Schulleitung in enger Anlehnung an Hans-Günter Rolff und Peter Höher vom bundesweit führenden Dortmunder Institut für Schulentwicklungsforschung zusammen (vgl. Höher/Rolff 1996:218):

- *Führung:* Ein Schulleiter führt. – Schon beim Wort zucken manche zusammen, weil damit gerade in Deutschland viel Schindluder getrieben worden ist. Aber in der internationalen Diskussion über „leadership" (= Führung) und „corporate identity" (= Zusammengehörigkeitsgefühl der Mitglieder einer Institution) gibt es diese Skrupel nicht. Ein guter Schulleiter zeichnet sich dadurch aus, dass er für die Schulangehörigen eine gemeinsame Vision schafft, dass er andere befähigt, selbstständig zu entscheiden und zu handeln. Er sorgt dafür, dass Beschlüsse umgesetzt, Wege gesucht und gefunden werden. Er bemüht sich, alle Schulangehörigen zu fördern und emotional zu unterstützen.
- *Management:* Zu den Managementaufgaben zählen die Herstellung von Struktur und Ordnung (also: Organisieren im Sinne der Arbeitsdefinitionen 9 und 10), Personalführung, Verteilen der Ressourcen, Kosten- und Risikoabwägungen, Entwicklung von Ablaufplänen aller Art. Er muss auch ein „Gesundheitsmanagement" machen, also für die Schulhygiene sorgen und vor allem die Arbeitsplätze der Lehrerinnen und Schülerinnen so gestalten, dass es zu keinem Burnout kommt. Diese Aufgabe ist angesichts der „normalen" schulischen Rahmenbedingungen besonders schwer umzusetzen.
- *Moderation:* Ein guter Schulleiter macht nicht alles selbst (s. o.), sondern moderiert die Arbeit der anderen. „Moderieren" heißt wörtlich übersetzt „mäßigen" oder „vermitteln". Der Schulleiter sollte sich mit seinen eigenen Stellungnahmen ein Stück weit zurückhalten, weil er sonst Kompromisse zwischen konkurrierenden Interessen nicht so gut aushandeln kann. Er vermittelt bei Konflikten, er hilft, dass Projekte das Laufen lernen, er hat ein wachsames Auge darauf, ob die „Chemie" in den Lehrerteams stimmt.

Es wird heftig darüber diskutiert, ob die enge Anlehnung an betriebswirtschaftliche Modelle der Unternehmensführung sinnvoll ist oder nicht. Ich schließe mich den Positionen von Rolff (1993) und von Rosenbusch (1996) an und behaupte:

These 5.7: Das Leiten einer Schule ist primär eine pädagogische Tätigkeit, erst sekundär eine Managementaufgabe.

Ein guter Schulleiter sollte sich deshalb als Organisationspädagoge (Rosenbusch 1997a) verstehen. Denn die grundlegenden Prinzipien seines Handelns sind pädagogischer Natur. Er muss mit vielen Menschen kommunizieren und versuchen, ihre Eigenständigkeit zu fördern. Er muss Lernprozesse von Erwachsenen einleiten und begleiten. Er muss auch, wenn er z. B. eine Konferenz leitet, methodisch handeln.

2.4 *Macht und Ohnmacht des Schulleiters*

Schulleiter *können* mächtig sein. Heinz Rosenbusch, Bamberger Hochschullehrer[22] für Schulpädagogik, war jahrelang Schulleiter in Franken und zählt zu den führenden Schulleitungsforschern der Bundesrepublik. Er beschreibt die Macht des Schulleiters folgendermaßen (Rosenbusch 1989:15):

Heinz Rosenbusch

- Der Schulleiter hat *Amtsmacht*; er kann kraft Gesetzes bestimmte Dinge entscheiden; er unterschreibt die Zeugnisse für die Schülerinnen und schreibt Beurteilungen über die Lehrerinnen für die Schulaufsicht. Deshalb ist er deutlich mehr als „Primus inter Pares", auch wenn gerade viele Grund- und Hauptschulrektoren ein solches Amtsverständnis vorziehen würden.
- Er hat - nicht immer, aber immer öfter - *Expertenmacht*, weil er sich besser als seine Kolleginnen im Schulrecht und in den Organisationsabläufen der Schulverwaltung auskennt.
- Er hat *Definitionsmacht*, d. h., er hat die Möglichkeit, Vorschriften eng oder weit zu interpretieren. Er entscheidet, ob die Schulaufsicht einzuschalten ist oder nicht. Diese Macht ist erheblich, weil das Schulgesetz, die Erlasse, die Finanzvorgaben usw. in vielen Punkten nur scheinbar eindeutig und klar sind. Fast täglich begegnet der Schulleiter administrativen Ungereimtheiten. Er muss dann entscheiden, aber auch den Buckel hinhalten.
- Er hat *Belohnungsmacht* durch sein Lob und seine Anerkennung. Ungeschicktes und unglaubwürdiges Loben kann natürlich auch das Gegenteil bewirken.
- Er hat *Sanktionsmacht*. Über ihn werden, sofern unvermeidbar, Disziplinarverfahren eingeleitet. Der Schulleiter darf sich nicht alles bieten lassen, aber er ist „unten durch", wenn er nur ein einziges Mal aus nichtigem Anlass eine Dienstaufsichtsbeschwerde bei der Schulaufsicht anzettelt.
- Und er hat *kommunikative Macht* - nicht automatisch, aber doch zumeist. Er ist ja genau deshalb von seinen Pflichtstunden teilweise entlastet, damit er mit jedem reden, Konflikte im Vorfeld klären und bei Katastrophen, wenn sie denn passiert sind, Schadensbegrenzung versuchen kann (s. o.: „management by flying around").

Die Macht eines Schulleiters stellt sich heute aber nicht mehr von selbst ein. Sie muss durch das Persönlichkeitsprofil, durch kommunikatives Geschick und Managementkompetenzen erarbeitet werden. Leiten in diesem anspruchsvollen Sinne ist das Gegenteil von Anordnen und Kontrollieren. Ein geschickter Schulleiter nutzt vielmehr „reflexive Mechanismen" (vgl. S. 136):

- Er erhöht seine Macht durch die Delegation von Macht.
- Er organisiert nicht alles selbst, sondern lehrt die anderen, intelligent zu organisieren.
- Er spart Zeit, indem er Zeit aufwendet, um die Kollegen und Kolleginnen zu motivieren.
- Er erringt Anerkennung durch das Anerkennen der Leistung der anderen.

22 Vgl. auch Band II, S. 147 f.

Es gibt Schulleiter, die sich totrackern, aber dennoch keine Akzeptanz im Kollegium finden. Es gibt andere, bequeme, vielleicht sogar faule Schulleiter, die dennoch von der Mehrzahl der Kolleginnen akzeptiert und manchmal geliebt werden. In der Figur des Schulleiters bündeln sich also viele Wünsche und Erwartungen, die an die Schule insgesamt herangetragen werden. Dies wird auch deutlich, wenn Kolleginnen, Schülerinnen[23] und Eltern befragt werden, woran ein guter Schulleiter zu erkennen ist:

- Ein Universitätsangestellter: „Daran, dass er auf dem Pausenhof von Kindern umringt ist und mit diesen redet."
- Ein Grundschullehrer: „Er ist zuverlässig!"
- Ein Hauptschullehrer: „Kollegial!"
- Ein Oberstufenschüler: „Intellektuelle Ausstrahlung und adrettes Auftreten."
- Eine Gymnasiallehrerin: „Er muss flexibel sein."
- Eine Montessorilehrerin: „Menschlich und objektiv zugleich!"

Ich hatte bei diesen Recherchen den Eindruck, dass der gute Schulleiter vor allem jene Kompetenzen haben soll, die beim eigenen Schulleiter vermisst werden bzw. wurden.

Die wichtigsten „Instrumente" eines Schulleiters sind also nicht der PC oder die Hausordnung, sondern seine menschliche Wärme, diplomatisches Geschick, emotionale Intelligenz und Organisationsfantasie. Zusammengefasst:

> **These 5.8:** Das wichtigste Kapital eines Schulleiters ist seine Persönlichkeit.

2.5 *Wie wird man Schulleiter?*

Alles deutet darauf hin, dass die Schulleiter in den nächsten Jahren und Jahrzehnten erheblich mehr Aufgaben und Probleme lösen müssen als heute – einmal, weil Schulen zusätzliche Aufgaben übertragen bekommen (vgl. S. 283), zum anderen, weil die Schulaufsicht reformiert wird und ein Teil ihrer Funktionen auf die Ebene der Schulleiter verlagert wird. Die Rekrutierung der circa 2 500[24] neuen Schulleiter, die jedes Jahr in Deutschland ernannt werden, ist deshalb eine der wichtigsten Aufgaben der Schulverwaltung überhaupt.

Wie wird man Schulleiter oder Schulleiterin? Die Frage ist zunächst *formal* zu beantworten: Es gibt in allen Bundesländern genau festgelegte Verfahren zum Suchen und Finden eines neuen Schulleiters/einer -leiterin[25]:

- Die Stelle wird im Schulverwaltungsblatt oder Regierungsschulanzeiger des Bundeslandes ausgeschrieben. Wer Interesse hat, muss sich bewerben. Der Bewerber muss

---

23 Vgl. E. Dietrich u. a. (1989).
24 Eine von Heinz Rosenbusch geschätzte Zahlenangabe.
25 Vgl. Knaus (1989); Rosenbusch (1997b).

– anders als in den USA oder in Großbritannien – selbst Lehrer sein und die Lehrbefähigung für das Lehramt der betreffenden Schulform haben.

- Ein Findungsausschuss wird gebildet, in dem die Schulaufsicht, die Schule und der Schulträger vertreten sind.
- Wer sich beworben hat, macht in der Mehrzahl der Bundesländer „Viertes Staatsexamen“[26]: Er wird von der Schulaufsicht visitiert; er muss eine Unterrichtsstunde vorführen und einen schriftlichen Entwurf vorlegen, er muss einen Kollegen/eine Kollegin im Unterricht besuchen und hinterher ein Beratungsgespräch führen sowie eine Konferenz im eigenen Kollegium leiten. (Wenn die Kolleginnen gutwillig sind, wird vorher richtiggehend „Konferenz“ geübt, wenn sie übellaunig sind oder sachliche Bedenken haben, lassen sie den Kollegen „auflaufen“.)
- Nicht selten gibt es eine so genannte Konkurrentenklage, die vor einem Verwaltungsgericht entschieden wird: Ein Mitbewerber, der meint, ungerechtfertigter Weise nicht zum Zuge gekommen zu sein, klagt auf Ernennung zum Schulleiter. Das führt manchmal zu mehr Gerechtigkeit, oft aber nur zu ärgerlichen Verzögerungen in der Besetzung der Stelle.
- Die letzte Entscheidung trifft die Bezirksregierung (bei Direktorenstellen zumeist das Ministerium; in Konfliktfällen die Einigungsstelle des Kultusministeriums mit Beteiligung des Landeshauptpersonalrats).
- Die Amtsübertragung wird von der Bezirksregierung vorgenommen und erfolgt zumeist auf Lebenszeit.

So weit zum Verfahren, das von Bundesland zu Bundesland leicht variiert. Die Frage, wie man Schulleiter wird, kann aber auch *qualitativ* beantwortet werden: Was sind die durch die Schulaufsicht beim Auswählen zugrunde gelegten offiziell deklarierten, und was die heimlichen oder auch unheimlichen Maßstäbe? Die Antwort darauf fällt naturgemäß schwerer. Noch vor wenigen Jahrzehnten gab es relativ klare Auswahlkriterien:

- Der Kandidat musste ein gesetztes Alter erreicht haben[27], gute Zeugnisse vorweisen und gut unterrichten können.
- Er musste sich überdurchschnittlich in Schulfragen engagieren und überdurchschnittlich gern arbeiten (vgl. Baumert 1984).
- Er musste in der Kirche oder einer Gewerkschaft oder einer für staatstragend gehaltenen politischen Partei aktiv sein.
- Seine Familienverhältnisse mussten geregelt sein (also: ordnungsgemäß verheiratet, keine Promiskuität, keine Homosexualität).
- Das Kriterium „männliches Geschlecht“ kam de facto in der Mehrzahl der Bewerbungsverfahren hinzu (Schulleiterinnen an Grundschulen ausgenommen).

Heute ist zu beobachten, dass diese gutbürgerlichen Kriterien an Gewicht verlieren. Allenfalls die Frage nach dem Parteibuch wird intern bedacht[28]; man

26 Als „Drittes Staatsexamen“ bezeichne ich das Einstellungsgespräch in der Bezirksregierung, das fast immer der Einweisung auf eine Planstelle vorausgeht.

27 Rosenbusch (1997b): „Etwa 90 Prozent der Schulleiter haben ein Lebensalter zwischen 45 Jahren und der Pensionsgrenze, damit dürfte ein erheblicher Teil jenseits des persönlichen Leistungszenits angelangt sein.“

28 Dabei gilt in Bezug auf das ganze Bundesland so etwas wie ein Beförderungs-Parteibuch-Proporz: Alle großen Parteien müssen hin und wieder bedient werden, keine Landesregierung kann es sich leisten, *nur* noch die eigenen Leute einzusetzen.

darf aber in wilder Ehe leben und auch erklären, Heide zu sein (dann kommt man aber nicht auf eine Stelle im katholischen Münsterland oder bayrischen Wald, sondern in die Großstadt). Wichtiger wird heute, ob der Kandidat von seiner Persönlichkeit her verspricht, der Schule ein eigenes Profil zu geben. Aber das ist naturgemäß nur schwer genau vorherzusagen, weil der gelungene Nachweis, gut zu unterrichten, noch lange nicht besagt, auch eine Schule gut leiten zu können.

These 5.9: Die Rekrutierung von neuen Schulleitern spielt sich weiterhin in einer Grauzone von schulleitungsbezogener Leistungsüberprüfung, allgemeinem schulpädagogischen Engagement und Protektion ab.

Es gibt engagierte Kollegen und Kolleginnen, die ganz bewusst auf die Schulleiterkarriere verzichten – nicht, weil sie's nicht könnten, sondern weil ihnen Unterrichten und Erziehen wichtiger als Verwalten sind. Dies gilt auch oft für Frauen, die männliche Machtspiele um Schulkarrieren abstoßend finden. – Eine im Prinzip falsche Position! Wer in der Schule etwas ändern will, muss auch bereit sein, Schulleitungsaufgaben zu übernehmen! Die Leitung einer Schule ist eine lohnende und anspruchsvolle Tätigkeit. Deshalb habe ich sie in dieser SCHULPÄDAGOGIK FÜR ANFÄNGER auch so ausführlich beschrieben.

3. Schulaufsicht

3.1 „Schulen stehen unter der Aufsicht des Staates“

Anders als in den USA, wo Schule Sache der Kommunen ist, oder in den Niederlanden oder Dänemark, wo der Staat die Schulen zentral finanziert, aber staatliche Schulaufsicht nur sehr begrenzt führt, ist der Einfluss des Staates auf das Schul- und Bildungswesen in Deutschland besonders groß[29]. Die juristische Grundlage dafür liefert der Art. 7, Abs. 1 des Grundgesetzes der Bundesrepublik Deutschland.[30] Er lautet: „Schulen stehen unter der Aufsicht des Staates.“

Ob das der Entwicklung des Schulwesens gut getan hat und heute immer noch tut oder ob es sich um das entscheidende Handikap handelt, ist unter Wissenschaftlern umstritten. Ich meine: Ein bisschen Staat weniger wäre mehr[31]! Die meisten Praktiker haben sich jedoch an die „Staatsschule“ derart

29 Dies hat historische Gründe. Die übergeordnete Staatsaufsicht ist schon im Absolutismus, also im 18. Jh., ausgeprägt worden. Bis zu seiner vollen Durchsetzung hat es aber noch lange gedauert, nämlich bis zur Weimarer Republik (1918–1933), in deren Verfassung die kirchliche Schulinspektion endgültig aufgehoben und die Staatsaufsicht festgeschrieben wurde.

30 Vgl. Heckel/Avenarius (1986:19).

31 Vgl. die umfangreiche und administrationskritische Aufarbeitung bei Stefan Blankertz (1989).

gut gewöhnt, dass ihnen Alternativen befremdlich, oft sogar suspekt erscheinen (z. B. Giesecke 1996:298). Aber die Freien Schulen liefern den leibhaftigen Beweis, dass es auch anders geht[32].

Der Staat nimmt seine im Art. 7 definierten Rechte und Pflichten unter anderem dadurch wahr, dass er den Bildungsauftrag der Schulen festlegt. Auch hier lässt sich streiten, ob es klüger wäre, wenn der Staat in einer pluralistischen Gesellschaft völlig auf die Festlegung eines Bildungsauftrags verzichtete und dieses Recht der teilautonomen Schulgemeinschaft überließe. Für die Juristen ist die Frage jedoch entschieden. Der Art. 7 GG gilt total[33]. Und er ist nicht nur formal, sondern auch inhaltlich gemeint. Der Staat darf nicht nur, sondern *soll* nach herrschender Auffassung ethische und pädagogische Ansprüche an die Erziehung formulieren. Das Elternrecht ist in dieser Frage dem staatlichen Interesse nicht übergeordnet, sondern „nur" gleichgestellt[34].

Da die Schule in Deutschland Ländersache ist, wird der Bildungs- bzw. Erziehungsauftrag in den Landesverfassungen und/oder den Schulgesetzen der Länder definiert. Im § 1 des Schulordnungsgesetzes des Landes Nordrhein-Westfalen heißt es (Abs. 1–7):

Bildungs- und Erziehungsauftrag

(1) Schulen sind Stätten der Erziehung und des Unterrichts.
(2) Ehrfurcht vor Gott, Achtung vor der Würde des Menschen und Bereitschaft zum sozialen Handeln zu wecken, ist vornehmstes Ziel der Erziehung. Die Jugend soll erzogen werden im Geiste der Menschlichkeit, der Demokratie und der Freiheit, zur Duldsamkeit und zur Achtung vor der Überzeugung des anderen, zur Verantwortung für die Erhaltung der natürlichen Lebensgrundlagen, in Liebe zu Volk und Heimat, zur Völkergemeinschaft und Friedensgesinnung.
(3) Die Schule hat die Aufgabe, die Jugend auf der Grundlage des abendländischen Kulturgutes und deutschen Bildungserbes in lebendiger Beziehung zu der wirtschaftlichen und sozialen Wirklichkeit sittlich, geistig und körperlich zu bilden und ihr das für Leben und Arbeit erforderliche Wissen und Können zu vermitteln.
(4) Die Jugend soll fähig und bereit werden, sich im Dienste an der Gemeinschaft, in Familie und Beruf, in Volk und Staat zu bewähren. In allen Schulen ist Staatsbürgerkunde Lehrgegenstand und staatsbürgerliche Erziehung verpflichtende Aufgabe. Unterricht und Gemeinschaftsleben der Schule sind so zu gestalten, dass sie zu tätiger und verständnisvoller Anteilnahme am öffentlichen Leben vorbereiten.
(5) Die Sexualerziehung gehört zum Erziehungsauftrag der Schule. Sie erfolgt fachübergreifend und ergänzt die Sexualerziehung durch die Eltern. Ihr Ziel ist es, die Schüler altersgemäß mit den biologischen, ethischen, sozialen und kulturellen Fragen der Sexualität vertraut zu machen. Sie soll die Schüler zu verantwortungbewussten, eigen-

32 Siehe S. 445 f. und von Hentig (1985b).
33 Er gilt also auch für Schulen in freier Trägerschaft. Sie dürfen nichts lehren, was der freiheitlich-demokratischen Grundordnung der Bundesrepublik widerspricht.
34 Vgl. Heckel/Avenarius (1986:41 f.).

verantwortlichen und sittlich begründeten Entscheidungen und Verhaltensweisen sowie zur gleichberechtigten Partnerschaft, insbesondere in Ehe und Familie, und zur Toleranz gegenüber anderen Lebensweisen befähigen. Die Erziehungsberechtigten sind über Ziel, Inhalt und Methoden der Sexualerziehung rechtzeitig zu unterrichten.
(6) In Erziehung und Unterricht ist alles zu vermeiden, was die Empfindungen Andersdenkender verletzen könnte.
(7) Erzieher kann nur sein, wer in diesem Geiste sein Amt ausübt.

Wir holen tief Luft nach der Lektüre eines solchen Paragrafen. Alles, was gut, schön und schwierig ist, wird hier den Schulen zur Pflicht gemacht! Der Staat formuliert also seine *eigene Idee von Schule*: Sie soll allen Schülerinnen Chancengleichheit bieten, sie soll zur Gerechtigkeit und Toleranz erziehen; rassistische oder totalitäre Ideologien sind als Orientierungsgrundlage auszuschließen; Schule soll auf die Leistungsgesellschaft und auch noch auf Ehe und Familie vorbereiten. Die Ansprüche sind hoch, ja unter den gegebenen personellen und materiellen Voraussetzungen praktisch uneinlösbar. Deshalb die keineswegs ironisch gemeinte These:

These 5.10: Staatliche Bildungsaufträge sind konkrete Utopien.

Die Schulaufsicht hat bei der Umsetzung der Bildungsaufträge sowohl nach ihrem Selbstverständnis wie auch in der subjektiven Sicht der meisten Betroffenen entscheidende Bedeutung. Angesichts der Diskussionen über die Autonomie von Schule nimmt die Bedeutung keineswegs ab, sondern eher zu.

3.2 Aufbau der Schulbehörden

Typisch für Behörden jeder Art ist eine strenge Amtshierarchie. Dies gilt auch für die Schulaufsicht. In den meisten Bundesländern ist sie dreistufig ausgebildet, in einigen zweistufig:

- Der *Kultusminister* (in einigen Bundesländern: der Schulminister oder der Senator für Schulen[35]) als oberste Schulbehörde handelt im Auftrag der Landesregierung, die aber an die gesetzlichen Regelungen des Landesparlaments gebunden ist. Das Ministerium muss die Verfassung und das Schulgesetz einhalten. Auch Haushaltsvorgaben und -sperren müssen eingehalten werden. Das Ministerium ist insbesondere zuständig für die Richtlinienentwicklung, für die Personalplanung und für alle Strukturentscheidungen der Schulentwicklung.
- Die *Bezirksregierung* ist organisatorisch dem Innenministerium und fachlich dem Kultusministerium untergeordnet. Als zwischengeschaltete „obere Schulbehörde“

35 Es ist bis heute üblich, von „dem“ Kultus- oder Schulminister zu sprechen, auch wenn nicht die männliche oder weibliche Person, sondern die Behörde gemeint ist. Die Amtshierarchie eines KM in groben Zügen: Sekretärinnen, Inspektoren, Sachbearbeiter, Ministerialräte, Leitende Ministerialräte („LeiMis“), Abteilungsleiter, Staatssekretäre und Minister samt Ministerbüro.

darf sie keine eigene Politik treiben (obwohl sie „Regierung“ heißt). Sie setzt nur in der Fläche um, was das Kultusministerium anweist, und verwaltet die ihr unterstellten Schulen.

- Die *untere Schulbehörde* besteht aus den Schulaufsichtsämtern oder Schulämtern (nicht zu verwechseln mit den Schulverwaltungsämtern der Kommunen – vgl. S. 65). Es gibt sie nur für Grund-, Haupt-, Real- und Sonderschulen. Gymnasien und Berufsbildende Schulen wurden seit jeher nur von der oberen Schulaufsicht verwaltet. In einigen neuen Bundesländern ist die untere Schulaufsicht gar nicht erst eingeführt worden, in anderen Ländern wird sie gerade im Zuge der Verwaltungsreformen abgeschafft. In anderen Bundesländern ist die obere Schulaufsicht aufgehoben und die untere gestärkt worden. Dies halten die meisten für die bessere Lösung, weil das Verwaltungshandeln ortsnäher bleibt!

Abbildung 5.2: Aufbau der Schulaufsicht

- Ein Schulaufsichtsbeamter der unteren Schulaufsicht heißt Schulrat oder Schulamtsdirektor (SAD), ein Beamter der Bezirksregierung Regierungsschuldirektor (RSD) oder Leitender Regierungsschuldirektor (LRSD). Letztere nennen sich auch Dezernenten, weil sie in der Bezirksregierung einem der dort eingerichteten Dezernate angehören oder Dezernatsleiter sind.

Es gilt als empirisch abgesicherte Erkenntnis (vgl. Rosenbusch 1997c), dass eine Bürokratie umso bürokratischer in ihrem Verwaltungshandeln ist, je mehr Hierarchiestufen sie besitzt. Deshalb wird von vielen Fachleuten dringlich die Einführung so genannter „flacher“ Hierarchien und darüber hinaus das personelle Abspecken der Hierarchien gefordert; das Schlagwort für Letzteres lautet „lean management“, spöttisch auch „Schulaufsicht light“ genannt.

These 5.11: Die Schulverwaltungen sollten abspecken.

Und sie tun dies – häufig von der Basis unbemerkt – seit einigen Jahren auch in erheblichem Umfang.

3.3 Schulaufsicht als Institution

Schulbehörden sind Institutionen. Und Institutionen haben bestimmte Organisationsstrukturen, Dynamiken und Funktionen, die in der Zweiten Lektion erläutert worden sind. Die dort entwickelten Analysekategorien können also auf die Schulaufsicht übertragen werden:

- *Komplexitätsreduktion:* Die Schulaufsicht muss die unendliche Fülle politischer Ideen über die Erneuerung des Schulwesens und die breite Palette möglicher Aktionen und Reaktionen zur Schulreform auf einige wenige beschränken, weil die Zeit, Kraft und Liebe der Landesregierungen im Umgang mit den Untergebenen begrenzt sind.
- *Symbolisierung von Sinn:* Die Schulaufsicht betreibt – vielleicht noch stärker als die Schulen selbst – die *Normalisierung von Erwartungen* an Bildung und Erziehung (vgl. Arbeitsdefinition 8). Sie ist fortwährend bemüht, auszugleichen, Konflikte zu entschärfen, Ansprüche abzuklären und Beteiligungsrechte zu sichern oder auch zu beschränken.
- *Expertisierung:* Schulaufsicht ist eine komplexe Steuerungstätigkeit, die große Selbstständigkeit im Denken, Fühlen und Handeln der Akteure erfordert und deshalb nur von hoch motivierten Experten durchgeführt werden kann. Die in dieses Amt eingesetzten Fachleute sind nahezu vollständig[36] ehemalige Lehrer und Lehrerinnen, die sich in ihrer eigenen Schulpraxis (als Schulleiter, Seminarleiter o. Ä.) nach den Maßstäben der Aufsicht herausragend bewährt haben, beim Wechsel in die Schulaufsicht aber erheblich dazulernen müssen, was den Aufstieg aber eher interessant als belastend macht. – Da geht es ihnen nicht anders als den Schulleitern beim Wechsel aus der Lehrertätigkeit in die Leitungstätigkeit.
- *Funktionale Differenzierung:* Um effektiv arbeiten zu können, muss Schulaufsicht einerseits eine weit vorangetriebene Spezialisierung von Teiltätigkeiten vornehmen, andererseits die Teilleistungen wieder zusammenführen – eigentlich eine ideale Ausgangssituation für intensive Teamarbeit. Auf Grund der Bürokratisierung und Juristifizierung des Verwaltungshandelns ist Teamarbeit jedoch selten zu beobachten – viel häufiger trifft man auf Einzelkämpfer.
- *Persönlichkeitsmerkmale des Personals:* Understatement gehört bei Aufsichtsbeamten zum Habitus. Wer einen Schulrat fragt, warum er Schulrat geworden sei, bekommt oft keine oder eine bagatellisierende Auskunft. („Einer musste es ja machen", „Die suchten einen mit dem richtigen Gesangbuch"[37].) Die Schulratsforschung (Lengen 1992) belegt jedoch, dass die Rekrutierung des Aufsichtspersonals mit größter Akkuratesse und nach ähnlichen Gesichtspunkten wie die der Schulleiter vorgenommen wird. Die meisten Schulaufsichtsbeamten haben eine starke Persönlichkeit, sie sind in aller Regel didaktisch-methodisch gut informiert und oft genug fortschrittlicher als der Durchschnitt der Lehrerinnen, die sie beaufsichtigen. Viele sind sehr fleißig und leiden am „Selbstausbeutungs-Syndrom", arbeiten also weit über das familienfreundliche Maß hinaus aus Engagement für die Sache.

Was ist das *Spezifische* der Schulaufsicht? Man kann es – ebenso wie die Tätigkeit der Schulleiter – als organisationspädagogisches Handeln definieren, aber im kruden Alltag dominieren doch die Management-, Verwaltungs- und Rechtsaufgaben. Verwaltungshandeln ist notwendig abstrakt. Es erfordert nicht zwingend „Face-to-face-Kommunikation" (vgl. S. 35), sondern einen ausreichend großen Schreibtisch, ein Telefon und einen PC. Viele Schulaufsichtsbeamte leiden unter diesem Sachverhalt. Sie würden sich viel lieber zu einem größeren Teil ihrer Arbeitszeit in direkter Kommunikation „vor Ort" an

36 Ausnahmen sind z. B. die „Hausjuristen". Viel Fachkompetenz bringen auch die Sachbearbeiter ein, die zumeist Verwaltungsangestellte sind.
37 Damit ist zumeist aber nicht die Kirchen-, sondern die Parteizugehörigkeit gemeint.

der Schulentwicklung beteiligen – ein Wunsch, der bei vielen Lehrern und Lehrerinnen aber eher gemischte Gefühle auslöst.

3.4 Aufgaben der Schulaufsicht

Nach traditionellem Verständnis hat die Schulaufsicht folgende Aufgaben[38]:

(1) Schulaufsicht leistet eine zeremonielle Präsens der Macht vor Ort: Die Obrigkeit wirkt allein durch die Tatsache, dass es sie gibt und beeinflusst dadurch das Handeln von Schulleitern und Lehrerinnen. Sie „schmückt“ auch jede Jubiläums- und Entlassungsfeier[39]. – Diese Aufgabe wird allerdings in keinem Schulgesetz erwähnt.
(2) Sie nimmt die Fachaufsicht über die Lehrer und Lehrerinnen wahr, d. h., sie kontrolliert, ob die Arbeit in den Schulen dem Bildungsauftrag dieser Schule gerecht wird oder nicht.
(3) Die Schulaufsicht führt die Dienstaufsicht. Sie kontrolliert also, ob die eingestellten Lehrerinnen ihren Dienstpflichten nachkommen. Tun sie dies nicht, so wird zunächst ein Beratungsgespräch geführt. Irgendwann kommen härtere Maßnahmen, z. B. Vermerke in den Personalakten oder gar die Einleitung eines Disziplinarverfahrens.
(4) Sie führt die Rechtsaufsicht über die sonstigen Schulträger.
(5) Personalführung: Die Lehrerin ist Objekt der Personalführung. Sie kann abgeordnet oder versetzt, sie kann befördert oder degradiert werden. Sie wird von ihren Vorgesetzten beurteilt, kann zu diesen Beurteilungen aber schriftlich Stellung nehmen. Beides landet dann in der Personalakte.

Dieses Aufgabenverständnis ist heute allerdings zu eng geworden und muss ergänzt werden. Denn es geht von der Annahme einer mehr oder weniger statischen Schullandschaft aus, in der Verwalten und Kontrollieren ausreichen, um „den Laden am Laufen“ zu halten. Wer heute mit Schulaufsichtsbeamten ins Gespräch kommt, wird aber sofort mitbekommen, dass sie neben der Fach- und Dienstaufsicht und der Personalführung weitere, in ihren Augen zumeist deutlich attraktivere Aufgaben wahrnehmen (möchten):

(6) Die Schulaufsicht berät einzelne Lehrerinnen und Schulleitungen in ihren Tagesaufgaben, bei Konflikten und bei Schulentwicklungsvorhaben.
(7) Sie gibt Impulse und schafft Rahmenbedingungen für die Profilbildung der Einzelschulen vor Ort.
(8) Sie organisiert die Ausbildung in der Zweiten Phase der Lehrerbildung und beteiligt sich daran (durch Unterrichtsbesuche und Prüfungsvorsitz).
(9) Sie organisiert Teile der Lehrerfortbildung und beteiligt sich an Fortbildungsveranstaltungen.

Die zuletzt genannten Aufgaben lassen sich allerdings nur sehr schwer mit den zuerst genannten (1 bis 5) verbinden. Ein Beispiel:

---

38 Vgl. Heckel/Avenarius (1986:177–180).

39 Fehlt der zuständige Schulrat bei der Verabschiedung eines Rektors, so wird dies als grober Fauxpas oder als Indiz für schwerste Zerwürfnisse gedeutet. Erscheint der Schulrat und hält seine in großer Zeitnot zusammengeschusterte Ansprache, so ist auch niemand zufrieden, und auf den hinteren Rängen der Aula beginnt das leise Lästern.

Ein Schulrat kommt in eine Dienstbesprechung einer Schule, weil er helfen will, einen Streit über die Abordnung eines Lehrers an eine Nachbarschule zu schlichten. Wenn aber das Kollegium selbst zu keiner Lösung kommt, ist er derjenige, der irgendwann entscheiden muss. Das wissen alle Beteiligten. Also wird jede Einlassung des Schulrats im Konfliktgespräch zwangsläufig doppelt interpretiert: einmal als Sachbeitrag, dann aber auch als taktische Äußerung.
Der Schulrat ist – trotz unstreitiger Beratungskompetenz – nicht der unparteiische Dritte, sondern Vorgesetzter.

Für Organisationsberater gilt als Selbstverständlichkeit, dass derjenige, der Lehrerinnen oder ganze Schulen bei schwierigen Problemen berät, nicht kurze Zeit später wiederkommen kann, nun aber die Rolle des mächtigen Kontrolleurs und Vorgesetzten einnimmt.

These 5.12: Weil Kontrollieren und Beraten grundsätzlich unverträglich miteinander sind, haben Lehrerinnen und Schulaufsichtsbeamte ein *strukturell* gestörtes Verhältnis[40].

Fragt sich bloß, ob die mit These 5.12 nahe gelegte klare Trennung möglich ist. Es bleibt aber anzumerken, dass Lehrerinnen im Schulalltag vor dem gleichen Problem stehen. Sie müssen in einer Person ihre Klientel ermutigen, fördern, kontrollieren und selektieren.

3.5 Die Lehrerin – Objekt oder Subjekt der Schulaufsicht?

Welche Instrumentarien hat die Schulaufsicht entwickelt, um den zwei Hauptaufgaben der Kontrolle und der Beratung nachzukommen? Hier besteht ein Missverhältnis zwischen einem gut ausgebauten Kontrollapparat und einem erst in Ansätzen entwickelten Beratungs- und Evaluationsapparat.

Bei der Beratung folgen viele Schulaufsichtsbeamte einem Leitbild, das man als Human-relations-Modell bezeichnen könnte. Dieses von US-amerikanischen Wirtschafts- und Sozialwissenschaftlern entwickelte Modell stellt, wie der Name besagt, die zwischenmenschlichen Beziehungen in den Mittelpunkt und kommt zu folgenden Maximen[41]:

- Die Arbeit eines Unternehmens muss sich am Unternehmenszweck orientieren. Der Unternehmenszweck ist eine professionell durchgeführte, Gewinn bringende Dienstleistung für den oder die Klienten.
- Entscheidungskompetenzen und Verantwortlichkeiten liegen nicht nur bei der Spitze, sondern auch auf der „untersten" Ebene, die direkten Kontakt mit den Klienten hat.
- Die Hierarchiespitze konzentriert sich auf die Personalführung und Beratungsaufgaben.

40 „Strukturell gestört" soll heißen: Die Strukturen stimmen nicht – viele Ausnahmen sind zu beobachten; vgl. Rosenbusch (1994).
41 Vgl. Fürstenau (1969a).

- Informelle Kontakte stören nicht, sondern befördern das Verfolgen des Unternehmenszwecks.

Die Befolgung dieser Maximen ist schwierig. Dennoch gelingt es vielen Dezernenten immer wieder, diese Botschaft glaubhaft zu machen – weniger wegen ihres Amtsbonus, der beim Beraten eher zum Amtsmalus wird, als auf Grund ihrer Persönlichkeit.

Kontrollinstrumentarien sind demgegenüber breit entwickelt. Hier folgt die Schulaufsicht (noch) weitgehend dem klassischen Bürokratiemodell[42], das von folgenden Annahmen ausgeht:

- Alle Arbeitsvorgänge lassen sich vorweg entwerfen und nach Plan umsetzen.
- Die Planerfüllung kann am Produkt kontrolliert werden.
- Es gibt eine Amtshierarchie; jeder hat auf seiner Stufe der Hierarchie fest umrissene Befugnisse.
- Entscheidungen und Kontrollen verlaufen im Wesentlichen von oben nach unten (Leitbild „top-down") und nicht von unten nach oben („bottom-up").
- Informelle Kontakte zwischen den Beteiligten stören.

Wie wird angesichts dieser zwei einander widersprechenden Leitbilder des Verwaltungshandelns der „Austausch" zwischen der Schulaufsicht und den Beaufsichtigten organisiert? Es gibt eine fein ziselierte, an den vier Etagen Landtag/Ministerium/Bezirksregierung/Schulrat festgemachte Palette von Befehlsformen von oben nach unten. Dies ist der *heilige Dienstweg*. Er gilt für die Aufsicht ebenso wie für die Beaufsichtigten[43]. Die gebräuchliche Abkürzung dafür lautet „a.d.D". Manche Anfängerin im Lehrberuf weiß dies noch nicht. Früher gab es dafür einen deutlichen Rüffel, heute wird man vom Schulrat oder Dezernenten dezent darauf hingewiesen, dass zuerst der eigene Schulleiter zum Antrag Stellung nehmen muss. Es gibt zweitens eine weniger fein ziselierte Reihe von Einspruchs- und Mitwirkungsrechten der Basis. Zunächst einige Erläuterungen zu den Top-down-Elementen:

top-down

- *Schulgesetze* können nur vom Gesetzgeber erlassen werden, in unserem Falle also vom Landtag. Gesetze regeln Grundsatzfragen. Das Kultusministerium trägt die Verantwortung für die angemessene Umsetzung.
- *Verordnungen* werden vom Kultusministerium erarbeitet und nach Anhörungen und Abstimmungsprozeduren mit anderen Landesministerien vom Ministerium erlassen. Sie regeln *grundlegende* Fragen der Schule in den Bereichen, die der Landtag dem Kultusministerium zur Entscheidung übertragen hat.

42 M. Weber (1964).

43 Heckel/Avenarius (1986:127 f.) schreiben: „Zum Besuch höherer Aufsichtsbehörden bedarf es außer der vorherigen Anmeldung der Zustimmung des unmittelbaren Dienstvorgesetzten. Eine Ausnahme gilt dann, wenn es sich um Beschwerden über diesen handelt." Es gibt auch einen „*kurzen Dienstweg*". Damit wird die Praxis bezeichnet, unter Missachtung der Vorschriften per Telefon oder in vertraulichem Gespräch Beschwerden und Anschwärzungen bei der Obrigkeit loszuwerden oder gar eigene Vorteile zu suchen.

- *Erlasse* sind – zusätzlich zu den Verordnungen – alle schriftlichen Anweisungen des Kultusministeriums. In ihnen werden „*Detailfragen*" entschieden, die schneller veralten und deshalb besser nicht in die Form eines Gesetzes oder einer Verordnung gegossen werden.
- *Verfügungen* sind alle schriftlichen Verlautbarungen der Bezirksregierungen und der unteren Schulaufsichtsbehörden. So ist z. B. die Zuweisung einer Referendarin in ein Studienseminar eine Verfügung; auch die Einweisung eines Menschen auf eine Planstelle oder die Einleitung eines Disziplinarverfahrens zählen dazu.
- *Weisungen* sind mündliche oder schriftliche Anordnungen der jeweiligen Vorgesetzten auf allen Ebenen: Ein Schulrat kann einem Rektor, der wegen einer längeren Krankheit einer Kollegin entschieden hatte, dass eine Klasse keine Halbjahrszeugnisse erhält, die Weisung erteilen, doch Zeugnisse auszustellen. Ein Schulleiter kann einer Lehrerin die Weisung geben, die Funktion einer Klassenlehrerin zu übernehmen, auch wenn sie damit nicht einverstanden ist.

In Reinform ist dieses Modell der bürokratischen Steuerung von Schule natürlich nirgendwo etabliert – schon deshalb, weil überall Menschen am Werke sind, die ihren gesunden Menschenverstand und ihre langjährigen Schulerfahrungen beim Aufstieg in die Schulaufsicht nicht beiseite gelegt haben.

bottom-up

Die Mitwirkungsformen und Einspruchsrechte von unten nach oben sind vergleichsweise ärmlich entwickelt. Es gibt:

- *Anträge:* Eine Lehrerin, die einen personenbezogenen Wunsch hat (z. B. versetzt werden will), stellt einen Antrag an die Bezirksregierung. Den kann sie aber nicht per Post losschicken, sondern muss ihn immer über ihren direkten Vorgesetzten laufen lassen (s. o.).
- *Berichte:* Jede Untergebene kann jederzeit von ihrem Dienstherren die Weisung erhalten, einen Bericht zu schreiben und diesen auf dem Dienstweg nach oben zu leiten[44]. Sie kann auch von sich aus a.d.D. berichten. Insbesondere die Statusgruppe der Schulleiter ist fortwährend damit beschäftigt, Berichte zu schreiben. Die Personaldecke der Aufsicht ist jedoch meist zu dünn, um die vielen Berichte sinnvoll auszuwerten.

Wo, wie und wann haben „schlichte" Lehrerinnen und Lehrer Kontakte mit der Schulaufsicht? Es gibt eine Reihe – biografisch mehr oder weniger wichtiger – Anlässe:

- *Dienstantritt und Einweisung auf eine Planstelle:* Eine Lehrerin wird bei Dienstantritt auf eine Planstelle eingewiesen, die im Haushalt des Bundeslandes vorhanden sein muss. Wenn sie die Voraussetzungen erfüllt, kann sie zur Beamtin auf Probe, auf Zeit oder zur Lebenszeitbeamtin ernannt werden. Andernfalls erhält sie einen Angestelltenvertrag. Die Kollegin wird in face-to-face-Kommunikation vereidigt und über Rechte und Pflichten belehrt.

---

44 So musste kürzlich eine Lehrerin Bericht erstatten, die von einem Elternteil bei der Bezirksregierung wegen angeblich esoterischer Unterrichtsmethoden angeschwärzt worden war.

- *Unterrichtsbesuche:* Die Mehrzahl der Lehrerinnen wird in ihrer beruflichen Laufbahn kaum öfter als zwei- oder dreimal von der Schulaufsicht beim Unterrichten beobachtet, beraten und beurteilt: das erste Mal beim Zweiten Examen, dann bei der Lehrprobe aus Anlass der Lebenszeit-Verbeamtung und irgendwann Jahre später, wenn der Dezernent einen triftigen Grund hat (z. B. aus Anlass einer Bewerbung auf eine Funktionsstelle)[45]. – Eine echte direkte Kontrolle der Unterrichtspraxis, wie sie das Gesetz vorsieht, findet also kaum mehr statt.
- *Personalakte:* Für jede Lehrerin wird bei der Bezirksregierung eine Personalakte geführt. Früher war sie geheim. Seit längerem kann jede Lehrerin bei der Schulaufsicht einen Antrag auf Akteneinsicht stellen. Sie darf sich Notizen und sogar Kopien machen. Wer die Personalakten führt und was Inhalt dieser Akten sein darf und was nicht, ist minutiös gesetzlich geregelt. Für die Mehrzahl der Lehrerinnen spielen die Personalakten kaum eine Rolle. Hin und wieder kann die Akte jedoch wichtig und manchmal auch brisant werden.

Nur selten ist die Lehrerin Subjekt und wirkliche Kommunikationspartnerin der Aufsicht, z. B.:

- wenn sie einen Aufsichtsbeamten um Unterrichtsbesuch und Beratung bittet (und nicht nur, was häufiger vorkommt, eine Beschwerde vorbringt) – so wie dies Herta Kutzer in einem „Brief an meinen Schulrat“ getan hat (vgl. Kutzer 1996),
- wenn eine Schule einen Dezernenten zu einem Gespräch über die Schulprofilbildung einlädt.

Ich fasse zusammen: Die obrigkeitsstaatliche Tradition der Schulaufsicht hat zur Folge, dass die Lehrerinnen viel zu oft Objekte des aufsichtlichen Handelns sind. Deshalb benötigt die Schulaufsicht eine neue Philosophie, die von einer Logik des Vertrauens anstelle misstrauischer Kontrolle und von Schatzsuche statt Fehlerfahndung ausgeht (vgl. Rosenbusch 1994 und Band II dieser SCHULPÄDAGOGIK).

---

45 Heinz Rosenbusch (1994) hat die Häufigkeiten und das Lehrerurteil der Schulratsbesuche für das Land Bayern erforscht; vgl. auch Hopf/Nevermann/Richter (1980:78 ff.).

J.A. Comenii
Didactica Opera
omnia
Ab Anno 1627 ad 1657.
continuata.
N. 1592.
28 Martii.
Crisp. de pas.
delin.
D. Log. fec.

Dritter Teil: Vom Nutzen der Theorie

Sechste Lektion: Was leistet Schulpädagogik?

1. „Grau, teurer Freund, ist alle Theorie"?

Wir wollen in diesem Dritten Teil versuchen, *systematisch* in die Schulpädagogik einzuführen, also einen Überblick über (wissenschafts-)theoretische Probleme der Schulpädagogik zu geben.

Wissenschaftstheorie gilt als spröde und grau. Ihr Studium wird von vielen nur aus Pflicht und nicht aus Neigung betrieben. Da wird dann gern Johann Wolfgang Goethe zitiert: „Grau, teurer Freund, ist alle Theorie. Und grün des Lebens goldner Baum." (Faust I, Studierzimmer) Aber wir sind uns mit Goethe sicher: Hier irrte Mephisto! Wir halten deshalb dagegen: Es kann ausgesprochen *interessant* sein, sich mit unterschiedlichen wissenschaftstheoretischen Positionen zu beschäftigen! Es macht kritikfähig gegenüber wissenschaftlichen Hochstaplern und Scharlatanen und selbstkritisch gegenüber eigenen Texten.

Wer handelnden Umgang mit Theoriewissen betreibt (wie wir es in diesem Buche versuchen), geht „wissenschaftlicher" zu Werke als mancher hochgelehrte Freund, dessen Wissenschaft sich im klugen Sezieren und Kommentieren zahlloser Bücher weiterer Kollegen und Kolleginnen erschöpft. Der auf dem Kupferstich auf Seite 202 abgebildete Johann Amos Comenius sitzt zwar in einer Studierstube, aber er hätte dem letzten Satz immer zugestimmt!

Es gibt inzwischen viele Anleitungen zum wissenschaftlichen Denken, Schreiben und zum Umgang mit der Literatur. Wir empfehlen die Bücher von Joachim Stary/Horst Kretschmer (1994) und Karl-Dieter Bünting u. a. (1996). Wer Mut zum Durchstehen des Unialltags nötig hat, möge zu dem Buch „Uni-Angst und Uni-Bluff" von Wolf Wagner (1992) greifen.

1.1 Unser Wissenschaftsverständnis

These 1.2 von Seite 17 lautete: „Der Arbeitsplatz prägt das Bewusstsein." Diese These gilt nicht nur für Praktikerinnen, sondern auch für Wissenschaftler, die eigentlich zur so genannten Objektivität verpflichtet sind. Wissenschaftler müssen versuchen, sich der „Wahrheit“ anzunähern, aber dies heißt nicht, dass irgendwo hinter den subjektiven Wahrnehmungen das Reich der „objektiven Wahrheiten“ läge, dem man sich durch methodisch strenges Nachdenken immer mehr annähern könnte. Mit dieser naiven Vorstellung des Erkenntnisprozesses hatte schon vor 220 Jahren Immanuel Kant aufgeräumt. Der Forschungsgegenstand „liegt nicht vor“, sondern wird von Menschen mit Hilfe ihres Verstandes hergestellt (konstruiert)[1].

Der Prozess der Konstruktion wissenschaftlicher Fragestellungen und Gegenstände ist nicht objektiv oder wertneutral möglich. Vielmehr geht immer ein Vorverständnis vom Forschungs- bzw. Erkenntnisgegenstand in die wissenschaftliche Arbeit ein. In diesem Vorverständnis stecken individuelle Wahrnehmungen, gesellschaftliche Erfahrungen, wissenschaftliche Standards, Interessen des Forschers u.a.m.

These 6.1: Menschliche Erkenntnis ist an ein hermeneutisch vermitteltes Vorverständnis gebunden und immer interessengeleitet[2].

Wenn diese These stimmt, dann kann es auch keine säuberliche Trennung zwischen wissenschaftlichen und nichtwissenschaftlichen Aussagen nach den Kriterien „subjektiv/objektiv“ oder „praktisch/theoretisch“ geben. Erkenntnis geht immer von den Subjekten aus und ist insofern grundsätzlich subjektiv, was aber nicht mit „beliebig“ zu verwechseln ist.

Gerade in schulpädagogischen Kontroversen ist es ein beliebtes Spiel, die „Theoretiker“ gegen die „Praktiker“ auszuspielen – aber dieses Spiel macht keinen Sinn! Auch eine so genannte Praktikerin macht, wenn sie sich über Schule äußert, theoretische Aussagen, die zutreffend oder unzutreffend sein können – und umgekehrt. Es hängt nicht von der aktuell ausgeübten Berufstätigkeit oder vom Status ab, ob eine Aussage wissenschaftlich ist oder nicht.

These 6.2: Jeder Mensch – auch ein Kind oder Jugendlicher – ist zu wissenschaftlichen Aussagen fähig[3].

Was unterscheidet dann noch wissenschaftliche von nichtwissenschaftlichen Erkenntnissen? Wer als Wissenschaftler ernst genommen werden will, muss

1 Immanuel Kant ging davon aus, dass es strenge Denkkategorien geben müsse, die er in seiner „Kritik der reinen (theoretischen) Vernunft“ ermittelt zu haben behauptete. Dazu zählte er z. B. die Kategorien „Raum“ und Zeit“. Die heutigen Konstruktivisten betonen demgegenüber, dass es viele verschiedene Konstruktionslösungen gibt. Eine Wissenschaft ist für sie so etwas wie ein Sprachspiel. Wer spielt, kann die Regeln verändern (vgl. Siebert 1996).

2 Ausführliche Begründungen dieser These liefert Jürgen Habermas (1968).

3 These 6.2 ist sowohl im Alltagsverständnis wie auch in der akademischen Diskussion umstritten. Ich übernehme sie von Kelly (1955) und Groeben/Wahl/Schlee/Scheele (1988); vgl. auch Altrichter (1990) und Hierdeis/Hueg (1992).

sich bemühen, seine Aussagen nachvollziehbar und überprüfbar zu machen[4]. Was zählt, sind deshalb die *Stimmigkeit*, die *Begründetheit* und *Überprüfbarkeit* einer wissenschaftlichen Aussage sowie das Bewusstsein, sich in einem *theoretischen* Aussagezusammenhang zu befinden. Dies macht es zwingend erforderlich, dass der Forscher das seinem Forschungsvorhaben zugrunde liegende Vorverständnis offen legt, dass er die Konstruktionsannahmen der produzierten Theorien und Konzepte mitteilt und dass er die Erhebung, Aufbereitung und Auswertung von Daten, von Dokumenten, Beobachtungsprotokollen usw. methodisch kontrolliert vornimmt.

These 6.3: Wer wissenschaftlich arbeiten will, muss sein Vorverständnis offen legen und plausibel machen, wie er zu seinen Ergebnissen gekommen ist.

Bloßes Meinen oder Fürwahrhalten reichen nicht aus!

Ich will nun das, was ich eben von anderen gefordert habe, selbst einlösen: Unser Vorverständnis beim Schreiben dieses Buches *in Stichworten*:

- Unser vorrangiges Interesse ist schon in der Ersten Lektion formuliert worden: Wir wollen all jenen, die wissen wollen, worauf sie sich einlassen, wenn sie Lehrer oder Lehrerin werden, eine Orientierungshilfe geben. (Wir fühlen uns also primär als Lehrende und erst sekundär als Forscherinnen.)
- Wir arbeiten im Wesentlichen *hermeneutisch*. Hermeneutik ist die Wissenschaft der Textinterpretation. Wir verwenden den Textbegriff aber ganz weit. Das heißt, dass wir die Schule, ihre Voraussetzungen und Wirkungen, ihre Geschichte und Zukunft wie einen Text zu deuten versuchen. Nicht nur schriftliche Dokumente über Schule, nicht nur der Unterricht, sondern alle mit Schule verknüpften Lebenswelten sind „Text“[5].
- Unser Bildungsziel lautet: *solidarische Mündigkeit*. Wir halten uns für kritisch-konstruktiv orientierte Bildungstheoretikerinnen[6]. Der Bildungsbegriff als oberste Norm für die Gestaltung von Schule steht in der Tradition der philosophischen Aufklärung, wir führen ihn also bis auf Immanuel Kant, Wilhelm von Humboldt, Friedrich Daniel Ernst Schleiermacher und Johann Friedrich Herbart zurück. Heute muss angesichts der Verwerfungen der Gesellschaft jedoch der in der Aufklärung immer schon mitgedachte, aber nicht so deutlich ausformulierte Gedanke der Solidarität stärker betont werden[7].
- Wir pflegen einen problematischen, aber nicht ungewöhnlichen Umgang mit der *Empirie*: Dort, wo wir seriöse empirische Untersuchungen zu den Einzelfragen unseres Buches gefunden haben, ziehen wir sie heran. Wenn es keine brauchbaren

---

4 Diese knappe Aussage bezieht sich auf das weite Feld der Diskussion so genannter Gütekriterien wissenschaftlicher Erkenntnisse (vgl. Altrichter/Posch 1994:89 ff.).

5 Hermeneutik ist eine *universale Auslegungslehre* der „Interpretationsgemeinschaft“ von praktizierenden Lehrerinnen und Wissenschaftlern (Tschamler 1996:46); vgl. Garz/Kraimer (1994); Lenk (1993). Einführungen in die hermeneutische Methode liefern König/Zedler (1983:75–114) und Danner (1989:31–116).

6 Vgl. Klafki (1976).

7 Vgl. Mollenhauer (1996).

Untersuchungen gibt (oder wenn wir sie übersehen haben), behelfen wir uns mit eigenen punktuellen Erkundungen und Interviews mit den Beteiligten. Diese Interviews sind zumeist zwei- oder dreimal von den Interviewpartnerinnen überarbeitet und so „kommunikativ validiert", d. h. im Gespräch auf Gültigkeit überprüft worden. Wir stellen aber nicht den Anspruch, in den zwei Dutzend Teildisziplinen unseres Untersuchungsgegenstandes „Schule" überall zu Hause zu sein.

1.2 Stand der Forschung

Das Zur-Schule-Gehen junger Menschen sowie das Schule-Halten der Lehrer und Lehrerinnen ist seit Jahrhunderten Thema zahlloser theoretischer Spekulationen und – seit wenigen Jahrzehnten – auch Gegenstand empirischer interdisziplinärer Forschung. Die Palette dieser Forschungen ist heute dermaßen breit, dass man davon geradezu erschlagen wird:

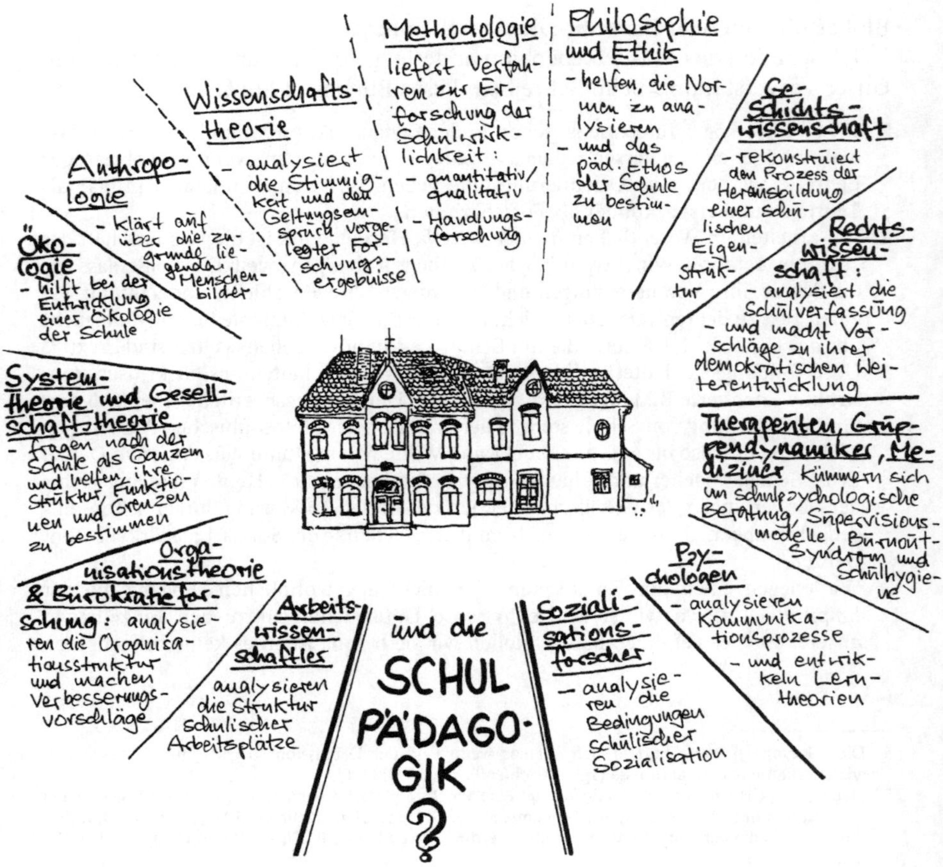

Abbildung 6.1: Forschungspalette

Ich liste einige dieser Forschungen auf – und habe lange noch nicht *alle* erfasst:

- *Soziologen* (Parsons 1959/64; Heintz 1966; Hurrelmann 1975; Fend 1980) erforschen, welche gesellschaftlichen Funktionen Schule erfüllt.
- *Systemtheoretiker* (Luhmann/Schorr 1979; vgl. Diederich/Tenorth 1997) analysieren das Zusammenspiel von Schulstruktur und Schulfunktionen.
- *Sozialisationsforscher* (Wellendorf 1973; Tillmann 1995; 1996; Hurrelmann 1975, 1995; Pekrun/Fend 1991) untersuchen die so genannte schulische Sozialisation[8].
- *Bürokratie- und Organisationsforscher* (Fürstenau 1969a; Lenhardt 1984; Gairing 1996) versuchen zu klären, welche Regeln, Rituale und Routinen den Schulbetrieb bestimmen.
- *Ökonomen* und *Betriebswirtschaftler* haben sich in den letzten Jahren verstärkt zu Wort gemeldet, um „Kostenbewusstsein" in die Schulen zu tragen. Sie haben ausgerechnet, wie teuer die Schulen heute geworden sind.
- *Biografieforscherinnen* (Kleinespel 1990; Nittel 1992; Baacke/Schulze 1993; Terhart u. a. 1994; Schneider 1996; Dirks 1996) haben analysiert, dass und wie die Schulerfahrungen junge Menschen ein Leben lang prägen.
- Seit es *Geschlechterforschung* in feministischer Perspektive gibt, wird auch das Thema „Geschlechterforschung und Schule" analysiert (Flaake 1989; Enders-Dragässer/Fuchs 1990; Kreienbaum u. a. 1993; Horstkemper 1987; Faulstich-Wieland 1991; Bracht/Keiner 1994).
- *Anthropologen* haben den Menschen als „nicht-festgestelltes Wesen" definiert, das „Gesetz" seiner „natürlichen Künstlichkeit" (Pleßner 1965:309) aufgestellt und seine Erziehungsbedürftigkeit als Grunddatum definiert (Loch 1963). Um eine Anthropologie der „Schule als Weg des Kindes" (Langeveld 1963) haben sich aber nur wenige bemüht (vgl. auch Wax/Diamond/Gearing 1971).
- *Schulhistoriker* (Alt 1971; Petrat 1979; Leschinsky/Roeder 1983 Herrlitz u. a. 1993) klären darüber auf, in welch mühsamem, jahrhundertelangen Prozess die allgemeine Schulpflicht in Preußen und anderen deutschen Landen durchgesetzt werden musste und welchen Strukturwandel vom Wohnstuben-Schulzimmer zum modernen Großbetrieb die Schule dabei durchmachte.
- Schließlich gibt es noch eine Disziplin, die sich *Schulpädagogik* nennt und sich Gedanken über die Schule macht: Träumer und Realisten, Frustrierte und Populisten, Staatsfromme und Anarchisten – ein buntes Häuflein, deren Forschungsergebnisse, Einsichten und Kritiken wir Autorinnen für unser Buch ausbeuten werden, weil es nicht nötig ist, das Rad jedes Mal von neuem zu erfinden.

Die pure Auflistung soll eines deutlich machen:

> **These 6.4:** Das Thema Schule ist heute nur noch interdisziplinär angemessen zu erfassen.

Darüber könnte man ja zunächst begeistert sein: *So* viele Wissenschaftler, die sich um Schule Gedanken machen und zum interdisziplinären Gespräch einladen! Aber die Begeisterung lässt bei Beginn der Lektüre der vielen Bücher

8 Vgl. die Arbeitsdefinition 29 in der Achten Lektion auf Seite 302.

bald nach. Zwar ziehen alle Forscherinnen am selben Strang (nämlich dem Forschungsgegenstand „Schule"), aber leider oft in verschiedene Richtungen und in unterschiedlichen Sprachspielen! Die Buntscheckigkeit der Forschungslandschaft schafft also ein großes Relevanzproblem. Welche Sichtweise ist für diese SCHULPÄDAGOGIK unverzichtbar, welche entbehrlich? Wie verhindere ich, im vielfachen Perspektivenwechsel unterzugehen?

1.3 Die Notwendigkeit einheimischer Begriffe

Wir werden nicht nach beliebigen Maßstäben auswählen, auch keinen „Eintopf" aus sämtlichen verfügbaren Sichtweisen machen, sondern versuchen, den Schwerpunkt auf die *pädagogische* Beantwortung der Frage nach den Bedingungen und dem Sinn von Schule zu legen. Aber gerade die pädagogische Betrachtungsweise von Schule ist – wie Abbildung 6.1 illustrieren sollte – in der aktuellen wissenschaftlichen Diskussion merkwürdig blass geblieben[9]. Man bekommt den Eindruck, dass die Psychologen, Ökonomen und Soziologen, Geschlechterforscherinnen oder Juristen bei der Erforschung von Schule interessantere Ergebnisse mit seriöseren Forschungsmethoden produzieren als die Pädagogen und Pädagoginnen. Und das wurmt, aber nicht aus fachwissenschaftlicher Eitelkeit, sondern um der Sache, d. h. der Schule willen[10].

Pädagogik darf nicht als „entfernte eroberte Provinz" von „Fremden regiert" werden, wie das der wiederholt zitierte, in Oldenburg geborene Johann Friedrich Herbart im Jahre 1806 formulierte[11]. Sie muss vielmehr auf Grund *eigenen* Nachdenkens entscheiden können, was wichtige und was unwichtige Fragestellungen für die Gestaltung von Schule sind.

These 6.5: Eine Schulpädagogik muss mit *einheimischen* Begriffen der Pädagogik geschrieben werden.

Einheimische Begriffe sind – salopp formuliert – Begriffe mit Stallgeruch[12]. Sie können, so hoffen wir, leichter in *Ihre* subjektiven Theorien im Hinterkopfe

9 Theodor Schulze (1993:422) stellt denn auch fest, die „herrschende" Schultheorie sei keine Erziehungswissenschaft, sondern Soziologie mit einem Schuss Luhmannscher Systemtheorie. Früher, z. B. bei Schleiermacher, bei Humboldt oder Diesterweg, war dies anders. Eine Ausnahme bildet die leider in ihrer Präsentationsform für Anfänger schwer zu verdauende Theorie schulischen Handelns von Krüger/Lersch (Lernen und Erfahrung, 1993). Hier wird in konsistenter Form und auf erziehungswissenschaftlichem Fundament erläutert, welche Grundbegriffe für eine Theorie der Schule erforderlich sind.

10 Vielleicht sind einige dezidiert schulpädagogische Neuerscheinungen zum Thema Schule jedoch ein erstes Vorzeichen für eine neue Konjunktur der Pädagogik (vgl. Rolff 1993; Gairing 1996 Diederich/Tenorth 1997; Winkel 1997).

11 Herbart (1965, Bd. 2:21); Herbart nennt leider keine Beispiele für die *Begriffe der Eroberer*, heute – 190 Jahre später – dürften die folgenden dazuzählen: „Institution", „System", „Sozialisation", „Kompetenz", „Qualifikation", „Identität", „Interaktion", „Rolle", „Organisation", „Management", „Schulkultur" usw.

12 Sicherlich zählen für Herbart zu den *einheimischen* die schon in der Ersten Lektion genannten Begriffe „Erzieher", „Zögling", „Erziehung", „Zucht", „Unterricht", „Bildung", „pädagogischer Takt", „Interesse", „Artikulation", „Vertiefung" und „Besinnung" dazu.

integriert werden als die Eroberer-Begriffe. Stallgeruch allein reicht aber nicht aus, es kommt vielmehr darauf an, die für eine Schulpädagogik logisch elementaren Begriffe zu finden.

2. Begriffsklärungen

2.1 Arbeitsdefinition „Schulpädagogik"

Ich (H. M.) habe mir die nachfolgende Arbeitsdefinition zurechtgelegt und erläutere sie in drei Schritten. In diesem ersten Abschnitt 2.1 findet eine grobe Charakterisierung der Definition statt; im Abschnitt 2.2 frage ich, ob es klüger wäre, statt von Schulpädagogik von Theorie der Schule zu sprechen (und verneine die selbst gestellte Frage). In Abschnitt 2.3 wird Schulpädagogik im Rückgriff auf Herbarts Begriff des pädagogischen Takts als Handlungswissenschaft beschrieben.

> **Arbeitsdefinition 16:**
> Schulpädagogik ist die Theorie und Praxis der Entwicklung und Reflexion wissenschaftlicher Konzepte zur Gestaltung von Schulleben und Unterricht.

Es gibt eine Reihe von Eigentümlichkeiten dieser Wissenschaft, die daraus erwachsen, dass sie die Schule nicht nur empirisch erforschen, sondern den dort Lehrenden und Lernenden Orientierungen geben will:

- Durch die Formel „Theorie *und* Praxis" soll ausgedrückt werden, dass nicht nur die von Wissenschaftlern produzierten, zumeist in Buchform vorgelegten Theoriegebäude, sondern auch die von Praktikerinnen im alltäglichen Schulbetrieb zuwege gebrachten Gestaltungen von Schule „Schulpädagogik" darstellen. Schulpädagogik[13] ist *Theorie und Praxis in einem*. Dies ist eine keinesfalls selbstverständliche Festlegung. Üblicher ist, die Theorie säuberlich von der Praxis zu trennen.
  Warum es Sinn macht, Theorie und Praxis *in einem* zum Gegenstand der Schulpädagogik zu machen, haben wir schon in der Vierten Lektion im Abschnitt über Handlungskompetenz und pädagogischen Takt zu erklären versucht: Es ist die Eigentümlichkeit der Pädagogik als Handlungswissenschaft, dass sich zwischen ihre Theorie und das praktische Handeln ein Drittes schiebt: der pädagogische Takt im Umgang mit komplexen schulpädagogischen Situationen – mehr dazu in Abschnitt 2.3 dieser Lektion.
- Schulpädagogische Aussagen können dreierlei unterschiedlichen logischen Status haben: Sie können beschreibend (deskriptiv-analytisch), wertsetzend (normativ) und spekulativ (mit einem utopischen Überschuss ausgestattet) sein. Es gibt auch Kombi-

13 Dezenter Hinweis für Erstsemester: Das Wort „Pädagogik" stammt aus dem Griechischen, heißt wörtlich übersetzt „Knaben-Führung" und ist aus den Silben „paid = Knabe/Kind" und „ágein = führen" zusammengesetzt. Deshalb wurde es bis zur Rechtschreibreform 1995 folgendermaßen getrennt: Päd-ago-gik.

nationen von deskriptiven und normativen und/oder spekulativen Aussagen. Dies haben wir schon an der Arbeitsdefinition 1 für „Schule" erörtert. Hier handelt es sich um eine Eigentümlichkeit pädagogischer Grundbegriffe, die im Exkurs am Ende dieser Lektion noch ausführlicher erörtert wird.

- Schulpädagogik ist eine *Entwicklungswissenschaft*: Sie will die Schulen voranbringen und den Lehrerinnen und Schülerinnen dabei helfen, den alltäglichen Schulbetrieb erträglich und vielleicht sogar attraktiv zu machen[14].
- Schulpädagogik liefert als Entwicklungswissenschaft *Konzepte*. Das ist zwar nur ein Wischi-Waschi-Wort, das gern – auch von mir – gewählt wird, wenn man sich (noch) nicht sicher ist, ob ein Gedankengebäude schon den Standarderwartungen an eine wissenschaftliche Theorie genügt.
- Schulpädagogik hilft, die Konzepte schulpädagogischen Handelns zu *reflektieren*. Sie hat deshalb zwei wichtige Teilfunktionen: Sie stellt in unseren subjektiven Theorien Ordnung und Verknüpfungen her, die wir ohne die Theorie leicht übersehen können. Und sie hilft, durch die radikale, d. h. an der Wurzel ansetzende Infragestellung unserer allzu gern verabsolutierten Erfahrungen das scheinbar Abwegige und Undenkbare doch zu denken.

Schulpädagogik ist eine Teildisziplin der Erziehungswissenschaft oder, wie Dieter Lenzen (1994:38/39) sagen würde, eine *Bindestrich-Pädagogik*. Von Theo Dietrich (1992:262) stammt die folgende Auflistung:

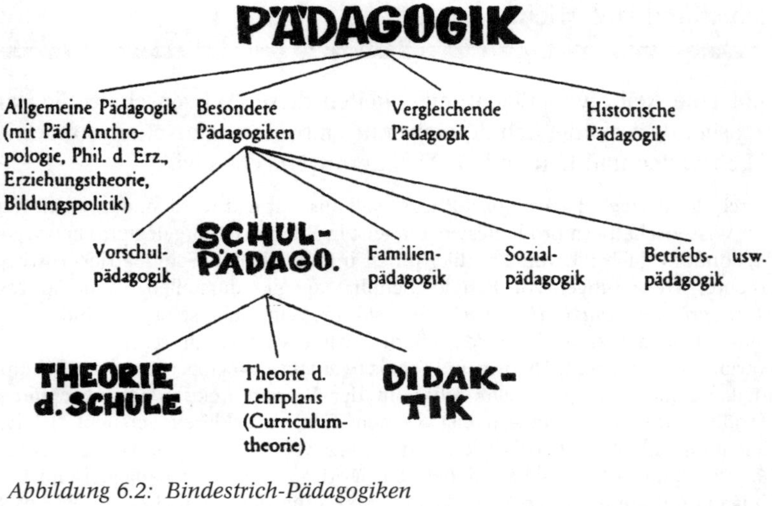

Abbildung 6.2: Bindestrich-Pädagogiken

Die Setzung, dass die Schulpädagogik eine Bindestrich-Pädagogik ist, ist in der Zunft der Erziehungswissenschaftler allseits anerkannt und der Sache nach unproblematisch, auch wenn man andere Bezeichnungen für die Teildisziplinen wählen und die Über- und Unterordnungen anders vornehmen könnte.

14 Forschungsvorhaben und Entwicklungsvorhaben liegen in der Schulpädagogik zumeist sehr eng nebeneinander, oft genug sind sie untrennbar ineinander verwoben (vgl. Altrichter/Posch 1994).

2.2 „Schulpädagogik“ oder „Theorie der Schule“?

Bis heute gibt es unter den zuständigen Wissenschaftlern keinen Konsens über die Bedeutung und die Grenzen des Begriffs Schulpädagogik, obwohl in den meisten Prüfungsordnungen für Lehramtsstudiengänge Schulpädagogik eines der wichtigsten Prüfungsgebiete ist. Einige Theoretiker haben deshalb vorgeschlagen, ganz auf den Begriff Schulpädagogik zu verzichten und lieber von Theorie der Schule zu sprechen. Aber auch dieser Sprachgebrauch hat sich nicht flächendeckend durchgesetzt, vielmehr hat sich in den Veröffentlichungen der letzten 20 Jahre eine gewisse Arbeitsteilung[15] ergeben:

- *Theorien der Schule* bzw. Schultheorien sind *grundlagenorientiert*[16]. Sie versuchen zu klären, was die Schule als Institution für die Gesellschaft leistet, das andere Institutionen (z. B. die Familie, die Kirche, Gewerkschaften oder Jugendverbände) nicht zu leisten vermögen. Mit dem Begriff wird also eher die systematische Analyse der Schule, ihrer Geschichte, ihres gesellschaftlichen Auftrags und ihrer Entwicklungsperspektiven bezeichnet. Beispiele für ein solches Theorieverständnis: die „Theorie der Schule“ von Helmut Fend (1980), „Theorie der Schule“ von Jürgen Diederich und Heinz-Elmar Tenorth (1997) oder der Theorieteil von Rainer Winkels „Theorie und Praxis der Schule“ (1997).

Jürgen Diederich

Heinz-Elmar Tenorth

Rainer Winkel

- *Schulpädagogiken* sind stärker *praxisorientiert* bzw. pragmatisch. Sie wollen handlungsorientierende Anleitungen zur Gestaltung des Schul- und Unterrichtsbetriebs geben: z. B. Wolfgang Einsiedlers bis heute empfehlenswerter „Schulpädagogischer Grundkurs“ (1974), Peter Köcks „Praktische Schulpädagogik“ (1992) oder der „Leit-

15 Dietrich Benner (1995:47–82) ist offensichtlich der einzige Autor, der beide Teile integriert. Für ihn ist Schulpädagogik der *Oberbegriff* zu einer didaktischen, lehrplantheoretischen und schultheoretischen Ausdifferenzierung von Fragestellungen – siehe sein Schema in Abbildung 6.8 von S. 233.

16 Zur Unterscheidung erziehungswissenschaftlicher Grundlagenforschung und pragmatischer Forschung siehe Winkler (1995).

faden Schulpraxis“ von Gislinde Bovet und Volker Huwendiek (1994). Auch Hans Glöckels Buch „Vom Unterricht“ (1996) ist eigentlich eine Schulpädagogik; und Rainer Winkels „Theorie und Praxis der Schule“ ist hier ein zweites Mal zu nennen.

Hans Glöckel

Wolfgang Einsiedler

Unser (H. M./C. J./D. V.) ausdrückliches Ziel ist es, eine *Schulpädagogik* zu schreiben. Dies kann wissenschaftlich seriös aber nur gelingen, wenn wir die Schul*theorie* zur Grundlage machen und deren Forschungsergebnisse immer wieder einbeziehen. Und das passiert nicht nur in diesem Theorieteil des Buches, sondern an vielen weiteren Stellen – auf leisen Sohlen, also ohne dass es immer dazugeschrieben wird.

Wir können nun auf die Überschrift dieser Sechsten Lektion zurückkommen: Was leistet Schulpädagogik als Wissenschaft?

These 6.6: Schulpädagogik bringt Bewusstheit und Ordnung in unser Handeln und hilft gegen Denkverbote, die durch unreflektierte Erfahrungen in unserer Schulpädagogik im Hinterkopfe entstanden sind.

2.3 Schulpädagogik als Handlungswissenschaft

Schulpädagogiken wollen auf Grund ihrer stärkeren Praxisorientierung ein Konzept aus Fleisch und Blut liefern und nicht nur das theoretische Knochengerüst schulischen Handelns nachzeichnen. Das muss nicht heißen, dass Schulpädagogiken theoriefeindlich orientiert seien oder dass sie in Bausch und Bogen als „Pseudotheorien“ (so Kramp 1970:549) diffamiert werden müssten. Im Gegenteil: Nichts ist praktischer als eine *gute* Theorie!

Fragt sich bloß, was denn eine gute Theorie sei. Es gibt zwar allgemeine Prinzipien und oberste Normen der Erziehungswissenschaft, aber aus diesen Prinzipien und Normen kann nicht linear abgeleitet (= deduziert) werden, was vor Ort in einer Schule zu passieren hat oder besser unterbleiben sollte.

Pädagogisches Handeln[17] von Lehrerinnen und Schülerinnen kann nur *konkret* verantwortet werden – so wie wir dies in der Vierten Lektion (S. 152) als ratlosen Rat der Klassenlehrerin Wiebke Willerich auf den Weg gegeben hatten. Nirgendwo auf der Welt gibt es eine Theorie, die mir das Denken, Fühlen und Handeln in der konkreten pädagogischen Situation abnehmen würde. Die Wissenschaft macht zwar Deutungsangebote für den Sinn der Schule, aber sie ist nicht Verkünderin ewiger Wahrheiten. Und das ist angesichts der Freiheit des Menschen, Richtiges und Falsches, Gutes und Böses zu tun, eine weise Beschränkung des wissenschaftlichen Anspruchs.

These 6.7: Der *Sinn* von Schule und Unterricht liegt nicht vor. Er muss von Lehrerinnen und Schülerinnen gemeinsam erarbeitet und ausgehandelt werden.

Wie soll man sich dann die Orientierungsfunktion der Schulpädagogik als Wissenschaft vorstellen? Blättern Sie, wenn Sie die Lust und die Zeit dazu haben, bitte noch einmal zurück zur Seite 157. Dort wurde – mit Herbart – der Begriff des pädagogischen Takts eingeführt. Der Takt vermittelt zwischen Theorie und Praxis. Deshalb ist schulpädagogisches Handeln – sofern es gelingt, ihm eine Theorieorientierung zu geben – keine Technik, sondern eine Kunst! Herbart schreibt an der schon genannten Stelle:

„Lassen Sie uns ein wenig weiter nachsinnen, auf welche wirkenden Ursachen, auf welche Einflüsse es denn ankomme, wie sich jener Takt in uns festsetzen werde. – Er bildet sich erst während der Praxis; er bildet sich durch die Einwirkung dessen, was wir in dieser Praxis erfahren, auf unser Gefühl. Diese Einwirkung wird anders und anders ausfallen, je nachdem wir selbst anders oder anders gestimmt sind. Auf diese unsere Stimmung sollen und können wir durch Überlegung wirken; von der Richtigkeit und dem Gewicht dieser Überlegung, von dem Interesse und der moralischen Willigkeit, womit wir uns ihr hingeben, hängt es ab, ob und wie sie unsere Stimmung *vor* Antretung des Erziehungsgeschäfts und folglich ob und wie sie unsere Empfindungsweise *während* der Ausübung dieses Geschäfts und mit dieser endlich jenen Takt ordnen und beherrschen werde auf dem der Erfolg oder Nichterfolg unserer pädagogischen Bemühungen beruht. Mit andern Worten: Durch Überlegung, durch Nachdenken, Nachforschung, durch Wissenschaft soll der Erzieher vorbereiten – nicht (...) seine künftigen Handlungen in einzelnen Fällen,

17 *„Handeln"* ist kein einseitiger Akt der Verfügung über Dinge oder Menschen, sondern immer ein Wechselwirkungsprozess, also – im Rahmen der Schule – eine Deutung des Sinns der für Lehrer und Schüler gestellten Aufgaben. Eine *pädagogische* Handlungswissenschaft will nicht nur deuten und erklären, sondern auch das Denken, Fühlen und Handeln der Praktiker anregen. Und dies kann sie verantwortlich tun, wenn sie ihre Ratschläge wissenschaftstheoretisch und -politisch reflektiert und verantwortet (vgl. Blankertz 1978).

als vielmehr sich selbst, sein Gemüt, seinen Kopf und sein Herz zum richtigen Aufnehmen, Auffassen, Empfinden und Beurteilen der Erscheinungen, die seiner warten, und der Lage, in die er geraten wird. Hat er sich im Voraus in weite Pläne verloren, so werden die Umstände seiner spotten; aber hat er sich mit Grundsätzen gerüstet, so werden ihm seine Erfahrungen deutlich sein und ihn jedes Mal belehren, was jedes Mal zu tun sei.
Es gibt also – das ist mein Schluss – es gibt eine *Vorbereitung auf die Kunst durch die Wissenschaft*, eine Vorbereitung des Verstandes und des Herzens *vor* Antretung des Geschäfts, vermöge welcher die Erfahrung, die wir nur in Betreibung des Geschäfts selbst erlangen können, allererst belehrend für uns wird. Im *Handeln* nur erlernt man die Kunst, erlernt man Takt, Fertigkeit, Gewandtheit, Geschicklichkeit." (Herbart 1964, Bd. 1:126 f.)

Diese Darstellung der Theorie-Praxis-Vermittlung ist meines Erachtens bis heute tragfähig. Ich übertrage das kompakte Zitat deshalb zum besseren Verständnis in eine Schemazeichnung:

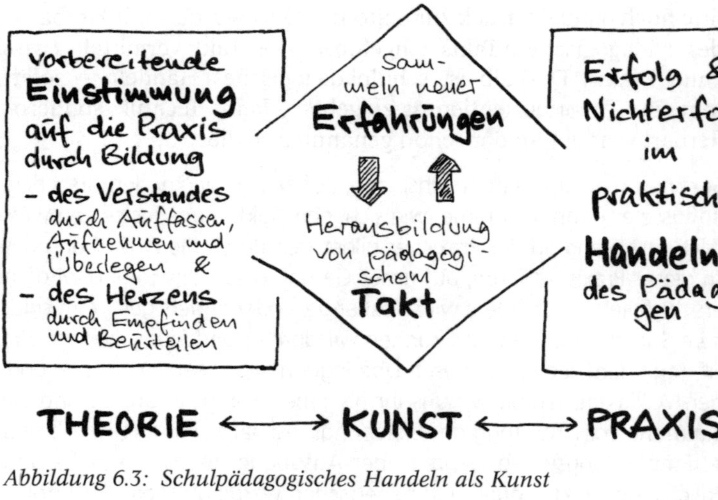

Abbildung 6.3: Schulpädagogisches Handeln als Kunst

Eine Lehrerin, die eine „runde" Stunde hinbekommt, ist eine Künstlerin! Ein Schulleiter, der den Alltag seiner Schule gemäß seiner Schulphilosophie gestaltet, ebenfalls[18].

Schulpädagogiken sind keine Ableitungsmaschinen für Theoriewissen. Sie können eher mit einer *Landkarte*[19] verglichen werden. Auf ihr ist das schulpädagogische Gelände abgebildet – mehr nicht! Wer etwas mit der Landkarte anfangen will, muss erstens wissen, zu welchem Ziel er kommen will, er

18 Mehr dazu bei Schewe (1993).
19 Der Vergleich der Pädagogik mit einer Landkarte stammt ebenfalls von Herbart (1965, Bd. 2).

benötigt zweitens einen Kompass, um das Ziel anzusteuern; drittens muss er wissen, wie das Gelände beschaffen sein *könnte*, welche Hindernisse auftauchen *könnten*, welche Fahrzeuge ihm zur Verfügung stehen oder ob er auf Schusters Rappen angewiesen ist.

Ich übersetze die Metapher: Das *Ziel* der Schule steckt, wenn auch höchst abstrakt, in unserer Arbeitsdefinition 1 aus der Ersten Lektion; es geht um die Unterrichtung *und* Erziehung der heranwachsenden Generation, und zwar unter menschenwürdigen Bedingungen. Das „Gelände" wird durch den Handlungsrahmen der Institution Schule begrenzt, der in der nächsten Lektion ausführlich beschrieben wird. Das „Fahrzeug", mit dem wir uns dem Ziel nähern, ist das von uns angeeignete Handlungsrepertoire, also die Inszenierungsmuster, die Methoden, die Handlungsschritte und Organisationsroutinen von Lehrerinnen und Schülerinnen. Der „Kompass" besteht aus der Liebe zu den Schülerinnen und aus der Achtung der Schülerinnen vor dem Arbeitseinsatz der Lehrerinnen (vgl. die Arbeitsdefinition 4 zum pädagogischen Bezug, S. 37).

Ich fasse zur These zusammen, was ich mit der Charakterisierung der Schulpädagogik als Handlungswissenschaft ausdrücken wollte:

> **These 6.8:** Eine schlechte Schulpädagogik sagt, wo's langgeht. Eine gute Schulpädagogik lehrt, den Weg selbst zu suchen.

3. Ebenen schulpädagogischer Reflexion

3.1 Theoriepuzzle - ein Schema

In dem nun folgenden Abschnitt soll das schon angesprochene Verhältnis der Theorie der Schule zur Schulpädagogik weiter präzisiert werden. Ich werde ein Ebenen-Modell zimmern. Das ist ein in fast allen Wissenschaften übliches Verfahren, um Ordnung in unübersichtlichem Gelände herzustellen[20].

Ich unterscheide die in der Schulwirklichkeit ablaufenden realen Handlungsprozesse von den - ebenfalls realen - Reflexionen *über* diese Prozesse. Ich habe eine Vierteilung dieser Reflexionen vorgenommen, andere Einteilungen wären denkbar.

Abbildung 6.4 von Seite 216 soll einen ersten Überblick über unser Ebenenmodell bringen; Abbildung 6.5 von Seite 217 leistet dann eine Ausdifferenzierung der Kategorien.

20 Ich lehne mich mit diesem Schema an das Ordnungsraster in Theodor Schulzes Buch „Schule im Widerspruch" (1980) an, das wiederum in Anlehnung an Erich Wenigers geisteswissenschaftliches Konzept dreier Theoriestufen (Weniger 1929/1990:38 ff.) entwickelt worden ist (vgl. auch Meyer 1993a).

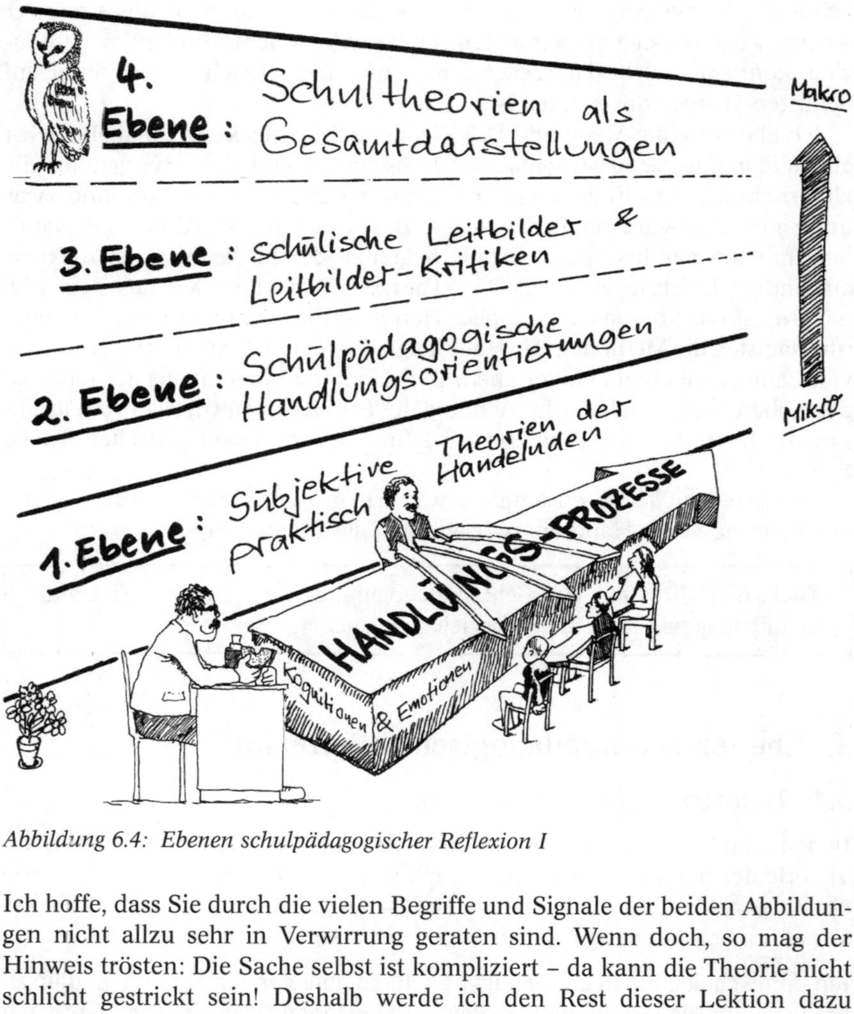

Abbildung 6.4: Ebenen schulpädagogischer Reflexion I

Ich hoffe, dass Sie durch die vielen Begriffe und Signale der beiden Abbildungen nicht allzu sehr in Verwirrung geraten sind. Wenn doch, so mag der Hinweis trösten: Die Sache selbst ist kompliziert – da kann die Theorie nicht schlicht gestrickt sein! Deshalb werde ich den Rest dieser Lektion dazu verwenden, die vier Reflexionsebenen in ihren Details zu erläutern[21].

21 Ein *Schönheitsfehler* des Modells, der Ihnen vielleicht schon aufgefallen ist: Ich benutze den Begriff „Schulpädagogik" in einem engeren und weiteren Sinne: im engeren Sinne zur Kennzeichnung des Theorietyps der 2. Ebene, im weiteren Sinne als Oberbegriff für sämtliche Reflexionsebenen. (Für Hinweise auf eine elegantere Lösung bin ich dankbar!)

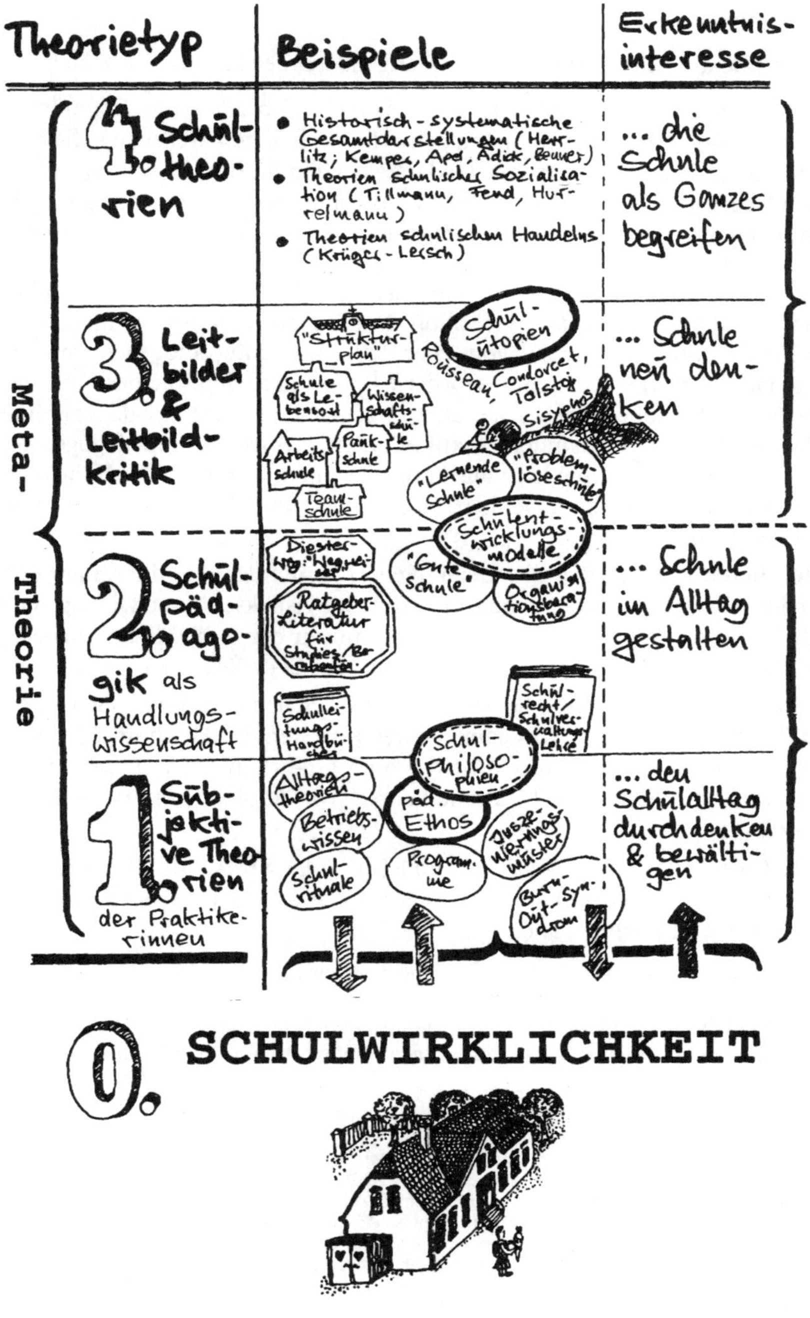

Abbildung 6.5: Ebenen schulpädagogischer Reflexion II

3.2 *Vier Reflexionsebenen*

Ich beginne die Erläuterung der Abbildung 6.5 auf der untersten Ebene:

Schulwirklichkeit[22] (= Nullebene): Damit meine ich alles, was „irgendwie" Schule ist oder mit Schule zu tun hat, also die leibhaftigen Menschen, die dort leben, lernen und arbeiten; ihre Gedanken, Gefühle und Handlungen; die realen Gebäude; die Traditionen und Zukunftshoffnungen der Beteiligten; die Richtlinien und Gesetze, die Beziehungen der Schule zu ihrem gesellschaftlichen Umfeld, kurzum: alles!

Diese Schulwirklichkeit ist in vielschichtiger Weise mit den vier darüber liegenden Reflexionsebenen[23] verknüpft. Damit man weiß, was wohin gehört und einzelne Muster schulpädagogischer Reflexion richtig einordnen kann, ist ein genau definiertes Kriterium erforderlich. Das Kriterium meines Schemas 6.4/6.5 lautet „Nähe oder Ferne" der einzuordnenden schulpädagogischen Reflexionen zu den handelnden Praktikerinnen „vor Ort". Schulpädagogisches Denken kann, so behaupte ich, vollständig nach dem Kriterium der Nähe oder Ferne der Reflexionen zum Denken, Fühlen und Handeln der Praktikerinnen geordnet werden.

Erste Ebene: Hier werden die subjektiven Theorien der Praktikerinnen und das pädagogische Ethos der Schule erfasst. Beide Aspekte sind so wichtig, dass es dafür eigene Abschnitte gibt (der Abschnitt zu den subjektiven Theorien folgt sofort; der über das pädagogische Ethos auf Seite 281).

Zweite Ebene: Der zweite Theorietyp heißt im Schema „Schulpädagogik als *Handlungswissenschaft*". Was damit gemeint ist, steht im Abschnitt 2.3 dieser Lektion. Ein klassisches Vorbild ist der im 19. Jahrhundert weit verbreitete „Wegweiser zur Bildung für Deutsche Lehrer" von Adolph Diesterweg (Essen 1834)[24].

Dritte Ebene: *Schulische Leitbilder* und *Leitbilder-Kritik*. Auf dieser Ebene, die in Band II weiter entfaltet wird, verorte ich alle empirisch gehaltvollen Neuentwürfe von Schule, z. B.:

- den letzten großen westdeutschen, bis heute nachwirkenden Gesamtplan für das Schulsystem, den „Strukturplan für das Bildungswesen" des Deutschen Bildungsrates aus dem Jahre 1970 oder Hartmut von Hentigs „Die Schule neu denken" (1993) oder die vielen Schulentwürfe der Reformpädagogen vom Anfang des 20. Jahrhunderts,

---

22 Der Begriff ist als Analogie zum geisteswissenschaftlichen Grundbegriff der „Erziehungswirklichkeit" formuliert (vgl. Blankertz 1975:29).

23 Warum „Reflexions-" und nicht „Theorie"-Ebenen? Der Begriff ist absichtlich so allgemein gewählt, damit in unserem Modell nicht nur entfaltete Theoriegebäude oder empirische Forschungsergebnisse, sondern auch Theoriefragmente, schlichte Thesen und Erklärungsmuster, auch Vorurteile und Ideologien, bildhafte Beschreibungen (Metaphern), Fotos, Plastiken, Schülerkritzeleien auf Tischplatten, Tontäfelchen aus Sumer und vieles andere mehr erfaßt werden können. Gemeint sind also *sämtliche denkmöglichen Kognitionen, Emotionen und Visualisierungen* über „Schule".

24 Aktuelle Beispiele finden sich im breiten Feld der schulpädagogischen Ratgeberliteratur für Lehrer und Auszubildende (z. B. Einsiedler 1974, Miller 1989), für Schulleiter (z. B. das inzwischen über 80 Hefte umfassende „Schulleiter Handbuch", SL Verlag München, oder Fischer/Schratz 1993).

- aber auch die vielfältigen *Abrechnungen* mit der Unmenschlichkeit der Schule, etwa Siegfried Bernfelds „Sisyphos oder die Grenzen der Erziehung" (1925/1971), Katharina Rutschkys „Schwarze Pädagogik" (1977/1993) oder Carl-Heinz Mallets „Untertan Kind" (1987).

Zwischen den im Prinzip realisierbaren Leitbildern und den notwendigen, aber nicht umsetzbaren *Schulutopien* können Welten oder auch nur kurze Schritte liegen. Die Grenzen sind im Ebenenschema fließend, weil es sehr verschiedene Utopiebegriffe gibt.

Vierte Ebene: Den hier versammelten Autoren geht es darum, *Schule als Ganzes* auf wissenschaftlicher Basis zu begreifen. Nicht die Formulierung praktischer Aufgaben samt Lösungen, auch nicht die Beschreibung mutmachender Beispiele stehen im Vordergrund. Vielmehr geht es um die wissenschaftlich fundierte Erarbeitung eines historisch, systematisch und empirisch aufgeklärten Selbstverständnisses von Schule. Im Abschnitt 4.5 (S. 231 ff.) finden Sie einen gerafften Überblick über solche Schultheorien.

Subjekt- und Systemebene: Die 1. und 2. Ebene nenne ich zusammenfassend „Subjektebene", die 3. und 4. „Systemebene":

- Auf der *Subjektebene* wird deutlich, dass Schule nicht von den Verhältnissen, sondern von Menschen „gemacht" wird und dass diese Menschen immer mit Kopf, Herz, Händen und allen Sinnen dabei sind.
- Auf der *Systemebene* wird gezeigt, dass eine „aktionistische und personzentrierte Denkweise" (Diederich/Tenorth 1997) nicht ausreicht, um Schule zu begreifen. Es gibt eben eine Reihe von Aufgaben und Problemen der Schule, die nur auf der Systemebene richtig ausformuliert werden können, z. B. die Frage nach dem pädagogischen Ethos oder nach den gesellschaftlichen Funktionen der Schule.

Es gibt heftige Debatten darüber, welche der beiden Ebenen wichtiger für die Schulentwicklung sei. Das führt bis zu grundsätzlichen Infragestellungen des Subjekt- und Individualitätsbegriffs durch die Systemtheorie (z. B. durch Niklas Luhmann). Unsere Position in diesem Streit ergibt sich aus der Aufgabenbestimmung der Schulpädagogik: Weil sie Handlungswissenschaft für Praktikerinnen sein soll, kann sie auf den Begriff des (mündigen) Subjekts nicht verzichten.

Metaebene: Wo bewegen wir uns, wenn wir ein Ebenenmodell konstruieren (wie es in dieser Lektion passiert)? Man könnte zunächst meinen: auf der obersten, also vierten Ebene. Aber das ist unlogisch. Ich benötige zum Konstruieren sozusagen einen „exterritorialen" Standort, von dem aus ich auf alle Ebenen hinabschauen kann. Diese Ebene wird in der Wissenschaftstheorie als „Metaebene" (genauer: als Ebene metatheoretischer Reflexion) bezeichnet.

Ich habe sie in Abbildung 6.5 ganz links und quer zu den übrigen Ebenen eingetragen. Auf dieser Ebene geht es nicht um die inhaltliche Klärung der Frage, *was* eine Schule sei und wie die dazugehörige Schultheorie gestrickt werden sollte (= Objektebene der Reflexion), sondern um die wissenschaftstheoretische Klärung der Frage, *wie* eine Theorie der Schule oder Schulpädagogik konstruiert und kritisiert werden kann. Um ein Bild zu nutzen: Die Wissenschaftlerinnen, die schon immer belesen aber fußfaul waren, fliegen mit einem Fesselballon über das Theorien-Gelände; sie haben einen guten Überblick, können aber nicht mehr direkt eingreifen (vgl. Jank/Meyer 1991:97).

3.3 Lolationsstrategien

Noch oberhalb der Ebene der Metatheorien befinden sich die sogenannten Lolationsstrategien[25]. Sie dienen der permissiv-opaken Regulierung transpädagogischer Fragestellungen, sind also eher freischwebend und so gut wie gar nicht zu operationalisieren. Die Bedeutung dieser Strategien ist in den USA schon in den 60er-Jahren erschöpfend diskutiert worden (vgl. den grundlegenden Aufsatz Reyem 1970), in Deutschland setzte die Rezeption dagegen nur zögerlich ein (vgl. jedoch Enzyklopädie Erziehungswissenschaft 1986, Bd. 3:638; Meyer 1987, Bd. 1:211; Seyd 1994:155; Ekholm u. a. 1995:62). Am Fachbereich 1 der Carl von Ossietzky Universität wird jedoch ab 1998 ein größeres Forschungsvorhaben zu Lolationsstrategien gestartet[26].

These 6.9:
Lasst tausend Blumen blühen.

3.4 Subjektive Theorien

Wir haben schon wiederholt (z. B. in der allerersten These dieses Buches) von subjektiven Theorien gesprochen. In diesem Abschnitt soll genauer geklärt werden, was damit gemeint ist. Ich unterscheide zwei „Aggregatzustände" von Theorie:

25 Ein Lehnwort aus dem Finnisch-Ugrischen (von Jung-lola).

26 Zusatzinformationen zur Lolationstechnik und Bezugsquellenangaben zu Veuve Cliquot (siehe S. 45) erhalten Sie auf der Homepage:
http://www.Uni-Oldenburg.de/FB1/Lehre/H_Meyer.HTML

- die subjektiven oder Alltagstheorien, in These 1.1 von Seite 15 als „Schulpädagogiken im Hinterkopfe“ bezeichnet,
- und die wissenschaftlichen Theorien[27].

Subjektive Theorien helfen, den Schulalltag zu bewältigen. Sie begleiten unser Denken, Fühlen und Handeln fortwährend. Ihre Abschaffung steht nicht zur Debatte, weil dies nicht möglich ist. Von „Theorien“ wird in diesem Zusammenhang gesprochen, weil die Menschen Selbst- und Weltsichten entwickeln sowie Erklärungen und Prognosen vornehmen, die *im Prinzip* wie wissenschaftliche Theorien konstituiert sind und nach gleichen Standards beurteilt und methodisch kontrolliert werden können[28]. Wissenschaftliche Theorien und subjektive Theorien sind aber nicht identisch. Vielmehr sagen die Verfechter dieser Forschungsrichtung, dass sie *analog* konstruiert sind[29].

- Den subjektiven Theorien der Handelnden fehlen (zumeist, aber nicht immer) zwei wesentliche Elemente, nämlich die Kritikfähigkeit und das Bewusstsein davon, dass es sich um eine Theorie handle. Die Lösungsmuster für bestimmte wiederkehrende Aufgaben gelten dann leicht als „bewährt“, obwohl keine Bewährungsprüfung vorgenommen wurde.
- In der Fachliteratur wird diese subjektive Selbstgewissheit der Handelnden mit dem „Thomas-Theorem“[30] charakterisiert. Es lautet:

> **These 6.10:** „If men define situations as real, they are real in their consequences.“

Was Personen für wirklich halten, hat reale Konsequenzen. Dies ist ein konstruktivistischer Standpunkt, der aber im Schulalltag mannigfach bestätigt wird. Wenn Schülerinnen die subjektive Gewissheit haben, dass die eine Lehrerin „toll“ ist und die andere „eine Schacke hat“, so werden sich die Schülerinnen auch dieser Einschätzung gemäß gegenüber den zwei Lehrerinnen verhalten – auch dann, wenn die Lehrerin mit der Schacke „objektiv“ bzw. für einen hinzukommenden unparteiischen Dritten die Interessen der Schülerinnen besser wahrnimmt als die tolle.

Subjektive Theorien haben einen eingebauten Selbstverstärker und immunisieren sich damit gegen Kritik. Für wissenschaftliche Theorien sind aber Kritikbereitschaft und Kritik*fähigkeit* (was ja nicht immer identisch ist) unverzichtbar. Ein guter Wissenschaftler zeichnet sich gerade dadurch aus, dass er weiß und seinen Diskussionspartnern mitteilt, wie er zu seiner Theorie oder zu einer bestimmten Teilaussage gekommen ist, dass er offen legt, wie seine

27 Vgl. Hierdeis/Hueg (1992).
28 Vgl. König (1995:12); es gibt inzwischen eine umfangreiche Forschung zu subjektiven Theorien von Lehrerinnen und Schülerinnen (vgl. Groeben u. a. 1988 und die Zusammenfassung bei König/Zedler 1995).
29 Groeben/Wahl u. a. (1988); Scheele/Groeben (1988).
30 Vgl. Petillon (1987:2).

Theorie ursprünglich gedacht war, welche Defizite sie in seinen Augen noch hat und welchen Geltungsanspruch einzelne Aussagen und die Theorie insgesamt nach Auffassung ihres Erfinders haben. Der gute Wissenschaftler ist also in der Lage, seine Theorie als Theorie zu rekonstruieren. Und genau hier fehlt es bei vielen Praktikern, seien sie nun Schülerinnen, Lehrerinnen, Schulleiter oder Hausmeister:

> **These 6.11:** Die subjektive Theorie einer Praktikerin wird erst dann zur Theorie im herkömmlichen Begriffsverständnis, wenn sie als Theorie rekonstruiert worden ist.

3.5 Wahrheitstheorien

Wenn *jeder* Mensch seine subjektive Sicht der Dinge hat, wäre es da nicht einfacher, wir verzichteten ganz auf objektive Urteile und gingen davon aus, dass es nur subjektive Urteile sowie eine „intersubjektive" Verständigung der Menschen (seien sie nun Schülerinnen, Lehrerinnen oder Wissenschaftler) über Gemeinsamkeiten und Widersprüche gibt?

Diese Idee erscheint zunächst sympathisch und sie ist in Philosophie und Wissenschaftstheorie auch wiederholt vertreten worden. Wir bräuchten uns dann nicht mehr zu streiten, wer Recht hat, sondern könnten es bei dem Satz bewenden lassen, dass jede(r) aus ihrer (seiner) Sicht Recht habe. Aber in dieser Maxime steckt ein Denkfehler:

- Die Feststellung, dass jeder Mensch subjektive Theorien hat und nutzt, besagt nicht mehr und nicht weniger, als dass alles menschliche Wissen „individuell perspektiviert" ist (Fichten 1993:11).
- Davon abzugrenzen ist die Frage, ob ein Mensch voreingenommen ist.

Beides muss sowohl erkenntnistheoretisch wie auch im schulpraktischen Denken von Lehrerinnen und Schülerinnen auseinander gehalten werden, weil ein menschliches Zusammenleben nicht mehr möglich wäre, wenn jedermann und jede Frau grundsätzlich davon ausginge, dass nur er oder sie Recht haben könne. Was im Schulalltag gilt, gilt auch für den Wissenschaftsbetrieb. Auch hier gibt es heftige Debatten, ob und wenn ja wie subjektive Meinungen von objektiven Urteilen abzugrenzen sind:

- Es wird z. B. über die These gestritten, dass Gesamtschulen „besser" als das dreigliedrige Schulsystem seien (vgl. den Exkurs dieser Sechsten Lektion),
- oder über die von Siegfried Bernfeld aufgestellte Behauptung, dass die Didaktik nur der Verschleierung der wirklichen Machtverhältnisse in der Schule Vorschub leiste (siehe S. 323).

In solchen Debatten wirft jeweils die eine der anderen Seite vor, von falschen Annahmen oder nicht akzeptierten Normen auszugehen. Solche Behauptungen kann man aber – rein logisch bzw. metatheoretisch betrachtet – nur dann aufstellen, wenn man einen objektiven (oder zumindest objektiveren) Standpunkt eingenommen zu haben glaubt. Dies ist ein völlig normaler, für wissenschaftliches Denken unverzichtbarer Vorgang.

These 6.12: Es ist für den wissenschaftlichen Diskurs unverzichtbar, subjektive Urteile auf ihren objektiven Gehalt zu überprüfen.

Natürlich ist umstritten, wie man/frau das macht. Es gibt zahlreiche unterschiedliche Wahrheitstheorien, in denen erläutert wird, wie trotz der Historizität und Subjektgebundenheit jeglichen wissenschaftlichen Aussagezusammenhangs doch noch an der *Idee* eines objektiven bzw. objektivierten Urteils festgehalten werden kann. Der Trick, mit dem sich die Wissenschaftstheoretiker heutzutage wie Münchhausen an den eigenen Haaren aus dem Sumpf herauszuziehen versuchen, lautet: „Verzichtet auf die Spekulation darüber, ob es hinter unseren Wahrnehmungen eine objektive Welt gibt (so wie Platon dies im berühmten Höhlengleichnis behauptet hatte). Kümmert euch stattdessen darum, die Maßstäbe und Bedingungen für die Wahrheits*suche* zu formulieren." Drei Bedingungen seien genannt: (1) Die Argumente pro und contra müssen in einem möglichst herrschaftsfreien Raum ausgetauscht werden. (2) Der Wissenschaftler muss die Methoden, mit denen er zu seinen Ergebnissen gekommen ist, offen legen. (3) Theorien, die sich als hilfreich und fruchtbar zur Erklärung von Sachverhalten erweisen, sind vorzuziehen.

4. Theorie und Praxis

In welchem Verhältnis stehen die im letzten Abschnitt skizzierten vier Reflexionsebenen zueinander? Und wie vernetzen sie sich mit der Schulwirklichkeit? Dazu fällt mir eigentlich nur noch Theodor Fontane ein: *„Dies, Louise, ist ein weites Feld!"* Zu Deutsch: Es gibt so viele unterschiedliche Vorstellungen über den Theorie-Praxis-Zusammenhang, dass es jeder Studentin und Referendarin Mühe machen dürfte, die in wissenschaftlichen Arbeiten oft gar nicht offen gelegten, sondern einfach praktizierten unterschiedlichen Formen des Austausches zwischen praktischem Tun und theoretischem Reflektieren dieses Tuns zu durchschauen. Ich werde deshalb in diesem vierten Abschnitt drei unterschiedliche Vorstellungen zur Theorie-Praxis-Vernetzung erläutern (4.1) und dann im Blick auf Schulpraxis (4.2), Schulleitbilder (4.3), Utopien (4.4), Schultheorie (4.5) und Schulforschung (4.6) konkretisieren.

4.1 Theorie-Praxis-Verhältnis

Die Vernetzungsfrage wird traditionell unter dem Stichwort Theorie-Praxis-Verhältnis diskutiert.

- „*Theorie*" kommt vom griechischen Wort „theoría" und heißt so viel wie Schau oder Wahrheitsschau. Eine Theorie ist also ein *Entwurf von Wirklichkeit*, den sich Menschen ausgedacht haben, um die Welt zu verstehen und um Handlungsperspektiven zu entwickeln.
- Das Wort „*Praxis*" kommt ebenfalls aus dem Griechischen und heißt so viel wie Handeln oder Tun. Von Praxis wird überall dort gesprochen, wo *Menschen* schöpferisch oder reproduzierend tätig werden. Praxis muss gewagt und verantwortet werden. Sie setzt – rein logisch – die Fähigkeit des Menschen zu selbstständigem Handeln voraus.

Es gibt vielfältig ausdifferenzierte, in Jahrhunderten philosophischen und wissenschaftstheoretischen Denkens entstandene Modellierungen des Theorie-Praxis-Verhältnisses. Ich beschränke diese Vielfalt auf drei Grundpositionen: das dialektische, das geisteswissenschaftliche und das empirisch-analytische Wissenschaftsverständnis:

1. *Dialektische Ansätze* versuchen, in Widersprüchen zu denken. „Der Widerspruch treibt das Denken voran", sagte Georg Friedrich Wilhelm Hegel vor knapp 200 Jahren. Karl Marx hat diese Position ausgebaut und in einem wichtigen Punkt verändert. Seine These „Das Sein bestimmt das Bewusstsein" liegt auch unserer These 1.3 zugrunde („Der Arbeitsplatz prägt das Bewusstsein.") Dialektische Ansätze der Schulkritik waren in den 70er-Jahren dieses Jahrhunderts weit verbreitet (Theodor Adorno, Heinz-Joachim Heydorn, Freerk Huisken, Franz Wellendorf, Oskar Negt), heute sind sie seltener geworden (Theodor Schulze, Albert Illien, Ludwig Duncker).
2. Die *geisteswissenschaftlich-hermeneutischen* Ansätze gehen davon aus, dass wissenschaftliche Erkenntnis aus der Deutung der Lebenswelt besteht und immer an das Vorverständnis des Deutenden und dessen Sprache gebunden bleibt (vgl. S. 205). Zu den bekanntesten heute wirkenden Vertretern dieser Position zählen wir Wolfgang Klafki (Marburg) und Hartmut von Hentig (Bielefeld-Berlin).
3. Die *empirisch-analytischen Ansätze* wollen gesetzmäßige Zusammenhänge in der (Schul-)Wirklichkeit erforschen, um genaue Erklärungen abgelaufener Ereignisse und Prognosen für zukünftige Handlungsprozesse geben zu können. Diese Ansätze fordern den Wissenschaftler auf, keine eigenen Werturteile in die Analyse der Sachverhalte einzubringen und unterscheiden sich insofern radikal von den ersten beiden Positionen. Ahnherr ist der französische Positivist Auguste Comte (1798–1857).
   Eine grundlegende Neuformulierung der dritten Position stellt der maßgeblich von Karl R. Popper entwickelte *Kritische Rationalismus* dar. Er geht davon aus, dass die objektive Welt nicht objektiv erkannt werden kann. Vielmehr werden wissenschaftliche Aussagen zunächst einmal konstruiert und als Forschungshypothesen formuliert, dann aber möglichst vielen Widerlegungsversuchen ausgesetzt (= Falsifikationstests unterzogen). Theoretische Aussagen sind in diesem Denkmodell weder wahr noch falsch, sondern gut oder schlecht überprüft. Gütekriterium für Wissenschaft ist deshalb das Niveau der intersubjektiven (= in der Wissenschaftlergemeinschaft ablaufenden) Überprüfung.

Diese Grundpositionen haben auch deutlich voneinander abgegrenzte Vorstellungen, wie Theorie und Praxis zueinander stehen:

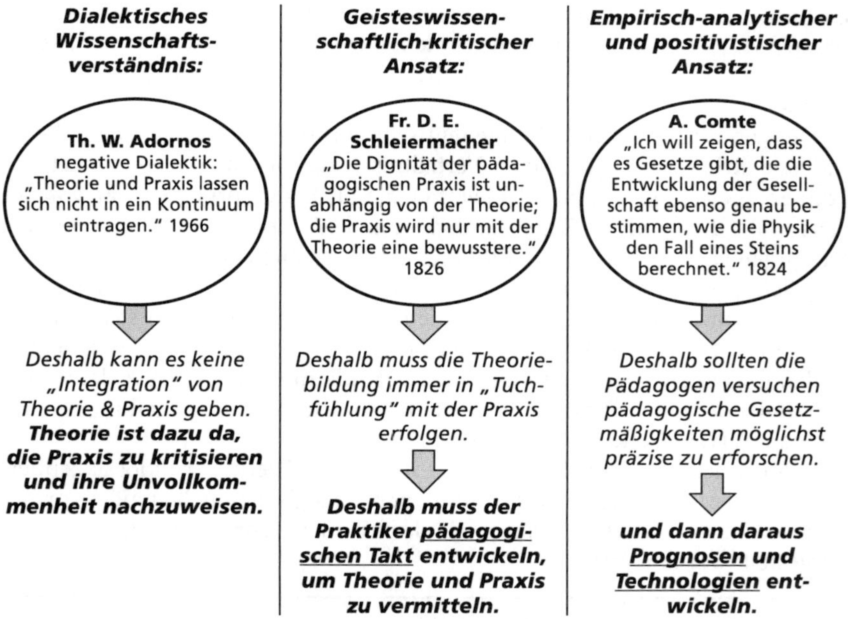

Abbildung 6.6: Wissenschaftstheoretische Grundpositionen

Ich schließe mich der mittleren, geisteswissenschaftlich-hermeneutischen Position an. Sie scheint mir am ehesten geeignet zu sein, Handlungsorientierungen für die Praxis zu entwickeln, weil die Theoriebildung in Tuchfühlung mit der Praxis erfolgt und die historische Dimension einbezogen wird. Die hermeneutische Position ist auf allen vier Ebenen unseres Schemas leistungsstark. Sie ist gut geeignet, die subjektive Sicht des Praktikers zu erhellen, sie ist stark in der Formulierung von Handlungsorientierungen und erst recht in der Entwicklung von neuen Schulleitbildern. Und auch auf der obersten, vierten Ebene kommen die meisten historisch-systematischen Gesamtdarstellungen von Schule aus dem Stall der Geisteswissenschaftlichen Pädagogik.

Die dialektische Position hat demgegenüber auf der untersten Ebene schulpädagogischer Reflexion deutlich weniger zu vermelden: Sie ist stark in der Detailkritik entfremdeter Lebens- und Lernsituationen, aber sie sagt wenig zu konstruktiven Lösungen. Und die empirisch-analytischen Ansätze sind, wie ihr Name schon sagt, stark im Analysieren, aber nicht im Konzipieren neuer Ideen von Schule; sie liefern methodisch seriös kontrollierte und detailreiche Studien zum Ist-Stand von Schule. Für Gesamtdarstellungen der Theorie der Schule, also für die vierte Ebene, eignen sie sich aber überhaupt nicht, weil ihnen dazu die erforderliche große Fülle überprüften Wissens fehlt[31]. Und

31 Dies zeigt auch der gescheiterte Versuch von Wolfgang Kramp – s. u., S. 234.

eigene Leitbilder für Schule können und wollen sie nicht entwickeln – es sei denn, dass man in einer methodisch nicht akzeptablen Weise aus empirischer Forschung ableitet, sie plädiere für die technologische Rationalisierung von Schule.

Die von mir bevorzugte hermeneutische Position hat den Nachteil, keine radikale Kritik der bestehenden Verhältnisse aus sich heraus entwickeln zu können. Sie geht ja, wie dies Schleiermacher als Erster formuliert hat, von der „Dignität", d. h. von der Eigenständigkeit und Würde der Praxis aus. Deshalb hat Jürgen Habermas (1967:149 ff.) kritisiert, hermeneutische Positionen seien lediglich „subjektiv-sinnverstehend": Der Hermeneut steht ja in demselben Traditionszusammenhang, den er deuten will. Deshalb bewegt er sich zwangsläufig in einer Verstehensspirale (dem „hermeneutischen Zirkel"). Wir werden in den folgenden Lektionen wegen dieser Kritik hin und wieder Anleihen bei den anderen beiden Positionen machen – so, wie Wolfgang Klafki dies empfohlen hat (vgl. Klafki 1976:13–49)[32].

„Würde der Praxis" heißt nicht, dass sie von der Theorie kritiklos akzeptiert werden müsste, sondern dass der Sinn der pädagogischen Arbeit nicht von der Theorie oktroyiert werden kann, sondern in der Arbeit selbst gesucht und hergestellt werden muss[33].

These 6.13: Theorie ist nicht Richterin, sondern – wenn's gut geht – kritische Freundin der Praxis.

4.2 Ebenenvernetzung

Jede der in Abbildung 6.5 aufgelisteten vier Reflexionsebenen hat je eigene Erkenntnisinteressen[34]. Sie sind dort rechts im Schema angedeutet. Die Erkenntnisinteressen ergeben sich weitgehend, aber nicht total aus der Arbeitsplatzstruktur der reflektierenden Menschen:

- Praktikerinnen neigen dazu, die Theorieangebote der zweiten, dritten und vierten Ebene abzuwerten, zumindest aber nur „mit Handschuhen anzufassen"[35]. Oft genug übergehen sie sie völlig.
- Theoretiker klagen eher über fehlende Kritikbereitschaft auf den „unteren" Ebenen, attestieren sich selbst aber unter der Hand oder ausdrücklich den großen Durchblick.

---

32 Solche Relativierungen der eigenen wissenschaftstheoretischen Position wurden in den 70er-Jahren scharf kritisiert. Heute sind sie angesichts einer allgemeinen Aufweichung forschungsleitender Paradigmen gang und gäbe (vgl. Garz 1989).

33 Zur Deutung des Schleiermacher-Zitats siehe Hopfner (1995).

34 Der Begriff „Erkenntnisinteresse" ist theoretisch hoch geladen – vgl. Habermas (1968).

35 Vgl. Terhart: „Es zeigt sich, dass sich die meisten Lehrkräfte darüber einig sind, dass mit wissenschaftlichem Wissen für die konkrete Praxis wenig auszurichten ist." (Terhart u. a. 1994:196, 205). Nur 15 Prozent der von Ewald Terhart und Mitarbeiterinnen befragten Lehrerinnen sagten, dass sie sich an Wissensbeständen aus der Zweiten Ausbildungsphase orientieren, nur ganze 6 Prozent an solche aus dem Studium. Zu den Aneignungsschwierigkeiten von Theoriewissen siehe Meyer (1983); Jank/Meyer (1991:18–28).

Dies ist ein unbefriedigender Zustand. Ziel muss sein, die Theorieangebote der vier Ebenen so miteinander zu vernetzen, dass die herkömmliche Hierarchiebildung aufhört und alle theoretisch und praktisch Interessierten daraus Vorteile ziehen können. Es kommt ja gerade darauf an, dass die Theorie nicht abhebt und dass die Praxis nicht betriebsblind wird. Erst vernetzendes Denken hilft, die je spezifischen Stärken der vier Reflexionsebenen zu erkennen und für die Praxis zu nutzen:

> **These 6.14:** An die Stelle der herkömmlichen Hierarchisierung von abgehobener Theoriebildung und handlungsbegleitender Reflexion sollte ein vernetzendes Denken treten, das sich an der Lösung praktischer Aufgaben zu bewähren hat.

Diese Ebenenvernetzung wollen wir in diesem Buch, so gut es geht, voranbringen – deshalb die Zusammenarbeit mit verschiedenen Koautoren aus Theorie und Praxis, deshalb dieser Dritte Teil „Vom Nutzen der Theorie“ und deshalb die vielen, theoretisch kommentierten Fallbeispiele aus der Praxis.

Was passiert, wenn die verschiedenen Ebenen in Widerspruch zueinander geraten? Zunächst einmal lange Zeit gar nichts! Denn dies ist ja die Regel und nicht die Ausnahme! Erst dann kann Theoriewissen fruchtbar werden, wenn sich die Menschen Sorgen um Widersprüche machen (z. B. zwischen dem erträumten Schulleitbild und dem schmuddeligen Alltag in der eigenen Lernfabrik, zwischen dem Ideal, den Eigenwillen des Kindes zu achten und der Notwendigkeit, Grenzen zu ziehen – vgl. Wiebke Willerichs Klage auf Seite 150 unten).

4.3 Schulleitbilder

Wie entwickeln Menschen eine Zielperspektive für Schule? – Eine große Rolle spielen dabei Begriffe wie Sehnsucht, Traum, Vision oder Utopie einerseits, Frust und Ärger andererseits. Ich unterscheide in dieser SCHULPÄDAGOGIK Leitbilder und Utopien einerseits, Leitbildkritiken andererseits.

Schulleitbilder bezeichnen die Idee von Schule, die einzelne Schulangehörige im Verlaufe ihrer Schülerinnen- oder Berufssozialisation entwickeln oder die sich die Schule als Ganzes setzt.

> **Arbeitsdefinition 17:**
> Leitbilder sind inhaltlich bestimmte Gesamtentwürfe für die Inszenierung von Schule und Unterricht.

Leitbilder bringen die handlungsleitende Philosophie einer Schule auf den Punkt. Sie sind per definitionem *normativ*. Sie sollen die Fantasie aber nicht einengen. Im Gegenteil: Ein gutes Leitbild sollte Mut machen und Fantasien freisetzen. Sie können gar nicht einengen, weil es aus methodologischen Gründen nicht möglich ist, aus abstrakten Ideen konkret abzuleiten, was am nächsten Schulmorgen in der XY-Schule zu passieren habe. Konkretes Handeln setzt immer eine Reihe weiterer Entscheidungen voraus (vgl. These 6.7). Die folgende Abbildung listet einige Leitbilder auf.

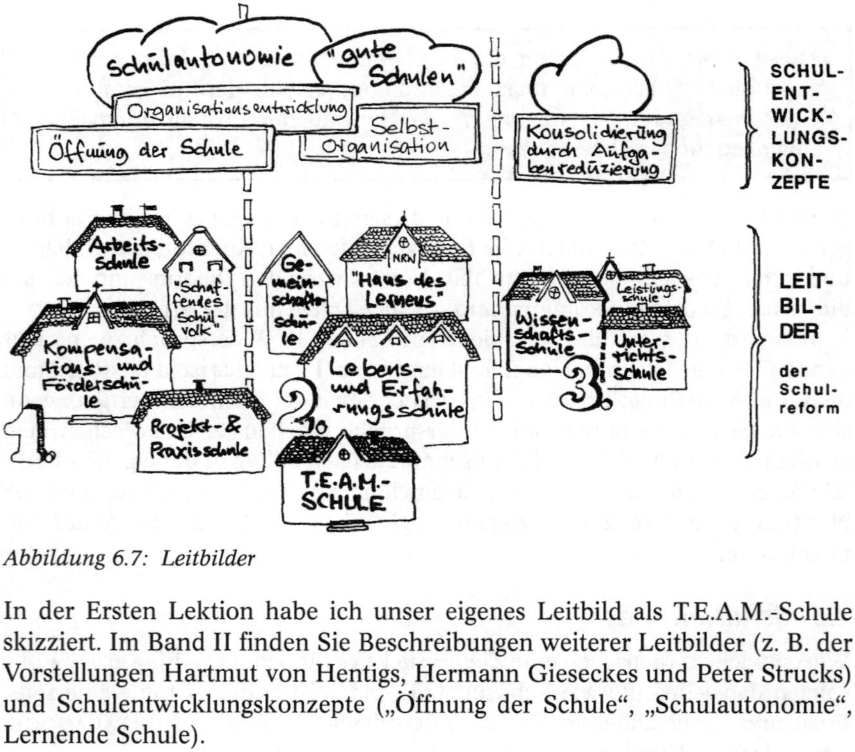

Abbildung 6.7: Leitbilder

In der Ersten Lektion habe ich unser eigenes Leitbild als T.E.A.M.-Schule skizziert. Im Band II finden Sie Beschreibungen weiterer Leitbilder (z. B. der Vorstellungen Hartmut von Hentigs, Hermann Gieseckes und Peter Strucks) und Schulentwicklungskonzepte („Öffnung der Schule", „Schulautonomie", Lernende Schule).

4.4 Schulutopien

Das Wort „Utopie" kommt aus dem Griechischen (abgeleitet aus „topos" = Ort und der Negation „ou"). Man kann es mit „Nirgendort" oder „nirgendwo" übersetzen.

Seit dem Mittelalter haben sich viele Gelehrte, Philosophen, Theologen und Sozialwissenschaftler, Techniker und Naturwissenschaftler Utopien einer menschlicheren, gerechteren und besseren Welt ausgedacht. Im vergangenen Jahrhundert wurde der Begriff Utopie für einige zum Schimpfwort: Ein „Utopist" ist auch heute noch ein belächelter Träumer, der unmögliche Forderungen stellt und/oder unhaltbare Versprechungen streut. Andererseits übten und üben viele Autoren utopischer Literatur eine große Faszination auf ein Publikum aller Alters- und Gesellschaftsgruppen aus. Jules Verne, die Geschichten von Aldous Huxley und George Orwell, „The Time Machine“ von H. G. Wells oder „Solaris“ von Stanislaw Lem sind bis heute Bestseller. Ja, auch Sciencefictionliteratur ist Erzählen von Utopien.

Utopien leben, auch wenn sie – wie die Himmel-und-Hölle-Utopie der Bibel oder die „Urgesellschaft“ von Karl Marx – in die Vergangenheit gelegt worden sind, von der Spannung zwischen Gegenwart und Zukunft, von der Kritik am Bestehenden und dem Entwurf einer besseren zukünftigen Welt.

Es sind die politisch-sozialen Utopien, die die Zeitkritik in schonungsloser Schärfe vortragen. Oft soll dann die Pädagogik helfen, weil der Grund aller Missstände in der Unzulänglichkeit der bisher realisierten Erziehungspraxis gesehen wird; sie ist von vernunftwidrigen Kräften geleitet und muss – und sei's auch mit diktatorischen Mitteln – korrigiert werden[36]. Der menschen- und gesellschaftsverändernden Kraft neuer, aufgeklärter Erziehungskonzepte traut man die Überwindung von Not und Elend zu. So sind zahlreiche dieser politisch-sozialen Utopien im Kern Erziehungsutopien.

Die erste und bis heute berühmteste Erziehungsutopie schrieb der französische Aufklärungsphilosoph *Jean Jacques Rousseau* (1712–1778): „Emile ou de l'Education“ (1762).

JEAN JACQUES ROUSSEAU

In einer utopischen Konstruktion beschreibt der Roman, wie der auf dem Lande – fernab von der Großstadtgesellschaft – aufwachsende Zögling Emile durch seinen Erzieher und väterlichen Freund Jean Jacques zu einem menschlichen, selbstbewussten und politisch engagierten „citoyen“ gemacht wird. Jean Jacques versucht als Erzieher im Hintergrund zu bleiben, aber von dort (sozusagen aus dem „Off“) führt er eisern Regie: Er sorgt dafür, dass Emile in pädagogisch gestaltete Situationen gerät, in denen er lernen kann, „sich seines Verstandes ohne Anleitung anderer“ (Immanuel Kant, zu der Zeit Professor in Königsberg und begeisterter Rousseauleser – vgl. Zitelmann 1996)

36 In seinem Buch „Utopia“ übt *Thomas Morus* (1478–1535) in der Verkleidung eines Romans scharfe Kritik an der politischen Wirklichkeit seiner Zeit (erste Hälfte des 16. Jhs. in England) und verbreitet seine Ideen, die sich gegen das autokratische Königtum richten und er verlangt, dass Erziehung helfen soll, die Staatsverfassung zu sichern (was damals ein moderner Gedanke war).
– Zweieinhalb Jahrhunderte später zieht ein anderer Engländer, *Robert Owen* (1771–1858), seine Schlussfolgerungen aus dem Elend und der Not, die die industrielle Revolution über die Fabrikarbeiter und besonders ihre Kinder gebracht hat: In seinen Heimschulen ist die Arbeit Erziehungsprinzip, und in der Erziehung, die auch eine radikale Kritik an den Institutionen Privateigentum, Ehe und Religion beinhaltet, sieht er den Schlüssel für die Entwicklung des „besseren“ Menschen.
– Auch in *Campanellas* (1568–1639) „Sonnenstaat“ geht es um den Aufbau des neuen Staatswesens. Alle Vorstellungen, die dafür nicht taugen, werden in der Erziehung ausgemerzt. Dies übernimmt in der Utopie die Priesterkaste, die die Religion zur Kontrollinstanz über die Gedanken erhebt.

zu bedienen. Die ersten Zeilen seines Buches haben dazu geführt, dass Jean Jacques Rousseau als „Naturapostel" verspottet wurde. Heute – in den Zeiten ökologischer Katastrophen und neuer sozialisationstheoretischer Einsichten – liest sich sein Buch durchaus modern[37]. Der Roman beginnt mit folgenden berühmten Zeilen:

„Alles ist gut, wie es aus den Händen des Schöpfers kommt; alles entartet unter den Händen des Menschen. Der Mensch zwingt ein Land, die Erzeugnisse eines anderen hervorzubringen, einen Baum, die Früchte eines anderen zu tragen. Er vermengt und vertauscht das Wetter, die Elemente und die Jahreszeiten. Er verstümmelt seinen Hund, sein Pferd, seine Sklaven. Alles dreht er um, alles entstellt er. Er liebt die Missgeburt, die Ungeheuer. Nichts will er haben, wie es die Natur gemacht hat, selbst den Menschen nicht. Man muss ihn, wie ein Schulpferd, für ihn dressieren; man muss ihn nach seiner Absicht stutzen wie einen Baum seines Gartens.
Ohne das wäre alles noch schlimmer, denn der Mensch gibt sich nicht mit halben Maßnahmen ab. Unter den heutigen Verhältnissen wäre ein Mensch, den man von der Geburt an sich selbst überließe, völlig verbildet. Vorurteile, Macht, Notwendigkeit, Beispiel und alle gesellschaftlichen Einrichtungen, unter denen wir leben müssen, würden die Natur in ihm ersticken, ohne etwas anderes an ihre Stelle zu setzen. Sie gliche einem Baum, der mitten im Wege steht und verkommt, weil ihn die Vorübergehenden von allen Seiten stoßen und nach allen Richtungen biegen." (Rousseau 1971:9)

Der Roman enthält keine didaktische Theorie im heutigen Sinne (mit Begriffsdefinitionen, Berichten über den Stand der Forschung usw.), wohl aber eine implizite revolutionäre Bestimmung des Ziels von Erziehung:

These 6.15: Das Ziel der Erziehung muss in der Erziehung selbst gesucht werden, also in der Beförderung der Selbstständigkeit des zu Erziehenden – nicht in der Zurichtung auf ein (von wem auch immer stammendes) Menschheitsideal.

Rousseau hat die so genannten „normativen" Didaktiken[38] theoretisch als unsinnig erklärt und praktisch durch seinen Roman überwunden. Dies heißt

37 Der Roman wurde kurze Zeit nach seinem Erscheinen in alle europäischen Sprachen, auch ins Deutsche übersetzt. „Emil" und „Sophie" avancierten zu Lieblingsnamen für die Kinder fortschrittlicher Bürger in Deutschland; die von Rousseau empfohlene Lektüre (z. B. Fénélons „Télémaque") wurde Pflichtprogramm im bürgerlichen Kinderzimmer. Heftig umstritten sind allerdings das Frauenbild des Autors und die Rolle der „Sophie" im Roman – ein junges Mädchen vom Lande, das für die Erziehung Emiles funktionalisiert wird.

38 Vgl. Blankertz (1975:18 ff.; 1982:69–79).

allerdings nicht, dass sie ausgestorben wären! Bis heute versuchen kirchlich, gesellschaftspolitisch, weltanschaulich oder sonst wie gebundene „normative" Pädagogen immer wieder, Lehrerinnen und Schülerinnen vor ihren Karren zu spannen.

Imponierend ist Rousseaus Kompromisslosigkeit:

„‚Schlage das vor, was man auch durchführen kann', ruft man mir unaufhörlich zu. Das ist so, als ob man mir sagte: Schlage etwas Gutes vor, das sich mit dem gebräuchlichen Schlechten verbinden lässt. Ein solcher Vorschlag ist sehr viel fantastischer als die meinigen. Denn in einer solchen Verbindung verdirbt das Gute, und das Schlechte wird nicht besser. Lieber würde ich in allem der herkömmlichen Praxis folgen, als eine gute zur Hälfte annehmen. Das riefe weniger Widerspruch hervor, denn der Mensch kann nicht zwei entgegengesetzte Ziele zugleich erstreben."

Utopien müssen, wie dies der Leipziger und Tübinger Philosoph Ernst Bloch (1885–1977), aber auch weniger bekannte pädagogische Autoren (z. B. Karl Sauer[39]) fordern, konkret sein, um etwas bewirken zu können. Abstrakte oder „überschäumende" Utopien, die die Auseinandersetzung mit den sozialen und politischen Verhältnissen ausklammern, sind wenig wert. Pädagogische Utopien müssen sich mit erziehungswissenschaftlichen Theorien legitimieren lassen. Ihr Inhalt misst sich also an der Umsetzung emanzipatorischer Ideen.

Arbeitsdefinition 18:
Eine pädagogische Utopie ist die konkrete Beschreibung einer gewünschten, aber nicht erreichbaren pädagogischen Wirklichkeit.

Utopien sind, so behaupten wir, heute, in den 90er-Jahren, besonders wichtig geworden (vgl. Brumlik 1992; Zubke 1996). Sie können ein Gegengewicht bilden zur unreflektierten Anpassung an die schulpolitische und -pädagogische Realität, gegen Reformismus und „individualisierte Glücksorientierung" (G. Schulze 1992).

4.5 Schultheorien[40]

Ich komme zur Erläuterung der vierten, obersten Ebene unseres Reflexionsebenenmodells. Und ich erinnere daran, dass wir keine Schultheorie, sondern

39 Sauer (1964:98); vgl. auch Klafki (1991a:90).

40 Andere Autoren schreiben lange Bücher – wir versuchen, „Schultheorie" auf einer einzigen Schautafel abzuhandeln. Die Motive für diese Lieblosigkeit finden Sie im Abschnitt 2.3.

eine Schulpädagogik schreiben wollen. Dieser Abschnitt ist also nur ein notwendiger „Ausflug“ in benachbartes Terrain[41].

Schultheorien wollen und müssen die Frage beantworten, ob *die Schule als Institution pädagogisch legitimiert* werden kann. In guten Schultheorien (wie der von Johann F. Herbart) wird diese Frage in aller Schärfe gestellt und die Antwort fällt dem Autor schwer (siehe S. 32). In affirmativen Schultheorien (z. B. Werner Heldmann 1990) werden die Bedenken, dass staatliche Einflussnahme (z. B. bei der Durchsetzung des Leistungsprinzips) den Sinn von Schule insgesamt gefährden könnte, verworfen - und die Konsequenzen dieser Festlegung gehen sehr weit (Winkel 1997:48 f.).

Schultheorien wollen Schule als Ganzes begreifen. Deshalb benötigen sie eine Distanz schaffende Perspektive[42]. Dies kann, wie in Theodor Ballaufs Schultheorie (1984), die durch historische Betrachtung gewonnene Distanz zur Gegenwart sein; dies kann auch, wie bei den Systemtheoretikern Niklas Luhmann/Karl-Eberhard Schorr (1979) die Distanz der Soziologen und Systemtheoretiker sein, die die Schule als *eine* x-beliebige soziale Institution neben vielen Weiteren betrachten.

Weil Schultheorien auf das Ganze schauen, schauen sie lieber von außen nach innen in den Schulbetrieb hinein. (Dies können Sie gut an der „Theorie der Schule“ von Diederich/Tenorth studieren.) Bei Schulpädagogiken ist es genau umgekehrt. Sie identifizieren sich lieber mit den Interessen und Nöten der in der Schulinstitution handelnden Menschen und haben manchmal Mühe, den Blick nach außen zu wenden, also radikal zu fragen, ob sich die ganze Anstrengung denn gelohnt hat. (Diese Bemerkung gilt auch für uns, H. M., C. J., D. V.)

Die Distanz wahrende Perspektive hat aber nicht zur Folge, dass sich die Schultheoretiker aus dem Streit der skizzierten drei wissenschaftstheoretischen Grundpositionen von Seite 225 heraushalten könnten. In dieser Frage müssen sie Position beziehen.

In Abbildung 6.8 habe ich die wichtigsten deutschsprachigen Ansätze zu Schultheorien aus den letzten Jahrzehnten bis hin zur Weimarer Republik aufgelistet. Alle genannten Autoren (allesamt Männer - Frauen kommen unter den Autoren der Schultheorie nicht vor - Zufall?) finden Sie im Literaturverzeichnis wieder. Das Blatt ist von oben nach unten chronologisch und von

---

41 Einen guten Überblick über die aktuelle Diskussion und deren wissenschaftstheoretische Verortung liefert immer noch die Aufsatzsammlung „Schultheorien“ von Klaus-Jürgen Tillmann (1987). Einen schön lesbaren Abriss der Geschichte der Theorie der Schule und eine interessante eigene Theorie bringt Winkel (1997:25-63). Den Diskussionsstand bis 1975 beschreibt Adl-Amini (1976; vgl. auch 1985). Historisch-systematische Herleitungen liefert Herwart Kemper (1985), eine Kürzestübersicht finden Sie bei Herbert Gudjons (1995:257-270), eine kommentierte Bibliografie bei Diederich/Tenorth (1997).
Die umfangreiche Herleitung der Schultheorie durch Hans-Jürgen Apel (1995) ist unseres Erachtens in den Einzelteilen plausibel, die für die Komposition des Buches wichtige Zäsur des Jahres 1980 leuchtet mir aber nicht ein; und auch der eigene Ansatz des Autors für eine Theorie der Schule (am Schluss des Buches) müsste noch weiter entfaltet werden, um entscheiden zu können, worin das Neue dieses Neuansatzes liegt.

42 Die Lateiner sagen dazu „Tertium Comparationis“, also einen Bezugspunkt für den Vergleich.

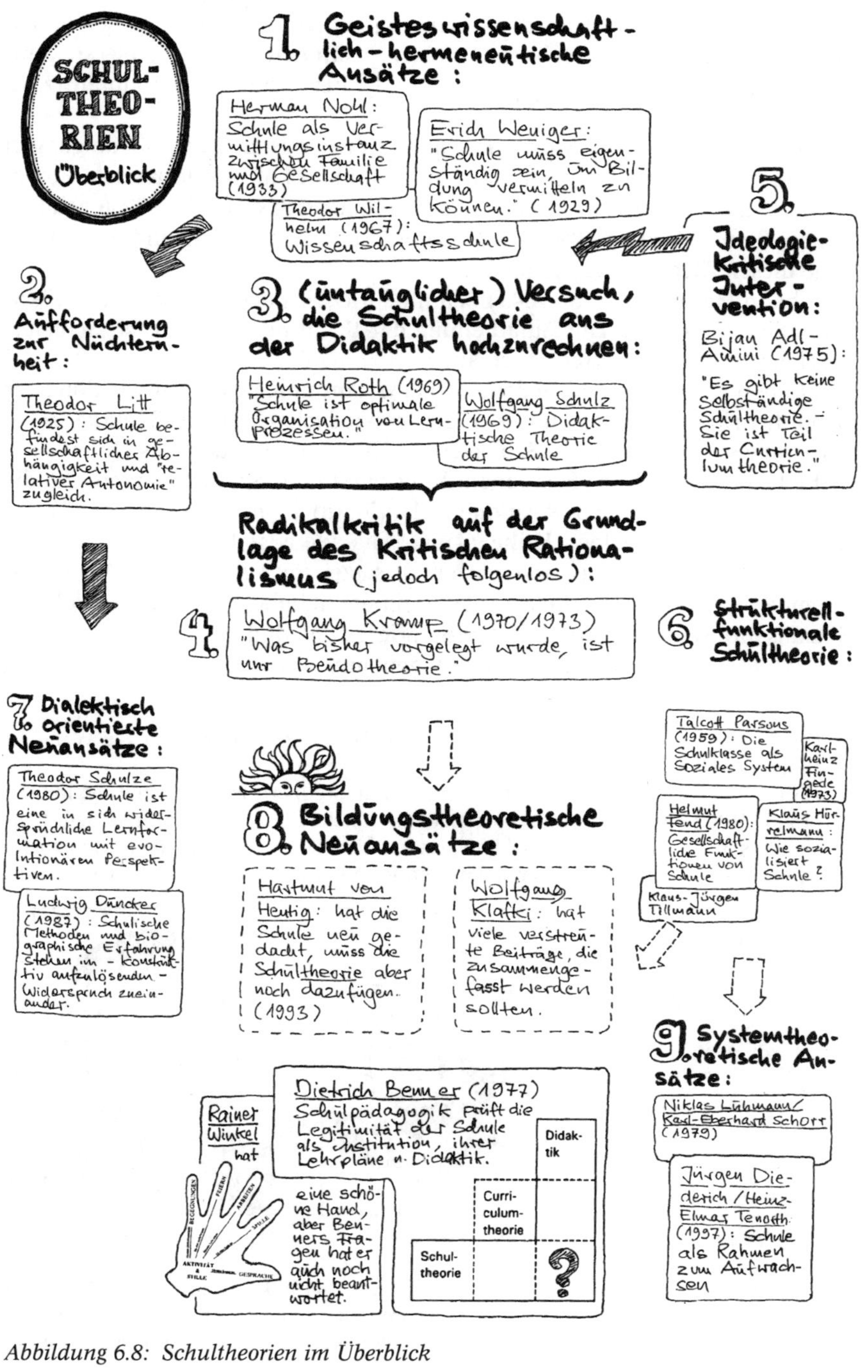

Abbildung 6.8: Schultheorien im Überblick

links nach rechts im Blick auf die wissenschaftstheoretischen Grundpositionen von Seite 225 geordnet. Mehrere Autoren-Positionen sind allerdings so komplex, dass sie eigentlich in jeder der drei Spalten auftauchen könnten (z. B. Adl-Amini und Tillmann).

Ahnväter: Der erste Autor, der unter schwierigsten Lebensbedingungen eine Schultheorie im heutigen Sinne ausformuliert hat, war Johann A. Comenius (1592 - 1670), den wir schon auf dem Kupferstich von Seite 202 abgebildet haben. Rainer Winkel (1997:66 - 82) schildert die Entstehung und die Grundzüge dieser Theorie in lebhafter Weise.

Johann Herbarts (1776 - 1841) Schultheorie wird bei Benner (1986; 1995) gründlich dargestellt. Die Aufarbeitung der Schultheorie Friedrich Schleiermachers (1768 - 1834) steht noch aus.

Mit den *Nummern 1 bis 9* deute ich eine Chronologie der Entwicklung der Schultheorie im 20. Jahrhundert an. Dabei habe ich - sei es als Buchtitel, sei es als gerafftes Zitat - wichtige Schlagworte der Autoren in den Kästen zitiert.

Erste Zuordnung der Positionen: In der mittleren Spalte befinden sich die geisteswissenschaftlichen Positionen (1) (3) (8) - links davon (2) (7) die dialektischen, auf halber Höhe (4) (5) die ideologiekritisch und die am Kritischen Rationalismus orientierten Ansätze. Rechts (6) (9) nehmen wir „fremde Eroberer" aus anderen Disziplinen, nämlich aus der Soziologie, Sozialisationsforschung und Systemtheorie, in das Bild auf.

Und nun einige wenige Bemerkungen und Verweise zu den einzelnen Theorien:

- (1) (3) Über diese *geisteswissenschaftlichen Positionen* informieren Sie Wolfgang Klafki (1987) und Hans-Jürgen Apel (1995).
- (2) (7) Zu den *Dialektikern* unter den Schultheoretikern zählen sich Theodor Litt (1880 - 1962), Theodor Schulze und Ludwig Duncker. Die drei sind ihrem Selbstverständnis nach Geisteswissenschaftler; man könnte sie auch in den mainstream einordnen - aber sie akzentuieren die Theorie anders als z. B. Klafki oder von Hentig.

Theodor Litt

Theodor Schulze

Wolfgang Schulz

Zeichnung: Olaf Sanders

- (3) *Heinrich Roth* (1969) und *Wolfgang Schulz* (1969) eröffneten am Ende der 60er-Jahre eine neue Runde der schultheoretischen Diskussion. Sie sagten, dass es eine Identität der Prinzipien der Didaktik mit denen der Schultheorie geben müsse, weil Schule ja eine pädagogische Veranstaltung sei. Schultheorie könne also als Hochrechnung der Lerntheorie bzw. der Didaktik betrieben werden. Aber dies ist meines Erachtens eine unzulässige Verallgemeinerung, bei der das Spezifische des schultheoretischen Denkens unter den Tisch fällt. Lerntheorie und Didaktik sind weniger, anderes und mehr als Schultheorie. Das wird auch im Benner-Schema (8) deutlich.

- Im Punkt (4) ist ein geisteswissenschaftlicher „Ausrutscher" notiert. *Wolfgang Kramp*, Schüler von Erich Weniger, hatte zu Beginn der 70er-Jahre seinen wissenschaftstheoretischen „Stall"[43] verlassen und versucht, alles vorher Dagewesene mit der Messlatte der Falsifikationstheorie Poppers zu bewerten (Kramp 1970; 1973). Er entdeckte dann sofort, dass es nichts zu vermessen gab, was Poppers Gütekriterien genügt hätte. Daraufhin wurde er dann am Ende seines Buches wankelmütig und kehrte zu seinen geisteswissenschaftlichen Stallgenossen zurück[44].

Wolfgang Kramp

Bijan Adl-Amini

- (5) Eine gründliche Irritation hat auch *Bijan Adl-Amini* (1976)[45] mit seiner These ausgelöst, es sei nicht sinnvoll, Schultheorie eigenständig zu betreiben, vielmehr sei es vernünftiger, sie einer umfassend konzipierten Curriculumtheorie zuzuordnen. Bijans Intervention haben viele Fachleute gelesen, aber bis heute wissen sie nicht recht, wie sie damit umgehen sollen. Sein später veröffentlichter „Grundriss einer pädagogischen Schultheorie" (1985) ist dann wieder im mainstream.
- (6) Eine der bekanntesten *soziologischen* Schultheorien ist die *„strukturell-funktionale Schultheorie"* (vgl. Fingerle 1973:1987). Sie ist im Rückgriff auf Talcott Parsons' „funktionalistische Soziologie" entwickelt worden und stützt sich wesentlich auf den kurzen Text von Parsons: „The class-room as a social system" (1959/1964). Ganz schlicht ausgedrückt besagt diese Theorie, dass die Struktur der Schule eine Folge ihrer gesellschaftlichen Funktionen sei. – „Form follows function", würden die Bauhausarchitekten dazu sagen.

  Helmut Fend (1980) und *Klaus Hurrelmann* (1975) gehören auf diese Schiene, weil sie Schule und schulische Sozialisation mit soziologischen Kategorien fassen. Sie sind aber keine „reinen" Funktionalisten, sondern in vielerlei Hinsicht verkappte Bildungstheoretiker.

---

43 Er hatte, zusammen mit Klafki, Blankertz u. a., bei Erich Weniger studiert.

44 Zur Kramp-Kritik siehe Fingerle (1973).

45 In diesem Buch findet sich auch eine vorzügliche und notwendige Generalkritik an Theodor Wilhelms Theorie der Schule. Zur Auseinandersetzung mit Adl-Amini siehe Winkel (1997:36–39).

Irgendwo in der Mitte, also mit kräftigen Anleihen sowohl bei den Funktionalisten wie auch den „Gesellschaftskritikern" ist *Klaus-Jürgen Tillmann* (1987) mit einer ganzen Reihe von Veröffentlichungen anzusiedeln.

Helmut Fend

Klaus Hurrelmann

Klaus-Jürgen Tillmann

- (9) Systemtheoretische Schultheorien wollen strukturell-funktionale Schultheorien weiterentwickeln. Systemtheorie ist „transsubjektiv". Sie will soziale Systeme jenseits des Denkens, Wollens und Fühlens der handelnden Subjekte analysieren[46]. Was dieser Ansatz für das Begreifen von Schule leistet, können Sie im letzten Kapitel des Buches der Bildungstheoretiker *Jürgen Diederich/Heinz-Elmar Tenorth* (1997: 187) lesen: ein kleines, aber genial ausgetüfteltes Schema zur Analyse der Funktionen von Schule und der Bedeutung ihrer Definition von Schule: ein Rahmen zum Aufwachsen.
- (8) Die bildungstheoretischen Neuansätze für die Theorie der Schule stellen den mainstream schultheoretischen Denkens in den 90er-Jahren dar. *Hartmut von Hentig* und *Wolfgang Klafki* sind zwei maßgebliche Vertreter[47]. Zu den jüngeren Autoren zählen:

Dietrich Benner (1977/1995:47–82) mit seiner Forderung, die Schultheorie, die Lehrplantheorie und die Didaktik zu verknüpfen und zu einer historisch-systematischen Rekonstruktion der Aufgaben und Antinomien der Schule zu nutzen. Dies, so Benner, sei aber noch nicht gelungen[48]. Deshalb habe ich ein Fragezeichen in das sechste Quadrat gesetzt.

Rainer Winkel mit seiner schon mehrfach zitierten „Theorie und Praxis der Schule" stellt kein theoretisches Konstrukt, sondern ein inhaltlich bestimmtes Leitbild in den Mittelpunkt seiner Schultheorie. Er vernetzt also die zweite, dritte und vierte Reflexionsebene unseres Modells. Er wählt als Leitbild die auf Seite 237 abgebil-

Foto: Joachim Fisahn

Dietrich Benner

46 Vgl. Luhmann (1984). Ob das philosophisch, ethisch und politisch zulässig sei, war in den 70er-Jahren Gegenstand der heftigsten Fehden zwischen dem Gesellschaftstheoretiker Jürgen Habermas und dem Systemtheoretiker Niklas Luhmann.

47 Es wäre schön, wenn beide ihre verstreuten Beiträge noch zu einer Monografie zusammenfassen würden. (Das Buch „Schule neu denken" ist in unserer Begrifflichkeit noch keine Schul*theorie*, sondern die Ausformulierung eines Leitbildes – siehe Band II dieser SCHULPÄDAGOGIK.)

48 Die Feststellung ist 20 Jahre alt, ich habe aber nicht den Eindruck, dass sie 1997 überholt ist. Dies liegt auch daran, dass die Curriculumdiskussion und ihre Theoriebildung in den letzten 20 Jahren im Dornröschenschlaf lag. Ein Prinz zum Wachküssen ist noch nicht in Sicht.

dete sich öffnende und schließende Hand mit fünf Aufgabenbestimmungen: Schule soll Begegnungen ermöglichen, sie soll das Feiern, das Arbeiten, die Spiele und die Gespräche kultivieren[49].
Aber die von Benner formulierte Frage nach dem theoretischen Zusammenhang von Schultheorie, Lehrplantheorie und Didaktik kann er auch noch nicht beantworten.

Abbildung 6.9:
Schule als „Hand"

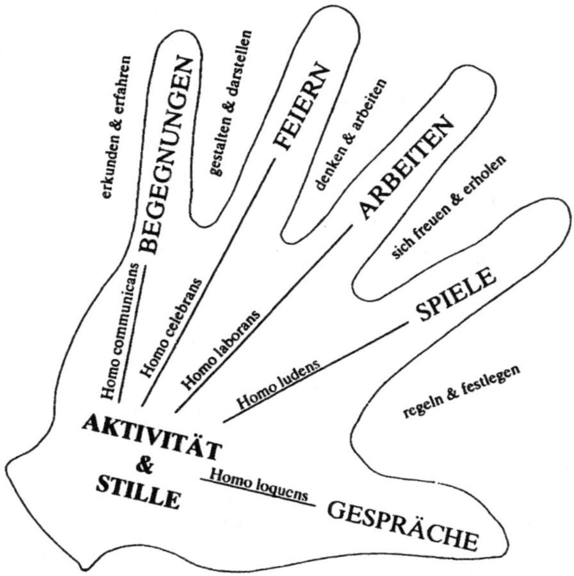

Ich kehre zu der Eingangsfrage dieses Abschnitts zurück: Kann Schule als Institution pädagogisch legitimiert werden? Die Antwort kann nicht einfach normativ gesetzt werden, sondern muss durch eine detaillierte und kritische Analyse (1) der gesellschaftlichen Funktionen von Schule, (2) der pädagogischen Qualität der Lehrpläne und (3) der in der Schule gegebenen oder auch fehlenden Handlungsspielräume für ein Leben, Lernen und Arbeiten in Menschenwürde theoretisch erarbeitet werden (vgl. Benner 1995:51/81). Diese Arbeit steht nach Einschätzung der meisten Theoretiker der Schule noch aus. Sie wird auch in unserer eigenen SCHULPÄDAGOGIK nicht geleistet.

4.6 Schul- und Schulentwicklungsforschung

Es gibt am Ende des 20. Jahrhunderts weltweit und inzwischen auch in Deutschland eine breite empirisch-analytisch orientierte und qualitative Schul- und Schulentwicklungsforschung. Kaum ein Thema wird dabei ausgeklammert. Im folgenden – unvollständigen – Überblick sind die Beispiele nach den Reflexionsebenen aus Abbildung 6.5 (S. 217) eingeordnet:

49 Winkel (1997:116 f.).

- *Nullebene:* Hier ist der größte Teil aller Forschungen anzusiedeln, die in Nachschlagewerken und PC-Dateien als „Schul- und Unterrichtsforschung" firmieren (vgl. Rolff 1995a; Schnaitmann 1996). Eine am Kritischen Rationalismus orientierte substantielle Einführung in die Unterrichtsforschung bringt K. Beck (1987).
- *Erste Ebene:* Zum Beispiel Forschungen zur Schülerinnensicht auf Schule und Unterricht (Czerwenka u. a. 1990; Fichten 1993; Nölle 1995; Kreienbaum 1992), über das Expertenwissen von Lehrern (Bromme 1992), über Schulbiografien u.a.m.
- *Zweite Ebene:* Hier ist ein deutliches Defizit zu vermelden: Es gibt meines Wissens keine empirische Forschung zur Entstehung, zur Qualität und Wirksamkeit der in der Lehreraus- und weiterbildung eingesetzten Schulpädagogiken.
- *Dritte Ebene:* Hier liegen insbesondere viele geistesgeschichtliche Rekonstruktionen zu den Leitbildern und Schulmodellen der Reformpädagogik vor (Scheibe 1969; Röhrs 1991). Es fehlen aber Systematisierungen des aktuellen Diskussionsstandes.
- *Vierte Ebene:* Während es zu Beginn dieses Jahrhunderts bis in die 60er-Jahre hinein üblich war, fast ausschließlich Ideen- und Geistesgeschichte zu betreiben (also die dritte und vierte Ebene unseres Modells zu durchforsten), setzte mit der so genannten empirischen Wende der Erziehungswissenschaft in den 60er-Jahren auch in der Schulpädagogik ein Umdenken ein. Schule im realen, politisch-ökonomischen Prozess wurde zum Thema (vgl. Schulenberg 1970; Kemper 1985, Leschinsky/Roeder 1983; Herrlitz/Hopf/Titze 1993; Benner 1995).
  Einen Überblick über den Forschungsstand finden Sie bei Leo Roth (1991a), Hans Jürgen Apel (1995) und Hans-Günter Rolff (1995a). Eine kommentierte Bibliografie zur Schultheorie bei Diederich/Tenorth (1996).
- Zwischen den schulischen Leitbildern der dritten Ebene und der Schulwirklichkeit vermitteln die *Schulentwicklungskonzepte* (s. o.), die inzwischen zum Gegenstand einer eigenen Schulentwicklungsforschung geworden sind (vgl. die „Jahrbücher" des Dortmunder Instituts für Schulentwicklungsforschung sowie Rolff 1993; Dalin/Rolff/Buchen 1995). Auch die Schlagworte „gute Schule" (Aurin 1991a; Philipp 1992) und „Schulautonomie" (Daschner/Rolff/ Stryck 1995) gehören an diese Stelle.
- Einen Sonderfall bildet die so genannte *Lehrerforschung*, die auf der Grundlage von Aktionsforschungskonzepten dazu anleitet, die eigene Praxis zu erforschen und weiterzuentwickeln. Hier vernetzen sich die Nullebene mit der ersten und zweiten, hin und wieder auch der dritten und vierten Reflexionsebene (vgl. Altrichter/Posch 1994; Dick 1996).

Was leistet diese breit entwickelte und seit Jahrzehnten internationalisierte Schulforschung? – Eine Kostprobe liefert die in Band II dargestellte, allseits gelobte Studie von Michael Rutter u. a. (1980)[50]. Ansonsten ist die Kollegenschelte untereinander groß. Es ist schwierig, im Bereich der Schule, der Erziehung und des Unterrichts zu seriösen empirischen Forschungsergebnissen zu gelangen, und zwar deshalb, weil es unendlich viele, kaum auseinander zu haltende Wirkungsfaktoren gibt und weil wir aus moralischen Gründen nicht wie in den Naturwissenschaften experimentieren können.

50 Das Buch (Rutter u. a. 1980) wird in seinen Hauptaussagen im Exkurs zur Vierten Lektion, Band II skizziert. Fußnote Wolfgang Fichten: Wenn ihr Pädagogen diese Studie so sehr lobt, wäre es da nicht angebracht, in Deutschland eine Replikationsstudie zu machen?

Dies gilt für die einzelne Lehrerin ebenso wie für die Schule als Ganzes. Die Lehrerin hat es deshalb ausgesprochen schwer, wenn sie das tun will, was wir auf Seite 222 gefordert haben, nämlich *selbst* zu überprüfen, ob ihr Handeln wirklich das auslöst, was sie sich erhofft. Die Schwierigkeiten hat der schon mehrfach zu Wort gekommene Johann Friedrich Herbart in seiner „Allgemeinen Pädagogik" aus dem Jahre 1806 (Herbart 1965:19 f.) in erfrischender Deutlichkeit zu Papier gebracht:

> „Wollten wir nur sämtlich bedenken, *dass jeder nur erfährt, was er versucht*! Ein neunzigjähriger Dorfschulmeister hat die Erfahrung seines neunzigjährigen Schlendrians; er hat das Gefühl seiner langen Mühe, aber hat er auch die Kritik seiner Leistungen und seiner Methode? – Unsern neuern Pädagogen ist vieles Neue gelungen; sie haben erfahren, dass ihnen der Dank der Menschheit entgegenkam[51], und sie dürfen dessen innig froh sein. Ob sie aber aus *ihrer* Erfahrung bestimmen dürfen, was alles durch Erziehung möglich sei, was alles mit Kindern gelingen könnte?
> Möchten diejenigen, welche die Erziehung so gern *bloß* auf Erfahrung bauen wollen, doch einmal aufmerksam hinüberblicken auf andre Erfahrungswissenschaften; möchten sie bei der Physik, bei der Chemie sich zu erkundigen würdigen, was alles dazu gehört, um nur *einen einzigen Lehrsatz* im Felde der Empirie so weit festzustellen, wie es in diesem Felde möglich ist. *Erfahren* würden sie da, dass man aus *einer* Erfahrung nichts lernt und aus zerstreuten Beobachtungen ebenso wenig; dass man vielmehr denselben Versuch mit zwanzig Abstufungen zwanzigmal wiederholen muss, ehe er ein Resultat gibt, das nun noch die entgegengesetzten Theorien jede nach ihrer Art auslegen. Erfahren würden sie da, dass man nicht eher von Erfahrung reden darf, bis der Versuch *geendigt* ist, bis man vor allen Dingen die *Rückstände* genau geprüft, genau gewogen hat. *Der Rückstand der pädagogischen Experimente sind die Fehler des Zöglings im Mannesalter*. Der Zeitraum für ein einziges dieser Experimente ist also aufs wenigste ein halbes Menschenleben."

Dem ist – bis auf die notwendige Ergänzung der „Knaben" durch die Mädchen – wenig hinzuzufügen! Die selbst gemachten Erfahrungen der „Schulmeister" sind auch heute noch *die* entscheidende Größe für die Steuerung ihres Handelns (s. o., S. 17). Sie sind unverzichtbar, weil wir ohne eigene Erfahrungen nicht handeln könnten, aber sie bleiben so lange „selbst gemacht" im Sinne von handgestrickt, wie sie nicht mit dem Verstand kritisch durchleuchtet und mit dem Herzen in eigenes taktvolles Handeln übertragen worden sind:

51 Herbarts Bemerkung zielt auf die Begeisterung, die die heute „neuhumanistisch" genannten Reformpläne eines Pestalozzi, Fichte oder Humboldt zu Beginn des 19. Jhs. auslösten. Die Reformer von heute spüren von solchem „Dank der Menschheit" deutlich weniger.

These 6.16: Erfahrungen ohne Theorie sind blind. Theorien ohne Erfahrung sind leer.

Hätte Herbart die heutige Schul- und Schulentwicklungsforschung zur Kenntnis nehmen können, so wäre er vermutlich höchst erstaunt gewesen über die Fülle des Materials und die Macht der „Eroberer aus entfernten Provinzen", aber seine Skepsis dürfte kaum gewichen sein. Auch heute fehlt – aus systematischen, nicht von einzelnen Forschern oder Lehrerinnen zu verantwortenden Gründen – eine handfeste Empirie der positiven Effekte einerseits, der negativen „Rückstände" des Schulehaltens andererseits. Stattdessen gibt es *statistische Analysen* zu zahllosen sozialwissenschaftlichen Phänomenen – auch zu schulpädagogischen Fragen und eine *qualitative Forschung*, die gar nicht erst den Anspruch stellt, zu generalisierbaren, gesetzmäßigen Aussagen zu kommen. – Mehr dazu im Exkurs dieser Lektion.

Exkurs:
Zur Unterscheidung von deskriptiven und normativen Aussagen

Einer der eisernen Grundsätze der empirisch-analytisch orientierten Forschung (siehe S. 225) lautet: Beschreibende (bzw. erklärende) und wertende (bzw. beurteilende) Aussagen müssen sorgfältig unterschieden werden. Nur die zuerst genannten deskriptiven Aussagen können den Anspruch erheben, wissenschaftlich fundiert zu sein; die wertenden Aussagen können zwar individuell oder im historischen Kontext plausibel gemacht, aber nicht wissenschaftlich begründet werden (so Wolfgang Brezinka in seinen mittleren Jahren). Eiserne Grundsätze halten meist nicht lange. Auch nicht in der Wissenschaft. Das soll in diesem Exkurs gezeigt werden.

A

Zunächst zu den *deskriptiven Aussagen*: Sie können nach ihrem logischen Status in zwei Gruppen unterschieden werden, in beschreibende und in erklärende Sätze (vgl. König/Zedler 1983:17–66):

- Eine *Beschreibung* eines pädagogischen Sachverhalts setzt zwingend dessen Beobachtung voraus. Die Beobachtung kann unterschiedlich präzise sein: ganzheitlich-intuitiv (als geronnenes Erfahrungswissen), qualitativ (z. B. auf der Grundlage eines Interviews) oder streng quantifizierend (z. B. durch Beobachtungsprotokoll)[52].
- Eine deskriptive Aussage lautet z. B.: „In der Klasse 3b der Hössenschule Westerstede hat die Lehrerin am 2.3.1996 in der zweiten Schulstunde insgesamt 29 Minuten geredet (= 57 Prozentpunkte Redeanteil), während die verbleibenden 43 Prozentpunkte sich zu 81 Prozent auf die zwölf Jungen und zu 19 Prozent auf die neun Mädchen verteilt haben."
- Unser Beispielsatz zeigt seine Wertfreiheit durch den Indikativ des Verbs und durch den Verzicht auf urteilende Adjektive an. Dies heißt aber nicht, dass die studentische Forscherin, die in der Klasse 3b das Beobachtungsprotokoll angefertigt und dieses zu der zitierten statistischen Aussage verdichtet hatte, interesselos gehandelt hätte. Im Gegenteil. Man kann vermuten, dass die Forscherin untersuchen wollte, ob die Mädchen beim Drannehmen benachteiligt wurden oder nicht.

Was unterscheidet Erklärungen von Beschreibungen?

- Eine *Erklärung* zielt darauf ab, eine Ursache zu benennen und dadurch zur Formulierung einer Gesetzmäßigkeit zu gelangen. Es könnte z. B. sein, dass die forschende Studentin unseres Beispiels das aus ihrem Literaturstudium bekannte „Gesetz der zwei Drittel" (vgl. Meyer 1987, Bd. 2:203) überprüfen wollte. Damit wird der Tatbestand beschrieben, dass in nahezu allen empirischen Untersuchungen zur Gesprächsführung im Unterricht (in den USA, Großbritannien, BRD und anderswo) herausge-

52 Ein anspruchsvolles, hermeneutisch orientiertes Konzept der Beobachtung im Schulalltag liefern Gertrud Beck und Gerold Scholz (1995).

kommen ist, dass der Redeanteil des Lehrers im Frontalunterricht ungefähr zwei Drittel der gesamten Zeit ausmacht. Aber dies ist ja gar kein „Gesetz", sondern eine statistische Regelmäßigkeit, die in den Schulsystemen vieler Länder beobachtet werden konnte. Was die Ursache dieses Phänomens ist, bleibt im Dunkel.

- Schon dieses schlichte Beispiel zeigt, dass mit Erklärungen in der Pädagogik selten zu rechnen ist – im naturwissenschaftlichen Sinne schon gar nicht, sondern allenfalls als empirisches Herausschälen von ein oder zwei Hauptfaktoren für das Eintreten eines Ereignisses (siehe Punkt E).

B

Eine *normative Aussage* enthält einen Wunsch, eine Forderung oder eine – wie auch immer geartete – Bewertung eines Sachverhalts. Dies mag ein schlichtes Vorurteil sein (etwa: „Mädchen sind dümmer"), ein bloßes Meinen („Ich finde, Reina ist zu kurz gekommen") oder eine komplex begründete, aus einer „Philosophie" der Schule abgeleitete Handlungsmaxime („Recht auf Gleichheit – Recht auf Differenz"). Auch hier sind Unterschiede zu beachten:

- Es gibt *Sollensaussagen*, mit denen ein *gewünschter* Zustand beschrieben wird. Alle Lehrzielformulierungen zählen dazu, etwa: „Die Jungen sollen lernen, sich nicht in der Gesprächsführung vorzudrängeln."
- Es gibt *Beurteilungen* nach einem mehr oder weniger genau definierten Kriterium (z. B. gut/schlecht; abzulehnen/zu befürworten; schön/hässlich). Ein solches Urteil könnte lauten: „Die Mädchen der Klasse 3b wurden am 2.3.96 in der zweiten Unterrichtsstunde beim Drannehmen benachteiligt." Die Normativität steckt in diesem Falle in dem Wort „benachteiligt". Es sind darin Annahmen gemacht worden, die nicht durch Beobachtungen der Forscherin entstanden sein können, sondern Ausdruck ihres pädagogischen Selbstverständnisses sind[53]. Zum Beispiel wird schlicht unterstellt, dass es den Mädchen gut tut, möglichst oft dranzukommen. Dies ist gängige Lehrerweisheit, deckt sich aber nicht mit den subjektiven Theorien vieler Mädchen, die sich auch bei geringeren Redeanteilen im Unterricht wohl fühlen können (vgl. Dählmann/Fangmann/Visser 1996).

Die Gültigkeit normativer Aussagen kann grundsätzlich nicht empirisch erforscht werden. Wohl aber kann empirisch untersucht werden, welche Menschen welche Normen für gültig halten. Ob sie tatsächlich gültig sind, kann nur ein normativer Diskurs ergeben. Ein Beispiel: Die ganze Erste Lektion dieser SCHULPÄDAGOGIK stellt den Versuch dar, unser Konzept der Schule als Lebens- und Lernort argumentativ zu begründen.

---

53 Das zunächst akzeptierte Werturteil „Die Mädchen sind benachteiligt worden" könnte durch zusätzliche Informationen erschüttert werden: Vielleicht kamen die Mädchen rein zeitlich gesehen zu kurz, lieferten aber *die* entscheidenden Impulse der Stunde und wurden dafür auch heftig von der Lehrerin gelobt. Es könnte auch sein, dass der hohe Redeanteil der Jungen daher rührte, dass sie von der Klassenlehrerin eine Standpauke erhielten und sich wortreich verteidigten. – Wir müssen vor einem abschließenden Urteil also zusätzlich zu den quantitativen auch qualitative Informationen über den Verlauf der Stunde erhalten.

C

Das eigentliche Problem der empirischen Forschung und ihrer Nutzung in der Schulpädagogik besteht nun darin, dass in den meisten wissenschaftlichen Aussagen zur Gestaltung von Schule eine kaum mehr zu entwirrende Vermischung von deskriptiven und normativen Aussagen stattfindet:

> **These 6.17:** Es ist in der empirischen Schul- und Unterrichtsforschung nicht möglich, deskriptive und normative Aussagezusammenhänge streng zu trennen.

Eine „gemischte" deskriptiv-normative Aussage liefert z. B. auch die folgende Variante unseres Mustersatzes: „Die Mädchen der Klasse 3b wurden am 2.3.96 in der zweiten Unterrichtsstunde beim Drannehmen deutlich benachteiligt." Die Aussage „deutlich benachteiligt" enthält sowohl einen Tatsachenkern wie auch eine Bewertung.

Warum geben wir uns nicht einfach mit dem Tatbestand der Vermischung der Aussagen zufrieden? Die Unterscheidung der beiden Aussagetypen ist erforderlich, weil ohne sie die Wissenschaft jeden „Biss" verlieren, ja trivial werden müsste. Wer nicht zwischen Fakten und Visionen, zwischen Gewünschtem und Abgelehntem zu unterscheiden vermag, kann auch keine kritische Analyse und erst recht keine konkrete Utopie als Gegenbild zur Wirklichkeit entwickeln. Das heißt aber nicht, dass die Wissenschaftler für die Wirklichkeit und die Traumtänzer für die Wünsche zuständig wären. Wissenschaft muss beide Aussagesysteme vernetzen, sonst verkommt sie entweder zur positivistischen Erbsen-Zählerei[54] oder zur bloßen Tagträumerei.

> **These 6.18:** Der erste Schritt zur konstruktiven Kritik ist die Unterscheidung von Wunsch und Wirklichkeit!

D

Was für streng empirisch-analytisch orientierte Wissenschaftler ein Kunstfehler, ja ein Gräuel, ist denn auch im geisteswissenschaftlich-hermeneutischen Theorieansatz (s. o.) eine schlichte Selbstverständlichkeit: Wenn es Menschen, die in ihrer Alltagssprache miteinander kommunizieren, in der Mehrzahl aller Situationen gelingt, vermischte Aussagen angemessen zu deuten, so sollte dies den Wissenschaftlerinnen ebenfalls möglich sein! Anhänger der geisteswissenschaftlich-hermeneutischen Position sagen zu unserem Beispielsatz, er sei „vernünftig", weil die in ihm formulierte Kritik an der Unterrichtspraxis

54 Mit diesem polemischen Begriff wird die Neigung positivistischer (nur an Tatsachen interessierter) Wissenschaftlerinnen glossiert, riesige „Datenfriedhöfe" zu produzieren, ohne die Verantwortung zu übernehmen, was mit ihnen passieren soll.

unserem heutigen Vorverständnis pädagogisch sinnvoll gestalteter Interaktion entspricht[55].

Wir schließen uns der geisteswissenschaftlichen Position an, und zwar aus folgenden Gründen (vgl. auch S. 204):

- Schon in die Auswahl des Forschungsthemas, in die Wahl der Grundbegriffe und die Formulierung der konkreten Forschungsfrage fließen unsere Interessen ein (s. o.).
- Weil die Gestaltung von Schule immer *intentional*, also auf ein bestimmtes Ziel ausgerichtet ist, kann Forschung über Erziehungsvorgänge nicht von dieser Intentionalität abstrahieren.
- Die „Folie", auf der wir forschen, ist unser Bild von der „guten" und von der „schlechten" Schule. Dieses Bild ist Wandlungen unterworfen, aber nicht beliebig. (So hätte vor 25 Jahren noch kein Hahn danach gekräht, dass die Mädchen benachteiligt worden seien. Damals war es durchweg üblich, nur von „Schülern" als Gattungsbegriff zu sprechen.)

Die Akzeptanz normativer Aussagen im wissenschaftlichen Kontext darf aber nicht als Freibrief für beliebige Interpretationen missverstanden werden. Auch in hermeneutisch orientierten Wissenschaften gibt es einzuhaltende Standards des Verstehens, gibt es ein ausformuliertes Theorie-Praxis-Verständnis, aber auch handwerkliche Fehler, die entsprechend kritisiert werden müssen (vgl. König/Zedler 1983:75–114; Danner 1989).

E

Das Beschreiben ist wichtig, aber es reicht nicht aus. Erziehungswissenschaftliche Forschung will möglichst auch Zusammenhänge zwischen verschiedenen beobachteten Tatbeständen herstellen und, wenn möglich, *gesetzmäßige Beziehungen* erforschen, also Ursachen benennen. Es gibt wiederum zwei verschiedene Aussagetypen (vgl. König/Zedler 1983:54):

- streng deterministische Gesetzesaussagen, denen ein (physikalisches, biologisches o. Ä.) allgemeines Gesetz zugrunde liegt, das immer und überall gelten muss, das also universal und in jeder historischen Epoche gültig ist,
- und statistische Gesetzesaussagen, die in gewissem Umfang Ausnahmen zulassen.

Im sozialwissenschaftlichen Feld gibt es nirgendwo strenge, universal geltende Gesetze. Deshalb sind für uns eigentlich nur die statistischen Gesetzesaussagen interessant.

An einem Beispiel soll nun erläutert werden, wie schwierig es ist, gesetzmäßige Beziehungen seriös nachzuweisen.

F

Eine studentische Schulforscherin, so nehmen wir an, will als Examensarbeit eine kleine Studie zum Leistungsvergleich zwischen Gymnasien und Integrier-

55 Und ohne Vorverständnis, so die These, kann Forschung überhaupt nicht starten und auch nicht zum Abschluss kommen (vgl. These 6.3).

ten Gesamtschulen (IGS) durchführen. Sie will dies an der Detailfrage festmachen, wie viele Gymnasiasten im Vergleich zu den IGS-Schülern und -Schülerinnen bis zum Abitur kommen. Wie könnte sie vorgehen?

In einem *ersten Schritt* muss sie ihren Forschungsgegenstand *„operationabel“*, also messbar machen. Deshalb trifft sie weitere Festlegungen: Sie entscheidet sich, nicht in der Stadt Oldenburg, sondern in Münster zu arbeiten (weil es dort keine Orientierungsstufen gibt, was das Vergleichen erleichtert). Sie entscheidet, die Jahrgangskohorte, die 1988 eingeschult worden ist, untersuchen zu wollen (weil dieser Jahrgang 1996 Abitur macht und noch gut „greifbar“ ist). Sie entscheidet sich, Schulwechsler in der Oberstufe mit zu berücksichtigen (weil es sonst leicht zu ungerechten Vergleichen kommen könnte), aber die Sitzenbleiber außer Acht zu lassen.

G

Im *zweiten Schritt* zählt sie auf der Grundlage der Schülerstatistiken der Gymnasien und der IGSen der Stadt Münster aus, wie hoch der Anteil der Schülerinnen ist, der tatsächlich bis zum Abitur gekommen ist.

Nach der Datenaufbereitung (*dritter Schritt*) geht sie an die Datenauswertung (*vierter Schritt*) und gelangt zu folgendem Zwischenergebnis:

- 75 Prozent der im Jahre 1980 mit Gymnasialempfehlung in die acht 5. Klassen der zwei IGSen der Stadt Münster eingeschulten Schüler und Schülerinnen haben im Jahre 1988 Abitur gemacht.
- 63 Prozent der mit Gymnasialempfehlung in die dreiunddreißig 5. Klassen der neun Gymnasien der Stadt eingeschulten Schüler und Schülerinnen haben 1988 Abitur gemacht.

Als *Fazit* der Studie könnte die Forscherin im *fünften Schritt* schreiben: „Integrierte Gesamtschulen haben – gemessen am Abiturabschluss – *mehr Erfolg* als die im dreigliedrigen Schulsystem organisierten Schulen.“ In dem kleinen Wörtchen „Erfolg“ steckt wiederum die in These 6.17 behauptete Vermischung deskriptiver und normativer Elemente. Gesamtschulbefürworter werden zufrieden sein, aber Gesamtschulgegner könnten allerlei Einwände formulieren und den „Erfolg“ mit methodologischen Hinweisen madig zu machen versuchen[56].

H

Den Vorwurf unseriöser Forschung will unsere Forscherin nicht auf sich sitzen lassen. Sie versucht deshalb, Hypothesen über die *Ursachen* des IGS-Erfolgs zu formulieren und dadurch ihr Forschungsergebnis abzusichern.

---

56 Sie könnten behaupten, das Niveau der IGS-Abiturprüfungen sei niedriger als das der etablierten Gymnasien der Stadt – ein schwer zu überprüfendes Argument, weil trotz staatlicher und gleicher Bedingungen der Abiturprüfungen immer subjektive Faktoren eine Rolle spielen können. Die Gegner könnten auch argumentieren, dies sei kein Erfolg, sondern ein Pyrrhussieg, weil die „Inflation“ des Abiturs dessen Entwertung auf dem Arbeitsmarkt nach sich ziehen werde oder schon gezogen habe.

Nun wird es richtig spannend, weil es tausenderlei unterschiedliche Ursachen-Hypothesen gibt. Es hängt also wiederum vom Erkenntnisinteresse der Forscherin und/oder von den Interessen des Auftraggebers einer solchen Studie ab, in welchem Bereich nach Ursachen gefahndet wird. Unsere Forscherin hat sich in der einschlägigen Literatur (z. B. bei Haenisch 1986 und Aurin 1991a) schlau gemacht und ein Bündel möglicher Ursachen entdeckt:

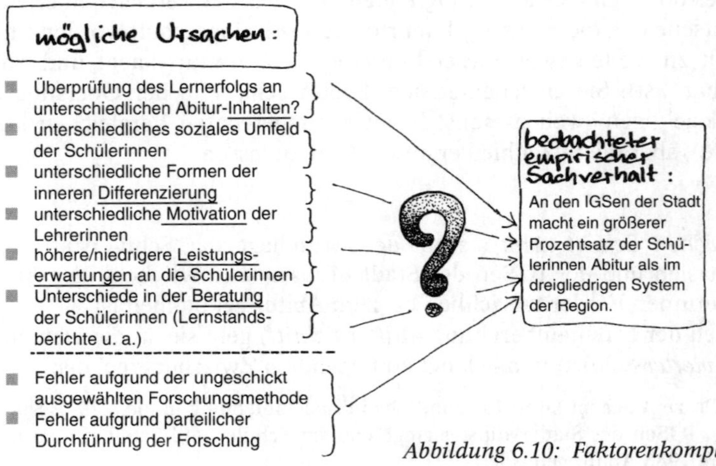

Abbildung 6.10: Faktorenkomplexion

Wo beginnen? Unsere Forscherin lässt sich beraten: Helmut Fend aus Zürich rät ihr: „Die in der Abbildung aufgelisteten Ursachen-Hypothesen kannst du vergessen; das ist lange erforscht oder mit deinen Mitteln nicht erforschbar. Erkunde das pädagogische Ethos von zwei der elf Schulen – und befrage Schülerinnen über ihre Beurteilung des Lehrerverhaltens. Es dürfte deutliche Unterschiede geben, die mit den Abi-Erfolgs-Daten korrelieren! Lies mal das Buch von Michael Rutter: „15 000 Stunden", dann weißt du, was ich meine." Fend hat natürlich Recht: In schulpädagogischer Forschung gibt es, solange denkende und handelnde Menschen beteiligt sind, *keine Monokausalität*, also die Rückführung auf eine einzige Ursache:

These 6.19: Die Schulwirklichkeit ist komplex. Es gibt immer mehrere Ursachen und mehrere Wirkungen.

Der Begriff „Ursache" darf im sozialwissenschaftlichen Feld eben nicht wie eine naturwissenschaftliche Gesetzmäßigkeit betrachtet werden. Es muss grundsätzlich von einer Faktorenkomplexion ausgegangen werden, die im Forschungsvorhaben durch eine geschickt angelegte Komplexitätsreduktion neutralisiert und bei der Interpretation der Forschungsergebnisse bedacht werden muss.

Siebte Lektion: Eine Theorie schulischen Handelns

In dieser Siebten Lektion soll ein Theorierahmen für schulische Handlungsprozesse konstruiert werden. Das ist nötig, weil unsere SCHULPÄDAGOGIK als Handlungswissenschaft konzipiert ist (siehe S. 212).

In der Sechsten Lektion wurde „Schulpädagogik" definiert und in vier schulpädagogischen Reflexionsebenen beschrieben. Auf der zweiten Ebene hatten wir die Schulpädagogik lokalisiert. In dieser Siebten Lektion geht es um eine verwandte, dennoch logisch und der Sache nach säuberlich zu trennende Frage, nämlich um Handlungsfelder und -ebenen. Diese Nähe kann beim Studieren zu so genannten Ähnlichkeitshemmungen führen (man bringt die Dinge durcheinander, weil sie so eng nebeneinander liegen), lässt sich aber aus systematischen Gründen kaum vermeiden.

1. „Theorien fallen nicht vom Himmel"

1.1 Schule als Handlungseinheit

Theorien fallen nicht vom Himmel, sie werden konstruiert. Ich will dies in kleinem Maßstab vor Augen führen, indem ich Ihnen erläutere, wie ich zu den Grundbegriffen dieser Lektion und damit auch des ganzen Buches gekommen bin. Dazu muss als Erstes geklärt werden, auf welchen Ausschnitt von Schulwirklichkeit dieser Theorierahmen bezogen werden soll. Diese Klärung will ich mit Hilfe einer weiteren Modellbildung versuchen, und zwar mit Hilfe eines Handlungsebenenmodells für Schule:

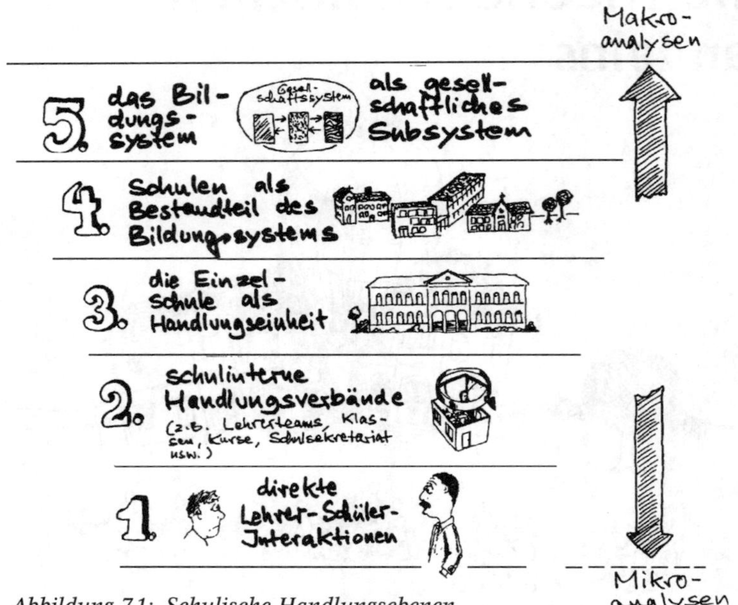

Abbildung 7.1: Schulische Handlungsebenen

Von 1 bis 5 aufsteigend ist jede Ebene jeweils ein Subsystem der darüber befindlichen Ebene. Subsystem soll heißen, dass das nächsthöhere System alle darunter befindlichen Handlungsprozesse und die bei der Analyse von Handeln immer mitzudenkenden Menschen einschließt[1]. Das Kriterium, nach dem Zuordnungen vorgenommen werden können, ist der unterschiedliche *Umfang* der auf der jeweiligen Ebene erfassten Handlungsprozesse[2].

- Auf der untersten Ebene geht es um das, was man als „Interaktions-Klein-Klein" bezeichnen könnte, also um zwischenmenschliches Interagieren auf der Mikroebene (z. B. um das Hochziehen der linken Augenbraue der Lehrerin oder um die unwirsche Bewegung, mit der der Schulassistent die fehlerhaft kopierten Kopien zurücknimmt).
- Auf der zweiten Ebene werden Handlungsprobleme von fest installierten Gruppierungen (= Handlungsverbänden) der Schule erfasst. Ein Handlungsverband ist schon eine Institution im Kleinen, z. B. das Jahrgangsteam oder die Arbeitseinheit Schulleiter/Sekretärin. Er hat seine eigene Geschichte, eigene Ziele und erkennbare Handlungsspielräume; in ihm spielen sich gruppendynamische Prozesse ab.

1 Bei der Analyse der Reflexionsebenen war dies anders. Dort gab es jeweils spezifische Erkenntnisinteressen, auf Grund derer bestimmte Aspekte ausgeschlossen wurden.

2 An diesem Umfangskriterium kann der logische Unterschied zum Reflexionsebenenmodell (Abbildung 6.4) verdeutlicht werden. Dort ging es um die Nähe oder Ferne zum Denken, Fühlen und Handeln des Praktikers.

- Die dritte Ebene soll alles erfassen, was „irgendwie" in einer einzelnen Schule vor Ort abläuft.
- Die vierte Ebene ist bereits sehr umfangreich. Sie umfasst die gut 38 000 staatlichen Einzelschulen Deutschlands und die zusätzlich zu zählenden Schulen in freier Trägerschaft sowie schulähnliche Institutionen, die mit einem reichlich unscharfen Begriff als „Bildungssystem" bezeichnet werden[3].
- Auf der fünften, weitesten Ebene geht es „nur" noch um das Grundverhältnis des Schul- und Bildungssystem zur Gesellschaft.

Die in dieser Lektion zu skizzierende Theorie schulischen Handelns ist auf der dritten Handlungsebene angesiedelt.

Jede der Ebenen, so behaupte ich, stellt einen theoretisch und praktisch ausgrenzbaren Teil schulischen Gesamthandelns dar. Deshalb die erste These:

These 7.1: Schulen sind Handlungseinheiten.

Das klingt trivial, ist es aber nicht. Denn wir betrachten die einzelne Schule vor Ort wie ein *leibhaftiges Wesen*. Wir sagen, dass eine Schule Interessen verfolgt, dass sie eine eigene „Philosophie" habe, dass sie Abwehrmechanismen und Öffnungssehnsüchte entwickele. Solche Vermenschlichung einer Institution wirft gewisse philosophische und wissenschaftstheoretische Probleme auf – aber ich befinde mich mit diesem Sprachgebrauch in guter Gesellschaft. Nahezu alle Institutions- und Organisationstheoretiker verfahren gleichermaßen (vgl. Türk 1989; Gairing 1996).

Die Frage, welche Wechselbeziehungen zwischen den fünf Handlungsebenen bestehen, ist – zumindest für Theoretiker – spannend. Geht es eher um hierarchische Beziehungen oder entwickelt jede Ebene ihre eigene Entwicklungsdynamik? Ich halte Letzteres für gegeben. Nur deshalb ist es denkbar, dass die Einzelschule eine relative Autonomie gegenüber der vierten und fünften Handlungsebene entwickeln kann (vgl. S. 319).

1.2 *Eine Zeichnung: Burg mit offenen Mauern*

Wie kommen wir nun zu einer „Theorie schulischen Handelns" für die dritte Ebene unseres Handlungsebenenmodells? – Stellen Sie sich dies bitte recht „handwerklich" vor! Ich habe mich an den Schreibtisch gesetzt, Zettelchen geschrieben, Begriffe hin und her geschoben, eine erste Zeichnung angefertigt, mit Theo Schulze (Bielefeld) über unverzichtbare Bestandteile einer solchen Theorie palavert und Lothar Klingberg aus Potsdam gefragt, was er für wichtig hält. Dabei habe ich immer wieder an Herbarts Forderung gedacht, nach *einheimischen Begriffen* Ausschau zu halten, also jene Begriffe zu suchen, für die die Schulpädagogik „erste Adresse" als zuständige Wissenschaft ist (vgl.

---

3 Es ist weder juristisch noch schul- oder gesellschaftstheoretisch geklärt, wo genau die Grenzen des Bildungssystems verlaufen. Das „Schulsystem" kann demgegenüber iuristisch eindeutig gefasst werden.

S. 208). Und dann habe ich die folgende überarbeitete Zeichnung angefertigt, in die möglichst viele „einheimische" Begriffe aufgenommen worden sind:

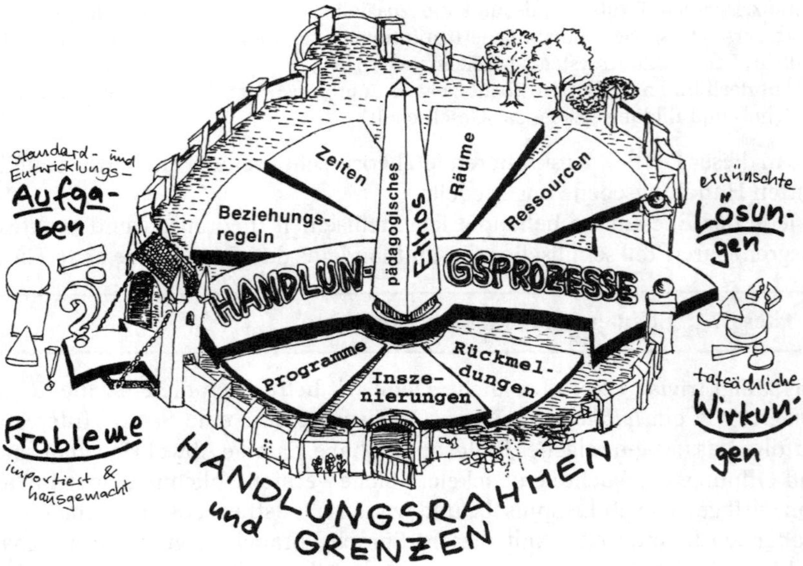

Abbildung 7.2: Schule als Handlungssystem

1.3 Konstruktionsannahmen

Wie wird aus dem Zettelkasten und der Zeichnung eine Theorie? – Durch eine Reihe von Anspruchsformulierungen (vergleichbar den Pflichtenheften aus der freien Wirtschaft), aus Setzungen und Entscheidungen, die mir beim Theoriepuzzle schrittweise deutlich geworden sind:

(1) Die Theorie soll die Dinge nicht simplifizieren, sie muss aber für Anfängerinnen *verständlich* bleiben; es wäre z. B. gut, wenn sie dazu taugt, das Gerüst für ein Schulporträt im Praktikumsbericht von Lehramtsstudentinnen zu liefern.

(2) Wenn es um Handlungsorientierung geht, dann folgt daraus, dass die *handelnden Subjekte* (also: Lehrerinnen, Schülerinnen, die Schulleitung, die Sekretärin usw.) und deren Handlungen im Mittelpunkt dieser Theorie stehen sollten. In der Zeichnung (Abbildung 7.2) tauchen diese Menschen nicht leibhaftig auf – sie müssen aber immer mitgedacht werden, weil es sonst ja gar keine Handlungsprozesse geben könnte.

(3) Es muss deutlich werden, dass die handelnden Subjekte nicht beliebig, sondern innerhalb eines gewissen *Rahmens* tätig werden. Die gesuchte Theorie muss also sowohl die Subjektebene wie auch die Systemebene schulischen Handelns erfassen (vgl. S. 219).

(4) In einer gewissen Analogie zum methodischen Grundrhythmus von Vorbereitung, Durchführung und Auswertung des Unterrichts[4] habe ich mir den in Abbildung 7.2 sichtbaren schultheoretischen Dreischritt von *Aufgabenformulierung, Handlung und Lösung* ausgedacht. Dieser Dreischritt ist keine Erfindung der Unterrichtsmethodik, sondern ein Grundmodell menschlichen Handelns überhaupt, das in vielen anderen Lebensbereichen als „Planen – Ausführen – Kontrollieren" auftaucht (vgl. Miller/Galanter/Pribram 1991). Deshalb die nächste, eigentlich selbstverständliche These:

These 7.2: Schulisches Handeln entfaltet sich im Regelkreis von Aufgabenformulierung/Problemstellungen, Handlungsprozessen, Lösungen/ Wirkungen und der Neuformulierung der Aufgaben und Problemstellungen.

Mit dem Wort „Regelkreis" soll ausgedrückt werden, dass erstens innerhalb der Schule eine fortwährende Regulierung der Einzelhandlungen durch die Vernetzung der sieben Handlungsfelder entsteht und dass zweitens die durch schulisches Handeln hervorgerufenen Lösungen und Wirkungen wiederum zur Neubestimmung der Aufgaben und Probleme führen. Das Wort „Regelkreis" ist also nicht im Sinne kybernetischer Steuerungsmodelle misszuverstehen. Die Subjekte behalten die Verantwortung für ihr Handeln! Und jede Schule leistet sich auch hier und dort ihr kleines hausgemachtes Chaos.
(5) Im Mittelpunkt des Bildes steht ein Obelisk. Er symbolisiert das *pädagogische Ethos der Schule* – und das ist der soziale Kitt, der den Laden zusammenhält, also die Normen und das berufliche Selbstverständnis der Lehrenden und das Rollenverständnis der Schülerinnen.
(6) Die Handlungsfelder, die sich in unserer Zeichnung zu einem umzäunten Barockgarten fügen, bezeichnen das „Medium", in dem und durch das gehandelt wird. Das Gartenbild hat hier seine Grenzen. Eine knifflige Frage war für mich, ob die sieben benannten Handlungsfelder tatsächlich sämtliches schulische Handeln zu beschreiben erlauben[5]. Ich meine ja und wage deshalb die folgende These:

---

4 Mehr als eine „gewisse Analogie" darf es nicht sein. Das zeigen die meines Erachtens misslungenen Versuche von Heinrich Roth (1969) und Wolfgang Schulz (1969), die Theorie der Schule einfach aus den Grundbegriffen der Didaktik zu extrapolieren (siehe S. 234). Schule ist mehr als Lehren und Lernen! Deshalb reicht die Didaktik als Grundlage nicht aus.

5 Mit solchen Vollständigkeitsbehauptungen sollte man vorsichtig sein. Die Geschichte der Schulpädagogik lehrt, wie oft sich die Autoren vergriffen haben (siehe Meyer 1987, Bd. 1:229). Deshalb der Hinweis: Der Vollständigkeitsanspruch bezieht sich lediglich auf die *dritte* der in Abbildung 7.1 genannten Handlungsebenen. Wenn Schulen im gesellschaftlichen Gesamtsystem analysiert werden, müssen weitere Kategorien hinzukommen. Das kann an der hochkomplexen Struktur der Abbildung 3 „Systematisches Schema und Grundbegriffe einer Theorie der Schule" von Krüger/Lersch (1993:97) abgelesen werden.

> **These 7.3:** Schulisches Handeln kann in den Kategorien „Ethos", „Beziehungsregeln", „Räume", „Zeiten", „Ressourcen", „Programme", „Inszenierungen" und „Rückmeldungen" *vollständig* beschrieben werden.

Einschränkend gilt dabei, dass es nur um die formale Beschreibung von Handlungsstrukturen, nicht um die inhaltliche Analyse ihres Sinns geht (siehe S. 287).

(7) Ich habe mir überlegt, dass es gut wäre, wenn in dieser Theorie *keine künstlichen Abschottungen* zwischen dem Handeln der Lehrenden und dem Handeln der Lernenden oder zwischen Schulleitung, Hausmeister, Eltern usw. vorgenommen werden. Denn wenn Schule demokratischer werden soll, als sie es zurzeit ist, darf es nirgendwo, auch nicht bei der Konstruktion von Schultheorien, exklusive Fragestellungen für nur eine einzige Statusgruppe geben. Die sieben Handlungsfelder sind also statusgruppenneutral formuliert.

(8) Weil Handeln nicht vom Denken und Fühlen abgekoppelt werden kann, muss eine Theorie schulischen Handelns Kognitionen und Emotionen der Handelnden einschließen. Dies ist eine analytische Feststellung, keine Forderung. – Die drei Dimensionen „Hirn", „Herz" und „Hand" sind immer untrennbar ineinander verhakelt. Ein Mensch, der beim Handeln die Gefühle draußen lassen will, irrt sich über seine Befindlichkeit. Er verfolgt nur – mit zumeist hohem emotionalem Kraftaufwand – das Gefühl der Gefühlsneutralität (vgl. Meyer 1987, Bd. 1:34).

(9) Wer handelt, muss auch bereit sein, sein Handeln zu *rechtfertigen* (= legitimieren) – nicht immer, aber immer öfter! Es gibt unterschiedliche Legitimationsfiguren[6]:

- Ich kann mein Handeln durch die Berufung auf Traditionen und gelebte Praxis rechtfertigen: „Das haben wir schon immer so gemacht!" Wir sagen dazu, dies ist eine traditionale[7] Legitimationsfigur.
- Ich kann mein Handeln *zweckrational* begründen: „Wenn wir uns im Ziel einig sind, dann musst du doch akzeptieren, dass mein Weg der erfolgreichere ist!" Dies ist eine zweckrationale oder Vernunftlegitimation.
- Ich kann mich darauf berufen, dass nicht der Inhalt meiner Handlung, wohl aber das *Verfahren* legitimiert ist: „Was hast du an meinem Handeln auszusetzen? Ich setze doch nur um, was wir in der Gesamtkonferenz beschlossen haben!" Diese Figur wird mit Niklas Luhmann Verfahrenslegitimation genannt.
- Ich kann schließlich versuchen, mein Handeln im *Diskurs* zu rechtfertigen: „Ihr seid nicht einverstanden? Dann lasst uns zusammen im Gespräch klären, ob meine Handlung richtig war oder korrigiert werden muss. Ich sichere euch zu, das Gesprächsergebnis zu akzeptieren." – Dies nennt man – mit Jürgen Habermas – diskursive Legitimation.

---

6 Vgl. Jank/Meyer (1991:87).

7 „Traditional" meint: bestimmt durch überlieferte Werte und Normen. Der Begriff ist wertfrei und nicht kritisch wie das Wort „traditionell" (= ein bisschen zurückgeblieben) gemeint.

Es dürfte einleuchten, dass in einer demokratischen Schule insbesondere die letzte der vier Legitimationsfiguren von Interesse ist, angesichts der Verrechtlichung und institutionellen Verharschung aber nicht immer zugelassen wird.

Zusammengefasst: Es ist möglich, die vielfältigen Fragestellungen der Schulpädagogik zu einer Theorie schulischen Handelns zu bündeln. Die Theorie stellt den Anspruch, die Handlungsprobleme aller an Schule beteiligten Subjekte und der Schule als Ganzes formulieren zu helfen (nicht, sie zu beantworten!). Sie ist aber sicherlich nicht von zeitloser Gültigkeit, sondern stellt ein theoretisches Konstrukt dar, das kritisiert werden kann und weiterentwickelt werden muss.

2. Handlungsfelder

2.0 Barockgarten

In der Mitte unserer Theorie schulischen Handelns befindet sich der von Burgmauern umgrenzte „Barockgarten", in dem die sieben Handlungsfelder um die Ethos-Säule herum gruppiert sind. Diese Mittelfläche bildet den Kern der Theorie. Deshalb beginne ich hier auch mit den Erläuterungen.

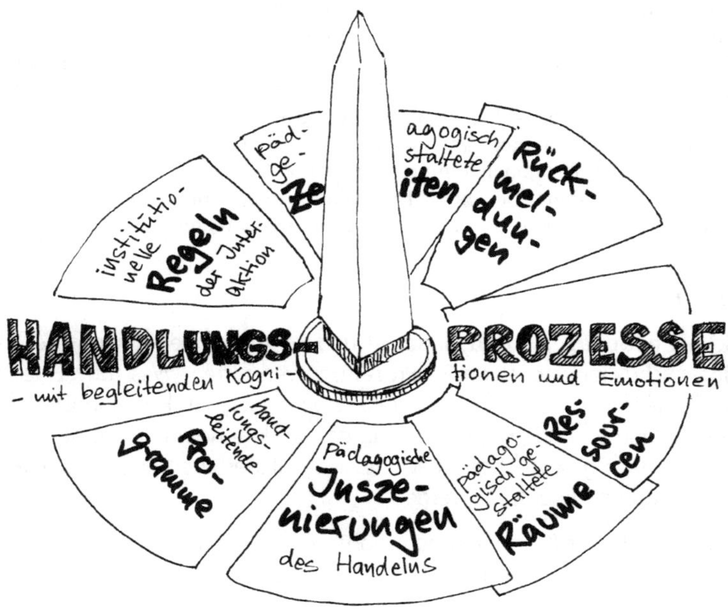

Abbildung 7.3: Handlungsfelder und -prozesse

Die sieben Felder bilden eine Handlungseinheit, die nur zum Zwecke der Analyse auseinander gefaltet worden ist. In der Schulwirklichkeit überlappen sich alle sieben Felder. Die Zeichnung ist deshalb auch so angelegt, dass die Figur fast wie ein *Kreisel* aussieht. Wer handelt, bringt den Kreisel mit dem Obelisken als Stiel langsam zum Drehen. Auch wenn beim Blick nach vorn, also hin zu den angestrebten Lösungen, immer nur ein oder zwei Handlungsfelder direkt vor Augen sind, so gibt es doch fortwährende Rückwirkungen auf die anderen fünf oder sechs Felder. Bei einem kleinen Dreh des Kreisels können die anderen Felder in den Vordergrund der Aufmerksamkeit des Handelnden rücken – aber vorhanden und wirksam sind sie immer:

These 7.4: Die Handlungsfelder stehen in einer nicht aufhebbaren Wechselwirkung zueinander. Sie konstituieren gemeinsam den Handlungsprozess.

Das Wort „Wechselwirkung" besagt zunächst nicht mehr, als dass „irgendwie" alles mit allem zusammenhängt. Das wussten wir aber schon immer. Deshalb kommen die interessanten Fragen erst dann, wenn genauer analysiert wird, woraus denn nun die Wechselwirkungen (vornehm auch „Implikationszusammenhänge"[8] genannt) bestehen. Drei Varianten sind theoretisch denkbar:

- *Synergie:* Alle Felder sind in sich so passend strukturiert, dass sie sich gegenseitig ergänzen und in ihrer Wirksamkeit multiplizieren.
- *Reibungsverluste:* Zwei oder drei Felder sind optimal aufeinander abgestimmt, ein oder zwei andere senden Störfeuer. Dann entsteht Reibungswärme, die von der Mehrzahl der Beteiligten als Reibungsverlust gedeutet wird. Hin und wieder kann sie aber auch produktiv wirken, weil man aus Fehlern und Widerständen lernen und zu besseren Lösungen kommen kann (vgl. Altrichter/Salzgeber 1995).
- *Lähmung:* Maßnahmen im einen Feld widersprechen dem, was im anderen Feld angeschoben werden soll, total. Die Schule ist nun nicht mehr in der Lage, zielgerichtet zu handeln.

Ein *Beispiel* für Wechselwirkungen:

Eine Schule hat durch ein Neubaugebiet und Spätaussiedler-Zuzug in sehr kurzer Zeit einen Schülerzuwachs von 30 Prozent zu verkraften. Was tun? Eine Lösung kann nicht gelingen, wenn nur eines oder zwei der sieben Handlungsfelder, etwa die Felder „Räume" und „Ressourcen" in den Blick genommen werden. Vielmehr muss immer nach gewünschten, nach zur Not tolerierbaren oder auch inakzeptablen Nebenwirkungen gefragt werden:

- Wird die Zahl der Klassen*räume* erhöht, also angebaut, so hat das Folgen für die Funktionsräume, für den Hausmeister, das Reinigungspersonal.

8 Vgl. Blankertz (1975:94–101).

- Wird die Wochen*zeit* extensiver genutzt und dazu Nachmittagsunterricht eingeführt, so hat dies Folgen für das Personal, die Schüler und Eltern, in deren Zeitrhythmen empfindlich eingegriffen wird. Das Schulklima wird belastet; die Schulleitung muss besonders sensibel auf die Einhaltung und Modifizierung der Interaktionsregeln achten.
- Werden die *Programme* geändert (z. B. die Unterrichtsstundenzahl der Schülerinnen verringert), so hat dies natürlich Einfluss auf alle anderen Felder.

Die hohe Kunst der Leitung einer Schule besteht darin, immer alle sieben Handlungsfelder im Auge zu behalten und dann, wenn eine Lösung in dem einen Handlungsfeld schwierig wird, Kompensationen an anderer Stelle zu suchen. Systemtheoretisch formuliert heißt dies: Raum-, Zeit- und Personalfragen sind – innerhalb gewisser Grenzen – funktional äquivalent (gleichwertig); sie können sich wechselseitig bei Problemlösungen ergänzen.

Grenzen ergeben sich durch das, was mit einer Metapher als *Bettdecken-Dilemma* bezeichnet werden könnte: Sie können die sieben Felder mit einer zu knapp geratenen Bettdecke vergleichen: Zupfen Sie an der linken oberen Ecke, um die frierende linke Schulter zu bedekken, so mag dies gelingen. Aber nur kurze Zeit später frieren Sie am rechten Fuß. Sie zupfen mit einer kunstvollen Bewegung des großen Zehs die untere linke rechte Ecke zurecht – und gleich darauf frieren Sie an der rechten Schulter. Solange es keine Möglichkeiten zur Vergrößerung der Bettdecke (sprich: zur Erweiterung der Ressourcen der Schule) gibt, ist keine vernünftige Lösung des Problems möglich. Sie müssen also entweder die Ansprüche an einen gemütlich-warmen (Schul-)Schlaf aufgeben oder sich wärmer anziehen oder sich unter der Decke krümmen.

2.1 *Beziehungsregeln*

Ich beginne mit der Erläuterung der Abbildung 7.3 links oben. Der Regelbegriff (von lateinisch „regula", griechisch „kanon") hat in der Logik, der Soziologie oder Sprachphilosophie unterschiedliche Bedeutungen. Wir orientieren uns an der handlungstheoretischen Begriffsfüllung[9].

9 Mittelstraß (1996, Bd. 3:530).

Arbeitsdefinition 19:
Beziehungsregeln der Schule legen fest, wer wann wo und wie miteinander interagieren darf.

Wer die Regeln bestimmt, ist mächtig (Gairing 1996:229). Dies kann der Schulleiter sein, es kann aber auch eine x-beliebige starke Person der Schule werden. Und auch die Schule als Gesamteinheit hat Regelungsmacht, weil bestimmte Interaktionen „im Prinzip“ in der Schule gefordert und gefördert, andere behindert oder unterbunden werden. Einige Beispiele für personenbezogene Regeln:

- „Gehe nicht zu deinem Fürst, wenn du nicht gerufen wirst.“
- „Schülerinnen grüßen die Lehrerinnen zuerst!“ (eine noch unmittelbar aus dem Obrigkeitsstaat stammende, schwachsinnige Regel)
- „Wenn die Lehrerin die Stunde überzieht, dürfen die Schülerinnen unruhig werden.“

Regelkonformes Verhalten wird in der Schule belohnt, Regelverletzungen werden bestraft (zumindest meistens)[10]. Dafür entwickelt jede Institution ein zumeist filigran gewirktes System von positiven und negativen *Sanktionen*, z. B.:

- erste Stufe: nonverbale Reaktion auf eine Regelverletzung (Hochziehen der linken Augenbraue, Räuspern);
- zweite Stufe: Verbalisierung („Was soll das denn schon wieder!“);
- dritte Stufe: Liebesentzug (z. B. durch Kommunikationsverweigerung);
- vierte Stufe: förmliche verbale Rüge;
- fünfte oder sechste Stufe: Bestrafung nach dem Strafenerlass (für Schülerinnen), Einleitung eines Disziplinarverfahrens (für Lehrerinnen), Abmahnung (für den Hausmeister oder die Sekretärin).

Immer mehr Schülerinnen betreiben allerdings das Regelverletzen als Sport – sie brechen Regeln, so könnte man wohlwollend interpretieren –, *um sie zu erkennen*. Um welche Regeln es im Einzelnen geht, ist dann für den Lerneffekt Nebensache.

Die von manchen Schulreformern verfochtene Vorstellung, man könne eine regelungsfreie Schule erfinden, ist theoretisch unsinnig und praktisch nicht einlösbar. Jede menschliche Gemeinschaft benötigt ausdrücklich vereinbarte oder gewohnheitsmäßig akzeptierte Regeln. Und selbst die Absprache, den Schülerinnen in bestimmten Bereichen keine Regeln durch die Lehrerinnen vorzugeben, ist ja eine absprachebedürftige Metaregel! Und auch sie funktioniert nur dann, wenn die zum autonomen Handeln ermutigten Schülerinnen sich selbst neue Spielregeln des Handelns setzen. Als These formuliert:

10 Vgl. Arbeitsgruppe Soziologie (1986:22 f.).

These 7.5: Die Anerkennung von Beziehungsregeln ist das Schmieröl für das Aufrechterhalten des Schulbetriebs.

Durch Ausformung der Beziehungsregeln findet eine *Schichtung* der Mitglieder einer Institution statt. Sie kann grob- oder feinmaschig, offensichtlich oder versteckt gestaltet sein. Es gibt eher hierarchische oder eher auf Gleichberechtigung zielende Strukturen, die seit langem zum Gegenstand umfangreicher soziologischer und sozialpsychologischer Untersuchungen gemacht worden sind[11]. Es gibt Kollegien, die fast nur aus Individualisten bestehen (30 Häuptlinge und keine Indianer) und andere Schulen, die sich durch harte Arbeit zu festen Teams zusammengefunden haben[12].

Christa Meyer, Ratsfrau: „Die einen machen die Arbeit, und die anderen geben den Ton an."

Jedes Mitglied der Institution Schule ist in mehreren *Statusgruppen* gleichzeitig: Lehrer oder Lehrerin, Fremdsprachenlehrer, Angestelltenlehrer, Lehrer + Schulleiter, Schüler/Schülerin, Schüler + Mitschüler, Eltern usw.[13]. Durch die Etablierung dieser Statusgruppen entstehen in jeder Schule „geronnene" und dadurch für alle Beteiligten kalkulierbare Beziehungsstrukturen, die zumeist auch juristisch definiert und festgeklopft werden[14].

Die Zugehörigkeit zu einer bestimmten Statusgruppe kann bei Schülerinnen nach der Jahrgangsstufe oder Stammgruppe, bei Lehrerinnen nach der Fachgruppe oder Abteilung, nach der Gehaltsstufe, der Funktionsstelle, der Fachkompetenz u.a.m. definiert sein.

Unterhalb der Ebene der offiziellen hierarchischen Rangordnungen existieren die informellen sozialen Schichtungen, die nach Kriterien wie Liebenswürdigkeit, Arroganz, Fachkompetenz, Geschlecht u.a.m. bestimmt werden und von Soziologen mit den Hackordnungen im Hühnerstall verglichen worden sind.

Als Studentin oder Referendarin lernt man die Hackordnungen am besten kennen, indem man in der großen Pause ins Lehrerzimmer geht und beobachtet, was passiert,

- wenn der Rektor in den Raum kommt,
- wenn die Schülersprecherin hereinkommt
- oder wenn sich die Kommilitonin auf den Stammplatz eines der Platzhirsche des Kollegiums gesetzt hat.

Einen losen Spruch zum Thema soziale Schichtung hat der Schulentwickler Reinhold Miller beizutragen: „Ein Referendar ist ein Schüler, der aufs Lehrerklo gehen darf."

---

11 Z. B. Fürstenau (1969b); K. Ulich (1983); Senge (1996).
12 Vgl. Dörger (1992).
13 Vgl. die Auflistung von S. 63/64.
14 Was wir in der Zweiten Lektion (S. 77) über „festgeklopfte" Organisationsstrukturen gesagt haben, gilt auch für die Beziehungsstrukturen.

Je nach dem hierarchischen Rang einer Statusgruppe haben ihre Angehörigen viel oder wenig Möglichkeiten, Regeln zu verändern. Eine Schulleiterin kann eher eine neue Regel einführen als ein Hausmeister, ein Hausmeister eher als eine Referendarin. Man kann seine Regelungsmacht aber auch aufs Spiel setzen. Wer sich dauerhaft ungerecht, tollpatschig oder gemein verhält, wird sie verlieren – einerlei, ob als Schulleiterin oder Mitglied einer Schülerclique.

Manchmal müssen Mitglieder der Institution Schule einen Statuswechsel vollführen, was für die Betroffenen durchaus anstrengend werden kann, weil die Regeln des Umgangs mit den anderen Statusgruppen plötzlich unklar geworden sind und neu definiert werden müssen, während die Beobachter des Vorgangs ihren Spaß daran haben. Ein Beispiel:

Ein Rektor spielt in der Lehrermannschaft seiner Schule gegen die Schülerauswahl Fußball: Er bleibt Rektor, ist aber zugleich „schlichtes" Mannschaftsmitglied, das genau so viele Rechte hat, wie sie ihm der Schiedsrichter und die Spielregeln belassen. – Aber die Schüler und Schülerinnen, die das Spiel mit intensiver Aufmerksamkeit und Gejohle begleiten, machen durch ihre Aufgeregtheiten deutlich, worum es geht: Die kalkulierte Aufhebung der Statusvorrechte des Rektors und seiner Mannschaft macht allen Beteiligten Spaß. Und der Schüler, der den Rektor im Spiel rempelt, probt – wenn auch nur im Spiel – den Aufstand.

Ich komme zu einer ersten *Zwischenbemerkung*: Beziehungsregeln sind häufig ritualisiert. Rituale dienen der Identifikation aller Schulangehörigen mit der Institution, zugleich aber auch der Machtsicherung der in der Institution Tonangebenden[15]. Sie entstehen durch die zeremonielle Gestaltung sowie die häufige Wiederholung und Gleichförmigkeit bestimmter Handlungsvollzüge. Man kann zwischen herrschaftssichernden und demokratischen Ritualen unterscheiden:

- *Herrschaftsrituale* dienen dazu, die Machtverhältnisse zu bekräftigen: Begrüßungs- und Verabschiedungsrituale, Stundeneröffnungs- und Stundenbeschließungsrituale, Rituale der Leistungsbewertung (z. B. feierliche Zeugnisverteilung in der Aula), des Lobens und Tadelns (zum Rektor zitiert werden), der Aufnahme in die Institution (Erster Schultag mit Schultüte und Aufführungen) und der Entlassung zählen zu dieser Gruppe.
- *Demokratische Rituale* sichern Beteiligungs- und Abgrenzungsrechte für alle Angehörigen der Institution: der „Sprechstein", der im Morgenkreis herumwandert und signalisiert, wer dran ist; das „Blitzlicht", die „Störungen-haben-Vorfahrt-Regel" von Ruth Cohn[16], das Recht, eine „Auszeit" zu nehmen u.a.m.

Die Bedeutung der Rituale ist in der Schulpädagogik lange Jahre sehr gering geachtet oder aber polemisch abgewertet worden. Inzwischen wird die Wichtigkeit, ja Unersetzbarkeit der Rituale wieder betont. Denn je offener Unter-

15 Vgl. Goffman (1971); Wellendorf (1973); Combe/Helsper (1994); Piper (1996).
16 Cohn (1975:121 f.).

richt und Schulleben gestaltet werden, umso wichtiger ist es, durch Ritualbildungen wieder feste Formen und Verhaltenssicherheiten zu ermöglichen.

Es gibt inzwischen viele Lehrerinnen, die fantasievoll und unter Einbeziehung der Schülerideen neue Rituale des Schulalltags ausdenken[17]. Ein kleines Beispiel: In der Mitte des Klassenraumes ist mit Ölfarbe ein blauer und ein roter Kreis auf den Fußboden gemalt worden. Wenn die Lehrerin oder eine Schülerin in den blauen Kreis geht, heißt dies: „Ich bitte um Aufmerksamkeit. Ich will etwas Wichtiges für alle sagen." Wenn jemand in den roten Kreis geht, so heißt dies: „Es ist mir zu laut. Ich kann nicht richtig arbeiten. Könntet ihr bitte leiser werden!" (vgl. Rauschenberger 1987).

2.2 *Zeiten*

Zeit ist neben Liebe das wichtigste Kapital der Schule – sie ist viel wichtiger als Geld, Richtlinien oder Material[18]. Um den Schülerinnen gerecht zu werden und die Widersprüche des Systems zu dämpfen, müsste man Zeit wie Heu haben – aber wer hat das schon!? Eigentlich nur die Schülerinnen! Ihr Gesamtkonto an Zeit, das im Verlaufe der neun bis manchmal fünfzehn Schuljahre ausgegeben werden kann, war noch nie so groß wie am Ende des 20. Jahrhunderts. Das Gesamtkonto wird durch die Verwirklichung der Idee des „lebenslangen Lernens" noch größer werden, aber die Aufgaben, die in dieser Zeit gelöst werden sollen, ebenfalls.

Zeit wird in der Schule (wie in jeder anderen Institution auch) inszeniert[19]:

- Es gibt strenge, ja rigide Zeitinszenierungen. Das beginnt mit dem Schulleiter, der am Schuleingang steht und kontrolliert, ob Schülerinnen und Kolleginnen pünktlich sind, geht weiter mit der strikten Einhaltung des 45-Minuten-Schulstunden-Taktes, dem sich alles andere beugen muss, und hört auf mit der Fremdbestimmung der Wochen- und Jahresrhythmen durch die Klausur- und Zeugnistermine.
- Es gibt an anderen Schulen ganz andere, dem Biorhythmus der Menschen ein Stück weit angepasste, ja lockere und sogar verschwenderische Inszenierungen der Schulzeit: gleitender Unterrichtsbeginn, Ruhe- und Unruhephasen – abgestimmt auf Ruhe- und Unruheräume, dazu ein wiederkehrender Wochen- und Jahresrhythmus, der sich an den Jahreszeiten und -festen, aber auch den Schulfeiern und Projekten orientiert.

Gerade am Umgang mit der Zeit kann studiert werden, welcher „Gesamtgeist" an einer Schule herrscht: Gibt es einen Zeitrhythmus, an den sich alle halten? Können Schüler und Schülerinnen ihre Zeitbudgets teilweise selbst verplanen? Welche Zeitkämpfe werden ausgetragen? Gibt es Zeitfanatiker (Momos „graue Herren") oder seit Jahren jeden Morgen fünf Minuten zu spät eintref-

---

17 Vgl. die Themenhefte 7 u. 8/1987 der „Pädagogischen Beiträge", 1/94 der „Pädagogik" und Berger (1995).

18 Das Thema „Zeit und Schule" ist ein beliebter Forschungs- und Reflexionsgegenstand. Theodor Schulze fordert, eine „Ökonomie der Lernzeit" auszuarbeiten (1980:147; ähnlich Held/Geißler 1993). Eine systemtheoretische Analyse der Zeit in der Pädagogik liefern Luhmann/Schorr (1990).

19 Vgl. die Schülerstrafarbeit über „Pausen" in der Vierten Lektion.

fende Kollegen? Wie wird der Stundenplan gemacht? Wie werden Vertretungsstunden organisiert?

Eine gute Schule hat eine kluge Zeitregie. Sie geht verantwortlich mit der kostbaren Tages- und Wochenzeit der Lehrerinnen um, sie sorgt für die Rhythmisierung des Zeitablaufs und achtet dabei insbesondere auf die Bedürfnisse der Schüler und Schülerinnen (vgl. Gueinzius 1993). Auch hier ist die Wechselwirkung der Handlungsfelder (These 7.4) zu beachten: Wer die Zeitplanung sehr stark in die individuelle Verantwortung der Lernenden oder kleiner Lehr-/Lerneinheiten gibt, sollte – um Chaos im Schulbetrieb zu vermeiden – bei der Raumregie mehr Strenge walten lassen. Wer – aus welchen Gründen auch immer – rigide Zeitvorgaben machen muss, sollte wenigstens die Wahl der Lernorte öffnen.

Ich komme zu einer weiteren *Zwischenbemerkung* und bitte Sie, sich noch einmal den „Barockgarten" aus Abbildung 7.3 anzuschauen: Ich habe inzwischen an zwei seiner Feldern dargestellt, dass es sowohl eine „offizielle" als auch eine „inoffizielle" oder sogar heimliche Dimension der Handlungsfelder gibt: mehr oder weniger feierlich Erklärtes einerseits (oft auch nur kontrafaktisch Behauptetes) und latent Vorhandenes, dafür umso Wirksameres andererseits:

- Es gibt offiziell vereinbarte Spielregeln und de facto eingehaltene Regeln und Routinen,
- offizielle, vom Minister erlassene und in der Schule zu Hauslehrplänen umgearbeitete Lehrpläne und heimliche oder zumindest stillschweigend geduldete Abweichungen vieler Lehrerinnen von den Absprachen,
- es gibt offizielle und heimliche Tagesordnungen,
- offizielle Raumwidmungen und darunter die tatsächliche Nutzung.

Ich nenne diese zwei Dimensionen im Folgenden Oberflächen- und Tiefenstrukturen[20] und behaupte, dass sie nicht nur im Verhalten einzelner Menschen, sondern in den Interaktionsstrukturen der Schule insgesamt vorhanden sind:

> **These 7.6:** *Alle* schulischen Handlungsfelder besitzen eine Oberflächen- und eine Tiefenstruktur.

Die Beobachtung der Tiefenstrukturen ist für einen Außenstehenden zumeist schwieriger, dafür aber auch spannender als eine fotografisch noch so penible Erfassung der Oberfläche. (Das gilt auch für Schulpraktikumsberichte!)

Schulentwicklung, die sich mit der Erneuerung der Oberflächenstrukturen zufrieden gibt, ist mit Sicherheit zum Scheitern verurteilt. Die Veränderung der Tiefenstrukturen ist das eigentliche Ziel der Schulreform!

20 Diese Unterscheidung gibt es z. B. in der Grammatiktheorie von Noam Chomsky, aber auch in der dialektischen Methodentheorie von Lothar Klingberg (vgl. Meyer 1987, Bd. 1:231).

2.3 *Räume*

Die Oberflächenstruktur der Räumlichkeiten einer Schule kann der Architektenzeichnung oder einem Raum-Nutzungsplan entnommen werden. Sie kann in großen Systemen wie Berufsbildenden Schulen ausgesprochen komplex werden, wie die Abbildung zeigt (aus Cammans 1996:77):

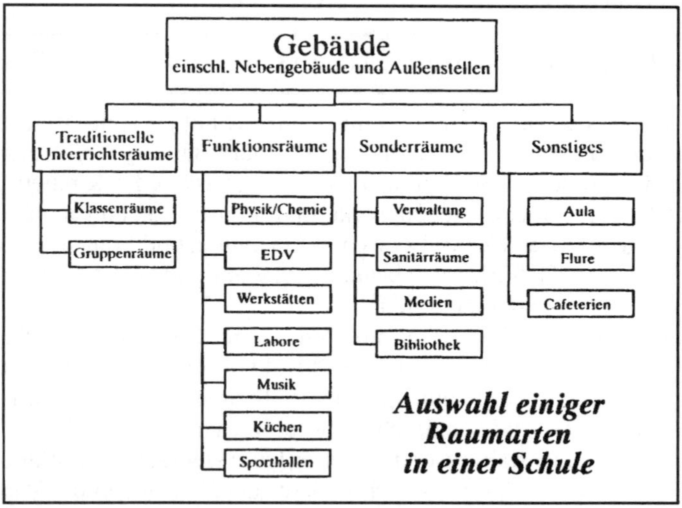

Abbildung 7.4: Räume und Funktionen

In Schulen gibt es – wie in der Natur – Reviere (vgl. auch S. 99). Für jedes Revier einer Schule gelten andere Nutzungsregeln. Wo sind die geheimen Orte dieser Schule[21]? Wer besetzt welche Nischen? Was passiert, wenn sich unterschiedliche Nutzungswünsche aneinander reiben?

Räume haben für die Schulangehörigen eine jeweils unterschiedliche ungeschriebene Geschichte und symbolische Besetzung[22]:

- Räume haben ihre Gerüche und Geräusche, die oft nach Jahrzehnten noch präzis erinnert werden können.
- Sie haben ihre Größenmaßstäbe (die immer mehr schrumpfen, je älter ein Mensch geworden ist).
- Sie sind Gegenstand vielfältiger Erinnerungen, Ängste und Hoffnungen.

Es gibt viele, oft ausgesprochen komische Rituale, um Raumansprüche anzumelden oder zu verteidigen. Sie kennen alle das Bild des überdimensionierten

---

21 Vgl. Langeveld (1963:74); eine beeindruckend genaue, aber auch beklemmende Beschreibung von Schulräumen finden Sie in dem Schulroman „Der Plan von der Abschaffung des Dunkels“ von Peter Høeg (1995).

22 In der Dritten Lektion (Abschnitt 2.2) haben wir solche „Raum-Geschichte“ bereits aus Schülerinnensicht skizziert.

Chefschreibtisches, mit dem der einsame Patriarch die für sein Überleben wichtige geistige Distanz erzwingen will. Oder Sie erinnern sich an den Mitschüler, der sein Revier auf der Oberfläche des Schultisches mit rücksichtsloser Ellenbogenmentalität auszuweiten wusste. Je weniger der Status von Schulangehörigen durch äußere Statussymbole gesichert wird, umso erbitterter fallen oft die Schlachten um die Nutzungs*rechte* der Räume aus – auch dann, wenn die tatsächliche Nutzung gegen Null geht:

These 7.7: Raumfragen sind Machtfragen.

In Schulen werden an jedem Vormittag ungewöhnlich viele Menschen auf engstem Raum zusammengedrängt. Vergleichbare Ballungen gibt es weder in Krankenhäusern oder Kasernen noch in Gefängnissen oder Kirchen. „Eng ist gemütlich" sagen manche – aber dies gilt nur für kurze Zeit und auch nur dann, wenn ein regelmäßiger Wechsel zwischen Einengung und Freigabe stattfinden kann. Die aus der Nachkriegszeit bekannten „Wanderklassen" sind heute Gott sei Dank nur noch selten zu finden[23].

Die Gestaltung der Räume hat direkten und nachhaltigen Einfluss auf das Wohlbefinden aller. Was wir in unserer Privatwohnung für selbstverständlich halten, sollte auch in der Schule gelten: Die Räume sollten funktional eingerichtet, aber gepflegt und gemütlich gestaltet werden[24].

Eine kluge Raumgestaltung und -nutzung kann viele Konflikte dämpfen und manche ausschließen. Aber das ist angesichts der Bausünden der Vergangenheit, insbesondere der letzten 30 Jahre schwer:

- Die Räume sind vielfach zu klein, zu dunkel, zu laut. Sie sind hässlich hergerichtet, dreckig und abstoßend.
- Die große Mehrzahl aller Klassenzimmer ist immer noch in einer tödlich langweiligen, standardisierten Form hergerichtet und kaum für andere als sitzend auszuführende Tätigkeiten geeignet.
- Die in den 70er- und 80er-Jahren gebauten, damals als Fortschritt der Architektur gepriesenen „funktionalen Zweckbauten" sind nicht wirklich funktional.
- Die Zeichnung oben rechts zeigt eine Schule (die Liebfrauenschule in Oldenburg), die in drei Etappen gebaut wurde: ein Wohnhaus aus dem Jahre 1840 (die ersten Jahrzehnte als Bordell genutzt), dann darangeklebt der Neubau aus der Jahrhundertwende, ganz links der Neubau aus den 70er-Jahren. Die Zeichnung illustriert ein wenig den Zusammenhang von Zeitgeist und Bausünden! (Ausführliche Abbildungen und Kommentierungen von Schulgebäuden, Klassenräumen und Lehrerzimmern bringt Rainer Winkel, 1997:247–273.)

---

23 Der ehemalige Direktor einer großen Kölner Berufsbildenden Schule, Gottfried Adolph, berichtete 1972, dass an seiner Schule in den 60er-Jahren in den „Jungarbeiterinnen-Klassen" (Jugendliche ohne Hauptschulabschluss und Lehrvertrag) eine Fehlquote von bis zu 90 Prozent bestand, solange diese Klassen Wanderklassen waren. Als jede Klasse ihren Raum erhielt und ihn selbst gestalten durfte, schwänzte nur noch ein Drittel.

24 Dirlewanger u. a. (1977) haben die „Erlebensdimensionen" von Schülern für Schulbauten erforscht und sind zu folgender Prioritätenliste gelangt: (1) Gemütlichkeit (2) baulicher Zustand (3) Eignung für schulisches Lernen (4) Ruhe (5) Sauberkeit (6) Vertrautheit.

Es ist für eine Schule schwer, aber nicht unmöglich, den von den Bauherren und Architekten verkorksten Räumlichkeiten pädagogische Dimensionen abzugewinnen. Und genau dies ist nötig. Denn:

These 7.8: Die Schule als pädagogisch gestaltete Lernumwelt erzieht[25].

Eine gute Schule erkennt man deshalb an der vernünftigen Raumregie. Da gibt es Foren, Pausenhallen, Diskussionsecken, Werkstattbereiche und Buchzonen, aber auch geheime Orte, Nischen und Klausuren. An der guten Schule sind allen die Regeln der Raumnutzung bekannt; es gibt Verfahren zur Schlichtung von Raumkonflikten.

Auch große Schulen sollten zu einer solchen pädagogisch gestaltete Raumregie übergehen. Es ist klüger, an die Stelle großer (leicht zu verwaltender) Organisationseinheiten kleine, pädagogisch gestaltete Verantwortungseinheiten mit Teilautonomie zu setzen. Nur so kann das wachsen, was wir in der Zweiten Lektion „ownership" genannt und für jede Einzelschule, jede Lehrerin und jede Schülerin gefordert haben.

Nun noch eine weitere und letzte *Zwischenbemerkung*: Schule hat, wie an der Gestaltung der Räume, aber ebenso gut an sämtlichen anderen Handlungsfeldern gezeigt werden kann, eine *ästhetische Dimension*: Wir kommen in eine Schule hinein, wir spüren eine Stimmigkeit und fühlen uns wohl - oder wir werden irritiert und abgestoßen. Wir kommen in einen Klassenraum, beobachten den Unterrichtsverlauf und sagen zum Schluss: Das war eine schöne Stunde! Eine Unterrichtsstunde kann rund und aus einem Guss oder auch hässlich wie ein vermackeltes Stück Plastik sein. Und das gilt natürlich auch für die Schule als Ganzes.

Die ästhetische ist aber nicht die einzige Dimension schulischen Handelns. Es gibt viele weitere, durch deren Ausformung das spezifische Profil einer Schule entsteht. Abbildung 7.5 benennt die wichtigsten:

25 Das meinte Maria Montessori mit ihrer so liebevoll bis ins Detail erörterten Forderung, die Kinderhäuser und Schulen nach kindgemäßen pädagogischen Ansprüchen zu gestalten (Montessori 1969:53–56); vgl. auch Pazzini (1983).

Abbildung 7.5: Dimensionen schulischen Handelns

Diese Dimensionen werden durch das Handeln der Schulangehörigen verlebendigt. Etwas gespreizt ausgedrückt: Sie werden „leibhaftig konstituiert". Eine Schülerin sorgt z. B. durch ihr Auftreten dafür, dass etwas als schön erscheint; eine Lehrerin sorgt durch ihr Handeln dafür, dass ein Problem moralisch angemessen gelöst wird, ein Hausmeister sorgt durch seine Arbeit dafür, dass die ökologische Dimension von Schule sichtbar wird.

Die Dimensionen werden aber auch durch Handlungen und Entscheidungen anderer Menschen und Mächte vorstrukturiert: Das Gebäude kann schön oder hässlich sein; und dafür sind irgendwann einmal der Architekt und der Bauherr verantwortlich gewesen. Die Programme können elegant sein oder Stückwerk darstellen; und dafür trägt der Kultusminister entscheidende Verantwortung.

Alle in Abbildung 7.5 aufgelisteten Dimensionen sind, so behaupte ich, in schulischen Handlungsprozessen immer nachweisbar – unabhängig davon, ob sich die handelnden Subjekte dessen bewusst sind oder nicht. Sie legen sich wie eine zweite, dritte und vierte Haut über die Handlungsprozesse und geben ihnen dadurch Farbe:

- Die biografische Dimension menschlichen Handelns muss nicht lange erklärt werden – sie ist einfach da und sie hat durchschlagende Wirkung auf die handlungsbegleitenden Kognitionen und Emotionen.
- Die ökonomische Dimension schulischen Handelns wird von den Beteiligten gern ausgeblendet – aber dass jede Minute Schule viel Geld kostet, wird niemand bestreiten.
- Kniffliger wird es bei der Frage, ob z. B. ökologische oder geschlechtsspezifische Dimensionen des Handelns *immer* gegeben sind. Ich meine: ja.

Es kommt also darauf an, sich der Wirksamkeit der wichtigsten Dimensionen von Schule bewusst zu werden, weil man nur dann gestaltend auf sie einwirken kann.

2.4 Ressourcen

Als Ressourcen (= Hilfsquellen, Vorräte) bezeichne ich alle Lehr-Lernmittel, Materialien, Gerätschaften und sonstigen Einrichtungen, die von einer Schule angeschafft werden, damit sie ihren Bildungsauftrag besser oder bequemer erfüllen kann. Man kann Ressourcen nach ihren Zwecken unterscheiden:

- Lehr-Lernmittel dienen der Ermöglichung oder Erleichterung der Lehre.
- Informationssysteme (schwarzes Brett, Lautsprecheranlagen, Umlaufmappen, PC-Vernetzung) dienen der Rationalisierung der Entscheidungsprozesse und Verwaltungsprozeduren.
- Technische Geräte (wie Heizung, Klimaanlage) dienen der Herstellung der Bewohnbarkeit.
- „Kunst am Bau", Bilder, Blumentöpfe usw. dienen der Inszenierung von Gemütlichkeit (oder sie sollten dies zumindest tun).
- Finanzmittel sind im Blick auf Ressourcen „reflexive Mechanismen" (vgl. S. 136).

Man kann den Einsatz der Ressourcen nach sehr unterschiedlichen Maßstäben organisieren. Oft wissen Lehrer und Lehrerinnen auch gar nicht, wie viele Ressourcen ihre Schule hat. Oft wird die Bedeutung der nicht vorhandenen Ressourcen überbewertet oder als Entschuldigung für diese und jene Laxheit genommen. („Wenn wir einen vernünftigen Physikraum hätten, würde ich mich auch vernünftig vorbereiten!") Deshalb die These:

These 7.9: Die wichtigste Ressource der Schule sind die Fantasie und das Improvisationstalent von Schülerinnen, Lehrerinnen, Schulleiter und Hausmeister beim Umgang mit den Ressourcen.

2.5 Programme

Das Wort kommt vom griechischen Verb „prográphein" (etwas vorschreiben oder vorzeichnen). Ich verwende es in unserer Theorie in einem weiten Sinne:

Arbeitsdefinition 20:
Programme sind alle bewusst gesetzten Handlungspläne einer Schule, durch die der Schulbetrieb gesteuert wird.

Zunächst die offiziellen und die schriftlich fixierten Handlungspläne, die relativ einfach dokumentiert und erforscht werden können:

- das Schulgesetz, die Erlasse, Ausbildungsordnungen, Kooperationsvereinbarungen usw.;
- die Richtlinien, Lehrpläne und Schulbücher;
- Finanzierungspläne der Länder und Kommunen, Schulbudgets;

- die schulintern erstellten Schulprogramme, in denen die Philosophie der Schule zu Papier gebracht ist, in denen landesweit gültige Rahmenrichtlinien standortspezifisch ausgelegt und eigene Curricula und Projektkonzepte hinzugefügt worden sind[26];
- Schulentwicklungspläne, Projektpläne, Beratungspläne der Schulpsychologin usw.;
- der Spickzettel der Referendarin, auf dem sie den Ablauf ihrer Vorführstunde notiert hat.

Dann die nicht-schriftlichen Handlungspläne, die Teil der subjektiven Theorien in den Hinterköpfen der Handelnden sind:

- Wünsche und Konzepte einzelner Kolleginnen nach einer „Schule zum Wohlfühlen";
- taktische Absprachen in Fraktionen des Kollegiums zur Durchsetzung eines Ziels;
- Vereinbarungen von Schülerinnen, einen Lehrer fertig zu machen oder ihn zu unterstützen;
- das Betriebswissen der Routiniers über das Verhalten bei Pleiten, Pech und Pannen.

Ein guter Teil der Programme ist so stark im Denken, Handeln und Fühlen der Handelnden verinnerlicht, dass er zu einem *Inszenierungsmuster* von Schule geworden ist. Was damit gemeint ist, beschreibe ich im nächsten Abschnitt.

Die logische Struktur der Handlungspläne kann sehr unterschiedlich sein. Ich erinnere an die auf Seite 74/75 skizzierten unterschiedlichen Planungstypen: Ziel-Mittel-Planungen, Wenn-dann-Planungen und Strategien des Muddling-through.

Die Oberflächen- und die Tiefenstruktur der Programmierungen einer Schule können weit auseinander driften. Papier ist geduldig! Deshalb gibt es an jeder Schule neben der offiziellen Programmatik die oben schon genannten „hidden agenda" (heimliche Tagesordnungen[27]), über die geregelt wird, was dran ist und was unter der Decke zu bleiben hat. Wer sich nicht an die heimliche Tagesordnung hält, wird entweder zum Außenseiter oder zum Held.

An einer guten Schule gehören das Erstellen, das Umsetzen und das Weiterschreiben des Schulprogramms zu den Daueraufgaben, für die sich nicht nur die Schulleitung, sondern alle Beteiligten verantwortlich fühlen sollten[28]. Die regelmäßige Auseinandersetzung der Schulgemeinschaft mit dem Schulprogramm ist jedoch wichtiger als die Verabschiedung eines schriftlichen Manifests. Ein Beispiel für ein Schulprogramm enthält Band II.

26 Vgl. „Pädagogik", Themenheft 1/96 und Band II dieser SCHULPÄDAGOGIK.
27 Philipp (1996:49 f.).
28 Phillip (1992); Zeitschrift „Pädagogik" (1/1996).

2.6 *Inszenierungen*

Programme setzen sich nicht von selbst in pädagogisches Handeln um – sie müssen inszeniert werden. Dies ist eine der wichtigsten Fragen für eine handlungsorientierte SCHULPÄDAGOGIK. Deshalb wird dieser Abschnitt 2.6 ungewöhnlich lang.

> **Arbeitsdefinition 21:**
> Eine Inszenierung ist die Umsetzung eines Handlungsplanes in einen Handlungsprozess.

Der Inszenierungsbegriff kann auch für eine Definition von Schule insgesamt genutzt werden:

> **Arbeitsdefinition 22:**
> Schule ist die Bühne für die Inszenierung des Schullebens.

Definition 22 ist aber nur eine Ergänzung zur Arbeitsdefinition 1, keine Korrektur.

Ich versuche in diesem Abschnitt mit Dorothea Vogts nachdrücklicher Hilfe, Schule *inszenierungstheoretisch* zu fassen[29]. Dazu ist es erforderlich, den Inszenierungsbegriff und mehrere Unterbegriffe zu klären:

- Punkt 1 dieses Teilabschnitts fragt, was Inszenieren in der Schule heißen könnte.
- Punkt 2 beschreibt Symbolisierungsformen – das sind die „Sprachen", mit denen wir uns verständigen.
- Der kurze Punkt 3 erläutert, in welchen Organisationsbereichen von Schule Inszenierungen stattfinden.
- Punkt 4 greift den für uns wichtigsten Aspekt heraus: die Lehr-Lern-Inszenierungen.
- In Punkt 5 geht es um Tätigkeitsformen, also um die Frage, was Lehrerinnen und Schülerinnen leibhaftig tun, wenn sie eine Inszenierung vornehmen.
- Punkt 6 fragt nach Inszenierungsmustern – das sind die eigentlich zu den Programmen zu zählenden verinnerlichten Handlungspläne von Lehrerinnen und Schülerinnen.
- Und Punkt 7 skizziert die beim Inszenieren genutzten Inszenierungstechniken.

Schließlich hat das Inszenieren bestimmte Funktionen, die zwischendurch in Thesenform (7.10 bis 7.12) aufgelistet werden.

Es ist nicht üblich, Schulehalten als Inszenierung zu deuten. Deshalb ein kurzes Gespräch mit einer Skeptikerin:

---

29 Dabei greife ich auf das bei Meyer (1987, Bd. 1:80, 119) entwickelte Konzept der Unterrichtsmethodik zurück.

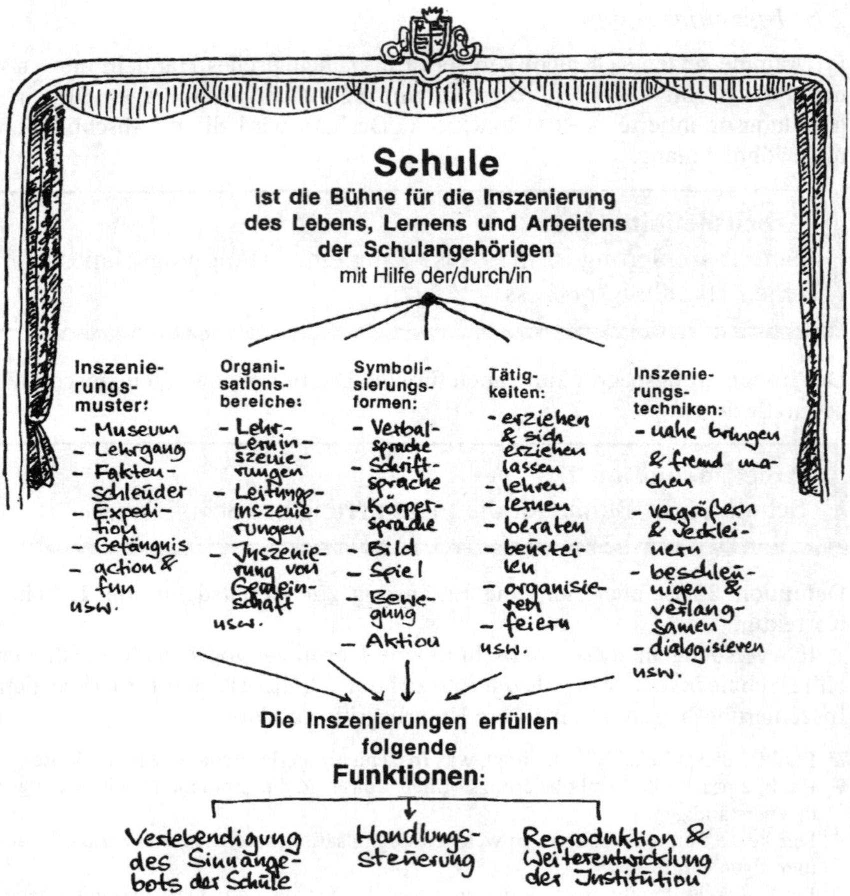

Abbildung 7.6: Schule als Bühne

Frage: Was meint ihr denn überhaupt mit „inszenieren"?

Antwort: Der Begriff Inszenierung ist zwar kein einheimischer Begriff, aber er wird nicht nur in der Alltagssprache oder im Fernsehen und Theater verwandt. Er ist in der Psychoanalyse, im Symbolischen Interaktionismus und in neueren Gesellschaftstheorien gebräuchlich. Und auch in der Pädagogik gibt es eine Tradition, den Unterricht als Inszenierung zu deuten und die Didaktik als dazugehörige „Dramaturgie des Unterrichts" zu verstehen[30].

30 Diese Tradition hat Gottfried Hausmann (1959) aufgearbeitet, eine aktuelle Fassung auf der Grundlage der Pädagogik Martin Wagenscheins bieten Hans-Christoph Berg und Theodor Schulze in dem Band zur Lehrkunst-Didaktik (1995). Weitere theoretische Anleihen können bei Wellendorf (1973) und G. Schulze (1992) gemacht werden; vgl. auch Goffman (1971; 1983).

Frage: Soll das heißen, dass „Schule" und „Theater" identisch sind?
Antwort: Nein! Ich lehne mich an die Sprache des Theaters an und deute Schule und Unterricht in Analogie zum Inszenieren von Theaterstücken.

Frage: Hättest du ein Beispiel?
Antwort: Ich habe schon an vielen Stellen Inszenierungen beschrieben: die Inszenierung der Räume und der Zeit, die Inszenierung von Lehr-Lernhandlungen; die Inszenierung von Öffentlichkeit auf dem Marktplatz der T.E.A.M.-Schule. – All diese Aktionen bedürfen einer Form, um von den Beteiligten wahrgenommen und verstanden werden zu können. Und diese Form ist ihre leibhaftige In-Szene-Setzung.
Frage: Warum der ganze Umstand?
Antwort: Weil eine solche inszenierungstheoretische Deutung von Schule davor gefeit macht, die Lehr- und Lerninhalte, die Gesetzesvorschriften oder Konferenzbeschlüsse wie objektive Tatbestände zu interpretieren. Nur was in einer bestimmten Form in Szene gesetzt worden ist, kann auch Sinn *machen*.

Ich will nun in sieben Schritten Teilaspekte dieses Verständnisses von Schule erläutern. Zunächst noch einmal der Inszenierungsbegriff selbst:

(1) *Inszenierungsbegriff:* Das, was sich in der Schule abspielt, ist nicht vorgegeben, vielmehr wird es „hergestellt". Und dieses Herstellen nenne ich Inszenieren:

- „Inszenieren" meint in der *Theaterarbeit* den Prozess des Einrichtens und Einstudierens eines Bühnenstückes, also die Gestaltung eines Textes.
- „Inszenieren" meint in *Schule und Unterricht* die „Produktion" des Schullebens: z. B. die Herstellung der Unterrichtsinhalte in den Lehr-Lern-Inszenierungen, des Kompromisses oder Konsenses in den Konferenzinszenierungen, des Gemeinschaftsgefühls in der Inszenierung einer Schulfeier, von Gerechtigkeit bei der Leistungsbeurteilung.

Wozu sind Inszenierungen da? Sie haben jeweils einen konkreten Anlass und Zweck, der sich fast immer zwangslos aus dem Kontext ergibt. *Was* sich dabei abspielt, ist schwerer zu durchschauen:

> **These 7.10:** Inszenierungen dienen der Verlebendigung des Sinnangebots der Schule.

Umberto Eco hat einmal gesagt, Romane seien „Maschinen“ zur Erzeugung von Bedeutungen. Ich übernehme die Metapher und sage: Schule und Unterricht sind „Maschinen“ zur Erzeugung von Sinn.
(2) *Symbolisierungsformen:* Um das Sinnangebot der Inszenierungen verstehen zu können, bedarf es bestimmter „Sprachen“. Ich benutze das Wort also mit zweifacher Bedeutung und sage: Die wichtigste „Sprache“ der Schule ist die Sprache! Damit sind die Verbal- und Schrift- sowie die Körpersprache gemeint. Die „Sprachen“ im zuerst genannten Sinne nenne ich Symbolisierungsformen und zähle dazu:

- die Zahl (und alle mathematischen Symbolsysteme),
- die Sprache (alle „natürlichen“ und auch künstliche Verständigungssysteme),
- die Bewegung (Tanz, Gehen, Er-Fahren),
- das Spiel,
- die Aktion.

Das klingt alles komplizierter, als es in Wirklichkeit ist. *Jegliches* Handeln von Menschen spielt sich in einer oder auch mehreren Symbolisierungsformen ab. In der Schule wird die Sprache am häufigsten gewählt. Ich kann aber auch mit Hilfe eines Bildes, eines Tanzes, durch eine Aufführung, eine handwerkliche Arbeit, durch das symbolische Verrücken meines Sitzplatzes im Lehrerzimmer, durch Musik oder Pantomime „sprechen“ und ausdrücken, was ich zeigen will. Und ich kann auch darauf bauen, dass die große Mehrzahl der Zuschauenden dem Gezeigten einen Sinn entnimmt.
(3) Man kann das gesamte Schulleben in bestimmte *Organisationsbereiche* unterteilen, in denen die Inszenierungen jeweils anderen Zwecken dienen und deshalb auch anders ablaufen. Den wichtigsten Bereich habe ich schon genannt: die Lehr-Lern-Inszenierungen. Hinzu kommen Inszenierungen des Belobigens und Tadelns, des Belohnens und Strafens, des Leitens einer Schule und – vielleicht am plausibelsten – die Inszenierung von Festen und Feiern. Ich verzichte auf weitere Erläuterungen, weil diese Organisationsbereiche schon in vielen Passagen dieses Buches angesprochen worden sind.
(4) Weil die *Lehr-Lern-Inszenierungen* den wichtigsten Organisationsbereich schulischer Inszenierungen bilden, sollen sie etwas genauer charakterisiert werden. Sie haben folgende Eigenschaften und Voraussetzungen:

- Sie benötigen eine wie auch immer geartete *Bühne*, das sind die Räume und Zeiten der Schule. Sie benötigen ein großes oder kleines Bühnenbild und bedienen sich aus einem Fundus unterschiedlicher Requisiten; das sind die Lehr-Lernmittel und sonstigen Medien.
  Der Erziehungswissenschaftler Jürgen Zinnecker unterscheidet im Blick auf Schule zwischen Haupt-, Hinter[31]- und Nebenbühnen (Zinnecker 1978). Auf der Hauptbühne spielt sich der offizielle Schulbetrieb ab, also dasjenige, was der veröffentlichten Programmatik der Schule gerecht wird: Lehren und Lernen, Verwalten, Beraten und Beurteilen. Auf den Neben- und Hinterbühnen findet sich das pralle Leben: Tuscheln

31 Anmerkung Dorothea Vogt: Hinterbühnen gibt's auf dem Theater gar nicht!

und Täuschen, Verliebtspielen oder „Abreißen“ von Unterricht. Die Nebenbühnen können bei unerwarteten Ereignissen – z. B. bei einem Disziplinkonflikt – blitzschnell zur Hauptbühne werden. Dann schauen alle Augen gebannt auf einen einzigen Punkt, und der offizielle Zweck der Schule ist bei allen vergessen.

- Für jede Inszenierung sind mindestens ein *Regisseur*, ein *Akteur/eine Akteurin* und ein *Zuschauer/eine Zuschauerin* erforderlich. Hier hapert es mit dem Vergleich zwischen Theaterarbeit und Schule ein bisschen. Denn in der Schule fehlt die klare Trennung zwischen Spielern und Zuschauern, stattdessen gibt es wiederholte Rollenwechsel (siehe These 1.14 von Seite 45). Das so genannte Mitmachtheater erinnert ein bisschen daran, wenn nämlich das (zumeist jugendliche) Publikum in bestimmten Momenten der Aufführung zum Mitspielen aufgefordert wird.
- Inszenierungen sind in sich *zielgerichtet*, sie haben einen definierten Anfang, einen Handlungsbogen und einen erkennbaren Abschluss. Das kann an einer sehr kleinen Inszenierung, z. B. dem Wutausbruch eines Lehrers ebenso gut abgelesen werden wie an einer großen Inszenierung, z. B. einer Projektwoche.

Inszenierungsfehler sind Sprachfehler! Sie führen im Theater ebenso wie in der Schule zu Missverständnissen. Eine in sich stimmige Inszenierung wird dagegen (fast) immer verstanden.

(5) Im Prozess des Inszenierens handeln die Akteure in vielerlei Art und Weise; anders ausgedrückt, sie vollziehen bestimmte *Tätigkeiten*:

- Die Akteure unterrichten und lassen sich belehren,
- sie führen Gespräche miteinander,
- sie lassen sich beurteilen und beurteilen andere,
- sie lassen sich beraten und beraten andere,
- sie planen, organisieren, verwalten,
- sie räumen auf und räumen um.

Ich fasse mich kurz, weil diese Tätigkeiten an vielen Stellen dieses Buches beschrieben werden: Erläuterungen zu Lehrertätigkeiten finden Sie in der Vierten Lektion, zu Schulleiter- und Hausmeistertätigkeiten in der Fünften, zu Schülertätigkeiten in der Dritten und bei Meyer (1987, Bd. 2:63–66).

(6) *Inszenierungsmuster* sind im Schulalltag wirksame, oft noch gar nicht auf den Begriff gebrachte „Bilder im Hinterkopfe“, die uns während des Inszenierens und bei der Deutung der Inszenierungen anleiten. Sie sind also ein Bestandteil der subjektiven Theorien der handelnden Lehrerinnen, Schülerinnen, Schulleiter usw. Sie steuern das faktische Handeln[32].

> **Arbeitsdefinition 23:**
> Inszenierungsmuster sind eingeschliffene Bilder und Handlungspläne für die Inszenierung des Schulalltags.

An guten Schulen gibt es eine wohl durchdachte, breit angelegte Palette von Inszenierungsmustern. An schlechten Schulen setzen sich die Muster ungeprüft und mit deutlichen Tendenzen zu „Monokulturen" durch. Einige Beispiele:

- *Inszenierungsmuster „Museum"*: Schule kann sich den Schülerinnen wie ein Museum präsentieren. Antiquarisch wertvolles, aber leider totes Museumsgut wird von den Museumsführern (= Lehrerinnen) den Museumsbesuchern (= Schülerinnen) teils ehrfurchtsvoll vor Augen geführt, teils kulturkritisch kommentiert. Die Besucher stehen mehr oder weniger staunend davor.
- Die kulinarisch hergerichtete, besser zur heutigen Erlebnisgesellschaft passende Variante zum „Museum" ist das Muster *„Kaltes Büfett"*: Das gesamte Bildungsgut wird – geschmackvoll mit Plastikobst dekoriert – vor den hungrigen Gästen ausgebreitet. Sie wählen, was ihnen optisch gefällt, sie palavern, sie kommen ein zweites, drittes oder viertes Mal zum Büfett zurück. – Die Sättigung nimmt zu, aber der ästhetische Reiz der kalten Platten sinkt von Mal zu Mal. Viele Projektwochen, Kursverzeichnisse mancher gymnasialen Oberstufe und manche Volkshochschulverzeichnisse folgen diesem Muster. Das Bildungsangebot ist bunt und interessant – nur leider fehlt das einigende Band!
- *„Schule als Faktenschleuder"*: Frontalunterricht ist Trumpf, der OHP das wichtigste Herrschaftsinstrument der Lehrerinnen. Sie reden und reden – hoch kompetent und wissenschaftsorientiert – aber für die Schülerinnen gibt es nur eine Maxime: „Friss oder stirb!" – Ein Muster, das in der Primarstufe fast völlig verschwunden ist, an Realschulen, Gymnasien und Berufsbildenden Schulen jedoch prosperiert.
- Die positive, pädagogisch wertvolle Variante zur Faktenschleuder ist die *„Schule als Lehrgang"* – ein unverzichtbares Element der Schulkultur, das aber durch die alternativen Formen der Freiarbeit und Projektarbeit ergänzt werden sollte (siehe S. 56).
- *Internet School*: Teachers and students surf in the virtual classroom, they browse the world wide web and data highways, everyone is wired, but „das

32 Sie entsprechen den in der Didaktik diskutierten handlungsleitenden „Unterrichtsbildern" von Lehrerinnen und Schülerinnen. Vgl. Kösel (1995) und Meyer (1987, Bd. 2:27–33).

allmähliche Verschwinden der Wirklichkeit“[33] is noticed by just a few (http://www.uni-oldenburg.de/FB1/Lehre/h_Meyer.HTML)[34].

- *Inszenierungsmuster „Werkstatt“*: Lehrerinnen und Schülerinnen arbeiten gemeinsam an Lerngegenständen, die „Hand und Fuß“ haben, sie organisieren, produzieren, experimentieren und vergleichen; sie hantieren mit wirklichen (z. B. dem Bio-Tümpel) und symbolischen Welten (dem Rollenspiel, der Homepage für das Internet).
- *„Schule als polis“*: Lauter kleine Hartmut von Hentigs bevölkern die Schule, verwickeln die Schülerinnen in existenzielle Dialoge und führen en passant vor Augen, was demokratisches Engagement bedeuten kann.
- Eine moderne Variante der Polis-Metapher ist das *Muster „Marktplatz“*: Schülerinnen und Lehrerinnen sind sich einig, dass „Bildung“ eine *öffentliche* Veranstaltung ist, die davon lebt, dass die Arbeits- und Lernergebnisse präsentiert werden können. Es gibt Marktschreier und Marktweiber, Pinnwände und Anschlagbretter, einen Kiosk und eine Litfaßsäule. Es kann gehandelt und gefeilscht, gelobt und kritisiert, gelästert und gefoppt werden. Auch einfaches Zugucken macht Spaß. Und selbst die Außenseiter haben eine Chance, sich darzustellen.
- *Schule als „Expedition ins Ungewisse“*: Lehrerinnen und Schülerinnen lassen sich auf echte Lern-Risiken ein. Das Unbekannte und Ungebärdige weckt besonderes Interesse. Es kann im wörtlichen Sinne um Expeditionen in nahe und ferne Länder gehen, es kann sich aber auch um Expeditionen ins Innere, in das Land der Fantasie handeln. – Das schwer Zugängliche, das Verborgene oder Sperrige ist dann besonders interessant. Michael Endes unendliche Geschichte als Folie der Schularbeit!

- *Inszenierungsmuster „Selbsterfahrung und Meditation“*: Übungen der Stille, Fantasiereisen, Yoga u. a. werden zu einem wesentlichen (nicht nur als Motivationstrick genutzten) Element der Schularbeit. – Für die meisten Schulen ein neues, aber attraktives Inszenierungsmuster, an Montessorischulen und Volkshochschulen, aber auch an methodenoffenen Sonderschulen seit längerem vertraut.

Die eben genannten (und weitere) Muster zählen zum offiziellen Handlungsrepertoire der Schule. Man braucht sich nicht zu genieren, wenn man/frau sich dafür stark macht. Und es finden sich für jedes Muster Vorbilder in der schulpädagogischen Literatur. Es gibt aber auch so etwas wie ein heimliches

33 So der Titel des skeptischen Buchs Hartmut von Hentigs (1984); vgl. dagegen das „globale Klassenzimmer“ von Michael Schratz (1996:83–102).

34 Vgl. Themenheft 3/1997 der Zeitschrift „Pädagogik“.

Handlungsrepertoire der Schulen, in dem die inoffiziellen Handlungsmuster und Weltversionen der Lehrerinnen, Schülerinnen und Schulleitungen aufbewahrt werden:

- Die *„Gefängnis-Schule“*: eine Metapher, die in biografischen Erinnerungen von Schülerinnen erstaunlich oft auftaucht. Die Zeichnung stammt von Saskia Krüger, Oldenburg. Sie stellt eine Reproduktion einer Zeichnung dar, die sie in der 7. Klasse zu Hause anfertigte, weil sie sich an ihrer neuen Schule so todunglücklich fühlte.
- Die *„Lust-und-Laune-Schule“* und ihre Schwester, die *„Laisser-faire-Schule“*: Fast jeder kann tun und lassen, was ihm gefällt, weil sich die Lehrerinnen von ihrem Erziehungsauftrag verabschiedet haben. Dauernd ist irgendetwas los. Lehrer und Schüler wuseln herum und sinken am Ende des Schulvormittags glücklich und erschöpft auf die Ruhekissen. Nur auf die Frage, was das Ganze soll, kommt keine klare Antwort.

- Die *„Action-and-fun-Schule“*: Hier ist das Eldorado des Handlungsorientierten Unterrichts. Überall wird geplant und verworfen, gezimmert, geklebt, aufgebaut und wieder abgerissen. Der Schulleiter hat jeden Tag eine neue Idee: Eine Windmühle soll gebaut, die Küche in ein Bäckerei-Museum verwandelt, die Theater-AG auf Tournee geschickt werden. – Aber auf die Frage nach dem Sinn des Ganzen geraten manche Beteiligte ins Stottern ...

Zurück zur Theorie: Was leisten diese Inszenierungsmuster im Schulalltag?

- Sie legen fest oder zumindest nahe, in welchen *Räumen* und zu welchen *Zeiten* die verschiedenen Inszenierungen der Schule stattfinden.
- Sie beschreiben den *Aufmerksamkeitshorizont*, mit dem sich die Beteiligten begegnen.
- Sie enthalten eine allgemeine Zielbestimmung, genauer: den *Zielrahmen* der von den Beteiligten auszuführenden Tätigkeiten (Lehr-Lernhandlungen, Organisations- und Leitungsarbeiten).
- Und sie prägen den Stil der Kommunikation, liefern also die *Spielregeln* des Lobens und Tadelns, der Empörung und der Begeisterung (s. o.).

Gäbe es keine eingeschliffenen Inszenierungsmuster, wäre die Kontingenz (= Unberechenbarkeit/Zufälligkeit) der unendlichen Fülle möglicher Verhaltensweisen von Lehrerinnen und Schülerinnen so groß, dass die Organisationsstruktur zusammenbrechen würde. An jedem Morgen müsste nicht nur ein Rad, sondern ein ganzes Dutzend neu erfunden werden – ein Unding! (Vgl. auch S. 76.) Die Muster dienen also der Reduzierung der Komplexität des Schulalltags. Diese Aufgabe leisten sie vortrefflich, weil sie eine Doppelfunktion haben:

These 7.11: Einerseits *steuern* Inszenierungsmuster das eigene Handeln, andererseits helfen sie, das eigene Handeln sowie die Reaktionen der anderen darauf zu *deuten*.

(7) *Inszenierungstechniken:* Mit dem wenig gebräuchlichen Begriff „Inszenierungstechniken“ sollen jene kleinen und kleinsten als Sinneinheiten identifizierbaren Handlungselemente (Impulse, Kniffe, Gesten und Drehs, Handlungen und Unterlassungen) bezeichnet werden, mit deren Hilfe Lehrerinnen und Schülerinnen den Lernprozess in Gang setzen und am Leben halten. Es sind kurze, oft nur Sekunden dauernde Sequenzen, aus deren geschickter Verknüpfung dann größere Einheiten (etwa ein Lehrgespräch, ein Experiment oder ein Rollenspiel) entstehen. Sie zählen für mich zur *Mikromethodik* der Schule. Ein Beispiel:

- Eine Montessorilehrerin aus Uppsala bringt einen großen, gelben Sonnenschirm in die Stunde mit. Sie spannt ihn auf, legt ihn im Stuhlkreis in der Mitte des Raumes auf den Fußboden und sagt: „Das ist die Sonne!“ Dann holt sie eine kleine, blaugrüne Glasmurmel aus der Tasche und sagt nur: „... und!?“ – Die Schülerinnen beginnen sofort zu tuscheln und zu raten: „Das ist ein Raumschiff“, „... ist viel zu dicht an der Sonne dran, der verbrennt ja“, „... der Mars“, „die Erde“, „... soll’n wir das berechnen, Frau Eckert?“
- Die Lehrerin hat in dieser kurzen Szene eine ganze Reihe von Inszenierungstechniken eingesetzt: das Zeigen zweier Gegenstände (vielleicht die urtümlichste, schon bei Primaten beobachtbare Form didaktischen Handelns), das Impulsgeben, das maßstäbliche Verkleinern, das Anhalten von Bewegungsabläufen, das Verrätseln, das Nahebringen und gleichzeitige Fremdmachen eines Sachverhalts.

In gut eingespielten Lernverbänden funktioniert der Einsatz von Inszenierungstechniken zumeist ohne lange Erläuterungen. Die Techniken „sprechen für sich“, und zwar deshalb, weil sie schon so oft eingesetzt worden sind, dass sich alle Beteiligten einen Reim darauf machen können.

Arbeitsdefinition 24:
Inszenierungstechniken sind die kleinsten, als Sinneinheiten identifizierbaren Methoden zielgerichteten Handelns, mit deren Hilfe ein Handlungsplan inszeniert wird.

Inszenierungstechniken können auf unterschiedlichen Abstraktionsniveaus beschrieben werden. Es gibt wechselnde Gruppierungen, Über- und Unterordnungen. Was genau mit bestimmten Namen und Begriffen gemeint ist, bleibt oft eine Frage der Interpretation:

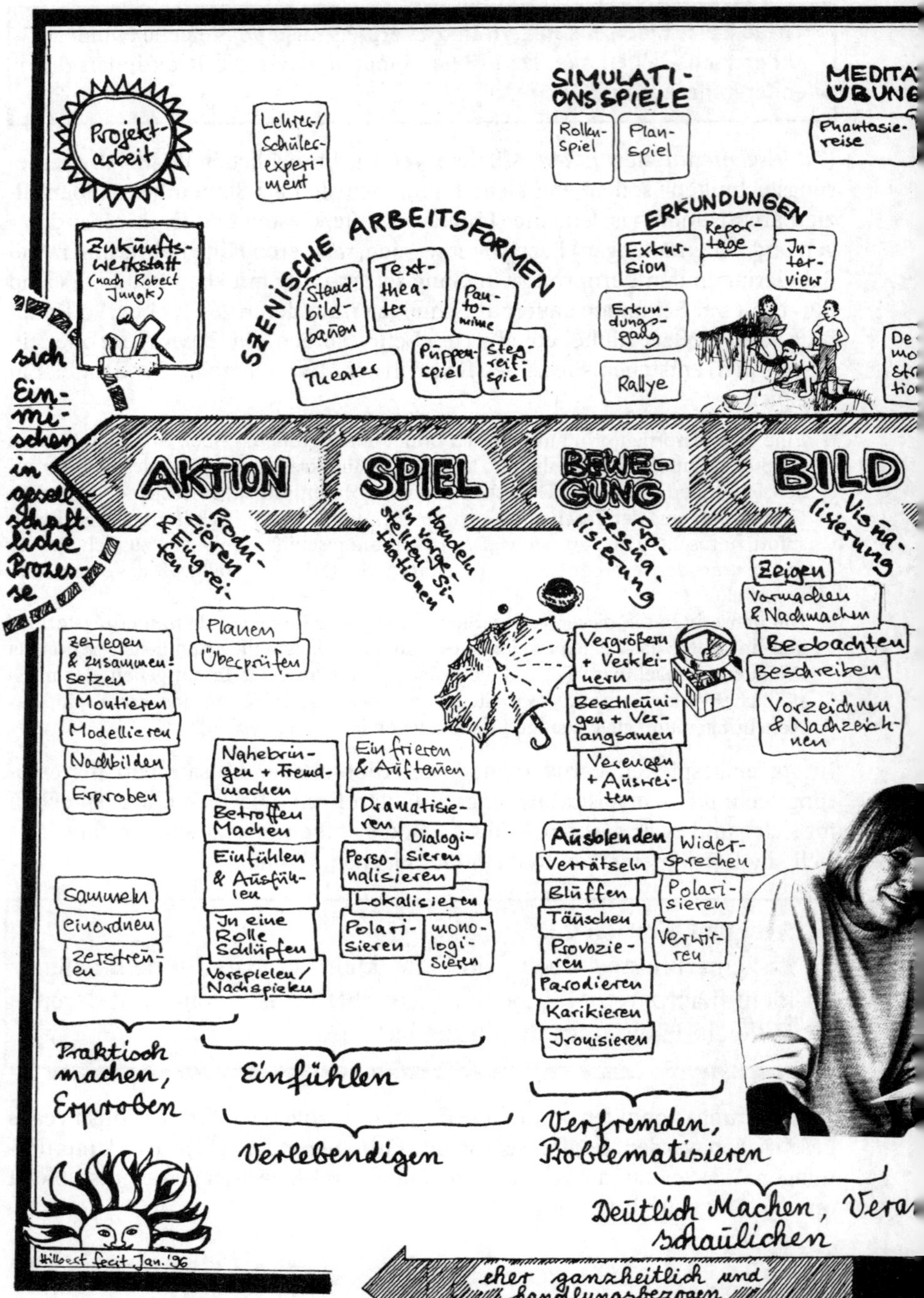

Abbildung 7.7: Didaktische Landkarte

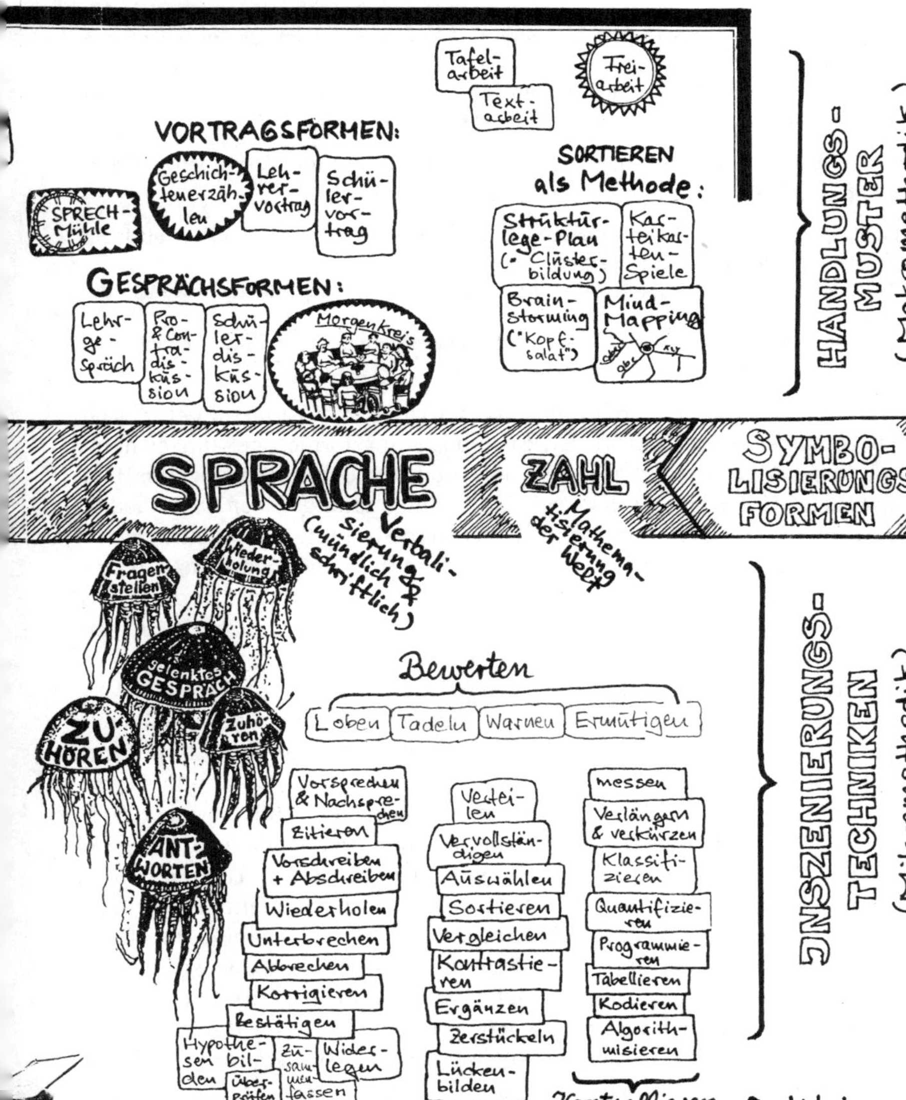

Foto: Astrid Stalmann

- „Etwas nahe bringen“ kann im wörtlichen Sinne heißen, dass einer Schülerin ein Gegenstand unter die Nase gehalten wird. Es kann aber auch im übertragenen Sinne bedeuten, dass ein Thema der Schülerin kognitiv oder emotional nahe gebracht wird.
- „Etwas verlangsamen“ kann sich auf die Sprache, auf die Fülle der Einzelschritte, auf den Wechsel von Vertiefung und Besinnung und vieles andere beziehen.

Der Struktur nach gleiche Inszenierungstechniken können also in verschiedenen Symbolisierungsformen vorkommen:

- Das Vergrößern oder Verkleinern kann sowohl in einem Zahlensystem wie auch auf einem Bild oder in der Musik stattfinden.
- Zitieren kann man im Medium der Sprache, aber auch in der bildenden Kunst oder in der Musik.
- Verfremdungen können sowohl durch Sprache wie auch in einem Bild, in einem Tanz oder einem Werkstück vorgenommen werden.

Ein methodisch aufgelockerter, interessanter Unterricht ist fast immer durch einen geschickten Wechsel in den Symbolisierungsformen gekennzeichnet: vom Bild zur Aktion, von dort zur Sprache und zum Schluss zurück zum Bild. Langweiliger Unterricht ist demgegenüber häufig dann gegeben, wenn lediglich zwischen mündlicher und schriftlicher Verbalisierung gependelt wird. Schüler und Schülerinnen sind grundsätzlich in der Lage, sämtliche von den Lehrerinnen genutzten Inszenierungstechniken auch selbst zu erlernen, einzusetzen oder neue Techniken auszuknobeln. – Unterrichtsmethodische Handlungskompetenz ist kein Privileg der Lehrerinnen!

Inszenierungstechniken können, wie die DIDAKTISCHE LANDKARTE[35] auf den Seiten 276/277 zeigt, zu „Familien“ zusammengefasst werden. Und auch die Nähe oder Ferne zu bestimmten schulischen Handlungsmustern kann darauf lokalisiert werden.

(8) *Funktionen:* Welche Funktionen hat das Inszenieren für die Institution Schule insgesamt? In den Thesen 7.10 und 7.11 habe ich bereits zwei Funktionen benannt. Sie beziehen sich auf die Subjektebene unserer Theorie schulischen Handelns. Eine dritte, auf die Systemebene bezogene Funktion kommt hinzu. Die festen Formen, in denen sich die Inszenierungen dank der vertrauten Inszenierungsmuster und -techniken abspielen, machen den Schulalltag für alle Beteiligten berechenbar; sie schaffen Ordnung im fließenden Handlungsstrom. Und nur dann ist es möglich, hin und wieder Kraft und Fantasie für das Ausdenken ganz neuer Inszenierungen zu entwickeln. Mit anderen Worten, Inszenierungen sorgen dafür, dass die Schule als Institution lebendig bleibt:

> **These 7.12:** Inszenierungen dienen der Reproduktion und Weiterentwicklung der Schule als Institution.

35 Volker Huwendiek hat diese LANDKARTEN als „Meyers pädagogische Wimmelbilder“ charakterisiert (in: Bovet/Huwendiek1994:146).

2.7 Rückmeldungen

Wir kommen zum siebten und letzten Handlungsfeld. „Rückmeldungen" sind sämtliche Bewertungen der am Schulbetrieb Beteiligten über ihre Wahrnehmung und Beurteilung der Aufgaben und Probleme, der Handlungen, der Lösungen und Wirkungen dieser Schule. Rückmeldungen sind *Meldungen* – sie müssen also in irgendeiner Art und Weise materialisiert worden sein (das nicht artikulierte dumpfe Gefühl einer Kollegin ist keine Rückmeldung!).

Rückmeldungen erfolgen – wie die Inszenierungen – in einer oder mehreren der oben genannten Symbolisierungsformen. Sie können z. B. mündlich, schriftlich oder körpersprachlich erfolgen. Sie können laut oder leise, provozierend oder lammfromm vorgetragen werden. Sie sind auch besonders häufig ritualisiert, also in feste, schnell dekodierbare Formen gegossen.

Sie können danach unterschieden werden, ob sie Eigenbewertungen der Handelnden darstellen (also „hausgemacht" sind) oder von außen herangetragen wurden:

- Zu den im Haus der Schule entstandenen *Eigenbewertungen* zählen z. B. die von Schülerinnen organisierte Projektauswertung; die in den Freiarbeitsmaterialien abverlangten Schüler-Selbstkontrollen; die Gespräche in einer kollegial organisierten Supervisionsgruppe; Zeugnisse, Lernberichte, Testbeurteilungen; Lehrerbeurteilungen in einer Schülerzeitung; Auswertungsgespräche am Ende einer Unterrichtseinheit; Lob, Anerkennung und Kritik, die die Eltern der Klassenlehrerin auf dem Elternabend spenden.

Die Eigenbewertungen schaffen das, was mit einem Fachbegriff als *Schulklima* bezeichnet wird (vgl. Fend 1977). Von außen an das Handlungssystem Schule herangetragene Rückmeldungen sind demgegenüber:

- Beurteilungen der Schule durch die Schulaufsicht, durch schulpsychologische Dienste, Supervisoren und sonstige Fachleute; Stellungnahmen gesellschaftlicher Interessengruppen (Arbeitgeber, Arbeitnehmer, Parteien); Zeitungsberichte über die Schule; wissenschaftliche Forschungsergebnisse, sofern sie an dieser Schule erhoben und rückgemeldet worden sind; Alltagsgespräche vom Biertisch-Palaver über die Stoßseufzer im Mütterkreis bis zur Erwähnung der Schule in der Sonntagspredigt der Pastorin.

Durch die von außen an eine Schule herangetragenen Rückmeldungen entsteht bei den Rückmeldern das *Image* einer Schule. Es ist manchmal treffend, oft aber auch ein zählebiges Gespinst von Urteilen und Vorurteilen.

Das Rückmelden sollte nicht dem Zufall überlassen, sondern gepflegt und professionell betrieben werden. Besonders wichtig für die demokratische Streitkultur einer Schule dürfte dabei sein, den Eigenbewertungen mehr Gewicht zu verschaffen.

These 7.13: Schulen benötigen eine *Feedback-Kultur.*

2.8 *Übungsaufgabe*

Wenn Sie sich noch im Studium befinden und sich erstmalig in Probleme und Strukturen von Schulen hineinlesen, dann empfehlen wir Ihnen, die folgende Deklinationsübung durchzuführen.

Die Hauptschule Osternburg (HSO) in Oldenburg steht vor der Aufgabe, die von den Richtlinien vorgesehene Berufsvorbereitung ihrer Schüler und Schülerinnen neu zu gestalten. In der Gesamtkonferenz der Schule wird – nach entsprechenden Absprachen und Planungsvorbereitungen eines dazu eingesetzten Lehrerinnenteams – beschlossen, für alle 8. Klassen an *einem* Tag in der Woche an der anderthalb Kilometer entfernten Berufsbildenden Schule mit gewerblich-technischen Berufsfeldern (BBS II Oldenburg) einen *Praxistag* durchzuführen. Kooperationspartner sind sechs Kollegen der BBS und deren Schulleitung. Es gibt eine ausreichende Zahl an Fachlehrern und die erforderlichen Ressourcen (die Fachräume, Werkzeuge und Material für die Themenbereiche Informatik/Pneumatik/Metall/Textil/Ernährung-Kochen).

Arbeitsauftrag:
Notieren Sie in Stichworten, worauf die *Schulleitung* der HSO bei der Vorbereitung, Durchführung und Auswertung dieser Maßnahme achten sollte.

Welche **Regeln** müssen für Lehrerinnen und Schülerinnen neu eingeführt werden? - Aufsicht?	Welche Rückwirkungen hat die Maßnahme auf den **Raumbedarf** an HS und BBS?	Wie könnte der Wochen-**Zeitrhythmus** neu gestaltet werden? Wie sieht der Stundenplan der 8. Klassen aus?
Programme: - Um welchen Planungstyp handelt es sich bei der Maßnahme? - Wer soll das Konzept des Praxistags erarbeiten? - Woher könnten Anregungen kommen?	**Inszenierung**: - Welche Organisationsstruktur erhält der Praxistag? (Fachunterricht oder Projekt?) - Welches Inszenierungsmuster liegt zugrunde?	Wie sollten die **Rückmeldungen** gestaltet werden? An wen gehen sie?

Weil es sehr viele sinnvolle Lösungen dieser Übungsaufgabe gibt, entfällt diesmal eine Auflösung durch den Autor.

3. Pädagogisches Ethos

Ich komme zum Obelisken in der Mitte des Barockgartens. Die Schule als Ganzes hat ein Ethos, also einen Grundbestand gemeinsamer Überzeugungen und Haltungen, mit deren Hilfe das Zusammenleben aller Beteiligten geregelt wird. Das Ethos kann nicht unmittelbar beobachtet werden. Aber wir spüren es – z. B. dann, wenn wir in eine Pausenhalle oder ins Lehrerzimmer kommen. Wir sprechen dann hinterher vom Klima, von der Stimmung oder vom „Geist des Hauses“[36].

Der Ethosbegriff ist (wiederum) ein theoretisches Konstrukt, mit dessen Hilfe die Wissenschaftler erklären wollen, dass und wie unterschiedliche Qualitäten von Schule zustande kommen.

Arbeitsdefinition 25:
Das pädagogische Ethos einer Schule besteht aus der in sich stimmigen, pädagogisch ausgerichteten Grundstruktur ihres Leitbilds, ihres pädagogischen Takts, ihrer Streitkultur und Inszenierungsmuster.

Die Definition hat einen deskriptiven Anteil: Jede Schule hat ein Ethos – fragt sich bloß, welches! Die Definition hat normative Anteile. Denn sie fordert, dass die Grundstruktur in sich stimmig und pädagogisch ausgerichtet sei.

Das Ethos der Schule setzt sich zusammen aus den schon in der Vierten Lektion (S. 162 ff.) eingeführten ethischen Kodes der einzelnen Lehrerinnen und Schülerinnen. Und diese Kodes sind wiederum ein Teil der subjektiven Theorien der Handelnden. Aber das Schulethos ist keine bloße Addition, sondern eine Integration der verschiedenen Kodes zu einer gemeinsamen Haltung. Das Ethos der Lehrerinnen setzt sich zusammen aus:

- den ethischen Normen menschlichen Zusammenlebens, wie sie im pädagogischen Bezug (S. 37) formuliert wurden: Liebe und Achtung der Schülerinnen und Kolleginnen, Eigensinn und Beharrlichkeit in der Verfolgung für richtig erkannter Ziele, Verlässlichkeit und Toleranz;
- den pädagogischen Normen der Berufsarbeit: professionelles Handeln, Bereitschaft zur Teamarbeit;
- den Spielregeln für die Lösung von Konflikten: eine demokratische Grundorientierung (in der Definition zusammengefasst als „Streitkultur“).

Zum pädagogischen Ethos der *Schülerinnen* zählen:

- ihr Wir-Gefühl (Schülersolidarität);
- Arbeitstugenden;

36 Schon der Reformpädagoge Hugo Gaudig sprach vom „Gesamtgeist“ der Schule als „Inbegriff der Dispositionen aller Einzelnen, die bei den inneren und äußeren Gemeinschaftshandlungen wirksam werden“ (1917).

- der Wille, selbstständig in der und für die Schule zu arbeiten;
- die Identifikation mit der Schule, mit ihrem Namen und ihren Erfolgen. (Wie schwierig solches Identifizieren für Schülerinnen ist, haben wir auf Seite 107 schon beschrieben.)

Auch die Schülerinnen prägen also das Ethos. Sie sind eben nicht nur Objekte der Bemühungen der anderen, sondern immer auch Subjekte der Schule. Und sie können diese Verantwortung umso besser wahrnehmen, je früher und häufiger sie das Recht zugestanden bekommen haben, in der Schule selbsttätig und selbstständig zu arbeiten.

Warum ist ein solches Ethos überhaupt erforderlich? Die Frage ist nicht nur rhetorisch gemeint. Denn der alltägliche Schulbetrieb mit Fachunterricht und Individualverantwortung der einzelnen Lehrerinnen lässt oft genug die Frage aufkommen, ob eine lose Verknüpfung nicht zu besseren Gesamterfolgen einer Schule führt als die emotionale Überhitzung in eng verschweißten Kollegien[37].

Ich meine: Die Aufgaben einer Schule können nur dann zufriedenstellend erledigt werden, wenn es bei einer qualifizierten Minderheit des Kollegiums und der Schülerschaft ein aktives Eintreten für ein bestimmtes Schulleitbild und bei einer qualifizierten Mehrheit zumindest eine Grundüberzeugung über Sinn und Zweck der Arbeit gibt. Dies heißt nicht, dass alle Mitglieder des Kollegiums die gleiche Weltanschauung und das gleiche Fach- und Unterrichtsverständnis haben müssten. Im Gegenteil. Aber es muss eine Streitkultur geben, und d. h. Verfahren zur Kompromiss- und möglichst auch zur Konsensbildung.

Zusammengefasst: Ein so komplexes Gebilde wie eine Schule kann nur gedeihen, wenn die Haltungen einer stabilen Mehrheit der Beteiligten halbwegs professionellen pädagogischen Standards entsprechen und wenn alle zusammen ein gewisses Wir-Gefühl entwickeln – also das, was in den Wirtschaftswissenschaften als „corporate identity" bezeichnet und geschätzt wird.

4. Handlungsrahmen

4.1 Aufgaben und Probleme

Ich unterscheide Standardaufgaben von den immer häufiger zu lösenden (Schul-)Entwicklungsaufgaben. Die *Standardaufgabe* besteht darin, die Schülerinnen tüchtig zu machen für ihre spätere Mitwirkung in der Gesellschaft, für Beruf, Politik und geselliges Leben und zweitens, sie zu sich selbst freizugeben. Das wird ausführlich in der Achten Lektion diskutiert.

Schulen haben zusätzliche Aufgaben, die nicht regelmäßig auftreten und auch nicht routinemäßig gelöst werden können. Ich nenne sie deshalb *Entwicklungsaufgaben*:

---

37 Diese Problematik wird in der Vierten Lektion von Band II mit den Begriffen „Dampfkessel", „kalt verschweißt" und „Mülleimer" diskutiert.

- Von Schulen wird heute erwartet, dass sie ein eigenes Schulprofil entwickeln, sich also im Rahmen der gelockerten gesetzlichen Vorschriften eine eigene Prägung geben.
- Sie sollen sich gegenüber ihrem Umfeld (der Kommune, den Eltern, Kirchen, Gewerkschaften, Betrieben usw.) öffnen
- und die von der Schulaufsicht angebotene Teilautonomie praktizieren.

Fast jede Schule hat natürlich auch *Probleme*: solche, die von außen hineingetragen worden sind, und solche, die man sich selbst eingebrockt hat. Von außen kommende Probleme sind z. B.:

- Verringerung des Personals, Verschlechterung der Ressourcen;
- fehlende Qualifizierung des Personals für neue, nicht abweisbare Aufgaben;
- Entwertung der von den Schulen vergebenen Abschlüsse, z. B. des Abiturs und daraus erwachsende Demotivierung einzelner Schülerinnen.

Hausgemachte Probleme können sein:

- eine Versteinerung der Kommunikationsstrukturen, Beziehungskrisen;
- Kompetenzdefizite der Schulleitung oder einzelner Kolleginnen;
- mangelnde Teamfähigkeit der Lehrerinnen;
- keine Traute zu unkonventionellen Lösungen.

Fast immer übersteigt der Umfang der Aufgaben und Probleme die Problemlösekapazitäten der Schule. Deshalb dürfen die Aufgabenzuweisungen nicht einfach hingenommen werden, sondern müssen grundsätzlich zurechtgestutzt, neu formuliert oder auch abgewiesen werden, um den tatsächlichen schulischen Handlungsspielräumen Rechnung zu tragen. Man könnte diesen Prozess in Analogie zur didaktischen Reduktion als Aufgabenreduktion bezeichnen. Da die Ansprüche nicht nur reduziert, sondern neu gefasst werden, ist es aber treffender, diesen Vorgang als Aufgabentransformation zu bezeichnen.

> **These 7.14:** Eine Schule, die handlungsfähig bleiben will, muss die ihr gestellten Aufgaben auf der Grundlage eigener pädagogischer Maßstäbe *neu formulieren*.

Ich fasse – verkürzend – zusammen: Schülerinnen haben Lernaufgaben, Lehrerinnen haben Lehraufgaben, Schulen haben Entwicklungsaufgaben.

4.2 Lösungen und Wirkungen

Die Schule als Handlungssystem schafft Lösungen für die gestellten Aufgaben und Probleme.

> **Arbeitsdefinition 26:**
> Eine Lösung ist die Verwirklichung der *gewünschten* Wirkung eines Handlungsprozesses.

Eine unerwünschte Wirkung ist keine Lösung, sondern ein Problem, das regelkreisartig wieder vorn am Burgtor unserer Abbildung 7.2 auftaucht. Was eine *akzeptable* Lösung sei, liegt nicht auf der Hand. Es muss zwischen den Beteiligten, den (zumeist) staatlichen Auftraggebern und den Abnehmerorganisationen ausgehandelt werden:

- Für den Rektor der Realschule A mag es eine Lösung seines Schulproblems „Freigabe der Wahl der Schulform" sein, wenn durch entsprechende Maßnahmen schon nach sechs Monaten die Mehrzahl der hauptschulempfohlenen Siebtklässler wieder von der Schule vertrieben worden ist;
- für Realschulrektorin B ist dies keine Lösung, sondern ein Skandal.

Aufgaben, Probleme und Lösungen sind eben keine Naturkonstanten der Schule, sondern Deutungskonstrukte der Beteiligten und der Interessenten. Deshalb empfiehlt es sich – wie in Abbildung 7.2 geschehen –, den Begriff Lösungen durch den der Wirkungen zu ergänzen. Lösungen werden herbeigeführt, Wirkungen treten ein, und zwar unabhängig vom Wollen der handelnden Subjekte.

In der Vierten Lektion (S. 136) habe ich bereits auf eine geniale Dauerlösung der Aufgaben der Schule hingewiesen. Sie besteht darin, das Lösen von Aufgaben zu lehren, statt die im Prinzip nicht zu bewältigende Fülle sinnvoller Lösungen zu pauken. Anders formuliert: Das Lernen des Lernens ist die klügste Lösung der Aufgaben der Schule – und das gilt für jeden Einzelnen wie auch für die Schule als Handlungseinheit.

Die Denkfigur des reflexiven Mechanismus kann also auch auf die *Steuerung* der Schule insgesamt übertragen werden: Statt alles zu organisieren, kann sich die Schulaufsicht darauf beschränken, das Organisieren zu organisieren. Und sie tut dies auch. Seit knapp zehn Jahren wird intensiv darüber diskutiert und inzwischen praktisch erprobt[38], ob es zu besseren und effektiveren Lösungen der Aufgaben der Schulen führt, wenn einerseits die Schulleiter mehr Kompetenzen erhalten als früher und noch sorgfältiger ausgewählt und vorbereitet werden, wenn andererseits diese gestärkte Schulleitung deutlich größere Freiräume als bisher bekommt (vgl. S. 354). Für die Verfechter des Konzepts der relativen Autonomie von Schule ist die Antwort auf die Frage klar. Die Probleme müssen dort gelöst werden, wo sie entstehen, also an der Basis.

These 7.15: Je anspruchsvoller die Aufgabenstellungen eines sozialen Systems sind, umso mehr Rechte zur Selbstorganisation müssen dem System zugestanden werden, um zu vermeiden, dass das System zusammenbricht. Dies gilt allemal für Schulen: Sie können nicht bürokratisch gesteuert, sondern nur demokratisch geleitet werden[39].

38 Vgl. Daschner/Rolff/Stryck (1995); Diederich/Tenorth (1997:127).
39 Vgl. Terhart (1986); Rolff (1993); Krüger/Lersch (1993:49).

4.3 *Grenzen*

Schulen sind für sich allein nicht lebensfähig – wie sollten sie auch, solange die Abnehmer schulischer Bildung nicht direkt löhnen, sondern eine Umwegfinanzierung über Steuern stattfindet. Die Lösung der Aufgaben und Probleme, die der Schule gestellt sind, muss also innerhalb bestimmter Rahmenbedingungen erfolgen, die gesellschaftlich vorgegeben sind und nur in engen Grenzen verändert werden können. Ich sage dazu „Handlungsrahmen" (siehe Abbildung 7.2). Der Handlungsrahmen definiert die Grenze der Institution „Schule" zu ihrem gesellschaftlichen Umfeld.

Grenzen schaffen Kontinuität und Ordnung. Man darf sie also nicht nur negativ beurteilen. Sie verhindern, dass „die Gesellschaft" zu viel in die Schulen hineinregiert. Ohne das Akzeptieren gegebener und das bewusste Setzen gewollter Grenzen könnte keine Schule überleben.

Der Rahmen ist aber nicht unverrückbar, sondern durch das Handeln der Beteiligten zu verändern. Dies sollte in der Abbildung 7.2 durch die Türme und Zinnen einerseits, die eingestürzten Mauern, die Tore und Ausbuchtungen andererseits angedeutet werden. Die Schule kann ihre Grenzen ganz bewusst dichtmachen oder stärker öffnen. Und dies geschieht auch: Es gibt Schulen, in die so gut wie kein Fremder hineingelangt – und andere, die so offen sind, dass sie den Besucherstrom wieder auf einen Tag in der Woche begrenzen müssen (z. B. die Laborschule Bielefeld). Nur weil es diese Spielräume gibt, macht der Slogan „Öffnung der Schule" Sinn.

Vorgegebene und deshalb auch relativ harte Grenzen sind:

- die personellen und finanziellen Ressourcen,
- der Bildungsauftrag einer Schulform,
- die juristisch definierte und staatlich sanktionierte Schulpflicht und die Beschränkung „bürgerlicher Freiheiten" für die Angehörigen der Schule,
- die Schulaufsicht gemäß Grundgesetz,
- das Beamtengesetz.

Bei all diesen Vorgaben ist allerdings das zu bedenken, was der Rektor Werner Kähler auf Seite 186 angemerkt hatte: Sie sind nur scheinbar eindeutig. Im Schulalltag müssen sie fortwährend neu gedeutet werden – und oft genug können sie auch opportunistisch ausgelegt werden. Von einer Schule selbst gesetzte, deshalb eher zu verändernde Grenzen können sein:

- die Form des Personaleinsatzes,
- die Unterrichtsorganisation,
- der Umfang und die Form der Elternbeteiligung,
- die Intensität der Kontakte zur Schulaufsicht.

Es ist viel darüber philosophiert worden, wie die Grenzziehung der Schule zur Gesellschaft insgesamt und zu den anderen gesellschaftlichen Subsystemen zu erklären sei. Unsere Auffassung: Die Grenze ergibt sich auf Grund einer dialektisch ineinander verhakelten Doppelfunktion:

These 7.16: Die Grenze zwischen Schule und Gesellschaft wird gezogen, um die übrigen gesellschaftlichen Subsysteme von Störungen durch das Lernen freizuhalten.

These 7.17: Die Grenze wird geöffnet, um die Qualität schulischen Lernens zu erhöhen.

Die Grenzen der Schule stellen sicher, dass schuleigene (und d. h. pädagogische) Maßstäbe für die Lehr/Lern-Inszenierungen angewandt werden können. Wäre es heute noch möglich, das für die Ertüchtigung der Jugend Erforderliche „en passant“ zu vermitteln, es also in der Familie, am Arbeitsplatz und in der Öffentlichkeit nebenher aufschnappen zu lassen, dann wäre die ungewöhnlich teure Einrichtung Schule sicherlich schon lange wieder abgeschafft worden. Eine evolutionshistorische Betrachtung von Schule (Th. Schulze 1980) macht aber deutlich, dass und warum die Träume von der Entschulung der Gesellschaft (Illich 1972) oder auch nur von der Wiedervereinigung von Schule und Leben illusorisch sind. Das Leben muss draußen bleiben, weil das Lernen eine gewisse Ruhe und Ungestörtheit erfordert, weil die Lernvoraussetzungen differenzierter, die Lernpensen umfangreicher und wissenschaftsorientierter geworden sind, weil systematische Lehrgänge immer mehr das En-passant-Lernen abgelöst haben. Von der Universität abgesehen ist aber keine andere Institution der Gesellschaft besser als die Schule für die Inszenierung von Lehrgängen geeignet.

Das „Leben“ wird allerdings in pädagogischer Absicht immer wieder in die Schule hineingeholt. Es „lernt sich“ offensichtlich besser, wenn nicht nur totes Buchwissen gepaukt, sondern echte Arbeitsaufträge, wirkliche Probleme, echte Erkundungen und Reisen und leibhaftige Menschen zum Gegenstand von Lernprozessen gemacht werden:

Die Situation ist eigentlich paradox: Die Schule als Institution ist – zum Teil krampfhaft und um den Preis des Odiums der Weltfremdheit[40] – bemüht, das wirkliche Leben aus der Schule fernzuhalten, aber sie gewinnt ihre pädagogische Qualität erst dadurch, dass das ausgetriebene Leben wieder in die Schule zurückgeholt wird. Dadurch erhält Schule eine *„doppelte Künstlichkeit“*[41]. Die Schule überspielt also in einem beinahe wörtlich zu nehmenden Sinne die aus Gründen der Systemerhaltung erforderlichen Grenzziehungen zum „wirklichen“ Leben. Sie verlebendigt ihre Lehr-Lern-Inszenierungen mit allerlei didaktischen und methodischen Kniffen und sie holt befristet und kontrolliert „das Leben“ in die Schule hinein[42].

These 7.18: Um ihren Aufgaben gerecht zu werden, muss die Schule das wirkliche Leben draußen halten und selbst zu einem Lebens- und Erfahrungsraum werden.

Ich fasse den theoretischen Ertrag dieser Siebten Lektion zusammen:

(1) *Die Theorie schulischen Handelns ist ein Konstrukt.*
Schulisches Handeln kann facettenreich in sieben einander überlagernden Handlungsfeldern beschrieben werden. Die Handlungsfelder sind Konstrukte, mit deren Hilfe Handelnde und Beobachterinnen ordnen und beurteilen können, was sich in einer Schule abspielt.

(2) *Die Theorie hat analytischen Charakter.*
Die Auflistung der sieben Handlungsfelder und die Beschreibung der Aufgaben und Lösungsperspektiven gibt noch keine Auskunft darüber, in welche Richtung Schule weiterentwickelt werden sollte (auch wenn ich hin und wieder Bemerkungen über gute Raumregie, gute Zeitregie usw. gemacht habe, so sind diese Anmerkungen nicht aus der entwickelten Theorie schulischen Handelns, sondern aus der in der Ersten Lektion entwickelten Vision einer guten Schule abgeleitet worden. Deshalb gilt:

(3) *Diese Theorie schulischen Handelns liefert (nur) ein idealtypisches Modell des Aufbaus der Handlungsstrukturen.*
Wir tun einfach so, als ob alle Handlungsprozesse der Schule dem logischen Dreischritt „Aufgabe/Handlungsvollzug/Lösung“ folgten – wohl wissend,

40 Vgl. Adorno (1969b:78): „Das Infantile des Lehrers zeigt sich darin, dass er den Mikrokosmos der Schule, der gegen die Gesellschaft der Erwachsenen mehr oder minder abgedichtet ist – Elternbeiräte und Ähnliches sind verzweifelte Versuche, diese Abdichtung zu durchbrechen –, dass er die ummauerte Scheinwelt mit der Realität verwechselt. Nicht zuletzt darum verteidigt die Schule so hartnäckig ihre Wälle.“

41 Ausführlich erörtert bei Diederich/Tenorth (1997:15–30); vgl. auch Prange (1978:134); Rumpf (1986 passim).

42 Schulen und Massenmedien haben *in diesem Punkte* eine vergleichbare Systemstruktur. Auch die Massenmedien leben von ihrer „doppelten Realität“. Sie schaffen sich eine eigene, künstliche Welt, holen „das Leben“ und die Kontakte zu den Konsumenten aber mit erheblichen Anstrengungen wieder in die Medienwelt hinein (Luhmann 1996:15).

dass dies natürlich lange nicht immer der Fall ist. Häufig passen die einzelnen Handlungsschritte nicht zusammen oder es werden Lösungen für Aufgaben produziert, die gar nicht gestellt worden sind. Dann sieht's in einer solchen Schule aus wie bei Hempels unterm Sofa.

(4) *Die Theorie muss um eine Mikropolitik der Schule ergänzt werden.*
Was kann man mit einer solchen Theorie anfangen? Sie schafft, so hoffe ich zumindest, Klarheit über die vielfältigen Vernetzungen des Handelns der in der Schule agierenden Menschen. Und sie zeigt ansatzweise, wo und wie das Handeln der einzelnen (= Subjektebene) mit dem Handeln der Schule als Ganzes (= Systemebene) verknüpft ist.
Die Theorie gibt aber keine Antwort auf die Sinnfrage von Schule. Und deshalb ist sie nicht geeignet, die Handlungsmotive der Beteiligten zu erklären oder zu deuten. Deshalb muss diese Theorie schulischen Handelns durch das ergänzt werden, was Herbert Altrichter und Stefan Salzgeber (1995) als Mikropolitik der Schule bezeichnen. Diese Weiterführung enthält Band II.

Achte Lektion: Funktionen der Schule

In der Siebten Lektion ging es um die *Innensicht* von Schule: Wie funktioniert solch eine komplizierte Einrichtung? In dieser Achten und letzten Lektion des Theorieteils geht es um die *Außensicht:* Was bewirkt Schule in der Gesellschaft? Und welche Wechselwirkungen gibt es zwischen der Schule als gesellschaftlichem Subsystem zu anderen gesellschaftlichen Subsystemen?

1. Funktionsbegriff

1.1 Zur Unterscheidung von Ursachen, Aufgaben und Funktionen

Schulen haben vielfältige Aufgaben: Sie sollen Kulturtechniken vermitteln, sie sollen die Schülerinnen beaufsichtigen, ihnen einen Raum zum Wohlfühlen geben und sie sollen helfen, sie zu erziehen. Von diesen Aufgaben und den zu ihrer Lösung ergriffenen Maßnahmen müssen einerseits die „unterhalb" der Aufgabenformulierungen liegenden tatsächlichen Maßnahmen und Wirkungen, andererseits die „oberhalb" der handelnden Subjekte liegenden Funktionsbeziehungen der Schule als System unterschieden werden. Die Sache ist kompliziert. Theodor Schulze hat deshalb die folgende Unterscheidung von drei Ebenen vorgeschlagen:

3. **Systemebene**	Schule als System → Funktionen	funktionale Beziehungen
2. **Subjektebene**	Aufgaben → Lösungen	finale Beziehungen
1. **Stoffwechsel-ebene**	Ursachen → Wirkungen	kausale Beziehungen

Abbildung 8.1: Wirkungen, Lösungen und Funktionen

Wenn Sie die Begriffe aus Abbildung 8.1 genauer durchdenken, so werden Sie darin das Reflexionsebenen-Schema von Seite 217 wieder erkennen: ganz unten (1) die Ebene der Schulwirklichkeit, die ich in Ermangelung eines eingeführten Fachbegriffs mit einem ungebräuchlichen, von Karl Marx übernommenen Begriff als „Stoffwechselebene“ bezeichne. Als Zweites die Ebene der handelnden Praktiker, die der ersten und zweiten Reflexionsebene von Seite 217 entspricht, ganz oben (3) die Systemebene, über die sich die Schultheoretiker Gedanken machen (Ebene 4 des Reflexionsebenen-Modells).

Die Form und die logische Struktur der Beziehungen ist auf jeder der drei Ebenen von Abbildung 8.1 eine andere:

(1) Ursachen und Wirkungen *liegen vor*. Es handelt sich also um Tatsachenfeststellungen, die zwar hin und wieder strittig sein mögen – aber nicht, weil ihr logischer Status unklar wäre, sondern weil umstritten ist, ob und in welchem Umfang die behaupteten Wirkungen tatsächlich eingetreten sind. Die Form der Beziehungen ist deshalb kausal.
Die für die Erforschung dieser Beziehungen zuständige Wissenschaft ist die Schul- und Unterrichtsforschung. Die zu produzierenden Sätze sind Weil-Sätze.

(2) Aufgaben werden *erteilt* oder auch selbst *gesetzt* – Lösungen werden *angestrebt*, *begrüßt* oder gegebenenfalls auch *abgelehnt*. Es muss also Menschen bzw. Institutionen geben, die in der Lage sind, Sollsätze (Forderungen, Normen, Programme) aufzustellen und sie dann auch zu verantworten. Die Form der Beziehungen ist deshalb interaktiv (= auf gegenseitigen Austausch bezogen) und der Charakter der auf dieser Ebene formulierten Aussagen final (auf Ziele orientiert).
Die für die zweite Ebene zuständigen Wissenschaften sind die Schulpädagogik und die Didaktik als Handlungswissenschaften. Die zu produzierenden Sätze sind Damit-Sätze.

(3) Die Schule als System *hat* bzw. *erfüllt* bestimmte Funktionen, die sich aus einem (gesellschaftlichen) Bedarf ergeben oder aber am Bedarf vorbeigehen. Die Form der Beziehungen ist deshalb funktional bzw. systemisch.
Die für die dritte Ebene zuständige Wissenschaft ist die Schultheorie. Die zu produzierenden Sätze sind Indem-Sätze.

Eine Funktion beschreibt ein Leistungsverhältnis. Dieses Leistungsverhältnis bezieht sich auf die Institution Schule insgesamt. Es besteht unabhängig von den Wünschen und Hoffnungen der Schülerinnen und Lehrerinnen, auch wenn in den subjektiven Theorien aller Beteiligten fortwährend über dieses Leistungsverhältnis spekuliert wird. Zwischen tatsächlich vorliegenden Funktionen und Funktionsbehauptungen muss also begrifflich und logisch unterschieden werden. Letztere werden sowohl in der Alltags- wie auch in der Wissenschaftssprache fortwährend und oft ohne genaue Überprüfung formuliert, z. B. so: „Ein Airbag schützt bei Unfällen.“ „Lateinunterricht bildet.“ „Schule dient der Erziehung und Unterrichtung.“

Wenn wir den dritten Beispielsatz logisch ausdifferenzieren, so muss er auf jeder der drei Ebenen anders formuliert werden:

(3) Funktional: Indem die Schülerinnen zur Schule gehen, werden sie erzogen und unterrichtet.
(2) Final: Damit die Schülerinnen unterrichtet und erzogen werden, erhalten sie zu lösende Aufgaben und werden zum Lernen angehalten.
(1) Kausal: Weil die Schüler und Schülerinnen fleißig gelernt und am Schulleben teilgenommen haben haben, sind sie gut unterrichtet und erzogen.

Beim Durchdeklinieren unseres Beispielsatzes wird deutlich, wie ungenau alltagssprachliche Formulierungen in aller Regel sind:

- Wir wissen nicht, ob der Satz „Schule dient der Erziehung und Unterrichtung" ein so genannter Allsatz (eine allgemeine Gesetzesaussage) sein soll, mit dem behauptet wird, dass immer und an jedem Orte Schule Erziehungs- und Lerneffekte der gewünschten Art auslöst, oder ob der Autor des Satzes eine statistische Aussage machen wollte (vgl. S. 242).
- Wir wissen nicht, ob der Sprecher seinen Satz deskriptiv oder normativ verstanden wissen will. Im zweiten Falle wäre der Indikativ („Schule dient ...") nicht korrekt, weil ja von vornherein eine normative oder zumindest molare (= gemischt normativ-deskriptive) Aussage gemeint war.

Deshalb führe ich eine präzisierende Sprachregelung ein: Auf der dritten, obersten Ebene spreche ich in Zukunft von Funktionshypothesen; auf der zweiten von Aufgabenkonzepten und auf der ersten von Wirkungshypothesen. Wir haben es hier wieder einmal mit dem für erziehungswissenschaftliche Erörterungen typischen Verwirrspiel zu tun, das nur manchmal eine Folge schlampiger Ausdrucksweise ist. Häufiger ist die Doppeldeutigkeit gewollt und auch kontextangemessen. In einem wissenschaftlichen Diskurs muss aber erwartet werden, dass der Autor durch den Kontext deutlich macht, auf welcher bzw. welchen der drei Aussageebenen er sich bewegt.

1.2 Zur Unterscheidung von Ursachen und Wirkungen

Eine Wirkungshypothese beschreibt ein tatsächliches oder gewünschtes Ursache- und Wirkungsverhältnis (s. o.). Aber was sind im Kontext von Schule „Ursachen" und was sind „Wirkungen"? Die Beantwortung dieser Frage bereitet mehr Mühe, als man zunächst meinen sollte. Im Kontext von Schule gibt es mindestens drei verschiedene Typen von Ursachen:

- Einzelne Maßnahmen oder Entscheidungen einer Lehrerin (z. B. das Erteilen einer Rechenaufgabe).
- Maßnahmen, die von Schulangehörigen oder Schulaufsichtspersonal/Schulpolitikern, Eltern usw. außerhalb dieser Lehr-Lernsituationen getroffen werden, aber diese beeinflussen (z. B. die Entscheidung, aus zwei Schulklassen drei zu machen).
- Faktoren, die durch die soziale und die natürliche Umwelt der Schule bedingt sind (z. B. Föhn- oder Gewitterwetter, durch das empirisch nachweisbar die Unfallhäufigkeit in Schulen ansteigt).

Diese Ursachen bewirken etwas: z. B. die Qualifizierung einzelner Schülerinnen in Mathematik oder in Fremdsprachen. Und dieses „etwas" wird dann durch die Wirkungshypothese beschrieben:

Abbildung 8.2: Struktur von Wirkungshypothesen

Wirkungshypothesen sind also Hypothesen über einen oder mehrere Ursache-Wirkungszusammenhänge. Die methodologische Problematik dieser Hypothesen wird deutlicher, wenn wir die Ebene pauschaler Behauptungen (wie im Beispielsatz) verlassen und in die Details herabsteigen. Dazu ein nur auf den ersten Blick schlicht wirkendes Beispiel:

Die Schülerin Hanne Hüsch sitzt in der 1. Klasse an ihrem Gruppentisch. Sie hat von der Lehrerin den Auftrag bekommen, 8 + 8 schriftlich auszurechnen und tut dies auch – vielleicht sogar mit Vergnügen. Wie wird – rein logisch gesehen – aus der gestellten Aufgabe eine Aufgaben*erfüllung* und damit die eingetretene Wirkung?

- Hanne strengt sich an, rechnet im Kopf und schreibt dann für die eigene Kontrolle und für die der Lehrerin in ihr Heft, was sie errechnet hat: 8 + 8 = 16.

Wir deuten diesen Vorgang und sagen: Hanne hat ihre Rechenfertigkeit erhöht. Genauer: Das Rechnenkönnen ist die eingetretene *Wirkung* der von der Lehrerin angeordneten Lernarbeit.
Es gibt aber mindestens vier Unwägbarkeiten, die die Deutung relativieren könnten:

- Erstens: Die eingetretene Wirkung könnte auch durch andere als die von der Lehrerin vermuteten Ursachen verursacht worden sein. Hanne könnte die Technik des Zehnerübergangs z. B. von ihrem zwei Jahre älteren Bruder abgeschaut und das von der Lehrerin beobachtete Aha-Erlebnis nur simuliert haben.
- Zweitens: Es könnte sein, dass Hanne von ihrer Tischnachbarin abgeguckt hat.
- Drittens: Hanne könnte aus Versehen richtig gerechnet haben, sodass sich die Lehrerin über den Lernfortschritt täuschen muss.
- Viertens: Vielleicht hat die Lehrerin ihr völlig falsche Hilfestellungen gegeben – Hanne hat dann trotz und nicht wegen der Schule kapiert, worum es geht.

Was in unserem lapidaren Beispiel in kleinem Maßstab gilt, wiederholt sich bei der Analyse komplexerer Wirkungen von Schule im Großen. Empirische Forschungen haben z. B. ergeben, dass dort, wo die Schülerinnen das Gefühl haben, ungerecht benotet zu werden, auch das Gewaltpotential größer ist als an Schulen mit transparenter und gerechter Notengebung. Ein Schulkollegium, das sich dieses Forschungsergebnis zunutze machen will, müsste versuchen, seine Praxis der Leistungsbeurteilung und der Zensurenvergabe gerechter und für die Schülerinnen transparenter zu gestalten[1]. Dieses Ziel lässt sich aber nicht auf eine einzelne Maßnahme reduzieren, vielmehr müsste dieses Kollegium sowohl die Formen der Leistungsbeurteilung wie auch den vorbereitenden Unterricht und das Klima des Beurteilens erneuern.

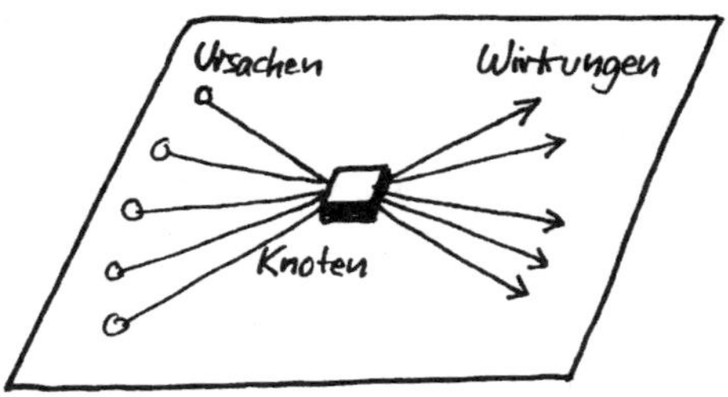

Abbildung 8.3: Ursache-Wirkungskette

In Abbildung 8.3 wird die logische Struktur des zweiten, komplexeren Beispiels erläutert: Es gibt einen „Handlungsknoten", der die Tätigkeit der Schülerin und der Lehrerin symbolisiert, und mehrere mögliche Ursachen- und Wirkungshypothesen.

These 8.1: „Ursachen" und „Wirkungen" sind theoretische Konstrukte.

So entstehen längere, ineinander verschachtelte Ursache-Wirkungsketten, die selbst bei einer ganz gründlichen wissenschaftlichen Analyse im alltäglichen Schulbetrieb nur ansatzweise erforscht werden könnten.

Abbildung 8.4 soll deutlich machen, dass die Behauptung, diese oder jene Maßnahme sei „Ursache" für diesen oder jenen Effekt, im Bereich der Schule grundsätzlich eine rabiate Vereinfachung der tatsächlichen Komplexität schulischer Handlungsprozesse darstellt. Ich kann immer an vielen verschiedenen Stellen mit der Suche nach Ursachen beginnen und werde dann höchst wahrscheinlich auch welche finden.

1 Ich beziehe mich auf mehrere Veröffentlichungen von Klaus Hurrelmann (z. B. Hurrelmann/Rixius/Schirp 1996:24), der sich auf die empirische Untersuchung von Gottfredson (1986) stützt.

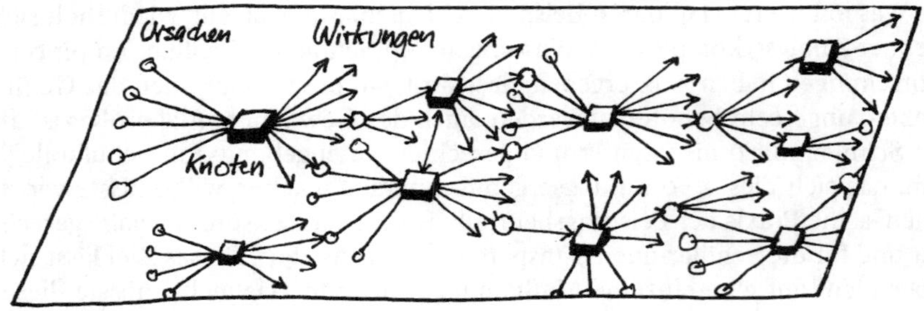

Abbildung 8.4: Komplex-Ketten

Eine weitere, grundsätzliche Problematisierung kommt noch hinzu: Weil es sich im Kontext von Schule nicht um Maschinen, sondern um Menschen handelt, die sich ihres Verstandes ohne Anleitung anderer bedienen können und zu freien Entscheidungen fähig sind, gibt es in der Schule keine strikte Ursache-Wirkungslogik, sondern eine Vermischung von kausalen und durch freien Willen entstandenen Handlungsprozessen und Wirkungen. Das ist auch am obigen Beispiel zu studieren:

- Die Schülerin Hanne Hüsch ist kein Lernroboter. Sie entscheidet aus eigenen Stücken, ob sie wirklich rechnet oder nur das Rechnen simuliert.
- Und die Lehrerin ist kein Lehrroboter. Sie entscheidet nach professionellen Standards, aber frei, welchen Lernauftrag sie Hanne gibt, wann und wie sie in ihren Lernprozess eingreift, wann und wie sie das Ergebnis kontrolliert.

Es gibt also dadurch Entscheidungsspielräume für alle Beteiligten. Die „Knoten" aus Abbildung 8.3 erhalten eine gewisse Lockerung, ja ein Gegengewicht, das ich in Abbildung 8.5 mit dem runden Kreis symbolisiert habe.

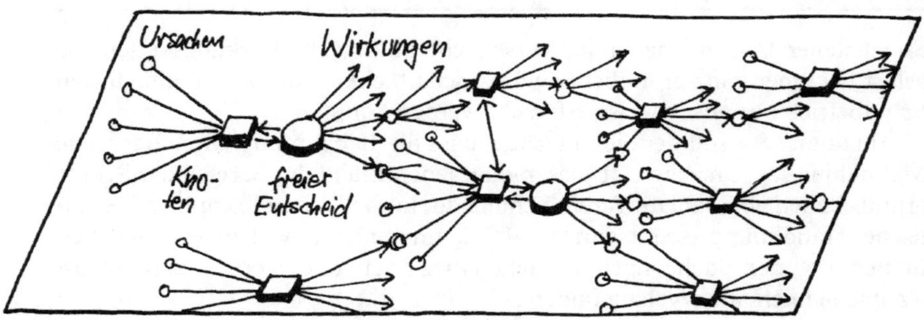

Abbildung 8.5: Vermischung von kausalen und finalen Beziehungen

Was heißt dies für die Fragestellung dieser Achten Lektion? Auf Grund der Vermischung von schwer abwägbaren Faktoren empfiehlt es sich, im wissenschaftlichen Diskurs grundsätzlich nur von Wirkungs*hypothesen* zu sprechen.

Darum hatte ich auch in der Abbildung 8.2 unterhalb der zwei dick markierten Wirkungshypothesen die vielen kleinen schwarzen Pfeile eingezeichnet, die die Vielfalt der *tatsächlichen* Ursache-Wirkungszusammenhänge symbolisieren sollen. Ich definiere:

Arbeitsdefinition 27:
Eine Wirkungshypothese ist die kausallogische Verknüpfung zwischen einer als ursächlich vermuteten Maßnahme und deren beobachteter oder vermuteter Wirkung.

1.3 Zur Verknüpfung von System und Funktion

Wir kommen zur dritten, oberen Ebene aus Abbildung 8.1. Sie ist am schwersten zu erfassen, weil es sich um ein rein theoretisches Konstrukt handelt. Die Wissenschaftler definieren Schule als „System" (beziehen sich dabei auf mehr oder weniger komplexe Systemtheorien, z. B. von Niklas Luhmann 1984) und definieren dann, dass dieses System bestimmte Strukturen und Funktionen hat, die leibhaftig nirgendwo zu sehen sind, sondern als Deutungsmuster für schulische Probleme und Entwicklungsprozesse dienen. Dabei wird von Schulfunktionen in zwei Kontexten gesprochen:

- Das System Schule entwickelt eine „funktionale" Binnendifferenzierung, z. B. eine innerschulische Organisationsstruktur, eine Aufgabendifferenzierung und Rollenzuweisungen an die Schulangehörigen (vgl. die Zweite Lektion).
- Das System Schule hat aber auch Außenfunktionen, die das Verhältnis des Subsystems Schule zu den übrigen gesellschaftlichen Subsystemen und zur Gesellschaft insgesamt beschreiben.

Im Folgenden sollen nur diese Außenbeziehungen der Schule betrachtet werden.

Arbeitsdefinition 28:
Schulische Funktionshypothesen beschreiben, welchen Nutzen die Gesellschaft aus der Existenz der Schulen zieht.

Wenn die Schule im Ganzen fehlerhaft konstruiert ist, kann sich der Nutzen auch in einen Schaden verwandeln. Die Systemtheoretiker sagen dann, die Schule sei dysfunktional geworden. Ein Beispiel: Das Abitur hatte in der Vergangenheit die gesellschaftliche Funktion, den Hochschulzugang zu regulieren.

Der *Witz* von Funktionsbeziehungen besteht darin, dass die guten Absichten, die Gedanken und Gefühle der handelnden Menschen für die Analyse keine Bedeutung haben:

These 8.2: Die gesellschaftlichen Funktionen von Schule werden durch die subjektiven Theorien ihrer Angehörigen nicht beeinflusst.

Soziale Systeme *haben* Funktionen. Ob dies den Akteuren, den Drahtziehern und den Betroffenen bewusst ist oder nicht, ob es ihnen lieb ist oder nicht, spielt keine Rolle. Die Studien zum „heimlichen Lehrplan der Schule“ (Zinnecker 1975) sind deshalb ein klassisches Beispiel für Funktionsanalysen.

Wozu sind Funktionsanalysen dann noch gut? Ihr Geltungsanspruch bleibt auf die dritte, obere Ebene aus Abbildung 8.1 begrenzt. Funktionshypothesen können nicht einfach auf die zweite oder erste Ebene übertragen werden. Sie sind deshalb auch nicht geeignet, die Rechtfertigung für eine straffe zweckrationale Planung von Schule abzugeben (= Subjektebene). Sie sind erst recht nicht geeignet, aus ihnen Ursache-Wirkungszusammenhänge abzuleiten. Dazu ist der „Stoffwechsel“ auf der ersten Ebene viel zu komplex (s. o.).

Weil es in der Schule keine reinen Ursache-Wirkungsketten, sondern Mischungen von Wirkungsmechanismen und freien Entscheidungen auf der Subjektebene gibt, muss bei der Suche nach Lösungen für Aufgaben und Probleme grundsätzlich von mehreren möglichen Ursachen und vielen in Frage kommenden Maßnahmen ausgegangen werden. Nirgendwo gibt es in der Schule monokausale, sondern überall nur multikausale und zusätzlich durch die Intentionen der handelnden Subjekte überformte Zusammenhänge. Deshalb kann es in der Schule auch keine Einweglösungen, sondern immer nur ganzheitliche Aufgabenkonzepte geben – man arbeitet an mehreren Fronten gleichzeitig und hofft dann auf Synergieeffekte[2]. Ich fasse zusammen:

These 8.3: Funktionshypothesen sind keine Bedienungsanleitungen für die stromlinienförmige Planung von Aufgabenkonzepten, sondern *Deutungsmuster* für die Erklärung des Verhältnisses von Schule und Gesellschaft.

2 Dass diese Hoffnung berechtigt ist, belegt die Rutter-Studie – siehe Band II.

2. Grundfunktionen der Schule

2.1 Parabel von der Entstehung des allgemein bildenden Schulwesens in der Zwischeneiszeit

Welche Funktionen erfüllt die Schule am Ende des 20. Jahrhunderts? Wir laden Sie ein, zum Einstieg in diese komplexe Frage eine Parabel aus der letzten Zwischeneiszeit unseres Kontinents zu lesen. Niclas Möller, Lehramtsstudent der Carl von Ossietzky Universität und ich haben sie uns ausgedacht[3].

Vor langen Jahren, als das Huntetal im Oldenburgischen noch ein Urstromtal war, als Mammute und Höhlenbären in der Region lebten, durchstreifte auch Neander mit seiner Sippe das Land. Er war ein geschätzter Führer, aber er neigte zur Nachdenklichkeit, ja Schwermut. Er beobachtete die Kinder seiner Sippe und sah, wie sie – aus sicherer Entfernung – den Großen beim Jagen der Höhlenbären und Mammute zuschauten und wie sie dabei halfen, die Holzbohlen herzustellen und zu verlegen, mit denen ein Bohlenweg von den Aalreusen am Zwischenahner Meer durch das undurchdringliche Moor bis zum Oldenburger Rastplatz gelegt wurde. Neander achtete darauf, dass kein Kind von diesen Hilfsdiensten ausgeschlossen blieb. Besondere Freude hatte er an Larissa: ein aufgewecktes Mädchen, das den richtigen Riecher beim Mammutjagen hatte und auch die sichersten Wege durch das Moor kannte.

Aber die nächste Eiszeit stand vor der Tür. Neander beschloss, mit seiner Sippe weiter in den Süden zu ziehen. Dort war es warm, dort gab es schöne, bunt bebilderte Höhlen und frisches Obst gegen den Zahnausfall.

Es wurde ein langer und beschwerlicher Marsch, aber nach sieben Monaten waren sie in Cromagnon angelangt. Sie lebten dort ein schönes Leben. Sie feierten lange Feste in Erinnerung an die Ahnen. Sie spielten, sie pflückten Apfelsinen, aßen Oliven und vertrieben die Etrusker, die hin und wieder um die Ecke schauten.

Alle waren zufrieden, nur Neander schaute schwermütig den Kinderspielen zu. Er dachte an die Zeiten zurück, als die Kinder noch beim Bohlenwegbauen halfen und beim Mammutjagen zuschauten. Das stählte den Willen und weckte die technische Intelligenz. Und überhaupt: Die Kinder waren übermütig, faul und frech geworden, weil ihnen das Essen in den Mund wuchs und weil sie kaum den Alten helfen mussten.

3 Fachleute der Curriculumforschung werden aber erkennen, dass wir die Idee aus Peddiwells Büchlein „Säbelzahntiger-Curriculum" abgekupfert haben.

Da hatte Neander eine Idee: Wie wäre es, wenn wir so täten, als ob wir noch im Oldenburgischen lebten? Für ein paar Tage im Jahr wenigstens, vielleicht im Winter, wenn es draußen kalt ist? Da könnten wir so tun, als ob wir Mammute jagen, Bohlenwege bauen und die Sprache unserer Freunde aus Südfinnland sprechen. Die Kinder könnten ihre Kräfte messen. Und sie würden uns Männer nicht beim Pfeiferauchen stören. Kurzum, sie hätten etwas Vernünftiges zu tun.

Neander rief den Rat der Weisen zusammen. Emma meldete sich als Erste zu Wort: „Wir brauchen keine künstliche Mammutjagd! Wie soll das überhaupt vonstatten gehen? Schaut euch doch die Kinder an. Es geht ihnen ohne diesen schrecklichen Gestank der toten Mammute in den Nasen bestens. Und ob unsere Freunde aus Südfinnland überhaupt noch leben, weiß keiner. Wozu dann ihre Sprache lernen? Wenn überhaupt, dann sollten nur die Jungen rangenommen werden, damit sie nicht so murren, wenn sie beim Pressen der Oliven und beim Ernten der Apfelsinen helfen sollen. Sie drücken sich, wo sie nur können!" Da ergriff Humbold das Wort: „Auch wenn unsere Kinder nie wieder Südfinnisch sprechen und Mammute sehen werden, so können sie doch ihre Jägerpersönlichkeit entwickeln – und dann können sie auch besser die hiesigen Goldhamster und Wildkaninchen jagen." Emma murrte; sie sprach leise von patriarchalen Strukturen, aber sie unterlag in der Abstimmung. Es wurde beschlossen, jeden Winter drei Wochen lang nützliche Kinderarbeiten zu machen: eine Woche lang „Südfinnländisch reden und alte Götter verehren", eine Woche lang „so tun, als ob im Rhônedelta Mammute zu jagen sind" und eine Woche lang „Pfützen trockenlegen mit selbst geschlagenen Olivenbäumen". Neander war richtig stolz auf dieses Curriculum. Nur Larissa hüpfte durch das Lager und skandierte in einem fort: „Curriculum macht Kinder dumm, Curriculum macht Kinder dumm."

Aber die Männer hatten entschieden. Eine geräumige Höhle mit glatten, noch unbemalten Wänden wurde freigeräumt. Alle Kinder hatten darin Platz. Und es fanden sich auch genügend Männer und Frauen, die bereit waren, die Jungen und Mädchen zu unterrichten:

Bei Maria sollten die ganz Kleinen die Kulturtechniken lernen: ordentlich aufrecht zu gehen, zu den Göttern zu beten und Opfer darzubringen, Lieder zu singen und derlei mehr. Maria lehrte sie, kleinere Pfützen trockenzulegen und durch Schlammkuhlen zu waten. Alle Kinder machten mit, und Maria achtete darauf, dass alles schön ausgeführt wurde.

Wer die Kulturtechniken beherrschte, wechselte zu Wolfgang, dem Seelenkundigen und Christian, dem Sportlichen. Wolfgang lehrte allgemeine und spezielle Götterkunde, Südfinnisch und „Lernen des Lernens" an der Fremdsprachengrammatik. Christian machte Planspiele zum Mammutjagen und das Einführungsprojekt „Bohlenwegbauen".

Die Kinder wurden täglich erst theoretisch unterwiesen, dann mussten sie zwei Meilen laufen, danach eine Grube ausheben, die groß genug gewesen wäre, um einen kleinen Mammut einzufangen, und zum Tagesende sangen sie alte Lieder. Am nächsten Tag wurde – nach der Theoriestunde bei Wolfgang – ein kleiner Bach umgeleitet, durch den über Nacht Schlamm, fauliges Laub und Äste in die Mammutgrube gespült wurden. Am dritten Tag mussten die Kinder in Kleingruppen einen Plan entwerfen, um einen Bohlenweg aus Olivenholz über die Schlammgrube zu legen. Dabei durfte nur südfinnisch gesprochen werden. Der Bohlenweg musste so fest werden, dass auch die Großen hinübergehen konnten, ohne einzusacken. Dies war immer der Höhepunkt der Woche. Alle Alten schauten zu und Christian musste aufpassen, dass auch mal die Jungen und nicht immer nur die Mädchen drankamen.
Nach drei Wintern mit regelmäßiger Unterweisung waren alle Kinder gründlich ausgebildet. Sollte sich doch einmal ein Mammut in den Süden verirren, so hätten es die Kids beim Jagen mit jedem Alten aufnehmen können. Und sollten die südfinnischen Freunde doch einmal vorbeischauen, so hätten alle – die Alten wie die Jungen – mit ihnen auf Südfinnisch über die gemeinsamen Götter philosophieren können.
Es gab einen kleinen Streit um den richtigen Namen für diese Winterwochen. Maria war für „Lila Pause", weil sie all' ihre Lernmaterialien in lavendelfarbene Kisten verpackt hatte. Christian war für „Winterprojekt". Neander hatte das letzte Wort: Die drei Wochen Winter-Lernen sollten in Zukunft „Schule" heißen.
Drei weitere Jahre gingen vorüber. Da fingen einige Schüler an, am Lehrplan herumzukritteln. Larissa kam in den Rat der Alten und stellte ungebührliche Fragen: „Was sollen wir uns mit den alten Göttern und mit Südfinnisch beschäftigen? Warum nicht lieber Etruskisch lernen? Dann könnten wir uns mit den etruskischen jungen Männern unterhalten. Und warum Mammute jagen? Ich würde viel lieber lernen, Flamingos im Rhônedelta einzufangen. Die haben so schöne Federn."
Das gab eine große Aufregung bei den Alten. Wenn es um die Götter ging, dann kannten sie keinen Spaß. Die betete man eben an. Und auf die südfinnischen Freunde ließen die Alten auch nichts kommen. Und überhaupt, wo kämen wir denn hin, wenn wir unseren bewährten Lehrplan ganz ohne Not veränderten?
Eine Lehrplankonferenz wurde einberufen. Sie tagte lange und es ging hoch her: Alte Sprachen mit Götterlehre oder interkulturelles Lernen mit Etruskisch? Allgemein bildendes Bohlenweg-Konstruieren oder fachliche Spezialisierung (womöglich in Olivenpressen)? Flamingofedern-Zupfen als Schulfach? Bloß das nicht, stöhnte Wolfgang. Es wurde gestritten, ob die Winterschule auf das tägliche Leben vorbereiten solle oder ob es nicht gerade sinnvoll wäre, eine kritische Distanz zum Alltag herzustellen. So richtig einigen konnte sich der Rat der Alten in all diesen Fragen nicht. Aber es gab einen Kompromiss in vier Punkten: Erstens: Götterkunde, Bohlenwegebauen und Südfinnischsprechen gehören zur Allgemeinbildung und werden in vollem Umfang beibehalten. Wer zu den Großen gezählt werden will, muss darin eine Prüfung ablegen. Zweitens: Mammutjagen wird ein freiwilliges

Nebenfach. Drittens: Etruskisch wird wegen der damit verbundenen Gefahren verboten. Als fächerübergreifendes Lernziel wird in den Lehrplan aufgenommen „Etrusker hassen lernen". Viertens: Es wird ein Rat der jungen Wilden und alten Weisen gebildet, der sich in Zukunft um die rollende Lehrplanreform kümmert.
Das nächste Frühjahr kam heran. Die Aufregungen der Lehrplankonferenz hatten sich gelegt. Aber eines Tages waren Larissa und zwei ihrer Freundinnen von einer ihrer immer länger gewordenen Wanderungen nicht zurückgekehrt. Man wartete eine Nacht, zwei Nächte. Nach drei Tagen kam die Gruppe wieder – in ihrer Mitte ein junger, dunkelhaariger Mann. – Ein leibhaftiger Etrusker. Und das Schlimmste: Larissa konnte sich mit ihm in etruskischer Sprache verständigen. Auch die anderen beiden Mädchen tuschelten schon dies und das auf Etruskisch. Neander zitierte Larissa in seine Höhle, betete mit ihr gemeinsam die alten Götter an und kam dann zu seiner eigentlichen Frage: „Wie konntest du so schnell die Sprache unserer Feinde erlernen?"

Was soll diese Parabel lehren? Zweierlei: Die Schule ist eine *Erfindung* (vgl. die Arbeitsdefinition 8 von S. 71) und sie ist so konstruiert, dass gleich mehrere Fliegen mit einer Klappe gefangen werden können:

- Die Schule dient der Ausbildung der heranwachsenden Generation in mehr oder weniger nützlichen Kenntnissen und Fertigkeiten.
- Sie hilft, die Kultur und die Traditionen einer Gesellschaft am Leben zu halten („Allgemeine Götterlehre" und „Südfinnisch").
- Sie holt die Kinder von der Straße und sorgt für eine vernünftige Beschäftigung.
- Sie dient der politischen Disziplinierung („Etrusker hassen lernen") und der Loyalitätssicherung („Ehrfurcht vor den Alten").
- Aber es ist kaum zu vermeiden, dass die intelligenten unter den Schülerinnen auch das Lernen lernen (Larissas schnelle Erfolge im Etruskischen)
- und ebenso wenig, dass einige die erworbene Kritikfähigkeit gegenüber der eigenen Gesellschaft anwenden.

Ich fasse diese verschiedenen Funktionen der Schule in einer These zusammen, die nicht nur in der Eis-, sondern auch in der Jetztzeit gilt:

These 8.4: Schulen dienen der Reproduktion der Gesellschaft.

2.2 *Erste Grundfunktion: Reproduktion und Weiterentwicklung der Gesellschaft*

Schulen liefern mithin eine dauerhafte Antwort auf ein beständiges Problem der Gesellschaft:

- Sie sorgen *erstens* dafür, dass in jeder Generation von neuem Menschen verfügbar sind, die die Kulturtechniken und eine allgemeine Grundbildung so weit beherrschen, dass sie die immer komplizierter werdende gesellschaftliche „Maschinerie" in Gang halten können: Menschen, die einen Brotberuf ausüben, die selbst als Eltern Kinder großziehen können, die den Schriftverkehr der Zivilisationsgesellschaft bewältigen, die die Waren- und Geldströme lenken, die die Maschinen der Industrie bedienen, das Heer der Beamten stellen, die in Recht, Medizin usw. den erreichten Stand der Zivilisation sichern.

- Sie sorgen *zweitens* dafür, dass der kulturelle Traditionszusammenhang nicht abbricht und dass die über die Jahrhunderte hinweg angeeigneten Normen, Philosophien und Rituale weitergereicht und die einmal gebildeten Institutionen zu großen Teilen am Leben gehalten werden.

Schon 1826 hat der Theologe und Pädagoge Friedrich D. E. Schleiermacher eine bis heute gültige Formel für diese komplexe Aufgabe von Schule gefunden: Die Schule solle die heranwachsende Generation *„tüchtig machen für die Gemeinschaft"*.

Das „Tüchtigmachen" darf man sich aber nicht als einseitigen Akt der Dressur von Ameisen vorstellen. Die Traditionen einer Gesellschaft können nur dann am Leben gehalten werden, wenn sie innerlich bejaht und in den Köpfen und Herzen der heranwachsenden Generation „verlebendigt" worden sind. Dies schließt ihre zeitgemäße Weiterentwicklung ein. Bloße Anpassung kann nicht im Interesse einer Gesellschaft (nicht einmal einer vordemokratischen) liegen. Noch einmal Schleiermacher:

Friedrich D. E. Schleiermacher

„Die Erziehung soll so eingerichtet werden, dass beides in möglichster Zusammenstimmung sei, dass die Jugend tüchtig werde einzutreten in das, was sie vorfindet, aber auch tüchtig in die sich darbietenden Verbesserungen mit Kraft einzugehen." (Schleiermacher 1960:31; 66–149)

Seit es Schulen im modernen Sinne gibt, also spätestens seit der Französischen Revolution, ist zusätzlich darüber diskutiert worden, ob Schulen die Gesellschaft *revolutionieren*, also die sozialen, politischen und ökonomischen Verhältnisse umstürzen können. Ich halte diese Erwartung für überzogen. Aus der Geschichte der Schule ist zumindest kein einziges Beispiel bekannt, in dem dies gelungen wäre[4]. Allenfalls lässt sich nachweisen, dass die Schulen durch die formale Qualifizierung der heranwachsenden Generation in Kulturtechniken und Lebensweisheiten *eine* der Voraussetzungen für Entwicklungsschübe und hin und wieder auch für Umstürze in der Gesellschaft geliefert hat. „Bildung ist Macht" – das hatte schon Karl Liebknecht erkannt.

4 Es ist einfacher, das Gegenteil zu belegen, dass nämlich *schlechte* Schulen zum Auslöser für Schüler- und Studentenrevolten geworden sind. Während der Studentenrevolte 1967/68 fragte ein Beobachter: „Woher kommt es eigentlich, dass an den Universitäten in Berkeley/USA, in Paris und Westberlin so viele glühende Kommunisten und an der Lumumba-Universität in Moskau so viele Anhänger des kapitalistischen Systems herangewachsen sind?" Schulen der Indoktrination „funktionieren" offensichtlich am Ende des 20. Jhs. immer schlechter.

2.3 *Schulische Sozialisation*

Der Prozess der Verinnerlichung bestehender Traditionen einer Gesellschaft wird mit einem sozialwissenschaftlichen Fachbegriff als Sozialisation bezeichnet[5]. Dazu leistet die Schule, wie empirische Studien (Pekrun/Fend 1991) belegen, einen wesentlichen Beitrag:

> **These 8.5:** Die in Schulen ablaufende Sozialisation der heranwachsenden Generation ist hilfreich für die Reproduktion der Gesellschaft.

In der Fachliteratur hat sich der Begriff schulische Sozialisation oder kurz Schulsozialisation zur Umschreibung der in der Schule stattfindenden Prägungen eingebürgert. Der Begriff ist – anders als der der Erziehung oder Bildung – zunächst einmal nur zur *Beschreibung* und nicht zur *Normierung* der in der Schule ablaufenden Entwicklungsprozesse gedacht. Ich variiere die von Klaus Hurrelmann gelieferte Definition[6]:

> **Arbeitsdefinition 29:**
> Schulische Sozialisation bezeichnet den Prozess der Entwicklung der Schülerpersönlichkeit durch die in der Schule ablaufenden Prägungen und Entwicklungsprozesse.

Wichtig ist an dieser Definition die Feststellung, dass auch bei Sozialisations- und nicht nur in intentionalen Erziehungsprozessen „Persönlichkeit" entsteht und nicht nur eine Anpassung an soziale Normen und Zwänge. Deshalb sprechen andere Autoren statt von Sozialisation auch von „Personalisation" (Röhrs 1969:113) und/oder „Enkulturation" (= Einfügung in den Kultur- und Traditionszusammenhang einer Gesellschaft; Kron 1996:47–51).

In welchen Teilbereichen finden schulische Sozialisationsprozesse statt? Ich schlage vor, in lockerer Anknüpfung an Helmut Fends Theorie der Schule (Fend 1980) drei solche Bereiche und entsprechende Teilfunktionen zu unterscheiden, die dann nochmals ausdifferenziert werden:

(1) *Qualifikation:* Sie meint das Tüchtigmachen des Einzelnen im herkömmlichen Sinne, also die Vorbereitung auf den Beruf und auf das spätere öffentliche und private Leben. Diesem Ziel dient die Vermittlung von Sach- und Fachkompetenzen, von

5 Vgl. Geulen (1994); Kron (1996:51–54). Für eine Theorie der Schule und die empirische Analyse ihrer Funktionen ist der Begriff Sozialisation unverzichtbar. Wir halten es aber nicht für geschickt, ihn zum Grundbegriff einer – immer auch wertsetzend argumentierenden – Schul*pädagogik* zu machen und sprechen deshalb weiterhin von Erziehung oder Bildung. Die Unvereinbarkeit der theoretischen Prämissen von „Sozialisation" und „Erziehung" hat Peter Vogel (1996) herausgearbeitet.

6 Hurrelmann (1995:70); vgl. auch Fend (1974); Tillmann (1996).

Sozialkompetenz und von Sprach- und Kritikfähigkeit. Letztere ist nötig, um verbesserungsbedürftige Zustände in der Gesellschaft zu erkennen.

(2) *Selektion:* Eine zweite Teilfunktion schulischer Sozialisation liegt nicht offen zutage, ergibt sich aber bei genauerem Hinsehen in modernen Industriegesellschaften zwangsläufig: die Selektion der einzelnen Schüler und Schülerinnen.

- „Selektieren" meint die beim Durchlaufen des Bildungssystems auf Grund der jeweils erreichten Abschlussniveaus und der damit verknüpften Berechtigungen vorgenommenen Statuszuweisungen an die Schüler und Schülerinnen. Diese Selektionsfunktion ist in der Sekundarstufe I besonders ausgeprägt, während die Grundschule sich auch deshalb so gut entwickeln konnte, weil der Selektionsdruck durch die Einführung von Orientierungsstufen und Gesamtschulen gesenkt wurde. Das hässliche Wort „Selektion" muss allerdings nüchtern gelesen werden: Es geht ja nicht nur um das Abschneiden von gesellschaftlichen Chancen, sondern auch um den sozialen Aufstieg breiter Bevölkerungsschichten durch höhere Schulabschlüsse, also um die Sicherung der Chancengleichheit für alle[7].

Helmut Fend

Es gibt allerdings eine gründliche empirische Studie aus Frankreich (Bourdieu/Passeron 1971), die beweisen will, dass es eine Illusion sei, durch Bildungsmaßnahmen wirkliche („materiale") Chancengleichheit herstellen zu wollen. Die Autoren konnten zeigen, dass trotz formaler Chancengleichheit der Schulerfolg sehr eng mit dem „kulturellen Kapital" verknüpft ist, das die Schülerinnen von zu Hause mitbringen und das auch beim Durchlaufen der Schule zur Hervorbringung der „feinen Unterschiede" (Bourdieu 1984) führt[8].

(3) *Integration:* Das Verhalten von Larissa in unserer Zwischeneiszeit-Parabel sollte deutlich machen, dass reine Ertüchtigung und bloßes Ausgucken der/des Tüchtigsten nicht ausreichen, um eine Gesellschaft funktionsfähig zu halten. Es muss „sozialer Kitt" hinzukommen, den wir mit dem soziologischen Fachbegriff als „Integrationsfunktion der Schule"[9] bezeichnen.

Die Integrationsfunktion war immer gegeben, sie konnte aber in traditionalen Gesellschaften weitgehend unbemerkt bleiben. Je dynamischer die Entwicklung einer Gesellschaft ist, umso wichtiger wird sie dagegen:

- Schule unterstützte z. B. die gesellschaftliche Integration der christlichen Konfessionen. Die Konfessionsschulen der Weimarer Zeit wurden zu „christlichen Gemeinschaftsschulen" gemacht, die später zu den „öffentlichen" Schulen wurden, die wir heute als Regelschulen kennen.

---

7 Vgl. Baumert (1991:351–355).

8 In der deutschen Bildungsdiskussion der 70er-Jahre ist daraufhin der Begriff der Chancengleichheit durch den – in der Zielsetzung vorsichtigeren – Begriff der Chancengerechtigkeit ersetzt worden. Die Wortakrobatik ändert die Problemlage aber um keinen Deut.

9 In der Elften Lektion wird der Integrationsbegriff *pädagogisch* definiert und auf die Subjektebene (binnen-)schulischen Handelns bezogen. Dadurch erhält er einen anderen, positiveren Klang!

- Schule leistet heute, zumindest dem Anspruch nach, die gesellschaftliche Integration ethnischer und kultureller *Minderheiten* (z. B. der „Russlanddeutschen")[10].
- Schule bemüht sich um die Koedukation von Jungen und Mädchen. Dass und warum diese Hoffnung teilweise enttäuscht worden ist, erläutern Maria Anna Kreienbaum (1992) und Hannelore Faulstich-Wieland (1991).
- Schule könnte in Zukunft einen Beitrag zum Gespräch von Menschen mit unterschiedlichen sexuellen Orientierungen (Homo-/Heterosexualität usw.) leisten.
- Sie könnte auch stärker genutzt werden, um die so genannte ältere Generation in die Gesellschaft zu integrieren.

Keine Gesellschaft kann auf Dauer überleben, wenn nicht ein gewisser Grundkonsens über Normen, Werte und die Verteilung sozialer Chancen in dieser Gesellschaft hergestellt worden ist. Die Schulen sollen dazu einen wichtigen Beitrag leisten und sie haben dies in der Vergangenheit offensichtlich auch getan. Die Soziologen sprechen deshalb davon, dass die Schule eine *Legitimationsfunktion* für die Gesellschaft habe:

- „Legitimation" ist eine *Folge* von Qualifikations- und Selektionsprozessen. Wenn Eltern und Schülerinnen das Gefühl haben, dass erbrachte Leistungen halbwegs gerecht beurteilt werden, entsteht eine generelle *Anerkennungsbereitschaft* staatlicher Reglementierung von Bildungs-, Berufs- und Partizipationschancen. Die Schule produziert dann, wie Soziologen sagen, „Massenloyalität" (vgl. Habermas 1973:15).

Die Selektionsfunktion von Schule ist für die Gesellschaft mindestens so wichtig wie die Qualifikationsfunktion. Dennoch wird sie in den subjektiven Theorien der Lehrerinnen und erst recht der Studierenden und Referendarinnen gern verdrängt, weil sie für das Unangenehme, das „Unpädagogische" und „Harte" in der Schularbeit steht. Aber es bringt nichts, die Existenz dieser Teilfunktion von Schule zu leugnen. Deshalb in aller Schärfe die nächste These:

> **These 8.6:** Die Schule ist dazu da, die heranwachsende Generation tüchtig und gefügig für die Belange der Gesellschaft und des Staates zu machen.

Ob dies immer gelingt, steht auf einem anderen Blatt.

In Abbildung 8.6 sind die einzelnen Dimensionen der ersten Grundfunktion von Schule zu einem Schema zusammengefasst.

Die Schulen können diese erste Grundfunktion mit ihren traditionellen Mitteln erfüllen: nämlich dadurch, dass sie unterrichten und erziehen, dass sie lehren und lernen lassen.

Die Akzeptanz der Reproduktionsfunktion der Schule ist, solange die Philosophie einer Gesellschaft halbwegs menschlichen Zielen folgt, eigentlich

10 Ob es sich dabei um echte Integrationsprozesse im Sinne eines Gebens und Nehmens oder um „Eingemeindungen" im Sinne kultureller Hegemonie handelt, lassen wir hier offen.

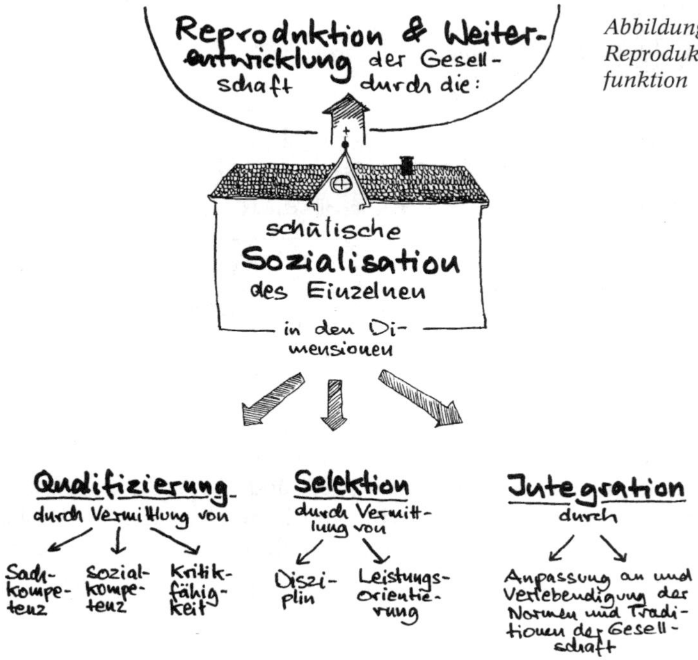

Abbildung 8.6: Reproduktionsfunktion

selbstverständlich. Warum sonst sollten arme wie reiche Nationen in der Ersten, Zweiten und Dritten Welt solch teure Einrichtungen immer weiter ausbauen?[11]

Zu beachten ist allerdings, dass die Schulen nicht die einzige Sozialisationsagentur darstellen. Die Familien, die jugendlichen peergroups, die Medien, Kirchen, Gewerkschaften u. a. Kulturträger leisten ebenfalls einen Beitrag zur Reproduktion – manchmal aber auch zur Behinderung der Schule bei ihrer eigenen Sozialisationsaufgabe.

Das Schema aus Abbildung 8.7 kann zusätzlich verdeutlichen, dass von „Schulfunktionen“ auf zwei verschiedenen, aber unmittelbar miteinander verknüpften Ebenen gesprochen wird:

- Einmal geht es um die Frage, welche Effekte die in der Schule ablaufenden Sozialisationsprozesse auf die Schüler und Schülerinnen haben. Der wichtigste Effekt ist, dass die Schülerinnen etwas lernen.
- Zum anderen geht es darum, welche Effekte diese Schulsozialisation des Einzelnen für die Gesamtgesellschaft hat. Von diesen Effekten haben wir gerade gesprochen.

---

11 Christel Adick hat in einer interessanten, umfangreichen Studie nachgewiesen, dass es inzwischen eine weltweite Tendenz zum Aufbau von Schulsystemen gibt, die nicht als Spätfolge der Kolonialisierungspolitik imperialistischer Staaten („Am deutschen Wesen wird alles genesen“) abgetan werden kann, sondern Folge einer eigenlogischen Entwicklung in allen Ländern der 1. und 3. Welt ist. Sie spricht deshalb von der *„Universalisierung der modernen Schule“* (Adick 1992).

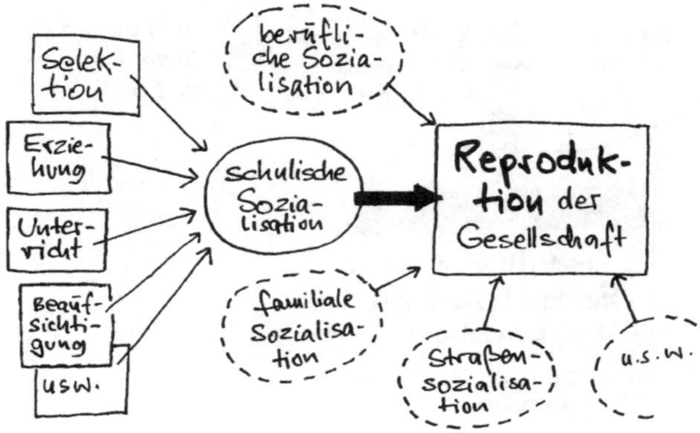

Abbildung 8.7: Sozialisationsagenturen

In der Fachliteratur (nicht bei Fend 1980!) werden diese zwei Ebenen oft durcheinander gewürfelt. Man spricht dann unterschiedslos von „Instruktions-", „Qualifikations-", „Sozialisations-" und „Reproduktionsfunktionen". Dies macht es dem Leser schwer, wirklich Klarheit herzustellen. Deshalb eine weitere Zeichnung, in der die Funktionshypothesen ersten und zweiten Grades unterschieden werden:

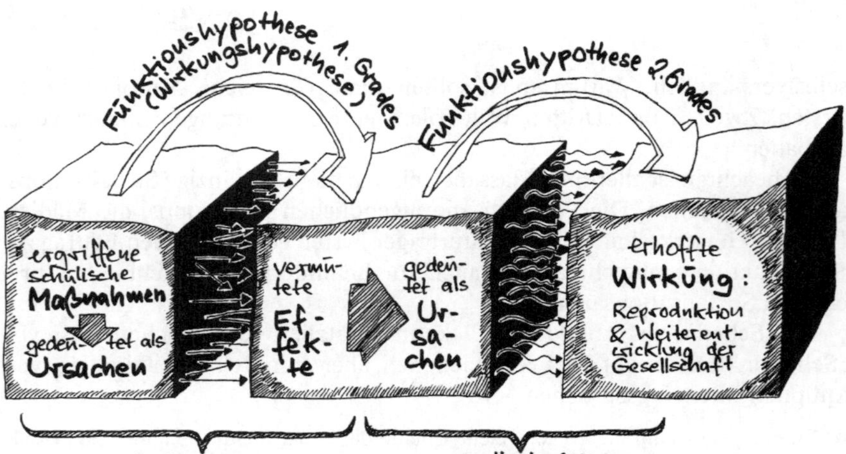

Abbildung 8.8: Schulinterne und gesellschaftliche Funktionen von Schule

Es gibt also schul*interne* Funktionen (= Funktionshypothesen 1. Grades) und *gesellschaftliche* Funktionen der Schule (Funktionshypothesen 2. Grades). Deshalb die gewellten Pfeile in Abbildung 8.8, die die Komplexität der tatsächlichen Wirkungsprozesse symbolisieren, während die zwei gebogenen dicken

Pfeile die rabiat vereinfachende sprachliche Umschreibung solcher Wirkungsprozesse darstellt.

2.4 Zweite Grundfunktion: Aufwachsen in Menschlichkeit

Die Schulen leisten noch anderes, als die heranwachsende Generation tüchtig und gefügig zu machen. Schule ist ja, wie wir in der Ersten Lektion gezeigt haben, nicht nur ein Lernort, sondern auch ein Lebensort für Lehrerinnen und Schülerinnen.

- Hier verbringen die Schülerinnen ein Fünftel oder Sechstel ihres Lebens, die Lehrerinnen zwei Drittel.
- Hier wollen sich die Schülerinnen wohl fühlen und die Lehrerinnen einen humanen Arbeitsplatz haben.

Die Schule der Gegenwart genügt diesen Erwartungen der Lehrerinnen, der Schülerinnen und auch der Eltern mehr schlecht als recht. Aber für unsere systematische Betrachtung gilt festzuhalten: Bevor an die Reproduktion der Gesellschaft auch nur gedacht werden kann, muss die Schule Sorge tragen, dass die Schülerinnen in der Schule überleben und eine für sie subjektiv halbwegs sinnvolle Zeit verbringen können. Diese Aufgabe der Schule bezeichne ich mit einem in der Fachliteratur nicht vorkommenden (oder von mir überlesenen) Begriff als Humanfunktion:

> **These 8.7:** Die Schule hat die zweite Grundfunktion, ihren Schülerinnen ein Aufwachsen in Menschlichkeit zu ermöglichen.

In älterer schultheoretischer Literatur wird diese Funktion als *Kustodialfunktion* bezeichnet, aber das ist viel zu eng gedacht:

- Ich erinnere an unsere Zwischeneiszeit-Parabel: Neander, der Stammesführer, hatte das dringende Bedürfnis, die Kinder „von der Straße zu holen“, damit sie etwas Vernünftiges tun und die Erwachsenen nicht bei ihren Arbeiten und beim Pfeiferauchen stören.

Die Schule hält die Gesamtgesellschaft frei von störenden Lernern und schützt zugleich die Lernenden vor den Unbilden der Gesellschaft. Die Schule hatte diese Schutz- und Pflegefunktion seit jeher. Drei Beispiele:

- In kirchlichen Visitationsberichten aus dem 17. Jahrhundert aus dem Oldenburger Land ist die stereotype Klage zu hören, dass viel zu kleine, nämlich dreijährige Kinder in die Schule geschickt wurden und nur „das Stillesein“ üben mussten, weil sie für den Lese- und Rechenlehrgang noch zu klein waren. – Die Schule als Kindergartenersatz!
- Im Dorf Moordorf bei Aurich wurde 1928 vom Landrat wegen der ärmlichen und teilweise unhygienischen Lebensverhältnisse zwangsweises Duschen in der Schule angeordnet (Wojak 1992:56).

- Nach dem Zweiten Weltkrieg wurde in den Besatzungszonen der Westalliierten nahezu flächendeckend die Schulspeisung eingeführt, um der kriegsbedingten Unterernährung zu begegnen. Das Foto zeigt diese Schulspeisung in einer Hamburger Schule im Jahre 1947.

Foto: Landesbildstelle Hamburg

Heute spielt die Körperhygiene in der Schule nicht mehr eine so große Rolle. Aber die Bedeutung der Ernährung und vor allem der Ernährungserziehung hat eher noch zugenommen.

Andere Bestandteile der Humanfunktion von Schule sind demgegenüber neu und im Bewusstsein der verantwortlichen Lehrerinnen, Schulaufsichtsbeamten und auch der Eltern noch nicht fest verankert:

- Schule ist die Bühne für die ästhetische Inszenierung der Person – Dies gilt für die Schülerinnen und Lehrerinnen gleichermaßen (s. o., Siebte Lektion).
- Schule wird zum „Erlebnismarkt" (G. Schulze 1992), der der unmittelbaren Bedürfnisbefriedigung dienen soll – ob dabei Bildungseffekte eintreten oder nicht, ist vielen Schülerinnen subjektiv egal oder zumindest zweitrangig.
- Schule wird zur Sozialstation, kooperiert mit der Jugendhilfe, dem Sozialamt, der Kriminalpolizei und übernimmt auch Teilfunktionen in diesem Bereich.
- Schule kümmert sich – auch mit Hilfe der Schulpsychologen – um physisch und/oder psychisch Kranke.

Die Schule wird – subjektiv und auch objektiv – zu einem wichtigen Teil des „Projektes des schönen Lebens" der Erlebnisgesellschaft (Schulze 1992). Deshalb wird auch die ästhetische Dimension von Schule für die meisten viel wichtiger, als dies noch vor 20, 30 Jahren der Fall war:

- Die Klassenräume, Flure und Schulgebäude werden liebevoll und ästhetisch anspruchsvoll hergerichtet.
- Schulfeste und Feiern erhalten immer mehr Gewicht.
- Die modische Bekleidung, Frisuren und Szene-Sprachen spielen in der Schule eine immer größere Rolle.
- Und auch die Inszenierung der Beziehungskultur zwischen allen Beteiligten wird immer wichtiger.

Solche Ästhetisierung des Schulalltags, so behaupte ich, ist kein Zufall (und schon lange kein singuläres Ereignis mehr), sondern Ausdruck der wichtiger gewordenen Humanfunktion von Schule.

In der Abbildung sind diese teils uralten, teils erst neu in den alltäglichen Schulbetrieb vordringenden Teilfunktionen der zweiten Grundfunktion von Schule zusammengefasst:

Abbildung 8.9: Humanfunktion

2.5 *Huckepackfunktionen*

Es gibt eine Reihe von Leistungen der Schule, die sich nicht aus ihrem Bildungsauftrag ableiten lassen, sich aber mehr oder weniger zwangsläufig einstellen. Ich nenne sie *Sekundär-* oder *Huckepackfunktionen*:

- Schulen stellen einen wichtigen Wirtschaftsfaktor dar. Sie sichern Arbeitsplätze und sind immer wieder Anlass für erhebliche Sachinvestitionen. Sie können helfen, eine strukturschwache Region ein kleines Stück weit zu stabilisieren.
- Schulen sind ökologisch bedeutsam. Sie können, wenn das Schulgelände dies zulässt, durch die Schaffung von ökologischen Ausgleichsflächen eine reale Entlastung in einer ökologisch gefährdeten Region schaffen.
- Schulen sind Kulturträger der Region (siehe S. 64).
- Die Lehrerbildung ist für viele die Grundlage für den persönlichen sozialen Aufstieg. Oft kommt ein Drittel, manchmal die Hälfte der Lehrerinnen eines Kollegiums aus jener Generation, in der erstmals ein Familienmitglied studiert hat[12].

Weitere Beispiele enthält der Abschnitt 3.3 dieser Lektion.

12 Dies ist für Gymnasien – bezogen auf das Jahr 1968 – durch Schefer gut belegt. Neuere Daten haben wir nicht gefunden. Zwei Befragungen in Vorlesungen (1994/95) ergaben, dass über ein Drittel der circa 200 Teilnehmerinnen zur Gruppe der sozialen Aufsteiger zählte.

2.6 *Schule der Zukunft: Eine Dienstleistungsschule?*

Weil die Vorstellungen darüber unklar sind, wie sich die Gesellschaft weiterentwickeln soll und wird, sind auch die Erwartungen an die Weiterentwicklung der Schule umstritten:

- Wie soll heute, 1997, angesichts einer strukturellen Arbeitslosigkeitskrise der Gesellschaft das „Tüchtigmachen" der heranwachsenden Generation aussehen? Dürfen wir weiterhin so tun, als ob die Schule für die Mehrzahl ihrer Absolventen auf eine Dauer-Berufstätigkeit vorzubereiten hat? – In den Sonderschulen ist diese Idee seit längerem brüchig geworden. In Zukunft könnten auch die Realschulen und Gymnasien mit dem Problem konfrontiert werden, dass Leistungsdruck nur noch bei einem Teil der Schüler und Schülerinnen als Disziplinierungsmittel wirkt, weil eine Lebensperspektive von den Schülern entwickelt wird, in der „Erwerbsarbeit" marginalisiert ist.
- Wie soll Schule in einer multikulturellen Gesellschaft aussehen?
- Soll die Humanfunktion der Schule weiter ausgebaut werden? Wenn ja, wie? – Was folgt für die Schule daraus, dass die familiale Sozialisation noch brüchiger werden könnte?

Die Detailantworten auf diese Fragen kann ich nicht geben, weil die schulpädagogischen Konsequenzen dieser gesellschaftlichen Wandlungsprozesse noch lange nicht ausdiskutiert worden sind. Aber eines dürfte schon heute klar sein:

> **These 8.8:** Die Bedeutung der Schule wird in Zukunft nicht ab-, sondern zunehmen.

Klaus Hurrelmann (1996) kommt anhand umfangreicher sozialisations- und schultheoretischer Forschungen zu dem Schluss, dass das deutsche Schulwesen sich vermutlich in die gleiche Richtung bewegen wird, die in den USA schon heute deutlich zu beobachten ist:

- Dort nehmen die Schulen neben den Bildungs- und Erziehungsaufgaben immer mehr soziale Dienstleistungen in ihr Programm auf. Sie machen Beratungs-, Freizeit- und Gesundheitsangebote und erhöhen dadurch die Attraktivität einzelner Schulen.

Hurrelmann nennt eine solche Schule mit einem amerikanischen Fachbegriff „Full Service School" und prognostiziert, dass sie sich auch in Deutschland mittelfristig durchsetzen wird.

Diese Anreicherung gesellschaftlicher Erwartungen an Schule könnte zu einem qualitativen Sprung im gesellschaftlichen Verständnis und dann auch in der Definition von „Schule" führen. Für diese neue Schule gibt es in Deutschland noch keinen eingeführten Namen. Wir können sie provisorisch „soziokulturelle Schule" nennen:.

> **These 8.9:** Die Schule der Zukunft ist Bildungs-, Behüte- *und* Dienstleistungsschule zugleich.

Eine Nachbemerkung: Es wäre naiv, wenn man damit rechnete, dass sich die skizzierten zwei Grundfunktionen und die Teilfunktionen wie aus einem Guss in der Schule von heute ergänzten. Sie können sehr schnell in *Widerspruch* zueinander geraten:

- Die Pflicht, Zensuren zu erteilen (= Selektionsfunktion), reibt sich oft, aber nicht immer mit der Aufgabe der bestmöglichen Förderung jedes einzelnen Schülers (= Qualifikationsfunktion).
- Die Erwartung, die Massenloyalität zu sichern (= Legitimationsfunktion), kann in Widerspruch zum beruflichen Selbstverständnis einzelner Lehrerinnen geraten und dann auch teilweise von den Lehrerinnen unterlaufen werden.
- Die Pflicht, die Schüler zu beaufsichtigen, kann mit der Erziehung zur Selbstständigkeit kollidieren.
- Die ökologische Bedeutung des Schulgeländes kann mit dem Bedürfnis der Schülerinnen kollidieren zu toben und zu raufen.

Schulen erfüllen ihre Funktionen eben nie zu 100 Prozent. Es gibt viel Sand im Getriebe. Schließlich handelt es sich um soziale Gebilde, die durch die Jahrhunderte gewachsen und geformt worden sind und in denen längst nicht alles zielbezogen abläuft.

3. Der historische Wandel der Funktionen von Schule

3.1 Wandel der Schulkultur

Anders als die Zuweisung neuer Einzelaufgaben wird der strukturelle Wandel der Schulen von den Schulangehörigen eher wenig beachtet. Er verläuft ja auch zumeist im Schneckentempo und unabhängig von den frommen Wünschen oder Kassandrarufen der den Schulalltag erlebenden und erleidenden Menschen. Bei historischen Vergleichen über etwas längere Zeiträume ist er umso deutlicher zu erkennen[13]. Wir laden Sie ein, an einem schlichten Beispiel den Blick für diesen Wandel zu schärfen. Sie können diese Beobachtungsübung jederzeit als „oral history"[14] im Gespräch mit Ihren Großeltern wiederholen.

Großelternbefragung

Wenn unsere Großeltern über ihre Schulzeit berichten, so kommt es neben der häufigen Betonung einer rein äußerlichen Schlichtheit der Klassenzimmereinrichtungen, der engen Sitzbänke, des Torf- oder Holzofens, der Gebäude und der Lebensverhältnisse immer wieder zu rührend lebhaften Schilderungen darüber, dass und wie sich die Umgangsformen zwischen Lehrern und Schülern verändert haben.

---

13 Sehr schön nachzulesen bei Roessler (1961), Petrat (1979), Th. Schulze (1983; 1993; 1997).

14 Damit wird historische Forschung bezeichnet, die mit Hilfe mündlicher Befragung von Zeitzeugen zu ihren Ergebnissen kommt. Vgl. Wojak (1992:187–194).

Vor und nach dem Ersten Weltkrieg, während der Nazizeit und auch noch in den ersten Jahren nach der Befreiung vom Faschismus herrschte in vielen Schulen in Deutschland ein oft genug menschenverachtender *Kasernenhofton*, der nur hier und dort durch eine väterlich-patriarchalische Haltung des Lehrers oder durch echten Respekt von Schülern vor einzelnen Lehrerpersönlichkeiten gemildert wurde. In dem Buch „Einschulungserlebnisse im 20. Jahrhundert" berichtet die ehemalige Schülerin *Berta* (geboren am 3. Januar 1900), wie es in ihrer Volksschule in Breslau in den Jahren 1906/07 zuging:

„Eine Feier gab es wegen meiner Einschulung nicht. Auch habe ich mich auf die Schule nicht besonders gefreut, weil ich Angst gehabt hatte. Damals, in meiner Zeit, hatten fast alle Kinder vor der Schule Angst. Meine erste Lehrerin hieß Schulz. Die war eigentlich ganz nett. (...)
Einmal passierte in der Schule Folgendes. Die Lehrerin erzählte uns vom Katzengebirge. An der Tafel hatte sie eine Landkarte befestigt. Nun sollte eine Schülerin das Gebirge auf der Karte zeigen. Ich melde mich. Aber wie ich so vor der Karte stehe, ist alles so anders, als ich es von hinten, von meinem Platz aus, gesehen habe. Ich finde das Gebirge nicht. Die Lehrerin empört sich über meine Frechheit, mich zu melden und dann nichts zu wissen. Sie greift zum Rohrstock und schlägt mir auf die Fingerkuppen. Au, das tat weh! Da sind Tränen geflossen. Heulend gehe ich auf meinen Platz zurück. Durch die Schmerzen werde ich ohnmächtig und rutsche unter die Bank. Da kriegt es die Lehrerin mit der Angst zu tun, kommt zu mir und setzt mich auf einen Stuhl ans offene Fenster, damit ich frische Luft bekomme." (aus: Schneider 1996:40 f.)

Berta ist von ihrer „eigentlich ganz netten" Lehrerin geschlagen worden. Aber das war nichts Ungewöhnliches. Auch der *Grund* für die Schläge, der uns heute mehr als befremdlich erscheint, wurde damals von der Mehrzahl der Schüler und Eltern akzeptiert[15]. Und auch der stille Triumph der Schülerin über das Erschrecken ihrer Lehrerin ist gut nachzuvollziehen.

Heute (1990) klettert die Schülerin Jessica, der das Lernen aus welchen Gründen auch immer keinen Spaß macht, auf den Schrank im Klassenzimmer – aber sie wird dafür nicht bestraft, sondern die Praktikums-Lehrerin klettert hinter ihr her und rechnet mit ihr auf dem Schrank weiter (vgl. S. 145).

Seit den 50er- und 60er-Jahren, vielleicht auch schon früher, sind die schulischen Umgangsformen insgesamt *offener* und herzlicher, teilweise auch *demokratischer* geworden. An vielen Schulen ist Schülermitbestimmung möglich – und viele Lehrerinnen beklagen sich darüber, wenn die Schülerinnen ihre Rechte nicht angemessen wahrnehmen. Selbstständiges und gemeinschaftliches Handeln der Schülerinnen wird deutlich stärker als früher positiv bewertet, selbst wenn es zunächst nur kess oder aufmüpfig daherkommt. Man kann in Analogie zu der von Soziologen für das 15. und 16. Jahrhundert

---

15 Wie „normal" brutales Schlagen der Schülerinnen noch vor wenigen Jahrzehnten war, können Sie Walter Kempowskis Sammlung von Schulerfahrungen „Immer so durchgemogelt" (1986) entnehmen.

beschriebenen „Verhöflichung" des Ritters (Elias 1979) im 20. Jahrhundert eine *Verhöflichung* der Lehrer und Lehrerinnen feststellen.

Die Schulkultur insgesamt hat sich gewandelt: Die Unterrichtsmethoden sind nicht mehr so lehrerzentriert, die Beteiligungsrechte von Schülerinnen und Eltern sind ausgeweitet worden, das Bemühen, jeder einzelnen Schülerin mit ihren individuellen Lernvoraussetzungen und Nöten gerecht zu werden, ist in vielen Kollegien deutlich zu erkennen. Dadurch ist die früher ganz selbstverständliche *klare Frontenbildung* zwischen Lehrerinnen und Schülerinnen *aufgeweicht*. Das macht den Unterricht erträglicher, aber die Beziehungen komplizierter. Es ist heute deutlich schwieriger als früher, die Lehrerin zum Scheuerpfahl für die eigene Identitätsbildung zu machen (vgl. die Dritte Lektion).

Im Einklang mit diesem Wandel der Kommunikations- und Arbeitsformen an Schulen hat sich offensichtlich auch der *subjektive Sinn* verändert, den Schülerinnen und Lehrerinnen dem Schulbesuch beimessen:

- Früher galt als „normal", wenn es streng und *un*gerecht zuging.
- Heute sind die Relikte dieser Schulkultur, die man Brüll- und Schrei-Schule nennen könnte, noch nicht völlig überwunden, aber man findet – anders als in der ersten Hälfte dieses Jahrhunderts – kaum mehr jemanden, der eine Unterrichtspraxis dieses Stils öffentlich gutheißt.
- Heute darf Schule sogar Spaß machen, ohne dass dies als unangemessen gebrandmarkt würde (s. o.).

Ich versuche, mir einen Reim auf diesen Wandel zu machen: Die Veränderungen dürften kaum als Effekt einer veränderten Lehrerbildung zu deuten sein – und wenn doch, so wäre wiederum die Veränderung der Lehrerbildung erklärungsbedürftig. Es macht aber gesamtgesellschaftlich gesehen offensichtlich immer weniger Sinn, die heranwachsende Generation zu „drillen", sie zum unkritischen Gehorsam und zum Einzelkämpfertum zu erziehen, weil diese Tugenden immer weniger geeignet sind, den Wirtschaftsstandort Europa zu sichern.

These 8.10: Wir befinden uns auf dem Wege von der Brüll- und Schreischule zur Aktions- und Erlebnisschule.

3.2 *Gesellschaftliche Bedingungen des Funktionswandels*

Wie kann der skizzierte Wandel der Schulkultur gesellschaftstheoretisch interpretiert werden? Es gibt offensichtlich *gesetzmäßige Beziehungen* zwischen dem Entwicklungsstand der Gesellschaft und dem Zustand der Schulen. Dass diese Beziehungen nicht aus linearen bzw. kausalen Abhängigkeiten bestehen können, ist bereits in den These 7.14 bis 7.18 ausgedrückt worden. Ich will nun versuchen, diese Beziehungen *in acht Argumentationsschritten* ein wenig genauer abzuklären. Wappnen Sie sich bitte mit einer Tasse Tee und ein wenig

Geduld. Die nächsten Seiten sind abstrakt und sicherlich keine Gutenacht-Lektüre. Dieser Teil endet mit einer These, wie sie ähnlich auch schon am Schluss der Ersten und der Siebten Lektion zu finden war: Ich behaupte, dass die Schule von ihrer *Eigengesetzlichkeit* her auf die Freigabe des Einzelnen und die Autonomie der Institution zielen muss. Dass Schulen eine Eigengesetzlichkeit bzw. -logik haben, gilt unter Wissenschaftlern als unbestritten (vgl. Diederich/Tenorth 1997:127). Strittig ist allerdings, ob sich die Schule auf Grund ihrer Eigenlogik genau in *die* Richtung bewegt, die ich im Folgenden herauszuarbeiten versuche.

(1) Claus Offe und Jürgen Habermas[16] haben vor 25 Jahren vorgeschlagen, den pauschalen Begriff „Gesellschaft" auszudifferenzieren (das ist für Soziologen eine Selbstverständlichkeit) und die folgenden drei gesellschaftlichen Subsysteme zu unterscheiden:

- Das *soziokulturelle System* (zu dem die Familienstrukturen, das gesellige Leben, die Kirchen, die Kulturträger, Wissenschaften usw. zählen) hat sich in den vergangenen Jahrhunderten ebenso wie das
- *ökonomische System* (die „Wirtschaft") aus bescheidenen Anfängen heraus immer weiter entfaltet.
- Und der *„Staat"*, der sich von seiner heutigen Form noch deutlich unterschied, griff nur hin und wieder ein[17].

(2) Auch die *Schulen* zählen in diesem Analyseraster zunächst zum soziokulturellen System. Aber je häufiger der Staat regulierend in die Schulen eingriff, umso mehr wurde das Schulsystem zu einem Bestandteil des politisch-administrativen Systems:

- Schulen wurden schrittweise unter staatliche Aufsicht gestellt und in finanzielle Abhängigkeit gebracht. Die geistliche Schulaufsicht wurde im gleichen Tempo zurückgedrängt.
- Die Allgemeine Schulpflicht wurde im 18. Jahrhundert eingeführt und schrittweise durchgesetzt. Bei Jürgen Diederich und Heinz-Elmar Tenorth (1997:15 ff.) können Sie nachlesen, wie spannend dieser historische Prozess war, wie zäh er verlief, wie spät er in voller Breite einsetzte (nämlich zu Beginn des 19. Jahrhunderts, also mit der industriellen Revolution) und wann er abgeschlossen war (nämlich erst vor 70, 80 Jahren).
- Staatliche Instanzen formulierten nun die Richtlinien; auch die Ausbildung und Examinierung der Lehrer wurde zu einem staatlichen Privileg.
- Der Staat wurde auch zum größten Schulanbieter.

Das Schulwesen „wanderte" sozusagen aus dem soziokulturellen System (d. h. aus der Tradition und der Verantwortung der Kirchen, Kommunen, Zünfte und Eltern) hinüber in das politisch-administrative System:

---

16 Offe (1973:213); Habermas (1973:15); dieses Raster findet sich auch in zahlreichen anderen schultheoretischen und erziehungswissenschaftlichen Darstellungen.

17 Habermas definiert „Arbeit", „Interaktion" und „Sprache" als die drei *Triebkräfte* dieses Entwicklungsprozesses (Habermas 1968); vgl. das ausführliche Referat bei Krüger/Lersch (1993:86 ff.) und Meyer (1987, Bd. 1:57–62, Bd. 2:88–93).

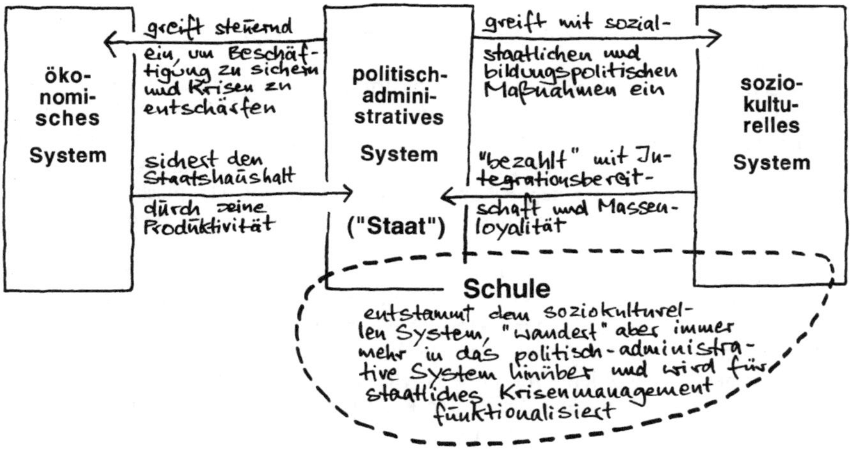

Abbildung 8.10: Schule als gesellschaftliches Subsystem

Heute sind die Schulen *noch* mit einem Bein im soziokulturellen System beheimatet, werden aber immer stärker vom Staat für seine Bestandsinteressen und Steuerungsaufgaben „funktionalisiert".

These 8.11: Schulen sind zu einem gesellschaftlichen *Subsystem-Zwitter* geworden.

Dadurch entstehen ganz spezifische Reibungen innerhalb des Subsystems „Staat" und im Kontakt zu den übrigen Subsystemen. Man könnte den Prozess mit dem Aufeinandertreffen der Kontinentalplatten vergleichen: An den meisten Stellen der Erdoberfläche merkt man nichts, aber auf den Philippinen, in Kalifornien und an weiteren Orten knallt's immer wieder, weil die Platten aufeinander treffen und sich zu überlagern beginnen. Ein Punkt, an dem es knallt, sind z. B. die Versuche des Staates, die Schulen in die Bewältigung der Beschäftigungskrise(n) einzubinden (s. u.).

(3) Weil der Staat die Gesamtverantwortung für das Schulsystem übernommen hat, muss er auch bemüht sein, es auf ein hohes Niveau zu bringen und dort zu halten, um den „Standort Deutschland", den „Standort Österreich" usw. für das Wirtschaftssystem attraktiv zu machen. Der Staat weist den Schulen deshalb immer häufiger zusätzliche Aufgaben zu, die zwar in der Regel plausibel begründet werden können, aber nicht zum ursprünglichen Aufgabenkanon der Schule zählen:

- Schulen sind in den letzten Jahrzehnten immer mehr zu einem *Instrument der Arbeitsmarktpolitik* gemacht worden. Der Schulbesuch – die so genannte Verweildauer[18] – ist insgesamt verlängert worden; und das führt – ergänzt durch immer längere Ausbildungs- und Studienzeiten – zu einer unmittelbaren Entlastung des Lehrstellen- und Arbeitsmarkts.

- Die *Schullaufbahnen* sind heute offener als früher und in sich flexibler gestaltet. Ein Wechsel zwischen einzelnen Schulformen – z. B. von berufsbildenden Schulen an ein Fachgymnasium oder in eine gymnasiale Oberstufe allgemein bildender Schulen – ist leichter gemacht worden und findet auch häufiger als früher statt. Versäumte Abschlüsse können leichter nachgeholt werden. Sowohl von Hauptschulen wie von Realschulen und Gesamtschulen ist ein direkter Übergang in eine gymnasiale Oberstufe möglich.
- Schulen können zum *„cooling out"* missbraucht werden. Damit ist gemeint, dass Schüler und Schülerinnen von einer Bildungsmaßnahme in die nächste weitergereicht werden, ohne dass dadurch eine echte Berufsperspektive für sie entstünde. Sie bleiben dann so lange im Schulsystem, bis ihre ursprünglichen Berufserwartungen so weit „abgekühlt" worden sind, dass sie sich auch auf Beschäftigungsverhältnisse einlassen, die deutlich unter ihrem ursprünglich angestrebten Qualifikationsniveau liegen oder vorziehen, arbeitslos zu werden.
- Schulen sollen immer häufiger dafür geradestehen, dass den Jugendlichen bestimmte Normen und Wertorientierungen vermittelt werden, die andere Sozialisationsagenturen (z. B. die Familien und die Kirchen) nicht mehr vermitteln können oder wollen. Und sie müssen immer häufiger mit verhaltensauffälligen Schülerinnen umgehen und als „soziale Reparaturdienste" fungieren.

Wohin führt diese Entwicklung? Ich habe oben schon Klaus Hurrelmann zitiert, der auch für Deutschland den neuen Typus der *„Full Service School"* prognostiziert: eine Schule, in der für alle Kinder und Jugendlichen traditionelle Bildungsangebote mit Dienstleistungen im Gesundheits-, Freizeitbereich, in psychosozialer Beratung und Berufsvorbereitung verknüpft werden. In unserer Terminologie:

These 8.12: Die gesamtgesellschaftliche Entwicklung legt nahe, die Humanfunktion der Schule zu stärken.

(4) Ist das Schulsystem überhaupt *in der Lage*, diese neue Aufgabe wahrzunehmen, ohne die alten zu gefährden? Die Frage ist schwer zu beantworten, weil die Lehrerinnen dort, wo Sozialisationsdefizite der Schülerinnen vorliegen, gar keine andere Wahl haben, als erzieherisch einzuwirken und die Instruktionsaufgaben hintanzustellen. Dort, wo ein entsprechend motiviertes und ausgebildetes Kollegium vorhanden ist, gelingt es offensichtlich auch in vielen Fällen, neue Aufgaben zur Zufriedenheit des Auftraggebers und der Klientel zu erfüllen. Deshalb weiß heute – trotz lauten Klagens – niemand so ganz genau, was den Schulen noch alles zugemutet werden kann, bevor sie zusammenbrechen.

18 Die *Verweildauer* kann gestreckt oder gestrafft werden: z. B. durch die Möglichkeit, schon in der gymnasialen Oberstufe die Ausbildung zur Technischen oder Chemischen Assistentin zu beginnen (= Straffung) oder durch die Einführung des zehnten Hauptschuljahrs und des Berufsgrundbildungsjahrs (= Streckung).

These 8.13: Die Grenzen der Belastbarkeit der Schulen sind ungeklärt.

Es ist für den Staat also verlockend (und viel preiswerter als sozialpflegerische und -therapeutische Maßnahmen), den Schulen Kompensationsaufgaben zuzuschieben.

(5) Ist der Staat darauf *vorbereitet*, die Reform des Schulwesens im Sinne neuer Funktionszuweisungen vorzunehmen? Offensichtlich nur in einem sehr eingeschränkten Sinne:

- Ausreichende Finanzmittel für die Bildungsreform sind vorhanden. Deutschland war noch nie so reich wie am Ende des 20. Jahrhunderts. Aber es fehlt am politischen Willen, entsprechende Prioritäten zu setzen (vgl. Klemm 1995).
- Die Planungsfähigkeit des Staates ist allerdings begrenzt, obwohl die zu lösenden Probleme immer komplexer werden und immer stärker untereinander vernetzt sind.

Weil wir uns in einer unübersichtlichen spätkapitalistischen Gesellschaftsformation[19] befinden, erfolgen die staatlichen Impulse zur Weiterentwicklung der verschiedenen gesellschaftlichen Subsysteme und auch der Schulen immer seltener in einer Art und Weise, wie man/frau dies mit dem „gesunden Menschenverstand" erwarten würde. So sprechen fast alle wissenschaftlichen Argumente für die Einführung von Stufenschulen; so wäre ein schleuniger Wiederaufbau der Lehrerbildungskapazitäten in den alten Bundesländern angesagt - aber nichts (genauer: nur ein ganz bisschen) passiert!

These 8.14: Weil die gesamtgesellschaftlichen Entwicklungen unübersichtlicher und die bereitgestellten Gelder knapper geworden sind, wird es für den Staat immer schwieriger, die Schulentwicklung vorausschauend zu planen.

Der Staat selbst weiß oft genug nur ungenau, was er von den Schulen verlangen müsste, wenn sie denn so handeln könnten, wie sie sollten. Dies erklärt zu einem guten Teil die *Halbherzigkeit*, mit der ein großer Teil der staatlichen Schulrefomen betrieben wird. Im Soziologenjargon: Es ist von der „Unterdeterminiertheit" (= Unschärfe) staatlicher Aufgabenzuweisungen an Schule auszugehen[20].

(6) Werden die Steuerungsversuche des Staates akzeptiert? Hat der Staat eine ausreichende *Legitimationsgrundlage* für sein Handeln? Auch hier zeigen sich Grenzen der spätkapitalistischen Gesellschaftsformation. Es gibt immer häu-

19 Habermas (1973); Treibel (1995:53). Als spätkapitalistisch werden Gesellschaftsformationen bezeichnet, in denen eine Stufe hoher ökonomischer Konzentration erreicht ist und in denen der Staat nur dann regulierend eingreift, wenn Krisen entschärft werden müssen. (Wer statt „Spätkapitalismus" lieber „Postmoderne" sagt, möge dies tun, auch wenn's gesellschaftstheoretisch nicht stimmt.)

20 Vgl. Lenzen/Meyer (1975).

figer Legitimationskrisen. Die Krisenanfälligkeit hängt, so Habermas, insbesondere damit zusammen, dass einmal zerbröselte Normen und Traditionen nicht künstlich wiederhergestellt werden können. Bezogen auf Schule: Wenn Schülerinnen, Lehrerinnen und Eltern sehen, dass „der Staat“ bestimmte Wertorientierungen (seien sie konservativ oder progressiv) über die Sozialisationsmächtigkeit der Schulen durchsetzen will, weil dies das Regieren leichter macht, so wirkt eine solche Staatsintervention eher „kontraproduktiv“. Die Wertorientierungen selbst werden entwertet, wenn ihre Funktionalisierung durchschaut worden ist (Habermas 1973:99). Deshalb hatte ich in These 6.7 (S. 213) geschrieben, dass der *Sinn* von Schule nicht von oben vorgegeben werden kann, sondern durch die Beteiligten selbst erarbeitet werden muss.

These 8.15: Der Sinn praktischen Handelns kann nicht administrativ erzeugt werden.

(7) Schulen müssen bestimmte gesellschaftliche Aufgaben erfüllen. Aber es gibt keine lineare bzw. hierarchische Unterordnung des Schulsystems unter die Staatsstruktur. Dies rührt daher, dass jedes gesellschaftliche Subsystem (Ökonomie, Staat, soziokulturelles System) eine *eigene Entwicklungslogik* besitzt, die nicht einfach zu stoppen oder gar umzukehren ist[21]. Auch das Schul- und Bildungswesen hat eine eigene Entwicklungslogik (vgl. Diederich/Tenorth 1997:127), sie ist jedoch sehr viel unauffälliger als die der Wirtschaft und auf Grund der starken Stellung des Staates eher durch Rückschläge bedroht.

Die Eigenständigkeit der Schule ergibt sich aus der schlichten, aber fundamentalen Tatsache, dass sie dazu da ist, die heranwachsende Generation auf die Meisterung *der Zukunft, nicht der Gegenwart* vorzubereiten[22]. Die heute heranwachsende Generation soll für eine nur erst in Umrissen erkennbare politische, ökonomische und soziokulturelle Situation tüchtig gemacht werden. Dem Staat kann deshalb nicht damit gedient sein, wenn die Schulen für *unmittelbar* gegebene staatliche Interessen ausbilden. Training für den Jetzt-Fall würde das Ziel der Schule verfehlen!

These 8.16: Weil Bildung immer eine Vorwegnahme der Zukunft der Schülerinnen ist, *muss* sich die Schule – zumindest ein Stück weit – aus ihrer Verflechtung in gesellschaftliche Abhängigkeiten lösen und eigenständig werden.

---

21 Wirtschaftsvertreter pflegen diese relative Eigenständigkeit für sich lautstark einzuklagen und auch in der Substanz wirkungsvoll durchsetzen.

22 Diese Eigentümlichkeit der Zeitstruktur der Schule ist insbesondere von der geisteswissenschaftlichen Pädagogik als Vorwegnahme der Zukunft in der Gegenwart des Zöglings analysiert worden (vgl. Weniger 1952:65).

Dies war schon immer so, aber in traditionalen Gesellschaften mit einer geringen Entwicklungsdynamik stellte der Zukunftsbezug des Schulzwecks noch kein großes Steuerungsproblem dar. Es blieb ja halbwegs überschaubar, was auf die junge Generation 25 Jahre später zukommen würde. Heute ist dies anders. Weil auch die Zukunftsforscher nur ungenau prognostizieren können, was auf uns zukommt, ist es das Klügste, davon auszugehen, dass die heutige Schülergeneration lebenslang weiterlernen muss. Deshalb wird zwangsläufig das *Lernen des Lernens* in der Schule und in Fort- und Weiterbildungseinrichtungen immer wichtiger. Dies aber hat zur Folge, dass die Lehrplanvorgaben des Staates an Bedeutung verlieren und die Schulen ihren Bildungsauftrag immer mehr *in eigener Regie* definieren und umsetzen müssen.

These 8.17: Je dynamischer die gesamtgesellschaftliche Entwicklung verläuft, umso unwichtiger werden staatliche Lehrpläne und umso größer *muss* die relative Autonomie der Schule werden.

(8) Daraus erwächst den Schulen eine *eigene Stärke und Würde*. Die einzelne Schule kann – entsprechende Anstrengungen des Kollegiums und der Schülerinnen vorausgesetzt – die Normen der „Ellenbogengesellschaft" zumindest zum Teil neutralisieren und in bestimmten Phasen und bestimmten Aspekten zu einer Insel der Humanität in einer entfremdeten Umwelt werden. Sie muss nicht jeden von gesellschaftlichen Interessengruppen und/oder vom Staate angetragenen Unsinn in ihre Programmatik aufnehmen, sondern hat das Recht und die Pflicht, die Vorgaben nach eigenen pädagogischen Maßstäben neu zu durchdenken (vgl. S. 283):

These 8.18: Die Gewährung einer relativen Schulautonomie ist kein Gnadenakt des Staates, sondern eine durch den Modernisierungsschub der Gesellschaft verursachte strukturelle Notwendigkeit.

3.3 Modernitätsrückstand der Schule – Vorwegnahme der Zukunft

Wenn die Schule eine eigene, aus ihrer Aufgabenstruktur erwachsene Entwicklungslogik hat, dann ist auch theoretisch denkbar und praktisch nachweisbar, dass sich die Schulen *ein Stück weit* vom Stand der politischen, der kulturellen und ökonomischen Entwicklung entfernen können.

Denken Sie bitte noch einmal an die Parabel aus Abschnitt 2.1 dieser Lektion zurück:

- Der Lehrplan der Neandertaler war schon bei seiner Etablierung historisch überholt.
- Aber genau darin lag ja seine gewünschte Funktion!

Und was ist mit Larissa?

- Sie war ihrer Zeit voraus, weil sie dem Lehrziel „Etrusker hassen" zuwiderhandelte.
- Aber ihre Aufmüpfigkeit kam ja nicht von selbst und über Nacht, sondern war durch das allgemein bildende Curriculum der Winterschule mitgeprägt worden.

Schulen können also hinter dem Stand der Entwicklung herhinken, aber auch in gewissem Umfange vorpreschen. Dies kann sich auf einzelne Elemente oder auf die Schule als Ganzes beziehen:

- Manche gesellschaftlichen Entwicklungen vollziehen sich heute derart schnell, dass die Schulen allergrößte Mühe haben, auch nur halbwegs hinterherzukommen. Beispiele sind die zögerlichen Schulreaktionen auf die Entwicklung zur Informationsgesellschaft, die schulischen Antworten auf die außerhalb der Schulen und Kirchen beobachtbare „neue Religiosität" vieler Jugendlicher oder die Antwort auf die deutlich veränderten jugendlichen Sexualnormen ...
- Andere Aufgaben, z. B. die Erziehung zur Team- und Projektfähigkeit, können nur ungenügend erfüllt werden, weil die Lehrerinnen selbst sich diese Kompetenzen noch nicht angeeignet haben[23].
- Das Schulsystem einer Gesellschaft kann durch lang anhaltende Versäumnisse auch so weit heruntergewirtschaftet worden sein, dass selbst die Grundaufgaben (die Vermittlung der Kulturtechniken und die allgemeine Grundbildung) nicht mehr erfüllt werden. Die Schulen befinden sich dann nicht einmal mehr im Schlepptau gesellschaftlicher und wissenschaftlicher Modernisierungsschübe, sondern haben die Leinen gekappt.

Es kann passieren, dass sich ein Schulsystem (und erst recht eine einzelne Schule) zur selben Zeit in einem curricularen Modernitätsrückstand[24] und einer sozialen Vorwegnahmesituation befindet – oder umgekehrt. Zusammengefasst: Es gibt keine linearen, sondern nur „multidimensionale" Abhängigkeiten und Freiräume.

These 8.19: Schulen können sich im Schlepptau gesellschaftlicher Entwicklungen befinden, sie können überalterte Strukturen konservieren, sie können aber auch durch die Vorwegnahme einer besseren zukünftigen Gesellschaftsform zu Inseln der Humanität werden.

---

23 Die *Arbeitgeber* haben heute – z. B. im Blick auf Team- und Projektarbeit sowie Schulautonomie – oft progressivere schulpolitische Ideen als die Schulverwaltungen, die Wissenschaften und die Schulen selbst!

24 Der jeweilige curriculare Modernitätsrückstand kann an der Frage überprüft werden, wie lange es dauert, bis neue gesellschaftliche und politische Entwicklungen und Forschungsergebnisse in den Richtlinien und Schulbüchern „angekommen" sind. Der berühmte preußische Pädagoge Friedrich Paulsen schätzte am Ende des 19. Jhs., dass dies durchschnittlich eine Generation, also 25 Jahre dauere. Heute geht es ein bisschen schneller, aber fünf bis zwölf Jahre dürften es – je nach Fach und Schulstufe – immer noch sein.

4. Pädagogische Funktionen von Schule

4.1 Dritte Grundfunktion: Freisetzung des Menschen zu sich selbst

Die Schulpädagogik definiert aus ihrer eigenen, aufklärerischen Tradition heraus eine *dritte Grundfunktion* von Schule, von der bisher noch nicht die Rede war[25] und die auch sehr schwer empirisch nachzuweisen ist. Es geht um das, was der bereits zitierte neuhumanistische Bildungstheoretiker F. D. E. Schleiermacher als „Herausbildung der *Eigentümlichkeit* des Einzelnen" bezeichnet hat[26]. Herwig Blankertz beschreibt diese Funktion auf der letzten Seite seines letzten Buches, der „Geschichte der Pädagogik" (1982a:306 f.):

Herwig Blankertz

„Thema der Pädagogik ist die Erziehung, die den Menschen im Zustand der Unmündigkeit antrifft. Erziehung muss diesen Zustand verändern, aber nicht beliebig, sondern orientiert an einer unbedingten Zwecksetzung, an der Mündigkeit des Menschen. Wo aber findet die Pädagogik den Maßstab für Mündigkeit? Nach Auskunft der Geschichte der europäischen Pädagogik ist der Maßstab nicht willkürlich gesetzt, sondern in der Eigenstruktur der Erziehung enthalten. Diese Struktur steht in Spannung zu den die Erziehung überformenden und überwältigenden, nicht-pädagogischen Normauflagen. Doch auch dann, wenn die Erwachsenen nur die Bewahrung des Vorgegebenen wünschen, nur Gehorsam, Einübung, Nachahmung und Nachfolge verlangen, liegt das Ziel in der Freigabe der Erzogenen. Denn der Nachwuchs muss das Tradierte schließlich selbstständig, in eigener Verantwortung und unter Berücksichtigung im Einzelnen nicht vorhersehbarer Situationen verwalten, interpretieren und verteidigen. Wie die kommende Generation ihren Auftrag erfüllen und bewähren wird, kann inhaltlich von den Erziehenden nicht vorweggenommen werden und ist darum prinzipiell nicht operationalisierbar. Wer pädagogische Verantwortung übernimmt, steht im Kontext der jeweils gegebenen historischen Bedingungen unter dem Anspruch des unbedingten Zweckes der menschlichen Mündigkeit – ob er das will, weiß, glaubt oder nicht, ist sekundär. Die Erziehungswissenschaft aber arbeitet eben dieses als das Primäre heraus: Sie rekonstruiert die Erziehung als den Prozess der Emanzipation, d. h. der Befreiung des Menschen zu sich selbst."

Der entscheidende Punkt dieser Argumentation liegt in der These, dass die Erziehung von ihrer Eigenstruktur her *zwingend* auf Abrichtung verzichten und Selbstständigkeit und Mündigkeit des Individuums anstreben müsse.

25 Mit Ausnahme der Zwischeneiszeit-Parabel.
26 Schleiermacher (1960:34).

These 8.20: Das Ziel der Schule liegt in der Freigabe der Erzogenen.

In Blankertz' Begrifflichkeit: Erziehung dient der Emanzipation[27] des Einzelnen zu sich selbst, weil anders Erziehung nicht möglich ist. Die Begriffe „Emanzipation" und „Mündigkeit" werden bei Blankertz und auch bei den meisten anderen Erziehungswissenschaftlern[28] nahezu gleichbedeutend verwendet:

- „Emanzipation" ist eine *Entwicklungsaufgabe* des Einzelnen. Sie ist kein Lehrziel, das „einfach so" im Unterricht verfolgt werden könnte. Wer emanzipiert ist, hat sich ja gerade von Vorschriften, Kontrollen und Gängelungen jeder Art befreit. Es wäre also ein Widerspruch in sich, Emanzipation anzuordnen.
- „Mündigkeit" ist das Ergebnis individueller Emanzipation und zugleich *die* Grundkategorie der Aufklärungsphilosophie des 18./19. Jahrhunderts und der geisteswissenschaftlichen Pädagogik des 20. Jahrhunderts.
  Wer mündig ist, hat den „aufrechten Gang" erlernt, er kann selbstständig und selbstbewusst denken, fühlen und handeln. Er kann die drei schlichten Fragen beantworten: Wer bin ich? Wozu sind wir da? Was können wir tun?
  Wer mündig geworden ist, hat sich auch von seinem Erzieher emanzipiert, und er/sie wird dort, wo dies ihm oder ihr notwendig zu sein scheint, auch die vom Erzieher vermittelten Wertorientierungen ablegen.

Für Blankertz ist die Freigabe des Einzelnen der Prüfstein für die Ernsthaftigkeit einer *demokratischen* Schulreform. Erst dann, so argumentiert er, wenn die durch den Staat gewährten Bildungschancen von staatlichen Bestandsinteressen und vom Ausbildungsbedarf des ökonomischen Systems ein Stück weit abgekoppelt worden sind, kann von einer demokratischen Schule gesprochen werden. Ich übernehme diese Position:

These 8.21: Erziehung zur Mündigkeit kann nur in Schulen mit relativer Autonomie gelingen.

Eine demokratische Schule hat deshalb *mehr* zu leisten als gesellschaftlich vorgegebene Funktionen zu erfüllen. Sie muss, wie mehrfach gefordert, zum „Eigentum" der Schülerinnen und Lehrerinnen werden.

---

27 Das Wort *Emanzipation* kommt aus dem Lateinischen und heißt so viel wie „aus den Händen geben". Damit war bei den Römern die Freigabe von Sklaven gemeint. Zu Beginn des 19. Jhs. kam der Begriff wieder in Gebrauch. Jetzt meinte er die Gewährung der vollen Bürgerrechte für die Juden. In den 70er-Jahren unseres Jhs. – während der sozial-liberalen Bildungsreformphase – wurde Emanzipation zu einem politischen und pädagogischen Kampfbegriff gegen den „Muff von tausend Jahren" an Schulen und Hochschulen. Damals entstand die Emanzipationsbewegung der Frauen. Und auch in bildungspolitischen Diskussionen, in Politik-Richtlinien und im Selbstverständnis vieler Lehrerinnen wurde „Emanzipation" zum übergeordneten Ziel von Schule und Unterricht.

28 Vgl. Gruschka (1996) und die Definitionen und ausführlichen Kommentierungen bei Jank/Meyer (1991:77, 140, 175f f.)

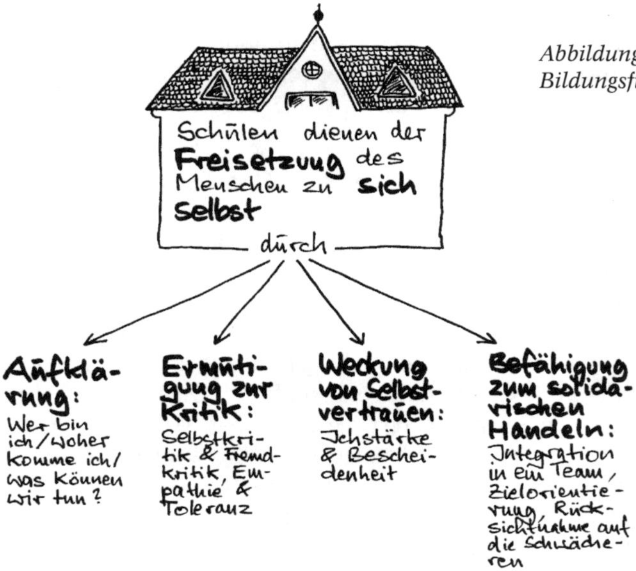

Abbildung 8.11: Bildungsfunktion

4.2 Bernfelds Kontrapunkt

Kritiker könnten einwenden, dass ich mich mit den Thesen 8.20 und 8.21 wie Münchhausen an den eigenen Haaren aus dem Sumpf gezogen hätte:

- Ich definiere Schule als Erziehungsmacht, schiebe eine anspruchsvoll-normative Definition für Erziehung hinterher und folgere dann, dass „Emanzipation“ eine Grundfunktion der Schule sei,
- wohl wissend, dass diese Behauptung bereits in Hunderttausenden von Schülerbiografien widerlegt worden ist.

Es muss also überprüft werden, ob Schulen die Emanzipationsfunktion überhaupt erfüllen *können*, wenn sie es denn wollen und sollen. Es kann ja unbeabsichtigte Nebenwirkungen schulischer Bildung geben, die das Erreichen der im Schulprogramm vorangestellten emanzipativen Erziehungsziele behindern oder gar ins Gegenteil verkehren. – Genau so argumentiert Siegfried Bernfeld[29], ein aus Österreich stammender, vor den Nazis nach Kalifornien geflüchteter Psychoanalytiker und Marxist. In seinem berühmten Buch „Sisyphos oder die Grenzen der Erziehung“ schrieb er schon 1925:

These 8.22: „Die Schule – *als Institution* – erzieht.“

29 Bernfeld ist hier exemplarisch ausgewählt. Es gibt viele weitere Autoren, die ganz ähnlich argumentieren, z. B. Heinz-Joachim Heydorn (1981): „Institution und Mündigkeit geraten in einen unüberbrückbaren Gegensatz.“ Einen Überblick über die aktuelle Diskussion liefert Sünker (1996).

Das war freilich polemisch und skeptisch gemeint! Eigentlich hätte Bernfeld formulieren müssen: „Die Schule als Institution verzieht.“ Er analysierte die Schule als Instrument der Klassenherrschaft und bezweifelte, dass Schulen halten könnten, was sie versprächen (1925/1971:27 f.):

„Die Institution Schule ist nicht aus dem Zweck des Unterrichts gedacht (…), sondern ist da, *vor* der Didaktik und gegen sie. Sie entsteht aus dem wirtschaftlichen – ökonomischen, finanziellen – Zustand, aus den politischen Tendenzen der Gesellschaft (…). In welcher Richtung immer diese Kräfte wirken mögen, es ist von vornherein unwahrscheinlich, dass sie die Erreichung des didaktischen Zweckes garantieren, es ist nicht einmal wahrscheinlich, dass sie ihm neutral gegenüberstehen. Sondern es ist sehr zu erwarten, dass sie ihn vielfach brechen und ablenken. Jedenfalls ist es wissenschaftlicher Haltung nicht angemessen, solche Möglichkeit, solche höchste Wahrscheinlichkeit ungeprüft zu lassen. Die Unerschrockenheit, Konsequenz, innere Geschlossenheit, die das Zeichen wissenschaftlicher Bemühung ist, fehlt darum der Didaktik. Schlimmer noch, sie gerät in eine lächerliche, und von der revolutionären Pädagogik her gewertet, verbrecherische Situation. Und zwar durch eine der bitteren Paradoxien, deren die Geschichte der Pädagogik so reich ist. Das Schulwesen hat offenbar Wirkungen, die über den eigentlichen Unterricht weit hinausreichen. Die Schule – als Institution – erzieht. Sie ist zum wenigsten *einer* der Erzieher der Generation; einer jener Erzieher, die – zum Hohne allen Lehren der großen und kleinen Erzieher, zum Hohne allen Lehr- und Erziehungsprogrammen, allen Tagungen, Erlässen, Predigten – aus jeder Generation eben das machen, was sie heute ist, immer wieder ist, und gerade nach jenen Forderungen und Versprechungen ganz und gar nicht sein dürfte.“

Und ganz ähnlich klang es auch schon 118 Jahre früher bei Johann Friedrich Herbart:

„Die Verschiedenheit der Köpfe ist das große Hindernis aller Schulbildung. Darauf nicht zu achten, ist der Grundfehler aller Schulgesetze, die den Despotismus der Schulmänner begünstigen und alle nach einer Schnur zu hobeln veranlassen.“ (aus: „Schemata zu Vorlesungen über Pädagogik in Göttingen“ aus den Jahren 1807–1809)

Das erste Argument Bernfelds ist allemal richtig: Schulen hat es lange vor der Erfindung der Didaktik bzw. der Bildungstheorie als Wissenschaft gegeben. Und die Ansprüche der Didaktik spielen bei schulorganisatorischen Entscheidungen oft keine Rolle.

Auch das zweite Argument stimmt nach allem, was wir über Schulen wissen: Es *gibt* diese unbeabsichtigten und ungewollten Nebenwirkungen, die über den engeren Zweck der Erziehung und des Unterrichts weit hinausreichen. Bernfelds These ist nämlich durch die Studien zum „Heimlichen Lehrplan“ der Schule eindrucksvoll und präzis empirisch bestätigt worden[30].

30 Dieser „Lehrplan“ ist heute also nicht mehr heimlich, sondern ein Teil des Professionswissens der meisten Lehrerinnen; vgl. Zinnecker (1975); Rolff (1995b).

Wäre das Bernfeld-Zitat das letzte Wort zur Aufgabenerfüllung von Schulen, so müssten wir (H. M., C. J., D. V.), wenn wir redlich wären, unsere Lektionen zur SCHULPÄDAGOGIK an dieser Stelle abbrechen und jeder Lehrerin raten, aus dem Beruf zu scheiden und selbst das Gleiche tun.

Wir bleiben jedoch an unseren Arbeitsplätzen - nicht aus Bequemlichkeit und wegen des gemachten Betts, sondern weil wir die begründete Hoffnung haben, dass es im Reich menschlicher Freiheit keine unveränderlichen Gesetzmäßigkeiten geben kann!

Wir halten dagegen, dass noch nicht gründlich genug erforscht worden ist, wie die ungewollten Nebenwirkungen in Grenzen gehalten, ja vielleicht in Teilaspekten positiv gewendet werden können. Es gibt - gerade nach 1945 - neue und positive Entwicklungen in der Schule, die Herbart und Bernfeld noch gar nicht zur Kenntnis nehmen konnten, die aber ihre Forderung nach mehr Menschenwürde und Selbstständigkeit ansatzweise einlösen. Heute wird nicht nur auf die „Verschiedenheit der Köpfe“, sondern immer mehr auch der der Herzen und Hände geachtet - und das ist gut so!

4.3 *Die Widersprüchlichkeit der Schule*

Ich komme zum Schluss und versuche, die auseinander driftenden schulischen Funktionszuweisungen doch noch auf einen Nenner zu bringen. „Schule“, sagt Dieter Vorrath vom Ausbildungsseminar Oldenburg, „das ist der gelebte Widerspruch!“ Schule lebt von und mit und trotz ihrer Widersprüche, von denen ich vier noch einmal benenne (vgl. auch Schulze 1980):
Erstens: Die gesellschaftliche Aufgabenzuweisung ist ambivalent:

- Schulen dienen der Reproduktion der Gesellschaft,
- aber sie können diese Aufgabe nur erfüllen, indem sie die Gesellschaft weiterentwickeln.

Zweitens: Lehren und Lernen sind dialektisch und d. h. widersprüchlich aufeinander bezogen:

- In der Schule wird strukturelle Gewalt ausgeübt,
- aber mit Liebe und Achtung vor dem Eigenrecht jedes Menschen verbunden.

Drittens: Das Verhältnis von Schule und Leben ist von doppelter Künstlichkeit:

- Die Schule muss sich gegen das „wirkliche“ Leben abschotten,
- kommt aber nicht umhin, es in pädagogischer Absicht wieder in die Schulen hineinzuholen.

Viertens: Der Bildungsauftrag der Schule schafft ein dialektisches Verhältnis von Vergangenheit, Gegenwart und Zukunft:

- Schule lebt davon, die Tradition zu verlebendigen,
- aber sie tut dies, um die Zukunft der heranwachsenden Generation vorwegzunehmen.

Die Schule lebt von dieser Dialektik ihrer Aufgabenstellungen, aber wir müssen uns hüten, die Widersprüche vorschnell auf der Theorieebene zu harmonisieren. Denn im alltäglichen Schulbetrieb sind sie da und können nicht einfach abgehakt werden. Die vorläufige theoretische Antwort auf dieses Dilemma wird keinen Praktiker befriedigen:

These 8.23: Die Schule muss versuchen, eine Balance zwischen den drei Grundfunktionen der gesellschaftlichen Reproduktion, der Humanfunktion und der Emanzipation des Einzelnen zu sich selbst herzustellen.

In Abbildung 8.12 habe ich versucht, diese Balancierungsaufgabe grafisch darzustellen:

- Keine der drei Grundfunktionen ist hervorgehoben oder untergeordnet.
- Die drei dicken Pfeile symbolisieren mögliche Reibeflächen, aber auch produktive Aufarbeitungen.

Man kann in der Schulrealität bestimmte Teilfunktionen betonen, aber keine der Grundfunktionen kann aufgehoben werden (vgl. Adl-Amini 1985).

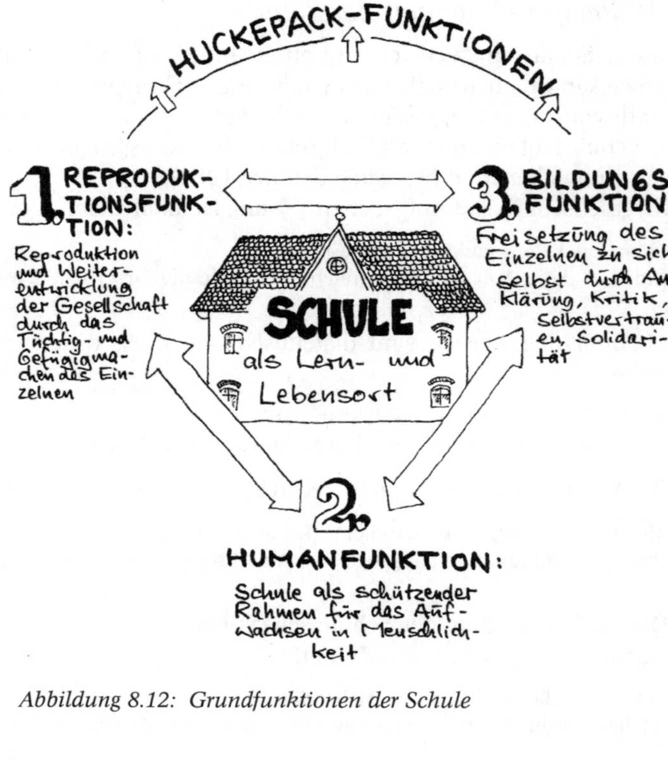

Abbildung 8.12: Grundfunktionen der Schule

Vierter Teil: Schulen entwickeln sich

Neunte Lektion: Blicke in die Geschichte der Schule

von Theodor Schulze

Theodor Schulze

Vorweg[1]: Diese Lektion befasst sich mit der Geschichte der Schule. Die Geschichte der Schule ist ein weites Feld. Mit ihrer Erforschung beschäftigt sich eine größere Zahl von Erziehungswissenschaftlern. Eine Geschichte der Schule zu schreiben ist ein anspruchsvolles Unternehmen, und schon um sie eingehender zu studieren, wird man einige Zeit und Mühe aufwenden müssen[2].

Wir begnügen uns mit Blicken in die Geschichte der Pädagogik. Wer in der Schule arbeitet, muss nicht unbedingt die Geschichte der Schule kennen. Aber es ist gut, hin und wieder einen Blick in sie hineinzuwerfen, und auf jeden Fall sollte man sich einen ungefähren Überblick verschaffen. Warum? Das sagen wir im dritten Abschnitt dieser Lektion.

---

1 Diese Lektion ist im Dialog zwischen Hilbert Meyer und mir entstanden. Ich bin Theodor Schulze, Professor für Pädagogik an der Universität Bielefeld, seit 1991 emeritiert. Wir beide machen gelegentlich Urlaub in Klitmøller, einem kleinen Ort an der Westküste Jütlands. Hilbert erläuterte mir dort die Idee, in seinem neuen Buch die Geschichte der Schule in einer Landkarte mit einem großen Fluss vorzustellen. Mir gefiel die Idee. Ich sehe den wachsenden Strom deutlich vor mir und ich zeichne gern. Ich bot ihm an, die Karte zu entwerfen und zu zeichnen, dann auch zu erläutern. Bei der Umsetzung habe ich meine eigenen Überlegungen aus älteren Veröffentlichungen einfließen lassen (Schulze 1980; 1993).

2 Es gibt viele Bücher zur Geschichte der Schule. Wir empfehlen Ihnen für den Anfang die folgenden drei:
- Hans-Georg Herrlitz/Wulf Hopf/Hartmut Titze: Deutsche Schulgeschichte von 1800 bis zur Gegenwart (1993). Guter Überblick, konzentriert auf Schule.
- Herwig Blankertz: Die Geschichte der Pädagogik (1982a). Eine anspruchsvolle und gesellschaftskritische Einführung sowohl in die Ideen- wie auch in die Sozialgeschichte der Pädagogik und des Bildungswesens.
- Peter Menck: Geschichte der Erziehung (1993). Eine Geschichte mit Pfiff, die mit der Gegenwart beginnt und im 17. Jh. bei Comenius endet.

Die Geschichte der Schule wird gewöhnlich in Worten geschrieben und sie stützt sich auf die Sammlung und das genauere Studium zahlreicher Texte[3]. Doch wenn man auf etwas einen Blick wirft, entsteht ein inneres Bild, das wir in unserem Vorstellungsgedächtnis aufbewahren. Wir haben hier bewusst einen Zugang zur Geschichte der Schule über Bilder gewählt. Bilder lassen sich schneller auffassen und einprägen und sie vermitteln eine unmittelbare Anschauung – allerdings oft und zunächst, ohne dass wir im Einzelnen begreifen, was wir sehen[4].

Die Lektion hat drei Abschnitte:

- Im ersten Abschnitt erläutere ich die THEMATISCHE LANDKARTE zur Geschichte der Schule.
- Im zweiten Abschnitt betrachten wir einige Bilder zur Geschichte der Schule.
- Im dritten Abschnitt sprechen Hilbert und ich darüber, warum es sinnvoll ist, sich mit der Geschichte der Schule zu beschäftigen, und ich versuche zu erklären, was es mit dem von mir eingeführten Begriff der „Lernformation“ auf sich hat.

1. Eine THEMATISCHE LANDKARTE zur Geschichte der Schule

Eine Landkarte stellt einen Ausschnitt der Erdoberfläche dar. Sie ermöglicht Überblick und Orientierung. Thematische Landkarten stellen Wissensgebiete oder Themenzusammenhänge dar. Diese LANDKARTE zeigt die Schule als eine sich in der Geschichte der Menschheit entwickelnde Institution.

Wir stellen hier die Schule als einen großen Fluss dar. Das Bild des Flusses ist eine Metapher und auch eine Abstraktion. Tatsächlich ist Schule eine Vielzahl von Einzelheiten und viele sind auch schon älter – manche Schulbücher vielleicht fünf oder zehn Jahre und manche Schulpläne oder Schulgesetze vielleicht 20 oder 30 Jahre und manche Schulgebäude oder Schulgründungen

---

3 Es gibt auch viele Textsammlungen zur Geschichte der Schule und der Erziehung. Die kann man nicht von vorne nach hinten durchlesen. Das sind Bücher zum Schmökern und zum Nachschlagen. Fürs Erste empfehlen wir diese drei:
– Karl-Heinz Günther/Franz Hoffmann/Gerd Hohendorf/Helmut König/Heinz Schuffenhauer (Hrsg.): Geschichte der Erziehung (1987). Eine außerordentlich reichhaltige Textsammmlung aus DDR-Zeiten, gegliedert nach Gesichtspunkten des Historischen Materialismus, beginnend bei der Urgesellschaft und am Ende viel kommunistische Verlautbarungen; doch die Quellen sprechen für sich.
– Berthold Michael/Heinz-Hermann Schepp (Hrsg.): Politik und Schule von der Französischen Revolution bis zur Gegenwart. Bd. 1 (1973).
– Katharina Rutschky (Hrsg.): Schwarze Pädagogik. Quellen zur Naturgeschichte der bürgerlichen Erziehung (1977/1993). Ein eindrucksvolles und nachdenkenswertes Gruselkabinett pädagogischer Fantasien.

4 Es gibt noch wenig Bildersammlungen zur Geschichte der Schule und der Erziehung – drei seien empfohlen:
– Robert Alt (Hrsg.): Bilderatlas zur Schul- und Erziehungsgeschichte in 2 Bänden (1971). Eine unerschöpfliche Fundgrube. Sehr zu empfehlen auch:
– Horst Schiffler/Rolf Winkler: Tausend Jahre Schule. Eine Kulturgeschichte des Lernens in Bildern (1985). Mit ausführlichen Kommentaren.
– Hermann Lange: Schulbau und Schulverfassung der frühen Neuzeit. Zur Entstehung und Problematik des modernen Schulwesens (1967). Höchst interessant!

sogar 100 oder 500 Jahre alt. Aber keine reicht wirklich in die Zeit der Babylonier zurück. Das Bild zeigt weder den Weg einzelner Schulreformen, noch den Weg des heranwachsenden Kindes durch die Schule und auch nicht die wechselnden Schülerströme. Was wir hier als „Schule“ vorstellen, ist eigentlich eine Idee, eine interessante, hilfreiche und schließlich notwendige Idee, die sich als gesellschaftliche Einrichtung in der Realität etabliert und dann immer weiter ausgedehnt hat.

Der Fluss besteht aus zahllosen Überlegungen, Entscheidungen und Handlungen und vor allem aus Inhalten. Vielleicht haben Sie bei „Fluss“ an eine idyllische Naturlandschaft gedacht – mit klarem Wasser und mit fetten Lachsen und Aalen. Aber was da den Fluss tatsächlich hinuntertreibt, sind Buchstaben und Zahlen, Wörter, Sätze und Texte, Formeln und Regeln, Begriffe und Modelle, auch Körperhaltungen und -bewegungen, Theater- und Musikstücke, Geschichten und Bilder, Fertigkeiten, Erkenntnisse und Erfahrungen.

Die Metapher des Flusses scheint uns gut geeignet, einige wichtige Aspekte der Idee und Institution Schule zu verdeutlichen:

- *Ihre Erstreckung in der Zeit:* Schule ist schon lange da. Aber es gab auch Zeiten, da war sie noch nicht da. Viele Geschichten der Schule beginnen mit der Neuzeit – im 17. oder 18. Jahrhundert – mit der Verstaatlichung der Schule und der Einführung der Schulpflicht. Doch die Idee und Einrichtung sind sehr viel älter.
- *Ihre Kontinuität in der Zeit:* Schule ist schon lange da und in gewisser Hinsicht bleibt sie sich auch immer ähnlich. Es ist erstaunlich, dass wir auf dem kleinen Bild ganz links – größer auf Seite 332 – in der Anordnung der ausgegrabenen, fast 4 000 Jahre alten Steine sofort eine Schulklasse erkennen.
- Als 1945 das Deutsche Reich zusammenbrach, gab es für kurze Zeit keine Schule. Aber das Leben ging weiter, und schon nach wenigen Wochen war die Schule wieder da – wie die Post und die Gasversorgung.
- *Ihre Veränderung in der Zeit:* In einer Weise bleibt die Schule dieselbe; in anderer Weise verändert sie sich ständig. Sie wird eigentlich nicht älter, sondern jünger. Immer

neue Generationen von Schülerinnen und Schülern, von Lehrerinnen und Lehrern treten in sie ein, und ständig ist die Schule bemüht, sich auf die neusten gesellschaftlichen Anforderungen und Errungenschaften einzustellen. Revisionen und Reformen sind in ihr nichts Ungewöhnliches oder Ungebührliches. Sie gehören zu ihrem Wesen.

- *Ihre Richtung und ihr Anwachsen:* Ein Fluss hat eine Richtung. Er fließt zum Meer. Und er wird dabei immer breiter. Auch die Entwicklung der Institution Schule hat eine Richtung, obschon wir nicht wissen, wohin sie weist. Es ist eher eine Richtung „von … weg" als „auf … zu". Die Schule bewegt sich weg von dem selbstverständlichen Aufwachsen in einer begrenzten sozialen Gemeinschaft und in einer natürlichen Umwelt. Und wir sehen, dass die Schule in ihrer Geschichte ständig wächst. Sie bezieht immer mehr Kinder ein – schließlich nahezu alle – und über eine zunehmend längere Zeit. Und vor allem wachsen ihre Inhalte ständig, auch wenn immer wieder überholte herausgenommen werden.
- *Ihr historischer Wandel:* Die Richtung ist nicht gradlinig und das Anwachsen nicht gleichmäßig. Es gibt deutlich erkennbare und historisch bestimmbare Schwellen und Wandlungen, Zusammenschlüsse und Neugestaltungen: Lange Zeit gab es nur einzelne Schulen – Tempelschulen, Palastschulen, Klosterschulen, Domschulen, Stadtschulen – nur für wenige, standes- und berufsbezogen. Dann seit dem 18. Jahrhundert: die Verstaatlichung des Schulwesens, die Einführung der allgemeinen Schulpflicht und die Ausformung einer allgemeinen, an Wissenschaften orientierten Schulbildung, aber in getrennten Schularten und auf unterschiedlichem Niveau. Schließlich zu Beginn des 20. Jahrhunderts: die gemeinsame Grundschule für alle Kinder und damit der Grundstock für ein integriertes Schulwesen. Wie wird es weitergehen?
- *Ihre „Verschmutzung":* Auch daran könnte man denken. Es ist schwer, genau zu sagen, worin sie besteht und woher sie kommt. In vieler Hinsicht ist die Schule im Laufe der Zeit freundlicher, erträglicher und offener geworden. Und doch wachsen mit den Inhalten auch die Belastungen und die Fremdstoffe, die Überforderungen und die Abwehr.
- *Ihre Regulierung:* Die Schule ist auch ein regulierter Strom – lange Zeit von der Kirche überwacht, seit Ende des 18. Jahrhunderts durch den Staat reguliert. Dämme und Rückhaltebecken werden gebaut, um die schwankenden Wassermengen zu bewältigen, Staustufen und Schleusen, um den „Durchfluss" zu gewährleisten, Kläranlagen, um das Wasser immer wieder zu reinigen. Doch mit diesen Assoziationen stoßen wir auch an die Grenzen unserer Metapher. Es sieht so aus, als wäre der Fluss eine Naturgewalt, die die Menschen zu bändigen suchten. Doch es sind Menschen, die die Schule hervorbringen und die sie regulieren.

Betrachten wir die LANDKARTE genauer:

- In der Mitte der Schulstrom, wie er aus vielen Schul-Quellen zusammenfließt und ständig anschwillt.
- Am unteren Rand eine Markierung der Zeit mit wechselnden Maßstäben. Vom gegenwärtigen Standpunkt aus verkürzt sich die Zeit perspektivisch in die Vergangenheit.
- Am oberen Rand eine Horizontlinie mit bekannten und bedeutsamen Bauwerken, die die gesellschaftliche und kulturelle Entwicklung symbolisieren. Für die euro-amerikanische Auswahl gibt es Gründe: Wir haben unseren Standort in Mitteleuropa, und seit der Neuzeit ist die Organisation der Schule national ausgerichtet. Noch haben wir ein deutsches Schulwesen, demnächst vielleicht ein europäisches. Und: Das neuzeitliche Schulwesen ist auch in Europa entstanden.

- Darunter eine Art Informationsband, wie man es gelegentlich an Verlagshäusern oder auf Bahnhöfen sehen kann. Darauf erscheinen Stichworte, die auf wesentliche gesellschaftliche Hintergründe für die Entwicklung der Schule hinweisen.
- Darunter einzelne rechteckige Felder mit einem Richtungspfeil. Sie benennen wichtige Erfindungen und Entdeckungen, die in ihrer Auswirkung einen maßgebenden Einfluss auf die Gestaltung und Entwicklung der Schule gehabt haben – gleichsam die Gewitter- und Regenwolken, aus denen das Wasser herabfällt, das die Bäche und den Fluss anschwellen lässt. Da ist insbesondere ganz am Anfang die Erfindung der Schrift und der Zahlen, dann Mitte des 15. Jahrhunderts die Erfindung des Buchdrucks und damit die allgemeine Verbreitung und Nutzung des Lesens, Schreibens und Rechnens. Ohne diese Erfindungen sähe die Schule nicht aus, wie sie aussieht, sondern vielleicht wie ein Jugendheim, eine überbetriebliche Lehrwerkstatt, ein Sportplatz, eine Studiobühne oder auch wie Disneyland, Jurassic-Park, Las Vegas oder wie ein Flohmarkt. Das wird häufig übersehen.
- Links unterhalb und rechts oberhalb sind kleine Figurengruppen zu sehen. Sie sollen auf Lernformen außerhalb der Schule hinweisen. Da gibt es afrikanische Kinder, die ihrer Mutter beim Flechten einer Tragetasche zusehen und helfen, einen griechischen Diskuswerfer, den sein Sportmeister trainiert, einen adligen Knappen, der von einem erfahrenen Ritter in höfische Sitten und kriegerische Künste eingeführt wird, heutige Kinder mit ihren Eltern vor dem Fernseher und ein Kind an einem Computer.
- Am Rand des Stromes stehen Schulgebäude aus verschiedenen Zeiten und in verschiedenen Stilen[5], dazwischen gibt es Hinweise auf schulische Reformbewegungen und Organisationsprinzipien.
- Im Strom sind mit Bojen Fahrrinnen und Untiefen markiert; sie stehen für das immer noch dreigliedrige Schulwesen in Deutschland. Integrierte Gesamtschulen sind Versuche, besser über die Untiefen und Stromschnellen hinwegzukommen. Es müsste mehr davon geben!
- In den Strom hinein haben wir ein paar Bilder gehängt, über die wir im folgenden Abschnitt noch mehr sagen werden. Und an den unteren Rand habe ich zwei Klassenfotos geklebt. Das eine ist von 1906: Mein Großvater als Lehrer in einer einklassigen Dorfschule in Vordorf bei Braunschweig. Das andere von 1973: Lehrer Kempowski mit einem 1. Schuljahr in der Volksschule Zeven bei Bremen.
- Rechts unten ist der Leuchtturm von Hanstholm – nahe bei Klitmøller – zu sehen. Von dort aus betrachten Hilbert und ich die Geschichte. Es gibt auch andere Standpunkte – z. B. auf einem Schulschiff mitten im Strom.

Diese LANDKARTE ist eine Skizze. Sie ist nicht exakt vermessen und auch nicht fertig – vieles ließe sich verbessern und hinzufügen. Sie dürfen ruhig hineinschreiben oder hineinkleben! Die LANDKARTE soll vor allem Ihre Fantasie anregen und Sie zur Mit- und Weiterarbeit einladen – beispielsweise:

- indem Sie einzelnen Einflüssen, die wir in den Schriftbändern angedeutet haben, nachgehen: Wie hat sich dieser Prozess, dieses Ereignis oder diese Erfindung auf die Gestaltung der Schule ausgewirkt und was davon ist heute noch in ihr zu finden?
- indem Sie Bilder von weiteren Schulhäusern sammeln und in die Karte zeichnen: Was kann man an ihrem Äußeren ablesen über das, was in ihnen geschieht?

---

5 Die Lateinische Stadtschule kommt aus Stralsund, das Gebäude des Gymnasiums steht als ehemaliges Lehrerseminar in Detmold, die Reformschule von 1920 ist die im Bauhaus-Stil erbaute Berthold-Otto-Schule in Magdeburg.

- indem Sie zu den beiden Klassenfotos weitere hinzufügen – Ihre eigenen, die Ihrer Eltern, Großeltern, Verwandten und Bekannten – und sie vergleichen: Was hat sich außer der Kleidung und dem Haarschnitt noch verändert?

2. Einige Bilder zur Geschichte der Schule

Wir haben in die THEMATISCHE LANDKARTE zur Geschichte der Schule ein paar Bilder hineingehängt. Während die LANDKARTE einen Überblick geben soll, erlauben die Bilder Einblicke. Bilder sind wie Fenster in einer Wand, wie Löcher in einer Mauer oder auch wie eine Lupe oder ein Fernglas. Wir können durch sie hineinsehen in das Innere eines Hauses, eines Grundstücks, auch eines Menschen oder eines Gedankens. Oder hinausschauen auf die Straße, den Garten, das Meer, in eine andere Welt. Je nachdem, auf welcher Seite der Mauer wir uns befinden.

Oft begnügen wir uns mit einem oberflächlichen Eindruck. Ein flüchtiges Bild entsteht, das weitgehend bestätigt, was wir schon zu wissen meinen. Und leicht wird ein Bild, das wir schon oft genug gesehen haben, zu einem Stück Tapete. Es verdeckt die Mauer und wird selbst zur Mauer, die uns an der Einsicht hindert. Man muss schon genau hinsehen und noch einiges drum herum zur Kenntnis nehmen, um einen Durchblick zu gewinnen.

Hier ist das erste Bild:

Abbildung 9.1: Schule 2000 v.u.Z.

Es ist das Bild ganz links auf unserer LANDKARTE. Dieses Bild habe ich im ersten Band von Robert Alts „Bilderatlas zur Schul- und Erziehungsgeschichte“ (Alt 1971:31) gefunden und dann wieder im Bildführer des „Bayrischen Schulmuseums Ichenhausen“.

Was ist das? In Alts Bilderatlas lautet die Bilderklärung: „Schulstube mit Bänken aus Lehm und bootsähnlichen Behältern, in denen sich noch bei der Ausgrabung die Muschelplättchen, die den Anfängern als Schreibmaterial dienten, befanden. Die Stube ist ein Teil des Palastes. Aus der Blütezeit Maris. Ungefähr 20. bis 18. Jahrhundert v.u.Z.“ Mari ist eine alte babylonische Handelsstadt am Euphrat. Die Herausgeberinnen in Ichenhausen formulieren etwas vorsichtiger: „Dieser Raum aus dem Palast zu Mari wird vielfach als Schulraum gedeutet …“ Eine Deutung kann falsch sein. Aber selbst wenn sich die Archäologen geirrt hätten, dann würde dieser Irrtum ebenso darauf hinweisen, dass sie – und vermutlich auch wir – ein ziemlich deutliches Bild von Schule im Kopf haben.

Was sagt uns dieses Bild über schulisches Lernen?

- Lernen in einem geschlossenen Raum, abgetrennt von der Außenwelt;
- Lernen im Sitzen;
- Lernen mit Schreibgeräten;
- Lernen im geordneten „Haufen";
- Lernen in der frontalen Ausrichtung – wohl auf einen Lehrer.

Im Hintergrund sieht man eine Leiter über die Mauer ragen. Gab es einen Notausgang oder steigt dort ein Unterrichtsforscher ein?

Ein zweites Bild:

Auf der LANDKARTE schwebt es im 17. Jahrhundert. Es stammt aus einem der ältesten und bekanntesten Schul- und Kinderbücher, dem „Orbis sensualium pictus oder Die sichtbare Welt" von Johann Amos Comenius (1592–1670), zum ersten Mal 1658 veröffentlicht und dann viele Male nachgedruckt oder nachgeahmt und in zahlreiche Sprachen übersetzt (Comenius 1978:190).

Typographia. Die Buchdruckerey.

Abbildung 9.2: „Druckerwerkstatt"

Was ist das? Doch keine Schulklasse? Nein, das ist eine Tafel mit dem Titel „Typografia. Die Buchdruckerey". Und was soll das in einer Darstellung der Geschichte der Schule? Um das zu beantworten, muss ich etwas ausführlicher werden[6].

Ich habe schon darauf hingewiesen, dass der Erfindung des Buchdrucks und der darauf folgenden massenhaften Verbreitung von Gedrucktem für die Entwicklung eines allgemeinen öffentlichen Schulwesens eine entscheidende Bedeutung zukommt. Doch das ist nicht der eigentliche Grund. Mit der Erfindung des Buchdrucks ist auch eine weitere verknüpft: die Erfindung der „Didachografie". Das ist die Methode des Frontalunterrichts.

Diese Idee stammt ebenfalls von Comenius. Zumindest hat er sie zum ersten Mal anschaulich und einleuchtend in Analogie zum Buchdruck formuliert. Im 32. Kapitel seiner Didactica Magna („Große Didaktik") – an einer zentralen Stelle des Buches – ist unter der Überschrift „Die vollkommene allgemeine Schulordnung" zu lesen (Comenius 1960:208 ff.):

6 Noch ausführlicher interpretiere ich die folgenden Texte und Bilder in folgenden Aufsätzen: Th. Schulze: Das Bild als Motiv in pädagogischen Diskursen (1990:109 ff.); Ikonologische Betrachtungen zur pädagogischen Paargruppe (1993).

„1. Von der Notwendigkeit und von der Art und Weise einer Reform der Schule haben wir ausführlich gesprochen. Es wäre nun wohl angebracht, aus unseren Wünschen und Ratschlägen die Summe zu ziehen. Das sieht folgendermaßen aus:
2. Wir möchten die Lehrmethode zu solcher Vollkommenheit führen, dass zwischen ihr und der bisher üblichen und gewohnten ein ebensolcher Unterschied besteht wie zwischen der einst gebräuchlichen Kunst, Bücher mit der Feder zu vervielfältigen, und dem später entdeckten und jetzt verwendeten Typendruck. Die Buchdruckerkunst mag zwar schwieriger, kostspieliger und mühsamer sein, eignet sich aber doch weit besser, Bücher schnell, hübsch und genau herzustellen. Ebenso dient diese Methode, obschon sie anfangs durch ihre Schwierigkeiten abschreckt, wenn sie einmal eingeführt ist, der Ausbildung einer viel größeren Zahl und bringt zuverlässigeren Fortschritt und mehr Freude als die hergebrachte Methodenlosigkeit.
Und dann zwei Abschnitte weiter:
4. Ganz Ähnliches (wie beim Buchdruck, Th. Sch.) wird sich zeigen, wenn einmal alles, was zu unserer neuen allgemeinen Form des Unterrichts gehört, eingerichtet ist (...). Dann werden erstens mit weniger Lehrern weit mehr unterrichtet werden als bei der heute üblichen Art. Zweitens werden sie gründlicher gebildet sein, drittens von feiner Gelehrsamkeit und anmutigem Geiste. Viertens kann man diese Pflege auch solchen angedeihen lassen, die mit weniger fähigem Geiste und langsameren Sinnen begabt sind. Und schließlich werden nun auch die mit Erfolg lehren können, welche die Natur nicht zu guten Lehrern gemacht hat (...).
Schließlich geht der Vergleich ins Einzelne:
7. In der Didachografie (wenn wir den Ausdruck beibehalten wollen) verhält es sich folgendermaßen. Das Papier sind die Schüler, deren Verstand mit den Buchstaben der Wissenschaften bezeichnet werden soll. Die Typen sind die Lehrbücher und die übrigen bereitgestellten Lehrmittel, mit deren Hilfe der Lehrstoff mit wenig Mühe dem Verstande eingeprägt werden soll. Die Druckerschwärze ist die lebendige Stimme des Lehrers, die den Sinn der Dinge auf den Geist der Hörer überträgt. Die Presse ist die Schulzucht, welche alle zur Aufnahme der Lehren bereitmacht und anspornt."
Und so weiter.

Das, was Comenius hier beschreibt, ist nichts anderes als die Methode des Frontalunterrichts. Wir sind geneigt, den lehrerzentrierten Frontalunterricht für ein typisches Kennzeichen der alten Schule, vielleicht sogar für ein Grundübel der Schule überhaupt zu halten. Doch das Merkwürdige ist, dass Comenius diese Methode hier als die Summe seiner Vorschläge zu einer Reform der Schulen vorstellt und dass man ihm darin auch gefolgt ist.

Um zu verstehen, dass das, was Comenius „Didachografie" genannt hat, nicht nur ein unpassender Vergleich und eine abstruse Idee gewesen ist, sondern eine folgenreiche Neuerung, ist es notwendig, noch zwei weitere (auf der LANDKARTE fehlende) Bilder im „Orbis pictus" zu betrachten und zu deuten: Dieses Bild kommt gleich zweimal darin vor – einmal als „Invitatio. Einleitung" (1979:2) und dann als „Clausula. Beschluss" (1979:308). Es zeigt einen älteren Mann – den Magister – und einen Knaben. Der Magister will den Knaben – wie zu lesen ist – durch alle Dinge, durch die sichtbare Welt führen, ihm alles zeigen und alles benennen, und der Knabe soll auf das achten, was der Magister tut und was er ihm zeigt, und sich alle Namen und Wörter, die er nennt, einprägen. Das ist eine sehr elementare und weit verbreitete Form des Lernens. So lernen schon kleine Kinder von ihren Eltern und Geschwistern, Verwandten und Nachbarn ihre Muttersprache und ihre Umwelt kennen. Doch das ist nicht die Art, wie man in einer Schule lernt. Ein Lehrer und nur ein Schüler und alles unmittelbar an Ort und Stelle außerhalb eines Klassenraumes – das wäre zu aufwendig und zeitraubend! Dennoch ist diese Art zu lehren und zu lernen nicht nur für Comenius ein Grundbild für Lernen durch Belehrung.

Abbildung 9.3: „Lehrer und Schüler"

Im „Orbis pictus" findet sich auch eine Tafel „Scola. Die Schule" (1979:198): Schule, wie sie auf diesem Bild vorgestellt wird, ist etwas anderes als der belehrende Umgang mit einem Erwachsenen. Aber sie ist, wenn man genauer hinsieht, auch nicht die Schule, die Comenius in seinem Reformvorschlag vor Augen hat. Man sieht eine Schule des Auswendiglernens und des Abhörens, des Abschreibens und Korrigierens. Die Schüler sitzen dicht gedrängt zusammen auf Bänken oder an einem Tisch. Aber jeder arbeitet für sich – liest in einem Buch, schreibt an einem Text. Und nacheinander treten sie einzeln vor den Schulmeister „und sagen her/was sie gelernet". Einzelunterricht in Gruppen oder „Haufen" – das war, wie man auf vielen Bildern sehen kann, die vorherrschende Form des Unterrichts im Mittelalter und zu Beginn der Neuzeit. Die Form des Frontalunterrichts hat sich tatsächlich wohl erst gut 150 Jahre später wirklich durchgesetzt. Doch ohne sie wäre es vermutlich kaum möglich gewesen, die allgemeine Schulpflicht für alle Heranwachsenden in jeder Stadt und in jedem Dorf durchzusetzen und die ständig wachsenden Unterrichtsinhalte zu bewältigen.

Abbildung 9.4: „Schule"

Abbildung 9.5: „Pestalozzi beim Unterrichten“ [7]

Zur Bestätigung noch ein weiteres Bild: Dies ist eine Zeichnung von Gotthold Christoph Wilhelm Busolt aus dem Jahre 1809. Auch sie hat mit einem berühmten Pädagogen zu tun. Sie zeigt Johann Heinrich Pestalozzi beim Unterricht - vermutlich in Burgdorf. Er unterrichtet ungefähr 60 Schüler zugleich. Er unterrichtet sie, wie man sieht, frontal im Sinne der „Didachografie“. Doch er hat diese Unterrichtsform weiterentwickelt, elementarisiert. Er spricht von „Elementarmethode“. So lässt er seine Kinder als Vorübung zum Lesenlernen Reihen von sinnlosen Silben im Chor sprechen - z. B.: „bud, dub, bic, cib, fach, gaf, goh, hog“ u. a. Und den Kindern hat das sogar Spaß gemacht - sagt Pestalozzi. Über den Köpfen der Kinder hängen die Tafeln seines „ABC der Anschauung“. Doch das ist ein anderes Kapitel ...

Ein drittes Bild:

Wir haben es auf der LANDKARTE ins 19. Jahrhundert gehängt. Ich habe es aus dem Buch „Tausend Jahre Schule“ von Horst Schiffler und Rolf Winkler (1991:101). Es ist ein Gemälde mit dem Titel „Dorfschule 1848“. Dieses Bild wurde 1896 von Albrecht Anker gemalt - also 40 Jahre später, vermutlich aus der Erinnerung.

Abbildung 9.6: „Dorfschule 1848“

Wir wollen in diesem Bild nur ein einziges, aber sehr auffälliges Detail ins Auge fassen: den Rohrstock in der Hand des Lehrers. Er weist wie eine Kompassnadel auf das unsichtbare Kraftfeld hin, das die Szene durchdringt. Er ist drohend erhoben, jederzeit bereit, auf die vorgestreckte Hand des lesenden Schülers herabzusausen, wenn der stocken sollte. Ich denke, es war nicht die Absicht des Malers, hier einen besonders sadistischen oder rückständigen Lehrer anzuprangern. Der Rohrstock gehörte lange Zeit zur schmerzlichen Realität von Schule wie das Skalpellmesser zur Realität einer chirurgischen Klinik. Die Zuchtrute oder der

7 Aus: Rutschky (1993:74).

Rohrstock gehören lange Zeit zu den anerkannten Berufswerkzeugen eines Lehrers. Und ohne diese körperliche Nötigung wäre es wahrscheinlich auch kaum möglich gewesen, die allgemeine Schulpflicht zu realisieren und große Mengen Schüler gleichzeitig zu unterrichten.

Erst in diesem Jahrhundert hat sich das geändert. Dazu habe ich eine interessante Passage in den von Ulrike Mitzner herausgegebenen Erinnerungen des Lehrers Harry Kleemann gefunden (Kleemann 1981:9 f.), die im Rahmen des von Bruno Schonig initiierten Projekts „Lehrerlebensläufe“ entstanden:

„Das Bild meiner Großmutter als Waschfrau hat meine Mutter nie vergessen und immer wieder hat sie mir später davon erzählt. Auch dass sie oft bis spät in die Nacht bei ihr am Waschfass gestanden hat; darum schlief sie manchmal in der Schule ein. Einmal hat sie der Lehrer deshalb auf die Hand geschlagen, sodass sie Striemen mit nach Hause brachte. Da ist dann mein Großvater am anderen Tage zu dem Lehrer gegangen und hat ihm gesagt: ‚Mit den Händen soll mein Kind einmal das Brot verdienen, darauf dürfen sie nicht schlagen!‘ Der Lehrer aber schämte sich und war fortan immer freundlich zu meiner Mutter. Auch dass mein Großvater es mit den Sozialdemokraten hielt, das hat sie mir auch erzählt.“

Diese Geschichte hat sich gegen Ende des 19. Jahrhunderts (Mitte der 90er-Jahre) in Berlin zugetragen. In ihr ist mehreres merkwürdig. Merkwürdig ist, dass zu dieser Zeit ein Arbeiter in die Schule geht und sich beim Lehrer über Schläge beschwert. Merkwürdig ist ebenso, dass der Lehrer das akzeptiert und sich sogar schämt. Merkwürdig ist auch die Begründung, die der Großvater gibt: nicht dass er ein Kind geschlagen hat, seine Tochter, sondern dass er sie auf die Hand geschlagen hat, mit der sie ihr Brot verdienen muss. Wachsendes Selbstbewusstsein der Handarbeiter! Und wichtig ist, dass die Mutter diese Geschichte ihrem Sohn erzählt, der einmal Lehrer wird. Kleemann hat als Lehrer auf das Werkzeug des Rohrstocks verzichtet und seine Schüler nicht mehr geschlagen. Wieder sind wir einer bedeutsamen Wandlung in der Geschichte der Schule auf der Spur. Das bedeutet aber nicht, dass die Schule heute ohne Druck auskäme und frei von Angst wäre. Offenbar sind andere „Zuchtmittel“ an die Stelle der Rute und des Stocks getreten – z. B. Leistungsdruck und Aufstiegschancen.

Und noch ein viertes Bild:

Wir haben es in der LANDKARTE weit rechts aufgehängt – im Vorblick auf das, was in der Elften Lektion noch als „Offener Unterricht“ beschrieben werden wird. Hier sieht Schule ganz anders aus als auf den vorausgegangenen Bildern – kaum wieder zu erkennen.

Das Bild stammt aus dem Buch „Schaffendes Schulvolk“ von Adolf Reichwein (1993:42). Dort berichtet Reichwein über einen aufregenden Schulversuch, den er, nachdem er 1933 von den Nationalsozialisten als Hochschullehrer entlassen worden war, in der einklassigen Dorfschule in Tiefensee bei Berlin durchgeführt hat. Es gibt viele Fotos in diesem Buch, die man hier zeigen

Abbildung 9.7: „Schaffendes Schulvolk“

könnte und die genauer anzusehen sich lohnt. Ich habe dieses ausgewählt, weil es vielleicht noch entfernt an die traditionelle Schule erinnert. Und doch ist vieles so anders. Kein drohender Rohrstock bestimmt die Atmosphäre. Der Unterricht findet im Freien unter Bäumen statt. Die Schüler arbeiten für sich in kleinen Gruppen, zu zweit oder auch allein – jedes mit einer anderen Arbeit beschäftigt. Einige sitzen, andere stehen. Doch das sind erst die äußeren Kennzeichen. Alles Weitere sollten Sie unbedingt in dem Buch selbst nachlesen. Ich habe dieses Bild auch ausgesucht, weil die Kinder gerade etwas tun, womit auch wir beschäftigt sind: Bilder ausschneiden, aufkleben, sammeln und natürlich ansehen. Unter dem Foto steht folgender Text:

„Die *Ergänzung des Bildarchivs* geschieht in regelmäßigen Abständen, wenn sich wieder ein Stoß bebilderter Zeitschriften, Kalender usw. angesammelt hat. Nur die größeren, inhaltlich und anschaulich wertvollen Bilder werden beschnitten, *einzeln* auf leichten Karton einheitlicher Blattgröße geklebt und in Pappkästen geordnet. Der Erzieher wird durch diese Arbeit der selbsttätigen Kinder kaum belastet. Die Bilder werden in Gruppen zwischen Leisten an der Wand aufgehängt und nach dem Bedürfnis des jeweiligen unterrichtlichen Vorhabens gewechselt (wesentliche Ergänzung des Film- und Bildwurfs).“

Das Buch „Schaffendes Schulvolk“ ist zum ersten Mal 1937 erschienen. Am 20. Oktober 1944 wurde der Widerstandskämpfer Adolf Reichwein in Plötzensee hingerichtet.

Dies sind nur einige wenige Beispiele für aufschlussreiche Bilder. Es gibt selbstverständlich noch viele, bei denen es sich lohnt, genauer hinzusehen und Einzelheiten zu beachten, und man kann einiges aus ihnen lernen. Dazu noch einige Tipps:

- Legen Sie sich eine Bildersammlung an! Nicht selten stößt man ganz unerwartet auf ein interessantes Bild – in einer Kirche, an einem Denkmal, in einer Zeitschrift. Ein Foto, eine Postkarte, oft genügt eine Schwarzweißkopie oder eine Skizze.
- Achten Sie darauf, wie ein Bild entstanden ist, wer es hergestellt hat, was er zeigen wollte und in welcher Absicht. Erscheint das Bild realistisch oder mehr idealisierend oder ist es eine Karikatur?
- Erkunden Sie das Umfeld des Bildes, in dem es entstanden ist und auf das es sich bezieht: biografische Daten, zugehörige Textstellen und Situationsbeschreibungen, Vorbilder, verwandte Bilder, Gegenbilder.
- Ordnen Sie Ihre Bilder in Gruppen oder Reihen – Bilder zu derselben Geschichte, demselben Text oder zum gleichen Thema, Bilder mit einem ähnlichen Aufbau – wie z. B. die Klassenfotos – oder Bilder, auf denen dasselbe Bildmotiv zu sehen ist – z. B. die Hand des Lehrers oder die Sitzordnung.

3. Ein Gespräch über die Bedeutung der Geschichte der Schule

Hilbert: Warum beschäftigen wir uns mit der Geschichte der Schule? Und warum wünschen wir, dass auch Studierende, die Lehrerinnen oder Lehrer werden wollen, sich mit ihr beschäftigen? Gibt es da nicht vieles, was wichtiger und nützlicher wäre? Allgemeine Didaktik und Schulpädagogik ist neben den Fachwissenschaften und Fachdidaktiken schon eine ganze Menge. Und wenn es noch mehr sein soll, warum dann nicht Schulrecht oder Schulorganisation, Schulentwicklungsplanung oder Bildungsökonomie oder Modelle des Lernens, Stufen der kognitiven Entwicklung oder Schlüsselprobleme der Gesellschaft? Sollten wir nicht eher versuchen, in die Zukunft zu blicken? Und z. B. die auf Seite 278 auf der METHODEN-LANDKARTE eingetragenen Zukunftswerkstätten organisieren?

Theodor: Geschichte ist nicht nur das Vergangene. Der Strom, den wir in die LANDKARTE gezeichnet haben, hört ja nicht plötzlich auf. Wir wissen nur noch nicht, wie es jenseits des rechten Bildrandes aussieht. Zukunft ist Geschichte, die auf uns zukommt. Und wenn wir ein Stück in die Zukunft vorauszudenken vermögen, dann nur auf der Grundlage dessen, was wir schon erfahren und erkannt haben.

Hilbert: Das klingt überzeugend, aber wenn ich an mich selbst denke, so habe ich mich – hin und wieder und immer nur am Rande – aus ganz anderen Motiven mit der Schulgeschichte befasst: aus Neugier, Freude am Kuriosen und Unbekannten, oder aus Nostalgie, Vergnügen am Altertümlichen und Vertrauten. Man könnte dies das *museale Interesse* an der Geschichte nennen. So gehe ich gerne auf den Flohmarkt und stöbere in alten Bücherkisten, oder ich gehe in ein Schulmuseum und setze mich in so eine alte Holzbank mit Klappdeckel und Tintenfassbehälter. Und dann kommen mir nostalgische Erinnerungen an die eigene Grundschulzeit ...

Theodor: Und warum ist das so? Warum interessiert uns das Altertümliche? Meist sind wir froh, dass es das nicht mehr gibt – die Turmverliese und Folterwerkzeuge, den Rohrstock und die Eselsbank, die Unterrichtspräparationen mit vorgeschriebenen Fragen und Antworten oder die einklassige Dorfschule, wo der Lehrer im Klassenzimmer hinter einem Vorhang schlief und das Plumpsklo hinter dem Haus stand. Und manchmal bedauern wir es auch, dass der Abstand zwischen der Schule und dem Leben größer geworden ist, das zu Lernende unübersichtlicher und vieles mehr. Wir vergleichen und bestimmen so unseren Standort in der Entwicklung.

Du hast natürlich Recht mit dem Hinweis auf die vielfältigen Motive. Unser Interesse an Historischem hat viele Gründe und die Beschäftigung mit der Geschichte der Schule muss auch Spaß machen. Ich habe z. B. immer wieder gern in den Lebenserinnerungen, Erfahrungsberichten und pädagogischen Schriften älterer Pädagogen gelesen und mehrfach eine Vorlesung über „Pioniere und Outsider der Pädagogik“ gehalten. Z. B.: Leo Tolstoj: „Die Schule von Jasnaja Poljana" (1862/1976), Janusz Korczak: „Wie man ein Kind lieben soll" (1929/1979) mit den Berichten über die Waisenhäuser „Dom Sierot" und „Nasz Dom" in Warschau oder Adolf Reichwein: „Schaffendes Schulvolk" (1937/1993). Das sind unausgeschöpfte Quellen pädagogischer Einbildungskraft und Vernunft, Schatzhäuser der Lehrkunst, Arsenale für brauchbare Anregungen, aufschlussreiche Beobachtungen und kritische Reflexionen. Man könnte hier von einem *animatorischen Interesse* an der Geschichte sprechen. In der praktischen Schulpädagogik ist keineswegs alles neu, vielleicht sogar das wenigste. Und es gibt viel, was man bei diesen Vorläufern lernen kann. Aber man muss sie nicht nur lesen. Man muss sie auch „tun".

Hilbert: Anregungen und Vorbilder – das verstehe ich. Aber auch Warnungen und Schreckgespenste. Denk an Katharina Rutschkys Museum der „Schwarzen Pädagogik" (1993). Es ist nicht zu fassen, wie viel Scheußlichkeiten sich honorige Pädagogen im Namen der Erziehung und zum Wohl des Kindes ausgedacht haben. Die Geschichte der Schule ist durch beschämende Niederlagen gekennzeichnet: die so genannten Stiehlschen Regulative, die die preußischen Schulreformen beenden und in ihr Gegenteil verkehren, die im wilhelminischen Staat verordnete Kriegserziehung und dann die Mitwirkung von Pädagogikprofessoren, Lehrern und Erziehern an der Errichtung und Aufrechterhaltung der nationalsozialistischen Diktatur in Deutschland. Theodor Adorno hat es nach 1945 als die erste und wichtigste Forderung an die Erziehung angesehen, „dass Auschwitz nicht noch einmal sei" (Adorno 1969a:88). Ich denke, wir sollten aus der Geschichte vor allem lernen, wie wir verhindern können, dass sich solche Exzesse der Unmenschlichkeit, wie sie im Nationalsozialismus aufgebrochen sind, wiederholen. Dazu ist es notwendig, sich selbst, aber auch den Heranwachsenden die Äußerungen und Ausprägungen der Inhumanität immer wieder vor Augen zu führen und nach ihren Entstehungsbedingungen – insbesondere in der Erziehung – zu forschen. Ich nenne dies das *emanzipatorische Interesse* an der Geschichte.

Theodor: Ganz und gar einverstanden! Doch du sprichst vom Lernen aus der Geschichte. Ich bin da skeptisch. Es ist eine alte und bisher nicht befriedigend beantwortete Frage, ob wir aus der Geschichte zu lernen vermögen.

Hilbert: Ich meine ja auch kein direktes Abkupfern von Lösungen. Geschichte wiederholt sich nicht – auch nicht in der Schule.

Theodor: Auch das. Aber ich meine noch etwas anderes. Es gibt verschiedene Arten, aus der Geschichte zu lernen. Wir können die Geschichte dazu benutzen, unsere eigenen Erfahrungen und Einstellungen zu bekräftigen, indem wir uns an solche Ereignisse und Zeugnisse halten, die unsere Vorlieben und Hoffnungen oder auch Abneigungen und Ängste bestätigen und verstärken. Das ist eine affirmative Art zu lernen. Sie ist sehr wirksam und durchaus legitim, wo es um unsere eigenen Interessen, Absichten und Vorhaben, wo es um Selbstverstärkung geht. Aber sie ist riskant, wo auch öffentliche Meinung und kollektive Interessen betroffen sind und wo es auf Verständigung und Verständnis ankommt. So ist die nationale Geschichte oft dazu missbraucht worden, ein schwaches Selbstbewusstsein zu stützen und zu steigern und Feindbilder zu erzeugen. Außerdem gerät man bei dieser Art, die Geschichte zu betrachten, leicht ins Moralisieren. So sind wir geneigt, dem Lehrer auf dem Bild von Anker vorzuwerfen, dass er bereit ist, Kinder zu schlagen und zu verängstigen.

Hilbert: Ja, sollten wir denn darauf verzichten, solches Verhalten zu kritisieren?

Theodor: Nein. Natürlich ist jeder Lehrer und jede Lehrerin verantwortlich für das, was er oder sie tut. Aber wenn wir etwas verändern wollen, genügt es nicht, ihnen etwas vorzuwerfen und an den guten Willen zu appellieren. Wir müssen verstehen lernen, warum sie bereit waren, das zu tun, was sie taten.

Wir können die Geschichte auch dazu nutzen, unsere persönlichen Erfahrungen zu erweitern und unsere Einstellungen zu verändern. Das ist eine mehr reflexive Art, aus der Geschichte zu lernen. Dabei muss man den Horizont der eigenen Erfahrungen überschreiten und auch das ernst nehmen, was nicht in das gewohnte Bild passt. Das ist mühsam und erfordert ein eingehenderes Studium von Kontexten, Daten und Materialien. Auf diese Weise kommt man verborgenen Zusammenhängen, Gesetzmäßigkeiten, strukturellen Bedingungen und längerfristigen Veränderungen auf die Spur – beispielsweise der systembedingten Benachteiligung von Arbeiterkindern und Mädchen oder dem zyklischen Wechsel von Überfüllung und Mangel in den akademischen Karrieren. Auf die Erhöhung der Abiturientenzahlen folgt der Numerus Clausus.

Hilbert: Das heißt, ich kann erkennen, wer der Sieger und wer die Verlierer bei der in jeder Generation neu erfolgenden Machtverteilung im Schul- und Bildungswesen sind. Und ich kann erkennen, wie viel uneingelöste Versprechen auf Chancengleichheit noch fortbestehen. Ich nutze die Geschichte, um auszuloten, wie lange bestimmte schulpolitische Initiativen bis zu ihrer Umsetzung benötigen – wie man sieht, oft mehr als 100 Jahre. Ich nutze so die Einsichten, die mir die Geschichte der Schule gewährt, um die Handlungsräume für Reformen auszuloten und Argumente zu ihrer Verteidigung zu gewinnen. Ich würde das ein *politisches Interesse* an Geschichte nennen.

Theodor: Ja, ich denke, die Beschäftigung mit der Geschichte der Schule kann uns vor allem dabei helfen, die Herausforderungen und Probleme, auf die Schule ursprünglich antwortet, die in ihr selber entstehen und die im Laufe ihrer Geschichte neu auf sie zukommen, zu erkennen, zu unterscheiden, zu lokalisieren und einzuschätzen. Auf diese Weise, so glaube ich, lassen sich auch die widersprüchlichen Anforderungen und wiederkehrenden Konflikte, denen sowohl Lehrerinnen und Lehrer wie auch Schülerinnen und Schüler im Schulalltag ausgesetzt sind, besser verstehen und ertragen. Dafür aber ist es wichtig, nicht nur einzelne aktuelle Konflikte für sich ins Auge zu fassen – die Einführung eines neuen Faches, die Integration von behinderten Schülerinnen und Schülern oder die Gewalt in Schulen. Es ist wichtig, die Probleme auch im Hinblick auf ihre Herkunft, auf ihre Beziehung zu den anderen Problemen und auf die Problemlösungsfähigkeit der Schule und der Gesellschaft insgesamt zu sehen. Kurz, man muss die gesamte Entwicklung der Schule im Blick behalten. Sonst ist man in der Gefahr, Löcher zu stopfen, indem man andere aufreißt, oder sich und die Schule bzw. die Gesellschaft zu überfordern, Illusionen aufzusitzen oder enttäuscht zu resignieren. Ich plädiere darum für eine *problemorientierte* und *evolutionsperspektivische* Beschäftigung mit der Geschichte der Schule. In meinem Buch „Schule im Widerspruch" (1980: 115 ff.) habe ich einiges dazu ausgeführt.

Hilbert: Dort hast du vorgeschlagen, Schule als eine *„Lernformation"* anzusehen. Was meinst du damit? Und warum hältst du es für nötig, einen neuen Begriff einzuführen? Wir haben schon viel zu viele solcher Etikettierungen: Schule als Unterrichtsanstalt, Schule als Erfahrungsraum, Schule als Lebenswelt, Schule als Haus des Lernens usw. usw.

Theodor: Mit dem Begriff der „Schule als Lernformation" bezeichne ich genau das, was wir auf unserer LANDKARTE im Bild eines großen Stromes vorgestellt haben – nicht einzelne Schulen, Schultypen oder Schulsysteme, sondern Schule als eine sich entwickelnde Gesamtheit. Das ist ein hoher Grad an Abstraktion.

Begriffe sind unter anderem nützlich, die Aufmerksamkeit in eine bestimmte Richtung zu lenken und einen besonderen Komplex von Tatsachen und Sachverhalten aus der Fülle des Denkbaren hervorzuheben und auszugrenzen. Und dann stellt man bisweilen fest, dass Zusammenhänge oder auch Unterschiede, die man für wichtig hält, nicht oder nur schief wahrgenommen werden, weil ein passender Begriff fehlt. So fehlt uns ein Begriff für die Abstraktionsebene, auf der Schule als eine länder- und epochenübergreifende Gesamtheit und in einer evolutionären Perspektive in den Blick kommt. Schulsysteme werden in modernen Nationalstaaten organisiert, und so beschränken sich denn auch bei uns viele historische Darstellungen auf die Entwicklung des deutschen Schulwesens in der Neuzeit.

Hilbert: Der Begriff *„System"* wird auch in einem umfassenderen Sinne gebraucht. Wenn Niklas Luhmann und Karl-Eberhard Schorr über „Reflexionsprobleme im Erziehungssystem" (1979) diskutieren, meinen sie dann nicht dieselbe Abstraktionsebene, die du im Blick hast? Warum schließt du dich nicht einfach an den systemtheoretischen Diskurs in der Erziehungswissenschaft an und sprichst von „Schule als sozialem System"?

Theodor: Ich ziehe es vor, von *„Formation"* zu sprechen – aus mehreren Gründen: Der Begriff der Formation hat einen beschreibenden und entdeckenden Zugriff. Er ist heuristisch gemeint und nicht so sehr konstruierend wie der Systembegriff. Und er betrachtet die Individuen nicht als Umwelt des sozialen Systems, sondern die natürlichen, kulturellen und gesellschaftlichen Bedingungen als Umwelt der Individuen. Das Erstere mag sich für Analysen durch Bildungspolitiker und Kultusministerien als nützlich erweisen; Letzteres entspricht mehr der Perspektive der Schülerinnen und Schüler. Und: Formation ist auf Evolution bezogen. Wir kennen den Begriff aus der Pflanzengeographie und aus der Geologie, aus der Erdgeschichte, und dann aus der vergleichenden Gesellschaftstheorie. So spricht Karl Marx von den Formationen der Ur-, der Sklavenhalter-, der feudalistischen, der kapitalistischen und endlich von der kommunistischen Gesellschaft als der letzten Stufe der Entwicklung.

Hilbert: Dir ist es wichtig, wenn ich dich richtig verstehe, die Geschichte der Schule der Entwicklung der Gesellschaften zuzuordnen. Aber warum sprichst du dann nicht von der Schule im Kapitalismus oder von vormoderner, moderner und postmoderner Schule? Warum von Lernformationen und nicht von Gesellschafts- oder meinetwegen auch von Schulformationen?

Theodor: Auch dafür habe ich Gründe: Ich glaube nicht, dass sich die Entwicklung der Schule unmittelbar aus der politischen oder ökonomischen Entwicklung ableiten lässt. Da gibt es natürlich viele Wechselbeziehungen und Abhängigkeiten, aber auch Besonderheiten und zeitliche Verschiebungen, die wichtig sind. Man kann sie nicht verstehen, wenn man nicht die besonderen Entwicklungsbedingungen der Schule kennt. So war die Schule im Dritten Reich nicht nur eine Institution nationalsozialistischer Herrschaft, sondern auch eine konservative Bildungseinrichtung, die so weitermachte wie gewohnt – nicht gerade ein Hort des Widerstandes, doch ein Raum für widerständige Freundschaften und Gedanken, wie man in einigen Schulerinnerungen nachlesen kann.

Schule ist auch nicht einfach eine Verlängerung der häuslichen und kulturellen Erziehung, wie beispielsweise Luhmann und Schorr anzunehmen scheinen, wenn sie von der Schule als einer „Ausdifferenzierung des Erziehungssystems" reden (Luhmann/Schorr 1979:24 ff.), so als hätten die Familien und Stammesgemeinschaften irgendwann beschlossen, einen Teil ihrer Erziehungsaufgaben oder sogar das gesamte Erziehungsgeschäft professionellen Lehrerinnen und Lehrern zu überlassen. Das ist eine weit verbreitete Ansicht und ein Grund dafür, dass man, wenn sozialisationsbedingte Erziehungsprobleme auftauchen – beispielsweise der Ernährung, der Sexualität oder der Gewalt –, sofort eine Lösung von der Schule erwartet. Erziehungsdefizite hat es in unterschiedlichen Ausprägungen schon immer gegeben – aber sie haben kaum Impulse für die Weiterentwicklung der Schulen gebracht. Ein Blick in die Geschichte der Schule zeigt ja gerade, dass ihre wesentlichen Entwicklungsschübe dann eingetreten sind, wenn die Gesellschaft selbst einen politischen, ökonomischen oder technischen Entwicklungsschub durchgemacht hat.

Die Gesellschaft war schon immer auf Lernen angewiesen, aber es gab verschiedene Formen des Lernens (z. B. Lernen durch mündliche Überlieferung, durch Bildungsreisen oder autodidaktisches Lernen). Wenn ich von *Schule* als Lernformation spreche, dann geht es mir darum, in Erinnerung zu rufen, dass schulisches Lernen nur eine Form des Lernens neben anderen ist. Eine solche Unterscheidung ist insofern nicht einfach, weil wir bis heute keine hinreichenden Vorstellungen von unterschiedlichen Bedingungen, Inhalten und Organisationsformen des Lernens außerhalb von Schule entwickelt haben. Wir setzen in der Regel Lernen mit schulischem Lernen gleich, und auch die psychologischen Lerntheorien mit ihrer Fixierung auf experimentell begründbare Lerngesetze und Lernmodelle haben uns da wenig geholfen. Der Begriff der Lernformation soll die Aufmerksamkeit auf die Veränderungen in den naturgegebenen und gesellschaftsbestimmten Lernbedingungen richten. Die kleinen Figurengruppen auf unserer LANDKARTE unterhalb und oberhalb des Schulstroms weisen auf außerschulische Lernformationen hin. Aber wir sind noch nicht in der Lage, deren Umrisse und Eigenart hinreichend präzise zu beschreiben.

Hilbert: Und warum nennst du die Veränderungen nicht einfach „Geschichte"? Warum sprichst du betont von *„Evolution"*?

Theodor: Der Begriff der Geschichte lässt offen, wie und in welcher Richtung sich die Dinge und Menschen verändern. Der Begriff der Evolution enthält die Vorstellung einer gestuften Entwicklung und einer wachsenden Komplexität. Selbstverständlich meine ich hier zunächst nicht die biologische, sondern die soziokulturell bedingte Evolution der menschlichen Gattung. Zwei wichtige Entwicklungslinien fehlen in unserer LANDKARTE. Es war zu schwierig, sie dort auch noch unterzubringen. Das ist die rasend anwachsende Zahl der Menschen auf der Erde und die rasend wachsende Zahl der in Büchern und auf elektronischen Datenträgern gespeicherten Informationen. Beides verändert die Bedingungen des Lernens und insbesondere des schulischen Lernens unmerklich und zugleich tiefgreifend. Der Begriff der Evolution lenkt den Blick auch in die Zukunft. Ist es denkbar, dass sich die gesellschaftlichen Lernbedingungen derart verändern, dass Schulen überflüssig werden? Vielleicht, wenn die Datenvermittlung so weit fortgeschritten ist, dass schulisches Lernen zu Hause vor dem Heimcomputer mit Videoanlage stattfindet.

Ganz rechts finden Sie auf unserer LANDKARTE einen leeren Bilderrahmen, der über ihren Rand ins 21. Jahrhundert hinausragt. Er soll Sie einladen, ein Bild zu entwerfen, wie Sie sich Schule und das Leben oder den Unterricht in einer Schule in 20 Jahren vorstellen. Dazu müssen Sie nicht zeichnen können. Strichmännchen und Klecksfräulein sind völlig ausreichend. Farben erhöhen die Stimmung. Wir fassen zu einer Arbeitsdefinition zusammen:

Arbeitsdefinition 30:
Lernformationen sind unterschiedliche, im Laufe der menschlichen Geschichte aufkommende Grundtypen von soziokulturell organisierten Bedingungen, Aufgaben und Formen des Lernens. Die Lernformation des *schulischen Lernens* ist ein Grundtypus des Lernens, der vor allem durch Lernen in Gruppen unter Anleitung professioneller Lehrer und Lehrerinnen und durch Literalität gekennzeichnet ist. Schule dient der Institutionalisierung und Organisation dieser Lernformation.

Zehnte Lektion:

Brennpunkte der Schulentwicklung

In dieser Zehnten Lektion werden Strukturen und Brennpunkte der Schulreform skizziert. Zugleich wird das Fachvokabular eingeführt, mit dem die bunte Vielfalt unterschiedlicher Schulstufen und -formen kategorisiert werden kann. Dabei wird wiederholt das auf Seite 248 skizzierte Handlungsebenenmodell zur Lokalisierung von Institutionen und Entscheidungsfeldern benutzt. Ich unterscheide also fünf Handlungsebenen. In dieser Lektion geht es im Wesentlichen um die vierte und fünfte Handlungsebene.

1. Das Schulsystem der Bundesrepublik Deutschland

1.1 Überblick und Schema

Es gibt in den 16 deutschen Bundesländern „nur“ gut 100 verschiedene Schulformen[1]. Andere Staaten haben da mehr zu bieten! Das folgende Schema liefert einen ersten, vereinfachenden Einblick[2]:

1 Einen plastischen Überblick liefert Bönsch (1994).

2 Ein offiziöses, von der Bundesregierung für internationale Organisationen angefertigtes Überblicksschema finden Sie bei Heckel/Avenarius (1986:27), eine Variation bei Gudjons (1996:271); vgl. Winkel (1997:50).

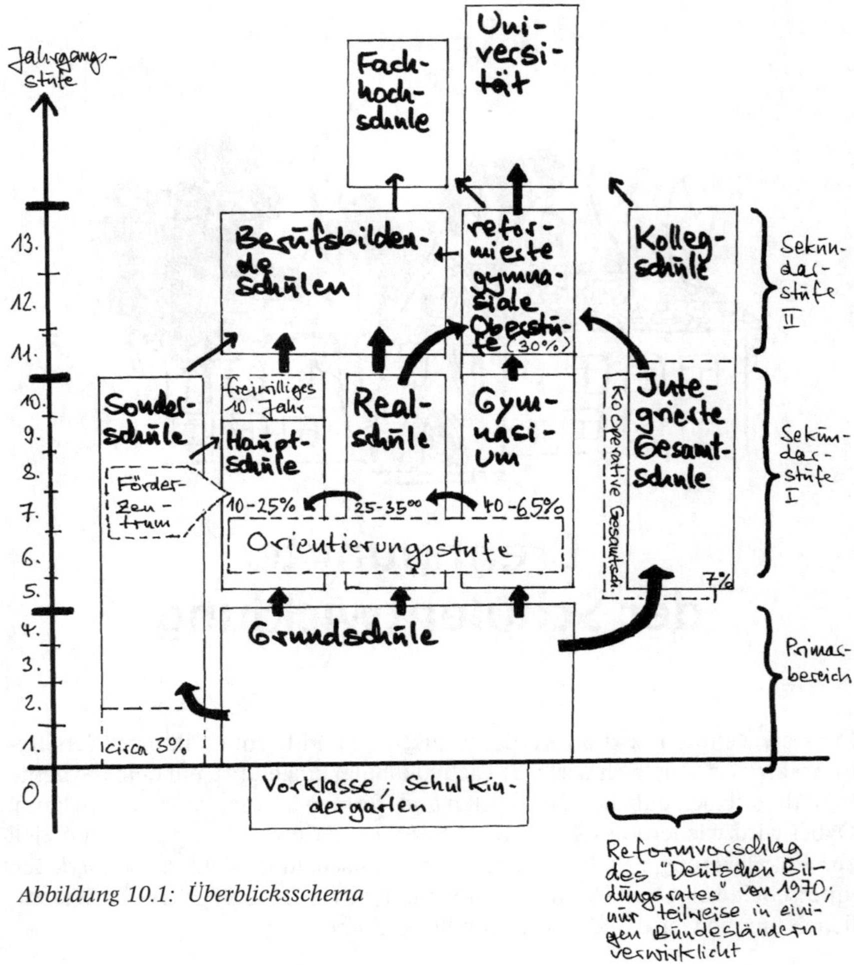

Abbildung 10.1: Überblicksschema

1.2 Schulformen und Schulstufen

Die Frage „Auf welche Schule gehst du?" beantworten die meisten Schülerinnen mit Sätzen wie „aufs Gymnasium", „auf die Hauptschule" o. Ä. Das ist eine genaue Antwort auf eine ungenaue Frage. Denn die Frage hätte lauten müssen: „Auf welche Schul*form* gehst du?"

Der Begriff Schulform ist ein juristisch definierter Oberbegriff, mit dem sämtliche durch einen eigenständigen Bildungsauftrag unterschiedenen Schulen des öffentlichen Schulwesens erfasst werden[3]. Statt von Schul*formen* wird ebenso häufig von Schul*arten*, manchmal auch von Schul*typen* gesprochen. Es ist üblich, die allgemein bildenden von den berufsbildenden Schulformen zu unterscheiden:

- *Allgemein bildende Schulen:* Grundschule, Orientierungsstufe (in manchen Bundesländern eine eigenständige Schulform, in anderen integriert), Hauptschule, Realschule, Sekundarschule (auch: Mittelschule), Gymnasium, Integrierte Gesamtschule, Kooperative Gesamtschule, Abendgymnasium, Kolleg, Sonderschule usw.
- *Berufsbildende Schulen:* Berufsschule, Berufsfachschule, Berufsaufbauschule, Handelsschule, Höhere Handelsschule, Fachoberschule, Fachgymnasium, Fachschule usw.

Die üblichen Abkürzungen für die wichtigsten Schulformen lauten:

- GS/OS/HS/RS/GY/IGS/KGS/FG/BBS/HS/HH.

Diese Schulen bilden das öffentliche Schulwesen. Man bezeichnet sie auch als *Regelschulen*. Jede Schülerin, die die formalen Aufnahmevoraussetzungen erfüllt, hat einen Rechtsanspruch auf den Besuch der gewünschten Regelschule. Die Kommunen *müssen* also ein vielfältiges Schulangebot bereitstellen. Die Schullandschaft wird weiterhin bereichert durch:

- die vielen Schulen in freier Trägerschaft (kirchliche Schulen, Landerziehungsheime, Waldorfschulen, Freie Schulen usw.),
- die vielen Schulversuche (z. B. zur Einführung von Sekundarschulen, zur Vollen Halbtagsgrundschule),
- und die ganz wenigen Versuchsschulen (z. B. die Laborschule und das Oberstufenkolleg in Bielefeld/NRW).

Von einem Schulversuch wird gesprochen, wenn eine Schule des Regelschulwesens mit behördlicher Genehmigung von den Vorschriften abweicht, um neue pädagogische, curriculare oder schulorganisatorische Konzepte auszuprobieren. Eine Versuchsschule hat demgegenüber „totalen“ Versuchsstatus; sie darf grundsätzlich und ohne Befristungen vom Regelschulwesen abweichen.

Ein weiteres Ordnungsmuster ergibt sich durch die Unterscheidung verschiedener *Schulstufen* (nicht zu verwechseln mit Stufenschulen, s. u.). Es ist international und auch in Deutschland üblich, die folgenden vier Stufen zu unterscheiden:

- Der Elementarbereich erfasst die Kinder im Vorschulalter, die im Kindergarten, im Hort oder in einer Vorklasse „beschult“ werden.
- Die Primarstufe erfasst die ersten vier Schuljahrgänge, in zwei Bundesländern (Berlin und Brandenburg) auch die ersten sechs Jahrgänge. Schon in der Grundschule wird allerdings ein kleiner Teil der Schüler und Schülerinnen (circa 3 Prozent) auf Sonderschulen überwiesen.

3 Vgl. Heckel/Avenarius (1986:25).

- Die Sekundarstufe I erfasst alle Schüler und Schülerinnen, die sich im 5. bis 10. Schuljahrgang befinden. (Ein Sonderschüler, der die 5. Klasse seiner Schule erreicht hat, ist mithin Sekundarschüler, während ein Grundschüler, der ein Jahr länger in der Grundschule bleibt, immer noch Primarstufenschüler ist.)
- Die Sekundarstufe II erfasst alle Schüler und Schülerinnen nach Abschluss der 10. Klasse: die Oberstufe des Gymnasiums, die der Gesamtschule, des Abendgymnasiums und Kollegs sowie die Berufsbildenden[4] Schulen einschließlich der Berufsschulsonderschulen und der Fachgymnasien.
- Jenseits der Sekundarstufen kommt der Bereich der beruflichen Weiterbildung und der Hochschulbildung, der auch als Tertiärer Bereich bezeichnet wird, aber juristisch nicht mehr zu den Schulen zählt.
- Die Schulformen der Sek-I und Sek-II (dies ist die übliche Abkürzung!) bilden zusammen das weiterführende Schulsystem. Haupt-, Sonder- und Realschulen, Gesamtschulen und Gymnasien sind also weiterführende Schulen.

Die Schulformen können nach folgenden weiteren Kriterien sortiert werden:

- Halbtags- oder Ganztagsschulen,
- koedukative oder Jungen- und Mädchenschulen,
- berufsvorbereitende oder studienqualifizierende Schulen,
- Angebotsschulen.

Wir wählen aus bestimmten Gründen noch ein zusätzliches, eher theoretisch orientiertes Kriterium:

1.3 Stufenschulen und Selektionsschulen

Ich unterscheide Stufenschulen und Selektionsschulen (vgl. Gudjons 1995:273). Ich könnte auch sagen: Integrations- und Gabelungsschulen:

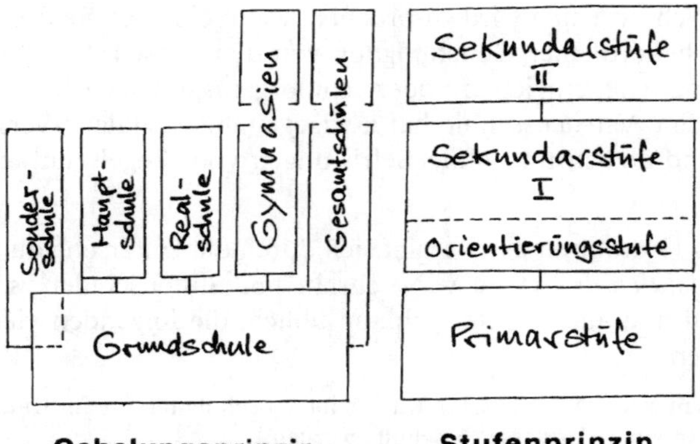

Abbildung 10.2: Stufen- und Selektionsschulen

4 Hinweis zur *Sprachregelung*: Als „Berufsbildende Schule“ wird die Zusammenfassung der verschiedenen beruflichen Schulformen (Berufsschule, Berufsfachschule, Fachoberschule usw.) bezeichnet.
Die „Berufsbildende Schule“ wird vorn großgeschrieben, wenn diese verschiedenen Schulformen unter einem Dach gemeint sind.

Arbeitsdefinition 31:
Stufenschulen (= integrative Schulen) nehmen *alle* Schüler und Schülerinnen einer Altersstufe unabhängig von ihrem Leistungsvermögen oder von sonstigen Merkmalen auf und führen sie zu differenzierten Abschlüssen bzw. Laufbahnempfehlungen.

Stufenschulen bieten einen Rahmen für Schülerinnen mit unterschiedlichen Lernvoraussetzungen und offenen oder unterschiedlichen Abschlusszielen. Sie planen die so genannte Leistungsheterogenität[5] ein. Sie verzichten zu guten Teilen auf äußere Differenzierung und betonen die innere oder Binnendifferenzierung[6], die es ermöglichen soll, jeden Schüler/jede Schülerin ausreichend zu fördern, ihre Stärken zu entfalten und Schwächen auszubügeln. „Integration" heißt dabei nicht Gleichmacherei, sondern Toleranz und Förderung von Vielfalt. Einige Beispiele für Stufenschulen:

- Die gemeinsame Grundschule und die Integrierte Gesamtschule (IGS), während die Kooperativen Gesamtschulen (KGS) einen Zwitter darstellen.
- In der DDR war – bis auf die Spezialschulen und die Sonderschulen – das Stufenschulprinzip flächendeckend eingeführt. Es gab die zehnjährige allgemein bildende Polytechnische Oberschule mit der dreijährigen Unterstufe und die Erweiterte Polytechnische Oberschule mit den Jahrgängen 11 und 12 (EOS).
- In der Sekundarstufe II gibt es heute – mit Ausnahme der Kollegschule Nordrhein-Westfalens – keine Stufen- bzw. Integrationsschulen. Und auch diese Kollegschule ist in den letzten Jahren immer mehr zu einem Bestandteil des Berufsbildungssystems zurückgebildet worden[7].

Der Name Stufenschule ist allgemein verständlich, aber nicht allgemein gebräuchlich. Der Name Selektionsschule ist unüblich – und er hat einen polemischen Unterton, der auch gewollt ist (s. u.):

Arbeitsdefinition 32:
Selektionsschulen (= Gabelungsschulen) wählen ihre Schülerinnen nach einem definierten Selektionskriterium aus und führen möglichst viele von ihnen zum selben Abschluss.

5 Leistungs*heterogen* heißt: mit unterschiedlichem Leistungsvermögen; leistungs*homogen* bedeutet: mit gleichförmiger oder zumindest ähnlicher Leistung.
6 Mehr dazu in Band II, Fünfte Lektion.
7 Die *Kollegschule* (nicht zu verwechseln mit dem Kolleg!) integriert die gymnasiale Oberstufe mit den Berufsbildenden Schulen zu einem neuen Schultyp, der Doppelqualifikation, also gleichzeitigen Erwerb von Allgemeiner Hochschulreife und Facharbeiterabschluss in einem vierjährigen Bildungsgang zulässt.

Das gebräuchlichste Selektionskriterium ist die intellektuelle Leistungsfähigkeit der Schülerinnen[8]; insbesondere an Schulen in freier Trägerschaft kommen weitere Kriterien hinzu oder sie ersetzen das Leistungskriterium. Selektionsschulen beanspruchen, durch leistungs*homogene* Lerngruppen sowohl den leistungsstarken als auch den leistungsschwächeren Schülerinnen besser gerecht zu werden, weil die „Schnellen" losmarschieren können, während den „Langsamen" gezielt und professionell geholfen werden kann. Bei diesem Argument wird allerdings darüber hinweggetäuscht, dass für die „Langsamen" in der Regel nur halb so viel Geld ausgegeben wird wie für die „Schnellen" (siehe S. 402).

- Selektionsschulen sind z. B. Gymnasien und Realschulen, Haupt- und Sonderschulen sowie alle berufsbildenden Schulen.

Warnung vor Begriffskonfusion: Viele Selektionsschulen sind in sich gestuft. Deshalb wird dort von Schulstufen (aber nicht von Stufenschulen) gesprochen. Z. B. ist die Reformierte Gymnasiale Oberstufe (abgekürzt RGO) „nur" eine schulinterne Oberstufe eines Gymnasiums, eines Fachgymnasiums oder einer Gesamtschule.

In einem strengen Sinne gibt es in Deutschland weder reine Selektions- noch reine Gabelungsschulen. Denn durch vielfältige Anstrengungen zur Schulreform ist unser Schulsystem in den letzten 45 Jahre an vielen Stellen löcherig geworden. Die Fachbegriffe, mit denen dieses Problem diskutiert wird, lauten Selektivität und Durchlässigkeit:

- *Selektivität* bezeichnet die Rigidität, mit der eine Schulform bestimmte Schülergruppierungen anzieht und andere abstößt (vgl. Baumert 1991:351 f.). Sonderschulen sind z. B. hoch selektiv; Gymnasien waren es früher, sind es heute aufgrund ihrer „Vergesamtschulung" (s. u.) aber nur noch begrenzt. Hauptschulen und ihr Vorläufer, die Volksschulen waren in den Zeiten, als sie noch 70 oder 80 Prozent der Schülerschaft eines Jahrgangs aufnahmen (also vor 40 Jahren) die am wenigsten selektiven Schulen; dies änderte sich aus vielfältigen Gründen stetig und schleichend. Heute sind Hauptschulen zu hoch selektiven Restschulen geworden, in denen sich leistungsschwächere Schülerinnen, verhaltensauffällige Schülerinnen, Schülerinnen nichtdeutscher Muttersprache, Russlanddeutsche u.a.m. konzentrieren.
- *Durchlässigkeit* bezeichnet umgekehrt die Möglichkeit, während der Schulzeit von der einen in die andere Schulform zu wechseln. Die ursprünglich relativ dicht gegeneinander abgeschotteten Sek-I- und Sek-II-Schulformen der Bundesrepublik (alt) haben Schritt für Schritt die Durchlässigkeit erhöht. Von „oben" nach „unten" war das natürlich schon immer gegeben, aber von der Hauptschule auf die Realschule oder von dort in die gymnasiale Mittelstufe zu wechseln, war und ist sehr schwierig. Inzwischen sind die Richtlinien der Sek-I stärker aneinander angepasst und die verschiedenen Abschlüsse einander angeglichen worden.

8 Auch die Zuweisung zur Sonderschule kann – im Falle von Lernbehinderung – eine Leistungsselektion sein.

Selektionsschulen haben in Deutschland die deutlich längere Tradition. Manche Gymnasien können ihre Geschichte über Latein-, Kloster- oder Domschulen bis ins 10. Jahrhundert zurückverfolgen (vgl. Paulsen 1884/1965, Bd. I, S. 18–52).

Stufen- oder Integrationsschulen wurden das erste Mal in der Französischen Revolution vom Marquis de Condorcet in seinem Entwurf der „Allgemeinen Organisation des öffentlichen Unterrichtswesens"[9] gefordert, in Deutschland aber erst 1920 (als gemeinsame Unterstufe der Volksschule) ansatzweise verwirklicht.

In einem inzwischen über 200 Jahre währenden Ringen setzt sich in Deutschland ganz langsam das Stufenschulprinzip durch, während das Selektionsschulprinzip - in zähe „Abwehrkämpfe"[10] verstrickt - ebenso langsam an Boden verliert.

Ein Schulsystem, das nach dem Stufenprinzip aufgebaut ist, liefert im Grundsatz mehr Bildungschancen zur Förderung des Einzelnen, als dies die Selektionsschulen könnten. Stufenschulen lassen Lernumwege und -irrwege zu, ohne dass die Schule gewechselt werden müsste; sie liefern - wenn sie gut geführt sind - ein Klima, in dem Leistungsschwächere durch die Leistungsstärkeren mitgezogen werden können; sie machen die Selektionsentscheidungen von Viertklässlern, die nachgewiesenermaßen höchst ungenau sind, überflüssig und sie leisten, zumindest dem Anspruch nach, einen Beitrag zur sozialen Integration.

These 10.1: Stufenschulen sind im Prinzip die demokratischeren und deshalb besseren Schulen.

Sie sind dies natürlich nicht automatisch, sondern nur dann, wenn in ihnen ein pädagogisch wohl durchdachtes System der inneren Integration eingeführt worden ist und beständig gepflegt und weiterentwickelt wird.

1.4 Übungsaufgabe

Wir vermuten und befürchten, dass Ihnen nach *ein*maligem Lesen der Abschnitte 1.1 bis 1.3 der Kopf schwirrt. Deshalb bieten wir Ihnen die folgende Übungsaufgabe zur Festigung des neu eingeführten Fachvokabulars an.

---

9 Vgl. Marquis de Condorcet (1792/1966) – wer historisch interessiert ist, möge weitere Fachliteratur lesen. Der Marquis hatte aufgrund der Revolutionswirren eine mehr als abenteuerliche Biographie!

10 Man möge das paramilitärische Vokabular entschuldigen. Wir (D. V. u. H. M.) sind in dieser Frage parteilich.

Arbeitsauftrag:
Im linken Kasten finden Sie eine Reihe von *Stufenschulen*, im rechten Kasten von *Selektionsschulen*. Es gibt aber in beiden Kästen *fehlerhafte Zuordnungen*.
Streichen Sie die fehlerhaften Zuordnungen durch.

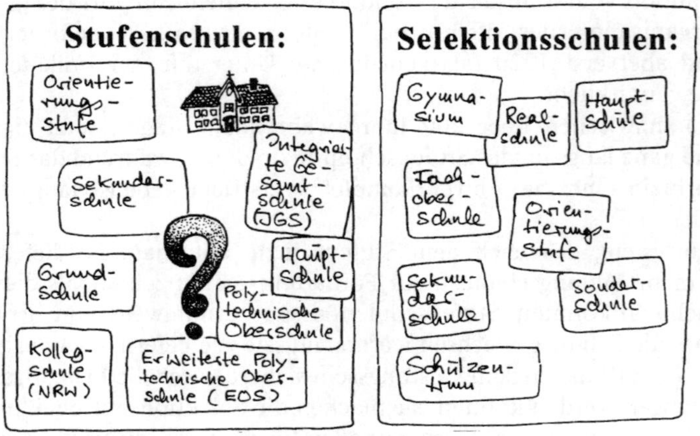

Abbildung 10.3: Übungsaufgabe

Die Auflösung finden Sie am Ende des nächsten Abschnitts.

2. Wer oder was steuert die Schulentwicklung?

Ja, das ist eine kluge Frage, auf die schon viele verschiedene Antworten gegeben worden sind[11]. Ich skizziere die Antworten zunächst im Blick auf die Einzelschule als Handlungseinheit; danach dann im Blick auf die Steuerungsinstrumente der Schul- und Bildungspolitik (das ist die vierte und fünfte Ebene des Modells).

2.1 Schulentwicklung durch Selbstorganisation

Schulentwicklung bezeichnet den selbstorganisierten Prozess der Profilbildung einer Einzelschule. Die an der Schulentwicklung vor Ort Beteiligten, also die Schulleiter, die Lehrerinnen, Schülerinnen, Eltern, Kommunalpolitiker usw. sind in ihren Entscheidungen aber nicht autark, sondern von vielen Faktoren abhängig, die im folgenden Schema grob sortiert werden:

11 Eine ausführliche, historische und systematische Herleitung dieser Frage liefern Diederich/Tenorth (1997:127–183).

Abbildung 10.4: Steuerungselemente von Schule

(1) Grundorientierungen und Traditionen der Einzelschule:
- das in der Vergangenheit herausgebildete Profil der Schule,
- das selbst erarbeitete Leitbild,
- das pädagogische Ethos der Schule,
- die demokratische Qualität der Leitungsstrukturen.

(2) Staatliche Vorgaben und Interventionen:
- der Bildungsauftrag, die Schulgesetze, Verordnungen und Lehrpläne,
- die genehmigungspflichtigen Schulbücher (warum eigentlich?),
- die verfügbaren sächlichen Ressourcen,
- Interventionen der Schulaufsicht (vgl. die Fünfte Lektion).

(3) Hinzu kommen so schwer fassbare Größen wie:
- die Motivation der Kolleginnen zur Mehrarbeit,
- die heimlichen Tagesordnungen einer Schule,
- die Feedback-Kultur der Schule,
- Zufälle der Zusammensetzung, des Alters, der Abordnungen und Versetzungen des Personals,
- das Image der Schule in der Bevölkerung,
- glückliche Umstände, Pleiten, Pech und Pannen.

Schulentwicklung, das soll das Schema verdeutlichen, ist ein komplexer und deshalb auch störungsanfälliger Prozess. Aber sie ist, wie viele Einzelschulen in den letzten Jahren bewiesen haben, durchaus möglich. Und die Bereitschaft der Schulaufsicht, mehr Demokratie zu wagen, wächst ebenfalls, wenn auch an vielen Stellen eher zögerlich.

These 10.2: Selbstorganisation der Schulentwicklung ist heute ansatzweise möglich.

Dabei herrscht, so behaupte ich, eine Dialektik von Vorgaben und selbstgesetzten Zielen. „Selbstorganisation" heißt nicht Autarkie, sondern selbstbewusstes Setzen der Ziele und kluge Berücksichtigung der Rahmenbedingungen.

Auflösung der Übungsaufgabe aus Abschnitt 1.4

- Im linken Kasten sind falsch platziert: die Hauptschule und die EOS (Erweiterte Oberstufe). Die Sekundarschule gehört ebenfalls nach rechts, man könnte sie als teilintegrierte Schule allerdings zur Not akzeptieren. Orientierungsstufen sind nur in einigen Bundesländern selbstständige Schulformen und deshalb „echte" Stufenschulen; in anderen sind sie als unselbstständige Stufen innerhalb von Selektionsschulen organisiert.
- Im rechten Kasten sind falsch platziert: die Orientierungsstufe und das Schulzentrum. Der Begriff „Schulzentrum" meint eine räumliche und logistische Zusammenführung von selbstständigen Schulformen.

2.2 Überregionale und bundesstaatliche Steuerungsinstanzen

Schaut man nun von der dritten auf die vierte Ebene unseres Handlungsebenenmodells, so kommen wir zur Schul- und Bildungspolitik. Hier gibt es neben der in der Fünften Lektion schon ausführlich dargestellten Schulaufsicht weitere Steuerungsinstanzen auf Landes- und auf Bundesebene, die mehr schlecht als recht den „Großtanker Schule" in die von ihnen gewünschte Richtung zu steuern versuchen. Die wichtigsten Strukturen und Steuerungsinstanzen in Stichworten:

Föderalismus

Das deutsche Bildungswesen hat eine föderale Struktur[12]. Damit ist gemeint, dass es nicht (wie z. B. in Frankreich) zentral gelenkt und kontrolliert wird, sondern dass die Bundesländer im Rahmen ihrer durch das Grundgesetz (Art. 70–75 GG) festgeschriebenen Kulturhoheit[13] die alleinige Verantwortung für die Schulen haben. (In den Schulen der DDR fehlte dieses föderale Element.) Es gibt zwar ein Bundesministerium für Bildung und Wissenschaft (BMBW), es hat aber nur auf die Berufsbildung direkten Einfluss. Wenn es im Blick auf das allgemein bildende Schulwesen etwas erreichen will (z. B. im Rahmen von finanziellen Förderprogrammen), so muss sich der Bundesbildungsminister an

12 Vgl. Arbeitsgruppe Bildungsbericht (1994:81–86).
13 Vgl. Heckel/Avenarius (1986:15–18).

die Kultusministerkonferenz (KMK; Gründung 1949[14]) wenden, in der die elf bzw. seit 1990 16 Kultusminister und -ministerinnen das Sagen haben. Zur Regelung von Daueraufgaben ist eine eigene Behörde geschaffen worden, die Bund-Länder-Kommission für Bildungsplanung und Forschungsförderung (BLK; Gründung 1970[15]). Diese beiden Gremien können nur einstimmige Beschlüsse fassen. Das erhöht nicht gerade die Dynamik der Entscheidungsprozesse, sondern führt fast zwangsläufig zum Parteienproporz:

- Wenn ein so genanntes A-Land (= ein Bundesland mit SPD-Regierungsbeteiligung) eine Extrawurst genehmigt bekommt (z. B. einen Schulversuch oder einen Finanzzuschuss), so folgt flugs darauf die Genehmigung für ein B-Land (CDU- oder CSU-regiert).
- Wenn die Bundesländer die Abiturvorschriften neu regeln wollen, aber das Land Bayern nichts davon hält, so hat es wegen der notwendigen Einstimmigkeit ein Vetorecht.

Die Entscheidungen, die dann doch noch getroffen werden, sind zwangsläufig immer dünner werdende Kompromissformeln. Bundesbildungsminister a. D. Jürgen Möllemann meinte dazu: „Die KMK hat die Entscheidungsdynamik einer griechischen Landschildkröte."

Die Kulturhoheit hat Vor- und Nachteile. Wer den Mao-Spruch „Lasst tausend Blumen blühen" liebt, wird gegen jede Verstärkung der zentralen Elemente sein und für die Beibehaltung regionaler Unterschiede, ja die bewusste Herbeiführung neuer Vielfalt plädieren. „Regionalisierung" der Schulpolitik ist allerdings noch kein Konzept, weil dieser Grundsatz ja nur etwas über den Ort der Entscheidungen, nicht über deren inhaltliche Qualität aussagt! Regionalisierung kann auch zur Erhaltung bayerischer oder sonstiger Frühformen von Schule beitragen. Und für Familien, die häufig umziehen müssen, ist Schul-Föderalismus eher ein Schrecken („Vater versetzt, Kind sitzen geblieben!"). – Föderalismus hilft, Besitzstände zu wahren, das macht Reformen im Bildungsbereich aber ausgesprochen schwierig und schleppend.

These 10.3: Kulturhoheit der Länder ist kein Wert an sich und auch kein Politikkonzept, sondern ein Handlungsrahmen, der immer wieder neu mit humaner Schulpolitik gefüllt werden muss.

Politikberatung

Zusätzlich gibt es Institutionen zur Politikberatung: Gremien, die zumeist sorgfältig nach Parteienproporz besetzt werden und – je nach Qualität ihrer Arbeit und Wollen der Landespolitiker – viel oder wenig zu sagen haben[16]:

14 Vgl. Spies (1984a); Arbeitsgruppe Bildungsbericht (1994:85).
15 Vgl. Spies (1984b); Arbeitsgruppe Bildungsbericht (1994:85 f.).
16 Vgl. Arbeitsgruppe Bildungsbericht (1994:87–92).

- Der *Deutsche Ausschuss für das Erziehungs- und Bildungswesen* (1953–1965); eine vergleichsweise kleine Institution, die in den Anfängen der Bundesrepublik Schulpolitikberatung noch auf ehrenamtlicher Basis und ohne großen Organisationsapparat betrieb.
- Der *Deutsche Bildungsrat* (1965–1975), ein wirklich mächtiges Gremium von „elder statesmen" und jüngeren, kompetenten Wissenschaftlern, das zur Stelle war, als es in der westdeutschem Bildungspolitik wirklich großen Handlungs- und entsprechenden Beratungsbedarf gab. Als der Bildungsrat 1974 eine Empfehlung zur radikalen Erneuerung der Bildungsverwaltungen aller Länder zu formulieren begann, ging das den Herrschaften in den Ministerien doch zu weit – der Bildungsrat wurde flugs aufgelöst.
- Der *Wissenschaftsrat* (seit 1957) spricht bei allen hochschulpolitischen Entscheidungen ein gewichtiges Wort mit und ist insofern für Ausbau und Reduzierung der Lehrerbildungskapazitäten und für Standortentscheidungen von großem Gewicht.

Seit 1975 fehlt eine nationale (oder sogar supranationale) Bildungsberatungseinrichtung – und das ist nicht gut. Einzelne Bundesländer sind deshalb dazu übergegangen, eigene Beratungsgremien einzusetzen. Eine der wichtigsten der letzten Jahre war die sogenannte Rau-Kommission, die 1995 ihren heiß diskutierten Empfehlungsbericht „Zukunft der Bildung – Schule der Zukunft" vorgelegt hat (Bildungskommission NRW 1995).

Jürgen Baumert

Zu den Beratungsinstitutionen gehört auch das Max-Planck-Institut für Bildungsforschung in Berlin. Gründungsdirektor war Helmut Becker, danach kam Peter Martin Roeder; jetzt ist Jürgen Baumert der Leiter. Auf seine Arbeiten und die seiner Mitarbeiter/innen stütze ich mich insbesondere im dritten Abschnitt dieser Lektion.

Lehrerverbände

Die Lehrerverbände haben deutlichen, aber meines Erachtens in den letzten Jahren sinkenden Einfluss auf die Schulpolitik:

- Allen voran die Gewerkschaft Erziehung und Wissenschaft (GEW), die Beschäftigte aller Bildungseinrichtungen organisiert und sich ausdrücklich nicht als Standesvertretung versteht, sondern eine der Einzelgewerkschaften unter dem Dach des DGB ist. Auch die GEW ist stark föderalistisch organisiert und hat in jedem Bundesland Landesverbände. Der Hauptvorstand sitzt in Frankfurt/M. In jeder Stadt bzw. in jedem Landkreis gibt es Kreisverbände. Auch Studierende können Mitglieder werden. Es gibt vielfältige Aktivitäten in der Bildungspolitik, Lehrerfortbildung, im Rechtsschutz, in der weltweiten Kooperation mit anderen Lehrergewerkschaften. Als Gewerkschaft steht die GEW eher links und macht in vielen Ländern gemeinsame Schulpolitik mit der SPD, den Bündnisgrünen und hier und dort auch mit der PDS.

- Der Deutsche Philologenverband (DPhV) im Beamtenbund ist ebenfalls auf Bundes-, Länder- und lokalen Ebenen organisiert. Er versteht sich dezidiert als Standesvertretung der Gymnasiallehrerinteressen und ist politisch deutlich konservativer als die GEW.
- Der Bundesverband der Lehrer an Beruflichen Schulen (BLBS) ist die größte Interessenvertretung für die Lehrerinnen an Berufsbildenden Schulen.
- Zu den größeren Verbänden zählt noch der Verband Bildung und Erziehung (VBE), in dem überwiegend Grund-, Hauptschul- und Realschullehrerinnen organisiert sind.

Europe – no, not for me, thanks!?

Even today at the end of the 20th century, educational policies are confined to the authorities of the nation-states[17]. The resolutions of Maastricht passed in February 1992 merely contain two paragraphs (126/127) pertaining to educational policies. These two paragraphs claim that school policies – with the exception of vocational training – are a matter of the member states and not of Strasbourgs's Parliament or Brussel's administration[18]. So, in fact we are undergoing a contradicting development: From a general political, economic and cultural point of view Europe is hesitantly but steadily growing together. But school policy trends are diverging. EU authorities again and again adhere to a do-not-interfere-principle and underline the member states' sole responsibility. The member states are pleading for school autonomy and regionalization of school policies (cf. Bildungskommission NRW 1995:284–292).

Summarized: The markets are being globalized – and school policies regionalized[19].

However, an exact comparative analysis of tendencies of development of the member states' school systems reveals that although the starting bases vary the *solutions* are becoming increasingly similar. And since the breakdown of the Eastern Bloc this also applies to Eastern Europe (cf. Winter 1997).

2.3 *Die Rolle der Lehrpläne*

Die Begriffe „Curriculum", „Lehrplan" und „Richtlinie" haben ihre je eigene Begriffsgeschichte und Bedeutung, werden heute aber weitgehend synonym verwendet:

---

17 Einen kompletten Überblick über die Bildungs- und Hochschulsysteme der Mitgliedsländer der *Europäischen Union* enthält der Band „Strukturen der Allgemeinen und Beruflichen Bildung in der Europäischen Union", hrsg. von der Europäischen Kommission (1995).

18 Da „vocational training" (= Berufsbildung) sehr weit definiert wird, hat sich die EU-Politik allerdings eine Tür offen gehalten.

19 Inzwischen hat die EU allerdings aus wirtschaftlichen Interessen heraus auch das allgemein bildende Schulwesen ihrer Mitgliedsländer zum Politikfeld gemacht. In dem Weißbuch „Lehren und Lernen" mit dem seltsamen Untertitel „Auf dem Weg zur kognitiven Gesellschaft" (Europäische Kommission 1996) verlangt die EU verstärkte nationale Anstrengungen zur Hebung allgemeiner und sprachlicher Kompetenzen, um den Wirtschaftsstandort Europa zu sichern. Insbesondere Deutschland hat aber gegen diese „Einmischung" der EU Widerspruch erhoben.

- Der Lehrplanbegriff ist der älteste; so wurden und werden alle staatlichen oder von sonstigen Schulträgern erlassenen Dokumente zur Steuerung der Bildungs- und Unterrichtsziele bezeichnet (vgl. Weniger 1952; Dolch 1982).
- Richtlinien sind nichts anderes als Lehrpläne mit Richtliniencharakter. Ihre Autoren wollen mit der Wahl des Begriffs ausdrücken, dass es beim Unterrichten keine direkten Weisungen, sondern nur Empfehlungen geben kann. Zumeist wird aber auch in Richtlinien ein „Kerncurriculum" definiert, um das herum fakultative Bereiche gelagert werden.
- Curricula[20] sind Richtlinien, die den Anspruch stellen, in einem wissenschaftlich kontrollierten Entscheidungsprozess hergestellt worden zu sein (vgl. Otto/Schulz 1986). Das Wort „Curriculum" kam in den 70er-Jahren aus den USA in die BRD (alt), während in der DDR nur der Lehrplanbegriff üblich war.

Arbeitsdefinition 33:
Ein Lehrplan ist ein begründeter Zusammenhang von Lehrziel-, Lehrinhalts-, Lernmethoden- und Lernorganisationsentscheidungen. Lehrplanentwicklung dient der Herstellung, Einführung[21] und Evaluation[22] neuer Lehrpläne.

Ein Lehrplan ist also mehr als die Mitteilung über Stoffverteilungspläne – er sollte einen Begründungszusammenhang erkennen lassen, der es akademisch ausgebildeten Lehrerinnen erlaubt, sinnentsprechend und zielorientiert, statt sklavisch und unflexibel mit dem Lehrplan umzugehen. Ein Lehrplan dokumentiert Entscheidungen – mehr nicht. Die inhaltliche Ausarbeitung der Lehrpläne wird durch andere Instrumentarien geleistet, nämlich durch kommerzielle Schulbücher, lokale Lehrpläne und Stoffsammlungen, Lehr- und Lernmaterialien und vor allem natürlich durch die persönliche Unterrichtsvorbereitung der Lehrerinnen.

Ein Lehrplan enthält nicht nur Inhalts-, sondern auch Ziel-, Methoden- und Organisationsentscheidungen. Das ist auch sinnvoll, weil es eine starke Wechselwirkung zwischen diesen Entscheidungsfeldern gibt. Die vor 25 Jahren in Mode gekommenen Lernzielorientierten Richtlinien waren deshalb schon im Ansatz zu eng gedacht: Sie enthielten einerseits zu wenig, von dem Wenigen jedoch viel zu viel! Lehrpläne sind Programme im Sinne unserer Theorie schulischen Handelns. Sie müssen also im Schulalltag verlebendigt, d. h. inszeniert werden.

Wie entstehen Lehrpläne und wer ist für sie verantwortlich? Die Antwort ist relativ eindeutig:

20 Von lat. curriculum = Rennbahn, Rundlauf; später Curriculum Vitae (Lebenslauf), im Barock bereits in der Bedeutung Lehrplan.
21 Statt Einführung wird auch der Fachbegriff Implementation benutzt.
22 Der Evaluationsbegriff wird in Band II geklärt.

These 10.4: Lehrpläne sind das Ergebnis des Kampfes der gesellschaftlichen Interessengruppen um ihren Einfluss auf die heranwachsende Generation.

Das klingt, als ob hier ganz unverblümt die Kapitulation der Schule vor den Interessen des Kapitals, der Kirche usw. propagiert würde. Der Eindruck ist nicht falsch. Schule findet nicht in einem herrschaftsfreien Raum statt! In modernen, halbwegs demokratisch orientierten Gesellschaften sind allerdings drei Filter eingebaut, die den direkten Durchgriff der Interessengruppen auf die Schularbeit abmildern (vgl. Blankertz 1975:128):

- Der Staat tritt – zumindest seinem Selbstverständnis nach – als Schlichter im Interessenwettkampf auf. (Er hat dabei allerdings eine Doppelrolle, weil er zugleich selbst eine der Interessengruppen ist und die Schule zur eigenen Legitimation ge- und missbraucht.)
- Der Staat als oberste Lehrplaninstanz hat sich verpflichtet, die Lehrplanentwicklung an wissenschaftlichen Standards zu orientieren. (Das ist besser als die Orientierung an volkstümlichen Bildungsidealen oder gar an Rasseideologien, sagt aber noch nicht viel, weil heutzutage zu beinahe jedem wissenschaftlichen Gutachten ein Gegengutachten aufgetrieben werden kann.)
- Der Staat kann gar nicht anders, als den Schulen auch in Lehrplanfragen immer mehr Teilautonomie zuzugestehen. (Dies relativiert die Durchschlagskraft der Lehrpläne, hat freilich einen erheblichen Arbeitsaufwand für die Kollegien der Einzelschulen zur Folge.)

Nur wenige Lehrerinnen lesen ihre Richtlinien[23], noch weniger üben sich in der kritischen Auseinandersetzung damit[24]. Das wichtigste Steuerungsinstrument im alltäglichen Schulbetrieb sind nämlich die Schulbücher, die von gut 90 Prozent der Lehrerinnen als maßgebliche Entscheidungsgrundlage für die Gestaltung ihres Unterrichts angegeben werden. Lehrpläne sind also eher stumpfe Waffen. Da aber die Schulbücher erst dann zugelassen werden, wenn sie von den dafür eingerichteten Genehmigungsausschüssen der Kultusverwaltungen auf Richtlinienkonformität abgeklopft worden sind, ergibt sich dann doch wieder eine wichtige indirekte Steuerungsfunktion.

Ich komme auf die Frage der Überschrift dieses Abschnitts zurück. *Wer oder was steuert die Schulen?* Diese Frage kann in einem ansatzweise demokratisch geregelten Staatsgebilde nur komplex beantwortet werden. Es gibt auf den verschiedenen Entscheidungs- und Handlungsebenen zahlreiche Steuerungsinstanzen mit jeweils unterschiedlichen Gewichten. Dabei haben die unmittelbar Beteiligten (Lehrerinnen, Schülerinnen, Schulleitungen und Eltern) auf

23 Dies belegt auch eine inzwischen 25 Jahre alte empirische Erhebung von Flechsig/Haller (1973:45), nach der selbst während der Phase allgemeiner Curriculumeuphorie nur 50 Prozent der Lehrer und Lehrerinnen Zugriff auf die für ihren Fachunterricht gültigen Richtlinien hatten – was lange noch nicht besagt, dass sie tatsächlich hineingeschaut haben.

24 Vgl. Meyer (1980:266–277).

den unteren drei Ebenen unseres Handlungsebenenmodells größere Mitspracherechte, auf den oberen so gut wie keine. Umgekehrt gilt: Die demokratisch legitimierten Regierungs- und Beratungs- und Kontrollinstitutionen haben auf der vierten und fünften Handlungsebene gewisse Gestaltungsmöglichkeiten, im Schulalltag spielen sie dagegen kaum eine Rolle.

Die meisten Fachleute sind sich aber darin einig, dass es in diesem Kompetenzen- und Instanzengeflecht zu viele Top-down-Strukturen und zu wenige eingespielte Bottom-up-Instrumentarien (vgl. S. 199) gibt. Deshalb gilt die aus modernen betriebswirtschaftlichen Führungskonzepten bekannte Forderung auch für die Schule:

These 10.5: Die Betroffenen müssen zu Beteiligten gemacht werden, wenn die immer anspruchsvoller gewordenen Aufgaben der Schule auch in Zukunft halbwegs zufrieden stellend gelöst werden sollen.

3. Verwerfungen der Schullandschaft

3.1 Das Ende des „dreigliedrigen" Schulsystems

Die wichtigsten und spannendsten Veränderungen der Schullandschaft in Deutschland finden – wenn wir von den radikalen Umbrüchen in den fünf neuen Bundesländern absehen – seit gut 20 Jahren in der Sekundarstufe I statt. Dies ist kein Zufall. Der Grund liegt vielmehr darin, dass zu Beginn der Sek-I die wichtigste „Schleuse" des schulischen Selektionssystems angebracht worden ist.[25] Es gibt einen heftigen Streit, ob sich die Schleuse an der richtigen Stelle befindet und ob sie die ihr zugedachten Funktionen erfüllt oder nicht. Konservative Politiker sprechen von der „bewährten Dreigliedrigkeit" und wollen die Schleuse dort lassen, wo sie ist. Progressive Schulpolitiker wollten (und wollen zum Teil noch heute) integrierte Gesamtschulen flächendeckend einführen und dadurch die Schleusenfunktion an das Ende der 10. Klasse verlagern. Dies würde bedeuten, dass die Schulen des dreigliedrigen Systems zusammengelegt werden müssen.

Die Formulierung „dreigliedrig" ist allerdings schief. In Wirklichkeit handelt es sich ja um eine ausgefranste Fünfgliedrigkeit (siehe Abbildung 10.1). Diese Fünfgliedrigkeit zeigt schon seit längerem größere Brüche und Verwerfungen. Aufgrund einer Abstimmung mit den Füßen ist das ganze System aus dem Lot geraten:

25 In Bundesländern mit einer sechsjährigen Grundschule oder mit schulformübergreifenden Orientierungsstufen befindet sich diese Schleuse beim Übergang von der 6. in die 7. Klasse.

These 10.6: Das so genannte dreigliedrige Schulsystem der Bundesrepublik Deutschland ist zerbrochen.

Dies ist nicht überraschend. Andere Nationen haben diesen Prozess schon lange hinter sich gebracht. Von Dänemark bis Spanien, von Holland bis in die Türkei ist die Sekundarstufe I noch bis in den 8., 9. und manchmal 10. Jahrgang gesamtschulförmig organisiert. Deutschland ist die europäische Industrienation mit der *frühesten* Aufteilung der Schülerinnen auf die weiterbildenden Schulformen (vgl. Winter 1997).

Die Ursachen für das Ende der Dreigliedrigkeit reichen ins 19. Jahrhundert und noch weiter bis ins Mittelalter zurück. Seit dem Modernisierungsschub, den die industrielle Revolution in Deutschland – ungefähr ab 1830 – ausgelöst hatte, ist eine beständige Ausweitung des Anteils der Gymnasiasten unter den Schülern (und seit 1900 auch der Schülerinnen) eines Jahrgangs zu beobachten:

- 1810, als in Preußen das Gymnasium Gestalt annahm, ging ungefähr 1 Prozent der gesamten Schülerschaft auf das Gymnasium. Die meisten Lehrer waren der Auffassung, dass damit die Begabungsreserven der deutschen Nation ausgeschöpft seien.
- Im Jahr 1900 lag die Abiturientenquote im Deutschen Reich bei knapp 2 Prozent – für einen Industriestaat schon damals viel zu wenig.
- 1960 gingen 15 Prozent eines Jahrgangs (bezogen auf die Kohorte der Dreizehnjährigen) zum Gymnasium, aber nur 42 Prozent davon kamen bis zum Abitur (s. u.). Die Gymnasiallehrer stöhnten; die meisten waren sich gewiss, dass nun die Begabungsreserven endgültig erschöpft seien.
- 1989 waren es schon 29,1 Prozent. – Und das Stöhnen war noch lauter.

Jahr	Schulen	Schüler	Lehrer[1]	Schüler je Lehrer	Relativer Schulbesuch[2]	Erfolgsquote[3]	Studierwillige Abiturienten (Prozent)
1960	1 823	853 400	48 900	17,5	15,0	42,3	–
1965	1 926	957 900	53 800	17,8	15,8	48,6	–
1970	2 311	1 379 500	76 900	17,9	20,4	64,3	89,70[4]
1975	2 415	1 863 500	98 100	19,0	23,7	67,3	74,50[5]
1980	2 477	2 119 000	121 800	17,4	26,7	64,9	67,60
1985	2 486	1 750 300	122 000	14,3	27,5	72,4	58,60
1988	2 460	1 563 000	116 400	13,4	29,1[6]	67,6	64,00

1 Vollzeitlehrer und in Vollzeitlehreräquivalente umgerechnete Teilzeitlehrer
2 der 13-Jährigen (in Prozent)
3 Abiturienten in Prozent der Siebtklässler am Gymnasium sieben Jahre vorher
4 Wert von 1972: einschließlich Schüler an Abschlussklassen, die die Fachhochschulreife anstreben
5 Wert von 1976
6 Wert von 1989

Abbildung 10.5: Basisdaten Gymnasium[26]

26 Diese und die folgenden zwei Tabellen aus Baumert (1991:349, 345, 343).

Die Anteile der Realschulbesucher verschoben sich im selben Zeitraum in einem ähnlichen Umfang:

Jahr	Schulen	Schüler	Lehrer[1]	Schüler je Lehrer	Relativer Schulbesuch[2]
1960	1 125	430 700	19 300	23,0	11,3
1965	1 555	570 900	24 300	23,5	13,4
1970	2 116	863 500	37 800	23,1	18,5
1975	2 348	1 179 900	51 800	22,7	21,0
1980	2 623	1 351 100	62 700	21,5	25,4
1985	2 617	1 049 000	59 300	17,7	26,1
1988	2 580	875 200	54 600	16,0	26,2[3]

1 Vollzeitlehrer und in Vollzeitlehreräquivalente umgerechnete Teilzeitlehrer
2 der 13-Jährigen (in Prozent)
3 Wert von 1987

Abbildung 10.6: Basisdaten Realschule

Der Expansionsschub an den Realschulen war also im Zeitraum 1960 bis 1988 noch ein klein wenig stärker als an den Gymnasien, auch wenn dies in den bildungspolitischen Debatten weniger zur Kenntnis genommen worden ist. Einer der Gründe für die Unauffälligkeit der Realschulexpansion könnte darin liegen, dass durch den *absoluten* Rückgang[27] der Schülerzahlen die Verschiebungen zwischen den wachsenden Schulformen weniger auffielen.

These 10.7: Die Realschulen boomen im Stillen.

Zur selben Zeit verschob sich der Anteil der Hauptschülerinnen zwangsläufig nach unten[28]:

- 1900 gingen circa 95 Prozent eines Jahrgangs in die damalige Volksschule (die Ende der 60er-Jahre in Grund- und Hauptschule aufgeteilt wurde).
- 1952 waren es noch 80 Prozent.
- Von 1960 bis 1988 sank der Anteil von 70 auf knapp 35 Prozent. Da zugleich die absoluten Schülerzahlen deutlich sanken, war die Entwicklung an den Hauptschulen dramatisch.

27 Auf die Expansionsphase der 60er- und 70er-Jahre folgte eine Kontraktionsphase, die an den Grundschulen Ende der 70er-Jahre einsetzte und mit der entsprechenden Verzögerung in den weiterführenden Schulen ankam; genaue Zahlenangaben: Baumert (1991:339) und Arbeitsgruppe Bildungsbericht (1994 passim).

28 Für das 19. Jh. ist es schwierig, genaue Vergleichszahlen zu ermitteln, weil die Allgemeine Schulpflicht zwar beschlossen, aber noch nicht überall durchgesetzt war. Ab 1900 liegen genauere Daten vor.

Jahr	Schüler	Lehrer[1]	Schüler je Lehrer	Relativer Schulbesuch[2]
1960	2 122 400	–	36,7[3]	70,1
1965	2 112 500	–	33,1[3]	65,7
1970	2 374 900	–	31,6[3]	55,3
1975	2 510 400	107 400	23,4	46,0
1980	1 933 700	116 500	16,6	39,2
1985	1 332 500	88 900	15,0	36,9
1988	1 075 800	77 600	13,9	34,8[4]

1 Vollzeitlehrer und in Vollzeitlehreräquivalente umgerechnete Teilzeitlehrer
2 der 13-Jährigen (in Prozent)
3 Angaben für Grund- und Hauptschule
4 Wert von 1987

Abbildung 10.7: Basisdaten Hauptschule

Die Hauptschulen sind also die Verliererinnen beim Zerbröseln des dreigliedrigen Schulsystems, während die Gymnasien in vielen Fällen wider Willen zu gesamtschulähnlichen Einrichtungen geworden sind.

These 10.8: Hauptschulen sind Restschulen. Sie beherbergen die Verlierer im gesellschaftlichen Modernisierungsprozess der 80er- und 90er-Jahre.

Die folgende Grafik[29] zeigt – bezogen auf das Flächenland Niedersachsen – die Dramatik der Verschiebungen nochmals deutlich an. In den Stadtstaaten Berlin, Hamburg und Bremen ist diese Entwicklung noch krasser, in den süddeutschen Flächenländern deutlich weniger krass (bundesweite Daten in: Arbeitsgruppe Bildungsbericht 1994:201).

---

29 Quellen für die Zahlenangaben 1970/71 und 1991/92: Niedersächs. Landesverwaltungsamt für Statistik/ Institut für Entwicklungsplanung und Strukturforschung Hannover (1993); weiterhin Blankertz (1982b:321–339); Arbeitsgruppe Bildungsbericht (1994).

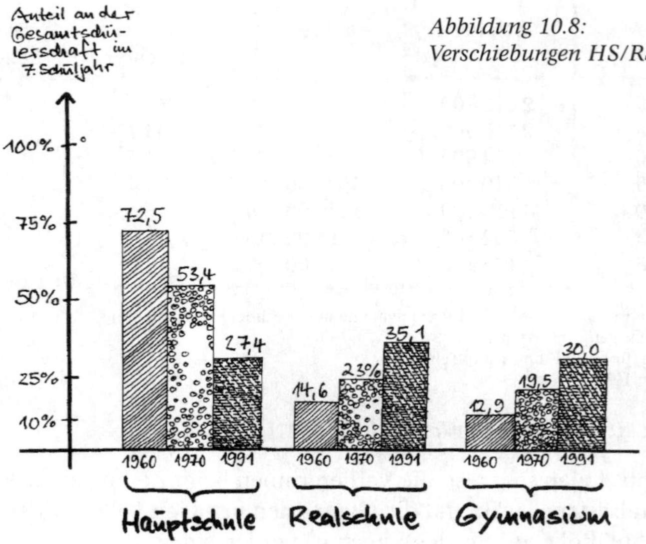

Abbildung 10.8: Verschiebungen HS/RS/GY

3.3 *Das Gymnasium – zu Tode gesiegt?*

Es ist nicht damit zu rechnen, dass der Run auf die Gymnasien und Realschulen im Jahre 1997 seinen Höhepunkt erreicht hat. Im Gegenteil – alles spricht dafür, dass sich der Trend fortsetzen wird.

These 10.9: Der „Siegeszug" der Gymnasien und Realschulen wird sich fortsetzen.

Man mag diese Verschiebungen beim Besuch der Sek-I-Schulen begrüßen oder bedauern – man wird sie nicht grundlegend ändern können, solange die dem Prozess zugrunde liegenden sozioökonomischen Tendenzen anhalten und die Freigabe des Elternwillens bei der Schulformwahl politisch gewollt wird. Es gibt eben keine „natürlichen" Eckdaten für den von einigen Bildungspolitikern und manchen Lehrerinnen geforderten Zugangsstop zu Realschulen und Gymnasien.

Man könnte argumentieren, dass es doch gut sei, wenn möglichst viele Schülerinnen einen möglichst hoch qualifizierten Abschluss machen, wenn da nicht die Hauptschülerinnen wären, die eben nicht mehr auf eine *Haupt-*, sondern eine Restschule gehen und dies auch bei der Ausbildungsplatzsuche und in ihrem weiteren Lebenslauf mehr als deutlich zu spüren bekommen.

Vertreter der Gymnasialinteressen sprechen in blumigen Wendungen von einem quasinatürlichen Prozess, der zu der erstaunlichen Prosperität der Gymnasien beigetragen habe:

Klaus Westphalen sagte in einem Festvortrag zur Eröffnung einer Tagung des Philologenverbandes: „Das Gymnasium ist nicht nur eine grundsolide Firma mit einem treuen Kundenstamm, es ist ein expandierendes Unternehmen, das durch sein attraktives Angebot alle Mitbewerber überflügelt."
Und er folgert im nächsten Abschnitt aus der Expansion der Schülerschaft des Gymnasiums, dass sich das dreigliedrige Schulsystem „bewährt" habe, ohne auch nur ein einziges Wort über die Hauptschülerinnen verloren zu haben.

Wir meinen dagegen: Man kann sich auch zu Tode siegen! Die Verfechter der Gymnasialidee machen sich zu wenig Gedanken darüber, welche pädagogischen Antworten auf die Veränderung der Lernvoraussetzungen für die Gymnasiastinnen gegeben werden können und wer die Kosten dieses Sieges zu bezahlen hat. *Es gibt in der Schulpolitik keine Sieger ohne Verlierer.* Deshalb ist es ein bildungstheoretischer Kurzschluss, aus der Expansion der Gymnasien und Realschulen auf Bewährung der Dreigliedrigkeit zu schließen.

Die Expansion ist vielmehr ein von Soziologen und Bildungsforschern präzis erforschter *sozio-ökonomischer Prozess*: Sie hat lange vor der Bildungsreform der 70er-Jahre und ihren Werbekampagnen („Schick dein Kind länger auf bessere Schulen!") eingesetzt, und zwar in genauer demographischer Entsprechung zum Aufstieg der Angestellten„klasse". Die Expansion ist in der Bildungsreformphase der 70er-Jahre, so der hessische Bildungsforscher und ehemalige Kultusminister Ludwig von Friedeburg, zwar ideologisch überhöht, aber nicht in ihrem Tempo beeinflusst worden[30].

3.4 *Die fehlende Legitimation der Dreigliedrigkeit oder „Griechisch für Tischler!"*

Es gibt unterschiedliche Versuche zur Begründung eines dreigliedrigen Bildungssystems, die in der Geschichte der Schule immer wieder vorgetragen worden sind. Man kann (1) mit dem ökonomischen Bedarf oder (2) mit Begabungsargumenten oder (3) mit einer Bildungstheorie argumentieren. Alle drei Argumentationen sind problematisch[31].

Bedarfsargumentation

Wer *nur* mit dem Bedarf argumentiert, befindet sich auf einer vordemokratisch-zynischen Stufe der Moral. Er oder sie sagt dann ja, dass die Menschen für den Profit geschaffen worden sind und nicht umgekehrt. Ein demokratisches Schulsystem zeichnet sich aber gerade dadurch aus, dass individuelles Bildungsrecht und gesellschaftlicher Ausbildungsbedarf ausbalanciert werden. Dennoch muss natürlich der Bedarf gründlich kalkuliert und so gut es geht befriedigt werden. Es nützt den Schülerinnen wenig, wenn sie sich profund in bestimmten Fächern spezialisiert haben, die erworbenen Qualifikationen aber

30 Von Friedeburg (1992:337–348). Untersuchungen mit ähnlichen Ergebnissen sind von Wolfgang Schulenberg, Hans-Dietrich Raapke, Andrä Wolter u. a. vorgelegt worden.
31 Vgl. Blankertz (1963; 1969; 1982a u. b); für das 19. Jh.: Paulsen (3. Aufl. 1919/1965).

keinen „Tauschwert" haben (siehe S. 434), also auf dem Arbeitsmarkt nichts oder wenig wert sind. Eine seriöse Prüfung des Ausbildungsbedarfs dürfte aber ergeben, dass die Erhöhung des Anteils höherwertiger Abschlüsse, wie sie in den letzten 35 Jahren stattgefunden hat, für Industrie und Wirtschaft sinnvoll und keineswegs überzogen hoch ist.

Begabungstheoretische Argumentation

Im 19. Jahrhundert und auch noch bis in die 60er-Jahre dieses Jahrhunderts gab es begabungstheoretische Begründungsversuche für die Dreigliedrigkeit, die allerdings heute unschwer als Ideologie zu erkennen sind. Das deutsche Volk, so die Vorstellung, zerfällt in 2 oder 3 Prozent theoretisch begabte Menschen, in 5 oder 6 Prozent technisch begabte und – Gott sei's gedankt – in 90 Prozent praktisch begabte. Und eben deshalb gibt es die drei Schulformen:

- *Gymnasien* beherbergen die wenigen Schüler mit theoretischer Intelligenz. Sie dienen der Herausbildung der Elite der Nation, sind also für jene Menschen da, die in Leitungsfunktionen aufsteigen werden. Als Propädeutik für Jura, Medizin, Theologie u. Ä. benötigen sie formale Bildung und einen Lehrplan mit hohem Sprachenanteil und insbesondere mit Griechisch und Latein.
- *Realschulen* sind Schulen der technischen Intelligenz. Sie dienen dazu, die zukünftigen Techniker und Kaufleute auszubilden, also jene Menschen, die die von den Wissenschaftlern, Juristen und Ökonomen ausgedachten neuen Erfindungen, Gesetze usw. technisch und betriebswirtschaftlich *umsetzen*. Deshalb benötigen die Realschüler einen Lehrplan mit vielen „Realien", also Naturwissenschaften, Geographie, Geschichte und – wegen der Internationalisierung der Märkte – Englisch, vielleicht auch noch Französisch.
- *Volksschulen* sind Schulen der praktischen Intelligenz. Sie sind für die „Arbeiter der Hand" (und nicht des Kopfes) geschaffen, also für die Bauern, für Industriearbeiter und für das Proletariat. Diese Menschen arbeiten, wenn sie denn Arbeit haben, nach Anweisung. Sie benötigen deshalb eine Ausbildung in den Kulturtechniken sowie eine „volkstümliche" Bildung mit viel Deutsch, Religion und Vaterlandsliebe.

Das klingt alles ein bisschen verstaubt, ist aber keineswegs ironisch verzerrt dargestellt. Noch 1959 veröffentlichte der Deutsche Ausschuss für das Bildungswesen (der Vorgänger des Bildungsrats) einen Rahmenplan mit genau dieser Ideologie[32].

Die referierte Argumentation ist aus folgenden drei Gründen brüchig: Sie unterstellt, dass es genau *diese* drei Begabungstypen gebe, die den drei Schulformen entsprächen, dass diese Begabungen in der Bevölkerung auch just in dem ökonomisch wünschenswerten Umfang vorhanden seien und dass drittens „Begabung" statisch sei. Aber schon die schlichte Frage, warum es keine eigene Schulform für die doch ohne Zweifel bei vielen Schülerinnen vorhandene künstlerisch-kreative Intelligenz gebe, können Verfechter der Dreigliedrigkeit nicht beantworten!

---

32 Danach sind die Realschulen für die „praktisch-technisch Begabten" gedacht.

Nur wenn eine stabile, weitgehend durch Geburt festgelegte Begabung unterstellt wird, kann gerechtfertigt werden, schon bei zehnjährigen Schülerinnen die dann (genauer: damals) kaum mehr korrigierbaren endgültigen Entscheidungen über die Berufskarriere zu treffen. Der statische Begabungsbegriff der Vergangenheit ist jedoch seit langem durch ein dynamisches Begabungsverständnis ersetzt, in dem die Sozialisationsbedingungen und die Qualität der Lehre als wichtige Faktoren für die in der Schule gezeigte Leistungsbereitschaft und -fähigkeit angesetzt werden[33]. Ich fasse zusammen:

These 10.10: Die Unterscheidung einer theoretischen, einer technischen und einer praktischen Intelligenz und deren quantifizierende Verknüpfung mit den Schulformen einer Nation ist begabungstheoretisch gesehen unsinnig.

Damit wird nicht gesagt, dass es keine Begabungsunterschiede gebe. Sie sind erheblich und zwingen in der Sek-I noch mehr als in der Primarstufe zur inneren Differenzierung. Wohl aber wird bestritten, dass sich die Begabungs*richtungen* just so entwickeln, wie dies ökonomisch wünschenswert ist und dem früheren Selbstverständnis der Schulen des dreigliedrigen Systems entspricht.

Bildungstheoretische Argumentation

Es gibt seit der Zeit des Neuhumanismus, der Geburtsstunde moderner Bildungstheorien, einen Konsens, dass Bildung immer „Bildung für alle" sein müsse[34].

- Schon *Wilhelm von Humboldt*, dessen Bildungstheorie gern zur Rechtfertigung der Eigenständigkeit des Gymnasiums genommen wird, obwohl sie dazu nicht taugt, schrieb im „Litauischen Schulplan" aus dem Jahre 1809:
  „Der allgemeine Schulunterricht geht auf den Menschen überhaupt. (...) Dieser gesamte Unterricht kennt daher auch nur ein und dasselbe Fundament. Denn der gemeinste Tagelöhner und der am feinsten Ausgebildete muss in seinem Gemüt ursprünglich gleich gestimmt werden, wenn jener nicht unter der Menschenwürde roh und dieser nicht unter der Menschenkraft sentimental, chimärisch und verschroben werden soll."
  Humboldt fügt im nächsten Absatz hinzu:
  „Griechisch gelernt zu haben könnte auf diese Weise dem Tischler ebenso wenig unnütz sein, als Tische zu machen dem Gelehrten."
  Er schränkt dann aber ein, dass dies zurzeit (1809) eine unrealistische Annahme sei – nicht, weil dem Gelehrten die Begabung zum Tischlern oder dem Tischler die Begabung für das Griechische abgehen müsse, sondern weil ihre Kraft zum Lernen und die verfügbare Zeit Grenzen setzen[35].

---

33 Eine ausführliche Darstellung enthält die so genannte „Begabungsbibel", herausgegeben von Heinrich Roth (1968) – ein wichtiges Buch, das der Bildungsreformdebatte der 70er-Jahre Zunder gegeben hat.

34 Vgl. Diederich/Tenorth (1997:38–42); ausführlich: Blankertz (1963).

35 W. von Humboldt (1956:77 f.); vgl. auch Blankertz (1963:95).

- *Karl Marx*, der seine Bildungsvorstellungen in unmittelbarer Anknüpfung an Wilhelm von Humboldt entwickelte, setzte noch eins drauf: Wenn „Allgemeinbildung" wirklich allgemein sei, dann sei es „die Hierarchisierung des Unsinns", Staatsexamina einzuführen. Denn das, was allen Menschen gemein sein müsse, könne doch nicht in Spezialprüfungen für wenige vorbehalten werden. Und er merkte an, dass ein vernünftiger Staat eher Staatsexamina für Schuster als für Staatsbeamte einführen müsse (vgl. Blankertz 1969:114).
- Der kritische Bildungstheoretiker und Gesamtschulanhänger *Heinz-Joachim Heydorn* verblüffte seine Parteigänger mit der Forderung, Latein an Gesamtschulen als Pflichtfach einzuführen[36].

Ich fasse zusammen: Es gibt keine in der Wissenschaftlergemeinschaft akzeptierte Bildungstheorie, die zur Legitimation der Dreigliedrigkeit herangezogen werden könnte.

These 10.11: Bildung ist unteilbar. Sie ist immer Bildung für alle.

These 10.11 hat auch organisatorische Konsequenzen, die z. B. von Herwig Blankertz in verschiedenen Veröffentlichungen ausformuliert worden sind (vgl. Blankertz 1963; 1969). Wenn tatsächlich immer mehr Schülerinnen Abitur machen, so wird das Abitur immer unerläßlicher für den Einstieg in eine Berufskarriere, zugleich aber auch immer wertloser, weil ja immer mehr Menschen eines Jahrgangs das gleiche Privileg für sich beanspruchen. (Schon heute ist die Gymnasialschülerschaft die größte Schülergruppierung der Sek-I.) Deshalb, so Blankertz, ist es unsinnig, das traditionelle Gymnasium immer mehr auszubauen und zur Quasi-Gesamtschule ohne Gesamtschulcurriculum zu machen. Sinnvoller ist es, Gesamtschulen zu fördern und auf die integrierte Sek-I eine ebenfalls integrierte Sek-II in Form der von ihm konzipierten *Kollegschule* zu setzen – eine Schule, in der Abitur und Facharbeiterbrief bei Vorliegen entsprechender Leistungen gleichzeitig in einem Vier-Jahres-Bildungsgang erworben werden können.

Die Frage, welche Gestalt die Sekundarstufen I und II der Bundesrepublik Deutschland in Zukunft erhalten sollen, wird noch viele Jahre umstritten sein. Sie darf nicht mit biologischen oder meteorologischen Metaphern[37] der rationalen Diskussion entzogen werden. Weil die Schulen der Sek-I *insgesamt* in eine Schere von beibehaltenen Bildungsaufträgen und differenzierter werdenden Lernvoraussetzungen der Schülerinnen geraten sind, kann das Sek-I-Problem auch nicht schulform*intern* gelöst werden. Ich halte es – in Übereinstimmung mit vielen Wissenschaftlern und Bildungspolitikern – für vernünftiger, an die Stelle der ausgefransten Fünfgliedrigkeit die seit Jahrzehnten existierende integrative Schulorganisation mit nach oben hin immer stärker ausgebauter innerer Differenzierung zu setzen.

36 Ich habe den Beleg für dieses Zitat nicht gefunden. Kann mir eine Leserin auf die Sprünge helfen?
37 Ich spiele auf den Titel von Arno Schmidts „Gymnasium im Aufwind" (1994) an.

These 10.12: Die „Abstimmung mit den Füßen" ersetzt keine Bildungspolitik.

4. Hochrechnung: Zwei-plus-eins-Lösung des Streits um die Schulformen

Was wird aus der ausgefransten Fünfgliedrigkeit? Ich versuche, in diesem Abschnitt eine Hochrechnung vorzulegen, beschreibe also nicht, was ich bevorzuge, sondern was ich für *wahrscheinlich* halte:

- Die Schülerzahlen der Gymnasien werden weiter ansteigen, weil es keine natürliche Begabungsgrenze gibt (s. o.). Dies verändert ihren Charakter noch mehr. Sie sind schon jetzt an vielen Standorten heimliche Gesamtschulen, jedoch ohne Gesamtschulcurriculum und mehrheitlich ohne Lehrkräfte, die sich auf die neue Klientel eingestellt hätten.
- Die Schülerzahlen der Realschulen werden weiter steigen, die der Hauptschulen werden noch weiter zurückgehen. Dies hat schon heute in mehreren Bundesländern zu ihrer Fusion geführt. Dieses Wegfusionieren wird sich verstärkt fortsetzen. Viele Real- und Hauptschulen werden also zu Sekundarschulen umgebaut.
- Die Sonderschulen werden ihre jahrzehntelange Politik der Herausbildung immer neuer Spezialschulen beenden (siehe S. 393) und sich stärker gegenüber dem Regelschulwesen öffnen, z. B. in Form von „Sonderpädagogischen Förderzentren".
- Orientierungsstufen werden als selbstständige, lediglich zweijährige Schulformen in große Krisen geraten. Die Mehrzahl wird die nächsten zehn Jahre überleben, aber es wird immer mehr KGS-ähnliche Kombinationen oder Integrationen in Sekundarschulen oder Fusionen mit IGSen geben.
- Die Anzahl der Kooperativen und der Integrierten Gesamtschulen wird zunehmen!
- Die Schulen in freier Trägerschaft werden geringfügig expandieren.
- Im selben Zeitraum wird die angekündigte Teilautonomie der Schulen halbherzig umgesetzt werden.

Ich rechne deshalb – in Anlehnung an die Prognosen von Klaus Hurrelmann – mittelfristig mit einer *„Zwei-plus-eins-Lösung"*: Gymnasien, Sekundarschulen und in wachsendem Umfang Gesamtschulen bilden den main-stream der Schulorganisation des ersten Jahrzehnts nach dem Jahre 2000!

Zusammengefasst:

"Zwei-plus-eins"

- Die Zerbröselung des dreigliedrigen Schulsystems wird weitgehend zum Abschluss kommen. Selbstständige Hauptschulen werden die Ausnahme sein und auch die Sonderschulen werden sich in integrationsorientierte Sonderpädagogische Förderzentren umwandeln.
- An die Stelle tritt ein flächendeckendes zweigliedriges Schulsystem:
  - Die *Gymnasien* bilden einen wissenschaftsorientierten „Schnellweg" (Hurrelmann) zum Abitur, das nicht nur studien-, sondern auch berufsvorbereitenden Charakter erhält.
  - Die Orientierungsstufen, Haupt- und Realschulen werden zu *Sekundarschulen* umgeformt. Sie betonen die Berufsorientierung und -vorbereitung.
- Zusätzlich werden Integrierte und Kooperative Gesamtschulen ausgebaut (insbesondere in ländlichen Regionen).

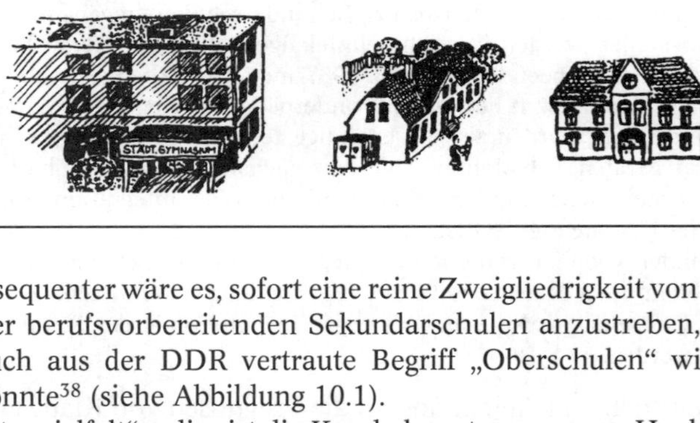

Noch konsequenter wäre es, sofort eine reine Zweigliedrigkeit von Gymnasien und stärker berufsvorbereitenden Sekundarschulen anzustreben, für die der alte, ja auch aus der DDR vertraute Begriff „Oberschulen" wieder belebt werden könnte[38] (siehe Abbildung 10.1).

Die „Artenvielfalt" – dies ist die Kernbehauptung unserer Hochrechnung – wird zurückgehen. Parallel zu dieser Reduzierung wird es eine verstärkte Profilbildung der Einzelschulen geben. Die Schullandschaft wird also einerseits ärmer, andererseits bunter[39]:

> **These 10.13:** Die Schulentwicklung der nächsten zehn Jahre wird durch einen ineinander verhakelten Prozess der Reduzierung der Vielfalt von Schulformen bei gleichzeitiger stärkerer Profilbildung der Einzelschulen gekennzeichnet sein.

38 Vgl. Hurrelmann (1992) – Grafik verkürzt aus Winkel (1997:311).
39 Vgl. Bildungskommission NRW (1995:275–299).

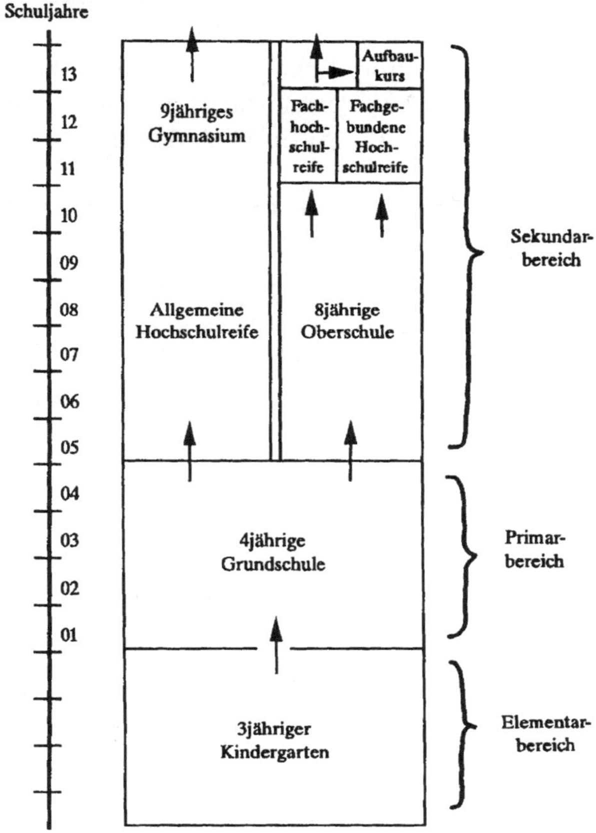

Abbildung 10.9: Hurrelmanns Zweigliedrigkeit

Schulprofilbildung ist die notwendige Konsequenz der Öffnung der Schulen und zugleich so etwas wie eine Gegenbewegung zu dem skizzierten „Gesundschrumpfen" des fünfgliedrigen Schulsystems der Sek-I.

Mit dem Begriff „Schulprofil" werden die über die administrativen Auflagen hinausgehenden individuellen Schwerpunktsetzungen einer Schule bezeichnet[40]. Die eine Schule ist besonders aktiv in der Theaterarbeit, die andere im Sport, die dritte in der Gestaltung der Projekte, Praktika und Exkursionen, die vierte betreibt Stadtteilarbeit und orientiert sich an der community education. Es ist hilfreich, aber nicht zwingend, dass dazu ein Schulprogramm erarbeitet wird. Es ist unverzichtbar, dass dazu ein Schulleitbild in den Köpfen der Handelnden existiert.

---

40 Ein Beispiel für die Profilbildung einer Hauptschule finden Sie in Band II, Zweite Lektion: die Projekt- und Praxisschule Osternburg.

Arbeitsdefinition 34:
Das Schulprofil einer Einzelschule besteht aus den selbst erarbeiteten Schwerpunkten der Unterrichts- und Erziehungsarbeit, durch die der Bildungsauftrag dieser Schulform kreativ ausgelegt wird.

In den nächsten Jahren und Jahrzehnten werden sicherlich noch einige ganz neue/uralte Profilierungen hinzukommen:

- Schulen mit den Schwerpunkten Mädchen-/Jungenbildung;
- Schulen mit dem Schwerpunkt „Medienarbeit“, in Zukunft sicherlich auch „Internet-Schulen“, die sich ihr Lernortenetz weltweit aufbauen,
- Schulen mit einem Schwerpunkt in multikultureller Erziehung oder transnationale Europaschulen.

Fünfter Teil: Schulformen und Schulstufen

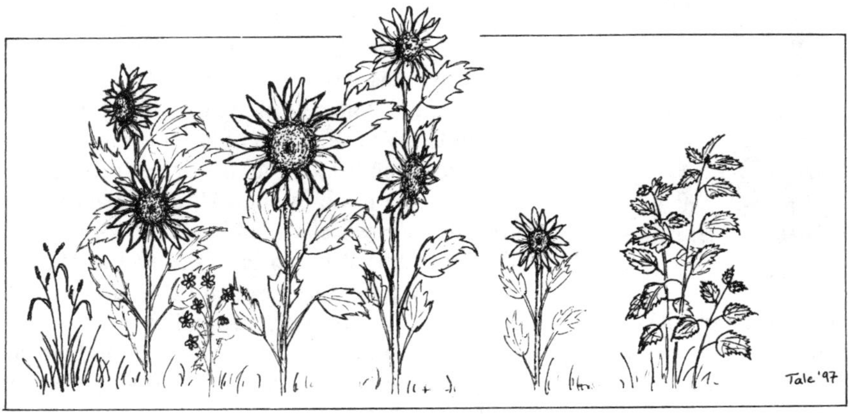

Hauptthema dieses Fünften Teils ist ein kursorischer Überblick über die Schulstufen und -formen in Deutschland. Der Überblick ist weder vollständig noch in sich ausgewogen oder gar systematisch hergeleitet. Vielmehr versuche ich, durch erste Definitionen, wenige Beispiele und diesen und jenen Farbtupfer die Charakteristika der einzelnen Schulformen hervorzuheben, um Ihnen Appetit zur vertiefenden Lektüre oder – besser noch – zum leibhaftigen Erkunden dieser Schulen zu machen. Ich empfehle Ihnen, gerade in jenen Schulform-Lektionen zu stöbern, die sich auf jene Lehrämter beziehen, die Sie *nicht* anstreben oder schon innehaben!

Elfte Lektion: Primarstufe und Sonderschulen

1. Die Grundschule - eine Schule für alle Kinder[1]

1.1 Ein Besuch in Ursel Hinrichs Grundschulklasse

Ursel Hinrichs

Vor zwölf Jahren wurden wir – sechs Studentinnen und der Autor – von Ursel Hinrichs, damals Grundschullehrerin in dem kleinen Dorf Horsten bei Wilhelmshaven, eingeladen, ihren Unterricht anzuschauen. Sie mache den Unterricht nun ganz anders als früher, nämlich „offen"; das sei zwar nur ein Schlagwort, aber besser als gar kein Name. Anfang der 80er-Jahre war Ursel mit der GEW zu einem Schulbesuch nach Münster-Gievenbeck gefahren. Die dortige Grundschule war eine der Ersten, die offenen Unterricht erprobte und dabei auch wissenschaftlich begleitet wurde (von Dietrich Benner und Jörg Ramseger)[2]. Ursel war begeistert von dem, was sie dort gesehen hatte, und meinte nur: „Das kann ich auch!" Und dann ist sie daran gegangen, ihren Unterricht Schritt für Schritt umzuorganisieren. Zuerst ganz für sich allein, dann fand sie eine Mitstreiterin im Kollegium, schließlich hat sie sogar den Schulrat eingeladen und ihm ihren Unterricht vorgeführt. Der war einigermaßen erstaunt (auch deshalb, weil Ursel eine Reihe gültiger Erlasse außer Kraft gesetzt hatte), aber so angetan von dem Gesehenen, dass er ihr sagte: „Solange die Eltern

1 Es gibt inzwischen eine kaum mehr zu überschauende Fülle von Büchern und Zeitschriften zur Primarstufe. Ich empfehle Ihnen:
- Maria Fölling-Albers: Schulkinder heute (1992a)
- Arnulf Hopf: Grundschularbeit heute (1992)
- Hans Brügelmann: Kinder auf dem Weg zur Schrift (1989)
- Wulf Wallrabenstein: Offene Schule - Offener Unterricht (1991)
- Uwe Hameyer: Pädagogische Ideenkiste Primarbereich (1994)
- Gabriele Faust-Siehl/Ariane Garlichs/Jörg Ramseger/Hermann Schwarz/Ute Warm: Die Zukunft beginnt in der Grundschule. Empfehlungen zur Neugestaltung der Primarstufe (1996)

Wer das Lehramt an Grundschulen studiert, sollte sich schon als Studentin überlegen, ob sie nicht eine pädagogische Fachzeitschrift abonniert. Es gibt auch Studentinnen-Rabatt. Für die Grundschule kommen in Frage:
- „Grundschule", Westermann Verlag
- „Die Grundschulzeitschrift", Friedrich Verlag in Zusammenarbeit mit Klett

Eine inzwischen staatliche Zahl von Bänden zur Grundschularbeit bietet die „Lehrerbücherei Grundschule" von Cornelsen-Scriptor.

2 Vgl. Benner (1995:135–176).

nicht protestieren, machen Sie man so weiter!“ Die Eltern protestierten nicht. Ursel hatte sich in den zehn vorhergegangenen Jahren solider Arbeit einen Vertrauensbonus erarbeitet und die Kinder waren zufrieden, ja glücklich. Das überzeugt auch skeptische Eltern.

Wir Oldenburger wurden schon auf dem Schulhof freundlich von den Schülerinnen der 3. Klasse begrüßt. Wir gingen in den Klassenraum und erlebten – das erste Mal – einen offenen Stundenbeginn:

- Die Schülerinnen gingen einfach in die Klasse rein und fingen an zu arbeiten – ohne Aufforderung durch die Lehrerin –, die war ja mit uns Gästen beschäftigt.
- Der Klassenraum war durch Borten und Regale in mehrere Teilflächen aufgegliedert. Es gab verschiedene *Funktionsecken* (für den gemeinsamen Unterricht, zum Lesen, zum Spielen, für die Freiarbeitsmaterialien).

- *Alle* Schülerinnen arbeiteten! In jeder Ecke saßen, standen oder lagen sie: allein, zu zweit oder zu dritt.
- Ein Schüler saß an einer Schreibmaschine und schrieb im Drei-Finger-Suchsystem einen freien Text. Zwei Schülerinnen lagen unter dem Schreibmaschinentisch auf dem Fußboden und spielten Memory. Und keine störte die andere bzw. den anderen bei der Arbeit!
- Fünf zogen mit einer Stehlampe los; sie wollten auf dem Flur ein Stück einüben, das auf dem nächsten Elternabend vorgeführt werden sollte.
- Drei oder vier saßen auf dem Sofa in der Ecke und lasen in Büchern.
- Eine Schülerin kommt zur Lehrerin und *bettelt darum, ein Diktat schreiben zu dürfen*. Die Studentinnen und auch ich bekommen den Mund nicht wieder zu! Die bettelt, ein Diktat zu schreiben? Im gemeinsamen Unterricht 60 Minuten später merken wir dann, warum:

Der Diktattext ist vorher im gemeinsamen Unterricht von einer gut lesenden Schülerin aufs Tonband gesprochen, die Musik von allen gemeinsam ausgewählt worden. Die Schülerinnen gehen einzeln in den Gruppenraum, hören das Band von Musikpause zu Musikpause ab, schreiben ihr Diktat ins Heft und überprüfen es dann auch gleich mit einem Kontrolltext.

- Eine Studentin: „Mogeln die denn nicht?“ Ursel: „Nein! Warum sollten sie denn? Die wollen doch lernen!“

In der dritten Stunde findet die *Wochenplanung* statt. Alle versammeln sich an der Stelle des Klassenraums, wo acht Tische zu einem großen Karree zusammengefügt sind. Es geht zu wie in einer Konferenz. Die Schülerinnen besprechen, was in Mathe, Lesen, Schreiben und Sachunterricht in der nächsten Woche gemacht werden soll. Und sie erörtern, welche Leistungsdifferenzierungen vorgenommen werden können. Die Lehrerin lenkt nur hin und wieder und sie protokolliert die Absprachen, um sie am Nachmittag in den Wochenplan einzutragen, der dann tags drauf jeder Schülerin ausgehändigt wird.

Inzwischen ist die *sechste Stunde* erreicht. Wir Gäste sind von den irritierenden und beeindruckenden Beobachtungen k. o. – Ursel, die Lehrerin, steht frisch und munter neben uns und erklärt, sie könne, wenn nötig, auch noch drei weitere Stunden geben: „Seit ich offen unterrichte, ist die Kraftanstrengung nur noch halb so groß. Die Schüler *wollen* ja lernen. Und ich helfe ihnen dabei! Nur mein Mann, der stöhnt hin und wieder, wenn das ganze Wohnzimmer voller Arbeitsmaterialien liegt, die wir für die Freiarbeit brauchen.“

1.2 Grundschule – Mekka der Schulreform?

Dass die Öffnung der Schule in der Primarstufe begann, ist sicherlich kein Zufall. Zum einen rührt dies daher, dass die veränderten Sozialisationsbedingungen in den Grundschulen immer fünf Jahre früher als in der Sekundarstufe I und zehn Jahre früher als in der Sek-II wirksam werden. Zum anderen hat die Primarstufe dadurch größere Entwicklungschancen erhalten, dass der Zwang zum Zensieren und Selektieren in den ersten zwei Jahren völlig entfallen ist und in der 3. und 4. Jahrgangsstufe deutlich reduziert werden konnte.

Grundschulkinder sind Kinder zum Liebhaben; aber man darf sie dazu nicht missbrauchen. Sie haben ihre Würde und ihren Drang nach Selbstständigkeit, der wichtiger als der Emotionalhaushalt der Lehrerin ist! Was ist das Befriedigende am Grundschulunterricht?

- Die Direktheit der Rückmeldungen (sei's als Lehrerlob oder -schelte), die Ehrlichkeit, die Spontaneität und manchmal auch Explosivität,
- die oft beeindruckend schnellen Lernfortschritte der Kinder
- und das Gefühl, den Kindern (mit der durchaus anspruchsvollen Didaktik und Methodik der Grundschularbeit) wirklich helfen zu können.

> *Carola* und *Annegret*, beide in der 2. Klasse, besuchen ihren Klassenlehrer (Hilbert M.) am Nachmittag in seiner kleinen Wohnung in Ocholt. Sie kommen ins Wohnzimmer, schauen sich kurz um, dann sagt Carola: „Du, Herr Meyer, ich wüsste noch was Besseres, als dir 'nen Schal zu stricken. Wir kommen hier mal her und räumen auf!“

Grundschülerinnen sind sicherlich in den letzten Jahren sehr viel schwieriger und fordernder geworden, aber sie waren und sind erfindungsreich und unternehmungslustig; sie raufen und sie vertragen sich, sie lachen und weinen, sie schmusen und schimpfen. Und sie wollen wirklich lernen!

Die Primarstufe kann keineswegs in Bausch und Bogen als Mekka der Schulreform betrachtet werden, es gibt auch hier viele Missstände, uneingelöste Versprechen und schulmeisterlichen Schlendrian. Aber von ihrer Struktur her ist sie den anderen Stufen einen entscheidenden Schritt voraus. Sie ist stärker als die anderen Schulen zu einem Lebensort geworden. Dies ist kein Zufall, sondern eine Folge der veränderten Lebensverhältnisse der großen Mehrzahl der Grundschülerinnen. Das Unterrichten in der Primarstufe ist in didaktisch-methodischer Hinsicht anspruchsvoll und wegen der stark differierenden Lernvoraussetzungen der Schülerinnen schwierig geworden, zugleich aber auch – so empfinden wir[3] – durch die Direktheit des pädagogischen Bezugs subjektiv befriedigend.

These 11.1: Die Grundschule ist eine moderne Lern- und Lebensschule geworden.

1.3 *Historische Entwicklung und Definition*

Die Grundschule ist eine demokratische Errungenschaft der Weimarer Republik:

- Sie wurde 1920 durch das Reichsschulgesetz als Grundstufe der achtjährigen Volksschule eingeführt – die erste und bis heute einzige flächendeckend verwirklichte Stufenschule.
- Vor 1920 gingen die einfachen Leute zur Volksschule, die Kinder der Kaufleute, der gehobenen Handwerker und kleinen Beamten auf die Realschule und feiner Leute Kind ging auf das dreijährige Progymnasium, den direkten Zubringer zum Gymnasium.
- Nach 1945 wurde das Schulwesen der Weimarer Republik restauriert. Die Grundstufe der Volksschule blieb als Schule für alle Kinder bestehen
- und in den 60er-Jahren wurde sie als Grund*schule* erstmals zu einer auch im juristischen Sinne selbstständigen und durchweg akzeptierten Schulform weiterentwickelt.

Erst Ende der 60er-Jahre kam die Grundschule wieder in die Diskussion. Es wurde kritisiert, dass sie zu wenig für die Chancengleichheit sorge und dass die soziale Integration aller Schülerinnen noch nicht „funktioniere“. (An die Integration behinderter Kinder dachte man damals noch kaum – s. u.)

3 Hilbert M. war Lehrer an der Volksschulunterstufe, Carola J. ist Grundschullehrerin.

Die entscheidenden Entwicklungsperspektiven formulierte 1970 der Deutsche Bildungsrat mit dem schon oft zitierten „Strukturplan für das Bildungswesen“. In ihm wurde der Gedanke der Stufenschule konsequent zu Ende formuliert, zugleich aber auch ein zusätzlicher, der ersten Schulklasse vorgelagerter Elementarbereich gefordert. Der erlauchte Expertenkreis schrieb (Deutscher Bildungsrat 1970:102, 123):

Arbeitsdefinition 35:
„Der Elementarbereich umfasst die Einrichtungen familienergänzender Bildung für Kinder im vorschulischen Alter nach Vollendung des dritten Lebensjahres. Diese Institutionen werden als Kindergärten von Trägern der freien und öffentlichen Jugendhilfe sowie von privaten Trägern unterhalten.“

Arbeitsdefinition 36:
„Der Primarbereich löst die bisherige Grundschule ab; er umfasst vier Schülerjahrgänge oder, bei Einbeziehung der Orientierungsstufe in diesen Bereich, sechs Schülerjahrgänge und ist in zwei oder drei Zweijahresstufen gegliedert: Eingangsstufe, Grundstufe und gegebenenfalls Orientierungsstufe [2 + 2 (+2)]. Diese Stufen sind Einheiten mit besonderer pädagogischer Zielsetzung und gleichzeitig im Rahmen des kontinuierlichen Verlaufs der Bildungsprozesse aufeinander bezogen.“

Die Idee, die Kindergartenzeit als zweijährigen „Elementarbereich“ des Bildungswesens zu definieren und in der Konsequenz näher an die Strukturen der Schule heranzuführen, war nicht einmal völlig neu (und auch in der DDR schon damals weitgehend Realität), aber für die meisten Verantwortlichen in der BRD (alt) doch so „umstürzlerisch“, dass der Elementarbereich hier nur ansatzweise eingeführt wurde und auch der Sache nach bis heute umstritten ist.

Maßgeblichen Anteil an den Reformdiskussionen der Primarstufe hatte der Schulpädagoge Erwin Schwartz (zunächst Pädagogische Hochschule Oldenburg, dann Universität Frankfurt/M.):

Foto: Westermann

Erwin Schwartz

- Er gründete den „Arbeitskreis Grundschule e. V."[4], in dem sich alle an Reformen interessierten Lehrerinnen und Wissenschaftlerinnen zusammenfanden.
- Er baute diesen Verein zu einem schlagkräftigen schulpolitischen Instrument aus und nahm in den 70er-Jahren deutlichen Einfluss auf die Grundschulrichtlinien, auf Schul- und Lehrerbildungsgesetze der Bundesländer.
- Berühmt wurde der Arbeitskreis auch mit dem Slogan „Kleine Kinder brauchen kleine Klassen". – Die Klassenstärken gingen denn auch seit 1970 kontinuierlich zurück. Bei genauerer Analyse wurde allerdings deutlich, dass dies weniger an der Einsicht der Bildungspolitiker als an den rückläufigen Schülerzahlen lag.
- Erwin Schwartz ist Mitbegründer der ersten Grundschulzeitschrift Deutschlands: „Die Grundschule". Den Geist der Bildungsreform dokumentiert auch sein Buch „Die Grundschule – Funktion und Reform" (1969).

Die 80er-Jahre sind durch eine gewisse Konsolidierung der Reformmaßnahmen, aber auch durch eine Zunahme der Widersprüche in der Grundschularbeit gekennzeichnet. Ulf Preuß-Lausitz hat dies zu dem Slogan der drei Ks zusammengefasst: Aus den Kohlekindern der Kriegs- und Nachkriegsjahre wurden die Komsumkinder der 60er- und die Krisenkinder der 80er- und 90er-Jahre. Das sind nicht nur flotte Sprüche – es ist was dran:

- Die Lebenswelt der Kinder wandelte sich erheblich (und sie tut dies bis heute). Man spricht von der „Verinselung" der räumlichen Erfahrungen der Kinder. Die Möglichkeiten zum körperlichen Ausleben in der Wohngegend sind teils reduziert, teils durch Konsumangebote stark verändert[5]. Viele Kinder fliegen regelmäßig mit den Eltern in Urlaub. Andere leben mit ihrer Mutter oder ihrem Vater an der Armutsgrenze.
- Die meisten Kinder sehen inzwischen mehr Stunden pro Woche fern, als sie zur Schule gehen.
- Die Familien wurden kleiner. An die Stelle von Ein-Vater/Eine-Mutter-Familien mit vielen Kindern sind Einkind-Familien mit mehreren Vätern, Müttern und Großeltern getreten.
- Nicht nur der Vormittag, auch der Nachmittag vieler Grundschulkinder ist schon stark verplant: durch Freizeitprogramme vom Ballett bis zum Reiten, durch Musik- und Sportunterricht, durch Gesundheitsfürsorge usw.
- Die Nachmittagsbetreuung der Kinder wird intensiver, aber auch anonymer. Man spricht von der „Expertisierung" der Betreuung (z. B. durch Psychologen, Animateure, geschultes Personal der Vereine).
- Die weltweiten Migrationsbewegungen, der Zusammenbruch der UdSSR, die Rückkehr der Russlanddeutschen, die Flüchtlinge aus Serbo-Kroatien usw. hatten zur Folge, dass es heute so gut wie keine Grundschulklasse mehr gibt, in der nicht mehrere Kinder mit nichtdeutscher Muttersprache sitzen. An vielen Schulen gibt es 20, manchmal 30 verschiedene Ethnien und ein entsprechend erfrischendes „multikulturelles Durcheinander" im Schulalltag. Aber Lehrerinnen, die auf diese Aufgabe professionell vorbereitet worden wären, gibt es so gut wie gar nicht.

---

4 Heute heißt er „Arbeitskreis Grundschule – Der Grundschulverband e. V.", Sitz Frankfurt/M. Jeder Mensch kann Mitglied werden – auch Studentinnen!

5 Detlef Kahl hat seine Zuschauerinnen mit einem Video geschockt, in dem Grundschulkinder (aus Deutschland) vorgeführt werden, die nicht mehr in der Lage sind, rückwärts zu gehen.

Der Wandel der kindlichen Lebensverhältnisse legt einen Wandel der Schule nahe (vgl. Fölling-Albers 1992a). Und dies ist ja auch passiert. Es gibt allerdings keine zwingenden Ableitungen! Wie eine moderne Grundschule aussehen könnte, muss vielmehr konzeptionell neu durchdacht und praktisch neu erprobt werden, weil Schule nur dann gelingen kann, wenn sie sich in Eigenständigkeit und nicht nach dem „Diktat" der Umstände entfalten kann (vgl. These 7.14 von S. 283):

These 11.2: Die (Grund-)Schule muss sich in einer überbrückenden Distanz zur unübersichtlich gewordenen Umwelt weiterentwickeln.

1.4 Öffnung des Unterrichts

Vor gut 20 Jahren entstand ein damals neues, von engagierten Lehrerinnen (und nicht durch Wissenschaftler oder Schulaufsicht) entwickeltes Konzept innerer Schulreform, das mit dem Schlagwort „Öffnung des Unterrichts"[6] verknüpft ist. Zunächst war der Ansatz auf die Reform der Grundschularbeit bezogen, in den folgenden Jahren wuchs er jedoch mit den älter werdenden Schülerinnen hoch bis in die Sek-I und inzwischen auch die Sek-II[7].

Noch ist der Anteil der Grundschullehrerinnen, die sich an diesem Konzept orientieren, gering (es mögen 8 bis 10 Prozent sein), aber diejenigen, die sich ihm verschrieben haben, berichten nahezu einhellig, dass ihnen das Unterrichten nun mehr Spaß mache als früher, dass er nach einer mehrjährigen Umstellungsphase zu einem Abbau der Arbeitsbelastung geführt habe und dass die Schülerinnen besser lernen und ihr Sozialverhalten verbessert haben.

Was waren die Motive dieser Lehrerinnen für die freiwillige Mehrarbeit? Sicherlich nicht Spaß an der Selbstausbeutung, sondern das Gefühl, dass die alten Leitbilder von Schule immer weniger griffen. Schulehalten ist schwierig geworden, weil sich die Rahmenbedingungen verändert haben:

- Die Schüler und Schülerinnen sind heute alles andere als pflegeleicht. Viele von ihnen bringen einen dicken Packen ungelöster Probleme von zu Hause mit; viele sind durch die Medien verwöhnt, andere sind physisch und/oder psychisch chronisch krank; und viele, aber längst nicht alle benehmen sich so, als ob sie kleine Prinzen und Prinzessinnen wären, die nach dem Motto des Schlagers der 70er-Jahre leben: „Ich will alles, und zwar sofort".
- Und auch bei den Lehrerinnen gab es Verschleißerscheinungen. Irgendwann ist's auch die engagierteste Lehrerin leid, gegen die verkrusteten Strukturen anzulaufen.

6 Der Begriff ist nicht sonderlich glücklich. Theoretisch betrachtet ist „Offenheit" grenzenlos – und das endet zwangsläufig in Beliebigkeit. Schulpraktisch wird mit dem Begriff jedoch ein konkret identifizierbares, im Wesentlichen aus der Reformpädagogik (von Montessori, Freinet und Petersen) abgeleitetes Konzept mit den Elementen „gemeinsamer Unterricht/Wochen- oder Tagesplanarbeit/Freiarbeit/Projektarbeit" bezeichnet – also in wesentlichen Zügen das, was ich in der Ersten Lektion als T.E.A.M.-Schule beschrieben habe.

7 Vgl. Ramseger (1977); Sennlaub (1983); Wallrabenstein (1991); Benner (1995).

Das Leitbild „Öffnung des Unterrichts“ gibt diesen Kolleginnen und ihren Schülerinnen eine Perspektive:

> **These 11.3:** Unterricht muss sich öffnen, um den Schülerinnen von heute gerecht zu werden und den Lehrerinnen den Spaß an der Arbeit zurückzugeben.

Schule muss für *alle* Beteiligten Sinn machen! Deshalb benötigen wir eine neue Schulphilosophie, in der ein Lernen mit Kopf, Herz, Händen und allen Sinnen wieder möglich wird – eine Unterrichtsform, in der die Schüler und Schülerinnen lernen können, selbstständig und selbstbewusst und dennoch diszipliniert an Problemen zu arbeiten, deren Auswahl sie mitbestimmt haben und deren Ergebnisse sie mitverantworten.

„Öffnung der Schule“ ist die konsequente Fortsetzung der „Öffnung des Unterrichts“. Dabei kann unterschieden werden zwischen einer Öffnung nach innen, die die Erneuerung der Methoden- und Unterrichtskultur zum Ziel hat, und einer Öffnung nach außen, die z. B. Stadtteil- und Gemeinwesenarbeit, Elternarbeit, den Aufbau eines Lernortenetzes und dergleichen zum Ziel hat. Man/frau kann gar nicht anders, als die verkrusteten herkömmlichen Organisationsstrukturen der Grundschule aufzubrechen, wenn die Schülerinnen erst einmal dabei sind, ernsthaft selbstständig zu arbeiten.

> **These 11.4:** Wer seinen Unterricht öffnet, muss über kurz oder lang auch die Schule insgesamt öffnen.

Dies beweisen die grundlegenden Änderungen der Unterrichts- und Schulkultur an jenen Grundschulen, in denen ein aktiver Teil des Kollegiums Offenen Unterricht praktiziert.

1.5 Volle Halbtagsgrundschule

In vielen Bundesländern werden seit einigen Jahren „Volle Halbtagsgrundschulen“ (VHTGS) eingeführt – eine aus den Fugen geratene Wortschöpfung für eine gute Sache![8] An dieser neuen Schulform kann studiert werden, wie Schulentwicklungsprozesse ablaufen – von der Einzelkämpfer-Schule über die Erneuerung der Unterrichts- und Methodenkultur hin zur Öffnung der Schule insgesamt:

- An vollen Halbtagsschulen verpflichtet sich die Schule gegenüber den Eltern, alle Schülerinnen von Montagmorgen bis Freitagmittag jeweils den ganzen Vormittag lang „voll“ zu betreuen, sie also nicht nur zu beaufsichtigen, sondern ihnen ein qualifiziertes, pädagogisch durchdachtes Angebot zu machen.

8 Vgl. Holtappels (1997).

- Nach Schätzungen von Fachleuten wünschen sich 40 bis 60 Prozent aller Eltern in Deutschland eine solche Halbtags- oder auch Ganztagsbetreuung ihrer Kinder. Aber im Jahre 1988/89 war nur für 0,9 Prozent ein solches Angebot vorhanden[9].

Eine VHTGS benötigt ein pädagogisches Konzept, hinter dem ein möglichst großer Teil des Kollegiums steht, es ist aber unrealistisch zu erwarten, dass *alle* Lehrerinnen und Elternvertreter den tiefgreifenden Umwälzungen an ihrer Schule vorbehaltlos zustimmen.

Es dürfte einleuchten, dass Offener Unterricht *die* ideale Ergänzung zur VHTGS darstellt. Da selten ein ganzes Kollegium geschlossen für dieses Konzept eintritt, gibt es an den meisten VHTGS aber herkömmlichen und offenen Unterricht zugleich.

Die Schulen können und sollen Schwerpunkte setzen, also ihrer Schule auf der Grundlage eines Schulprogramms ein je eigenes Profil geben. Folgende Elemente tauchen in den Schulprogrammen immer wieder auf:

- Offener Unterricht (Wochen- bzw. Tagesplanarbeit, Freiarbeit),
- Intensivierung der Elternarbeit,
- Stadtteilarbeit,
- Rhythmisierung des Schulvormittags und der Schulwoche,
- gemeinsames Lernen von behinderten und nichtbehinderten Kindern,
- multikulturelle Erziehung.

Rhythmisierung
Rhythmisierung bezeichnet einen planvollen Wechsel zwischen verschiedenen Lernformen wie Freispiel, Morgenkreis, Tages- und Wochenplanarbeit usw. Die Zeitstruktur passt sich den Biorhythmen der Kinder besser an; sie lebt von einem regelmäßigen Wechsel von Einzel-, Gruppen- und Gemeinschaftsunterricht; von eigenverantwortlichem und von gelenktem Lernen; von Kopf- und von Handarbeit; von Lernarbeit einerseits, von Festen, Feiern, Freizeit und Verschnaufpausen andererseits.
Besonders attraktiv ist der *offene Schulbeginn* am Morgen. Die Kinder haben sozusagen „gleitende Arbeitszeit"; sie können ab 7.45 Uhr kommen, müssen aber erst 8.15 Uhr da sein. Dadurch wird es der Lehrerin möglich, jede Schülerin einzeln zu empfangen, sie kann in Ruhe zuhören, welche Neuigkeiten der Tag gebracht hat, sie bekommt sofort mit, wenn mit einem der Kinder etwas nicht stimmt.
Die Rhythmisierung des Unterrichts in den einzelnen Klassen hat natürlich Rückwirkungen auf die Schule als Ganzes. Das Pausenzeichen muss abgeschafft, das Raumnutzungskonzept neu geschrieben werden. Die Lehrerinnen sind nicht mehr dem Diktat der 45-Minuten-Schulstunde unterworfen, ihre Arbeitszeit kann nicht mehr nach abgeleisteten Schulstunden, sondern muss neu nach „pädagogischer Arbeitszeit" berechnet werden.

9 Hopf (1992:174).

Integrierter Unterricht
Die VHTGS ist besser als andere Grundschulen geeignet, das gemeinsame Lernen von behinderten und nichtbehinderten Kindern zu gestalten. Das liegt einfach daran, dass im offenen und rhythmisierten Unterricht zieldifferentes Lernen einfacher zu organisieren ist. Zugleich gibt es für behinderte Kinder gute Möglichkeiten, zu Erfolgserlebnissen

Es ist einfach „viel toller als vorher“

Die „volle Halbtagsschule“: Mehr Zeit für Pädagogik

Oldenburg. Das Kollegium der Grundschule Heiligengeisttor in Oldenburg hatte das Ziel, eine familienfreundliche Schule mit mehr Zeit für Pädagogik zu sein. Durch den Schritt zur „Vollen Halbtagsschule“ konnte es verwirklicht werden.

Die Phase vor der Umstellung und die Umstellung selbst vor einem Jahr war hart, sagt Schulleiter Helmut Bülter. Es mußten pädagogische Konzepte entwickelt und viele Gespräche untereinander geführt werden, um Übereinstimmung herstellen zu können. Denn das niedersächsische Modell „Volle Halbtagsschule“ wird nur dann von der Bezirksregierung genehmigt, wenn sowohl Eltern als auch Lehrkräfte dafür sind.

Doch weder Bülter noch seine Kolleginnen und Kollegen haben diesen Schritt bereut. Im Gegenteil: Alle Beteiligten sind reichlich belohnt worden. Die volle Halbtagsschule ist eine pädagogische Herausforderung, die Spaß macht, so die einhellige Meinung. Sie bringt neue pädagogische und sozialpsychologische Erfahrungen und Erkenntnisse mit sich.

Volle Halbtagsschule beinhaltet eine Kombination aus Unterricht, Spiel und pädagogischer Betreuung über vier bis fünf Stunden am Vormittag. Eltern haben also die Sicherheit, daß ihre Kinder über einen festgelegten Zeitraum in der Schule sind. Genau darauf kam es dem Kollegium an, weil einige Kinder schon vor Unterrichtsbeginn auf dem Schulgelände anzutreffen waren. Lehrerin Barbara Knigge erklärt das: „Kinder kommen immer häufiger aus Familien, in denen die Eltern oder alleinerziehende Elternteile berufstätig sind. Damit sie nicht zu Hause allein sind, wurden sie zur Schule geschickt.“

Die Grundschule, so die einhellige Meinung des Oldenburger Kollegiums, muß in ihrem Zeitplan familienfreundlich sein, einen regelmäßigen Schulbeginn und -schluß garantieren. Allerdings werden die 140 Kinder der Grundschule Heiligengeisttor nicht bloß „aufbewahrt“.

Die neunjährigen Schülerinnen Janna und Lena bestätigen das: „Es ist jetzt viel toller als vorher“, finden sie. Daß sie neuerdings mehr Zeit füreinander haben, empfinden sie als großen Vorteil. Janna: „Wir kennen nicht nur die Kinder aus unserer Klasse, wir kennen auch die anderen Kinder.“

Lern-, Lebens- und Erfahrungsraum wird erweitert

Verblüfft hat sie die Erkenntnis, daß alle Mitschülerinnen und -schüler ihre persönlichen Qualitäten haben. „Wenn einer nicht so gut rechnen kann, dann kann er vielleicht sehr gut zeichnen und hilft den anderen dabei“, schildert sie ihre Erfahrung. „Die volle Halbtagsschule bietet mehr Zeit für Kinder, so daß der Lern-, Lebens- und Erfahrungsraum für unsere Kinder erweitert wird“, faßt Bülter zusammen.

Auffällig ist der morgendliche Empfang der Kinder durch die Lehrerinnen und Lehrer. Sie erzählen zusammen oder spielen miteinander, bevor die verschiedenen Unterrichtsphasen beginnen. Klassische Fächer wie zum Beispiel Deutsch oder Mathematik machen den Anfang, gefolgt von Religion, Musik, Zeichnen oder Werken. Dann kommt die dritte Unterrichtsphase, die aus Freiarbeits-, Sport- und Spielmöglichkeiten besteht.

Hervorzuheben ist der „Offene und fächerübergreifende Unterricht“, der hier praktiziert wird. Für die Lehrkräfte bedeutet das Mehrarbeit. Denn diese pädagogischen Unterrichtsformen lassen sich nur mit gegenseitiger Absprache praktizieren. Die Lehrkräfte sind wie ihre Schulkinder dichter zusammengerückt, arbeiten intensiver zusammen.

Das längere Zusammensein der Kinder auch außerhalb der Unterrichtszeiten trägt zur Gemeinschaftsfähigkeit, Hilfsbereitschaft, Toleranz und Achtung bei und fördert die soziale Integration insbesondere ausländischer Kinder sagt Bülter. Durch die geschaffenen Freiräume wird ihnen ermöglicht, selbständig und eigenverantwortlich zu handeln. Darüber hinaus können sie in der Schule ihre Interessen vertiefen, aus eigenen Erfahrungen lernen und somit Kräfte der Lebensbewältigung entwickeln und einüben, beschreibt Bülter weitere Vorteile des Schulmodells.

Die Eltern teilen das positive Urteil über die Halbtagsschule. „Die Kinder kommen ausgeglichener nach Hause, sind fröhlicher und streßfreier, was auch daran liegt, daß es keine Hausaufgaben gibt, die oft den häuslichen Frieden stören“, schildert eine Mutter ihre Erfahrungen, die von anderen Eltern bestätigt werden.

In Niedersachsen wird es zum Schuljahresbeginn 102 volle Halbtagsschulen geben. In Oldenburg kommt eine zweite dazu. Und ginge es nach den Eltern, dann wären es mehr. Doch einige Lehrerkollegien lehnen dieses Schulmodell ab mit dem Ergebnis, das Bülter sich vor lauter Anmeldungen nicht retten konnte. Auch die Nachfrage nach Erfahrungsberichten reißt nicht ab. Für Bülter steht fest, daß diese Schulentwicklung ins Rollen kommt und bei allem Widerstand letztlich nicht mehr aufzuhalten ist.

Abbildung 11.1: Kreiszeitung Wesermarsch vom 19.6.1992

zu kommen, so wie umgekehrt die leistungsstarken Kinder nicht beim Lernen gebremst werden. Darüber hinaus haben sie gute Chancen, Vorurteile abzubauen und soziale Kompetenzen zu entwickeln.

Multikulturelle Erziehung
Die VHTGS ist besser als andere Schulen darauf vorbereitet, das gemeinsame Lernen von Kindern verschiedener Nationalitäten, Glaubensgemeinschaften und Ethnien zu befördern, weil mehr Zeit für außerunterrichtliche Aktivitäten verfügbar ist und soziales Lernen zwangsläufig mehr Aufmerksamkeit erhält.

Natürlich ist es schwierig, die im pädagogischen Konzept formulierten Ansprüche in die alltägliche Schularbeit zu übertragen. Hier gibt es immer wieder „Pleiten, Pech & Pannen“, hier haben sich die Rahmenbedingungen (Unterrichtsversorgung/Klassenobergrenzen) in den letzten Jahren deutlich verschlechtert. Aber das Konzept und die Praxis der VHTGS machen den auf den Seiten 311 bis 319 skizzierten gesellschaftlichen Funktionswandel von Schule besonders deutlich: Die Schule verliert immer mehr den Charakter einer reinen Lernanstalt. Sie wird schrittweise – beginnend in der Grundschule, dann aber auch in der Sek-I und Sek-II – zu einem pädagogisch gestalteten Erlebnis- und Erfahrungsraum. Sie übernimmt auch – insbesondere in der Grund- und Hauptschule – immer deutlicher kompensatorische Aufgaben in einer lernfeindlicher gewordenen Lebenswelt.

These 11.5: Vollzeit- und auch Halbtagsschulen sind von ihrer Struktur her moderner und besser darauf eingestellt, den Bedürfnissen der Eltern und Schülerinnen und dem Bildungsauftrag des Staates gerecht zu werden.

2. Sonderschulen

2.1 Eine Episode vorweg

Ich war 1964 Junglehrer in einer Volksschule in Niedersachsen geworden und hatte – ohne jede schulstufenspezifische Vorbereitung – eine zweite Grundschulklasse übernommen. In der Klasse waren 40 Kinder; eines davon war Klaus.

Klaus war still, freundlich und auffällig. Klaus kam nicht mit. Sein Glück war seine jüngere Schwester Antje, die in derselben Klasse war. Sie sorgte dafür, dass die Hausaufgaben gemacht wurden; sie sorgte für die Kommunikation mit den Eltern. In einem ersten Gespräch mit den Eltern wurde mir gesagt: „Klaus ist als kleines Kind vom Heuboden gefallen. Deshalb ist er so.“

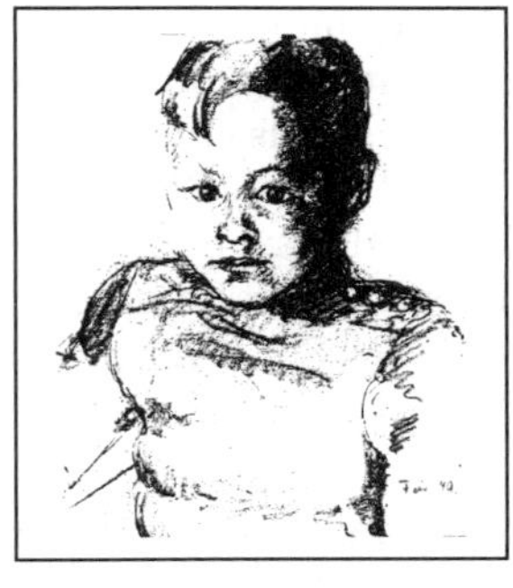

Ich war ratlos, was ich mit Klaus tun sollte. Es war auch niemand im Kollegium, der mir mehr als wohlmeinende Hinweise gab, dass Klaus ja friedlich sei und „mitlaufen“ könne. Eine Sonderschule gab es im Ort nicht; einen Bus- oder Taxidienst zur nächsten Sonderschule ebenso wenig.

Also ließ ich Klaus „mitlaufen“. Er brauchte nur einen Teil der Hausaufgaben zu machen; im Werkunterricht half ich ihm beim Sägen; Gedichte brauchte er nicht vorzutragen; er malte gern und schlicht. Wenn ich, was sehr selten war, mit ihm schimpfte, so war er sehr betroffen; es konnte dann passieren, dass er nicht in die Pause ging, sondern sich unter meinem Lehrerpult versteckte.

Damals, 1964/65, machte ich mir viele Gedanken über Klaus, aber ich hatte keinerlei Schuldgefühle ihm gegenüber. Heute habe ich sie:

Drei Jahre lang habe ich Klaus unterrichtet, ohne eine blasse Ahnung zu haben, was für eine Form der Behinderung bei ihm vorlag. Ich hatte nicht einmal das Vokabular, um seine Behinderung zu beschreiben.

Was wäre aus Klaus geworden, wenn er damals professionelle Hilfe bekommen hätte? Damit Sie, liebe Leserin, zielstrebiger handeln können, wollen wir[10] Ihnen in diesem Abschnitt Grundinformationen über Sonderschulen und über die Frage geben, was passieren kann, wenn bei einem Kind „sonderpädagogischer Förderbedarf“ festgestellt oder behauptet wird. Dies kann in jeder Schulform und Altersstufe passieren. Wir wenden uns also an Studierende und Referendarinnen der Gymnasial-, Realschul-, Hauptschul- und Berufsschullehrämter und weniger an Sonderschulstudierende, für die unsere Kurzinformation nicht ausreichen kann.

Jede Lehramtsstudentin sollte sich im Verlauf ihres Studiums *sonderpädagogische Grundinformationen* beschaffen, die es ihr ermöglichen, mit sonderpädagogischen Expertinnen bei der Lösung unterrichtspraktischer Probleme zusammenzuarbeiten. Die Grund*information* für sich genommen ist aber noch wenig wert. Wir wollen darüber hinaus eine Grund*motivation* vermitteln, sich um die Integration von behinderten und nichtbehinderten Schülerinnen zu kümmern.

2.2 *Sonderpädagogik – etwas Besonderes?*

Sonderpädagogik (auch: Heilpädagogik oder Behindertenpädagogik) bezeichnet die Theorie und Praxis einer speziellen Pädagogik, die sich mit der Erziehung und dem Großwerden behinderter Menschen befasst. Diese Teildisziplin der Erziehungswissenschaft ist in den letzten 50 Jahren geradezu

10 „Wir“ – das sind in diesem Falle der Hauptautor und die Korrekturleserin Alexandra Obolenski (Sonderpädagogin der Carl von Ossietzky Universität Oldenburg).

sprunghaft gewachsen und inzwischen an vielen Hochschulen (z. B. in Köln) zu einem Großfach geworden. Die Leistung der Sonderpädagogik besteht darin, in Zusammenarbeit mit der Psychologie, Medizin und Technik spezialisierte Verfahren für die Förderung und die berufliche sowie soziale Wiedereingliederung behinderter oder von Behinderung bedrohter junger Menschen entwickelt zu haben.

Viele Sonderpädagogen beanspruchen nun für sich, eine *eigenständige* Disziplin zu vertreten, aber die Begründung dieses Anspruchs fällt schwer:

- Schwierige Kinder und Schüler mit Behinderungen gibt es in jeder Schulform; Spezialisierungen professionellen Handelns ebenfalls.
- Die anthropologischen, philosophischen und wissenschaftstheoretischen Grundlagen sind im Prinzip die gleichen wie die der Schulpädagogik und Allgemeinen Didaktik.
- Und auch die behaupteten wissenschaftspraktischen Vorteile einer Verselbstständigung werden heute in Zweifel gezogen.

Die Sonderpädagogik hat spezifische Praxisfelder, aber sie hat unseres Erachtens keine eigenen Maßstäbe pädagogischen Handelns, vielmehr entwickelt sie ihre Maßstäbe und ihre Kritik im Kontext der allgemeinen Erziehungswissenschaft[11].

Ohne den Anspruch, ein besonderes Forschungs- und Tätigkeitsfeld erschlossen zu haben, können die Sonderpädagogen offensichtlich nicht gut leben – aber *mit* dem Anspruch auch nicht! Dies ist auch daran abzulesen, dass es für Außenstehende kaum nachzuvollziehende Streitigkeiten darum gibt, ob besser von „behinderten Kindern“ oder – politically correct – nur von „Gutachtenkindern“ (Uckermark-Schule Berlin), von „Beeinträchtigungen“, von Schülern mit „besonderem Lernverhalten“ (Deutscher Bildungsrat), von „heilpädagogischer Förderung“ oder von „sonderpädagogischem Förderbedarf“ gesprochen werden sollte. Die berechtigte Sorge, Schülergruppen zu stigmatisieren (Thimm 1975), führt zur sprachlichen Verklausulierung der Sachverhalte bis hin zum Unkenntlichmachen! Unsere Position in diesem akademischen Streit mit praktischen Konsequenzen:

> **These 11.6:** Es gibt keine theoretisch eigenständige Sonderpädagogik, wohl aber adressaten- und institutionenspezifische Spezialisierungen.

Diese These ist wenig originell[12]. Sie stellt jedoch nicht nur für die Sonderpädagogen, sondern auch für die Allgemeinpädagogen eine Herausforderung dar.

11 Der Begriff „Lernbehinderung“ ist viel zu diffus, um eine eigene Schulform darauf zu gründen (vgl. I. Beck 1996; Eberwein 1996).

12 Vgl. Hans Eberwein (1990b:343): „Die verhängnisvolle, auf Grund veränderter Rahmenbedingungen heute nicht mehr zu rechtfertigende Trennung von Pädagogik und Sonderpädagogik muss durch die Integration „sonder“-pädagogischer Problemstellungen in die Allgemeine Erziehungswissenschaft überwunden werden.“ Vgl. auch das Themenheft 2/1991 der „Zeitschrift für Pädagogik“.

Beide Teildisziplinen müssen neu lernen, miteinander zu kommunizieren, integriert zu denken und zu arbeiten.

2.3 *Arbeitsdefinition und Umfang*

Was ist eine Sonderschule? Die radikale Antwort auf diese Frage muss lauten: Jede Schule, die keine Gesamtschule ist, ist eine Sonderschule. Auch ein Gymnasium oder eine konfessionelle Grundschule gehörten dann dazu! Es widerspricht allerdings unserem Sprachgebrauch, eine Gymnasiastin Sonderschülerin zu nennen. Deshalb halten wir uns an die Kleiderordnung und definieren:

> **Arbeitsdefinition 37:**
> Sonderschulen sind Selektionsschulen eigener Prägung, in denen Schüler[13] unterrichtet werden, die wegen körperlicher, geistiger oder psychischer Beeinträchtigungen oder wegen einer Beeinträchtigung ihres sozialen Verhaltens einer besonderen Förderung bedürfen.

Sonderschüler können an Schulen in Vollzeitform (Ganztags- oder Halbtagsschulen) oder ambulant (durch sonderpädagogische Hilfestellungen bei der Integration eines Schülers in eine Klasse einer Regelschule) unterrichtet werden.

Sonderschulen sind dazu da, Schüler mit Behinderungen oder Beeinträchtigungen ihrer Lernfähigkeit die ihnen zukommende Hilfestellung zum Großwerden zu bieten. Der Staat und das in den Schulen arbeitende Personal nimmt diese Aufgabe sehr ernst. Für niemanden sonst wird mehr Geld pro Jahr ausgegeben als für Sonderschüler (siehe S. 402)! Es gibt einen Rechtsanspruch auf sonderpädagogische Förderung. Dies war in der Geschichte der Schule nicht immer so. Deshalb sollte den Befürwortern selbstständiger Sonderschulen zunächst einmal zugestanden werden, dass die Überweisung auf eine Sonderschule in vielen Fällen eine große Hilfe war und ist. Vor allem für Kinder aus sozial schwachen Familien wäre sonst die Förderung schon wegen der erheblichen Kosten kaum möglich.

2.4 *Besondere Kennzeichen*

Das Sonderschulwesen ist in den 16 Bundesländern unterschiedlich entfaltet. Folgende Charakteristika gelten für die Mehrzahl der Länder[14]:

---

13 Gut zwei Drittel der Sonderschüler sind Jungen. Deshalb der Wechsel im Geschlecht für „Schüler/Schülerin"!
14 Vgl. Arbeitsgruppe Bildungsbericht (1994:341–363).

Sonderschulpflicht

Behinderte Kinder und Jugendliche unterliegen der Sonderschulpflicht, und zwar ebenso lange wie nichtbehinderte Schüler der allgemeinen Schulpflicht unterliegen[15]. Sie können im Prinzip alle Abschlüsse der allgemein bildenden Regelschulen auch an einer Sonderschule erwerben.

Bildungsauftrag

Sonderschulen haben die Aufgabe, jenen behinderten Kindern und Jugendlichen professionelle Hilfen zu geben, die in den Regelschulen nicht ausreichend gefördert werden können. Sonderschulen sollen ihre Schüler dem Konkurrenzdruck zu Mitschülern im Regelschulsystem entziehen, aber auch die Lehrerinnen der Regelschulen von „unlösbaren Fällen“ befreien. Dadurch entstehen erhebliche psychische und moralische Belastungen. Gerade engagierte Lehrerinnen der allgemein bildenden Schulen empfinden es oft als pädagogische Niederlage, wenn sie ein Kind in die Sonderschule „abschieben“. Der Bildungsauftrag der Sonderschulen ist deshalb in den meisten Schulgesetzen der Länder eher defensiv formuliert (was nicht heißen muss, dass die Überweisungspraxis dieser Einstellung entspricht).

Warum in der Regelschule eine ausreichende Förderung nicht möglich sein soll, muss in jedem Einzelfall überprüft werden. Ob eine Überweisung zu vermeiden ist, hängt auch vom Ausbildungsstand der Lehrerinnen der Regelschule des Schülers, von der materiellen Ausstattung, vom politischen Willen der Kommunen und der Schulbehörden und vor allem vom Willen und von der Kraft der Lehrerin ab, neben 25 „Prinzen und Prinzessinnen“ auch noch diesen Sechsundzwanzigsten zu fördern.

These 11.7: Die Existenz von Sonderschulen ist das Stein gewordene Eingeständnis, dass die allgemein bildenden Schulen ihrem Bildungsauftrag nicht vollständig nachkommen.

Image

Jede Schulform hat ein „Image“ in der Bevölkerung; und es ist kaum möglich, dieses Image allein durch die Qualität der pädagogischen Arbeit des Personals grundlegend zu verändern, weil es maßgeblich von der gesellschaftlichen Funktion der Schule bestimmt wird. Dies gilt insbesondere für das Image der Schüler an Sonderschulen „LB“ (für „Lernbehinderungen“), „V“ (für Verhaltensauffällige) und „GB“ (für Geistigbehinderte). Die unbarmherzigen Bezeichnungen „Idioten-“ und „Hilfsschulen“ aus früheren Zeiten wirken da immer noch nach. Sonderschulen für Körperbehinderte („KB“), Blinde, Sprachbehinderte („SB“), Taubstumme usw. haben es in dieser Hinsicht leich-

15 Heckel/Avenarius (1986:321–323).

ter. Es gibt eben auch an Sonderschulen fest verankerte, pädagogisch nicht zu rechtfertigende Hierarchien: „V“ ist ganz unten, Blinde gelten für viele als „Edelbehinderte“.

Lebens- und Berufsvorbereitung

Sonderschulen sollen ihre Schüler, so gut es geht, auf das spätere Leben und möglichst auch auf eine Berufstätigkeit vorbereiten. Aber es wird immer schwieriger, diese Ziele zu erreichen:

- Sonderschüler zählen zu den *Modernisierungsverlierern* unserer Gesellschaft. Wenn schon die Abiturientinnen, die Realschulabsolventinnen und Hauptschülerinnen auf dem Ausbildungsmarkt um knappe Lehrstellen kämpfen, dann haben Sonderschüler, auch wenn sie einen Hauptschulabschluss gemacht haben, deutlich schlechtere Startchancen[16].
- Empirische Erhebungen über die Lebensbewältigung von ehemaligen Schülern an Sonderschulen „LB“ und „V“ zeigen, dass der allergrößte Teil von ihnen selten zu einer festen Partnerschaft und so gut wie nie zu dauerhafter Berufstätigkeit gelangt. Sie bleiben zeitlebens abhängig von Ämtern, von Sozialeinrichtungen und kürzungsbedrohten Sonderprogrammen.

Gotthilf Gerhard Hiller, ein Reutlinger Sonderpädagoge, sagte deshalb auf einem Fachkongress:

> **These 11.8:** „Wenn wir es mit der Selbstständigkeitserziehung für Sonderschüler ernst meinen, müssen wir sie zur Stadtguerilla ausbilden.“[17]

Gesellschaftliche Aufgabe

Sonderschulen gewährleisten, dass die übrigen Schulformen Selektionsschulen bleiben können! Für das Selbstbewusstsein der Hauptschülerinnen und ihrer Eltern ist es z. B. sehr wichtig, dass es „unterhalb“ der Hauptschulen noch die Sonderschulen gibt, an die „Hauptschulversager“ abgeschoben werden können. Sonderschulen haben – stärker als die meisten anderen Schulformen – eine Kustodialfunktion (siehe S. 307), und zwar in einem doppelten Sinne: Die Sonderschulen schützen ihre Schülerinnen vor Krisenkarrieren im Regelschulwesen, aber sie schützen auch das Regelschulwesen vor vermeintlichen oder tatsächlichen Störungen bei der Erfüllung ihres Bildungsauftrags.

> **These 11.9:** Das entfaltete Sonderschulwesen stabilisiert das dreigliedrige Schulsystem der Sek-I.

16 In der DDR hatten Sonderschulabgänger deutlich höhere Chancen, eine berufliche Teil- oder Kurzausbildung zu erhalten und dann auch einen Arbeitsplatz zu bekommen. Inzwischen sind die beruflichen Aussichten hier ebenso schlecht wie im Westen – oder schlechter (vgl. Arbeitsgruppe Bildungsbericht 1994:355)!

17 Vgl. ähnlich, aber milder formulierend Hiller (1991:233).

Schulträger

In Deutschland sind 80 Prozent der Sonderschulen staatlich, 20 Prozent befinden sich in freier Trägerschaft. Da auch die freien Träger gemäß Grundgesetz der BRD erheblich vom Staat unterstützt werden (siehe S. 447), ist die Finanzierung zu wesentlichen Teilen eine staatliche Aufgabe. Und das ist gut so!

Ausbildung der Lehrerinnen

Die Ausbildung der Sonderschullehrerinnen hat in den letzten Jahrzehnten eine stürmische Entwicklung durchgemacht. Immer mehr Lehrerinnen haben eine *grundständige* Ausbildung (sie haben also an einer Universität oder Hochschule ein mindestens achtsemestriges wissenschaftliches Studium absolviert und damit den Rechtsanspruch auf Einordnung in die Besoldungsstufe A 13 erworben). In den Schulen „vor Ort“ gibt es aber oft noch eine bunte Mischung von unterschiedlich ausgebildeten Lehrerinnen:

- ehemalige Grund-, Hauptschul- und hin und wieder Realschullehrerinnen ohne Zusatzqualifikation;
- Grund- und Hauptschullehrerinnen, die in Aufbaustudiengängen eine sonderpädagogische Zusatzausbildung absolviert haben;
- grundständig ausgebildete Sonderschullehrerinnen mit Erstem und Zweitem Staatsexamen.

2.5 *„Zu Tode spezialisiert?“*

Es gibt nicht „die“ Sonderschule, sondern eine inzwischen sehr stark ausdifferenzierte Reihe unterschiedlicher Sonderschulformen, die sich jeweils für eine oder mehrere Behinderungsarten spezialisiert haben. Die Zuschnitte und die Bezeichnungen wechseln von Bundesland zu Bundesland. Die Empfehlung zur Ordnung des Sonderschulwesens der KMK vom Jahre 1992 nennt zehn Formen bzw. Typen. Die folgende Schematisierung (Abbildung 11.2) stammt von Alexandra Obolenski[18].

In den Schulen für Lernbehinderte und Verhaltensauffällige sind mehrheitlich Schüler, die schon ein, zwei oder mehr Jahre an einer Regelschule verbracht haben. (Die dicken und dünnen Pfeile in Abbildung 11.2 symbolisieren die „Wanderungsverluste und -gewinne“ aus dem und in das Regelschulwesen[19].) Viele Kinder, insbesondere an Schulen für Geistigbehinderte und für Körperbehinderte, sind aber seit Beginn ihrer Schulpflicht an einer Sonderschule. Einige Sonderschulen haben sich auf einen einzigen Typ spezialisiert, andere haben Klassen oder Zweige für mehrere Behinderungsformen aufgebaut.

---

18 Vgl. auch Marx (1989:1400–1404).

19 Die Sonderschule „V“ war ursprünglich ja auch nur als „Durchgangsschule“ zur temporären „Behandlung“ konzipiert worden.

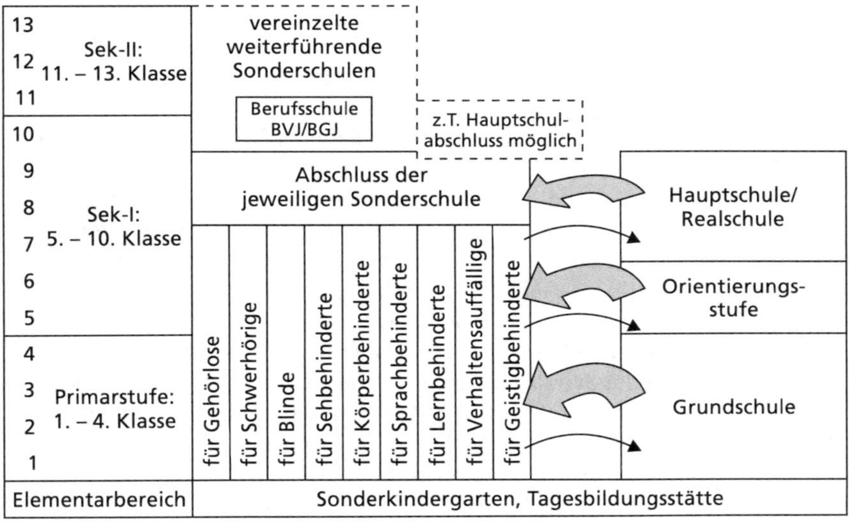

Abbildung 11.2: Sonderschulformen

Von 1960 bis 1975 hat sich die Schülerzahl an den Sonderschulen der alten Bundesländer nahezu verdreifacht. 1975 waren es fast 400 000 Schüler. Seit 1975 ist die Anzahl wieder um mehr als ein Drittel zurückgegangen, wie die folgende Tabelle zeigt[20]. Dennoch muss festgestellt werden: Keine andere Schulform der BRD hat seit 1945 eine auch nur annähernd vergleichbare Expansion durchgemacht (vgl. S. 361 f.)!

Grunddaten über Sonderschulen 1960 bis 1991
– BRD bzw. alte Bundesländer –

Jahr	Schüler	Lehrer[1]	Schüler je Lehrer[2]	Schüler je Klasse
1960	142 945	7 282	20,1	22,1
1965	192 323	12 091	17,7	18,5
1970	322 037	22 365	15,3	16,7
1975	393 800	38 317	11,8	14,3
1980	354 316	45 416	8,6	11,9
1985	271 424	44 404	6,8	10,1
1990	251 897	45 272	6,3	9,8
1991	258 544	47 429	6,2	9,3

1 Hauptberufliche und nebenberufliche Lehrer
2 Vollzeitlehrer und in Vollzeitlehreräquivalente umgerechnete Teilzeitlehrer

Abbildung 11.3: Schüler- und Lehrerzahlen

20 Tabelle aus: Arbeitsgruppe Bildungsbericht 1994:349.

Die mit Abstand größte Gruppe aller Sonderschüler (mehr als die Hälfte) besucht eine Schule oder Klasse für Lernbehinderte, ein weiteres Drittel eine Schule bzw. eine Klasse für Geistig-, Körper-, Sinnes- und Sprachbehinderte.

Etwa zwei Drittel aller Schüler an Sonderschulen sind Jungen. Insbesondere an Schulen für Verhaltensauffällige stellen sie manchmal einen Anteil von 90 oder 95 Prozent. Warum die „kleinen Helden" so oft in Not geraten, ist noch nicht genau erforscht, aber die Vermutung liegt nahe, dass behinderte Mädchen länger im Regelschulsystem bleiben, weil sie sich unauffälliger verhalten. Trotz des in der Tabelle abzulesenden spürbaren Rückgangs der Sonderschüler in absoluten Zahlen ist ihr Anteil seit vielen Jahren ungefähr gleich hoch geblieben, nämlich bei 4 Prozent. Die Schülerzahlen je Vollzeitlehrer (ungefähr sechs) und je Klasse (ungefähr neun) sind inzwischen beeindruckend niedrig[21]. In der DDR waren die Schülerzahlen an Sonderschulen bis 1989 ähnlich wie in der BRD (alt). 1989 besuchten fast 64 000 Schüler Sonderschulen. Sie waren ebenfalls zu zwei Dritteln männlichen Geschlechts. Auch hier hatten die Klassen im Durchschnitt weniger als zehn Schüler.

Viele Sonderschullehrerinnen und auch ein guter Teil der Hochschullehrer sind stolz auf den Grad der Ausdifferenzierung und Spezialisierung, den das Sonderschulwesen in den letzten Jahrzehnten erreicht hat. Motor dieser Spezialisierungsdynamik war und ist eine „wahnsinnige Sehnsucht" vieler Sonderschulverantwortlicher nach homogenen Lerngruppen. (Dies haben sie mit Gymnasialverantwortlichen gemein.) Dabei könnte gerade an Sonderschulen sehr gut mit heterogenen Lerngruppen gearbeitet werden – und dies findet ja auch vielerorts statt. Die Spezialisierung hat ungewollte Nebenfolgen:

- Es gibt viele Schüler mit Mehrfachbehinderungen, für die es immer komplizierter wird, die richtige Spezialschule zu finden.
- Je spezialisierter eine Schule ist, umso größer müssen die Einzugsgebiete geschnitten werden, aus denen die Schüler – zumeist täglich – mit Bussen und Taxis in die Schulen gefahren werden[22].
- Viele Sonderschulklassen sind inzwischen so klein geworden, dass von einem Klassenverband oder gar einer Klassengemeinschaft nicht mehr gesprochen werden kann.

Einige Sonderpädagogen fordern deshalb immer lauter, die Spezialisierung zurückzunehmen. Sie hat keinen Wert an sich, auch wenn viele ihrer Lehrerinnen ihr berufliches Selbstbewusstsein aus dieser Spezialisierung ziehen. Mindestens so wichtig ist für diese Schülerinnen eine Schulgemeinschaft, die

21 Arbeitsgruppe Bildungsbericht 1994:350. Lehrerinnen anderer Schulformen sollten nicht neidisch werden, sondern darum kämpfen, dass die Klassenfrequenzen in den anderen Schulformen ebenfalls gesenkt werden.

22 Im Jahre 1988 hatte im Flächenland Niedersachsen eine Sonderschule ein durchschnittliches Einzugsgebiet von 227 qkm; dagegen eine Grundschule 26 qkm, eine Hauptschule 82 qkm, eine Realschule 116 qkm und ein Gymnasium 185 qkm. Quelle: Institut für Entwicklungsplanung und Strukturforschung (1991:41).

ihnen eine gute Ordnung und eine anregungsreiche und fördernde Umgebung bietet (siehe S. 43). Deshalb die harte These:

These 11.10: Die Sonderschulen spezialisieren sich zu Tode.

3. Integration[23]

3.1 Anthropologische Grundlagen

Jakob Muth

Seit es Sonderschulen gibt, wird auch darüber diskutiert, ob es den Schülern gut tut, wenn sie aus dem Regelschulwesen herausgeholt werden (vgl. Haeberlin 1991[24]). Und seit gut 15 Jahren gibt es in Deutschland - ähnlich wie in fast allen anderen europäischen und nordamerikanischen Staaten - wieder eine stoßkräftige, aus Elterninitiativen erwachsene Integrationsbewegung, die sich 1985 in der Bundesarbeitsgemeinschaft „Gemeinsam leben - gemeinsam lernen" überregional organisiert hat und erstaunliche Erfolge verzeichnen kann (Rosenberger 1990). Auch unter den sonderpädagogischen Wissenschaftlern nehmen die Befürworter zu: allen voran der Nestor der Integration, Jakob Muth (1923-1992)[25].

Warum Integration? Sonderpädagoginnen können inzwischen zwar professionelle Hilfe auf sehr hohem Niveau liefern, aber dies ändert nichts daran, dass der Besuch einer Sonderschule fast immer damit verknüpft ist, dass ein Kind aus seinen vertrauten Lebensbezügen herausgerissen wird. Das Sonderschulkind verliert die Mehrzahl seiner Sozialkontakte zu Gleichaltrigen; es dürfte später größte Schwierigkeiten haben, ein ausreichendes Selbstwertgefühl zu entwickeln. Die Gefahr einer lebenslangen Stigmatisierung ist höchst wahrscheinlich (Thimm 1975). Und niemandem ist verständlich zu machen, warum es einem Kind mit einem Sprachfehler gut tun soll, gemeinsam mit 10 oder 100 weiteren Kindern mit Sprachfehlern Unterricht zu haben.

Es geht aber nicht nur um Zweckmäßigkeitserwägungen, sondern um die anthropologischen Grundlagen und die politischen Ziele von Erziehung überhaupt. Wer gibt uns das Recht, eine ganze Schülergruppe aus den „normalen"

---

23 Leseempfehlung zur Integrationsproblematik: Hans Eberwein (Hrsg.): Behinderte und Nichtbehinderte lernen gemeinsam (1990a); Annedore Prengel: Pädagogik der Vielfalt (1993:138-165); Olga Jaumann/Werner Riedinger: Integrativer Unterricht in der Grundschule (1996).

24 Zur Geschichte der Sonderschulen siehe Klink (1966).

25 Muth (1986); weiterhin: Bleidick (1988); Mühl (1987; 1994; 1995); Wocken/Antor (1987); Eberwein (1990).

Lernformationen auszuschließen? Wie weit darf das Leistungsprinzip in die Gestaltung des Schulwesens durchschlagen? Die Maxime muss also lauten:

These 11.11: So viel integrierter Schulbesuch wie möglich – so viele spezialisierte Hilfen wie nötig!

3.2 Schulpolitische Entwicklungen und rechtliche Neuerungen

Der Deutsche Bildungsrat hat 1973 – also drei Jahre nach der Veröffentlichung des grundlegenden „Strukturplans" – eine Empfehlung erarbeitet, die die bildungspolitische Diskussion um die Integration vorangebracht hat. Er forderte, Kindern „mit besonderem Lernverhalten" die für sie notwendige Förderung „in abgestufter Weise unter möglichst geringer institutioneller Aussonderung" anzubieten (Deutscher Bildungsrat 1973:12). Die Bund-Länder-Kommission für Bildungsplanung sprach sich ebenfalls für eine engere Zusammenarbeit zwischen den Sonderschulen und den allgemein bildenden Schulen aus (1973). Nur die Kultusministerkonferenz bremste, berief sich auf das bewährte vorhandene System und formulierte: „In keinem Fall sollte die nachweisbar erfolgreiche Förderung in Sonderschulen aufgehoben werden, solange nicht gewährleistet ist, dass den besonderen Förderbedürfnissen Behinderter in Regelschulen in gleicher Weise entsprochen werden kann" (KMK 1983). Da in der KMK die eigentlichen Entscheidungen fallen, während der Bildungsrat nur Vorarbeiten macht und Empfehlungen ausspricht, war dies ein klares Signal für die Beibehaltung des Status quo. Die Entwicklung konnte dadurch aber nur gebremst, nicht aufgehalten werden[26]:

- Seit Mitte der 80er-Jahre wuchs die Zahl der Grundschul-Integrationsklassen deutlich an.
- Inzwischen gibt es Grundschulen, die Integration in sämtlichen Klassen durchführen (z. B. die Fläming-Grundschule und die Uckermark-Grundschule in Berlin).
- In den 90er-Jahren gibt es kaum mehr eine Stadt oder einen Landkreis ohne Integrationsversuche.
- In Bielefeld organisieren Schulverwaltung und Universität einen Modellversuch „Eine Schule für alle Kinder", in dem die Lehramtsausbildung mit Einzelfallhilfe für Schüler und Schülerinnen verknüpft wird (Leitung: Dagmar Hänsel).

26 Der Gesamtumfang der Integrationsversuche darf aber nicht überschätzt werden. Der Hamburger Sonderpädagoge Ulrich Bleidick schätzte im Jahre 1994 (in: Keck/Sandfuchs (1994:318): „Die Anzahl der integriert beschulten und als pädagogisch behindert diagnostizierten Kinder, die in allgemeinen Schulen unterrichtet werden, fällt (…) statistisch kaum ins Gewicht. Sie macht im Rahmen der laufenden Modellversuche zur Integration, auf die Quote aller Behinderten bezogen, folgende Prozentpunkte aus: Saarland 10,6 Prozent; Hamburg 3,0 Prozent; Berlin 2,5 Prozent; Nordrhein-Westfalen 0,33 Prozent."

Inzwischen ist die Einsicht, dass mehr Integration möglich und sinnvoll ist, bis in die Rechtsprechung und die Schulgesetzgebung der Länder vorgedrungen[27]. In den meisten Schulgesetznovellierungen stehen jedoch Vorbehaltsklauseln, die etwa lauten, dass Integration dort erfolgen könne, wo es „die organisatorischen, personellen und sächlichen Gegebenheiten erlauben“. Aber wer entscheidet, ob die „Gegebenheiten“ gegeben sind? Und was kann man/frau tun, wenn nur geringfügige (oder auch erhebliche) Investitionen erforderlich sind, um die Integration eines behinderten Kindes doch zu ermöglichen?

Wie sieht die Praxis der Sonderschulüberweisung oder aber integrierten „Beschulung“ aus? Wenn eine Grundschullehrerin nach längerer Beobachtung eines Kindes den Eindruck gewinnt, dass eine sonderpädagogische Förderung sinnvoll sein könnte, so wird sie zunächst auf informellem Wege Vorklärungen treffen. Sie wird mit den Eltern und mit ihrer Schulleitung sprechen; sie wird abklären, an welche Sonderschule das Kind käme, wenn es überwiesen würde. Sie wird ausloten, ob sie durch innere Differenzierung in ihrem eigenen Unterricht helfen kann. Wenn sich ihr Urteil verdichtet, wird sie beantragen, dass eine Förderkommission eingesetzt wird, die den Auftrag hat, gründlich zu überprüfen, ob so genannter „sonderpädagogischer Förderbedarf“[28] besteht oder ob auf andere Weise geholfen werden kann:

- Die Förderkommission ist in den Bundesländern – je nach Gesetzeslage – unterschiedlich zusammengesetzt: z.B aus der Lehrerin des Kindes/des Jugendlichen, einem Elternteil oder dem Erziehungsberechtigten, der Schulleitung, einem Sonderschullehrer/einer -lehrerin und einem Vertreter der Schulaufsicht.
- Die Kommission muss gründlich erörtern, um welche Behinderungen und Ausfälle es geht, wie das soziale Umfeld des Kindes gestaltet ist und welche Lösung für *dieses* Kind die beste ist.
- Wenn sonderpädagogischer Förderbedarf festgestellt wird, entstehen Rechte und Pflichten. Die Kommission muss insbesondere klären, ob der Schüler in der Klasse bleiben und ob die Klassenlehrerin durch eine abgeordnete Sonderschullehrerin in ihrer Arbeit unterstützt werden kann.

Die Überweisung eines Schülers an eine Sonderschule ist also in den letzten Jahren absichtlich komplizierter gemacht worden. Die Verfahren sind transparenter, aber auch langwieriger geworden, und die Eltern haben mehr Mitspracherechte.

---

27 Überblick bei Jaumann/Riedinger (1996:186 ff.); wie so oft, bildet das Land Bayern das Schlusslicht.

28 Was unter „sonderpädagogischem Förderbedarf“ zu verstehen ist, hat die KMK in ihrer „Empfehlung zur sonderpädagogischen Förderung in den Schulen der Bundesrepublik Deutschland“ vom September 1994 definiert: „Sonderpädagogischer Förderbedarf liegt bei Kindern und Jugendlichen vor, die in ihren Bildungs-, Entwicklungs- und Lernmöglichkeiten so beeinträchtigt sind, dass sie im Unterricht der allgemein bildenden Schulen ohne sonderpädagogische Unterstützung nicht hinreichend gefördert werden können.“ Das ist ein gewisser Fortschritt – aber strikte Integrationsbefürworter sind mit dieser Bestimmung noch nicht zufrieden, weil zwangsläufig ein Urteil über die Schulkarriere dieses Schülers gefällt ist. „Integration“ heißt jedoch, jedes Kind so zu fordern und zu fördern, dass überhaupt keine Abstempelungen mehr gemacht werden müssen.

Durch die Integrationsbewegung sind die Sonderschulen in Legitimationszwänge geraten. Und das ist kein Schaden, weil es die Bereitschaft aller Beteiligten zu unkonventionellen Lösungen im Interesse der Schüler erhöht (vgl. Mühl 1995). Aber ein handfester Widerspruch bleibt in vielen Bundesländern bestehen: Integration ist politisch gewollt, sie wird aber nur halbherzig umgesetzt.

3.3 Integrationsdidaktik

Schule soll Verschiedenheit erfahrbar machen. Erste Ansätze einer Pädagogik der Vielfalt (Prengel 1993) bestätigen, dass dies möglich ist. Es gibt überzeugende Beispiele einer integrativen Didaktik und Methodik aus der Schulpraxis[29]. Aber beim genaueren Hinsehen verflüchtigt sich unseres Erachtens das Spezifische einer *Theorie* integrativer Didaktik. Zum Vorschein kommen didaktisch-methodische Ideen, die aus der Geschichte der Schule vertraut sind und in keiner Weise den Anspruch stellen können, sonderschulspezifisch zu sein:

- Wichtige Anleihen für eine Integrationsdidaktik werden bei Maria Montessori, bei Célestin Freinet, ja bei Johann Amos Comenius, dem Urahn der Integrationsbefürworter gemacht.
- Neuere Ansätze der inneren Differenzierung und des Teamteaching liefern den organisatorischen Rahmen für zieldifferentes Lernen.
- Freispiel, Freiarbeit und Wochenplanarbeit liefern das unterrichtsmethodische Konzept.

Ich meine: Die bildungstheoretischen Einsichten, Forderungen und Grenzziehungen der Integrationsdidaktik sind nicht wirklich neu, sondern nur in mehr oder weniger radikaler Weise neu gedacht[30].

These 11.12: Integrationsdidaktik rekonstruiert, was schon immer unter *gutem Unterricht* verstanden werden musste.

Dies ist ein scheinbares, kein wirkliches Problem. Wichtig ist, allen Schülern die ihnen gut tuende Didaktik und Methodik zu bieten – ob das Konzept theoretisch eigenständig ist oder nicht, ist den Schülern herzlich egal.

3.4 Sonderpädagogische Förderzentren

Wenn immer mehr Schüler mit sonderpädagogischem Förderbedarf in ihrer Stammschule bleiben, wandelt sich der Charakter der Sonderschulen. Sie werden zu Förderzentren, in denen nur noch ein Teil der Schüler stationär, die Mehrzahl aber ambulant erzogen und unterrichtet werden. Für die Lehrerin-

---

29 Vgl. Eberwein (1990a); Jaumann/Riedinger (1996).
30 Wer's nicht glaubt, möge nachlesen bei Grisebach (1924).

nen ist dies eine anspruchsvolle Arbeit – auch und gerade deshalb, weil sich viele Schulen inzwischen Förderzentrum nennen, ohne dass sie das dafür erforderliche Schulprogramm entwickelt hätten. Förderzentrumslehrerinnen sind nur für einen Teil der Woche in ihrer Stammschule, die übrige Zeit sind sie in den Schulen ihres Einzugsbezirks und unterstützen dort – im Teamteaching – die Kolleginnen der Regelschulen bei der Betreuung behinderter Schülerinnen und bei der Prävention.

Was ist ein Förderzentrum? Es gibt inzwischen unterschiedliche Modelle, die bei Dieter Gers (1991) beschrieben werden. Das Saarland ist mit der Einrichtung solcher Zentren vorgeprescht. Manchmal handelt es sich aber nur um Etikettenschwindel. Ich hatte am 25.1.1995 die Gelegenheit, ein „echtes" Sonderpädagogisches Förderzentrum in der Stadt Essen zu besuchen und mit Kolleginnen, Schülerinnen, Eltern und der Schulleitung zu sprechen. (Seit Oktober 1995 ist die Schule nach dem in Abschnitt 3.1 genannten Jakob Muth benannt.) Als Erstes erhielt ich ein Fax der Schulleitung:

Sonderpädagogisches Förderzentrum für Erziehungshilfe
Städtische Schule für Erziehungshilfe (Sonderschule)
Am Bögelsknappen 7
45219 Essen

22.12.1994

Sehr geehrter Herr Meyer!

Unsere Schule wurde im Jahre 1991 mit der Zielsetzung gegründet, die Förderung von SchülerInnen mit Verhaltensauffälligkeiten der Klassen 1 bis 6 *in ambulanter, flexibler und kooperativer Form* durchzuführen, d. h. in enger Zusammenarbeit mit den allgemein bildenden Schulen. Seither werden zwei Drittel der Schülerschaft in ambulanten Settings beschult, und circa ein Drittel im stationären Setting. Es handelt sich insgesamt um circa 100 Schülerinnen und Schüler. – Da die Förderung als kombinierte Kind-Umfeld-Intervention erfolgt, arbeiten an unserer Schule sowohl SonderpädagogInnen als auch SozialpädagogInnen; gleichzeitig findet eine enge Vernetzung mit allen psychosozialen Diensten in Essen statt.

Das sonderpädagogische Konzept basiert auf dem Modell der *„Developmental Therapy in the Classroom"*, das in den USA entwickelt wurde. Das Sonderpädagogische Förderzentrum Essen hat diesen Ansatz – zum ersten Mal in der BRD – für die situativen, kontextuellen und temporalen Bedingungen in Essen adaptiert. Basis der Arbeit ist ein Verständnis von Verhaltensauffälligkeit als Entwicklungsverzögerung; Förderung zielt demnach in erster Linie auf die altersgemäße Ausbildung von emotionalen, sozialen und kommunikativen Fähigkeiten beim Kind. Als Grundlage dient ein differenziertes Verhaltenscurriculum, das im ELDiB (Entwicklungstherapeutischer Lernziel-Diagnose-Bogen) beschrieben ist. Die Erziehungsplanung wird von allen Beteiligten (Kind, Eltern, Pädagogen) gemeinsam gemacht. Förderdiagnose, Unterrichtsplanung und -umsetzung, Einsatz von Interventionsstrategien, Umfeldarbeit und Fortschrittsevaluation erfolgen in einem eng aufeinander bezogenen iterativen Verfahren.

Die Schule befindet sich in einem Prozess der Organisationsentwicklung, um Beratungskompetenzen (auch für Fortbildungsmaßnahmen außerhalb) und systemische Zugehensweisen weiterzuentwickeln.

M. Bergsson, Schulleiterin

Ich war beeindruckt, aber auch erschlagen. Ich verstand höchstens die Hälfte des Briefs und hatte das Gefühl, an eine sonderpädagogische „Intensivstation" mit viel Apparatemedizin und wenig Seele geraten zu sein. Aber als ich dann das hügelige und waldige Gelände erreichte, den verwinkelten, in mehreren Etappen zusammengestückelten Schulbau sah und betrat, war doch alles spürbar anders: sehr freundliche Räume; Ruhe, ja Gemütlichkeit; kein Schulhof mit lärmenden Schülern, stattdessen hin und wieder Schüler-Kleingruppen oder einzelne Schüler mit und ohne Lehrer. Frau Bergsson, die Schulleiterin, begrüßte mich und zeigte mir die Räume. Sie führte mich zu einer Gruppe von Schülern und Eltern, die ich ausfragen konnte.

Frau Bergsson: Wir setzen ganz auf ambulantes Setting – aber das kann nur funktionieren, wenn wir in völlig neuen Formen mit den Kolleginnen der allgemein bildenden Schulen zusammenarbeiten. Wir haben ein Instrument der Kollegialen Fallberatung entwickelt, das sehr gut angenommen wird. Anfangs erwarteten die Kollegen der allgemein bildenden Schulen von uns immer die schnellen Lösungen. Aber die gibt es in der Sonderpädagogik nicht. Ganz entscheidend ist, dass wir vom Einzelkämpfertum weggekommen sind und zu einem kooperativ-solidarischen Rollenverständnis gefunden haben.
Der Vater einer Schülerin: Ich bin froh, dass mein Sohn auf dieser Schule ist. Auf der Hauptschule, da werden die so auf eine Schiene gesetzt, und keiner schaut, ob's dem Kind bekommt. Seit der Matthias (Name geändert) hier an der Schule ist, ist der ganz anders. Der erzählt viel. Man merkt so richtig, dass er hier ernst genommen wird. Aber wichtig ist auch, dass die Kinder, wenn sie so weit sind, wieder an die Hauptschule zurückkönnen!
Matthias: Die Lehrer an den anderen Schulen, die müssen erstmal lernen, sich durchzusetzen. Wir sind ja eigentlich respektlos! Und da ist es gut, wenn uns gesagt wird, wenn wir Scheiß gemacht haben. Und die Lehrer, die hören hier auch auf unsere Vorschläge. Wir machen ja Wochenplanung, und da sagen wir, was wir wollen. Wir haben mal Zirkus gemacht, und Surfen – das war toll. Und wir haben vorgeschlagen, einen Polizisten einzuladen. Das haben die Lehrer auch gemacht und wir haben über Gewalt und so gesprochen.

Herr Leßmann, Lehrer: Das ist hier wirklich 'ne anspruchsvolle Arbeit. Aber es macht auch viel Spaß, sich zu professionalisieren. Und wir spüren, dass wir mit unserer Arbeit in den Schulen der Stadt immer mehr anerkannt werden. Wir bräuchten allerdings noch mehr Supervision!

Ich fasse zusammen: Die rechtlichen Voraussetzungen für schulische Integration sind heute - 1997 - in vielen Bundesländern halbwegs geschaffen, aber sicherlich noch nicht optimal. Viele Eltern und Lehrerinnen zeigen weit überdurchschnittliches Engagement in dieser Frage. Es gibt auch geeignete schulpädagogische Konzepte zur Integration. Aber im Schulalltag gibt es oft genug sehr schwierige Verhältnisse: Die eigentlich unverzichtbare Doppelbesetzung (also der gemeinsame Unterricht der Klassenlehrerin mit der Sonderschullehrerin) findet nicht oder nur marginal statt; es gibt zu wenig Supervision; die Weiterführung der Integration in den Sekundarstufen I und II ist ungeklärt. Es gibt also noch viel zu tun!

Zwölfte Lektion: Sekundarstufe I

1. Überblick

1.1 Definition und Umfang

Die Sekundarstufe I erfasst in Deutschland alle Schülerinnen von der 5. bis zur 10. Jahrgangsstufe[1]. Im „Strukturplan für das Bildungswesen" des Deutschen Bildungsrats findet sich die folgende programmatische Definition (1970:147):

> **Arbeitsdefinition 38:**
> „Die Sekundarstufe I umfasst innerhalb eines künftigen Bildungssystems das 5. bis 10. Schuljahr, dort, wo die Orientierungsstufe dem Primarbereich zugeordnet ist, das 7. bis 10. Schuljahr. Die Sekundarstufe I knüpft an die Lernziele des Primarbereichs an und bereitet auf die Lernanforderungen der Sekundarstufe II vor; ihr qualifizierter Abschluss ist das Abitur I."

Diese Definition ist – insbesondere im letzten Teilsatz – normativ; sie fordert, Stufenschulen flächendeckend einzuführen und viele, ja möglichst alle Schülerinnen bis zum „Abitur I" zu bringen (was ungefähr der alten Mittleren Reife entspräche).

Heute, 28 Jahre später, sind nur einige der Reformvorstellungen des Bildungsrats umgesetzt. Und die einheitliche Sekundarstufe I der DDR (die „Allgemeinbildende Polytechnische Oberschule") ist vollständig abgewickelt worden. Stattdessen gibt es eine bunte Mixtur aus drei unterschiedlichen Systemen:

- ein fünfeinhalbgliedriges Sek-I-System, das auf den Seiten 346 bis 348 schon skizziert worden ist,
- ein zweigliedriges System
- und ein eingliedriges System.

---

1 Es gibt nur eine Ausnahme: Auszubildende, die nach der 9. Klasse mit oder ohne Hauptschulabschluss an eine Berufsschule kommen, wechseln in die Sek-II, obwohl sie erst in der 10. Jahrgangsstufe sind.

Zweigliedrigkeit gibt es in all jenen Bundesländern, in denen schon heute die Haupt- und Realschulen zu Sekundarschulen fusioniert haben oder gerade dabei sind zu fusionieren[2]. Ungegliedert wäre eine Schullandschaft mit einem flächendeckenden Gesamtschulsystem.

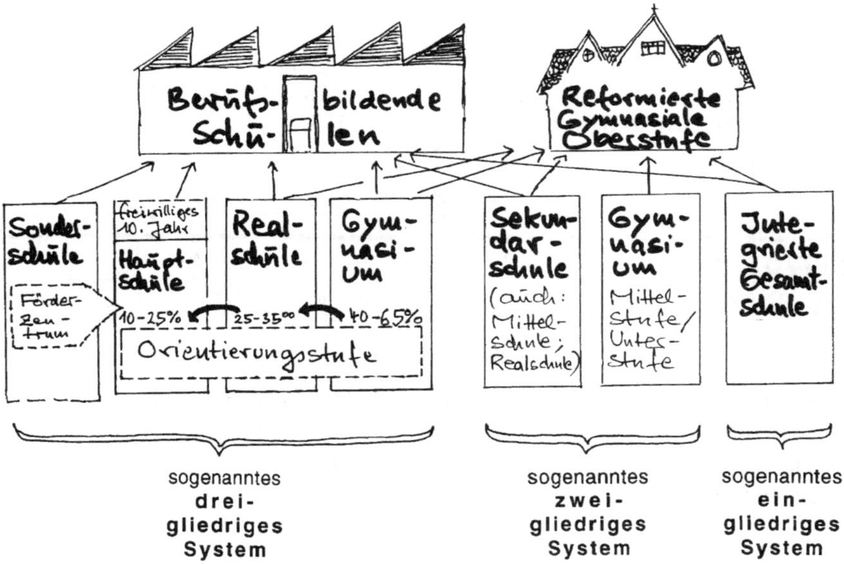

Abbildung 12.1: Schulformen-Mixtur

Alle drei Systeme verdienen den Zusatz „so genannt", weil es kein einziges Bundesland gibt, das sich auf ein einziges System beschränkt, und weil die Sonderschulen beim Zählen vergessen werden.

Für jede Schulform gibt es einen durch KMK-Vereinbarungen harmonisierten „Organisationserlass" und einen „Arbeitserlass". Diese Erlasse sollten Sie lesen, bevor Sie ins Praktikum und erst recht, bevor Sie in das Referendariat gehen! Sie sind erfrischend fortschrittlich, sie betonen, dass die Schulen nicht nur einen Instruktions-, sondern auch einen Erziehungsauftrag haben, und verpflichten dazu, methodisch vielfältig zu unterrichten.

2 Das Land *Sachsen* hat bei der Neustrukturierung seines Schulsystems sofort *Mittelschulen* eingeführt. Sie vermitteln eine allgemeine und berufsvorbereitende Bildung und sind im 5. und 6. Jahrgang wie eine Orientierungsstufe konzipiert, in der 7. Klasse beginnt eine abschlussbezogene äußere Differenzierung. In *Sachsen-Anhalt* gibt es die *Sekundarschule*, deren Differenzierungskonzept dem der Mittelschule Sachsens entspricht.
Das *Saarland* schaffte im März 1996 als erstes westdeutsches Bundesland die eigenständigen Hauptschulen durch Verfassungsänderung ab. An die Stelle der bisherigen Haupt- und Realschulen tritt die *erweiterte Realschule*. In ihr erfolgt der Unterricht in der 5. Klasse für Haupt- und Realschülerinnen gemeinsam, in der 6. Klasse setzt eine Leistungsdifferenzierung in den Fächern Deutsch, Mathematik und Fremdsprachen ein.
Rheinland-Pfalz will 1997 die Regionale Schule als Regelangebot einführen. Auch hier geht es darum, Hauptschul- und Realschulbildungsgänge wohnortnah zusammenzuführen.

Die jährlichen Aufwendungen des Staates für die Schülerinnen der einzelnen Schulformen variieren zwischen gut 4 000 und 14 000 DM. Die Bund-Länder-Kommission nennt als Durchschnittswert für alle 16 Länder der Bundesrepublik für das Jahr 1995 6 963,87 DM je Schülerin. Zum Vergleich: Die Hochschulen kosten – umgerechnet auf die Studentenzahlen – pro Kopf 27 710,70 DM jährlich[3].

Noch aufschlussreicher sind die schulformspezifischen Angaben. Die folgende Tabelle zeigt die jährlichen Nettoausgaben des Landes Niedersachsen für *eine* Schülerin in den Jahren 1970 und 1993[4].

	So Schü.	OS	HS	RS	GYM	IGS/ KGS
1970	1.666	768	768	1.064	1.717	–
1993	14.319	4.401	4.401	4.247	8.065	6.642

Abbildung 12.2: Schulformbezogene Nettoausgaben

Die Tabelle zeigt in aller Deutlichkeit, dass es in der Sekundarstufe I in finanzieller Hinsicht (noch) keine Chancengleichheit gibt. Denn es ist nicht einzusehen, warum für eine Gymnasiastin *so viel* mehr Geld als für eine Real- oder Hauptschülerin ausgegeben wird.

These 12.1: In der Sek-I herrscht keine Chancengleichheit.

1.2 Bildungsauftrag der Sek-I

Im Dezember 1993 hat die Kultusministerkonferenz nach zähem Ringen eine Rahmenvereinbahrung zur Bestimmung der Bildungsaufträge der Sek-I verabschiedet. Auf der nächsten Seite (Abbildung 12.3) können Sie lesen, was die GEW – nicht frei von Ironie – dazu anzumerken hat.

Die Hauptschulen sollen also eine „allgemeine Grundbildung" vermitteln, Realschulen „erweiterte allgemeine Grundbildung" und Gymnasien „vertiefte allgemeine Grundbildung". Alle drei Schulformen sollen sowohl auf einen zukünftigen Beruf wie auch auf ein zukünftiges Studium vorbereiten. Man könnte spöttisch anmerken, dass nun endlich die Hauptschule die höhere und das Gymnasium die tiefere Bildung anbietet. Die Frage, ob die Orientierungs-

3 Vgl. Bund-Länderkommission für Bildungsplanung und Forschungsförderung (1996:30 f.).

4 Vgl. Bund der Steuerzahler Niedersachsen und Bremen e. V. (1996:Tab. VII); die Angaben für das Gymnasium schließen die Waldorfschulen, Internats- und Abendgymnasien sowie Kollegs ein; die Angabe für die Gesamtschulen bezieht sich auf die KGS und IGS. Die Ausgaben der kommunalen Schulträger kommen noch hinzu. Die Tabelle belegt, dass Gesamtschulen trotz Ganztagsschulbetriebs für das Land kostenneutral und nicht, wie oft behauptet, teurer als die Schulen des dreigliedrigen Systems sind.

Der große Sprung der Landschildkröte

Mit einem furiosen Endspurt rettet sich die griechische Landschildkröte ins Ziel. Die KMK, vom Ex-Bildungsminister Möllemann wegen ihrer langwierigen Entscheidungsverfahren einmal so bezeichnet, zeigte entschiedene Entschlußkraft und verabschiedete in ihrer 266. Plenarsitzung, am 2. und 3. Dezember 1993 im Frankfurter Römer, erstmals eine Vereinbarung über die Schularten und Bildungsgänge im Sekundarbereich I.

Mit dieser Vereinbarung werden alle Wege und Systeme im föderalen Schulsystem in Deutschland im Mittelstufenbereich gegenseitig anerkannt – fürwahr eines der bedeutendsten Regelwerke der KMK in den letzten Jahrzehnten.

Gemeinsame Grundbildung

Bemerkenswert ist, daß die Kultusministerkonferenz allen Schularten und Bildungsgängen in der Sekundarstufe I einen gemeinsamen allgemeinen Grundbildungsauftrag zuschreibt, der sich lediglich durch ein erweitertes (Realschule) bzw. vertieftes (Gymnasium) Niveau differenziert.

Die gemeinsamen Merkmale einer allgemeinen Grundbildung für alle Schülerinnen und Schüler in der Sekundarstufe I sind:
- Die Förderung der geistigen, seelischen und körperlichen Gesamtentwicklung der Schülerinnen und Schüler; Erziehung zur Selbständigkeit und Entscheidungsfähigkeit sowie zu personaler, sozialer und politischer Verantwortung.
- Die Sicherung eines Unterrichts, der sich am Erkenntnisstand der Wissenschaft orientiert sowie in Gestaltung und Anforderungen die altersgemäße Verständnisfähigkeit der Schülerinnen und Schüler berücksichtigt.
- Eine schrittweise zunehmende Schwerpunktsetzung, die individuelle Fähigkeiten und Neigungen der Schülerinnen und Schüler aufgreift.
- Die Sicherung einer Durchlässigkeit, die auch nach einer Phase der Orientierung Möglichkeiten für einen Wechsel des Bildungsgangs eröffnet.

Die Jahrgangsstufen 5 und 6 bilden unabhängig von ihrer organisatorischen Zuordnung eine Phase besonderer Förderung, Beobachtung und Orientierung über den weiteren Bildungsgang mit seinen fachlichen Schwerpunkten.

Bei der Beschreibung der Schularten und Bildungsgänge suchen Realschullehrer und Philologen vergeblich nach einer spezifischen Realschul- oder Gymnasial-Ideologie. Das dreigliedrige Schulwesen unterscheidet sich lediglich dadurch, daß die Hauptschule ihren Schülerinnen und Schülern eine grundlegende allgemeine Bildung vermittelt, die Realschule eine erweiterte allgemeine Bildung und das Gymnasium eine vertiefte allgemeine Bildung. So banal dies klingt, so zynisch kommt dadurch auch der Charakter des dreigliedrigen Schulsystems zum Ausdruck, das Schülerinnen und Schüler so früh wie in keinem anderen Land der Welt in drei Kategorien einteilt und selektiert.

Abbildung 12.3: Erziehung und Wissenschaft, Heft 2/94 (Hrsg.: GEW)

stufen selbstständig sein sollen oder nicht, wird wieder einmal nach guter KMK-Manier ausgeklammert.

Warum dann noch drei verschiedene Schulformen? Die Wortakrobatik der KMK macht das bildungstheoretische Dilemma deutlich, in dem sie sich befindet. Die Argumente für die Verteidigung der so genannten Dreigliedrigkeit gehen aus, weil die herkömmliche Aufteilung in berufsvorbereitende und in studienvorbereitende Bildungsgänge von der Schulwirklichkeit überholt worden ist. Es ist kaum mehr möglich, ein eigenständiges pädagogisches Profil der Sek-I-Schulformen zu formulieren (siehe S. 368).

Wie und nach welchen Kriterien soll dann noch selektiert werden? – Tatsächlich haben nahezu alle Verantwortlichen eine an *inhaltlich* unterschiedenen Bildungsaufträgen orientierte Zuweisung zu Haupt-, Realschulen und Gymnasien schon seit Jahrzehnten aufgegeben. An deren Stelle ist – abgesehen vom Kriterium der Wohnortnähe – eine reine Leistungsselektion getreten. Ob jemand zum Gymnasium, zur Realschule oder zur Hauptschule geht, wird fast ausschließlich im Blick auf die (vermutete) kognitive Leistungsfähigkeit des Kindes entschieden. (Und in unklaren Fällen wird allenfalls geraten, es doch einmal mit der IGS zu versuchen.)

These 12.2: Die Schulformwahl wird in der Sekundarstufe I überwiegend im Blick auf die kognitive Leistungsfähigkeit und nur selten im Blick auf das noch in Ansätzen erkennbare je unterschiedliche Profil der verschiedenen Schulformen getroffen.

Die schlichten Formeln, mit denen die KMK die je spezifischen Bildungsaufträge definieren will, kaschieren nur die reale Widersprüchlichkeit der Konstruktion der Sekundarstufe I in Deutschland. Diese realen Widersprüche sind keine Folge von unklar definierten Bildungsaufträgen, sondern Folgen der durch bildungspolitische Programmatik kaum zu verändernden gesellschaftlichen Funktionszuweisungen an diese Stufe:

- Die Sek-I soll ihre Schülerinnen fördern. Das ist im drei- bzw. fünfgliedrigen System mit dem leistungsstarken Teil der Schülerinnen noch halbwegs ordentlich hinzubekommen; das ist bei leistungsschwachen Schülerinnen, die an Haupt- oder Sonderschulen gelandet sind und dies als große Enttäuschung erleben, nur mit größten Anstrengungen und oft überhaupt nicht mehr möglich.
- Die Sek-I muss – deutlicher als die anderen beiden Schulstufen – die Selektionsfunktion der Schule erfüllen.

Aber wie? Die Wanderungsverluste und -gewinne der vergangenen Jahrzehnte haben deutlich gemacht, dass die schlichte Existenz des herkömmlichen dreigliedrigen Sek-I-Systems nicht mehr ausreicht, um die Verteilung zur Zufriedenheit aller oder auch nur der Mehrheit der Betroffenen hinzubekommen. Dies hat zur Folge, dass die Selektions- und Legitimationsprobleme in die einzelnen Schulformen hinein- bzw. zurückverlagert werden, statt schon vor der Tür der Schulen entschieden worden zu sein. Dort stören sie den alltäglichen Schul- und Unterrichtsbetrieb erheblich: z. B. durch die unsäglich vielen Schüler und Schülerinnen, die auf Grund von Leistungsdefiziten oder Formtiefs in die nächstniedrigere Schulform zurückgeschickt werden. Das ist dann ein entscheidender, nur sehr schwer produktiv aufzuarbeitender Knick in der Schul- und Bildungskarriere dieser jungen Menschen.

These 12.3: Die Sek-I-Schulen lähmen sich auf Grund des ungelösten Selektionsproblems.

Dies heißt nicht, dass die tägliche Arbeit in dieser Stufe für die dort arbeitenden Lehrerinnen sinnlos wäre. – Im Gegenteil: Die Arbeit wird immer anspruchsvoller und wichtiger!

1.3 Ende der Glaubenskriege?

Warum wird die so genannte Dreigliedrigkeit dann immer noch verteidigt? Eine schulpädagogische oder bildungstheoretische Begründung scheidet meines Erachtens aus. Es bleiben partei- und kommunalpolitische, finanzielle und sonstige pragmatische Gründe:

- Eine flächendeckende Einführung der Gesamtschule ist in Deutschland zurzeit politisch nicht durchzusetzen.
- Viele Eltern ziehen das Gymnasium vor, auch wenn sie oft genug darüber stöhnen, dass „eigentlich" ein gut Teil der Schülerinnen falsch auf dieser Schulform sei und dabei selbstverständlich das eigene Kind von diesem Urteil ausnehmen.
- Man kann ein in Jahrhunderten gewachsenes Schulsystem nicht einfach abreißen. Die Entwicklung völlig neuer Schulformen (wie der IGS) benötigt erstaunlich viel Zeit: sicherlich eine Generation, also 25 bis 30 Jahre!
- Gesamtschulen sind Ganztagsschulen. Das verursacht Kosten (wie sie bisher nur für Gymnasiasten aufgewendet wurden).

Die Hauptschulen schrumpfen stark, die anderen Schulformen der Sek-I und die Schulen in freier Trägerschaft haben steigende Schülerzahlen. In ländlichen und/oder in strukturschwachen Regionen kann deshalb die Einrichtung einer IGS oder einer KGS Sinn machen, weil es von den Kapazitäten her sehr viel einfacher ist, einen Gymnasialzweig in einer KGS einzurichten oder sich trotz ideologischer Bedenken zu einer IGS-Gründung durchzuringen, als ein ganzes Gymnasium neu aufzubauen. Dies ist vielleicht der Grund dafür, dass die harten Debatten der 70er-Jahre über das Pro und Contra der Gesamtschulidee ein Ende gefunden haben[5]. Es gibt nicht mehr die klare bildungspolitische Frontstellung „CDU contra" – „SPD pro", sondern die wunderlichsten kommunalpolitischen Koalitionen, wenn es darum geht, eine Kosten sparende pragmatische Lösung zu finden.

Solange die Gründung einer IGS nicht den Bestand der herkömmlichen Schulformen gefährdet, müsste es sogar im Interesse der Gymnasien und Realschulen einer Stadt oder einer Gemeinde liegen, dass eine IGS gegründet wird. Denn sie nimmt auch jene Schülerinnen auf, die am Gymnasium oder an der Realschule vermutlich oder vermeintlich falsch aufgehoben sind[6]. Eine IGS am Ort verringert die Leistungsheterogenität der anderen Schulformen und macht es dadurch den Gymnasien und Realschulen leichter, bei ihrem herkömmlichen Bildungsverständnis zu bleiben.

---

5 Hin und wieder versuchen CDU- und CSU-Politiker, mit Kampagnen gegen die IGS auf kommunalpolitischen Stimmenfang zu gehen, aber dies zahlt sich – von Bundesländern wie Bayern und Baden-Württemberg abgesehen – ganz offensichtlich immer weniger aus.

6 Das ist der so genannte Creaming-Effekt: Die Gymnasien „sahnen ab", was die aktiven und bildungsbürgerlichen Elternhäuser zu bieten haben.

Ich fasse zusammen:

> **These 12.4:** Die Zeit der Glaubenskriege um die Gestaltung der Sek-I ist vorbei.

1.4 Abschlüsse

Jede der Sek-I-Schulformen ist berechtigt, bestimmte Abschlüsse zu vergeben. Man spricht auch von Berechtigungen, weil ein Abschlusszeugnis einer Haupt- oder Realschule oder das Abschlusszeugnis der 10. Klasse des Gymnasiums dazu berechtigt, in eine gymnasiale Oberstufe oder an eine der zahlreichen berufsbildenden Schulen zu wechseln. Zusätzlich werden Abgangszeugnisse an jene Schülerinnen vergeben, die – aus welchen Gründen auch immer – vorzeitig eine Schule verlassen. Am Ende der Grundschule (in einigen Ländern: am Ende der Orientierungsstufe) wird ein Eignungsgutachten geschrieben, in dem eine die Eltern nicht bindende Empfehlung für eine der drei Schulformen enthalten ist. Die Abschlüsse sind also vielfältig. Sie variieren zwischen den Bundesländern geringfügig.

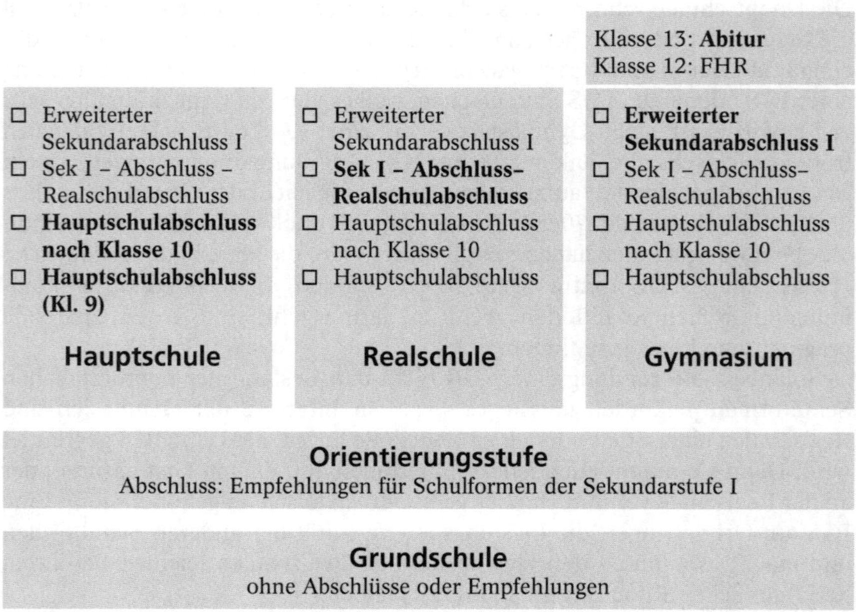

Abbildung 12.4: Abschlüsse

Die Landtage bzw. die Kultusminister können die Abschlüsse eines Bundeslandes nicht einfach nach Gutdünken oder nach parteipolitischer Programmatik verändern. Die Abschlüsse müssen durch Schulgesetz geregelt sein[7] und bedürfen, um bundesweit anerkannt zu werden, der Zustimmung der übrigen 15 Bundesländer. Änderungen der Abschlussberechtigungen sind deshalb Gegenstand heftiger Debatten in der für die Kompromissbildung zuständigen KMK (siehe Abbildung 12.3).

Es gibt zahlreiche Vorstellungen zur Reform des Berechtigungswesens. Eine klare und radikale, aber nur ansatzweise umgesetzte Lösung stammt vom Deutschen Bildungsrat, der die in Arbeitsdefinition 38 schon benannte Unterscheidung zwischen dem Abitur I und II durchsetzen wollte[8]:

- *Alle* Schülerinnen, die bis zum Abschluss der Sek-I kommen (nach Vorstellung des Bildungsrats immer auf einer IGS) erhalten das Abitur I.
- Diejenigen Schülerinnen, die den Abschluss der studienbezogenen Sek-II machen, erhalten das Abitur II (das ungefähr dem bis heute üblichen „Abitur" entspricht).

Schlichter und mit den Begriffen unserer Großeltern formuliert: Möglichst alle Schülerinnen sollten Mittlere Reife machen, ein Teil sollte weitergehen und die Matura (= Reife) für ein beliebiges Hochschulstudium erwerben. Ich halte dieses Ziel weiterhin für vernünftig, auch wenn heute klar ist, dass die Wege zu diesem Ziel auf absehbare Zeit viel buntscheckiger ausgestaltet sein werden, als die Strukturplanautoren mit ihrer starken Einheitsideologie sich dies vorgestellt hatten.

Wir (H. M., D. V.) werden nun die wichtigsten Schulformen der Sek-I einzeln darstellen und jeweils bestimmte Strukturprobleme und Entwicklungsperspektiven benennen.

2. Orientierungsstufe

2.1 Aufgaben und Funktionen

Der Begriff „Orientierungsstufe" (OS) ist in den 60er-Jahren geprägt worden und dann im Strukturplan popularisiert worden[9]. Die OS soll – wie der Name andeutet – die Schülerinnen darüber orientieren, wo ihre Stärken und Schwächen liegen und welche weiterführende Schulform die richtige für sie sei. Die zweite, wesentliche Leistung wird im Namen vornehm verschwiegen, ist aber unlöslich mit der Orientierungsfunktion verbandelt: Die OS soll selektieren.

7 Vgl. Heckel/Avenarius (1986:336–343).
8 Deutscher Bildungsrat (1970:156, 193); vgl. auch Kell (1982).
9 Vgl. Ziegenspeck (1973); Jürgens (1991).

These 12.5: Orientierungsstufen haben eine Schleusenfunktion zwischen der Primarstufe und den weiterführenden Schulen des 7. Jahrgangs.

Herbert Gudjons, Erziehungswissenschaftler der Universität Hamburg, nennt in seinem schon empfohlenen Standardwerk „Pädagogisches Grundwissen“ weitere Funktionen der Orientierungsstufe:

Herbert Gudjons

2. „Förderung: Die Lernbereitschaft und Lernfähigkeit des Schülers soll entwickelt werden (man sieht leicht, dass sich hier ein dynamischer Begabungsbegriff auswirkte: Begabung vor allem als Prozess des Begabens). Hier wird die Leistungsdifferenzierung wichtig, die in den Ländern sehr unterschiedlich gehandhabt wird (in der Regel in einigen Kernfächern, gegen Ende stärker als am Anfang). Das für die individuelle Förderung erforderliche breite Bildungsangebot ist allerdings in den Ländern wiederum sehr unterschiedlich entwickelt.
3. Beobachtung und Beratung: Durch begleitende Beobachtung seitens der Lehrer und entsprechende Beratung soll eine solidere Grundlage für die Übergangsentscheidung getroffen werden. Es ist also keine Frage, dass hierin auch eine Lenkungsfunktion liegt. Die Frage ist lediglich, wie diese verlässlich, zutreffend und sicher gemacht werden kann. Es sollen aber nicht die Lehrer entscheiden, sondern es geht um eine ‚Bewährungsauslese', deren Prozess möglichst lange offen gehalten wird.
4. Verbesserung der Chancengerechtigkeit: Z. B. durch soziale Herkunft mitgebrachte oder geschlechtsspezifisch bedingte Benachteiligungen sollen durch besondere Maßnahmen ausgeglichen und beseitigt werden." (Gudjons 1995:301)

2.2 Das Legitimationsproblem der Orientierungsstufe

Die Frage, wie gut oder wie schlecht die OS die im Abschnitt 2.1 genannten Aufgaben erfüllt, ist bildungspolitisch umstritten und auch wissenschaftlich nur schwer präzis zu beantworten, weil es auch bei dieser Frage wiederum eine Vermengung von deskriptiven und normativen Aussagen gibt. Ich will im Folgenden drei kurze (von mir so erlebte) Gesprächsszenen aus dem Schulalltag wiedergeben, um einer Antwort näher zu kommen.

- *Eine Grundschullehrerin:* „Die Orientierungsstufe sollte abgeschafft werden. Die macht in zwei Jahren alles kaputt, was wir mühsam aufgebaut haben!“
- *Ein Gymnasiallehrer* (während eines Beratungsgesprächs im Lehrerzimmer): „Schön, dass Sie gekommen sind! Ich wollte mit Ihnen über die Leistungen Ihrer

Tochter sprechen. Sie ist jetzt seit vier Monaten in der 7. Klasse, aber es sieht ganz so aus, als ob sie das Tempo hier nicht mithalten wird. Außerdem hat sie ja nur eine Realschul-Empfehlung. Sie sollten sich im Interesse Ihres Kindes überlegen, ob ein Wechsel an eine RS nicht das richtigere wäre."
Mutter: „Ich kann mir einfach nicht erklären, warum es einen so deutlichen Leistungsabfall bei Iris gegeben hat! Deutsch, Mathe, Welt- und Umweltkunde – überall war sie doch in der OS gut! Nur in Englisch 'ne Drei, aber das ist doch auch noch 'ne ordentliche Note!"
Gymnasiallehrer: „Also, das muss ich mal sagen: Der Leistungsstand in der OS sagt eigentlich ziemlich wenig über die Arbeit hier am Gymnasium. Wir müssen eigentlich in allen Fächern noch mal von vorn anfangen! Die Vorkenntnisse der Schüler sind dermaßen unterschiedlich, teilweise auch ausgesprochen dünn – da ist es einfacher, wenn wir noch einmal Grund legen."

- *Eine Hauptschullehrerin:* „Wir haben in unseren Jahrgangsteam-Sitzungen beschlossen, dass wir zu Beginn der 7. Klasse die ersten zwei Monate erst einmal gar keinen normalen Unterricht, sondern Projektarbeit zum Thema ‚Unsere Schule', zum Kennenlernen und Stabilisieren machen. Wenn die von der OS zu uns an die Hauptschule kommen, dann sind die von ihrem Misserfolgserlebnis, keine Realschule geschafft zu haben, so kaputt, dass man normalen Unterricht mit ihnen sowieso nicht machen kann. Wir müssen die erst ganz mühsam wieder aufbauen, ihnen das Gefühl geben, dass sie doch noch was wert sind und was können."

Der Gymnasiallehrer erklärt also, dass mit dem an der OS angeeigneten Wissen wenig oder nichts anzufangen sei. Die Grundschullehrerin ist zu der Überzeugung gekommen, dass die OS die wesentliche Pflicht, an die vorhergehende Schulform anzuknüpfen, nicht einlöst. Und die Hauptschullehrerin, die die „Verlierer" der OS übernimmt, teilt mit, dass normaler Unterricht monatelang nicht möglich sei. Die Szenen machen ein Dilemma deutlich, an dem die OS keine Schuld trägt: Die OS will und muss auf die drei weiterführenden Schulen vorbereiten, aber keine der drei ist wirklich zufrieden. Und jede vermutet, dass die anderen zwei die Hauptgewinner seien.

Die Situation ist vertrackt, weil eine Wiederherstellung des alten Zustands (vor Einführung der OS) nur eine Problemverlagerung und keine Lösung bringt. Die meisten Schulpädagogen sind sich darin einig, dass die Primarstufe von der Pflicht, abschließend über den Besuch einer weiterführenden Schule entscheiden zu sollen, befreit bleiben soll. Und dies ist gut so:

> **These 12.6:** Der größte Vorzug der Orientierungsstufe besteht darin, die Grundschulen vom Selektionszwang befreit zu haben.

Schon die Grundidee der OS war falsch (und nicht mehr als ein fauler Kompromiss zwischen Gesamtschulgegnern und -befürwortern). Das entscheidende Hindernis, das die Erfolge der täglichen Mühen gering hält und oft genug ganz zunichte macht, ist die angesichts der Selektionsaufgaben kaum mehr zumutbare *Kürze* dieser Schulform. In zwei Jahren (de facto in 19 Monaten) kann keine gute Ordnung wachsen, wenn schon vom ersten Monat an auf Leistungsselektion geachtet werden muss und vom ersten Elternabend an die Gymnasialelternschaft in spe Druck macht. – Und das in einer Lebensperiode, in der sich die Kinder durch die Pubertät mühen und besonders viel Zuwendung, Zeit und Geduld nötig hätten.

Der Schwarze Peter der Selektion ist von der Grundschule an die OS weitergereicht worden. Aber er stört dort über Gebühr. Er sollte aus strukturellen Gründen noch weiter weggeschoben werden, und zwar an das Ende der Sekundarstufe I. Damit wäre die Legitimation für eine selbstständige Orientierungsstufe entfallen:

These 12.7: Die Orientierungsstufe sollte als selbstständige Schulform abgeschafft werden!

Dies ist kein Plädoyer für die Rückkehr zum dreigliedrigen Sek-I-System, sondern zur Zwei-plus-eins-Lösung von Seite 370! Dort, wo es eine IGS gibt, sind Orientierungsstufen nicht erforderlich. Dort, wo es keine IGS gibt, sollten die Orientierungsstufen in eine Sekundarschule integriert werden. Gymnasien sollten meines Erachtens keine schulinterne Orientierungsstufe erhalten, weil sonst zwangsläufig die Entwicklungschancen der Primarstufe durch die – von den Eltern durchgedrückten – Selektionszwänge zerstört würden.

Die These 12.7 stellt keine Kritik an den Lehrerinnen der OS dar. Sie zielt vielmehr auf das Konstruktionsprinzip der Schule.

3. Hauptschule

3.1 Ziele

Die Hauptschule[10] ist auf der Grundlage des „Hamburger Abkommens" der KMK von 1964 als fünf- oder sechsjährige Sekundarstufen-Schule seit Ende der 60er-Jahre in allen Bundesländern (West) eingeführt worden. Sie ist in den meisten Fällen durch Umformung der Volksschuloberstufe entstanden[11]. Dort, wo Orientierungsstufen selbstständig sind, sind die Hauptschulen drei- bis vierjährig.

Herbert Gudjons (1995:302 f.) beschreibt die Zielstellung dieser Schulform folgendermaßen:

10 Der Name ist schon ein paar Jahre älter; einer der Ersten, der ihn benutzte, war Wilhelm Flitner.

11 Eine knappe und aktuelle Einführung: Ipfling/Lorenz (1991); ein wichtiger älterer Text: Wünsche (1972); weiterhin Hauer/Friedrich (1985); Struck (1979); Hilfen zum Schulalltag: Hornung (1997).

- „Sie soll Schule für die Mehrheit der Bevölkerung sein, als weiterführende Schule zwar nicht gleichartig, aber gleichwertig.
- Ein 10. Schuljahr soll ermöglicht werden, sie soll mehrzügig angelegt sein, eine der Realschule und dem Gymnasium angeglichene Stundentafel erhalten, flexible Übergangsmöglichkeiten zu Realschule und Gymnasium eröffnen.
- Ein qualifizierter wissenschaftsorientierter Unterricht soll die alte ‚volkstümliche Bildung' ablösen, vor allem mit erhöhten Anforderungen in den Naturwissenschaften und Mathematik, mit Fachunterricht, Leistungsdifferenzierung und einem ausgebauten Wahlbereich sowie einem Angebot an Neigungsgruppen.
- Englisch soll Pflicht für alle sein.
- Das neue Fach Arbeitslehre soll als Schwerpunkt der Hauptschule die Hinführung zur Arbeits- und Wirtschaftswelt übernehmen.
- Jugendgemäße Bildungsarbeit soll auf die speziellen Lernbedingungen dieser Population und Altersphase eingehen.
- Schließlich sollen ausgebildete Fachlehrer den alten ‚Allround-Lehrer' ablösen. Eine angemessene Lehrmittelausstattung gehört ebenso dazu wie die Zusammenlegung (zu) kleiner Dorfschulen zu Mittelpunktschulen."

Als dieses Zielkonzept eingeführt wurde, war freilich schon abzusehen, dass der stolze Name *Haupt*schule nicht den Verhältnissen entsprach. Schon damals war der rapide Schülerschwund voll im Gange, die Namenswahl also eher trotzig. Hauptschulen litten auch stärker als die etablierten Realschulen und Gymnasien unter dem gravierenden Lehrermangel der damaligen Jahre. Die Einführung des Fachlehrerprinzips und die damit verknüpfte stärkere Wissenschaftsorientierung der Unterrichtsinhalte kollidierte mit der Einsicht, dass die an den Hauptschulen verbliebene Schülerklientel immer stärker auf eine Erzieherpersönlichkeit angewiesen war, die ihnen half, Sozialisations- und Erziehungsdefizite auszugleichen. Es kam hinzu, dass die als Hauptfach konzipierte Arbeitslehre nur ansatzweise durchgesetzt werden konnte, was wiederum mit dem Druck zusammenhing, auch an Hauptschulen Englisch, Deutsch und Mathematik mit hohem Stundenanteil für jene Schülerinnen anzubieten, die den erweiterten Hauptschulabschluss anstrebten, um in attraktive Sek-II-Schulen wechseln zu können.

Die Einführung der Hauptschulen stand also unter einem unglücklichen Stern. Konstruktionsschwächen einerseits, nicht vorhersehbare gegenläufige Entwicklungen andererseits trafen zusammen und verhinderten den machtvollen Ausbau zu einer wirklichen Haupt-Schule.

3.2 Hauptschule – auslaufendes Modell?

Und wie sieht es heute aus – ein Vierteljahrhundert nach der Gründung der Hauptschulen? Sie stehen – von strukturell zurückgebliebenen Bundesländern wie Bayern abgesehen – mit dem Rücken zur Wand, und zwar aus folgenden Gründen (wiederum nach Gudjons 1995:303 f.):

1. „Der Trend zu höheren Abschlüssen ist bereits mehrfach erwähnt worden; mittlere Reife wird zur Norm. Und wo eine als weiterführende Schule gut ausgebaute Hauptschule z. B. mit einem besonders qualifizierenden 10. Schuljahr dazu eine Möglichkeit bietet, sagen sich viele Eltern: Warum dann nicht gleich zur Realschule? Ferner: Im Zuge des Verdrängungswettbewerbes auf dem Arbeitsmarkt nehmen Abiturienten Berufe wahr, die ehemals Realschüler anstrebten, Realschüler solche, die früher von Hauptschülern eingenommen wurden – mit der Folge, dass das Prestige des Hauptschulabschlusses gesunken ist (kein Wunder also, dass ihn nur noch 11 Prozent der Eltern für ihre Kinder anstreben).
2. Wenn immer mehr Kinder zu Real- und Gesamtschulen und zum Gymnasium gehen, werden Hauptschulen bisweilen einzügig (mit allen Folgen für das Unterrichtsangebot), zum Teil müssen Hauptschulen geschlossen werden. Das Versorgungsnetz wird dünner und damit die Erreichbarkeit schlechter.
3. Daraus ergibt sich ein verhängnisvoller Teufelskreis: Die Hauptschule ist zur Restschule geworden → ihr Image sinkt → immer weniger wollen ‚eine solche' Schule besuchen → der Rest wird noch kleiner und homogener, er besteht weitgehend aus Schülern, die woanders nichts geworden sind, die negative Schulkarrieren haben und oft unter einem geschädigten Selbstwertgefühl leiden → das Image sinkt → kaum jemand geht noch freiwillig hin → der Rest wird noch kleiner usw.

Fazit: Die Hauptschule steht in einem beängstigenden Legitimierungsvakuum. Einerseits hatte sie ein anspruchsvolles Programm, das andererseits mit einem immer leistungsschwächeren Schülerstamm realisiert werden soll. Sie fordert sozusagen immer größere Anstrengungen für einen Abschluss, der gesellschaftlich immer weniger wert ist. Der zahlenmäßige Rückgang führte bereits in den 80er-Jahren zu einem erheblichen Druck in Richtung Reform der Hauptschule, um sie überhaupt zu erhalten; gleichzeitig wurde die Chance für eine solche Stabilisierung immer geringer, weil die Schüler abwanderten."

Nicht trotz, sondern wegen dieser Schwierigkeiten ist die Hauptschule die Schulform der Sek-I, die meines Erachtens die pädagogisch vernünftigsten und unterrichtsmethodisch interessantesten Neuerungen eingeführt hat. An Hauptschulen wird mit Freiarbeit und Wochenplanarbeit experimentiert; in vielen Schulen ist es auch schon eine feste Einrichtung. Viele Hauptschulen haben völlig neu gestaltete Eingangsphasen. Nirgendwo sonst wird häufiger Teamarbeit gemacht. Aber warum ist das so? Doch nicht, weil an Hauptschulen besonders viele Lehrer und Lehrerinnen wären, die den konkreten Utopien und Idealen der Reformpädagogik oder der Bildungsreform der 70er-Jahre besonders heftig nachjagten, sondern vor allem deshalb, weil der Leidensdruck der Lehrer und Lehrerinnen so groß geworden ist, dass man sich einfach nicht mehr vorstellen konnte, im herkömmlichen Stil noch 15 oder 20 Jahre weiterzumachen.

> **These 12.8:** Die Hauptschulen sind zurzeit der Motor der Unterrichts- und Schulreform in der Sekundarstufe I.

Solange keine Fusion oder Integration mit anderen Schulformen angestrebt wird, liegt die sinnvollste Rettung aus der Misere darin, das Profil der Hauptschule in Richtung auf eine Projekt- und Praxisschule zu schärfen[12].

3.3 *Konsequenzen*

Die Krise, in der sich die Hauptschule befindet, ist nicht hausgemacht, sondern die Folge des Zerfalls des dreigliedrigen Schulsystems insgesamt. Daraus muss meines Erachtens logisch gefolgert werden:

> **These 12.9:** Die Lösung der Hauptschulkrise kann nicht hausintern gefunden werden. Sie kann nur im Rahmen einer Strukturerneuerung der gesamten Sekundarstufe I zustande kommen.

Was heißt dies für die innere Schulreform an den Hauptschulen? Ich meine, dass die Kollegien der Hauptschulen nicht warten sollten, bis sie endgültig von den Realschulen geschluckt oder als Schlusslichter in Kooperative Gesamtschulen eingebunden werden. Gerade weil viele Hauptschulen zum Motor der Unterrichtsreform der Sekundarstufe I geworden sind, sollten sie – auch wenn diese Idee mancher Hauptschullehrerin ein Graus sein mag – möglichst zügig und offensiv Modelle zur Zusammenarbeit und späteren Integration mit Realschulen und auch mit Berufsbildenden Schulen und Sonderschulen entwickeln!

> **These 12.10:** Die Hauptschulen müssen heute gestärkt werden, damit sie bei den kommenden Fusionen zu Sekundarschulen, KGSen und IGSen nicht an die Wand gespielt werden.

12 In Band II wird anhand konkreter Beispiele erläutert, wohin dieser Weg führen kann.

Die Stärkung ist nötig und sinnvoll, damit die Hauptschülerinnen bei einer Fusion mit den Realschulen nicht von den anderen Schülerinnen und Lehrerinnen „untergebuttert“ werden. Gerade jene Schüler und Schülerinnen, die heute die größten Schwierigkeiten haben, mit sich und der Welt klarzukommen, haben besondere Aufmerksamkeit und Pflege nötig. Sie dürfen nicht in einem leistungsfixierten und noch stärker am Fachunterrichtsprinzip ausgerichteten realschulähnlichen System untergehen!

4. Realschule

4.1 „Realschulen boomen im Stillen“

Die Realschulen Deutschlands sind ein Phänomen. Sie liegen im Windschatten der schulpolitischen und akademischen Aufmerksamkeit, aber sie boomen im Stillen. Während vom Niedergang der Hauptschulen und von der „Vergesamtschulung“ der Gymnasien viel gesprochen und geschrieben wird, kümmert sich kaum jemand um die Durchleuchtung der Schulkultur und die Ermittlung der Entwicklungsperspektiven von Realschulen. Dabei hat diese Schulform rein quantitativ – bezogen auf die absoluten Schülerzahlen – noch mehr zugelegt als die Gymnasien (vgl. S. 362):

> **These 12.11:** Die Realschulen sind die heimlichen Sieger der Abstimmung mit den Füßen.

Dies ist umso erstaunlicher, als die Kritik an Realschulen – wenn sich denn jemand die Mühe macht nachzufragen – heftig ist.

- Ein Schulrat aus dem Ostfriesischen: „Die Realschule – das ist die letzte Bastion des Kleinbürgertums in Deutschland!“
- In der mehrfach zitierten Studie von Kurt Czerwenka u. a. (1990) schneiden die Realschulen im Urteil der Schülerinnen besonders negativ ab.
- Es gibt kaum Modellversuche oder gar ganze Schulversuche zur Weiterentwicklung der Realschulen.
- Dort, wo Fusionen von Haupt- und Realschulen möglich wären, sind in aller Regel die Hauptschulkollegien die Befürworter und die Realschulkollegien die Gegner einer solchen Vernunftehe. Man vergleicht sich lieber mit Gymnasiallehrern – vielleicht gerade deshalb, weil man ja noch den Stallgeruch der Volksschule an sich hat.

4.2 Name und Geschichte

Schon im 17. Jahrhundert wurden Realschulen gegründet, die in Abgrenzung zu den Lateinschulen die „Realien“ in den Mittelpunkt ihres Lehrplans setzten und eine damals moderne, berufsorientierte Ausbildung für kaufmännische und gewerbliche Führungspositionen anboten[13]. Die damaligen Realschulen haben aber nahezu allesamt, sofern sie nicht wieder eingegangen sind, einen kontinuierlichen Aufstieg absolviert. Viele von ihnen sind schon am Ende des 19. Jahrhunderts zu Fachschulen, Fachhochschulen und Technischen Hochschulen aufgestiegen. Im gleichen Tempo wuchsen neue Realschulen von unten nach, die dann im 20. Jahrhundert wiederum zunächst zu Oberrealschulen, dann zu Realgymnasien und schließlich zu Gymnasien wurden und eine dritte Gründungswelle neuer Realschulen zur Folge hatten.

Der Witz der Realschulgeschichte besteht darin, dass es diese Schulform immer noch gibt, obwohl das Gymnasium schon seit Jahrzehnten den Lehrplan der Realschulen des 19. Jahrhunderts übernommen hat. Die Oberrealschule vom Ende des 19. Jahrhunderts bot ihren Schülern Deutsch, neue Fremdsprachen, Mathematik, Naturwissenschaften, Geografie-Geschichte-Politik. – Also just das, was heute den Kernbestand der gymnasialen Fächer ausmacht. Warum die Realschulen dennoch ihren Siegeszug machen konnten, ist lehrplantheoretisch kaum zu erklären. Wie dann? Man kann vermuten, dass es den Eltern, die ihre Kinder auf eine Realschule schicken, in keiner Weise um deren Realien-Lehrplan geht, sondern dass sie eigentlich das Gymnasium anstreben, aber sich nicht sicher sind, ob ihr Kind genügend Leistungsbereitschaft und -fähigkeit dafür mitbringt (vgl. These 12.2).

These 12.12: Realschulen boomen, weil sie ein mittleres Anspruchsniveau bieten.

4.3 Strukturprobleme

Es gibt eine Reihe ungelöster Strukturprobleme von Realschulen, die ich nur kurz antippe:

- Die Realschulen sind mit ihren vier Schuljahrgängen (in allen Bundesländern mit sechsjähriger Grundschule oder Orientierungsstufe) viel zu kurz.
- Der Bildungsauftrag der Realschule ist diffus.
- Der Lehrplan ist praktisch identisch mit dem der gymnasialen Sekundarstufe I.
- Die „Rückläufer“ vom Gymnasium machen den Aufbau stabiler Klassengemeinschaften in Realschulen besonders schwierig.
- Andererseits wechselt ein seit Jahrzehnten anwachsender Teil der Realschulabsolventen nach erfolgreichem Abschluss unmittelbar in eine gymnasiale Oberstufe oder ein Fachgymnasium oder eine IGS-Oberstufe.
- An Realschulen wird im Vergleich zu Hauptschulen das Fachunterrichtsprinzip besonders streng eingehalten. Und auch das Bewusstsein der Realschullehrerinnen ist deutlich stärker als bei Hauptschullehrerinnen auf die Fächer orientiert.

13 Ausführlich nachzulesen in Blankertz (1969 passim); kurz und knapp in: Arbeitsgruppe Bildungsbericht (1994:456 ff.).

- Entsprechend schwer ist es, fächerübergreifende Innovationen wie Wochenplanarbeit oder Freiarbeit an Realschulen einzuführen.
- Realschulen haben ihr Privileg für den mittleren Bildungsabschluss (die „Mittlere Reife") verloren, auch wenn dies im Bewusstsein der Bevölkerung noch nicht überall angekommen ist. Denn inzwischen können ja auch die Hauptschulen über ihre 10. Klasse und Gymnasien den erweiterten Realschulabschluss vergeben. Und manche Gymnasialdirektoren, die um ihre Schülerzahlen bangen, werben ganz ungeniert damit, dass sie ja auch die Mittlere Reife vergeben.

Diese Strukturprobleme ändern aber wenig daran, dass die Realschulen offensichtlich von den Eltern akzeptiert und geschätzt werden. Die Realschule ist insbesondere für soziale Aufsteiger unter den Schülerinnen interessant, bei denen erstmals in der Familiengeschichte ein Kind höhere Abschlüsse anstrebt[14].

Vielleicht liegt der Schlüssel zur Erklärung des Realschulerfolgs gerade in der Diffusität des Profils und der Unklarheit, an wen sie sich wendet:

> **These 12.13:** Auf Grund der Diffusität ihres Profils kann die Realschule ihre gesellschaftliche Funktion, ein „Durchlauferhitzer" für das Erreichen höherer Abschlüsse zu sein, besonders gut erfüllen.

5. Die Sekundarstufe I des Gymnasiums

5.1 „Splitter" zur Geschichte des Gymasiums

Das Gymnasium steht in der Kontinuität eines langen Wachstumsprozesses. Ich (das ist in diesem fünften Abschnitt Dorothea Vogt) nenne nur wenige Stichpunkte, die Neugier zum vertiefenden Lesen wecken sollen[15]:

- Bereits die griechischen Sophisten des 5. Jahrhunderts v.u.Z. entwickelten erste Elemente des bis heute fortbestehenden Lehrplans. Dieser fand im Hellenismus globale (d. h. den Mittelmeerraum umfassende) Ausprägung. Für die Griechen war Bildung allgemein und universal. Die Römer machten später auf die soziale Komponente aufmerksam.
- Die Unterrichtsfächer nannten die Römer artes liberales: Künste, die nur den Freien zukamen. Sie blieben aber bei der griechischen Bündelung der Fächer zu Erfahrungsbereichen: Grammatik, Dialektik und Rhetorik (= trivium, Dreiweg); Arithmetik, Geometrie, Astrologie (= Astronomie) und Musik (= quadrivium, Vierweg).
- Dieser „artistische" Lehrplan blieb zwei Jahrtausende gültig …
- Im Dezember 1788 führte ein Edikt in Preußen das Abiturientenexamen als Spezialziel des Unterrichts am Gymnasium ein. Von damals bis heute ist das Gymnasium

14 Insofern ähneln sich Schüler- und Lehrerschaft der Realschulen. Auch unter den Lehrerinnen sind sehr viele Aufsteiger, was vielleicht ein Stück weit erklärt, warum an Realschulen gutbürgerliche Normen wie ordentliche Kleidung und ordentliche Rechtschreibung für wichtiger gehalten werden als an vielen Gymnasien.

15 Vgl. Dolch (1971); Blankertz (1982); Arbeitsgruppe Bildungsbericht (1994).

Abbildung 12.5: Mittelalterliche Darstellung der septem artes[16]

formalrechtlich über dieses Ziel definiert. Seit 1834 ist das bestandene Abiturientenexamen Voraussetzung für ein Universitätsstudium. Die Abiturprüfung ersetzt die Hochschuleingangsprüfung und schafft dadurch für das Gymnasium bis heute eine Fremdbestimmung, die deutlich ihre Spielräume begrenzt.

- Der Vorrang des fachbezogenen Lernens macht die Festlegung des Fächerkanons zur Notwendigkeit – und zum Dauerproblem dieser Schulform. Die Abfolge von Neugründungen unterschiedlicher Gymnasialtypen mit eigenem Fächerprofil und Versuche zur Vereinheitlichung dieser Schulform beschreiben dies. Aus dem „Schulkampf" des ausgehenden 19. Jahrhunderts zwischen dem humanistischen Gymnasium, dem Realgymnasium und der Oberrealschule ging z. B. das Reform-Realgymnasium als Sieger hervor. Es entspricht in seinem Lehrplan dem neusprachlichen Gymnasium.
- Seit den preußischen Reformen (Stein/Hardenberg 1807–1814) gilt für die Gymnasien die bildungspolitische Grundsatzentscheidung, dass die Schülerinnen nicht auf einen bestimmten Beruf oder eine Berufsgruppe festgelegt werden sollen. Berufliche Brauchbarkeitsgesichtspunkte wurden als unvereinbar mit der allgemeinen Menschenbildung angesehen (obwohl die bildungstheoretische Rechtfertigung dieser Festlegung noch nie gelungen ist – siehe S. 367).
- Seit dem Düsseldorfer Abkommen zur Vereinheitlichung des Schulwesens 1955 heißen alle Formen der „höheren" Schule Gymnasium, sofern sie bis zur Hochschulreife führen. Der allgemeine Bildungsauftrag dieser „höheren" Schule fällt also mit der Vermittlung der Studierfähigkeit zusammen.

Keine andere Schulform in Deutschland kann auf eine ähnlich kontinuierliche Erfolgsgeschichte zurückblicken wie das Gymnasium. Dies drückt sich nicht nur in der institutionellen Kontinuität, sondern auch im Selbstbewusstsein und im Professionalisierungsniveau der Gymnasiallehrerschaft aus. Das ist seine Stärke, aber auch die Schwäche. Das Gymnasium gleicht einem schweren Öltanker. Zum Abbremsen braucht das Schiff genauso lang wie zum Beschleunigen – und Kurskorrekturen müssen lange vorher eingeleitet werden, um im richtigen Augenblick wirksam zu werden.

16 Quelle: Dolch (1982:114).

5.2 *Gymnasium „im Aufwind"?*

In den vergangenen 40 Jahren hat das Gymnasium einen weitreichenden und heftig diskutierten Strukturwandel durchgemacht. Es entwickelte sich von einer Elitebildungsanstalt zu einer gesamtschulähnlichen Schulform wider Willen. Die genauen Angaben zur Entwicklung der Schülerzahlen finden Sie auf Seite 361. Was sind die Gründe für diesen Akzeptanzerfolg?

Trotz der Klagen vieler Erziehungswissenschaftler über die intellektuelle Einseitigkeit des Gymnasiums (wir schließen uns den Klagen an) scheinen die Stabilität des fachlichen Anspruchs und der Vorrang des Kognitiven für die Anziehungskraft dieser Schulform entscheidend zu sein. Und natürlich der Wunsch vieler Eltern, ihren Kindern eine umfassende Wissensvermittlung und sichere Urteilsfähigkeit zu ermöglichen, die einen Zugang zu vielen und vor allem attraktiven Berufen eröffnet. Gerade die Gymnasialeltern erwarten von den Schulen ihrer Kinder, dass in ihnen vielseitiges, vertieftes Wissen vermittelt wird, während Erziehungsaufgaben eher in der Familie selbst wahrgenommen werden sollen.

Mit Beginn der 80er-Jahre nahm der demographische Druck auf das Gymnasium wieder ab (auch wenn der relative Anteil an der Schülerschaft weiter anstieg). Heute liegen die Zahlen wieder beim Stand von 1975; gegenwärtig ist die Oberstufe im „demographischen Tal"; die mittlere Schulgröße liegt bei 650 Schülerinnen. Manche Schulleiter fürchten um den Ausbaustand ihrer Schulen und bemühen sich deshalb um ein besonderes pädagogisches Profil, das ihre Schulform stützen könnte. Möglicherweise kann das Gymnasium dadurch eine neue Sogwirkung entfalten.

Obwohl alle sozialen Schichten einen Anteil an der Ausweitung des Gymnasiums hatten, Arbeiterkinder also bessere Zugangschancen erhielten, erwies sich die soziale Ungleichheit im Bildungswesen als sehr zäh. Dagegen haben die Mädchen ihre Alterskameraden im Gymnasialbesuch und auch im Abiturabschluss inzwischen überholt. Die Schülerschaft ist insgesamt heterogener geworden. Die alte Elitebildungsanstalt ist überall – auch auf dem flachen Lande – dahin.

Die große Nachfrage hat die Struktur der Gymnasien grundlegend verändert. Die Zugänglichkeit, vorher eine exklusive Größe, kann inzwischen relativ verlässlich angenommen werden. Und auch die Erfolgschancen sind gut: Wer erst einmal aufs Gymnasium gekommen ist, wird es mit großer Wahrscheinlichkeit auch mit dem Abitur abschließen.

Ich fasse mit einer von Arno Schmidt (1992) stammenden etwas windigen Metapher zusammen:

> **These 12.14:** Das Gymnasium befindet sich im Aufwind der demographischen und gesellschaftlichen Entwicklungstendenzen.

5.3 Strukturprobleme der gymnasialen Sekundarstufe I

Früher (vor 30 Jahren) wurde am Gymnasium in Zweigen unterrichtet. In diesen Zweigen lebten die Gymnasien besonderer Ausprägung fort, also das altsprachliche, das neusprachliche, das mathematisch-naturwissenschaftliche Gymnasium. Mit der 1972 eingeleiteten Einführung der Reformierten Gymnasialen Oberstufe (s. u.) setzte eine Flexibilisierung der Schwerpunktwahlmöglichkeiten für die Schülerinnen ein, die auf die Gestaltung der Sek-I durchschlug. Die Gymnasien besonderer Prägung oder Gymnasien mit zwei oder noch mehr Zweigen verschwanden, aber der Sprachenschwerpunkt in der Sek-I blieb bestehen. In den Jahrgängen 7 bis 10 wurden und werden mindestens zwei Fremdsprachen erlernt. Die Reihenfolge und Auswahl variieren. Englisch ist immer dabei; ein altsprachlicher Schwerpunkt ist nicht in allen Kommunen, wohl aber in allen Bundesländern immer noch möglich.

Die Schulgesetze und die Arbeits- und Organisationserlasse für die Sek-I der Gymnasien sehen vielfältige und durchaus attraktive Arbeits- und Lernformen vor. Die Selbsttätigkeit soll gestützt werden; Projektarbeit wird gefordert; individuelle Schwerpunkte sollen durch den Ausbau von Wahlpflichtfächern und Arbeitsgemeinschaften gebildet werden. Trotz der beachtenswerten Vielfalt der Zielstellungen der gymnasialen Sekundarstufe I findet bei der organisatorischen Umsetzung jedoch eine Engführung in der Frage des Umfangs und der Auswahl der Fremdsprachen statt. Dafür gab und gibt es curriculare, juristische sowie ausbildungsbedingte Gründe: Einzelne Bundesländer konnten die Anerkennung der Vorleistungen anderer Bundesländer für „ihr" Abitur verweigern, wenn bestimmte Auflagen nicht erfüllt sind. Zum anderen wird hier die eingangs erwähnte „artistische" Tradition des gymnasialen Fächerkanons deutlich. Die Fächer Deutsch und Fremdsprachen nehmen einen beträchtlichen Teil der Unterrichtszeit ein, während Themenfelder aus den Bereichen Ökonomie und Technik eher im Hintergrund stehen, und dies trotz der Tatsache, dass immer mehr Abiturientinnen einen Beruf aus diesen Umkreisen wählen.

Weil die Fremdsprachen, der Deutschunterricht und Mathematik den größten Teil der verfügbaren Zeit ausfüllen, gab und gibt es in der Sek-I nur geringe Spielräume für fächerübergreifenden Unterricht, für Freiarbeit und Projektarbeit. (So wie es zwischen der Primarstufe und der Orientierungsstufe eine Wechselwirkung im Blick auf den Selektionsdruck gibt, sind auch die Sek-I und Sek-II gymnasialintern ineinander verhakelt: Die starke curriculare Verregelung der Sek-I ist ein Nachteil, aber sie schafft eine Grundbildung, durch die mehr Freiräume für die Gestaltung der individuellen Schwerpunkte in der Sek-II hergestellt werden.)

Auch an Gymnasien wird der Wandel der Lernvoraussetzungen der Schülerinnen zu einem immer größeren Problem. Der in der Hauptschule beobachtete Leidensdruck der Lehrerschaft als „Motor" für die Erneuerung der Unterrichts- und Schulkultur besteht am Gymnasium aber nicht in diesem Ausmaß.

Wer hier „anderen" Unterricht macht, verfolgt eher sein „Steckenpferd" und trägt – scheinbar – nur am Rande zum Erfüllen des gymnasialen Bildungsauftrags bei. Bei nüchterner Betrachtung ergeben sich deshalb viele Kritikpunkte am gegenwärtigen Entwicklungsstand und an den Entwicklungsperspektiven:

- Das Fachlehrerprinzip dominiert weiterhin. (Symptomatisch ist das kurze Gespräch, das ich in einem Lehrerzimmer mithörte: Eine neue Kollegin wird vorgestellt, ein älterer Kollege sucht das Gespräch, wohl in der Absicht, ihr Hospitationsmöglichkeiten zu eröffnen, und sagt: „Ich unterrichte Mathe und Geschichte." – Darauf die Kollegin trotzig: „Ich unterrichte Kinder.")
- Der Unterricht ist in unterrichtsmethodischer Hinsicht insgesamt traditionell. Sprache und Sprechen stehen weiterhin im Vordergrund. Neue Arbeitsformen (szenisches Spielen, Projektarbeit usw.) gewinnen nur sehr zäh an Raum.
- Die Ausbildung der Gymnasiallehrerinnen ist in manchen Bundesländern[17] immer noch auf dem Stand von anno dunnemal. Sie muss gründlich reformiert werden. Die schulpädagogischen, sozialwissenschaftlichen, psychologischen und auch die sozial- und sonderpädagogischen Studienanteile müssten erhöht werden.
- Die Fortbildung trägt den neuen Anforderungen nur unzureichend Rechnung. Es reicht nicht mehr aus, sie als „Reparaturbetrieb" für hier und dort entstandene individuelle Kompetenzdefizite zu betrachten. Nötig ist vielmehr ein integriertes, auf die Schule als Handlungseinheit bezogenes Konzept der Lehrerbildung nach dem Motto: „Wer nicht lernt, darf nicht lehren."
- Die Durchlässigkeit zu den anderen Schulformen der Sek-I ist auf Grund der Lehrplanauflagen noch zu gering. Gymnasium und Realschule liegen enger zusammen; der Graben zur Hauptschule ist dagegen tief.

Die Sekundarstufe I des Gymnasiums erfährt erst in kleinsten Bereichen, vom Gesetzgeber kaum unterstützt und überwiegend auf Grund eines freiwilligen Engagements reformwilliger Lehrerinnen eine Erneuerung ihrer Unterrichts- und Methodenkultur. Sie hinkt in diesem Bereich hinter den Hauptschulen, den Gesamtschulen und vielen Schulen in freier Trägerschaft hinterher.

These 12.15: Der Unterricht in der Sekundarstufe I der Gymnasien ist durch curriculare Auflagen insgesamt hochgradig verregelt, sodass freies Arbeiten im Sinne anderer Schulformen und -stufen nur ansatzweise möglich ist.

5.4 Entwicklungsperspektiven

Wie geht die Entwicklung der gymnasialen Sekundarstufe I weiter? Ich formuliere in Thesenform:

(1) Erhebliche Veränderungen der familialen und gesellschaftlichen Situation der Schülerinnen, neue Qualifikationsanforderungen der Arbeitswelt und nicht zuletzt die

17 Schlusslicht ist wiederum Bayern – das einzige Bundesland, in dem man immer noch Gymnasiallehrerin werden kann, ohne Pädagogik studiert zu haben.

Herausforderungen einer ökologischen und sozialen Zukunftsgestaltung erfordern immer drängender eine Neubestimmung der Inhalte, Qualifikationen und Methoden des Lehrens und Lernens des Gymnasiums einschließlich ihrer Sek-I.

(2) Neben der integrierten Gesamtschule bietet die Weiterentwicklung des gegliederten Sekundarbereichs I im Sinne unserer Zwei-plus-Eins-Lösung positive Möglichkeiten für eine wissenschaftsorientierte Neugestaltung der Sek-I des Gymnasiums.

(3) Prinzipien dieser Weiterentwicklung sollten sein: eine stärkere Ausbalancierung von Fördern und Auslesen; mehr Durchlässigkeit zu den anderen Schulformen der Sek-I (und Sek-II); Entwicklung eines schülerorientierten offenen Unterrichts durch Elemente der inneren Schulreform.

(4) Die Gymnasien sollten stärker differenzierte Bildungsgänge anbieten (durch innere und äußere Differenzierung) und die Öffnung der Schule hin zur Stadtteil- oder Gemeinwesenarbeit betreiben: ein profiliertes Vor-Ort-Gymnasium, das seine Klientel wissenschaftsorientiert zum Abitur und Studium führt, aber auch die Voraussetzungen für höher qualifizierte Berufsausbildungswege schafft.

Die entscheidende Frage des Gymnasiums darf nicht lauten: Welche Schülerinnen genügen unserem Bildungsverständnis? Sie muss umgedreht werden zu der Frage: Welche Bildung brauchen unsere Schülerinnen?

Eine Schülerin, die das Gymnasium wirklich braucht, ist in der Lage, ihre eigenen Entwicklungsaufgaben im Lehrangebot dieser Anstalt zu verorten, sich an unterschiedlichen Positionen und Theorien zu reiben, sich mit den Lehrerinnen auseinander zu setzen, aber auch in der Gemeinschaft ihre Persönlichkeit herauszubilden. Vielleicht wird sie dann einmal studieren oder Facharbeiterin werden oder Beamtin oder Selbstständige oder Informatikerin oder Lehrerin oder Verwaltungsfachkraft oder Musikerin in einem Orchester oder Journalistin oder Umwelttechnikerin oder medizinisch-technische Fachkraft oder oder oder ... Und wahrscheinlich wird sie sich gern an ihre Schulzeit zurückerinnern.

Ob und wenn ja wie bald es zu solchen gymnasialen Reformen kommt, ist schwer zu sagen, nur eines ist sicher:

These 12.16: Die fällige Reform der gymnasialen Sekundarstufe I wird nicht von selbst kommen, sondern nur dann und dadurch, dass sie von den Lehrerinnen, den Schülerinnen und den politisch Verantwortlichen erkämpft wird.

6. Integrierte Gesamtschule

6.1 *Begriff und Umfang*

Die Integrierte Gesamtschule (IGS) ist eine Stufenschule neuen Typs, in die die früheren Haupt-, Real- und Gymnasialzweige der Sek-I mit neuem Profil integriert sind[18]. An Gesamtschulen unterrichten sowohl Hauptschul-, wie auch Realschul- und Gymnasiallehrerinnen. Eine gesamtschulspezifische Lehrerbildung fehlt dagegen bis heute!

Begrifflich und inhaltlich ist die Kooperative Gesamtschule (KGS) von der IGS zu unterscheiden. Zumeist enthält eine KGS eine Orientierungsstufe, an die sich dann die herkömmlichen drei Schulformen anschließen (siehe S. 182). Es wird aber versucht, in bestimmten Bereichen zu kooperieren (gemeinsames Schulleben; Besuch von Arbeitsgemeinschaften usw.).

Im Schuljahr 1995/96 konnten die IGSen den größten prozentualen Schülerzuwachs aller Schulformen in Deutschland verzeichnen. Die Schülerzahl stieg auf 508 000; das sind 3,9 Prozent aller Schülerinnen[19]. – Also insgesamt noch ein eher bescheiden kleiner Anteil.

Nach langem Tauziehen hatten sich 1982 die Kultusminister in der Kultusminister-Konferenz darauf geeinigt, die Abschlüsse der IGSen zu regeln und gegenseitig anzuerkennen. Es gibt aber bundesweit weiterhin keine gesamtschulspezifische Oberstufe – und das ist inkonsequent. Dort, wo eine IGS eine Oberstufe hat (und das ist die Regel, nicht die Ausnahme), muss diese nach dem für Gymnasien gültigen Organisationserlass gestaltet werden.

Bis heute sind Integrierte Gesamtschulen bildungspolitisch umstritten. Aktuelle empirische Leistungsvergleiche (z.B. die TIMS-Studie von 1996) heizen die Diskussion erneut an. Bei Schülerbefragungen erhalten Gesamtschulen jedoch durchweg bessere Noten als Realschulen oder Gymnasien.

6.2 *Ziele*

Übergeordnetes Ziel der Gesamtschule ist, durch soziale und curriculare Integration Gleichheit und Vielfalt der Schülerinnen zu fördern und möglichst vielen Schülerinnen einen möglichst hochwertigen Abschluss zu vermitteln. Herbert Gudjons fasst die vier wichtigsten Teilziele, die bei der ersten Gründungswelle von Gesamtschulen diskutiert wurden, zusammen (1995:311):

---

18 Über die Ziele, die Organisationsstruktur und die Geschichte der Gesamtschulbewegung in Deutschland und Europa gibt es sehr viel und gut zugängliche Literatur. Ein umfassendes Konzept dieser Schule enthält der wiederholt zitierte „Strukturplan für das Bildungswesen" des Deutschen Bildungsrates (1970). Eine informative Einführung für Lehrerinnen, Eltern und Schülerinnen stammt von Ernst Rösner:
– Ernst Rösner: Gesamtschule – Was ist das eigentlich? 6. überarb. Aufl. 1990, herausgegeben und zu beziehen durch: Gemeinnützige Gesellschaft Gesamtschule (GGG), Postfach 13 07, 26603 Aurich.
– Einen umfangreichen, kritischen Bericht über den Stand der Forschung zu Gesamtschulen liefert: Jürgen Baumert: Gesamtschule. In: Enzyklopädie Erziehungswissenschaft (1983, Bd. 8:228–269).
– Eine Reihe von Büchern zum Thema stammt von Wolfgang Keim; nüchterne, empirisch abgesicherte Analysen liefert Kurt Aurin (1991b).

19 Quelle: Harenberg Lexikon (1996:319); vgl. S. 81.

1. „Unter pädagogisch-psychologischem Aspekt soll die frühe Übergangsauslese ersetzt werden durch das Offenhalten der Bildungswege (mindestens bis zum Ende der Sekundarstufe I), durch individuelle Profilbildung nach Leistung und Neigung sowie durch gezielte Hilfen bei Leistungsschwächen.
2. Unter bildungsökonomischem Gesichtspunkt soll die im traditionellen dreigliedrigen System nicht befriedigende Ausschöpfung von Begabungs- und Qualifikationsreserven verbessert werden.
3. Unter bildungstheoretischer Perspektive soll das Ziel einer wissenschaftsorientierten Schule für alle verwirklicht werden; zwar differenziert, aber ohne Selektion bietet die Gesamtschule eine gemeinsame Grundbildung ohne Trennung der Bildungsgänge an.
4. Als bildungspolitisches Ziel ist der Ausgleich von (sozial, regional oder geschlechtsspezifisch bedingten) Bildungsbenachteiligungen und die Gewährleistung von Chancengleichheit wichtig. Das schließt auch die Forderung ein, in einer Demokratie der nachwachsenden Generation die Erfahrung einer gemeinsamen Schulkultur zu vermitteln."

Die (west-)deutschen Gesamtschulen sind ein Kind der sozialliberalen Bildungsreform vom Anfang der 70er-Jahre dieses Jahrhunderts. Sie wurden mit viel Elan und oft genug stürmischem Erneuerungswillen eingerichtet. Dabei hatten die Gesamtschulbefürworter damals noch das klare schulpolitische Ziel, Gesamtschulen flächendeckend einzuführen, also die Haupt-, Realschulen und Gymnasien insgesamt abzulösen. Deshalb war der Widerstand von konservativen Interessengruppen (CDU, CSU und Philologenverband[20]) auch so erbittert. Schon am Ende der 70er-Jahre war aber fast allen klar, dass dieses Gesamtziel politisch nicht mehr durchzusetzen war:

These 12.17: Der Versuch, Integrierte Gesamtschulen flächendeckend einzuführen, ist gescheitert.

Dieses Scheitern hat für jede einzelne IGS eher eine entlastende Wirkung gehabt. Sie muss nun nicht mehr nachweisen, besser als alles zuvor Dagewesene zu sein, sondern kann sich darauf konzentrieren, ein alternatives lokales Angebot zum dreigliedrigen System bereitzuhalten.

6.3 Schul- und Unterrichtskultur

Häufig wurden bei den Neugründungen der 70er-Jahre angesichts stark ansteigender Schülerzahlen riesige, mehr oder weniger hässliche „funktionale" Zweckbauten für 1 000 bis 1 500 Schüler und Schülerinnen auf die grüne Wiese gesetzt, die heute als viel zu groß erkannt sind. (Nur hin und wieder sind

20 Die SPD und die FDP hatten die Forderung nach Gesamtschulen in ihr Programm aufgenommen, hielten sich auf kommunalpolitischer Ebene aber nicht immer daran.

schnuckelige kleine Gesamtschulen entstanden – z. B. die Glocksee-Schule in Hannover.) Die Tatsache, dass neu gebaut wurde, ließ zwar zu, bestimmte pädagogische Gesichtspunkte in die Planungen einfließen zu lassen; es gab viele Gruppenarbeitsräume, viele Foren und Flächen für den Freizeitbereich, Mensen für den Ganztagsbetrieb und Lehrerstationen statt der unwirtlichen Lehrerzimmer. Aber eine Mamutschule ist's geblieben.

Heute sind alle kritischer geworden. Wir wissen, dass sehr große Systeme mehr Nachteile als Vorteile bringen (Aurin 1991b:404). Sie laden die Schülerinnen ein zum Vandalismus. Sie fördern anonyme große Verwaltungsapparate, die viel Zeit und Kraft des Personals von der direkten pädagogischen Arbeit ablenken. Sie machen es allen schwer, sich in der Schule wohl zu fühlen. (Diese Feststellung gilt für große Gymnasien, Schulzentren und Berufsbildende Schulen natürlich gleichermaßen.) An manchen Gesamtschulen sind jedoch Rückbauten vorgenommen worden, durch die so etwas wie „Schulen in der Schule" möglich geworden sind (z. B. an der Lichtenberg-IGS in Göttingen).

Ein besonderer Schwerpunkt der schulpädagogischen Zielsetzung der ersten IGS-Gründungen war die Erneuerung der *Schul- und Unterrichtskultur*. Es ging darum, die Curricula des dreigliedrigen Schulwesens zu entrümpeln, neue Unterrichtsmethoden zu erproben, ganzheitliches Lehren und Lernen zu praktizieren und auch die Verkehrsformen zwischen Lehrerinnen und Schülerinnen zu verändern:

- Gesamtschulen waren die Ersten, die eine konsequente Teamarbeit der Lehrer einführten (als Jahrgangsteams oder Fachteams).
- Gesamtschulen haben interessante Differenzierungsmodelle entwickelt und besonders mit dem Team-Kleingruppen-Modell (vgl. Band II) ein überzeugendes Konzept für die Individualisierung des Unterrichts auch mit großen Schülerzahlen geliefert.
- Die Gesamtschulen der ersten Jahre wollten insbesondere Kinder aus sozial schwächeren Schichten und aus der Arbeiterklasse aufnehmen, sie fordern und fördern. Und dies ist ihnen auch teilweise gelungen (s. u.).
- Gesamtschulen waren die ersten Sek-I-Schulen, die in nennenswertem Umfang fächerübergreifenden Unterricht machten.
- Gesamtschulen haben – wie die Hauptschulen – versucht, die Arbeitslehre zum Hauptfach zu machen. Heute muss man feststellen, dass dieser Versuch nur teilweise geglückt ist und dass er nicht – wie erhofft – Druck auf Realschulen und Gymnasien ausgelöst hat, das Gleiche zu versuchen.

- Gesamtschulen waren die „Erfinder" der Projektwochen (vgl. Heller/Semmerling 1983).
- Sie haben früh und konsequent versucht, ein Lernortenetz aufzubauen (z. B. an der Richtsberg-Gesamtschule bei Marburg).
- Gesamtschulen haben neue, symmetrische Verkehrsformen entwickelt. An Gesamtschulen brach das Duzen zwischen Lehrerinnen und Schülerinnen als Erstes aus. Bis auf einige Hauptschulen kenne ich keine andere Schule, an der die Schülerinnen ihren Direktor mit Du anreden (ohne dass sein Ansehen darunter litte). – Bis heute schneiden bei der Bewertung des Schulklimas durch Schülerinnen Gesamtschulen durchweg besser ab als Gymnasien.
- Die meisten Gesamtschulen haben von Beginn an konsequente Öffentlichkeitsarbeit betrieben.
- Nur bei den Initiativen zum integrierten Unterricht von behinderten und nichtbehinderten Schülerinnen gehörten sie nicht immer zu den Ersten[21].

Die Kollegien der ersten Gesamtschulgründungen der 70er-Jahre haben sich in der Gemeinnützigen Gesellschaft Gesamtschule (GGG) bundesweit organisiert; sie waren kämpferisch, bildungs- und allgemeinpolitisch interessiert und oft schon am Äußeren (Latzhose, Jeans etc.) als „typische" Gesamtschullehrerinnen zu erkennen[22]. Die Impulse, die die Gesamtschulen für die Weiterentwicklung der Erziehungswissenschaft ausgelöst haben, waren und sind erheblich. Zusammengefasst (und nur ein bisschen übertrieben):

> **These 12.18:** Integrierte Gesamtschulen haben aus der Lern- und Paukschule eine Lebens- und Erfahrungsschule gemacht.

Die vielfältigen Reformanstrengungen haben hier und dort auch zu Verwerfungen geführt. Es gibt Kollegien mit einem hohen Anteil von burnout-geschädigten Lehrerinnen. Aber ob die Zahlen höher als in anderen Schulformen sind, ist damit nicht gesagt. Man kann auch aus Fehlern lernen. Und das haben, so denke ich, die Gesamtschulen getan. Bei den Neugründungen der 90er-Jahre (das ist die so genannte dritte Generation der IGSen) ist man in vielerlei Hinsicht vorsichtiger zu Werke gegangen. Die Schulen wurden kleiner konzipiert; die Kollegien gezielt und absichtlich bunter gemischt zusammengesetzt, und der Slogan „Lob der Langsamkeit" findet heute mehr Gehör als früher.

6.4 Strukturprobleme

Ich übernehme ein letztes Mal (und mit schlechtem Gewissen wegen der Bequemlichkeit) die kompakte Darstellung von Herbert Gudjons (1995:311–315; gekürzt):

21 Hier muss allerdings die Bischöfliche Maria-Montessori-Gesamtschule in Krefeld/NRW hervorgehoben werden, die als eine der Ersten eine Integration von der Grundschule (dem Kinderhaus) bis hin zu den Abiturjahrgängen eingeführt hat.

22 Dabei galt und gilt es als unfein, wenn Besucher (z. B. Praktikanten) als Erstes fragen, wer denn nun ein Gymnasialgehalt, wer ein Realschul- und wer Hauptschullehrergehalt bezieht.

(1) „Soweit die Gesamtschule mit den anderen Schulformen konkurriert, kommt es zu einem *‚Creaming-Effekt'*: Die leistungsfähigen Schüler (der ‚Rahm') gehen von vornherein auf das Gymnasium. Diese Leistungsspitze gehört aber vom Konzept her zur Gesamtschule hinzu, sonst ist ihr Anspruch hinfällig, die gesamte Leistungsbreite eines Jahrgangs durch Differenzierung angemessen zu fördern. Daher gilt die Gesamtschule vielfach als verkappte Haupt- und Realschule – mit entsprechend niedrigem Prestige gegenüber dem Gymnasium. Von einem für gute Schulen typischen ‚Talentmix' (Rutter 1980b) kann keine Rede sein (...).

(2) Das *Fachleistungssystem* birgt eine Fülle von Tücken in sich. Welche Fächer sollen nach Leistung differenziert werden, nur Englisch, Mathematik, Deutsch, Naturwissenschaften (die Spannbreite beläuft sich auf zwei bis neun Fächer) oder auch Sozialkunde und Arbeitslehre, auf wie vielen Niveaus? In der Anfangszeit der Gesamtschulen waren vier Niveaus Praxis, später drei, heute im Allgemeinen zwei; die Schwierigkeit liegt nicht nur in der Definition dessen, was Fundamentum für alle und was Zusatzanforderungen auf verschiedenen höheren Niveaus sein soll, sondern vor allem in der sozialen Problematik einer äußeren (d. h. längerfristig nach Leistungsfähigkeit eingerichteten) Differenzierung: Durch die Hintertür schleicht sich die alte Dreigliederung wieder ein, vor allem wenn sich in den unteren Kursen die potentiellen Hauptschüler sammeln (...).
Die Gesamtschuldidaktik hat auf diese Probleme mit verschiedenen Formen flexibler Differenzierung reagiert (...).

(3) Ein generelles Problem liegt im *Wahlpflichtbereich*: Soll er vor allem Alternativen zu den herkömmlichen Fächern bieten (z. B. Darstellendes Spiel oder Informatik)? Das bedeutet eine Schwächung des für den Abschluss laut KMK-Vereinbarung nötigen Fachunterrichts (und außerdem gefährdet es das Bildungsverständnis des Abendlandes ...). Oder soll dieser Bereich eher den übrigen fachlichen Unterricht verstärken? Das bedeutet ein weiteres Stück Preisgabe von Bildungsinnovation. Auch fällt mit der Wahl der zweiten Fremdsprache bereits eine (vorläufige!) Entscheidung für den Besuch der Oberstufe.

(4) Die oben erwähnte KMK-Vereinbarung schreibt die bestehenden Schulabschlüsse fest. Die Gesamtschule muss auf sie vorbereiten – und nimmt dabei weitere Einschränkungen ihres Konzepts in Kauf, indem die Abschlüsse nach hinten wirken: Sortierung der Schüler, differenzierte Leistungsbedingungen, Mindestzahl von Stunden für die herkömmlichen Fächer, Notenzeugnisse u.a.m."

Die vier Problempunkte zeigen, wie schwierig und anspruchsvoll das Ziel ist, das sich die Gesamtschulen gesetzt haben. Dennoch meine ich, dass die an Gesamtschulen mögliche Verlagerung der Selektionsentscheidungen um ein bis drei Jahre die Anstrengungen wert ist.

6.5 Forschungsergebnisse

Die Gesamtschulen zählen zu den am besten erforschten Schulen der Bundesrepublik Deutschland. Deshalb wissen wir heute über ihre Stärken, aber auch über ihre Schwächen deutlich besser Bescheid als z. B. über die Realschule oder die Berufsbildende Schule[23]. Folgende Forschungsergebnisse gelten als halbwegs gesichert[24]:

- Ein erstes, wenig originelles Ergebnis: Einzelne Gesamtschulen unterscheiden sich im Blick auf ihre Leistungen, das soziale Klima und die Zufriedenheit der Schülerinnen erheblich voneinander. Die Streuung innerhalb des Gesamtschulsystems ist größer als der Durchschnitt der Unterschiede zwischen den Schulformen.
- Bei Leistungsvergleichen muss differenziert werden zwischen dem relativen Erfolg von leistungsschwachen und von leistungsstarken Schülerinnen innerhalb unterschiedlicher Systeme. Offensichtlich tut die Gesamtschule insbesondere leistungsschwächeren Schülerinnen gut.
- Es gibt im Vergleich zum dreigliedrigen Schulsystem keine Gesamtüberlegenheit oder Unterlegenheit von Gesamtschulen, sondern nach Gründungsdatum, nach Bundesländern, nach Schulfächern u.a.m. zu unterscheidende, vielfältig variierende Vorzüge und Schwierigkeiten der IGSen.
- Es gilt als empirisch belegt, dass die IGS ihren Schülerinnen zu mehr höherwertigen Abschlüssen verhilft. Es gibt weniger Schülerinnen, die nur ein Abgangszeugnis erhalten und mehr Schülerinnen, die den erweiterten Realschulabschluss oder das Abitur schaffen. Gesamtschulgegner behaupten, dass dies durch ein Senken des Anspruchsniveaus erreicht worden sei. Aber einen stichhaltigen empirischen Beweis können sie nicht bringen[25].
- Regionale bzw. lokale Benachteiligungen von Schülerinnen aus strukturschwachen Regionen können durch Gesamtschulen abgebaut werden.
- Beinträchtigungen der Schullaufbahn durch die soziale Herkunft (z. B. aus der Arbeiterklasse) konnten abgebaut werden, allerdings nicht in dem Umfang, den sich die Gesamtschulgründer erhofft hatten.

---

23 Manche Kritiken, die z. B. in der Zeitschrift „Die höhere Schule", dem Verbandsblatt des Philologenverbandes, veröffentlicht wurden, könnten ja sogar berechtigt sein. Aber sie dürften nur deshalb so grimmig formuliert worden sein, weil ähnlich genaue Studien zu den Schwachstellen der Gymnasien noch nicht vorlagen.

24 Vgl. Haenisch/Lukesch (1980); Arbeitsgruppe Bildungsbericht (1994:517–542; Aurin (1991b:402–405); insbesondere Gudjons (1995:315).

25 Man weiß ja nie, was aus einer Schülerin geworden wäre, wenn sie statt einer IGS eine Hauptschule besucht hätte – und umgekehrt; man muss zusätzlich bedenken, dass auch vielen Gymnasien der Vorwurf eines kontinuierlichen Absenkens der Leistungserwartungen gemacht wird; man muss sich für solche Vergleiche darauf verständigt haben, welche Lernzielbereiche der verglichenen Schulformen zum Vergleichen ausgewählt werden: nur kognitive oder auch soziale Ziele? Nur Leistungen am Schluss der Schulzeit oder auch zu Beginn? usw. – Vgl. auch den Exkurs der Sechsten Lektion!

- Als eindeutig belegt gilt, dass Gesamtschülerinnen weniger Schulangst als Schülerinnen des dreigliedrigen Systems haben. Sie gehen lieber zur Schule, empfinden weniger Leistungsdruck und schätzen die eher partnerschaftlichen Verkehrsformen positiv ein.

6.6 Legitimation

In den vergangenen Lektionen ist wiederholt darauf hingewiesen worden, dass die Legitimationsgrundlage des so genannten dreigliedrigen Systems zerbröselt ist, und zwar sowohl auf der theoretischen Ebene wie auch im faktischen Entscheidungsverhalten der Eltern. Das durch den staatlichen Bildungsauftrag definierte je besondere Profil von Haupt- und Realschulen und Gymnasien spielt bei der Schulformwahl kaum eine Rolle, entscheidend ist vielmehr für fast alle Eltern und Lehrerinnen die Einschätzung der kognitiven Leistungsfähigkeit. Dies ist eine Fehlentwicklung, die in der Gesamtschule kompensiert werden kann. Deshalb die nächste These ohne längere Begründung:

> **These 12.19:** Die Gesamtschule ist in bildungstheoretischer Sicht die am besten zu legitimierende Schulform einer demokratischen Gesellschaft.

Deshalb lohnt es sich, die noch vorhandenen Schwächen dieser Stufenschule zu beseitigen.

Dreizehnte Lektion: Sekundarstufe II und Schulen in freier Trägerschaft

Vorweg: Vielleicht wundern Sie sich darüber, dass auf der Lektion zur Sekundarstufe II ein Löwe prangt. Dies ist kein Zufall: Der Löwe steht auf dem Grab von Herwig Blankertz. Er stellt eine Nachbildung des auf dem Markus-Platz in Venedig stehenden Evangelisten-Symbols dar.

Herwig Blankertz (1927–1983) hat unseres Erachtens das konsequenteste Modell zur Reform der Sekundarstufe II entwickelt und es im Kollegschul-Versuch des Landes Nordrhein-Westfalen ansatzweise realisiert. Seine Vorstellungen bilden die Leitlinie dieser kurzen letzten Lektion.

1. Begriffsklärungen

1.1 Arbeitsdefinition „Sekundarstufe II“[1]

> **Arbeitsdefinition 39:**
> Die Sekundarstufe II folgt der Sekundarstufe I und erfasst alle Schüler und Schülerinnen vom 11. bis zum 13. Jahrgang, bei Hauptschulabsolventinnen vom 10. bis 12. Jahrgang. Sie bereitet durch berufspraktische Anteile, berufsorientierende Bezüge und wissenschaftspropädeutischen Unterricht auf einen Berufsabschluss oder auf ein Studium an Fachhochschulen und Universitäten oder auf beides gemeinsam vor.

1 Wer sich gründlich informieren will, sollte zu den beiden Bänden 9.1 und 9.2 der Enzyklopädie Erziehungswissenschaft greifen (Herwig Blankertz u. a. (Hrsg.): Die Sekundarstufe II – Jugendbildung zwischen Schule und Beruf 1982). Einen guten Überblick über die Diskussion bis 1978 liefern G. Heck/G. Edlich (1978).
Wer sich über das uralte Problem des Gegensatzes von Berufs- und Allgemeinbildung informieren will, sollte lesen: Herwig Blankertz: Bildung im Zeitalter der großen Industrie (1969).

Im berufsbildenden Bereich sind die Grenzen zwischen der Sekundarstufe II und dem Weiterbildungsbereich zum Teil schwer zu ziehen; längere Verweilzeiten in der Sekundarstufe II sind hier möglich; auch die Kollegschule des Landes NRW sieht eine vierjährige Sekundarstufe II vor.

Hin und wieder gibt es terminologische Missverständnisse, wenn nicht beachtet wird, dass der Begriff Sekundarstufe II sowohl deskriptiv als auch normativ verwandt wird:

- Als deskriptiver Begriff bezeichnet er alle Schulen bzw. Schulstufen, auf denen sich Schülerinnen der Jahrgänge 11 bis 13 befinden.
- Als normativer Begriff bezeichnet er ein Reformkonzept zur stärkeren Integration der heute noch weitgehend voneinander abgeschotteten gymnasialen und berufsbildenden Bildungsgänge.
- Im Schulalltag wird der Begriff eher selten verwandt. Im Gymnasium spricht man immer noch schlicht von Oberstufe oder allenfalls von der Reformierten Gymnasialen Oberstufe (abgekürzt RGO); an Berufsbildenden Schulen (abgekürzt BBS) wird zumeist mit den Namen der einzelnen Schulformen gearbeitet, also: Berufsfachschule, Fachgymnasium usw.
- In der DDR gab es die auf die Polytechnische Oberschule folgende Erweiterte Oberstufe (abgekürzt: EOS) oder auch Abiturstufe und ein ebenfalls breit ausdifferenziertes Berufsbildungssystem.

Der Besuch der Sekundarstufe II ist kein Privileg für Gymnasiasten oder Gesamtschülerinnen, die in die gymnasiale Oberstufe gewechselt sind. Auch eine Schülerin, die eine Friseurinnen-Lehre macht oder ein Schüler, der sich auf einer Berufssonderschule befindet, ist Sek-II-Schüler.

1.2 Besonderheiten

Die Bundesrepublik wird weltweit um ihre Sekundarstufe II beneidet. Und dies wegen dreier Besonderheiten, die es in den übrigen Ländern so nicht gibt:

(1) Duales System
Das Berufsschulsystem ist in der Bundesrepublik hoch entwickelt und weit ausgebaut. Dies gilt insbesondere für das so genannte Duale System (vgl. Kutscha 1982). Damit ist nicht die privatwirtschaftliche Müllabfuhr, sondern die Aufteilung der Lehrlingsausbildung auf zwei Standorte, nämlich auf die Berufsschule einerseits, den Betrieb oder die überbetriebliche Werkstatt andererseits gemeint. Trotz der immer noch gegebenen Gefahren des Missbrauchs der Lehrlingsarbeitszeit für die Profitmaximierung im Betrieb wird im Dualen System grundsätzlich in richtiger Art und Weise eine Theorie-Praxis-Integration geleistet. Durch die Jahr für Jahr sinkende Bereitschaft der Arbeitgeber, in ausreichendem Umfang Ausbildungsplätze zur Verfügung zu stellen, ist das Duale System allerdings in eine Existenzkrise geraten.

(2) Dreizehnjähriges allgemein bildendes Schulwesen
Nur in der BRD gibt es (in der Mehrzahl der Länder) eine *dreizehn*jährige Schulzeit für Gymnasiastinnen. In anderen Ländern dauert der Schulbesuch zur Qualifizierung für den Besuch von Fachhochschulen und Universitäten elf oder zwölf Jahre.

Die dreizehnjährige Schulzeit war und ist bildungspolitisch umstritten. In der DDR kam man/frau mit zwölf Jahren zum Abitur, einige Länder der alten BRD wollen ebenfalls auf zwölf Schuljahre kommen. Inzwischen ist der Streit in der KMK über die richtige Lösung wieder vertagt.

(3) Abitur als Hochschulzugang
Weltweit einmalig ist auch das deutsche Abitur mit der Berechtigung, sämtliche akademischen Studiengänge zu studieren. Die meisten anderen Staaten haben entweder eine fachgebundene Hochschulreife oder – und dies ist die häufigere Lösung – Eingangsprüfungen an den Hochschulen.

Wir werden um unsere Sekundarstufe beneidet – dennoch gibt es gravierende Probleme, die insbesondere daher rühren, dass das Verhältnis von berufsbildenden und allgemein bildenden Ausbildungsgängen zwar in der Theorie einigermaßen geklärt ist (es gibt keine inhaltliche Kanonisierung von Allgemeinbildung), aber in den praktischen Konsequenzen weiterhin umstritten bleibt.

1.3 Studien- und berufsbezogene Bildungsgänge

Der Begriff Bildungsgang beschreibt den Lernweg, den eine einzelne Schülerin durchlaufen muss, um zu einem Abschluss zu kommen.

Studienbezogene Bildungsgänge

Als studienbezogene Bildungsgänge werden die Ausbildungsgänge zusammengefasst, die auf die Studierfähigkeit vorbereiten und den Zugang zur Hochschule eröffnen. Sie gibt es sowohl an Gymnasien und IGSen wie auch an BBSen.

Zum Hochschulbereich gibt es zwei unterschiedliche Zugänge: die allgemeine Hochschulreife und die Fachhochschulreife:

- Die *allgemeine Hochschulreife* (abgekürzt AHR), die zur Wahl jedes Studiums berechtigt, wird am Gymnasium und an als gleichwertig anerkannten Einrichtungen erworben. Neben dem Gymnasium gibt es also eine Reihe von Bildungseinrichtungen, die ebenfalls zur AHR führen: berufliche Schulen, Schulen in freier Trägerschaft sowie der zweite Bildungsweg über Abendschulen und Kollegs.
- Mit der *Fachhochschulreife* (FHR) ist im Rahmen des berufsbildenden Schulwesens ein Zugang zum Hochschulbereich – zu den Fachhochschulen – eröffnet worden. Nach dem Besuch einer Fachoberschule ist ein Studium an einer der jeweiligen Fachrichtung entsprechenden Fachhochschule möglich.

Seit Jahrzehnten sind weitere Zugangsformen zum Studium entwickelt worden, z. B. die Zulassungsprüfungen (Z-Prüfungen) oder die Immatrikulation von Meistern und Meisterinnen (in Niedersachsen). Aber das Abitur bleibt die wichtigste Zugangsform: 91 Prozent aller Studierenden an Wissenschaftlichen Hochschulen haben heute ihr Abitur an einem Gymnasium, einer IGS oder einem Fachgymnasium gemacht; nur je 3 Prozent an beruflichen Schulen und Schulen des Zweiten Bildungswegs[2].

Umfangreiche empirische Forschungen und theoretische Betrachtungen zum Abitur und zum Hochschulzugang hat Andrä Wolter vorgelegt (Wolter 1995; 1997).

Berufsbezogene Bildungsgänge

Als berufsbezogene Bildungsgänge werden die Ausbildungswege bezeichnet, die für die Berufsausbildung qualifizieren (z. B. Lehrlingsausbildungen) oder zur Berufsausübung befähigen (z. B. die Handelsschulen). Neben dem größten Teil des beruflichen Schulwesens, das dieser Aufgabe dient, muss auch das allgemein bildende Schulwesen insoweit unter diesem Gesichtspunkt gesehen werden, als ein Teil der Schülerinnen von diesen Schulen aus direkt in das Berufsleben eintritt.

Für einen großen Teil berufsbezogener Bildungsgänge, nämlich das Duale System, liegt der Schwerpunkt der Ausbildung in den Betrieben; die Schüler besuchen als Teilzeitschüler nur in geringem Umfang die Schule. Daneben gibt es berufsbezogene und berufsbefähigende Bildungsgänge, die rein schulisch in einer Vollzeitschule vermittelt werden, aber starke Praxisanteile haben, z. B. das Berufsvorbereitungsjahr u. ä. Maßnahmen, die auch dazu da sind, Hauptschulabgängern ohne Abschluss eine Chance zum Nachholen zu geben.

1.4 Abitur – Allgemeine Hochschulreife

Das Gymnasium und die gymnasiale Oberstufe der IGS vergeben die begehrteste Berechtigung, die das deutsche Bildungswesen zu bieten hat, nämlich das Abitur, das den Zugang zu sämtlichen Studiengängen eröffnet (sofern die Numerus-clausus-Klippe genommen worden ist):

> **These 13.1:** Wer die gymnasiale Oberstufe mit dem Abitur absolviert hat, ist formal berechtigt und – zumindest dem Anspruch nach – inhaltlich-methodisch qualifiziert, jedes in der BRD angebotene Hochschulstudium aufzunehmen.

2 Vgl. Arbeitsgruppe Bildungsbericht (1994:645).

Ob das Abitur diesem Anspruch gerecht wird oder nicht, ist Gegenstand heftiger Debatten[3], und zwar schon seit 1834, als es in Preußen zur Voraussetzung eines jeden Universitätsstudiums gemacht wurde (siehe S. 417). Mit Hilfe einer gymnasialen Bildungstheorie wurde und wird zu begründen versucht, warum es sinnvoll sei, am Abitur festzuhalten. Es gibt zwei unterschiedliche Begründungsversuche, einen materialen und einen formalen:

- Es wird argumentiert:
  Das Abitur darf wegen des Umfangs der vermittelten, inhaltlich bestimmten Allgemeinbildung vergeben werden. Schülerinnen, die es bis zum Abitur gebracht haben, haben sich in ganz bestimmten Fächern qualifiziert, die zur Allgemeinbildung zählen: in Deutsch, in mindestens zwei Fremdsprachen, in Mathematik und Naturwissenschaften, in musischen Fächern.
  Der wissenschaftliche (in diesem Falle: didaktische) Nachweis, dass just diese Fächer allgemein bildend sind, fällt allerdings sehr schwer. Die Verteidiger fallen hier zumeist in Pseudobegründungen zurück; sie behaupten, dass bestimmte Fächer das logische Denken mehr als andere schulten oder dass sie exemplarischer als andere seien.
  Das Abitur-Privileg wird hier also an eine *materiale Bildungstheorie* geknüpft: Es sind ganz bestimmte, aus der deutschen Bildungstradition des Klassischen erwachsene Fächer, die zum Abitur führen (vgl. Jank/Meyer 1991:77–80).
- Der zweite Begründungsversuch lautet:
  Es ist berechtigt, bestimmten Schülerinnen das Abitur zu geben und andere (Berufs-) Schülerinnen davon auszuschließen, weil die Absolventen der gymnasialen Oberstufe *wissenschaftspropädeutisch* geschult sind. Sie haben gelernt, selbst wissenschaftlich zu denken und zu arbeiten – deshalb besitzen sie eine allgemeine Hochschulreife und Studienqualifikation. Das Abiturprivileg wird in diesem Falle mit einer *formalen Bildungstheorie* begründet: Nicht bestimmte Inhalte, sondern die Intensität, die Wissenschaftlichkeit und die Kritikfähigkeit im Umgang mit den Wissenschaftsdisziplinen sind ausschlaggebend. (Mehr dazu im nächsten Abschnitt.)

Ob diese Begründungsversuche stichhaltig sind, ist so schwer zu entscheiden, weil es einerseits Probleme bereitet, den beim Abitur erreichten Bildungsstand präzise zu beschreiben, andererseits ebenso mühsam ist, die tatsächlich notwendigen Voraussetzungen für ein erfolgreiches Studieren zu bestimmen.

Das Abitur war einmal eine gesellschaftliche Errungenschaft. Es löste das Studium als Standesprivileg ab (vgl. Herrlitz 1973). Inzwischen ist aus der Errungenschaft aber auch eine Last geworden. Es wird immer offensichtlicher, dass viele Studierende große Studienprobleme haben; die Abbrecherquoten an den Universitäten steigen, die Zufriedenheit der Abnehmerorganisationen für die Qualifikation „Abitur“ (Unis, Fachhochschulen, die Wirtschaft) sinkt:

These 13.2: Das Abitur ist in die Krise geraten, aber eine gesellschaftlich akzeptierte Alternative zum Abitur ist nicht in Sicht.

3 Vgl. von Hentig (1980); Schmidt (1994; im umfangreichen Anhang finden Sie die wichtigsten Erlasse und Rahmenvereinbarungen zur Reform der Oberstufe seit 1947).

Warum? Immer mehr Eltern wollen, dass ihre Kinder Abitur machen; und immer mehr Schülerinnen schaffen es auch! Deshalb ist eine paradoxe Situation eingetreten:

- Das Abitur wird immer wichtiger, um überhaupt noch zu einer attraktiven Berufsausbildung zu gelangen.
- Sein Wert wird zugleich umso geringer, je mehr Menschen Abitur machen.

Was vor 30 Jahren undenkbar gewesen wäre, regt heute niemanden mehr auf: Es gibt seit einigen Jahren in der BRD mehr Studierende als Jugendliche, die sich in einer Berufsausbildung befinden. Es gibt Studentinnen, die sich nur deshalb immatrikuliert haben, weil sie keinen Berufsausbildungsplatz bekommen haben! Das Studium als zweite Wahl – eine neuartige Erscheinung! Andererseits bleibt es für die große Mehrzahl der Abiturientinnen vernünftig, zu studieren und einen Abschluss zu machen, weil die Arbeitslosigkeit unter Akademikerinnen immer noch niedriger als unter Nicht-Akademikerinnen ist. (Und darüber hinaus kann Studieren Spaß machen und der persönlichen Bildung dienen – siehe S. 168).

Der „Tauschwert" des Abiturs sinkt also kontinuierlich. Und der „Gebrauchswert" wird angesichts der Unübersichtlichkeit der gesamtgesellschaftlichen Entwicklungen unklarer[4].

2. Didaktische Perspektiven der Sek-II

2.1 Wissenschaftspropädeutischer Unterricht

Das Wort Wissenschaftspropädeutik heißt nichts anderes als Vorbereitung auf die Wissenschaft.

> **Arbeitsdefinition 40:**
> Wissenschaftspropädeutischer Unterricht ist ein Unterricht, in dem die vermittelten Inhalte als Wissenschaften thematisiert, in dem die Methoden wissenschaftlicher Erkenntnisgewinnung exemplarisch erarbeitet und problematisiert werden und in dem der Gesellschaftsbezug wissenschaftlicher Erkenntnis reflektiert wird.

Wissenschaftspropädeutik wird heute in den meisten Reformkonzepten sowohl für die berufsbezogenen als auch für die studienbezogenen Bildungsgän-

4 Die Begriffe kommen aus der Marx'schen Ökonomie, können aber übernommen werden: Der Tauschwert drückt aus, welche formalen Berechtigungen ein Abschluss bringt; der Gebrauchswert, was ich tatsächlich damit anfangen kann.

ge der Sek-II gefordert. Insofern ist ein Konsens über dieses didaktische Prinzip zugleich eine der Voraussetzungen, um die Integration von allgemein bildenden und berufsbezogenen Bildungsgängen vorantreiben zu können.

Die bloße Formel Wissenschaftspropädeutik besagt aber noch nicht viel; sie wird in vielen bildungspolitischen Dokumenten zur Reform der Sek-II als Leerformel missbraucht. Deshalb ist es erforderlich, den Begriff in didaktischer Absicht zu konkretisieren und dann auch auf einzelne Fachdidaktiken auszulegen. Eine solche konkretisierende Definition enthält die im Jahre 1972 verabschiedete Empfehlung der Planungskommission Kollegstufe NW (1972:28 f.):

Der wissenschaftspropädeutische Unterricht soll

1. grundlegende *wissenschaftliche Verfahrens- und Erkenntnisweisen* systematisierend und problematisierend vermitteln;
   dazu gehören:
   - Techniken wissenschaftlichen Arbeitens,
   - wissenschaftliche Methoden (hermeneutische und empirische, deduktive und induktive Verfahren; Hypothesenbildung; Verifizierung; Beobachtung; Vergleich; Interpretation etc.),
   - Methodenkritik (Möglichkeiten und Grenzen fachspezifischer Methoden),
   - Infragestellen fachwissenschaftlicher Ergebnisse (Erschütterung aller Scheinsicherheit: Wissenschaft als offener Prozess),
   - Wechselbezug von Disziplinarität und Interdisziplinarität (nachweisbar an fachspezifischen und fächerübergreifenden Projekten);
2. *wissenschaftliche Attitüden (= Haltungen, H. M.)*, ohne die wissenschaftliche Verfahrens- und Erkenntnisweisen unpraktikabel bleiben, bewusst machen und einüben;
   dazu gehören:
   - rationales Verhalten (z. B. methodische Kontrolle und Kritik anerkennen und ausüben),
   - Autonomie (für Wahl, Formulierung und Auswertung eines wissenschaftlichen Themas),
   - Motiviertheit (Neugier, Freude, Leistungswille),
   - Kommunikationsbereitschaft und -fähigkeit,
   - Kooperationsbereitschaft und -fähigkeit,
   - Kreativität (Offenheit für Streben nach neuen Einsichten, Positionen, Normen);

3. den sich jeweils historisch wandelnden *Gesellschaftsbezug* aller wissenschaftlichen Theorie und Praxis aufdecken, da ohne Korrektur durch gesellschaftstheoretisch fundierte Beurteilungskategorien Wissenschaft prinzipiell jedem Zweck dienen kann bzw. immer nur systemimmanent kritisierbar ist;
   dazu gehören:
   - Aufklärung der erkenntnisleitenden Interessen, der gesellschaftspolitischen Voraussetzungen, Implikationen und Konsequenzen wissenschaftlicher Forschung,
   - Vermittlung wissenschaftlicher Erkenntnisse mit den emanzipatorischen Interessen der Individuen.

Im Schulalltag gibt es allerdings beträchtliche Schwierigkeiten, die Zielformel Wissenschaftspropädeutik umzusetzen: Der Oberstufenunterricht wird schnell auf einen lediglich wissenschafts*orientierten* Unterricht reduziert, wenn zwar über Theorien und Forschungen berichtet, aber nicht in das Theoretisieren selbst eingeführt wird. Bei einer vor zehn Jahren an einem städtischen Gymnasium durchgeführten kleinen empirischen Erhebung kamen wir zu folgenden Ergebnissen:

- Die Lehrerinnen fühlen sich der Wissenschaft verpflichtet, machen häufig aber keinen Unterschied zwischen Wissenschaftsorientierung und -propädeutik.
  Den Schülern fällt es insbesondere in den gesellschafts- und geisteswissenschaftlichen Fächern schwer zu erkennen, was diese Schulfächer mit Wissenschaft zu tun haben. Ihnen ist nicht bewusst, dass die Hermeneutik eine in diesen Fächern einzusetzende wissenschaftliche Methode ist. (Mit der Frage: „Ist euer Unterricht in Deutsch, Erdkunde, Religion … wissenschaftlich?“ ernteten wir bei vielen Schülerinnen nur Gelächter.)
- In den naturwissenschaftlichen Fächern fällt es den Schülerinnen deutlich leichter, ihre Unterrichtsarbeit als wissenschaftlich bestimmt zu erkennen. Aber auch hier haben sie nur hin und wieder das Gefühl, selbst wissenschaftliche Methoden anzuwenden.

Diese Defizite sind nicht allein den Schülerinnen, auch nicht ausschließlich den Lehrerinnen anzulasten. Die Schwierigkeiten in der Sache sind groß, aber zu bewältigen. Das eigentliche Hindernis ist die bis zum Abitur zu bewältigende Stofffülle, die kursorische Durchgänge durch riesige Wissensfelder nahe legt und zu wenig Raum für exemplarische Vertiefungen lässt.

These 13.3: Das übergeordnete (und für die Rechtfertigung des Abitur-Privilegs unverzichtbare) didaktische Prinzip der Wissenschaftspropädeutik wird im Unterrichtsalltag der Sekundarstufe II nur unzureichend verwirklicht.

Ein wesentlicher Grund für dieses Defizit liegt meines Erachtens in der unterrichtsmethodischen Monostruktur der gymnasialen Oberstufe[5]. Solange der Frontalunterricht dominiert und zur Selbstständigkeit reizende Methodenvielfalt nur hier und dort praktiziert wird, muss es den Schülerinnen zwangsläufig schwer fallen, selbst zu erfahren, was wissenschaftliches Arbeiten ausmacht. Solche Erfahrungen sind nicht ausgeschlossen, sie werden oft aber in Randbereiche abgedrängt:

- in Jugend-forscht-Aktivitäten,
- in Projektwochenarbeit
- oder in Facharbeiten.

Neue didaktische Konzepte wie Freiarbeit oder Handlungsorientierter Unterricht dringen nur langsam in die gymnasiale Oberstufe vor. Dabei bieten diese Konzepte gute Möglichkeiten, um die verbindlich durch die Erlasslage vorgeschriebenen(!) wissenschaftspropädeutischen Ziele zu verwirklichen!

Im Handlungsorientierten Unterricht (ausführlich in: Jank/Meyer 1991: 338–375) können die Schülerinnen lernen, nicht einfach drauflos zu wurschteln, sondern den eigenen Lernweg bewusst wahrzunehmen, später auch zu planen und zu kontrollieren. Die Lehrerin muss ihren Schülerinnen dabei helfen, indem sie ihnen bewusstes methodisches Arbeiten vorlebt, z. B.:

- dadurch, dass sie ihren Schülerinnen das Methodische an ihrem eigenen Vorgehen erläutert (z. B. bei der Einführung eines neuen Handlungsmusters oder Mediums, bei unerwarteten Lernschwierigkeiten, Störungen und in Planungsgesprächen);
- dadurch, dass Arbeitstechniken (z. B. für Gruppenunterricht, zur Gesprächsführung, zum Rollen-Spielen) direkt zum Thema einer Einführungsstunde gemacht werden;
- dadurch, dass die Schülerinnen strukturierte schriftliche Arbeitsanweisungen erhalten und hinterher über ihre Erfahrungen mit diesen Texten berichten;
- dadurch, dass die Lehrerin Übungstechniken einführt und einübt;
- dadurch, dass die Lehrerin den Schülern ganz bewusst mehrere verschiedene Arbeitstechniken an die Hand gibt und sie deren Effektivität vergleichen lehrt;
- dadurch, dass sie ihnen den Freiraum gibt, im Versuch-und-Irrtum-Verfahren selbst auszuknobeln, mit welcher Methode sie das gesetzte Unterrichtsziel am besten erreichen.

Ein verstärkter handlungsorientierter Unterricht schon in der Sekundarstufe I der Gymnasien scheint mir auch deshalb interessant und wichtig zu sein, weil er die wünschenswerte stärkere Verzahnung von studien- und berufsbezogenen Bildungsgängen der Sekundarstufe II erleichtern könnte.

2.2 Plädoyer für die Integration von berufs- und studienbezogenen Bildungsgängen

Wissenschaftspropädeutik ist heute nicht mehr ein Privileg für Gymnasiasten. Denn immer mehr wird erkennbar, dass auch die berufsqualifizierenden Bildungsgänge einen Prozess der Verwissenschaftlichung durchmachen, weil

5 Vgl. Meyer (1987, Bd. 2:63–66).

die beruflichen Tätigkeiten selbst immer mehr durch Wissenschaft bestimmt werden:

> **These 13.4:** Die zunehmende Verwissenschaftlichung berufsqualifizierender Bildungsgänge legt eine stärkere Verzahnung und spätere Integration von berufs- und studienbezogenen Bildungsgängen nahe.

These 13.4 enthält eine Konvergenz-Theorie. Mit ihr wird behauptet, dass sich die berufsbildenden und die studienbezogenen Bildungsgänge aus gesellschaftlich-ökonomischen Gründen nahezu zwangsläufig aufeinander zu bewegen. Deshalb täte es den Gymnasiastinnen gut, wenn sie schon in der Schule mehr Einblick in die Berufswelt erhielten und wenn sie von der lern- und motivationsfördernden Verknüpfung von Kopf- und Handarbeit profitieren könnten, so wie es den Berufsschülerinnen gut täte, wenn sie die an den Gymnasien gepflegte wissenschaftliche Kritik und Reflexion übten.

Die Richtigkeit der Konvergenztheorie kann auch daran überprüft werden, dass sich die Sekundarstufe II in einem schon über 100 Jahre alten spannungsreichen Prozess gleichzeitiger Ausdifferenzierung und Integration befindet. Es gibt zahlreiche Berührungsstellen und Überlappungen:

- An nahezu allen berufsbildenden Schulen existieren z. B. heute die Fachgymnasien, die bei ihrer Einführung heiß umstritten waren und von Gymnasiallehrerinnen und Elternschaften teilweise heftig attackiert wurden; man sprach z. B. vom Puddingabitur der hauswirtschaftlichen Gymnasien.
- Inzwischen ist auch ganz offiziell der Bildungsauftrag der Gymnasien erweitert worden: Sie sollen nicht mehr ausschließlich auf akademische Studien vorbereiten, sondern zusätzlich eine Berufsvorbereitung leisten.
- Und auch die berufsbildenden Schulen vermitteln ihren Schülerinnen und Schülern heute eine fachliche *und* allgemeine Bildung.

Deshalb hat der Deutsche Bildungsrat schon 1974 gefordert, dass berufsbildende Schulen und Gymnasien grundsätzlich integriert werden sollen.

2.3 Zum dialektischen Verhältnis von Berufs- und Allgemeinbildung

Friedrich Engels, dem Weggefährten von Karl Marx, wird ein Satz zugeschrieben, der die herkömmliche Trennung von Berufs- und Allgemeinbildung ideologiekritisch kommentiert:

> **These 13.5:** „Allgemeinbildung ist die Berufsbildung der Herrschenden. Berufsbildung ist die Allgemeinbildung der Beherrschten."

Engels problematisiert mit diesem Wortspiel den von vielen (nicht allen!) Allgemeinbildungstheoretikern unterschlagenen Sachverhalt, dass die am

Gymnasium vermittelte Bildung nicht nur der „Herausbildung der Eigentümlichkeiten des Einzelnen" dient (so Schleiermacher 1826 - siehe S. 321), sondern zugleich den angenehmen Nebeneffekt hat, auf einen zukünftigen Beruf in gut bezahlten gesellschaftlichen Leitungsfunktionen vorzubereiten. Deshalb die Betonung der Sprachen im gymnasialen Fächerkanon und die notorische Distanz dieser Bildungsanstalt gegenüber ökonomischen und technischen Sachverhalten.

Nun reicht eine ideologiekritische Entlarvung ja nicht, um das Verhältnis von Allgemein- und Berufsbildungstheorie konstruktiv zu lösen. „Irgendwie" muss ja deutlich bleiben, dass Bildung mehr ist als Berufsvorbereitung.

Herwig Blankertz (1927 – 1983) bietet eine theoretische Lösung für das von Friedrich Engels formulierte Problem. Seine durch umfangreiche historische und systematische Studien untermauerte Ausgangsthese (Blankertz 1963; 1969; 1982a) lautete:

These 13.6: Jedes Fach, das wissenschaftspropädeutisch gelehrt wird, ist auch geeignet, die *allgemeine* Hochschulreife zu vermitteln.

Allgemeinbildung kann und darf nach Blankertz nicht inhaltlich am Absolvieren eines bestimmten Fächerspektrums festgemacht werden. Es ist überhaupt nicht nachvollziehbar, warum eine Abiturientin mit den Leistungsfächern Griechisch und Geschichte hinterher ohne jede formale Hürde Elektrotechnik studieren darf, während ein Schüler einer Kollegschule oder eines Fachgymnasiums mit den Fächern Elektrotechnik und Mathematik keine *allgemeine* Hochschulreife zugesprochen bekommt!

Die abwertende Unterscheidung von Berufsbildung und allgemeiner Bildung hatte vor 200 Jahren einen politischen und humanen Sinn. Die Berufsbildung wurde von den Bildungstheoretikern der Klassik, z. B. von Wilhelm von Humboldt kritisiert, weil sie die Kinder und Jugendlichen für ökonomische Zwecke funktionalisierte. Im Vordergrund stand das Ziel, sie für die Lohnarbeit tauglich zu machen. Je mehr jedoch das Anspruchsniveau der beruflichen Bildung angehoben wurde, umso weniger stichhaltig wurde die Argumentation, dass gesellschaftliche Kritikfähigkeit nur an allgemein bildenden Inhalten und nicht in beruflicher Ausbildung zu erwerben sei.

Allgemeinbildung, so Blankertz, besteht darin, den eigenen Bildungsprozess kritisch, und dies heißt auf wissenschaftlichem Niveau zu reflektieren. Sie ist ohne die Vertiefung in ein Spezialgebiet oder einen Beruf überhaupt nicht möglich! Nur wer sich spezialisiert hat, kann – bei entsprechend anspruchsvoll gestalteten Bildungsgängen – die wünschenswerte Reflektiertheit und Mündigkeit im Umgang mit seinem Fachwissen erwerben.

These 13.7: Die Wahrheit der Allgemeinbildung ist die spezielle oder berufliche Bildung. (Blankertz 1982a:141)

Damit entfällt die theoretische Legitimation für die Unterscheidung zwischen allgemein- und berufsbezogenen Bildungsgängen – und damit auch für die Trennung von gymnasialer Oberstufe und berufsbildender Schule.

3. Berufsbildende Schulen

In Deutschland herrscht Berufsschulpflicht. Sie ist im Regelfall eine Teilzeitschulpflicht und endet mit dem 18. Lebensjahr oder, was inzwischen zumeist der Fall ist, mit dem Abschluss der Berufsausbildung. Auch jene Jugendlichen, die keinen Ausbildungsplatz gefunden haben, sind berufsschulpflichtig, die Entwicklung angemessener Formen der „Beschulung“ stellt aber ein großes didaktisches Problem dar.

Die berufsbildenden Schulen sind von einer für Laien und Angehörige des allgemein bildenden Schulsystems oft nicht mehr durchschaubaren Differenziertheit und Größe:

- Berufsbildende Schulen sind Bündelschulen, die zahlreiche einzelne Schulformen und Bildungsgänge zusammenfassen.
- Entsprechend groß können einzelne berufsbildende Schulen sein: Mit bis zu 6 000 Schülern und Schülerinnen bilden sie die größten Schulen der BRD überhaupt. (Dabei ist zu beachten, dass ein großer Teil der Schülerinnen im Dualen System ausgebildet wird, also nur einen oder zwei Tage pro Woche in der Schule ist.)

Schon die Nuancen in der Namensgebung sind erklärungsbedürftig:

- Als berufsbildende Schulen bezeichnet man den Verbund von Berufs-, Berufsfach-, Fachoberschulen usw.
- Als Berufsschule bezeichnet man ausschließlich jene Schule, die die Lehrlingsbildung im Dualen System auf schulischer Seite betreut.

Die Namensgebung hat – wie so oft – etwas mit der Geschichte zu tun:

- Berufsbildende Schulen sind oft aus Kaufmännischen Lehranstalten, aus Realschulen des 19. Jahrhunderts, aus Techniker- und Fachschulen entstanden.
- Berufsschulen gibt es erst seit gut 100 Jahren. Sie sind aus den so genannten Sonntags- und Fortbildungsschulen entstanden. Beherzte Schulmänner versuchten damals, den in den Betrieben unter zumeist unzumutbaren Bedingungen arbeitenden jungen Männern und Frauen ein klein wenig an Weiterbildung zu vermitteln. Dies ging im 19. Jahrhundert nur am Sonntagnachmittag, weil von Montagmorgen bis Samstag abend gearbeitet werden musste (Blankertz 1969:128–138).

Die Abbildung gegenüber (aus: Arbeitsgruppe Bildungsbericht 1994:546) gibt einen ersten Überblick über die wichtigsten Wege in den Beruf sowie die Namen der dabei in Frage kommenden beruflichen Schulen.

Eine der Differenziertheit der berufsbildenden Schulen genügende Erläuterung der Abbildung 13.1 würde den verfügbaren Raum sprengen. Deshalb verweise ich auf die präzise Darstellung im Buch „Das Bildungswesen in der Bundesrepublik Deutschland“ (Arbeitsgruppe Bildungsbericht 1994:543–633).

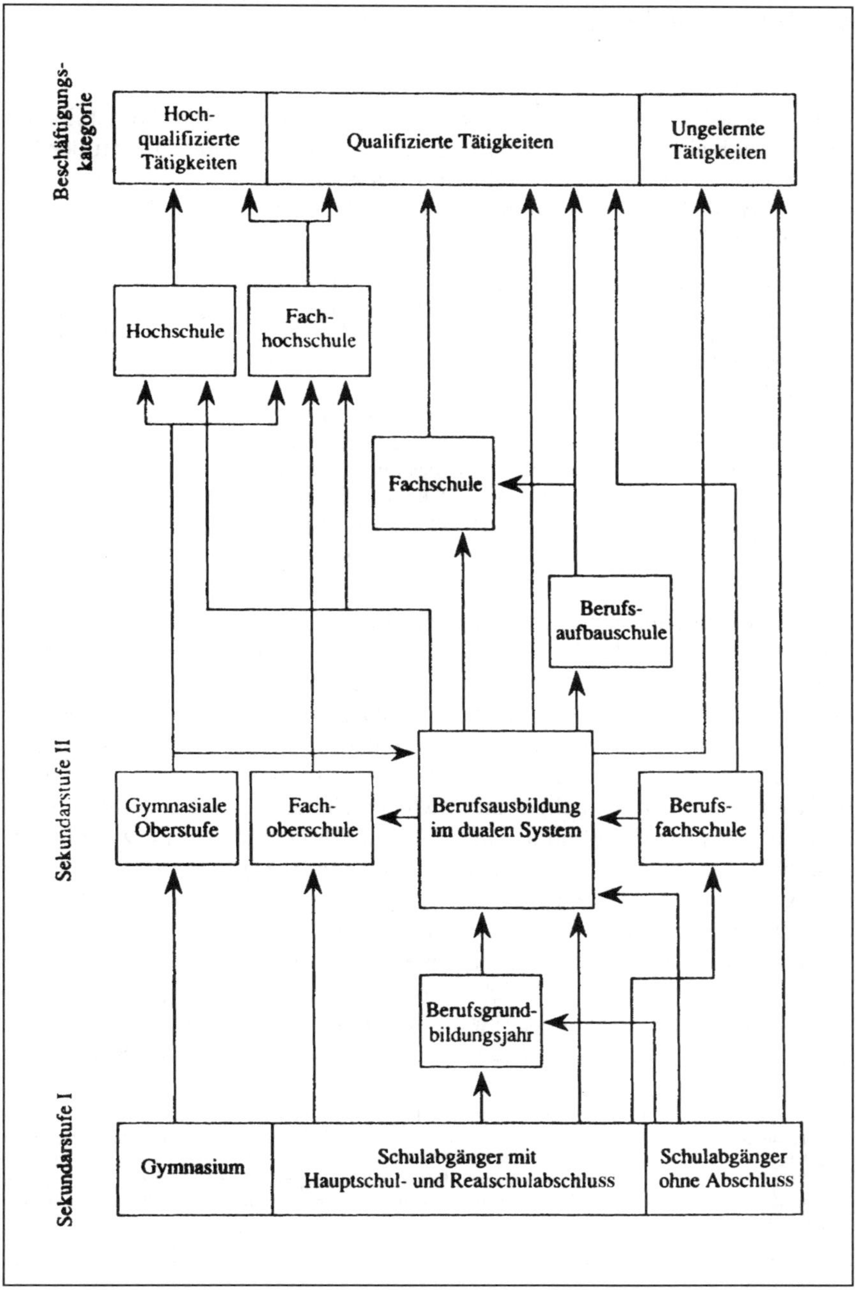

Abbildung 13.1: Berufsbildende Schulen

4. Reformierte gymnasiale Oberstufe

4.1 Geschichte und Ziele

Am 7. Juli 1972 einigte sich die (westdeutsche) Kultusministerkonferenz auf eine Vereinbarung zur Neugestaltung der gymnasialen Oberstufe in der Sekundarstufe II – kurz KMK-Vereinbarung genannt[6].

Die Motive der Reform stammen aus dem Umkreis der Ende der 60er-Jahre geführten Bildungsreform-Debatte:

- Man erhoffte von der Reform der gymnasialen Oberstufe mehr Chancengleichheit durch die Neuregelung der Zugänge, durch die Individualisierung der Bildungsgänge, durch mehr Durchlässigkeit zwischen einzelnen gymnasialen Bildungsgängen und durch die Öffnung des Bildungskanons gegenüber den berufsbezogenen Inhalten und Qualifikationen.
- Die Reformer gingen davon aus, dass sich die Lernbereitschaft, Leistungsmotivation und die Erfolgserlebnisse dadurch erhöhen ließen, dass die Schüler bei einer weitgehenden Freigabe der Fächerwahl selbstbestimmter lernen.
- Als ein zumeist uneingestandenes Motiv kam die Hoffnung auf eine flexible, d. h. den jeweiligen Arbeitsmarktbedingungen angepasste Abschöpfung von Schülern mit unterschiedlich hohem und unterschiedlich stark berufsbezogenem Qualifikationsniveau hinzu.

Spötter behaupteten schon damals, die Kultusminister hätten sich nur deshalb geeinigt, weil sonst das viel weiter gehende Reformkonzept des Deutschen Bildungsrates zur Integration von gymnasialer Oberstufe und berufsbildenden Schulen so stark an Gewicht gewonnen hätte, dass es womöglich von den Schulpolitikern hätte umgesetzt werden müssen – was sie nicht wollten und angesichts der Liebe der Deutschen zu ihrem herkömmlichen Abitur auch nicht für durchsetzbar hielten. Die KMK-Vereinbarung von 1972 nimmt das Ziel der stärkeren Verzahnung von Berufs- und Allgemeinbildung zwar in ihre Präambel auf, aber setzt sie weder curricular noch organisatorisch um. Die dort vereinbarte und dann ja auch verwirklichte Organisationsstruktur ist ausschließlich als Oberstufe des Gymnasiums sinnvoll.

In den folgenden Jahren wurde die KMK-Vereinbarung in den einzelnen Bundesländern in unterschiedlichem Tempo, aber doch weitgehend ähnlich umgesetzt. Einige Jahre später fand allerdings eine Rücknahme bestimmter Elemente statt: Die Freizügigkeit der Kurs- und Fächerwahl wurde durch

---

6 Eine umfangreiche Dokumentation dieser Entwicklung bringt Schmidt (1994:411–536); dort auch eine umfassende Bibliografie. Die wichtigsten bildungspolitischen Dokumente zur Oberstufenreform waren dabei:
– Ständige Konferenz der Kultusminister (KMK): Vereinbarung zur Neugestaltung der gymnasialen Oberstufe in der Sekundarstufe I vom 7.7.1972; Nachdruck auch in Schmidt (1994:425–429), dort auch die Neufassung vom 11.4.1988 (S. 430).
– Deutscher Bildungsrat: Empfehlungen der Bildungskommission: Zur Neuordnung der Sekundarstufe II – Konzept für eine Verbindung von allgemeinem und beruflichem Lernen, Bonn 1974; Publikation: Stuttgart 1975.
– KMK: Empfehlungen zur Arbeit in der gymnasialen Oberstufe vom 2.12.1977 (in: Schmidt 1994:442, 463).

komplizierte Kurs-Auflagen eingeschränkt. Dieser Prozess der Deform der Oberstufenreform ist auch heute - 1997 - noch nicht abgeschlossen.

4.2 Die curriculare Gestalt: Aufgabenfelder

Das Kurssystem der gymnasialen Oberstufe wurde geschaffen, um Wahlmöglichkeiten und individuelle Schwerpunktbildungen der Schülerinnen zu fördern. Ganz ohne Pflichtauflagen wollte man den Durchgang durch die Oberstufe (und damit die Vergabe der allgemeinen Hochschulreife) aber doch nicht machen: Die Schülerinnen und Schüler müssen in drei Aufgabenfeldern bestimmte Mindeststunden und Mindestpunktzahlen erreichen. Die folgende Abbildung (aus: Arbeitsgruppe Bildungsbericht 1994:499) listet die Aufgabenfelder, die Pflichtkurse und die für Landesregelungen freigelassenen (geringfügigen) Bereiche auf:

Belegvorschriften für das Kurssystem der Jahrgänge 12 und 13 der reformierten gymnasialen Oberstufe (BRD)

Aufgabenfeld	Mindestzahl der belegten Wochenstunden in 4 Semestern	Pflichtfächer	Mindestzahl der belegten Kurse in 4 Semestern
1. Sprache, Literatur, Kunst (zugeordnete Fächer z. B.: Deutsch, 6 Fremdsprachen, Kunst, Musik)	22	Deutsch: Literatur/Kunst: eine Fremdsprache:	2 Kurse[1] 2 Kurse 2 Kurse[1]
2. Gesellschaftswissenschaften (zugeordnete Fächer z. B.: Gemeinschafts-/Sozialkunde, Geschichte, Erdkunde, Philosophie, Ökonomie, Psychologie, Soziologie, Pädagogik, Arbeitslehre u. a.)	16	Geschichte:	Kurse durchgehend
3. Mathematik, Naturwissenschaften, Technik (zugeordnete Fächer z. B.: Mathematik, Informatik, Rechnungswesen, Physik, Chemie, Biologie, Technologie u. a.)	22	Mathematik: Naturwissen--schaften:	2 Kurse[1] 4 Kurse
4. Sport	8		
5. Religion	offen für Landesregelungen		

1 Zwei der Fächer Deutsch, Fremdsprache, Mathematik müssen durchgehend während der 4 Semester belegt werden.

Abbildung 13.2: Aufgabenfelder-Matrix

Die Dreiteilung in die Aufgabenfelder wird in der KMK-Vereinbarung von 1972 bildungstheoretisch gerechtfertigt; sie spiegele, so die These, den Allgemeinbildungsanspruch des klassischen Bildungskanons in einer der gegenwärtigen Gesellschaftsform entsprechenden Weise wieder.

Ich rechne allerdings damit, dass die in dem Aufgabenfelder-Konzept deutlich werdende Zersetzung des inhaltlichen Kanon-Denkens der gymnasialen Bildungstheorie nicht stehen bleiben, sondern weitergehen wird. Das Aufgabenfelder-Konzept ist die dünnste mögliche Variante eines Inhaltskanons. Im Gegensatz dazu steht z. B. das Konzept der Kollegschule NRW, in dem die allgemein bildenden Kurse um einen selbstgewählten fachlich-beruflichen Schwerpunkt gelegt werden.

These 13.8: Die Aufgliederung des Kurssystems in drei Aufgabenfelder ist nur ein Zwischenschritt, kein Endstadium im Prozess der Auflösung des gymnasialen Fächerkanons in der Oberstufe.

Der optische Eindruck ist zurzeit – 1997 – allerdings ein anderer: Die Pflichtauflagen werden durch neue KMK-Vereinbarungen weiter festgezurrt, das komplexe Organisationsmodell der RGO, das auf sehr weit gehende Wahlfreiheiten ausgelegt ist, bleibt jedoch bestehen. Die Kurswahl-Akrobatik und die taktischen Finessen, mit denen die Schülerinnen in der RGO die Kurse abwählen, um stromlinienförmig zu hohen Abiturpunktzahlen zu kommen, desavouieren den Bildungsauftrag der Oberstufe! Sie behindern die freie Entfaltung der Persönlichkeit und erst recht die curricular vernünftige Kombination von Kursen.

Ich halte die ganze Konzeption der RGO für falsch. Der Aufgabencharakter der Aufgaben-Felder ist so nicht zu vermitteln. Aus möglichen selbst gesetzten Entwicklungsaufgaben werden fremdbestimmte Bewältigungsaufgaben. Sinnvoller ist die im ursprünglichen Kollegschul-Modell (Kollegschule NW 1972) erstmals vorgestellte, heute in modifizierter Form erneut interessante Konzeption der individuellen Schwerpunktprofil-Bildung[7]. Die Oberstufenschülerin wählt sich *einen* fachlichen Schwerpunkt aus den drei Aufgabenfeldern aus, der dann aber nicht mit beliebigen Kursen aus den anderen Aufgabenfeldern pseudo-liberal ergänzt wird, sondern dem verbindliche, curricular als zwingend ausgewiesene Grund- und Leistungskurse zugeordnet werden. Ob dann noch eine *allgemeine* Hochschulreife zu vergeben sein wird, müsste später entschieden werden. Ein Abschied davon scheint mir nicht irrationaler zu sein als die Fortführung der gegenwärtigen lotterieähnlichen Praxis der Vergabe der Numerus-Clausus-Studienplätze durch die ZVS.

7 Vgl. z. B. die „Profil-Oberstufe" der Max-Brauer-Schule in Hamburg (von Ilsemann/Schack 1995).

5. Schulen in freier Trägerschaft

5.1 Friskole Hanstholm

Vor gut zwölf Jahren war ich das erste Mal in einer Freien Schule, und zwar in der Friskole Hanstholm - einer Dorfschule an der Westküste Jütlands in Dänemark. Die Schule lag in der Nähe unseres Feriendomizils. Ich bin einfach hingegangen und habe gefragt, ob ich einen Vormittag lang zuschauen dürfe:

- Die Schule war durch einen freien Zusammenschluss interessierter Eltern und Lehrerinnen entstanden. Sie ist nicht weltanschaulich oder kirchlich gebunden. Die Genehmigung einer solchen Schule ist - verglichen mit dem Spießrutenlaufen von Antragstellern in Deutschland - in Dänemark ein Kinderspiel.
- Das Schulgebäude ist ein alter Bauernhof mit mehreren Nebengebäuden - malerisch direkt neben dem Leuchtturm auf einer großen, in die Vesterhavet (= Nordsee) hineinragenden Kreideklippe gelegen.
- Acht Lehrer und Lehrerinnen arbeiteten hier, einige von ihnen auf Halbtagsstellen.
- 45 Schülerinnen des 1. bis 6. Schuljahrs besuchten die Schule - viel mehr sollten es nicht werden, schon jetzt wurde es oft drängelig.
- Im „Wohnhaus" waren die Klassenzimmer untergebracht, aber Klassen in unserem Verständnis gab es gar nicht, sondern altersgemischte Kleingruppen mit sechs bis acht Schülerinnen.
- Mit Elternhilfe und handfestem handwerklichem Mitmachen der Lehrer und Lehrerinnen wurde gerade ein Teil der großen alten Scheune zu einer Mensa und Aula ausgebaut.
- Die Schülerinnen arbeiteten in Kleinstgruppen oder einzeln an unterschiedlichen Aufgaben. Einige waren im Leselehrgang, andere schrieben freie Texte, mehrere Kinder rechneten, zwei schauten in die Luft, einige machten Geografie - mit einem stinknormalen Geografieschulbuch.
- Die Lehrerinnen dominierten nicht. Sie waren unauffällig dabei, aber man sah, dass sie genau im Blick hatten, was die Schülerinnen taten.

- Eine Lehrerin machte mit einem lernbehinderten Kind einfache Übungen zur Mengenbestimmung. Es ging um die Relationen gleich groß/größer/kleiner. Die Lehrerin versuchte dem Kind beizubringen, was bei Jean Piaget „Einsicht in die Mengenirreversibilität" geheißen hätte.

Beim gemeinsamen Frühstück hörte ich den Lehrerinnen zu, die so nett waren, hin und wieder Englisch zu sprechen. Es ging um Gehälter, und die waren besser als an deutschen Freien Schulen. Dann ging es um den weiteren Ausbau der Scheune und um die Frage, ob ein Beirat gegründet werden sollte oder nicht.

So sieht also eine „Freie Schule" aus – irgendwie wirkte das ganze auf mich viel normaler, als die wilden Berichte hätten vermuten lassen, die ich in deutschen Zeitschriften und Zeitungen über Freie Schulen gelesen hatte.

5.2 Rechtsstellung

Freie Schulen nach dem Muster der Friskole Hanstholm zählen in Deutschland zu den Schulen in freier Trägerschaft. Die Rechtsgrundlage dafür ist der Art. 7, Abs. 4 des Grundgesetzes, der ausdrücklich Privatschulen als notwendige Ergänzung der öffentlichen bzw. Staatsschulen zulässt.

Der missverständliche Begriff „Privatschule" wird heute noch verwendet, aber immer öfter durch den genaueren Begriff „Schule in freier Trägerschaft" abgelöst. Denn zumeist sind die Träger dieser Schulen Vereine, juristische Personen, Kirchen usw. Das Wort „frei" im Ausdruck „freie Trägerschaft" führt allerdings leicht zu neuen Verwirrungen. Frei heißt hier nicht, dass das Leitbild dieser Schulen besonders freizügig oder gar libertär (wie bei den meisten „Freien Schulen") sein muss – „frei" heißt hier nicht mehr als frei von direkter Weisungsbefugnis staatlicher Behörden (vgl. Eickhorst 1991).

Jeder Bundesbürger, der eine freie Schule gründen will, hat auch das Recht dazu, wie durch Bundesgerichtsurteile bekräftigt worden ist. Der eben genannte Art. 7 des Grundgesetzes lautet:

„Private Schulen als Ersatz für öffentliche Schulen bedürfen der Genehmigung des Staates und unterstehen den Landesgesetzen. Die Genehmigung ist zu erteilen, wenn die privaten Schulen in ihren Lernzielen und Einrichtungen sowie in der wissenschaftlichen Ausbildung ihrer Lehrkräfte nicht hinter den öffentlichen Schulen zurückstehen und eine Sonderung der Schüler nach den Besitzverhältnissen der Eltern nicht gefördert wird. Die Genehmigung ist zu versagen, wenn die wirtschaftliche und rechtliche Stellung der Lehrkräfte nicht genügend gesichert ist."

Im Blick auf die Zielstellung solcher Schulen wird eine weitere Differenzierung vorgenommen[8]:

- Ein Schüler kann an Schulen in freier Trägerschaft staatlich anerkannte Abschlüsse machen. Die Privatschule ersetzt dann die staatliche Schule; deshalb heißt sie auch *„Ersatzschule"*.

---

8 Vgl. Heckel/Avenarius (1986:137–143).

- Andere Schulen in freier Trägerschaft liefern eine im öffentlichen Schulwesen nicht oder nicht ausreichend gebotene Ergänzung des Bildungsangebots über die Schulpflicht hinaus. Deshalb heißen sie auch *„Ergänzungsschulen"*. Dies sind häufig kommerziell ausgerichtete Schulen.

Auf Grund der Rechtsgarantie für private bzw. freie Schulen ist der Staat verpflichtet, diese Schulen nachhaltig vor dem Ruin zu bewahren, und d. h. finanziell zu unterstützen. – Der Staat tut dies für die nichtkommerziellen Schulen auch in beträchtlichem Umfang, aber nicht bedingungslos, sondern nach genau festgelegten Maßstäben (die von Bundesland zu Bundesland leicht variieren):

- Bis zu 80 oder gar 90 Prozent der Schulkosten freier Träger werden vom Staat getragen, sofern es sich um eine nicht kommerziell orientierte Schule handelt. Und dies macht auch Sinn! Da z. B. ein Gymnasiast im Jahre 1996 im Durchschnitt 8 000 DM Personalkosten verursachte (vgl. S. 402), hätte eine Privatschule für diesen Schüler ein Schulgeld von mehr als 1 000 DM nehmen müssen, um rentabel arbeiten zu können, und zugleich den Staat um den gleichen Betrag entlastet.
- Ohne solche Subventionen würden in Deutschland fast zwangsläufig Verhältnisse entstehen, wie sie früher in Großbritannien üblich waren. Reiche Eltern könnten sich gute Schulen für ihre Kinder erkaufen. Kinder armer Leute kämen auf die deutlich schlechter ausgestatteten Staatsschulen.

Die Praxis der Genehmigung von Schulen in freier Trägerschaft führt allerdings zu gewissen Verzerrungen. Nicht jede Privatschul-Initiative wird vom Staat finanziell unterstützt. Es gibt eine staatliche Förderung erst dann, wenn eine Neugründung drei Jahre lang „durchgehalten" hat. Dies hat fast zwangsläufig zur Folge, dass neue Schulen ohne einen finanzkräftigen Träger gar nicht erst entstehen. So erklärt sich, warum der mit Abstand größte Teil der Schulen in freier Trägerschaft kirchliche oder konfessionell gebundene Träger hat.

Es gibt einen Dachverband für Schulen in freier Trägerschaft, die Arbeitsgemeinschaft Freier Schulen. In dem von ihr herausgegebenen „Handbuch Freie Schulen" (1993) finden Sie einen relativ vollständigen Überblick über das Privatschulwesen in Deutschland.

5.3 *Überblickskarte*

Die Landkarte auf der nächsten Seite soll Ihnen einen ersten Überblick über die Vielfalt der Schulen in freier Trägerschaft vermitteln.

Ich beginne die Erläuterung der Karte Mitte links. Dort sind die bis heute existierenden, für die erziehungswissenschaftliche Theoriebildung höchst bedeutsamen *Schulen der Reformpädagogik* notiert. Dazu zählen insbesondere:

- die von Hermann Lietz u. a. gegründeten Schulen der Landerziehungsheimbewegung (die Odenwaldschule Oberhambach, die Schule Schloss Salem[9], die Landerziehungsheimschule auf der Insel Spiekeroog),

9 Vgl. Seydel (1995) und das Magazin der Deutschen Landerziehungsheime „Internat".

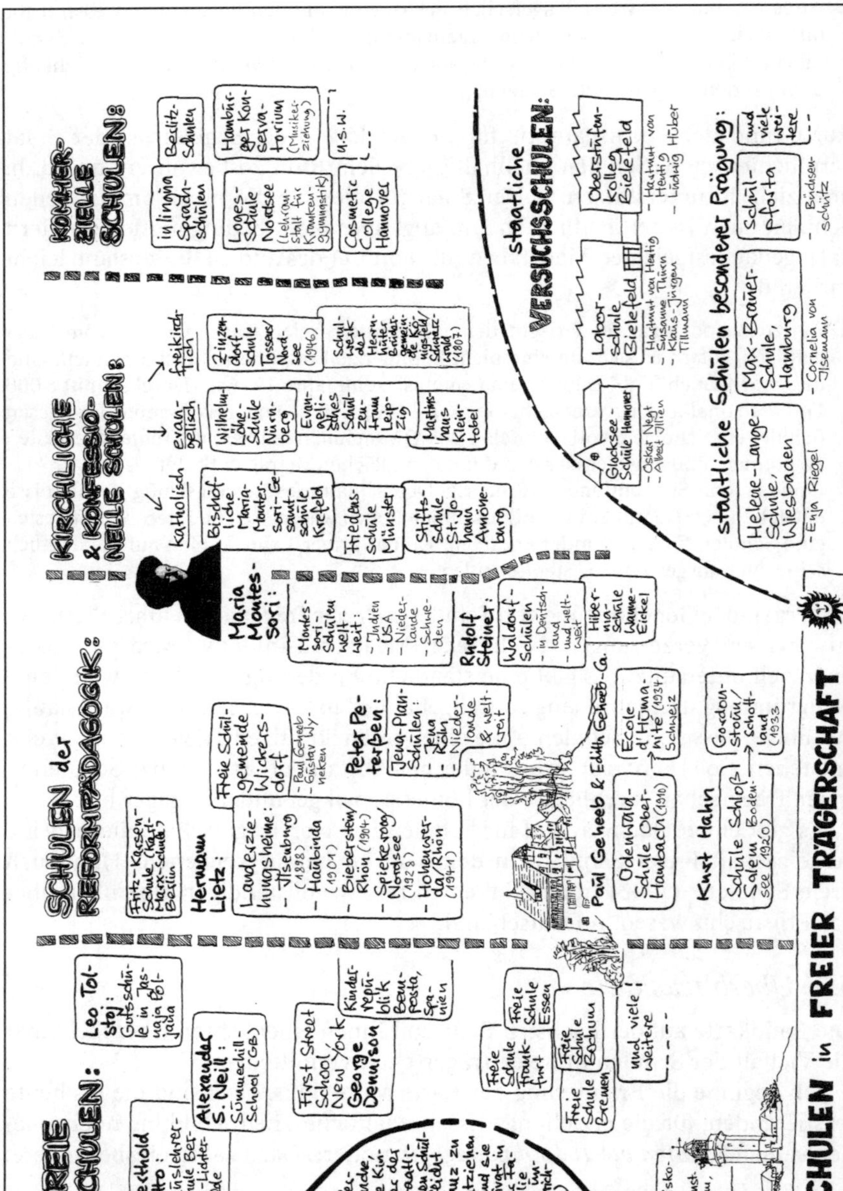

Abbildung 13.3: Schulen in freier Trägerschaft

- die Montessorischulen (z. B. in Krefeld, in den Niederlanden, USA und Schweden)
- und die auf Peter Petersen zurückgehenden Jena-Plan-Schulen (z. B. in Köln-Hohlweide).

In der ersten Spalte sind die *Freien Schulen* im engeren Sinne notiert, zu denen die eher unbekannte Friskole in Hanstholm, aber auch so bekannte Schulen wie die First Street Free School in New York, die Freie Schule Frankfurt (die älteste deutsche Freie Schule - gegründet 1974), die Freie Schule Essen und Bremen zählen.

Eine Sonderstellung nehmen sicherlich die überraschend erfolgreichen *Waldorfschulen* ein: Die anthroposophischen Grundlagen dieser Schule werden von manchen belächelt - aber das auf diesen Grundlagen aufbauende Schul- und Unterrichtskonzept wird von vielen Eltern und Schülerinnen geschätzt.

In der dritten Spalte die *kirchlich* oder *konfessionell gebundenen* Schulen in freier Trägerschaft. Sie zählen sich selbst zu den „freien", aber manche anderen „Freien" akzeptieren diesen Anspruch nicht.

Ganz rechts dann rein oder überwiegend kommerziell ausgerichtete berufsvorbereitende, -begleitende oder weiterführende Schulen, die sich kaum oder gar nicht auf die pädagogischen Traditionen der Alternativschulbewegung beziehen, im juristischen Sinne aber ohne Zweifel „Schulen in freier Trägerschaft" sind und deshalb mit auf unsere Landkarte gehören.

Diese Schulen erfassten 1990 4,5 Prozent der Schülerschaft der Bundesrepublik; 1985 waren es, begrenzt auf die BRD (alt) 6,0 Prozent[10]. Auch wenn der Umfang der Alternativschulen in Deutschland im Vergleich zu unseren Nachbarstaaten sehr begrenzt ist, so zeigen sie doch an, dass die Staatsschule bei uns keineswegs ein Bildungsmonopol hat. Gerade in den letzten 20 Jahren haben die Schulen in freier Trägerschaft einen vorher kaum für möglich gehaltenen Aufschwung erlebt, der eigentlich nur als Reaktion auf Unzulänglichkeiten der staatlichen Regelschule zu erklären ist (vgl. Hurrelmann 1996b). Die Schullandschaft Deutschlands ist bunter geworden. Und dies kann nur begrüßt werden!

5.4 Alternativschulen

Mit Ausnahme der kommerziellen Ersatzschulen halten sich alle auf der Landkarte aufgelisteten Schulen für „frei" und und auch für „alternativ" (vgl. van Dick 1979). Aber was das genau zu besagen hat, ist heftig umstritten[11].

10 Das Absinken ist also vereinigungsbedingt. - Das Privatschulwesen in den neuen Ländern wird seit 1990 jedoch zügig ausgebaut.

11 Es handelt sich hier um einen Umbrella-Begriff, einen Regenschirmbegriff, unter dessen breitem Dach allerlei provozierende, pazifizierende, vereinnahmende und ausgrenzende Schulideen zusammengefasst werden. Sie können politisch progressiv oder wertkonservativ, anarchistisch (wie bei dem US-Amerikaner Paul Goodman) oder sozialistisch (wie in Teilen der Landerziehungsheimbewegung vom Beginn dieses Jhs.; vgl. Nielsen 1985) oder psychoanalytisch fundiert sein (wie in Alexander S. Neills Schule in Summerhill/Großbritannien).

Konsens besteht nur darüber, wovon sich Freie und Alternativschulen abgrenzen: von der Staatsschule. In der Enzyklopädie Erziehungswissenschaft schreibt Heinz-Jörg Oehlschläger (1986:132):

Die Politik macht die Schule – und nicht die Pädagogik! Dieses spätestens seit Rousseaus „Emile" aus dem Jahre 1762 bekannte Dilemma umreißt auch den Reflexionshorizont der Alternativschulpädagogik. Die Interpretation der staatlichen Schule als einer pädagogischen Fehlkonstruktion verpflichtet die Alternativschulszene auf die politische Utopie einer Pädagogik, die die Schule macht! Mit alten und neuen Schulkritikern verbindet sich die gleiche Kritik an der Staatsaufsichtsschule der Bundesrepublik Deutschland und an Schule überhaupt als einem defizitären System. Als *alternative Schulen im weiten Sinne* verstehen sich deshalb all jene Schulen, die die tatsächlichen oder vermeintlichen Defizite der Staatsaufsichtsschule zu reduzieren hoffen. *Alternative Schulen im engen Sinne* sind demgegenüber all jene freien alternativen Gegenschulen, open schools, free schools, community schools, multicultural schools, deren konstitutive Prinzipien in Theorie und Praxis die Freiwilligkeit, Selbstbestimmung, Zufriedenheit und Überschaubarkeit sind.
Alternative Schulen tragen – wie verdeckt auch immer – in unterschiedlichen Ausprägungen Zeichen der Struktur des Systems, das sie überwinden wollen. Sie sind Reaktion und Provokation zugleich. Sie reagieren auf die pädagogisch unbewältigte Spannung zwischen organisierter Zwangsbelehrung und individueller Lernfreiheit und provozieren den Widerstand der Staatsaufsicht, die sieht, dass sich ein Teilsystem der Aufsicht entziehen will. Sie provozieren den Start weiterer alternativer Projekte ähnlicher oder gleicher Zielsetzung. Und sie sind – wie alle radikalen pädagogischen Reformideen – ein Stück *konkreter pädagogischer Utopie* in einer funktional geordneten pädagogischen Landschaft.

Was ist also das Alternative an den Alternativschulen? Die erste und wichtigste Aufgabe besteht darin, ihren Schülerinnen und Lehrerinnen ein Lernen, Leben und Arbeiten in Würde und Selbstbestimmung zu ermöglichen. Dies hatte ich in der Achten Lektion als zweite Grundfunktion von Schule mit dem Begriff Humanfunktion bezeichnet.

Die erste Grundfunktion von Schule, nämlich die Reproduktion der Gesellschaft, wird demgegenüber von vielen Alternativschulverfechtern strikt abgelehnt, hinterrücks aber doch wieder erfüllt. Denn die Alternativschulen haben eine wichtige indirekte gesellschaftliche Aufgabe: Sie helfen den staatlichen Regelschulen bei ihrer mühsamen Selbsterneuerung. Alternativschulen führen leibhaftig vor Augen, dass Schule auch ganz anders aussehen kann:

These 13.9: Alternativschulen sind eine notwendige Provokation des Rost ansetzenden Regelschulsystems.

Nachwort für eilige Leserinnen

Eilige Leserinnen sind der Alptraum eines jeden Autors. Mir (Hilbert) geht's nicht anders. Ich finde, dass dieses Buch viel zu dick ist, um in Eile konsumiert zu werden. Wenn Sie's wirklich eilig haben, empfehle ich Ihnen das 10. und 11. Kapitel aus dem Buch „Pädagogisches Grundwissen“ von Herbert Gudjons (1995). Dort finden Sie auf 70 Seiten dargestellt, wozu wir (H. M., C. J., D. V.) knapp 500 Seiten benötigen!

Die Ziele dieser SCHULPÄDAGOGIK FÜR ANFÄNGER haben wir in der Ersten Lektion formuliert und zu begründen versucht. Weitere Ratschläge sind unseres Erachtens nicht nötig. Denn unsere Leserinnen und Leser sind, wie wir hoffen, souveräne Menschen, die sich ihre Lesestrategie selbst ausdenken.

Wir haben uns bemüht, auch spröde Themenstellungen, die in einem solchen Buch nicht zu vermeiden sind, lebendig darzustellen. Und wir haben – eher ungeplant, als absichtsvoll – immer mehr dialogische Elemente in das Buch aufgenommen. Davon zeugen die vielen Briefe, Einsprüche und Situationsschilderungen. Es sind wirkliche Interventionen der Gesprächspartner und -partnerinnen zu den ersten Entwürfen der Einzellektionen, für die sie zumeist auch namentlich verantwortlich zeichnen. Nur dort, wo wir an bestimmten Personen Kritik üben, sind deren Namen grundsätzlich anonymisiert. Wir wollen das dialogische Prinzip auch in diesem Nachwort beibehalten. Carola hat deshalb fünf Fragen formuliert:

Fünf Fragen an den Hauptautor

Carola: Warum enthält das Buch so viele Thesen? *Hilbert:* In den Thesen wird unsere Position pointiert zusammengefasst. Deshalb stehen sie zumeist am Schluss eines Abschnitts. Es sind wirkliche Thesen, denen die leisen Zwischentöne fehlen. Und manchmal sind's auch Provokationen, die zur Formulierung einer eigenen Gegenthese einladen sollen.

Carola: Wozu die vielen Bilder in deinem Buch? *Hilbert:* Es gibt mehrere Antworten auf deine Frage. Die Zeichnungen von Unterrichts- und Schulsituationen sollen teils illustrieren, teils verfremden. Die Fotos und Kopfzeichnungen sollen deutlich machen, dass Theorien nicht vom Himmel fallen, sondern von leibhaftigen Menschen hergestellt werden. Die vielen Abbildungen mit Begriffsschemata (Meyers „Wimmelbilder“) sollen helfen, abstrakte Sachaussagen verständlich zu machen. Sie sind nicht nur eine Illustration, sondern stellen theoretische Bezüge neu her. Viele Passagen des Buches sind übrigens so entstanden, dass ich zunächst die Zeichnung gemacht und dann die Erläuterungen drumherum komponiert habe (z. B. die Seiten 52 bis 59 zur T.E.A.M.-Schule). Früher hatte ich ein schlechtes Gewissen bei dieser Vorgehensweise, weil's so „untheoretisch“ ist. Inzwischen weiß ich: Wir *denken* in Bildern! Deshalb sollen die Abbildungen und Zeichnungen helfen, eine Verbindung zwischen den theoriehaltigen Bildern in den Hinterköpfen der Leserinnen und meinen eigenen Bildern zu knüpfen. (Für gezeichnete Antworten auf dieses Buch wäre ich dankbar!)

Carola: Deine Befragungen sind teilweise an ungewöhnlichen Orten (vor einer Kneipe, in einer Sauna, auf dem Schulhof) entstanden, und du hast Menschen befragt, die sonst nicht in Schulpädagogiken vorkommen (Hausmeister, Kindergartenkinder, Kultusminister). Was habt ihr euch von diesen Recherchen versprochen? *Hilbert:* Ich widerspreche dir, dass dies ungewöhnliche Orte oder ungewöhnliche Gesprächspartner für eine Schulpädagogik sind. Ich bin mir ziemlich sicher, dass ich in der Sauna oder vor der Kneipe ehrlichere Antworten erhalte, als wenn ich mit einem zuvor von der Bezirksregierung genehmigten, dann durch den Schulleiter autorisierten Fragebogen zu den Lehrerinnen, Schülerinnen und Eltern ginge. Ich habe diese Gespräche immer wieder gesucht, weil die subjektive Sicht der am Schulalltag Beteiligten so wichtig ist. Denn das, was die Menschen denken und fühlen, leitet auch ihr Handeln. Deshalb ist es die Grundlage jeder handlungsorientierten Schulpädagogik.

Carola: Kannst du diese Vorgehensweise guten Gewissens als wissenschaftlich verkaufen? *Hilbert:* Ja! Aber ich merke an: Die Recherchen waren lange noch nicht breit und intensiv genug. Diese Feststellung gilt erst recht für die Aufarbeitung der mehr als reichlich vorhandenen Literatur zur Schule. Hätte ich alles so genau recherchiert, wie dies im Prinzip möglich und sinnvoll ist, so wäre ich nie fertig geworden. Ich wollte ein *Studienbuch* schreiben, das Lehramtsstudierenden, Referendarinnen und jungen Lehrerinnen hilft, sich über ihre Berufsperspektive Klarheit zu verschaffen – mehr nicht.

Carola: In der These 1.4 von Seite 21 forderst du von den Leserinnen einen wiederholten Perspektivenwechsel. Gilt das nur für die Leserinnen oder auch für dich als Autor? *Hilbert:* Das gilt natürlich auch für mich. Aber beim Schreiben habe ich gemerkt, wie schwierig das ist! – Der Perspektivenwechsel musste mir hin und wieder geradezu abgerungen werden. (Du wirst dich erinnern!) Es fällt eben schwer, auf lieb gewordene Vorurteile zu verzichten.

Hinweise zur Textentstehung

Diese SCHULPÄDAGOGIK geht auf eine Vorlesung „Einführung in die Schulpädagogik" an der Carl von Ossietzky Universität Oldenburg in den Sommersemestern 1994 und 1995 zurück. Viele Kolleginnen und Kollegen aus der Region und von weither haben als Gäste an diesen Vorlesungen mitgewirkt: Friederike Güffens, Werner Kähler, Ernst Wille, Uwe Klappenbach, Ingrid Hüttmann, Helmut Bülter, Christel Wopp, Jochen Schlüter, Ina Ulrich, Franz Wester, Heiner Würdemann, Sylvia Jahnke-Klein, Ela Eckert, Wiemod Reuer, Christoph Geiser (Spiez/Schweiz) – nochmals vielen Dank!

Wir (H. M., C. J., D. V.) haben dann vom August 1996 bis April 1997 fast ein Jahr lang damit zugebracht, von den gut 300 vorliegenden Manuskriptseiten 250 Seiten zu vernichten und sie durch 700 neue Seiten zu ersetzen – Hilbert (als Hauptautor mit einer Freistellung von Lehraufgaben) hat sich in den Keller des Hauses Kastanienallee 40 verkrochen und das PC-Schreiben geübt. Elisabeth Fuhrmann aus Berlin hat Hilbert in der Lehre vertreten – Thanks! Dorothea Vogt, mit vier Stunden an die Universität abgeordnete Gymnasiallehrerin, hat ihre langjährigen Praxiserfahrungen in der Schule und in der GEW, aber auch ihre Theater- und Lehrerfortbildungspraxis eingebracht. Carola Junghans, Wissenschaftliche Hilfskraft und inzwischen examinierte Lehrerin, hat geduldig Beispiele geliefert, Einsprüche formuliert und Hilbert hin und wieder aus dem Reich der Träume auf den Teppich zurückgeholt.

Viele weitere Menschen haben geholfen. Lothar Klingberg, Potsdam, war – wie schon beim Buch „Unterrichtsmethoden" – geduldiger Mentor und Freund.

Theodor Schulze

Theodor Schulze, emeritierter Erziehungswissenschaftler von der Universität Bielefeld, hat bei der Siebten Lektion Pate gestanden, die Thematische Landkarte zur Geschichte der Schule gezeichnet und sie in der Neunten Lektion kommentiert.

Volker Wendt

Volker Wendt hat für Logistik, PC-Arbeiten, irischen Lachs und akkurates Bibliografieren gesorgt. Er hat an vielen Stellen seinen kritisch-rationalen Impetus eingebracht und die Frage geklärt, ob wir philosophische Konstruktivisten sind oder nicht.

Karsten Friedrichs

Karsten Friedrichs-Tuchenhagen, Studienrat an der Liebfrauenschule Oldenburg und Absolvent der Einphasigen Lehrerausbildung, hat – wie er dies auch schon für die zwei Bücher zu den Unterrichtsmethoden getan hat – einen guten Teil der Zeichnungen „auf Bestellung" angefertigt, sich aber seine Autonomie bei der Deutung des Schulalltags nicht nehmen lassen. Weitere Zeichnungen haben Theodor Schulze, Saskia Krüger, Erna, Gesa, Tale und Hilbert Meyer beigetragen.

Onno Meyer

Früher fand sich in Vor- oder Nachwörtern der stereotype Satz „Besonders danke ich meiner Frau und meinen Kindern. Ohne ihre Geduld wäre dieses Buch nicht zustande gekommen." Heute muss ein Satz hinzukommen: Besonders danke ich unserem Sohn *Onno Meyer.* Ohne seine umfangreichen Hilfen hätte der Macintosh meine eher intuitiven Zugangsweisen zum Gerät wohl nicht verkraftet.

Und ohne Maria Bleys und Tale Meyers Redaktionshilfen hätte die Buchherstellung noch zwei Monate länger gedauert.

Eine letzte wichtige Person hätte ich beinahe noch vergessen. Man sagt Verlegern nach, dass sie Sekt aus den Hirnschalen ihrer Autoren tränken. Bei *Horst Linder,* dem Verlagsleiter von Cornelsen Scriptor, ist dies anders. Er hat dieses Buch von Anfang an behutsam und beharrlich begleitet und alle nötigen Hilfestellungen organisiert. Vielen Dank.

Oldenburg im April 1997

Hilbert Meyer

Wir haben an diesem Buch mitgeschrieben, Beispiele geliefert, kommentiert, kritisiert und korrigiert:

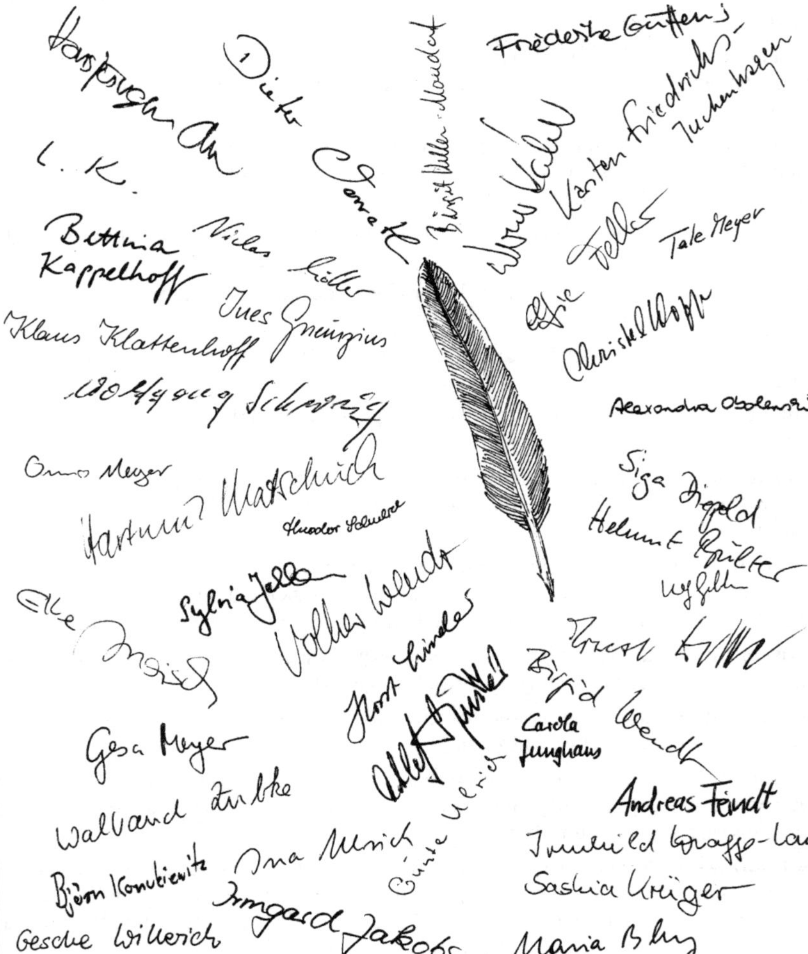

Arbeitsdefinitionen

Arbeitsdefinition 1: Schulen sind Institutionen zur gemeinsamen und planmäßigen Erziehung und Unterrichtung der heranwachsenden Generation. (Lektion 1)

Arbeitsdefinition 2: Erziehung ist die absichtliche Einwirkung von Erziehern auf die heranwachsende Generation zum Zwecke der Persönlichkeitsbildung. (Lektion 1)

Arbeitsdefinition 3: Unterricht ist die planvolle pädagogische Interaktion von Lehrenden und Lernenden zum Zwecke der Aufklärung und der Vermittlung von Handlungskompetenz. (Lektion 1)

Arbeitsdefinition 4: Der pädagogische Bezug beschreibt ein Verhältnis von Lehrenden und Lernenden, das in gegenseitiger Achtung und im Lehrenwollen und Lernenkönnen begründet ist. (Lektion 1)

Arbeitsdefinition 5: Schule ist eine pädagogische Gemeinschaft, die einen geordneten Rahmen, schützende Regeln und bewusst gesetzte Freiräume für das Leben, Lernen und Arbeiten aller bereithält. (Lektion 1)

Arbeitsdefinition 6: Eine Lehrerin ist ein Mensch, der Schülerinnen beim Lernen hilft. (Lektion 1)

Arbeitsdefinition 7: Schülerinnen sind Menschen, die sich beim Lernen von Lehrerinnen helfen lassen. (Lektion 1)

Arbeitsdefinition 8: Eine Institution ist eine soziale Erfindung zur Normalisierung von Erwartungen. (Lektion 2)

Arbeitsdefinition 9: Organisieren ist die intelligente Verknüpfung von Einzelhandlungen zu Handlungsketten. (Lektion 2)

Arbeitsdefinition 10: Die Organisationsstruktur einer Schule ist ein zu festen Formen gewebtes Netz von Handlungsketten, die von der Mehrheit der Beteiligten als Problemlösungen anerkannt werden. (Lektion 2)

Arbeitsdefinition 11: Entwicklungsaufgaben sind gesellschaftlich notwendige, für schulische Lernbedingungen kleingearbeitete Aufgaben, die sich Schülerinnen selbst setzen, um auf ihrem Weg in die Erwachsenengesellschaft voranzukommen. (Lektion 3)

Arbeitsdefinition 12: Lernen ist eine Verhaltensänderung des Menschen auf Grund der Verarbeitung von Wahrnehmungen zu Erfahrungen. (Lektion 3)

Arbeitsdefinition 13: Lehren ist die Inszenierung von pädagogischen Situationen, die Lernerfahrungen ermöglichen. (Lektion 4)

Arbeitsdefinition 14: Eine Entwicklungsaufgabe einer Lehrerin ist eine biografisch bedeutsame und subjektiv als notwendig empfundene Herausforderung zum Aufbau schulpädagogischer Handlungskompetenz. (Lektion 4)

Arbeitsdefinition 15: Schulpädagogische Handlungskompetenz besteht aus der Fähigkeit, die Schule in immer wieder neuen, nie genau vorhersehbaren pädagogischen Situationen taktvoll, zielorientiert und unter Beachtung der institutionellen Rahmenbedingungen zu gestalten und weiterzuentwickeln. (Lektion 4)

Arbeitsdefinition 16: Schulpädagogik ist die Theorie und Praxis der Entwicklung und Reflexion wissenschaftlicher Konzepte zur Gestaltung von Schulleben und Unterricht. (Lektion 6)

Arbeitsdefinition 17: Leitbilder sind inhaltlich bestimmte Gesamtentwürfe für die Inszenierung von Schule und Unterricht. (Lektion 6)

Arbeitsdefinition 18: Eine pädagogische Utopie ist die konkrete Beschreibung einer gewünschten, aber nicht erreichbaren pädagogischen Wirklichkeit. (Lektion 6)

Arbeitsdefinition 19: Beziehungsregeln der Schule legen fest, wer wann wo und wie miteinander interagieren darf. (Lektion 7)

Arbeitsdefinition 20: Programme sind alle bewusst gesetzten Handlungspläne einer Schule, durch die der Schulbetrieb gesteuert wird. (Lektion 7)

Arbeitsdefinition 21: Eine Inszenierung ist die Umsetzung eines Handlungsplanes in einen Handlungsprozess. (Lektion 7)

Arbeitsdefinition 22: Schule ist die Bühne für die Inszenierung des Schullebens. (Lektion 7)

Arbeitsdefinition 23: Inszenierungsmuster sind eingeschliffene Bilder und Handlungsprogramme für die Inszenierung des Schulalltags. (Lektion 7)

Arbeitsdefinition 24: Inszenierungstechniken sind die kleinsten, als Sinneinheiten identifizierbaren Methoden zielgerichteten Handelns, mit deren Hilfe ein Handlungsprogramm inszeniert wird. (Lektion 7)

Arbeitsdefinition 25: Das pädagogische Ethos einer Schule besteht aus der in sich stimmigen, pädagogisch ausgerichteten Grundstruktur ihres Leitbilds, ihres pädagogischen Takts, ihrer Streitkultur und Inszenierungsmuster. (Lektion 7)

Arbeitsdefinition 26: Eine Lösung ist die Verwirklichung der gewünschten Wirkung eines Handlungsprozesses. (Lektion 7)

Arbeitsdefinition 27: Eine Wirkungshypothese ist die kausallogische Verknüpfung zwischen einer als ursächlich vermuteten Maßnahme und deren beobachteter oder vermuteter Wirkung. (Lektion 8)

Arbeitsdefinition 28: Schulische Funktionshypothesen beschreiben, welchen Nutzen die Gesellschaft aus der Existenz der Schulen zieht. (Lektion 8)

Arbeitsdefinition 29: Schulische Sozialisation bezeichnet den Prozess der Entwicklung der Schülerpersönlichkeit durch die in der Schule ablaufenden Prägungen und Entwicklungsprozesse. (Lektion 8)

Arbeitsdefinition 30: Lernformationen sind unterschiedliche, im Laufe der menschlichen Geschichte aufkommende Grundtypen von soziokulturell organisierten Bedingungen, Aufgaben und Formen des Lernens. Die Lernformation des *schulischen Lernens* ist ein Grundtypus des Lernens, der vor allem durch Lernen in Gruppen unter Anleitung professioneller Lehrer und Lehrerinnen und durch Literalität gekennzeichnet ist. Schule dient der Institutionalisierung und Organisation dieser Lernformation. (Lektion 9)

Arbeitsdefinition 31: Stufenschulen (= integrative Schulen) nehmen alle Schüler und Schülerinnen einer Altersstufe unabhängig von ihrem Leistungsvermögen oder von sonstigen Merkmalen auf und führen sie zu differenzierten Abschlüssen bzw. Laufbahnempfehlungen. (Lektion 10)

Arbeitsdefinition 32: Selektionsschulen (= Gabelungsschulen) wählen ihre Schülerinnen nach einem definierten Selektionskriterium aus und führen möglichst viele von ihnen zum selben Abschluss. (Lektion 10)

Arbeitsdefinition 33: Ein Lehrplan ist ein begründeter Zusammenhang von Lehrziel-, Lehrinhalts-, Lernmethoden- und Lernorganisationsentscheidungen. Lehrplanentwicklung dient der Herstellung, Einführung und Evaluation neuer Lehrpläne. (Lektion 10)

Arbeitsdefinition 34: Das Schulprofil einer Einzelschule besteht aus den selbst erarbeiteten Schwerpunkten der Unterrichts- und Erziehungsarbeit, durch die der Bildungsauftrag dieser Schulform kreativ ausgelegt wird. (Lektion 10)

Arbeitsdefinition 35: „Der Elementarbereich umfasst die Einrichtungen familienergänzender Bildung für Kinder im vorschulischen Alter nach Vollendung des dritten Lebensjahres. Diese Institutionen werden als Kindergärten von Trägern der freien und öffentlichen Jugendhilfe sowie von privaten Trägern unterhalten." (Lektion 11)

Arbeitsdefinition 36: „Der Primarbereich löst die bisherige Grundschule ab; er umfasst vier Schülerjahrgänge oder, bei Einbeziehung der Orientierungsstufe in diesen Bereich, sechs Schülerjahrgänge und ist in zwei oder drei Zweijahresstufen gegliedert: Eingangsstufe, Grundstufe und gegebenenfalls Orientierungsstufe [2 + 2 (+2)]. Diese Stufen sind Einheiten mit besonderer pädagogischer Zielsetzung und gleichzeitig im Rahmen des kontinuierlichen Verlaufs der Bildungsprozesse aufeinander bezogen." (Lektion 11)

Arbeitsdefinition 37: Sonderschulen sind Selektionsschulen eigener Prägung, in denen Schüler unterrichtet werden, die wegen körperlicher, geistiger oder psychischer Beeinträchtigungen oder wegen einer Beeinträchtigung ihres sozialen Verhaltens einer besonderen Förderung bedürfen. (Lektion 11)

Arbeitsdefinition 38: „Die Sekundarstufe I umfasst innerhalb eines künftigen Bildungssystems das 5. bis 10. Schuljahr, dort, wo die Orientierungsstufe dem Primarbereich zugeordnet ist, das 7. bis 10. Schuljahr. Die Sekundarstufe I knüpft an die Lernziele des Primarbereichs an und bereitet auf die Lernanforderungen der Sekundarstufe II vor; ihr qualifizierter Abschluss ist das Abitur I." (Lektion 12)

Arbeitsdefiniton 39: Die Sekundarstufe II folgt der Sekundarstufe I und erfasst alle Schüler und Schülerinnen vom 11. bis zum 13. Jahrgang, bei Hauptschulabsolventinnen vom 10. bis 12. Jahrgang. Sie bereitet durch berufspraktische Anteile, berufsorientierende Bezüge und wissenschaftspropädeutischen Unterricht auf einen Berufsabschluss oder auf ein Studium an Fachhochschulen und Universitäten oder auf beides gemeinsam vor. (Lektion 13)

Arbeitsdefiniton 40: Wissenschaftspropädeutischer Unterricht ist ein Unterricht, in dem die vermittelten Inhalte als Wissenschaften thematisiert, in dem die Methoden wissenschaftlicher Erkenntnisgewinnung exemplarisch erarbeitet und problematisiert werden und in dem der Gesellschaftsbezug wissenschaftlicher Erkenntnis reflektiert wird. (Lektion 13)

Literaturverzeichnis

Vorweg: Die Literaturverweise im Text sind zahlreich. Entsprechend umfangreich ist dieses Verzeichnis geraten. Deshalb dürfte klar sein, dass dies keine Leseempfehlung ist! Die lange Liste ist erforderlich, um der wissenschaftlichen Belegpflicht nachzukommen. Sie soll aber auch all jenen weiterhelfen, die einen Leistungsnachweis, eine Examensarbeit oder irgendeine andere schriftliche Arbeit anfertigen wollen.

Einen kommentierenden „Wegweiser durch das Dickicht schultheoretischer Literatur" enthält das Buch „Theorie der Schule" von Diederich/Tenorth (1997).

Abele, Andrea/Becker, Peter (Hrsg.): Wohlbefinden. Theorie - Empirie - Diagnostik. Weinheim-München (Juventa) 1991

Achtenhagen, Frank/Meyer, Hilbert: Curriculumrevision - Möglichkeiten und Grenzen. München (Kösel) 1971

Adam, Christine: „Erstmal fürs Abitur lernen" - Portrait der Schülerin Heike P. In: Erhard Wicke/Rudolf Messner (Hrsg.): Antiquiertheit des Menschen und Zukunft der Schule. Weinheim (Deutscher Studien Verlag) 1996, S. 125-131

Adick, Christel: Die Universalisierung der modernen Schule. Paderborn u. a. (Schöningh) 1992

Adl-Amini, Bijan: Schultheorie - Geschichte, Gegenstand und Grenzen. Weinheim-Basel (Beltz) 1976

Adl-Amini, Bijan: Grundriß einer pädagogischen Schultheorie. In: Walter Twellmann (Hrsg.): Handbuch Schule und Unterricht. Bd. 7.1. Düsseldorf (Schwann) 1985, S. 63-94

Adorno, Theodor W.: Erziehung nach Auschwitz. In: ders.: Stichworte. Frankfurt/M. (Suhrkamp) 1969a, S. 85-101

Adorno, Theodor W.: Tabus über dem Lehrberuf. In: ders.: Stichworte. Frankfurt/M. (Suhrkamp) 1969b, S. 68-84

Aebli, Hans: Denken: Das Ordnen des Tuns. Bd. 1: Kognitive Aspekte der Handlungstheorie. Bd. 2: Denkprozesse. Stuttgart (Klett Cotta) 1980

Alt, Robert: Bilderatlas zur Schul- und Erziehungsgeschichte. 2 Bde. Berlin (Volk und Wissen) 1971

Altrichter, Herbert: Ist das noch Wissenschaft? Darstellung und wissenschaftstheoretische Diskussion einer von Lehrern betriebenen Aktionsforschung. München (Profil) 1990

Altrichter, Herbert/Posch, Peter: Lehrer erforschen ihren Unterricht. 2. bearb. Aufl. Bad Heilbrunn (Klinkhardt) 1994

Altrichter, Herbert/Radnitzky, Edwin/Specht, Werner: Innenansichten guter Schulen. Portraits von Schulen in Entwicklung. Wien (Bundesministerium für Unterricht und Kunst) 1994

Altrichter, Herbert/Salzgeber, Stefan: Mikropolitik der Schule. In: Hans-Günter Rolff (Hrsg.): Zukunftsfelder von Schulforschung. Weinheim (Deutscher Studien Verlag) 1995, S. 9-40

Andresen, Ute: So dumm sind sie nicht. Von der Würde der Kinder in der Schule. Weinheim (Beltz) 1985

Apel, Hans-Jürgen/Grunder, Hans-Ulrich (Hrsg.): Texte zur Schulpädagogik. Selbstverständnis, Entstehung und Schwerpunkte schulpädagogischen Denkens. Weinheim-München (Juventa) 1995

Apel, Hans Jürgen: Theorie der Schule. Historische und systematische Grundlinien. Donauwörth (Auer) 1995

Arbeitsgemeinschaft Freier Schulen (Hrsg.): Handbuch Freie Schulen. Reinbek (Rowohlt) 1993

Arbeitsgruppe Bildungsbericht am Max-Planck-Institut für Bildungsforschung: Das Bildungswesen in der Bundesrepublik Deutschland. Strukturen und Entwicklungen im Überblick. Erw. u. überarb. Neuausg. Reinbek (Rowohlt) 1994

Arbeitsgruppe Schulforschung (Klaus Hurrelmann u. a.): Leistung und Versagen. Alltagstheorien von Schülern und Lehrern. München (Juventa) 1980.

Arbeitsgruppe Soziologie: Denkweisen und Grundbegriffe der Soziologie. Eine Einführung. 6. Aufl. Frankfurt-New York (Campus) 1986

Ariès, Philippe: Geschichte der Kindheit. Mit einem Vorwort von Hartmut von Hentig. München (Hanser) 1975

Asselmeyer, Herbert: Autodidaktik. In: Dieter Lenzen (Hrsg.): Enzyklopädie Erziehungswissenschaft. Bd. 3. Stuttgart (Klett-Cotta) 1986, S. 385–389

Auernheimer, Georg/Gstettner, Peter (Hrsg.): Pädagogik in multikulturellen Gesellschaften. Jahrbuch für Pädagogik 1996. Frankfurt/M. u. a. (Lang) 1996

Aurin, Kurt (Hrsg.): Gute Schulen – worauf beruht ihre Wirksamkeit? 2. Aufl. Bad Heilbrunn (Klinkhardt) 1991a

Aurin, Kurt: Die Gesamtschule. In: Leo Roth (Hrsg.): Pädagogik. München (Ehrenwirth) 1991b, S. 395–406

Baacke, Dieter/Schulze, Theodor: Aus Geschichten lernen. Zur Einübung pädagogischen Verstehens. Neuausgabe Weinheim-München (Juventa) 1993

Baethge, Martin/Nevermann, Knut (Hrsg.): Enzyklopädie Erziehungswissenschaft. Bd. 5: Organisation, Recht und Ökonomie des Bildungswesens. Stuttgart (Klett-Cotta) 1984

Ballauf, Theodor: Funktionen der Schule. Historisch-systematische Analysen zur Scolarisation. 2. durchges. Aufl. Köln-Wien (Böhlau) 1984

Barth, Anne-Rose: Burnout bei Lehrern. Göttingen (Hogrefe) 1992

Bauer, Karl-Oswald/Kopka, Andreas/Brindt, Stefan: Pädagogische Professionalität und Lehrerarbeit. Eine qualitativ empirische Studie über professionelles Handeln und Bewußtsein. Weinheim-München (Juventa) 1996

Baumert, Jürgen: Gesamtschule. In: Dieter Lenzen (Hrsg.): Enzyklopädie Erziehungswissenschaft. Bd. 8. Stuttgart (Klett-Cotta) 1983, S. 228–269

Baumert, Jürgen: Schulleiter-Karriere. Erste Ergebnisse der SM-Umfrage. In: schul-management 15, H. 6 (1984) S. 14–16

Baumert, Jürgen: Das allgemeinbildende Schulwesen der Bundesrepublik Deutschland. In: Leo Roth (Hrsg.): Pädagogik. Handbuch für Studium und Praxis. München (Ehrenwirth) 1991, S. 334–358

Beck, Erwin/Guldimann, Titus/Zutavern, Michael (Hrsg.): Eigenständig lernen. St. Gallen (UVK, Fachverlag für Wissenschaft und Studium) 1995

Beck, Gertrud/Scholz, Gerold: Beobachten im Schulalltag: ein Studien- und Praxisbuch. Frankfurt/M. (Cornelsen Scriptor) 1995

Beck, Iris: Behinderung – spezielle Erziehungsbedürfnisse – sonderpädagogischer Förderbedarf: Theoretische Begründungs- und Vermittlungsprobleme einer „lebensweltlich“ und final orientierten Bestimmung des individuellen Bedarfs an Hilfen. In: Die neue Sonderschule. Jg. 41 (1996) S. 443–455

Beck, Klaus: Die empirischen Grundlagen der Unterrichtsforschung. Göttingen (Hogrefe) 1987

Beck, Ulrich: Risikogesellschaft. Auf dem Weg in eine andere Moderne. Frankfurt/M. (Suhrkamp) 1986

Becker, Antoinette/von Hentig, Hartmut (Hrsg.): Geschichten mit Kindern. Seelze (Friedrich) 1996

Behnken, Imbke: Schülerstudie '90. Jugendliche im Prozeß der Vereinigung. Weinheim-Basel (Beltz) 1991

Benner, Dietrich: Die Pädagogik Herbarts. Eine problemgeschichtliche Einführung in die Systematik neuzeitlicher Pädagogik. Weinheim-München (Juventa) 1986

Benner, Dietrich: Allgemeine Pädagogik. Weinheim/München (Juventa) 1987

Benner, Dietrich: Studien zur Didaktik und Schultheorie. Pädagogik als Wissenschaft, Handlungstheorie und Reformpraxis. Bd. 3. Weinheim-München (Juventa) 1995

Berg, Hans Christoph/Schulze, Theodor: Lehrkunst. Lehrbuch der Didaktik. Neuwied-Kriftel-Berlin (Luchterhand) 1995

Berger, Claudia: Was hält den offenen Unterricht zusammen? Schriftl. Hausarbeit. Oldenburg 1995

Berger, Peter L./Luckmann, Thomas: Die gesellschaftliche Konstruktion der Wirklichkeit. Eine Theorie der Wissenssoziologie. Frankfurt/M. (Fischer) 1970

Bernfeld, Siegfried: Sisyphos oder die Grenzen der Erziehung. 1. Aufl. 1925; Frankfurt/M. (Suhrkamp) 1971

Bildungskommission NRW: Zukunft der Bildung. Schule der Zukunft. Denkschrift der Kommission: „Zukunft der Bildung - Zukunft der Schule" beim Ministerpräsidenten des Landes Nordrhein-Westfalen. Neuwied-Kriftel-Berlin (Luchterhand) 1995

Blankertz, Herwig: Berufsbildung und Utilitarismus. Düsseldorf (Schwann) 1963

Blankertz, Herwig: Bildungsbegriff. In: Ilse Dahmer/Wolfgang Klafki (Hrsg.): Geisteswissenschaftliche Pädagogik am Ende ihrer Epoche - Erich Weniger. Weinheim-Basel (Beltz) 1968, S. 103-114

Blankertz, Herwig: Bildung im Zeitalter der großen Industrie. Hannover (Schroedel) 1969

Blankertz, Herwig: Theorien und Modelle der Didaktik. 9. erw. Aufl. München (Juventa) 1975

Blankertz, Herwig: Handlungsrelevanz pädagogischer Theorie. Selbstkritik und Perspektive der Erziehungswissenschaft am Ausgang der Bildungsreform. In: Zeitschrift für Pädagogik. Jg. 24 (1978) S. 171-182

Blankertz, Herwig/Derbolav, Josef/Kell, Adolf/Kutscha, Günter (Hrsg.): Die Sekundarstufe II - Jugendbildung zwischen Schule und Beruf. In: Dieter Lenzen (Hrsg.): Enzyklopädie Erziehungswissenschaft. Bde. 9.1 u. 9.2. Stuttgart (Klett-Cotta) 1982

Blankertz, Herwig: Die Geschichte der Pädagogik. Wetzlar (Büchse der Pandora) 1982a

Blankertz, Herwig: Die Sekundarstufe II. Perspektiven unter expansiver und restriktiver Bildungspolitik. In: Dieter Lenzen (Hrsg.): Enzyklopädie Erziehungswissenschaft. Bd. 9.1. Stuttgart (Klett-Cotta) 1982b, S. 321-339

Blankertz, Stefan: Legitimität und Praxis. Öffentliche Erziehung als pädagogisches, soziales und ethisches Problem. Wetzlar (Büchse der Pandora) 1989

Bleidick, Ulrich: Betrifft Integration: Behinderte Schüler in allgemeinen Schulen. Berlin (Marhold) 1988

Bodenheimer, Aron R.: Plädoyer für die Unordnung. Bielefeld (Haux) 1994

Bönsch, Manfred: Differenzierungsformen. In: Dieter Lenzen (Hrsg.): Enzyklopädie Erziehungswissenschaft. Bd. 4. Stuttgart (Klett-Cotta) 1985, S. 411-421

Bönsch, Manfred: Variable Lernwege. Ein Lehrbuch der Unterrichtsmethoden. Paderborn (Schöningh) 1991

Bönsch, Manfred: Die beste Schule für mein Kind. Was Eltern wissen sollten, wenn sie sich auf dem „Schulmarkt“ umsehen. Freiburg-Basel-Wien (Herder) 1994

Böttcher, Wolfgang/Klemm, Klaus (Hrsg.): Bildung in Zahlen. Weinheim-München (Juventa) 1995

Bourdieu, Pierre/Passeron, Jean-Claude: Die Illusion der Chancengleichheit. Untersuchungen zur Soziologie des Bildungswesens am Beispiel Frankreich. Stuttgart (Klett) 1971

Bourdieu, Pierre: Die feinen Unterschiede. Frankfurt/M. (Suhrkamp) 1984

Bovet, Gislinde/Huwendiek, Volker (Hrsg.): Leitfaden Schulpraxis. Pädagogik und Psychologie für den Lehrberuf. Berlin (Cornelsen) 1994

Bracht, Ulla/Keiner, Dieter (Hrsg.): Geschlechterverhältnisse und die Pädagogik. Jahrbuch für Pädagogik 1994. Frankfurt/M. u. a. (Lang) 1994

Braunmühl, Ekkehard von: Anti-Pädagogik. Studien zur Abschaffung der Erziehung. Weinheim-Basel (Beltz) 1975

Bromme, Rainer: Der Lehrer als Experte. Zur Psychologie des professionellen Wissens. Bern-Göttingen-Toronto (Huber) 1992

Brück, Horst: Die Angst des Lehrers vor seinem Schüler. Zur Problematik verbliebener Kindlichkeit in der Unterrichtsarbeit des Lehrers - ein Modell. Reinbek (Rowohlt) 1978

Brügelmann, Hans: Kinder auf dem Weg zur Schrift. Eine Fibel für Lehrer und Laien. Konstanz (Faude) 1983

Brumlik, Micha: Symbolischer Interaktionismus. In: Dieter Lenzen/Klaus Mollenhauer (Hrsg.): Enzyklopädie Erziehungswissenschaft. Bd. 1. Stuttgart (Klett-Cotta) 1983, S. 232-245

Brumlik, Micha: Zur Zukunft pädagogischer Utopien. In: Zeitschrift für Pädagogik. Jg. 38 (1992) S. 529-545

Bründel, Heidrun/Hurrelmann, Klaus: Gewalt macht Schule. Wie gehen wir mit aggressiven Kindern um? München (Droemer Knauer) 1994

Bund der Steuerzahler Niedersachsen und Bremen e. V.: Mit Einsparungen Schule machen. Empfehlungen für eine finanzierbare Schulpolitik in Niedersachsen. Hannover, August 1996

Bund-Länder-Kommission für Bildungsplanung und Forschungsförderung: Ausgaben der Gebietskörperschaften für Bildung und Wissenschaft in den Jahren 1993 (Ist), 1994 und 1995 (Soll). Bonn 1996

Bundesminister für Bildung und Wissenschaft: Grund- und Strukturdaten 1992/93. Bad Honnef (Karl Heinrich Bock) 1992

Bundesminister für Bildung und Wissenschaft: Grund- und Strukturdaten 1994/95. Bad Honnef (Karl Heinrich Bock) 1994

Bünting, Karl-Dieter/Bitterlich, Axel/Pospiech, Ulrike: Schreiben im Studium. Ein Trainingsprogramm. Berlin (Cornelsen Scriptor) 1996

Burisch, Matthias: Ausgebrannt, verschlissen, durchgerostet. In: Psychologie heute. 21. Jg., H. 9 (1994) S. 22-26

Buzan,Tony: Kopftraining. Anleitung zum kreativen Denken. München (Orbis) 1984

Cammans, Klaus: Der Schulleiter als Betriebsleiter. In: Pädagogische Führung. 7. Jg. (1996) S. 75-81

Cohn, Ruth: Von der Psychoanalyse zur themenzentrierten Interaktion. Stuttgart (Klett) 1975

Cohn, Ruth/Terfurth,Christina (Hrsg.): Lebendiges Lehren und Lernen. TZI macht Schule. Stuttgart (Klett-Cotta) 1993

Combe, Arno: Kritik der Lehrerrolle. München (List) 1971

Combe, Arno: Zur Arbeitssituation des Lehrers. München (List) 1975

Combe, Arno/Helsper, Werner: Was geschieht im Klassenzimmer? Perspektiven einer hermeneutische Schul- und Unterrichtsforschung. Weinheim (Deutscher Studien Verlag) 1994

Combe, Arno/Buchen, Sylvia: Belastung von Lehrerinnen und Lehrern. Fallstudien zur Bedeutung alltäglicher Handlungsabläufe an unterschiedlichen Schulformen. Weinheim-München (Juventa) 1996

Comenius, Johann Amos: Große Didaktik. Übers. u. hrsg. von Andreas Flitner. 2. überarb. Aufl. Düsseldorf-München (Küpper/Bondi) 1960

Comenius, Johann Amos: Orbis sensualium pictus. Dortmund (Harenberg) 1978 (Nachdruck der Ausgabe 1658)

Condorcet, Marquis de (Marie-Jean-Antoine-Nicola Caritat): Allgemeine Organisation des öffentlichen Unterrichtswesens (erstmals 1792) Weinheim (Beltz) 1966

Czerwenka, Kurt/Nölle, Karin/Pause, Gerhard/Schlotthaus, Werner/Schmidt, Hans-Joachim/Tessloff, Janina: Schülerurteile über die Schule. Bericht über eine internationale Untersuchung. Frankfurt/M. u. a. (Lang) 1990

Dählmann, Ursula/Fangmann, Petra/Visser, Ingrid: Schweigende Schülerinnen. In: Wolfgang Fichten (Hrsg.): „Die Praxis freut sich auf die Theorie": Was leisten Forschungswerkstätten für Schulen? Oldenburg (Zentrum für pädagogische Berufspraxis) 1996, S. 21–30

Dahmer, Ilse/Klafki, Wolfgang (Hrsg.): Geisteswissenschaftliche Pädagogik am Ausgang ihrer Epoche – Erich Weniger. Weinheim-Basel (Beltz) 1968

Dalin, Per/Rolff, Hans-Günter/Buchen, Herbert: Institutioneller Schulentwicklungsprozeß. 2. überarb. Aufl. Bönen (Verlag für Schule und Weiterbildung) 1995

Danner Helmut: Methoden geisteswissenschaftlicher Pädagogik. Einführung in Hermeneutik, Phänomenologie und Dialektik. 2. erg. Aufl. München-Basel (Reinhardt) 1989

Daschner, Peter/Rolff, Hans Günter/Stryck, Tom (Hrsg.): Schulautonomie – Chancen und Grenzen. Weinheim-München (Juventa) 1995

Demmer-Diekmann, Irene u. a.: Auf dem Weg zu einer Schule für alle Kinder. Schulversuch über den „Gemeinsamen Unterricht" in der Primarstufe der Laborschule Bielefeld. Werkstatthefte Nr. 7. Bielefeld 1996

Deutscher Bildungsrat: Empfehlungen der Bildungskommission: Strukturplan für das Bildungswesen. Stuttgart (Klett) 1970

Deutscher Bildungsrat: Zur pädagogischen Förderung Behinderter und von Behinderung bedrohter Kinder und Jugendlicher. Stuttgart (Klett) 1973

Deutscher Bildungsrat: Empfehlungen der Bildungskommission: Zur Neuordnung der Sekundarstufe II – Konzept für eine Verbindung von allgemeinem und beruflichem Lernen. Stuttgart (Klett) 1975

Dewey, John: Wie wir denken. Eine Untersuchung über die Beziehung des reflektiven Denkens zum Prozeß der Erziehung. Zürich (Morgarten) 1951

Dewey, John: Demokratie und Erziehung. Eine Einleitung in die philosophische Pädagogik. 3. Aufl. Braunschweig (Westermann) 1964

Dick, Andreas: Vom unterrichtlichen Wissen zur Praxisreflexion. 2. Aufl. Bad Heilbrunn (Klinkhardt) 1996

Dick, Lutz van: Alternativschulen. Reinbek (Rowohlt) 1979

Diederich, Jürgen: Der Lehrer. In: Dieter Lenzen (Hrsg.): Erziehungswissenschaft – Ein Grundkurs. Reinbek (Rowohlt) 1994, S. 233–237

Diederich, Jürgen/Tenorth, Heinz-Elmar: Theorie der Schule. Ein Studienbuch zu Geschichte, Funktionen und Gestaltung. Berlin (Cornelsen Scriptor) 1997

Dietrich, Ellen/Peetz, Marietta: Soll und Haben. Der Schulleiter aus Schülerinnensicht. In: Pädagogik. Jg. 41, H. 11 (1989) S. 33–34

Dietrich, Theo: Zeit- und Grundfragen der Pädagogik. 7. erweit. Aufl. Bad Heilbrunn (Klinkhardt) 1992

Dietze, Lutz: Arbeitsplatz Schule. Das „Berufsrecht" des Schülers. In: Friedrich

Verlag (Hrsg.): Schüler. Herausforderungen für Lehrer. Jahresheft 1984. Seelze (Friedrich) 1984, S. 132–135

Dirks, Una: Mit Metaphern deuten lernen. Eine Unterrichtsreihe am Beispiel des Films Dead Poets Society. In: Praxis des neusprachlichen Unterrichts. (1994) S. 138–151

Dirks, Una: Vom biographischen Erzählen zum diskursiven Nachdenken. Eine selbstkritische Ausgangsplattform für die Werkstattarbeit in der Lehrerbildung. In: Wolfgang Fichten (Hrsg.): „Die Praxis freut sich auf die Theorie": Was leisten Forschungswerkstätten für Schulen? Oldenburg (Zentrum für pädagogische Berufspraxis) 1996, S. 58–74

Dirlewanger, Heinz und Mitarbeiter: Gemütlichkeit im Schulbau. Untersuchungen zur gebauten Schulumwelt. Villingen-Schwenningen (Neckar-Verlag) 1977

Dolch, Josef: Lehrplan des Abendlandes. Darmstadt (Wissenschaftliche Buchgesellschaft) 1982 (reprogr. Nachdr. der 3. Aufl. Ratingen 1971)

Döpp, Wiltrud/Hansen, Sylvie/Kleinespel, Karin: Eine Schule für alle Kinder. Die Laborschule im Spiegel von Bildungsbiographien. Weinheim-Basel (Beltz) 1996

Dörger, Ursula: Projekt Lehrerkooperation. Eine pädagogische Konzeption zur Weiterentwicklung von Gesamtschulen. Weinheim-München (Juventa) 1992

Döring, Klaus W.: Lehrerverhalten: Theorie – Praxis – Forschung. Weinheim-Basel (Beltz) 1980

Doyle, W.: Classroom organization and management. In: M. C. Wittrock (Ed.): Handbook of research on teaching. New York 1986, pp. 392–431

Duncker, Ludwig: Erfahrung und Methode. Studien zur dialektischen Begründung einer Pädagogik der Schule. Langenau-Ulm (Armin Vaas) 1987

Eberwein, Hans (Hrsg.): Handbuch Lernen und Lern-Behinderungen. Weinheim-Basel (Beltz) 1996

Eberwein, Hans (Hrsg.): Behinderte und Nichtbehinderte lernen gemeinsam. Handbuch der Integrationspädagogik. 2. überarb. Aufl. Weinheim-Basel (Beltz) 1990a

Eberwein, Hans: Zur dialektischen Aufhebung der Sonderpädagogik. In: ders.: Behinderte und Nichtbehinderte lernen gemeinsam. Handbuch der Integrationspädagogik. 2. überarb. Aufl. Weinheim-Basel (Beltz) 1990b, S. 343–345

Edelmann, Walter: Lernpsychologie. Weinheim-München (Psychologie Verlags Union) 1993

Eickhorst, Annegret: Freie Schulen und ihre pädagogischen Konzeptionen. In: Leo Roth (Hrsg.): Pädagogik. München (Ehrenwirth) 1991, S. 416–431

Einsiedler, Wolfgang: Schulpädagogischer Grundkurs. Donauwörth (Auer) 1974

Ekholm, Mats/Meyer, Hilbert/Meyer-Dohm, Peter/Schratz, Michael/Strittmatter, Anton: Wirksamkeit und Zukunft der Lehrerfortbildung in Nordrhein-Westfalen. Düsseldorf (Concept Verlag) 1995

Elashoff, Janet D./Snow, Richard E.: Pygmalion auf dem Prüfstand. München (Kösel) 1972

Elias, Norbert: Über den Prozeß der Zivilisation. Soziogenetische und psychogenetische Untersuchungen. 2 Bde. Bern (Francke) 1969; fotomech. Nachdr. Frankfurt/M. (Suhrkamp) 1979

Enders-Dragässer, Uta/Fuchs, Claudia (Hrsg.): Frauensache Schule: Aus dem deutschen Schulalltag. Erfahrungen, Analysen, Alternativen. Frankfurt/M. (Fischer) 1990

Europäische Kommission (Hrsg.): Strukturen der Allgemeinen und Beruflichen Bildung in der Europäischen Union. 2. Ausg. Luxemburg (Amt für amtliche Veröffentlichungen der Europäischen Gemeinschaften) 1995

Europäische Kommission: Weißbuch Lehren und Lernen. Auf dem Weg zur kognitiven Gesellschaft. Luxemburg (Amt für amtliche Veröffentlichungen der Europäischen Gemeinschaften) 1996

Faulstich-Wieland, Hannelore: Koedukation – enttäuschte Hoffnungen? Darmstadt (Wissenschaftliche Buchgesellschaft) 1991

Faulstich-Wieland, Hannelore: Schule: ein unbekannter Lebensraum. In: Pädagogik, Jg. 44, H. 7/8 (1992) S. 14–17

Faulstich-Wieland, Hannelore/Horstkemper, Marianne: „Trennt uns bitte, bitte, nicht". Koedukation aus Mädchen- und aus Jungensicht. Opladen (Leske + Budrich) 1995

Fauser, Peter: Pädagogische Freiheit in Schule und Recht. Weinheim-Basel (Beltz) 1986

Faust-Siehl, Gabriele/Garlichs, Ariane/Ramseger, Jörg/Schwarz, Hermann/Warm, Ute: Die Zukunft beginnt in der Grundschule. Empfehlungen zur Neugestaltung der Primarstufe. Reinbek (Rowohlt) 1996

Feldhoff, Jürgen: Probleme einer organisationssoziologischen Analyse der Schule. In: Klaus Hurrelmann (Hrsg.): Soziologie der Erziehung. Weinheim-Basel (Beltz) 1974, S. 245–261

Fels, Gerhard: Der verwaltete Schüler. Ein Bericht aus dem Schulalltag. München (Beck) 1994

Fend, Helmut: Gesellschaftliche Bedingungen schulischer Sozialisation. 5. Aufl. Weinheim-Basel (Beltz) 1974

Fend, Helmut: Schulklima: Soziale Einflußprozesse in der Schule. Weinheim-Basel (Beltz) 1977

Fend, Helmut: Theorie der Schule. München-Wien-Baltimore (Urban & Schwarzenberg) 1980

Fichten, Wolfgang: Was kann man tun, um mit Schülern über Unterrichtsmethoden ins Gespräch zu kommen? In: Pädagogik. H. 1 (1989) S. 30–35

Fichten, Wolfgang: Unterricht aus Schülersicht. Frankfurt/M. (Lang) 1993

Fichten, Wolfgang: Emotionen im Unterricht – Unterricht über Emotionen. In: Lehrer, Schüler, Unterricht. Handbuch für den Schulalltag. 22. Lieferung (Raabe Verlag) 1996

Fingerle, Karlheinz: Funktionen und Probleme der Schule. München (Kösel) 1973

Fingerle, Karlheinz: Schule. In: Dieter Lenzen (Hrsg.): Enzyklopädie Erziehungswissenschaft. Bd. 1. Stuttgart (Klett-Cotta) 1983a, S. 526–530

Fingerle, Karlheinz: Schüler. In: Dieter Lenzen (Hrsg.): Enzyklopädie Erziehungswissenschaft. Bd. 1. Stuttgart (Klett-Cotta) 1983b, S. 530–534

Fingerle, Karlheinz: Von Parsons bis Fend – strukturell-funktionale Schultheorien. In: Klaus-Jürgen Tillmann (Hrsg.): Schultheorien. Hamburg (Bergmannn + Helbig) 1987, S. 47–59

Fischer, Walter A./Schratz, Michael: Schule leiten und gestalten. Mit einer neuen Führungskultur in die Zukunft. Innsbruck (Österreichischer Studienverlag) 1993

Fischer, Wolfgang: Jugend als pädagogische Kategorie. In: Dieter Lenzen (Hrsg.): Enzyklopädie Erziehungswissenschaft. Bd. 9.1. Stuttgart (Klett-Cotta) 1982, S. 19–41

Flaake, Karin: Berufliche Orientierungen von Lehrerinnen und Lehrern. Frankfurt/M. (Campus) 1989

Flaake, Karin: Geschlechterdifferenz und Institution Schule. In: Marianne Horstkemper/Luise Wagner-Winterhager (Hrsg.): Mädchen und Jungen – Männer und Frauen in der Schule. 1. Beiheft Die Deutsche Schule. Weinheim (Juventa) 1990, S. 160–171

Flechsig, Karl-Heinz/Haller, Hans-Dieter: Entscheidungsprozesse in der Curriculumentwicklung. Gutachten und Studien der Bildungskommission. Bd. 24. Stuttgart (Klett) 1973

Flechsig, Karl-Heinz/Haller, Hans-Dieter: Einführung in didaktisches Handeln. Stuttgart (Klett) 1975

Flitner, Andreas: Konrad, sprach die Frau Mama ... Über Erziehung und Nicht-Erziehung. Berlin (Severin und Siedler) 1982

Flößner, Wolfram: Sozialschicht und Lerngruppe in der Gesamtschule. Schwalbach (Wochenschau Verlag) 1974

Flößner, Wolfram: Schulleiter: Amt und Rolle. Schulleiter-Handbuch. Bd. 15. Braunschweig (Westermann) o. J. (1980)

Flößner, Wolfram: Partizipation in der Schule. Die Schulkonferenz. München (SL Verlag) o. J. (1995)

Fölling-Albers, Maria: Schulkinder heute. Weinheim-Basel (Beltz) 1992a

Fölling-Albers, Maria: Wandel der Kindheit - Wandel der Schule. Weinheim-Basel (Beltz) 1992b

Fölling-Albers, Maria/Hopf, Arnulf: Auf dem Weg vom Kleinkind zum Schulkind. Eine Langzeitstudie zum Aufwachsen in verschiedenen Lebensräumen. Opladen (Leske + Budrich) 1995

Foucault, Michel: Überwachen und Strafen. Die Geburt des Gefängnisses. Frankfurt/M. (Suhrkamp) 1976

Friedeburg, Ludwig von/Oehler, Christoph: Staatliche Bildungsplanung. In: Martin Baethge/Knut Nevermann (Hrsg.): Enzyklopädie Erziehungswissenschaft Bd. 5. Stuttgart (Klett-Cotta) 1984, S. 244-258

Friedeburg, Ludwig von: Bildungsreform in Deutschland. Geschichte und gesellschaftlicher Widerspruch. Frankfurt/M. (Suhrkamp) 1992

Friedrich Verlag (Hrsg.): Schüler. Herausforderungen für Lehrer. Jahresheft 1984. Seelze (Friedrich) 1984

Fromm, Martin: Die Sicht der Schüler in der Pädagogik. Weinheim (Deutscher Studien Verlag) 1987

Fromm, Martin: Schüler. In: Helmwart Hierdeis/Theo Hug (Hrsg.): Taschenbuch der Pädagogik. Bd. 4. Baltmannsweiler (Schneider Hohengehren) 4. überarb. Aufl. 1996, S. 1260-1268

Fuhrmann, Elisabeth: Was kommt nach der Wende? Ostdeutsche Schülerinnen und Schüler vor und nach der Wende. In: Pädagogik. Jg. 45, H. 4 (1993)

Fuhrmann, Elisabeth (Hrsg.): Chancen und Probleme der gymnasialen Oberstufe. Stuttgart (Raabe) 1995

Gage, Nathaniel L./Berliner, David C.: Pädagogische Psychologie. 4. völlig neu bearb. Aufl. Weinheim-Basel (Beltz) 1986

Gagné, Robert M.: Die Bedingungen des Lernens. Hannover (Schroedel) 1969

Gairing, Fritz: Organisationsentwicklung als Lernprozeß von Menschen und Systemen. Weinheim (Deutscher Studienverlag) 1996

Garz, Detlef: Paradigmenschwund und Krisenbewußtsein. Zum gegenwärtigen Stand erziehungswissenschaftlicher Theoriebildung. In: Pädagogische Rundschau. Jg. 43 (1989) S. 17-35

Garz, Detlef/Kraimer, Klaus (Hrsg.): Die Welt als Text. Zum Projekt einer hermeneutisch-rekonstruktiven Sozialwissenschaft. Frankfurt/M. (Suhrkamp) 1994

Garz, Detlef: Schulische Sozialisation – Generierung individueller Modernität? In: Werner Helsper/Heinz-Hermann Krüger/Hartmut Wenzel (Hrsg.): Schule und Gesellschaft im Umbruch. Bd. 1. Weinheim (Deutscher Studien Verlag) 1996, S. 107-131

Gaudig, Hugo: Die Schule im Dienste der werdenden Persönlichkeit. 2 Bde. Leipzig (Quelle & Meyer) 1917

Geheeb, Paul: École d'Humanité. Schule der Menschlichkeit. Eigendruck Goldern (École d'Humanité) 1946; Teilnachdruck in: Rudolf Lassahn (Hrsg.): Das Schulleben. Bad Heilbrunn (Klinkhardt) 1969, S. 41-45

Gers, Dieter (Hrsg.): Das Sonderpägagogische Förderzentrum. Soltau (Schulze) 1991

Geulen, Dieter: Sozialisation. In: Dieter Lenzen (Hrsg.): Erziehungswissenschaft. Ein Grundkurs. Reinbeck (Rowohlt) 1994, S. 99-132

Giesecke, Hermann: Wozu ist die Schule da? Die neue Rolle von Eltern und Lehrern. Stuttgart (Klett-Cotta) 1996

Giesecke, Hermann: Die pädagogische Beziehung. Weinheim-München (Juventa) 1997

Glöckel, Hans: Vom Unterricht. 3. überarb. Aufl. Bad Heilbrunn (Klinkhardt) 1996

Goffman, Erving: Interaktionsrituale. Über Verhalten in direkter Kommunikation. Frankfurt/M. (Suhrkamp) 1971

Goffman, Erving: Wir alle spielen Theater. Die Selbstdarstellung im Alltag. München-Zürich (Piper) 1983

Goodman, Paul: Das Verhängnis der Schule. Frankfurt/M. (Athenäum/Fischer) 1975

Goodson, Ivor/Hopmann, Stefan/Riquarts, Kurt: Das Schulfach als Handlungsrahmen. Köln (Böhlau) 1995

Gottfredson, D.: An empirical test of school-based environmental and individual interventions to reduce the risk of delinquent behavior. In: Criminology. Vol. 24 (1986), pp. 705-729

Greving, Johannes/Paradies, Liane: Unterrichts-Einstiege. Berlin (Cornelsen Scriptor) 1996

Grisebach, Eberhard: Die Grenzen des Erziehers und seine Verantwortung. Halle/Saale (Niemeyer) 1924

Groeben, Norbert/Wahl, Diethelm/Schlee, Jörg/Scheele, Brigitte: Forschungsprogramm Subjektive Theorien. Eine Einführung in die Psychologie des reflexiven Subjekts. Tübingen (Francke) 1988

Grolle, Joist: Verteidigte Aufklärung. Plädoyers zu Erziehung und Politik. Weinheim-München (Juventa) 1988

Gruschka, Andreas/Kutscha, Günter: Berufsorientierung als „Entwicklungsaufgabe“ der Berufsausbildung. In: Zeitschrift für Pädagogik. Jg. 29 (1983) S. 877-891

Gruschka, Andreas: Wie Schüler Erzieher werden. Wetzlar (Büchse der Pandora) 1985

Gruschka, Andreas: Negative Pädagogik. Einführung in die Pädagogik mit Kritischer Theorie. Wetzlar (Büchse der Pandora) 1988

Gruschka, Andreas (Hrsg.): Wozu Pädagogik? Die Zukunft bürgerlicher Mündigkeit und öffentlicher Erziehung. Darmstadt (Wissenschaftliche Buchgesellschaft) 1996

Gudjons, Herbert: Pädagogisches Grundwissen. 4. überarb. u. erw. Aufl. Bad Heilbrunn (Klinkhardt) 1995

Gudjons, Herbert/Köpke, Andreas (Hrsg.): 25 Jahre Gesamtschule in der Bundesrepublik Deutschland. Bad Heilbrunn (Klinkhardt) 1996

Gueinzius, Ines: Die Rhythmisierung des Unterrichts an Grundschulen. Oldenburg (unveröff. Hausarbeit zum Ersten Staatsexamen) 1993

Güffens, Friederike: Die Pädagogin Stefania Wilczynska. Nachforschungen zu Janusz Korczaks vergessener Mitarbeiterin. Oldenburg (Zentrum für pädagogische Berufspraxis) 1995

Gukenbiehl, Hermann L.: Institution und Organisation. In: Hermann Korte/Bernhard Schäfers (Hrsg.): Einführung in Hauptbegriffe der Soziologie. Opladen (Leske + Budrich) 1992, S. 95-110

Günther, Karl-Heinz/Hofmann, Franz/Hohendorf, Gerd/König, Helmut/Schuffenhauer, Heinz (Hrsg.): Geschichte der Erziehung. 15. Aufl. Berlin (Volk und Wissen) 1987

Habermas, Jürgen: Erkenntnis und Interesse. Frankfurt/M. (Suhrkamp) 1968

Habermas, Jürgen: Legitimationsprobleme im Spätkapitalismus. Frankfurt/M. (Suhrkamp) 1973

Habermas, Jürgen: Theorie des kommunikativen Handelns. 2 Bde. Frankfurt/M. (Suhrkamp) 1981

Habermas, Jürgen: Zur Logik der Sozialwissenschaften. Beiheft 5 der Philosophischen Rundschau. Tübingen (Siebeck & Mohr) 1967; Nachdr. Frankfurt/M. (Suhrkamp) 1982

Haeberlin, Urs: Die Integration von leistungsschwachen Schülern - Ein überblick über empirische Forschungsergebnisse zur Wirkung von Regelklassen, Integrationsklassen und Sonderklassen für „Lernbehinderte“. In: Zeitschrift für Pädagogik. Jg. 37 (1991) S. 167–189

Haenisch, Hans/Lukesch, Helmut: Ist die Gesamtschule besser? München-Wien-Baltimore (Urban & Schwarzenberg) 1980

Haenisch, Hans: Gute und schlechte Schulen im Spiegel der empirischen Schulforschung. In: Westermanns Pädagogische Beiträge. H. 7/8 (1986) S. 18–23

Hagstedt, Herbert/Hildebrand-Nilshon, Martin (Hrsg.): Schüler beurteilen Schule. Analyse und Interpretation von Dokumenten zum Schulalltag aus dem Blickwinkel von Schülern. Düsseldorf (Schwann) 1980

Hameyer, Uwe: Pädagogische Ideenkiste Primarbereich. Kronshagen (Körner) 1994

Handke, Ulrike: Der Mutmacher. Ratgeber für den pädagogischen Berufseinstieg. Berlin (Cornelsen Scriptor) 1997

Hänsel, Dagmar: Die Anpassung des Lehrers. Weinheim-Basel (Beltz) 1975

Hänsel, Dagmar: Wer ist der Professionelle? Analyse der Professionalisierungsproblematik im Geschlechterzusammenhang. In: Zeitschrift für Pädagogik. Jg. 38 (1992), S. 873–893

Harenberg Lexikon der Gegenwart: Aktuell ’97. Dortmund (Harenberg Lexikon Verlag) 1996

Harringa, Christian: Ein Schulprofil aus Schülersicht. In: Pädagogik. Jg. 40, H. 11 (1988) S. 30–31

Hassio, B. (Hrsg.): „Schüler“. Zur Schule, über die Schule, gegen die Schule. Weinheim (Beltz & Gelberg) 1980

Hauer, Siegfried/Friedrich, Gerd (Hrsg.): Hauptschule heute: Das erweiterte Bildungsangebot an Hauptschulen. Bd. 1. Bühl-Baden 1985

Haug, Frigga: Kritik der Rollentheorie. Frankfurt/M. (Fischer) 1972

Hausmann, Gottfried: Didaktik als Dramaturgie des Unterrichts. Heidelberg (Quelle & Meyer) 1959

Havighurst, R. J.: Developmental Tasks and Education. 3rd ed. New York (Mc Kay Company) 1972

Heck, Gerhard/Edlich, Günter (Hrsg.): Die Sekundarstufe II. Grundlagen – Modelle – Entwürfe. Darmstadt (Wissenschaftliche Buchgesellschaft) 1978

Heckel, Hans/Avenarius, Hermann: Schulrechtskunde. Ein Handbuch für Praxis, Rechtsprechung und Wissenschaft. 6. völlig neubearb. Aufl. Neuwied-Darmstadt (Luchterhand) 1986 (7. erw. Aufl. in Vorb.)

Heid, Helmut: Erziehung. In: Dieter Lenzen (Hrsg.): Erziehungswissenschaft. Ein Grundkurs. Reinbeck (Rowohlt) 1994, S. 43–68

Heiland, Helmut: Lehrer und Schüler heute. Aktuelle Probleme der Lehrer- und Schülerforschung. Königstein/Ts. (Scriptor) 1979

Heintz, Peter (Hrsg.): Soziologie der Schule. Köln-Opladen (Westdeutscher Verlag) 1966

Heinze, Thomas: Schülertaktiken. München-Wien-Baltimore (Urban & Schwarzenberg) 1980

Heitmeyer, Wilhelm/Olk, Thomas (Hrsg.): Individualisierung von Jugend. Gesellschaftliche Prozesse, subjektive Verarbeitungsformen, jugendpolitische Konsequenzen. Weinheim-München (Juventa) 1990

Held, Martin/Geißler, Karlheinz A. (Hrsg.): Ökologie der Zeit. Vom Finden der rechten Zeitmaße. Stuttgart (Wissenschaftliche Verlagsgesellschaft) 1993

Heldmann, Werner: Kultureller und gesellschaftlicher Auftrag von Schule. Krefeld (Pädagogik & Hochschul Verlag) 1990

Hellekamps, Stephanie: Erziehender Unterricht und Didaktik. Neuere Didaktiktheorien im Horizont klassischer Begriffsbestimmungen. Weinheim (Deutscher Studien Verlag) 1991

Heller, Albert/Semmerling, Rüdiger: Das Pro-Wo-Buch. Königstein/Ts. (Scriptor) 1983

Henningsen, Jürgen: Erfolgreich manipulieren – Methoden des Beybringens. Ratingen-Kastellaun (Henn) 1974

Hensel, Horst: Die neuen Kinder und die Erosion der alten Schule. 7. erw. Aufl. Lichtenau-München (AOL-Lexika Verlag) 1995

Hentig, Hartmut von: Systemzwang und Selbstbestimmung. Über die Bedingungen der Gesamtschule in der Industriegesellschaft. Stuttgart (Klett) 1968

Hentig, Hartmut von: Schule als Erfahrungsraum? Eine Übung im Konkretisieren einer pädagogischen Idee. Stuttgart (Klett) 1973

Hentig, Hartmut von: Die Krise des Abiturs und eine Alternative. Stuttgart (Klett-Cotta) 1980

Hentig, Hartmut von: Das allmähliche Verschwinden der Wirklichkeit. Ein Pädagoge ermutigt zum Nachdenken über die neuen Medien. München-Wien (Hanser) 1984

Hentig, Hartmut von: Wie frei sind Freie Schulen? Gutachten für ein Verwaltungsgericht. Stuttgart (Klett-Cotta) 1985

Hentig, Hartmut von: Die Schule neu denken. München (Hanser) 1993

Hentig, Hartmut von: Bildung. Ein Essay. München (Hanser) 1996

Herbart, Johann Friedrich: Allgemeine Pädagogik, aus dem Zweck der Erziehung abgeleitet (1806). In: ders.: Pädagogische Schriften, Bd. 2. Hrsg. von Walter Asmus, Düsseldorf-München (Küpper-Bondi) 1965, S. 9–155

Herbart, Johann Friedrich: Die ersten Vorlesungen über Pädagogik. In: ders.: Pädagogische Schriften. Bd. 1. Hrsg. von Walter Asmus, Düsseldorf-München (Küpper/Bondi) 1964, S. 121–130

Herbart, Johann Friedrich: Umriß pädagogischer Vorlesungen. In: ders.: Pädagogische Schriften. Bd. 3. Hrsg. von Walter Asmus, Düsseldorf-München (Küpper/Bondi) 1965, S. 155–300

Hericks, Uwe: Über das Verstehen von Physik. Physikalische Theoriebildung bei Schülern der Sekundarstufe II. Münster-New York (Waxmann) 1993

Herrlitz, Hans-Georg: Studium als Standesprivileg. Frankfurt/M. (Fischer/Athenäum) 1973

Herrlitz, Hans-Georg/Hopf, Wulf/Titze, Hartmut: Deutsche Schulgeschichte von 1800 bis zur Gegenwart. Eine Einführung. erw. Neuaufl. Weinheim-München (Juventa) 1993

Heursen, Gerd: Kompetenz – Performanz. In: Dieter Lenzen (Hrsg.): Enzyklopädie Erziehungswissenschaft. Bd. 1. Stuttgart (Klett-Cotta) 1983, S. 472–478

Heydorn, Heinz-Joachim: Über den Widerspruch von Bildung und Herrschaft. Bildungstheoretische Schriften. Bd. 2. Frankfurt/M. (Europäische Verlags Anstalt) 1981

Hickel, Johannes: Sanfter Schrecken. Blätter aus dem pädagogischen Alltag. Heidelberg (Quelle & Meyer) 1985

Hierdeis, Helmwart/Theo Hug: Pädagogische Alltagstheorien und erziehungswissenschaftliche Theorien. Bad Heilbrunn (Klinkhardt) 1992

Hilgard, E. R./Bower, G. H.: Lerntheorien. Stuttgart (Klett-Cotta) 1984

Hiller, Gotthilf Gerhard: Von normierter Einfalt zu normaler Vielfalt. In: Zeitschrift für Pädagogik. Jg. 37 (1991) S. 225–244

Hoben, Josef (Hrsg.): Der dornige Schulweg. Erzählungen über die Leiden und Freuden der Schulzeit. Friedrichshafen (Gessler) 1990

Høeg, Peter: Der Plan von der Abschaffung des Dunkels. München-Wien (Hanser) 1995

Hofer, Manfred/Pekrun, Reinhard/Zielinski, Werner: Die Psychologie des Lernens. In: Bernd Weidenmann/Andreas Krapp (Hrsg.): Pädagogische Psychologie. 2. neubearb. Aufl. Weinheim-Basel (Beltz/Psychologie Verlags Union) 1993, S. 219–275

Höher, Peter/Rolff, Hans-Günter: Neue Herausforderungen an Schulleitungsrollen: Management – Führung – Moderation. In: Hans-Günter Rolff/Karl-Oswald Bauer/Klaus Klemm/Hermann Pfeifer (Hrsg.): Jahrbuch der Schulentwicklung. Bd. 9. Weinheim-München (Juventa) 1996, S. 187-220

Holtappels, Heinz Günter (Hrsg.): Entwicklung von Schulkultur. Ansätze und Wege schulischer Erneuerung. Neuwied-Kriftel-Berlin (Luchterhand) 1995

Holtappels, Heinz Günter: Grundschule bis mittags. Weinheim-München (Juventa) 1997

Holzkamp, Klaus: Lernen. Subjektwissenschaftliche Grundlegung. Frankfurt/M.-New York (Campus) 1993

Hönig, Heinrich: Der Schulhausmeister. Braunschweig (SL-Verlag) 1982

Hopf, Arnulf: Grundschularbeit heute. München (Ehrenwirth/Veritas) 1992

Hopf, Arnulf: Sozialpädagogik für Lehrerinnen und Lehrer. München (Ehrenwirth) 1997

Hopf, Christel/Nevermann, Knut/Richter, Ingo: Schulaufsicht und Schule. Eine empirische Studie der administrativen Rahmenbedingungen schulischer Erziehung. Stuttgart (Klett-Cotta) 1980

Hopfner, Johanna: „... die Praxis wird nur mit der Theorie eine bewußtere." - Einige Überlegungen im Anschluß an Friedrich Schleiermacher. In: Hans-Walter Leonhard/Eckart Liebau/Michael Winkler (Hrsg.): Pädagogische Erkenntnis. Grundlagen pädagogischer Theoriebildung. Weinheim-München (Juventa) 1995, S. 59-68

Hornung, Hermann (Hrsg.): Die Hauptschul-Fundgrube. Das Nachschlagewerk für jeden Tag. Berlin (Cornelsen Scriptor) 1997

Horstkemper, Marianne: Schule, Geschlecht und Selbstvertrauen. Eine Längsschnittstudie über Mädchensozialisation in der Schule. Weinheim-München (Juventa) 1987

Horstkemper, Marianne: Mädchen und Frauen im Bildungswesen. In: Wolfgang Böttcher/Klaus Klemm (Hrsg.): Bildung in Zahlen. Weinheim-München (Juventa) 1995, S. 188-216

Humboldt, Wilhelm von: Schriften zur Anthropologie und Bildungslehre. Hrsg. Andreas Flitner, Düsseldorf (Küpper/Bondi) 1956

Hurrelmann, Klaus: Erziehungssystem und Gesellschaft. Reinbek (Rowohlt) 1975

Hurrelmann, Klaus/Wolf, Hartmut K.: Schulerfolg und Schulversagen im Jugendalter. Fallanalysen von Bildungslaufbahnen. Weinheim-München (Juventa) 1986

Hurrelmann, Klaus: Plädoyer für eine Schulreform, in der Gymnasien und Gesamtschulen die Basisformen bilden: „Zwei-Wege-Modell". In: Johann-Jakobs-Stiftung (Hrsg.): Jugend, Bildung und Arbeit. Zürich 1992, S. 38-63

Hurrelmann, Klaus: Einführung in die Sozialisationstheorie. Über den Zusammenhang von Sozialstruktur und Persönlichkeit. 5. überarb. Aufl. Weinheim-Basel (Beltz) 1995

Hurrelmann, Klaus/Rixius, Norbert/Schirp, Heinz: Gegen Gewalt in der Schule. Ein Handbuch für Elternhaus und Schule. Weinheim-Basel (Beltz) 1996a

Hurrelmann, Klaus: Das deutsche Schulsystem privatisiert sich. In: Pädagogik. Jg. 48, H. 9 (1996b) S. 35-39

Illich, Ivan: Entschulung der Gesellschaft. München (Kösel) 1972

Ilsemann, Cornelia von/Schnack, Jochen: Wir verändern unsere Oberstufe. Die Profiloberstufe in der Hamburger Max-Brauer-Schule. In: Johannes Bastian/Gunter Otto (Hrsg.): Schule Gestalten. Hamburg (Bergmann und Helbig) 1995, S. 95-117

Institut für Entwicklungsplanung und Strukturforschung GmbH Cornelia Behrens u. a.: Regionale Strukturanalyse des Schul- und Hochschulsystems in Niedersachsen. Hannover (Eigenverlag) 1991

Ipfling, Heinz-Jürgen/Lorenz, Ulrike (Hrsg.): Die Hauptschule. Materialien - Entwicklungen - Konzepte. Bad Heilbrunn (Klinkhardt) 1991

Jank, Werner/Meyer, Hilbert: Didaktische Modelle. Frankfurt/M. (Cornelsen Scriptor) 1991

Jaumann Olga/Riedinger, Werner: Integrativer Unterricht in der Grundschule. Frankfurt/M. (Diesterweg) 1996

Jürgens, Eiko: Die Orientierungsstufe. In: Leo Roth (Hrsg.): Pädagogik. München (Ehrenwirth) 1991, S. 359-372

Jürgens, Eiko: Leistung und Beurteilung in der Schule. Sankt Augustin 1992

Kahl, Detlef (Hrsg.): Schule überleben. Handbuch für Unbelehrbare. Reinbek (Rowohlt) 1983

Kanders, Michael/Rösner, Ernst/Rolff, Hans-Günter: Das Bild der Schule aus der Sicht von Schülern und Lehrern. Ergebnisse zweier IFS-Repräsentativbefragungen. In: Hans-Günter Rolff/Karl-Oswald Bauer/Klaus Klemm/Hermann Pfeifer (Hrsg.): Jahrbuch der Schulentwicklung. Bd. 9. Weinheim-München (Juventa) 1996, S. 57-113

Kant, Immanuel: Werke in sechs Bänden. Hrsg. von Wilhelm Weischedel. Darmstadt (Wissenschaftliche Buchgesellschaft) 1966

Kassis, Wassilis: Die phänomenale Schülerinnen- und Schüler-Welt. Erfahrungen und Persönlichkeitsentwicklung im Edukatop Schule. Frankfurt/M. u. a. (Lang) 1995

Keck, Rudolf W./Sandfuchs, Uwe (Hrsg.): Wörterbuch Schulpädagogik. Bad Heilbrunn (Klinkhardt) 1994

Keim, Wolfgang (Hrds.): Sekundarstufe I. Modelle, Probleme, Perspektiven. Königstein/Ts. (Scriptor) 1978

Kell, Adolf: Das Berechtigungswesen zwischen Bildungs- und Beschäftigungssystem. In: Dieter Lenzen (Hrsg.): Enzyklopädie Erziehungswissenschaft. Bd. 9.1. Stuttgart (Klett-Cotta) 1982, S. 289-320

Kelly, G. A.: The Psychology of Personal Constructs. Vol. I, II. New York (1955)

Kemper, Herwart: Schultheorie und Schulreform. Von der Aufklärung bis zur Gegenwart. Königstein/Ts. (Hain) 1985

Kemper, Herwart: Theorie pädagogischer Institutionen. In: Leo Roth (Hrsg.): Pädagogik. Handbuch für Studium und Praxis. München (Ehrenwirth) 1991, S. 293-303

Kempowski, Walter (Hrsg.): Immer so durchgemogelt. Erinnerungen an unsere Schulzeit. München-Hamburg (Knaus) 1986

Kienbaum Unternehmensberatung GmbH: Schlussbericht: Untersuchung der Schulorganisation in Bayern. Düsseldorf-München 1995

Klafki, Wolfgang: Studien zur Bildungstheorie und Didaktik. Weinheim (Beltz) 1963

Klafki, Wolfgang: Aspekte kritisch-konstruktiver Erziehungswissenschaft. Weinheim-Basel (Beltz) 1976

Klafki, Wolfgang: Die Pädagogik Theodor Litts. Eine kritische Vergegenwärtigung. Königstein/Ts. (Scriptor) 1982

Klafki, Wolfgang: Pädagogische Freiheit. In: betrifft: erziehung. H. 7/8 (1985) S. 40-43

Klafki, Wolfgang: Von Dilthey bis Weniger - schultheoretische Ansätze in der geisteswissenschaftlichen Pädagogik. In: Klaus-Jürgen Tillmann (Hrsg.): Schultheorien. Hamburg (Bergmann + Helbig) 1987, S. 21-45

Klafki, Wolfgang: Neue Studien zur Bildungstheorie und Didaktik. Zeitgemäße Allgemeinbildung und kritisch-konstruktive Didaktik. 2. erw. Aufl. Weinheim-Basel (Beltz) 1991a

Klant, Michael: Schulspott. Karikaturen aus 2 500 Jahren Pädagogik. Hannover (Fackelträger) 1983

Kleemann, Harry: Schule muß mehr sein als nur Lernen. Reihe Lehrer - Lehrerinnen. Lebensgeschichten 4. Hrsg. von der GEW. Berlin 1981

Kleinespel, Karin: Schule als biographische Erfahrung. Die Laborschule im Urteil ihrer Absolventen. Weinheim und Basel (Beltz) 1990

Klemm, Klaus: Makroökonomie der Schule. In: Hans-Günter Rolff (Hrsg.): Zukunftsfelder von Schulforschung. Weinheim (Deutscher Studien Verlag) 1995, S. 63–73

Klier, Freya: Lüg Vaterland. Erziehung in der DDR. München (Kindler) 1990

Klingberg, Lothar: Unterrichtsprozeß und didaktische Fragestellung. Studien und Versuche. Berlin (Volk und Wissen) 1982

Klingberg, Lothar: Lehrende und Lernende im Unterricht. Zu didaktischen Aspekten ihrer Positionen im Unterrichtsprozeß. Berlin (Volk und Wissen) 1990

Klingberg, Lothar: Herbart über „pädagogischen Takt“. In: Pädagogik und Schulalltag. 47. Jg., H. 3 (1992) S. 238–247

Klingberg, Lothar: Lehren und Lernen. Inhalt und Methode. Zur Systematik und Problemgeschichte didaktischer Kategorien. Oldenburg (Zentrum für pädagogische Berufspraxis) 1995

Klink, Job-Guenter: Klasse H. 7e. Aufzeichnungen aus dem Schulalltag. Bad Heilbrunn (Klinkhardt) 1974

Klink, Job-Guenter (Hrsg.): Zur Geschichte der Sonderschule. Bad Heilbrunn (Klinkhardt) 1966

Knaus, Georg: Erfahrungen und Perspektiven bei der Rekrutierung von Schulleitern. In: Heinz S. Rosenbusch/Jo-chen Wissinger (Hrsg.): Schulleiter zwischen Administration und Innovation. Braunschweig (SL Verlag) 1989, S. 76–81

Kobi, Emil E.: Was bedeutet Integration? – Analyse eines Begriffs. In: Hans Eberwein (Hrsg.): Behinderte und Nichtbehinderte lernen gemeinsam. Handbuch der Integrationspädagogik. 2. überarb. Aufl. Weinheim-Basel (Beltz) 1990, S. 54–62

Koch, Friedrich: Einer flog über das Kuckucksnest: Unser Lehrer Dr. Specht. In: Pädagogik. Jg. 49, H. 2 (1997) S. 62

Koch, Fritz: Schule im Kino. Autorität und Erziehung. Vom „Blauen Engel“ bis zur „Feuerzangenbowle“. Weinheim-Basel (Beltz) 1987

Koch, Fritz: Der Club der toten Dichter. Anmerkungen zu einem „Schulfilm“. In: Pädagogik. Jg. 42, H. 1 (1990) S.56 f.

Köck, Peter: Praktische Schulpädagogik. 2. Aufl. Donauwörth (Auer) 1992

König, Eckard/Zedler, Peter: Einführung in die Wissenschaftstheorie der Erziehungswissenschaft. Düsseldorf (Schwann-Bagel) 1983

König, Eckard: Qualitative Forschung subjektiver Theorien. In: Eckard König/Peter Zedler (Hrsg.): Bilanz qualitativer Forschung. Bd. 2: Methoden. Weinheim (Deutscher Studien Verlag) 1995, S. 11–29

König, Eckart/Zedler, Peter (Hrsg.): Bilanz qualitativer Forschung. Bd. 2: Methoden. Weinheim (Deutscher Studien Verlag) 1995

König, Eckard/Volmer, Gerda: Systemische Organisationsberatung. Grundlagen und Methoden. 4. überarb. Aufl. Weinheim (Deutscher Studien Verlag) 1996

Korczak, Janusz: Wie man ein Kind lieben soll. 10. Aufl. Göttingen (Vandenhoeck & Ruprecht) 1979

Kordes, Hagen: Didaktik und Bildungsgang. Münster (Lit Verlag) 1989

Kordes, Hagen: Entwicklungsaufgabe und Bildungsgang. Münster (Lit Verlag) 1994

Kösel, Edmund: Die Modellierung von Lernwelten. Ein Handbuch zur Subjektiven Didaktik. 2. erw. Aufl. Elztal-Dallau (Laub) 1995

Kossik, Holger: Schüler lernen lehren. Gestalten und Bewerten einer Präsentation. In: Jahresheft XIV. Seelze (Friedrich) 1996, S. 74–75

Kouzes, J. M./Posner, B. Z.: The Leadership Challenge. San Francisco 1987

Kozdon, Baldur: Schule in der Entscheidung. Über den Un-Ernst der überbuchten Schule. München (PimS Verlag) 1993.

Kraft, Peter: Der Schulhof als Ort sozialen Verhaltens. Braunschweig (Westermann) 1978

Kraft, Peter: Feste und Geselligkeiten in der Schule. Braunschweig (Westermann) 1979

Kramp, Wolfgang: Theorie der Schule. In: Joseph Speck/Gerhard Wehle (Hrsg.): Handbuch pädagogischer Grundbegriffe. Bd. 2. München (Kösel) 1970, S. 529–589

Kramp, Wolfgang: Studien zur Theorie der Schule. München (Kösel) 1973

Krapp, Andreas: Interesse, Lernen und Leistung. In: Zeitschrift für Pädagogik. Jg. 38 (1992) S. 747–770

Krappmann, Lothar: Soziologische Dimensionen der Identität. Stuttgart (Klett) 1969

Krappmann, Lothar: Rolle. In: Dieter Lenzen (Hrsg.): Enzyklopädie Erziehungswissenschaft. Bd. 1. Stuttgart (Klett-Cotta) 1983, S. 517–522

Kreienbaum, Maria Anna: Erfahrungsfeld Schule. Koedukation als Kristallisationspunkt. Weinheim (Deutscher Studien Verlag) 1992

Kreienbaum, Maria Anna/Teworte-Dodt, Gertrud/Gemein, Ella/Glagow-Schicha, Lisa/Wanzeck-Sielert, Christa (Hrsg.): Was ist eine gute Schule? Weinheim (Deutscher Studien Verlag) 1993

Kron, Friedrich W.: Grundwissen Pädagogik. 5. verb. Aufl. München-Basel (Reinhardt) 1996

Krone, Detlef/Obolenski, Alexandra: Jungenpädagogik – Ein sozialpädagogischrer Konzeptentwurf nicht nur für Schulen. Oldenburg (Zentrum für pädagogische Berufspraxis) 1994

Krüger, Heinz-Hermann/Lersch, Rainer: Lernen und Erfahrung. Perspektiven einer Theorie schulischen Handelns. 2. erw. Aufl. Opladen (Leske + Budrich) 1993

Krüger, Saskia: Von autobiographischen Spuren ästhetischer Bildung zur Entwicklung eines kunstdidaktischen Ansatzes. Hausarbeit zum Lehramtsexamen. Universität Oldenburg 1996

Kumetz, Andrea/Meyer, Meinert A. (Hrsg.): Bildungsgangdidaktik. Münster (Lit Verlag) 1997

Kutscha, Günter: Das System der Berufsausbildung. In: Herwig Blankertz/Josef Derbolav/Adolf Kell/Günther Kutscha (Hrsg.): Enzyklopädie Erziehungswissenschaft. Bd. 9.1. Stuttgart (Klett-Cotta) 1982, S. 203–226

Kutzer, Herta: „Plötzlich sind die Schüler anders" – Ein Brief an meinen Schulrat. In: Ernst Rösner/Wolfgang Böttcher/Hjalmar Brandt (Hrsg.): Lehreralltag – Alltagslehrer. Authetische Berichte aus der Schulwirklichkeit. Weinheim-Basel (Beltz) 1996, S. 23 f.

Lange, Hermann: Schulbau und Schulverfassung der frühen Neuzeit. Zur Entstehung und Problematik des Modernen Schulwesens. Weinheim-Berlin (Beltz) 1967

Langeveld, Martinus Jan: Die Schule als Weg des Kindes. Versuch einer Anthropologie der Schule. Braunschweig (Westermann) 1963

Lassahn, Rudolf (Hrsg.): Das Schulleben. Bad Heilbrunn (Klinkhardt) 1969

Lefrançois, Guy R.: Psychologie des Lernens. Berlin (Springer) 1994

Lengen, Manfred: Schulaufsicht und Innovation. 5. Aufl. Aurich 1992 (zu beziehen über: Gesellschaft zur Förderung und Erforschung modellhafter Unterrichtsrealisationen e. V., GUI-Versand, Egelser Str. 47, 16605 Aurich)

Lenhardt, Gero: Schule und bürokratische Rationalität. Frankfurt/M. (Suhrkamp) 1984

Lenk, Hans: Interpretationskonstrukte. Zur Kritik der interpretatorischen Vernunft. Frankfurt/M. (Suhrkamp) 1993

Lenzen, Dieter/Meyer, Hilbert: Innovation durch Schulversuche? Restriktionsanalyse der Planungs- und Implementationsbedingungen curricularer Reformen. In: Henning Haft/Uwe Hameyer (Hrsg.): Curriculumplanung – Theorie und Praxis. München (Kösel) 1975, S. 157–208

Lenzen, Dieter: Erziehungswissenschaft – Pädagogik – Geschichte – Konzepte – Fachrichtungen. In: ders. (Hrsg.): Erziehungswissenschaft. Ein Grundkurs. Reinbek (Rowohlt) 1994, S. 11–41

Leschinsky, Achim/Roeder, Peter Martin: Schule im historischen Prozeß. Frankfurt/M.-Berlin (Klett-Cotta/Ullstein) 1983

Liebau, Eckart/Wulf, Christoph (Hrsg.): Generation. Versuche über eine pädagogisch-anthropologische Grundbedingung. Weinheim (Deutscher Studien Verlag) 1996

Lipp, Ulrich: Mind-Mapping in der Schule. In: Pädagogik. 46. Jg., H. 10 (1994) S. 22-26

Lippe, Rudolf zur: Objektiver Faktor Subjektivität. In: ders.: Bürgerliche Subjektivität: Autonomie als Selbstzerstörung. Frankfurt/M. (Suhrkamp) 1975, S. 219-261

Litt, Theodor: Das Recht und die Grenzen der Schule. (1925) Nachgedruckt in: F. Nicolin (Hrsg.): Theodor Litt: Pädagogik und Kultur. Kleine pädagogische Schriften 1918-1926. Bad Heilbrunn (Klinkhardt) 1965

Litt, Theodor: Führen oder wachsen lassen? Eine Erörterung des pädagogischen Grundproblems. 1. Aufl. 1927; 4. erw. Aufl. Stuttgart (Klett) 1949

Loch, Werner: Die anthropologische Dimension der Pädagogik. Essen (Neue Deutsche Schule) 1963

Loch, Werner: Lebenslauf und Erziehung. Essen (Neue Deutsche Schule) 1979

Loser, Fritz/Terhart, Ewald: Schule als Lebensraum - Schüler und Lehrer. In: Leo Roth (Hrsg.): Pädagogik. Handbuch für Studium und Praxis. München (Ehrenwirth) 1991, S. 859-868

Luhmann, Niklas: Zweckbegriff und Systemrationalität. Über die Funktion von Zwecken in sozialen Systemen. Tübingen (Mohr/Siebeck) 1968

Luhmann, Niklas: Legitimation durch Verfahren. Neuwied-Berlin (Luchterhand) 1969; Frankfurt/M. (Suhrkamp) 1983

Luhmann, Niklas: Reflexive Mechanismen. In: ders.: Soziologische Aufklärung. Aufsätze zur Theorie sozialer Systeme. Köln-Opladen (Westdeutscher Verlag) 1970, S. 92-112

Luhmann, Niklas/Schorr, Karl-Eberhard: Reflexionsprobleme im Erziehungssystem. Stuttgart (Klett-Cotta) 1979

Luhmann, Niklas: Liebe als Passion. Zur Codierung von Intimität. Frankfurt/M. (Suhrkamp) 1982

Luhmann, Niklas: Soziale Systeme. Grundriß einer allgemeinen Theorie. Frankfurt/M. (Suhrkamp) 1984

Luhmann, Niklas: Die Realität der Massenmedien. 2. erw. Aufl. Opladen (Westdeutscher Verlag) 1996

Lüschen, Arend: Die kleine wohnortnahe Gesamtschule. Schule für Behinderte und Nichtbehinderte. Oldenburg (BIS-Verlag Universität) 1994

Mallet, Carl-Heinz: Untertan Kind. Nachforschungen über Erziehung. München (Max Hueber) 1987

Mandl, Heinz/Felix, Helmut/Hron, Friedrich/Hron, Aemilian: Psychologie des Wissenserwerbs. In: Bernd Weidenmann/Andreas Krapp (Hrsg.): Pädagogische Psychologie. 2. neubearb. Aufl. Weinheim-Basel (Beltz/Psychologie Verlags Union) 1993, S. 143-218

Manen, Mats van: The Tact of Teaching. Albany/N. Y. (State University of New York Press) 1991

Mann, Iris: Schlechte Schüler gibt es nicht. 3. Aufl. München-Wien-Baltimore (Urban & Schwarzenberg) 1981

Marotzki, Winfried/Meyer, Meinert A./Wenzel, Hartmut (Hrsg.): Erziehungswissenschaft für Gymnasiallehrer. Weinheim (Deutscher Studien Verlag) 1996

Martial, Ingbert von/Bennack, Jürgen: Einführung in schulpraktische Studien. 2. überarb. Aufl. Baltmannsweiler (Schneider Hohengehren) 1995

Martin, Lothar R.: Klassenlehrer- und Tutor/innen. Bad Heilbrunn (Klinkhardt) 1996

Martin, Marko: Wir sind alle anders. In: Kursbuch 121: Der Generationenbruch. Berlin (Rowohlt) 1995, S. 1-3

Marx, Rita: Sonderpädagogik. In: Dieter Lenzen (Hrsg.): Pädagogische Grundbegriffe. Bd. 2. Reinbek (Rowohlt) 1989, S. 1392-1408

Marx, Rita: Integrieren oder Aussondern. Die Sonderschule in der Sicht von Schülern und Eltern. Weinheim-Basel (Beltz) 1992

Marz, Fritz/Zubke, Friedhelm (Hrsg.): Elternmitwirkung in der Schule. Stuttgart (Metzler) 1981

Mayntz, Renate: Soziologie der Organisation. Reinbek (Rowohlt) 1963

Meinberg, E.: Das Menschenbild der modernen Erziehungswissenschaft. Darmstadt (Wissenschaftliche Buchgesellschaft) 1988

Melzer, Wolfgang/Oelze, Horst/Tillmann, Klaus-Jürgen/Werning, Rolf (Hrsg.): GewaltLösungen. Schüler '95. Seelze (Friedrich) 1995

Menck, Peter: Geschichte der Erziehung. Donauwörth (Auer) 1993

Meyenberg, Rüdiger: Zensurengebung in der Schule. 2. Aufl. Hannover (Hahnsche Buchhandlung) 1986

Meyer, Hilbert: Der unkritische Gebrauch des Verfrühungsbegriffs als didaktisches Problem. In: Bildung und Erziehung. Jg. 21 (1968) S. 1-8

Meyer, Hilbert: Einführung in die Curriculummethodologie. München (Kösel) 1972

Meyer, Hilbert: Leitfaden zur Unterrichtsvorbereitung. Königstein (Scriptor) 1980

Meyer, Hilbert: Aneignungsschwierigkeiten didaktischen Theoriewissens. In: Westermanns Pädagogische Beiträge. Jg. 35 (1983) S. 61-71

Meyer, Hilbert: Unterrichtsinhalt. In: Dieter Lenzen (Hrsg.): Enzyklopädie Erziehungswissenschaft. Bd. 3. Stuttgart (Klett-Cotta) 1986, S. 632-640

Meyer, Hilbert: Unterrichtsmethoden. Bd. 1: Theorieband. Bd. 2: Praxisband. Frankfurt/M. (Cornelsen Scriptor) 1987a/b

Meyer, Hilbert: Reflexionsebenen unterrichtsmethodischen Handelns. In: Bijan Adl-Amini/Theodor Schulze/Ewald Terhart (Hrsg.): Unterrichtsmethode in Theorie und Forschung. Weinheim-Basel (Beltz) 1993, S. 111-134

Meyer, Hilbert: Trainingsprogramm zur Lernzielanalyse. 13. Aufl. Weinheim (Beltz Athenäum) 1994

Meyer, Hilbert: Wege entstehen beim Gehen. In: Johannes Bastian/Gunter Otto (Hrsg.): Schule Gestalten. Hamburg (Bergmann und Helbig) 1995, S. 121-148

Meyer, Meinert A.: Handlungskompetenz. In: Dieter Lenzen (Hrsg.): Enzyklopädie Erziehungswissenschaft. Bd. 3. Stuttgart (Klett-Cotta) 1986, S. 452-459

Michael, Berthold/Schepp, Heinz-Hermann (Hrsg.): Politik und Schule von der Französischen Revolution bis zur Gegenwart. Bd. 1. Frankfurt/M. (Fischer/Athenäum) 1973

Miller, Georg A./Galanter, Eugene/Pribram, Karl H.: Strategien des Handelns. Pläne und Strukturen des Verhaltens. 2. Aufl. Stuttgart (Klett-Cotta) 1991

Miller, Reinhold: Lehrer lernen. Weinheim-Basel (Beltz) 1986

Miller, Reinhold: Sich in der Schule wohlfühlen. Wege für Lehrerinnen und Lehrer zur Entlastung im Schulalltag. Weinheim-Basel (Beltz) 1989

Miller, Reinhold: Schul-Labyrinth. Gedanken-Gänge, Anstöße, Aus-Wege. Weinheim-Basel (Beltz) 1993

Mittelstraß, Jürgen (Hrsg.): Enzyklopädie Philosophie und Wissenschaftstheorie. 4 Bde. Stuttgart-Weimar (Metzler) 1995/96

Molcho, Samy: Körpersprache. München (Mosaik) 1983; (Goldmann) 1996

Mollenhauer, Klaus: Die Rollenproblematik des Lehrerberufs und die Bildung. In: ders.: Erziehung und Emanzipation. München (Juventa) 1968, S. 75-96

Mollenhauer, Klaus: Wozu Pädagogik? Versuch eines thematischen Profils. In: Andreas Gruschka (Hrsg.): Wozu Pädagogik? Die Zukunft bürgerlicher Mündigkeit und öffentlicher Erziehung. Darmstadt (Wissenschaftliche Buchgesellschaft) 1996, S. 15-35

Montessori, Maria: Die Entdeckung des Kindes. Freiburg-Basel-Wien (Herder) 1969

Montessori, Maria: Grundlagen meiner Pädagogik. Hrsg. von Theodor Ballauf u. a.: Heidelberg 1988

Mühl, Heinz: Hat die Schule für Geistigbehinderte noch eine Zukunft? In: Lernen konkret. Unterricht mit Geistigbehinderten. H. 3 (1995) S. 25–30

Mühl, Heinz: Integration von Kindern und Jugendlichen mit geistiger Behinderung. Berlin (Marhold) 1987

Mühl, Heinz: Möglichkeiten und Probleme der Eingliederung von Schülern mit geistiger Behinderung in das allgemeine Schulsystem. In: Maximilian Buchka u. a.: Geistige Behinderung und Wege zur differenzierten Förderung. Frankfurt/M. (Diesterweg) 1994, S. 12–38

Mühlhausen, Ulf: Überraschungen im Unterricht. Situative Unterrichtsplanung. Weinheim-Basel (Beltz) 1994

Münzinger, Wolfang/Klafki, Wolfgang: Schlüsselprobleme im Unterricht. 3. Beiheft der Zeitschrift „Die Deutsche Schule". 1995

Muth, Jakob: Pädagogischer Takt. Heidelberg (Quelle & Meyer) 1962

Muth, Jakob: Schülersein als Beruf. Heidelberg (Quelle & Meyer) 1966

Muth, Jakob: Integration von Behinderten. Über die Gemeinsamkeit im Bildungswesen. Essen (Neue Deutsche Schule) 1986

Nave-Herz, Rosemarie: Die Rolle des Lehrers. Neuwied-Darmstadt (Luchterhand) 1977

Nemitz, Rolf: Kinder und Erwachsene. Zur Kritik der pädagogischen Differenz. Berlin-Hamburg (Argument) 1996

Niedersächsisches Schulgesetz: Mit einem Vorwort des Niedersächsischen Kultusministers und eine Einführung. Neuwied-Kriftel-Berlin (Luchterhand) 1993

Nielsen, Birgit S.: Erziehung zum Selbstvertrauen. Ein sozialistischer Schulversuch im dänischen Exil. Wuppertal (Hammer) 1985

Nittel, Dieter: Gymnasiale Schullaufbahn und Identitätsentwicklung. Eine biographieanalytische Studie. Weinheim (Deutscher Studien Verlag) 1992

Noack, Marleen: Handbuch für Verbindungslehrer. Bad Heilbrunn (Klinkhardt) 1996

Noelle-Neumann, Elisabeth/Köcher, Renate (Hrsg.): Allensbacher Jahrbuch der Demoskopie 1984-1992. Bd. 9. München u. a. (K. G. Saur/Verlag für Demoskopie) 1993

Nohl, Herman: Die pädagogische Bewegung in Deutschland und ihre Theorie. (1933) 9. unveränd. Aufl. Frankfurt/M. (Schulte-Bulmke) 1982

Nölle, Veronika: Schüler sehen Schule anders. Frankfurt/M. (Lang) 1995

Oehlschläger, Heinz-Jörg: Lernen in Alternativschulen. In: Dieter Lenzen (Hrsg.): Enzyklopädie Erziehungswissenschaft. Bd. 3. Stuttgart (Klett-Cotta) 1986, S. 131–147

Offe, Claus: Strukturprobleme des kapitalistischen Staates. Frankfurt/M. (Suhrkamp) 1972

Offe, Claus: „Krisen des Krisenmanagements": Elemente einer politischen Krisentheorie. In: Martin Jänicke (Hrsg.): Herrschaft und Krise. Opladen (Westdeutscher Verlag) 1973

Otto, Britta: Der Lehrer als Kollege. Zur Struktur der Interaktion. Weinheim-Basel (Beltz) 1978

Otto, Gunter/Schulz, Wolfgang: Der Beitrag der Curriculumforschung. In: Dieter Lenzen (Hrsg.): Enzyklopädie Erziehungswissenschaft. Bd. 3. Stuttgart (Klett-Cotta) 1986, S. 49–62

Parsons, Talcott: Die Schulklasse als soziales System: Einige ihrer Funktionen in der amerikanischen Gesellschaft. In: ders.: Sozialstruktur und Persönlichkeit. Frankfurt/M. (Europäische Verlags Anstalt) 1964, S. 161–193

Paulsen, Friedrich: Geschichte des gelehrten Unterrichts auf den deutschen Schulen und Universitäten vom Ausgang des Mittelalters bis zur Gegenwart. 2 Bde.

Reprint der 3. Aufl. Leipzig (von Veith & Comp.) 1919; Berlin (de Gruyter) 1965

Pazzini, Karl-Josef: Die gegenständliche Umwelt als Erziehungsmoment. Weinheim-Basel (Beltz) 1983

Pekrun, Reinhard/Fend, Helmut (Hrsg.): Schule und Persönlichkeitsentwicklung. Ein Resümee der Längsschnittforschung. Stuttgart (Enke) 1991

Perrez, Meinrad/Huber, Günther L./Geißler, Karlheinz A.: Psychologie der pädagogischen Interaktion. In: Bernd Weidenmann/Andreas Krapp u. a.: Pädagogische Psychologie. 2. neubearb. Aufl. Weinheim-Basel (Beltz/Psychologie Verlags Union) 1993, S. 361–445

Pestalozzi, Johann-Heinrich: Ausgewählte Schriften. Hrsg. von Wilhelm Flitner, 3. umgearb. Aufl. Düsseldorf (Küpper/Bondi) 1961

Peters, John J.: Ouderparticipatie: een innovatie? Groningen (Wolters-Noordhoff) 1979

Petillon, Hanns: Der Schüler. Rekonstruktion der Schule aus der Perspektive von Kindern und Jugendlichen. Darmstadt (Wissenschaftliche Buchgesellschaft) 1987

Petrat, Gerhardt: Schulunterricht. Seine Sozialgeschichte in Deutschland 1750–1850. München (Ehrenwirth) 1979

Philipp, Elmar: Gute Schule verwirklichen. Weinheim-Basel (Beltz) 1992

Philipp, Elmar: Teamentwicklung in der Schule. Konzepte und Methoden. Weinheim und Basel (Beltz) 1996

Piper, Hauke: Rituale im Aufwind. In: Grundschule. 28. Jg., H. 11 (1996) S. 48–49

Planungskommission Kollegschule NW: Kollegschule NW. Ratingen (Henn) 1972

Pleßner, Helmuth: Die Stufen des Organischen und der Mensch. Einleitung in die philosophische Anthropologie. 2. erw. Aufl. Berlin (de Gruyter) 1965

Popp, Ulrike: Individualisierung. Das „jugendtheoretische" Konzept auf dem Prüfstand. In: Pädagogik. Jg. 48, H. 11 (1996) S. 31–35

Postman, Neil: Das Verschwinden der Kindheit. Frankfurt/M. (Fischer) 1983

Prange, Klaus: Pädagogik als Erfahrungsprozeß. Stuttgart (Klett-Cotta) 1978

Prange, Klaus: Bauformen des Unterrichts. 2. durchges. Aufl. Bad Heilbrunn (Klinkhardt) 1986

Prange, Klaus: Die Zeit der Schule. Bad Heilbrunn (Klinkhardt) 1995

Prengel, Annedore: Pädagogik der Vielfalt. Opladen (Leske + Budrich) 1993

Prengel, Annedore/van der Voort, Dörthe: Vom Anfang bis zum Abschluß: Vielfalt durch „gute Ordnung" – Zur Arbeit mit Kindern in einer Schule der Demokratie. In: Werner Helsper/Heinz-Hermann Krüger/Hartmut Wenzel (Hrsg.): Schule und Gesellschaft im Umbruch. Bd. 1. Weinheim (Deutscher Studien Verlag) 1996, S. 299–318

Prenzel, Manfred/Schiefele, Hans: Konzepte der Veränderung und Erziehung. In: Bernd Weidenmann/Andreas Krapp (Hrsg.): Pädagogische Psychologie. 2. neubearb. Aufl. Weinheim-Basel (Beltz/Psychologie Verlags Union) 1993, S. 105–142

Projektgruppe Jugendbüro und Hauptschülerarbeit: Die Lebenswelt von Hauptschülern. München (Juventa) 1975

Purmann, Ernst: Grundschüler machen einen Film über den Hausmeister. In: Arbeitsgruppe Oberkircher Lehrmittel (Hrsg.): Handbuch zum Schulalltag. Reinbek (Rowohlt) 1982, S. 18–30

Ramseger, Jörg: Offener Unterricht in der Erprobung. München (Juventa) 1977

Ramseger, Jörg: Was heißt „durch Unterricht erziehen"? Erziehender Unterricht und Schulreform. Weinheim-Basel (Beltz) 1991

Reichwein, Georg: Grundlinien einer Theorie der Schule. In: Pädagogisches Zentralblatt. Jg. 5 (1925) S. 313–327

Reichwein, Adolf: Schaffendes Schulvolk. 1. Aufl. Stuttgart-Berlin (Kohlhammer) 1937; 2. Aufl. Braunschweig (Westermann) 1951

Reichwein, Adolph: Schaffendes Schulvolk – Film in der Schule. Weinheim-Basel (Beltz) 1993

Reinert, Gerd-Bodo/Zinnecker, Jürgen (Hrsg.): Schüler im Schulbetrieb. Berichte und Bilder vom Lernalltag, von Lernpausen und vom Lernen in den Pausen. Reinbek (Rowohlt) 1978

Reinhardt, Klaus: Öffnung der Schule. Community Education als Konzept für die Schule der Zukunft? Weinheim-Basel (Beltz) 1992

Reyem, Hilbert Lühr: The Development of Student's Lolative Strategies. In: M. C. Wittrock/David E. Wiley (Eds.): The Evaluation of Instruction. Issues and Problems. New Work (Holt, Rinehart & Winston) 1970, pp. 149–164

Richter, Ingo: Grundgesetz und Schulreform. Weinheim-Basel (Beltz) 1974

Riedel, Klaus/Griwatz, Martin/Leutert, Hans: Schule im Vereinigungsprozeß. Probleme und Erfahrungen aus Lehrer- und Schülerperspektive. Frankfurt/M. u. a. (Lang) 1994

Robinsohn, Saul B.: Bildungsreform als Revision des Curriculum. Neuwied (Luchterhand) 1967

Roeder, Peter M. u. a.: Überlegungen zur Schulforschung. Stuttgart (Klett-Cotta) 1977

Roessler, W.: Die Entstehung des modernen Erziehungswesens in Deutschland. Stuttgart (Klett) 1961

Röhrs, Hermann: Allgemeine Erziehungswissenschaft. Weinheim-Berlin-Basel (Beltz) 1969

Röhrs, Hermann: Die Reformpädagogik und ihre Perspektiven für eine Bildungsreform. Donauwörth (Auer) 1991

Rolff, Hans-Günter: Wandel durch Selbstorganisation. Theoretische Grundlagen und praktische Hinweise für eine bessere Schule. Weinheim-München (Juventa) 1993.

Rolff, Hans-Günter: Wenn Schulen lernen. In: Friedrich Verlag (Hrsg.): Jahresheft 1994. Seelze (Friedrich) 1994

Rolff, Hans-Günter/Bauer, Karl-Oswald/Klemm, Klaus/Pfeiffer, Hermann/Schulz-Zander, Renate (Hrsg.): Jahrbuch der Schulentwicklung. Bd. 8. Weinheim-München (Juventa) 1994

Rolff, Hans-Günter (Hrsg.): Zukunftsfelder von Schulforschung. Weinheim (Deutscher Studien Verlag) 1995a

Rolff, Hans-Günter: Steuerung, Entwicklung und Qualitätssicherung von Schulen durch Evaluation. In: ders. (Hrsg.): Zukunftsfelder von Schulforschung. Weinheim (Deutscher Studien Verlag) 1995b, S. 375–392

Rolff, Hans-Günter: Die Schule als Organisation erzieht. Organisationsentwicklung und pädagogische Arbeit. In: Pädagogik. 47. Jg., H. 2 (1995c) S. 17–21

Rolff, Hans-Günter: Sozialisation und Auslese durch die Schule, überarb. Aufl. Weinheim-München (Juventa) 1996a

Rolff, Hans-Günter/Bauer, Karl-Oswald/Klemm, Klaus/Pfeifer, Hermann (Hrsg.): Jahrbuch der Schulentwicklung. Bd. 9. Weinheim-München (Juventa) 1996b

Rosenberger, Manfred: Elterninitiativen gegen die Aussonderung von Kindern. In: Hans Eberwein (Hrsg.): Behinderte und Nichtbehinderte lernen gemeinsam. Handbuch der Integrationspädagogik. 2. überarb. Aufl. Weinheim-Basel (Beltz) 1990, S. 332–336

Rosenbusch, Heinz/Wissinger, Jochen (Hrsg.): Schulleiter zwischen Administration und Innovation. Schulleiter-Handbuch Bd. 50. Braunschweig (Westermann) 1989

Rosenbusch, Heinz S.: Der Schulleiter – ein notwendiger Gegenstand organisationspädagogischer Reflexion. In: Heinz S. Rosenbusch/Jochen Wissinger (Hrsg.): Schulleiter zwischen Administration und Innovation. Braunschweig (SL Verlag) 1989, S. 8–16

Rosenbusch, Heinz S.: Lehrer und Schulräte – Ein strukturell gestörtes Verhältnis. Berichte und organisationspädagogische Alternativen zur traditionellen Schulaufsicht. Bad Heilbrunn (Klinkhardt) 1994

Rosenbusch, Heinz S./Schober, Otto (Hrsg.): Körpersprache in der schulischen Erziehung. 2. überarb. u. erw. Aufl. Baltmannsweiler (Schneider Hohengehren) 1995

Rosenbusch, Heinz S.: Organisationspädagogische Perspektiven einer Reform der Schulorganisation. In: Schul-Verwaltung. H. 10 (1997a)

Rosenbusch, Heinz S.: Die Qualifikation pädagogischen Führungspersonals. In: E. Glumpler/H. S. Rosenbusch (Hrsg.): Perspektiven der universitären Lehrerbildung. Bad Heilbrunn (Klinkhardt) 1997b, S. 147–165

Rosenbusch, Heinz S.: Die Rolle der Schulaufsicht bei der pädagogischen Entwicklung von Einzelschulen. In: Schulmanagement. H. 6 (1997c); in Vorb.

Rosenthal, Robert/Jacobson, Lenore: Pygmalion im Unterricht. Lehrererwartungen und Intelligenzentwicklung der Schüler. Weinheim-Berlin-Basel (Beltz) 1971

Rösner, Ernst: Gesamtschule – Was ist das eigentlich? 6. überarb. Aufl. 1990 (Hrsg. und zu beziehen durch: Gemeinnützige Gesellschaft Gesamtschule (GGG), Postfach 1307, 26603 Aurich)

Rösner, Ernst/Böttcher, Wolfgang/Brandt, Hjalmar (Hrsg.): Lehreralltag – Alltagslehrer. Authentische Berichte aus der Schulwirklichkeit. Weinheim-Basel (Beltz) 1996

Roth, Heinrich (Hrsg.): Begabung und Lernen. Stuttgart (Klett) 1968

Roth, Heinrich: Schule als optimale Organisation von Lernprozessen. In: ders.: Revolution der Schule? Die Lernprozesse ändern. Hannover u. a. (Schroedel) 1969, S. 56–76

Roth, Leo (Hrsg.): Pädagogik. Handbuch für Studium und Praxis. München (Ehrenwirth) 1991a

Roth, Leo: Die reformierte gymnasiale Oberstufe. In: Leo Roth (Hrsg.): Pädagogik. München (Ehrenwirth) 1991b, S. 372–395

Rousseau, Jean-Jacques: Emil oder Über die Erziehung. Paderborn (Schöningh) 1971

Rumpf, Horst: 40 Schultage. Tagebuch eines Studienrats. Braunschweig (Westermann) 1966

Rumpf, Horst: Die übergangene Sinnlichkeit. Drei Kapitel über die Schule. München (Juventa) 1981

Rumpf, Horst: Die künstliche Schule und das wirkliche Leben. München (Ehrenwirth) 1986

Rutschky, Katharina: Deutsche Schulchronik. Lernen und Erziehen in vier Jahrhunderten. Köln (Kiepenheuer & Witsch) 1987

Rutschky, Katharina (Hrsg.): Schwarze Pädagogik. Quellen zur Naturgeschichte der bürgerlichen Erziehung. 6. Aufl. Berlin (Ullstein) 1993

Rutter, Michael/Maughan, B./Mortimore, P./Ouston, J.: Fünfzehntausend Stunden. Schulen und ihre Wirkung auf die Kinder. Weinheim-Basel (Beltz) 1980

Sauer, Karl: Der utopische Zug in der Pädagogik. Weinheim (Beltz) 1964

Sauer, Karl: Einführung in die Theorie der Schule. Darmstadt (Wissenschaftliche Buchgesellschaft) 1981

Schattner, Johannes: Schule schwänzen. In: Ernst Rösner/Wolfgang Böttcher/Hjalmar Brandt (Hrsg.): Lehreralltag – Alltagslehrer. Authetische Berichte aus der Schulwirklichkeit. Weinheim-Basel (Beltz) 1996, S. 25–28

Scheele, Brigitte/Groeben, Norbert: Dialog-Konsens-Methoden. Zur Rekonstruktion Subjektiver Theorien. Tübingen (Francke) 1988

Schefer, Gerwin: Das Gesellschaftsbild des Gymnasiallehrers. Eine Bewußtseinsanalyse des deutschen Studienrats. Frankfurt/M. (Suhrkamp) 1969

Scheibe, Wolfgang: Die reformpädagogische Bewegung 1900–1932. Eine einführende Darstellung. Weinheim-Berlin-Basel (Beltz) 1969

Schelsky, Helmut: Zur soziologischen Theorie der Institution. In: ders. (Hrsg.): Zur Theorie der Institution. 2. Aufl. Düsseldorf (Bertelsmann) 1973, S. 9–26

Schewe, Manfred: Fremdsprache inszenieren. Zur Fundierung einer dramapädagogischen Lehr- und Lernpraxis. Oldenburg (Zentrum für pädagogische Berufspraxis) 1993

Schiffler, Horst/Winkeler, Rolf: 1000 Jahre Schule. Eine Kulturgeschichte des Lernens in Bildern. Stuttgart (Belser) 1985

Schlee, Jörg/Mutzeck, Wolfgang (Hrsg.): Kollegiale Supervision. Modelle zur Selbsthilfe für Lehrerinnen und Lehrer. Heidelberg (Winter) 1996

Schleiermacher, Friedrich Daniel Ernst: Pädagogische Schriften. Hrsg. von Erich Weniger/Theodor Schulze. Bd. 1. Düsseldorf-München (Küpper-Bondi) 1960

Schmidt, Arno: Gymnasium im Aufwind. 2. Aufl. unter Mitw. von Heinz Seeger. Aachen-Hahn (Hahner Verlagsgesellschaft) 1994

Schmidt, Edeltraut/Wopp, Christel: Beurteilungsspinne zum Offenen Unterricht. Oldenburg (Zentrum für pädagogische Berufspraxis) 1996

Schmied-Kowarzik, Wolfdietrich: Dialektische Pädagogik. Vom Bezug der Erziehungswissenschaft zur Praxis. München (Kösel) 1974

Schnack, Dieter/Neutzling, Rainer: Kleine Helden in Not. Jungen auf der Suche nach Männlichkeit. Reinbek (Rowohlt) 1990

Schnaitmann, Gerhard W. (Hrsg.): Theorie und Praxis der Unterrichtsforschung. Donauwörth (Auer) 1996

Schneider, Ilona K.: Einschulungserlebnisse im 20. Jahrhundert. Studie im Rahmen pädagogischer Biographieforschung. Weinheim (Deutscher Studien Verlag) 1996

Schön, Donald A.: The reflective practitioner. How professionals think in action. (Basic Books, Inc.) 1983

Schratz, Michael: Gemeinsam Schule lebendig gestalten. Weinheim-Basel (Beltz) 1996

Schulenberg, Wolfgang: Schule als Institution der Gesellschaft. In: Josef Speck/Gerhard Wehle (Hrsg.): Handbuch pädagogischer Grundbegriffe. Bd. 2. München (Kösel) 1970, S. 391-422

Schulleiter-Handbuch: München (SL Verlag) o. J.

Schulz, Wolfgang: Umriß einer didaktischen Theorie der Schule. In: Peter Fürstenau u. a.: Zur Theorie der Schule. Weinheim-Berlin-Basel (Beltz) 1969, S. 27-45

Schulze, Gerhard: Die Erlebnisgesellschaft. Kultursoziologie der Gegenwart. Frankfurt-New York (Campus) 1992

Schulze, Theodor: Schule im Widerspruch. Erfahrungen, Theorien, Perspektiven. München (Kösel) 1980

Schulze, Theodor: „Sie prügeln sich, sie prügeln sich". Erinnerungen und Reflexionen zu einem Vorgang am Rande der offiziellen Pädagogik. In: Neue Sammlung. 23. Jg., H. 5 (1983) S. 464-484

Schulze, Theodor: Das Bild als Motiv in pädagogischen Diskursen. In: Dieter Lenzen (Hrsg.): Kunst und Pädagogik. Darmstadt (Wissenschaftliche Buchgesellschaft) 1990, S. 97-119

Schulze, Theodor: Ikonologische Betrachtungen zur pädagogischen Paargruppe. In: Hans-Georg Herrlitz/Christian Rittelmeyer (Hrsg.): Exakte Phantasie. Pädagogische Erkundungen bildender Wirkungen in Kunst und Kultur. Weinheim-München (Juventa) 1993, S. 147-171

Schulze, Theodor: Schule vor dem Hintergrund einer Geschichte des Lernens. In: Die Deutsche Schule. 85. Jg. (1993) S. 420-436

Schulze, Theodor: „etwas erzählen" - Die lebensgeschichtliche Dimension in der Pädagogik. Baltmannsweiler (Schneider Hohengehren) 1997

Schwänke, Ulf: Der Beruf des Lehrers. Professionalisierung und Autonomie im historischen Prozeß. Weinheim-München (Juventa) 1988

Schwartz, Erwin: Die Grundschule - Funktion und Reform. Braunschweig (Westermann) 1969

Semmerling, Rüdiger: Integration. In: Dieter Lenzen (Hrsg.) Enzyklopädie Erziehungswissenschaft. Bd. 3. Stuttgart (Klett-Cotta) 1986, S. 479-488

Sennlaub, Gerhard (Hrsg.): Mit Feuereifer dabei. Heinsberg (Agentur Dieck) 1983

Seyd, Wolfgang: Berufsbildung: handelnd lernen - lernend handeln. Situation und Perspektive der beruflichen Aus- und Weiterbildung. Hamburg (Feldhaus) 1994

Seydel, Otto: Zum Lernen herausfordern. Das Reformmodell Salem. Stuttgart (Klett) 1995

Siebert, Horst: Über die Nutzlosigkeit von Belehrungen und Bekehrungen. Beiträge zur konstruktivistischen Pädagogik. Hrsg.: Landesinstitut für Schule und Weiterbildung NRW. Bönen (DruckVerlag Kettler) 1996

Skiba, Ernst-Günther/Wulf, Christoph/Wünsche, Konrad (Hrsg.): Erziehung in der Jugendstufe - Sekundarstufe I. Enzyklopädie Erziehungswissenschaft. Bd. 8. Stuttgart (Klett-Cotta) 1983

Skinner, Burrhus F.: Wissenschaft und menschliches Verhalten. München (Kindler) 1973

Skowronek, Helmut: Lernen und Lernfähigkeit. München (Juventa) 1969

Skowronek, Helmut: Lernen und Lerntheorien. In: Leo Roth (Hrsg.): Pädagogik. Handbuch für Studium und Praxis. München (Ehrenwirth) 1991, S. 183-193

Sochatzy, Klaus: „Wenn ich zu bestimmen hätte". Die Erwachsenenwelt im Meinungsspiegel von Kindern und Jugendlichen. Eine empirische Bestandsaufnahme. Weinheim-Basel (Beltz) 1988

Son, Seung-Nam: Wilhelm Dilthey und die erziehungswissenschaftliche Biographieforschung. Opladen (Leske + Budrich) 1997

Specht, Werner/Fend, Helmut u. a.: Erfahrungen mit der Schule. Ein Schülerbericht aus der Schulforschung. Weinheim-Basel (Beltz) 1977

Spies, Werner E.: Bund-Länder-Kommission für Bildungsplanung. In: Dieter Lenzen (Hrsg.): Enzyklopädie Erziehungswissenschaft. Bd. 5. Stuttgart (Klett-Cotta) 1984a, S. 450-453

Spies, Werner E.: Kultusministerkonferenz. In: Dieter Lenzen (Hrsg.): Enzyklopädie Erziehungswissenschaft. Bd. 5. Stuttgart (Klett-Cotta) 1984b, S. 514-517

Stary, Joachim/Kretschmer, Horst: Umgang mit wissenschaftlicher Literatur. Eine Arbeitshilfe für das sozial- und geisteswissenschaftliche Studium. Frankfurt/M. (Cornelsen Scriptor) 1994

Steffens, Ulrich: Erkundungen zur Wirksamkeit und Qualität von Schule. In: Die Deutsche Schule. H. 3 (1986) S. 294-305

Storath, R.: Praxisschock bei Schulleitern? Zur Rollenfindung neu ernannter Schulleiter. Neuwied (Luchterhand) 1995

Sträßer-Panny, Inge: Wider die Enthauptung der Hand. Hermeneutische Textildidaktik zwischen konstruktivistischer Wissenschaftstheorie und handlungsorientierter Pädagogik. Münster u. a. (Waxmann) 1996

Struck, Peter: Die Hauptschule: Geschichte, Krisen und Entwicklungsmöglichkeiten. Stuttgart 1979

Struck, Peter: Neue Lehrer braucht das Land. Ein Plädoyer für eine zeitgemäße Schule. Darmstadt (Wissenschaftliche Buchgesellschaft) 1994

Struck, Peter: Schulreport. Reinbek (Rowohlt) 1995

Sünker, Heinz: Kritische Bildungstheorie – Jenseits von Markt und Macht? In: 35. Beiheft der Zeitschrift für Pädagogik. Hrsg. von Dietrich Benner/Adolf Kell/Dieter Lenzen. Weinheim-Basel (Beltz) 1996, S. 185-201

Tausch, Reinhard/Tausch, Anne-Marie: Erziehungspsychologie. Begegnung von Person zu Person. 10. erg. u. überarb. Aufl. Göttingen (Hogrefe) 1991

Terhart, Ewald: Organisation und Erziehung. Neue Zugangsweisen zu einem alten Dilemma. In: Zeitschrift für Pädagogik. Jg. 32 (1986a) S. 205-223

Terhart, Ewald: Der Stand der Lehr-Lern-Forschung. In: Dieter Lenzen (Hrsg.): Enzyklopädie Erziehungswissenschaft.

Bd. 3. Stuttgart (Klett-Cotta) 1986b, S. 63–79

Terhart, Ewald/Wenzel, Hartmut: Unterrichtsmethode in der Forschung: Defizite und Perspektiven. In: Bijan Adl-Amini/Theodor Schulze/Ewald Terhart (Hrsg.): Unterrichtsmethode in Theorie und Forschung. Bilanz und Perspektiven. Weinheim-Basel (Beltz) 1993, S. 12–56

Terhart, Ewald/Czerwenka, Kurt/Ehrich, Karin/Jordan, Frank/Schmidt, Hans Joachim: Berufsbiographien von Lehrern und Lehrerinnen. Frankfurt/M. u. a. (Lang) 1994

Terhart, Ewald: Unterricht. In: Dieter Lenzen (Hrsg.): Erziehungswissenschaft. Ein Grundkurs. Reinbeck (Rowohlt) 1994, S. 133–158

Terhart, Ewald: Moralerziehung in der Schule. Positionen und Probleme eines schulpädagogischen Programms. In: Hans Jürgen Apel/Hans-Ulrich Gründer (Hrsg.): Texte zur Schulpädagogik. Weinheim-München (Juventa) 1995, S. 221–238

Thimm, Walter: Behinderung als Stigma. Überlegungen zu einer Paradigma-Alternative. In: Sonderpädagogik. Jg. 5 (1975) S. 149 ff.

Thimm, Walter: Das Normalisierungsprinzip. Eine Einführung. Marburg (Bundesvereinigung Lebenshilfe für geistig Behinderte) 1984

Tillmann, Klaus-Jürgen: Unterricht als soziales Erfahrungsfeld. Frankfurt/M. (Fischer) 1976

Tillmann, Klaus-Jürgen (Hrsg.): Schultheorien. Hamburg (Bergmann + Helbig) 1987

Tillmann, Klaus-Jürgen: Sozialisationstheorien. Eine Einführung in den Zusammenhang von Gesellschaft, Institution und Subjektwerdung. 7. überarb. Aufl. Reinbek (Rowohlt) 1996

Tillmann, Klaus-Jürgen (Hrsg.): Schulentwicklung und Lehrerarbeit. Nicht auf bessere Zeiten warten. Hamburg (Bergmann + Helbig) 1995a

Tillmann, Klaus-Jürgen: Schulische Sozialisationsforschung. In: Hans-Günter Rolff (Hrsg.): Zukunftsfelder von Schulforschung. Weinheim (Deutscher Studien Verlag) 1995b, S. 181–211

Tolstoj, Leo N.: Die Schule von Jasnaja Poljana. Hrsg. von Stefan Blankertz. Telgte-Westbevern (Die Büchse der Pandora) 1976

Toppe, Sabine: Von „beglückenden Gattinnen" und „bildenden Müttern", „Frauenzimmern" und „Schöngeistern". Frauen- und Geschlechterforschung in der historischen Bildungsforschung. In: Friedrich W. Busch (Hrsg.): Aspekte der Bildungsforschung. Oldenburg (BIS-Verlag) 1996, S. 115–136

Treibel, Annette: Einführung in soziologische Theorien der Gegenwart. 3. verb. Aufl. Opladen (Leske + Budrich) 1995

Trescher, Hans-Georg: Theorie und Praxis der psychoanalytischen Pädagogik. Mainz (Matthias Grünewald) 1993

Tschamler, Herbert: Wissenschaftstheorie. Eine Einführung für Pädagogen. 3. erw. u. überarb. Aufl. Bad Heilbrunn (Klinkhardt) 1996

Türk, Klaus: Neuere Entwicklungen in der Organisationsforschung. Stuttgart (Enke) 1989

Ulich, Dieter: Pädagogische Interaktion. Theorien erzieherischen Handelns und sozialen Lernens. Weinheim-Basel (Beltz) 1976

Ulich, Klaus: Schüler und Lehrer im Schulalltag. Eine Sozialpsychologie der Schule. Weinheim-Basel (Beltz) 1983

Ulich, Klaus: Beruf: Lehrer/in. Arbeitsbelastungen – Beziehungskonflikte – Zufriedenheit. Weinheim-Basel (Beltz) 1996

Vogel, Peter: Scheinprobleme in der Erziehungswissenschaft: Das Verhältnis von „Erziehung" und „Sozialisation". In: Zeitschrift für Pädagogik. Jg. 42 (1996) S. 481–490

Wagner, Wolf: Uni-Angst und Uni-Bluff. Wie studieren und sich nicht verlieren. Berlin (Rotbuch) 1992

Wahl, Diethelm: Handeln unter Druck: Der weite Weg vom Wissen zum Handeln bei Lehrern, Hochschullehrern und Erwachsenenbildnern. Weinheim (Deutscher Studien Verlag) 1991

Wallrabenstein, Wulf: Offene Schule - Offener Unterricht. Ratgeber für Eltern und Lehrer. Reinbek (Rowohlt) 1991

Wax, M./Diamond, S./Gearing, F. (Eds.): Anthropological Perspectives on Education. New York-London 1971

Weber, Max: Wirtschaft und Gesellschaft. Grundriß der verstehenden Soziologie. Studienausgabe. Köln-Berlin 1964

Weber, Nora u. a.: Kritische Schüler - ein heikles Thema? In: Pädagogik. Jg. 48, H. 10 (1996) S. 17-20

Weick, Karl E.: Der Prozeß des Organisierens. Frankfurt/M. (Suhrkamp) 1995

Weidenmann, Bernd/Krapp, Andreas u. a. (Hrsg.): Pädagogische Psychologie. 2. erw. Aufl. Weinheim-Basel (Beltz/Psychologische-Verlags-Union) 1993

Weiß, Manfred: Bildungsausgaben und Finanzierung. In: Wolfgang Böttcher/Klaus Klemm (Hrsg.): Bildung in Zahlen. Statistisches Handbuch zu Daten und Trends im Bildungsbereich. Weinheim-München (Juventa) 1995, S. 26-39

Wellendorf, Franz: Schulische Sozialisation und Identität. Zur Sozialpsychologie der Schule als Institution. Weinheim-Basel (Beltz) 1973

Wendt, Volker: Bedingungsfaktoren der Beteiligung an beruflicher Weiterbildung. Zum Begriff der Eigeninitiative. Oldenburg (Eigenverlag Wendt, Sandweg 174a, 26135 Oldenburg) 1997

Weniger, Erich: Theorie und Praxis in der Erziehung (1929). In: ders.: Ausgewählte Schriften zur geisteswissenschaftlichen Pädagogik. Bd. 6. Weinheim-Basel (Beltz) 1990, S. 29-44

Weniger, Erich: Didaktik als Bildungslehre. Bd. 1: Theorie der Bildungsinhalte und des Lehrplans. Bd. 2: Didaktische Voraussetzungen der Methode in der Schule. 1. Aufl. Weinheim-Berlin (Beltz) 1952 (Nachdruck des gleichn. Handbuchbeitrags in Herman Nohl/Ludwig Pallat (Hrsg.): Handbuch der Pädagogik. Bd. 3. Langensalza (Beltz) 1930, S. 1-55)

Wenzel, Hartmut: Schulautonomie und Schulvielfalt - Die Organisationsstruktur einer zukünftigen Schule. In: Werner Helsper/Heinz-Hermann Krüger/Hartmut Wenzel (Hrsg.): Schule und Gesellschaft im Umbruch. Bd. 1. Weinheim (Deutscher Studien Verlag) 1996, S. 378-404

Wicke, Erhard/Messner, Rudolf (Hrsg.): Antiquiertheit des Menschen und Zukunft der Schule. Weinheim (Deutscher Studien Verlag) 1995

Wilhelm, Theodor: Theorie der Schule. Hauptschule und Gymnasium im Zeitalter der Wissenschaften. 2. erw. Aufl. Stuttgart (Metzler) 1969

Winkel, Rainer: Gespräche mit Pädagogen. Weinheim-Basel (Beltz) 1989

Winkel, Rainer: Theorie und Praxis der Schule. Oder: Schulreform konkret im Haus des Lebens und Lernens. Baltmannsweiler (Schneider Hohengehren) 1997

Winkler, Michael: Die Schwierigkeiten des Zentaurus. Über Grundlagenforschung in der Pädagogik. In: Hans-Walter Leonhard/Eckart Liebau/Michael Winkler (Hrsg.): Pädagogische Erkenntnis. Grundlagen pädagogischer Theoriebildung. Weinheim-München (Juventa) 1995, S. 13-56

Winter, Klaus: Die Entwicklung nationaler Bildungssysteme unter den Bedingungen der europäischen Vereinigung. In: Universitätsreden. Oldenburg (BIS-Verlag) 1997

Wissinger, Jochen/Rosenbusch, Heinz (Hrsg.): Schule von innen verändern. Braunschweig (SL-Verlag) 1993

Wissinger, Jochen: Perspektiven schulischen Führungshandelns. Eine Untersuchung über das Selbstverständnis von SchulleiterInnen. Weinheim-München (Juventa) 1996

Wocken, Hans/Antor, Georg (Hrsg.): Integrationsklassen in Hamburg. Erfahrun-

gen – Untersuchungen – Anregungen. Solms-Oberbiel (Jarick) 1987
Wojak, Andreas: Moordorf. Bremen (Edition Temmen) 1992
Wolter, Andrä: Die Entwicklung der Studiennachfrage in Deutschland. Materialien des Instituts für Entwicklungsplanung und Strukturforschung, Bd. 161. Hannover 1995
Wolter, Andrä: Was ist das Abitur heute noch wert? – Die Entwicklung des Gymnasiums im Spannnungsfeld gesellschaftlicher Anforderungen. In: Detlef Spindler (Hrsg.): Vorträge der Ostfriesischen Hochschultage 1996. Aurich 1997 (in Vorb.)
Wopp, Christel: Bausteine für einen offenen Unterricht in der Grundschule, Oldenburg (Zentrum für pädagogische Berufspraxis) 1989 (6. Aufl. 1995)
Wopp, Christel: Schulanfang und Offener Unterricht: Lernwege finden – Eine gemeinsame Schatzsuche mit Kindern. Oldenburg (Zentrum für pädagogische Berufspraxis) 1996
Wopp, Christian: Entwicklungen und Perspektiven des Freizeitsports. Aachen (Meyer & Meyer) 1995
Wünsche, Konrad: Die Wirklichkeit des Hauptschülers. Berichte von Kindern der schweigenden Mehrheit. Köln (Kiepenheuer & Witsch) 1972
Wünsche, Konrad: Der Schüler. In: Dieter Lenzen (Hrsg.): Erziehungswissenschaft – Ein Grundkurs. Reinbek (Rowohlt) 1994, S. 362–382
Ziegenspeck, Jörg (Hrsg.): Bestandsaufnahme Orientierungsstufe. Braunschweig (Westermann) 1973
Zimmermann, Werner/Hoffmann, Jörg: Die gymnasiale Oberstufe. Grundzüge – Reformkonzepte – Problemfelder. Stuttgart (Klett) 1985
Zinnecker, Jürgen: Der heimliche Lehrplan. Weinheim-Basel (Beltz) 1975
Zinnecker, Jürgen: Die Schule als Hinterbühne oder Nachrichten aus dem Unterleben der Schüler. In: Gerd-Bodo Reinert/Jürgen Zinnecker (Hrsg.): Schüler im Schulbetrieb. Reinbek (Rowohlt) 1978, S. 29–121
Zitelmann, Arnulf: Nur daß ich ein Mensch sei. Die Lebensgeschichte des Immanuel Kant. Weinheim (Beltz & Gelberg) 1996
Zubke, Friedhelm: Eltern und politische Arbeit. Stuttgart (Metzler) 1980
Zubke, Friedhelm: Schülermitbestimmung in Niedersachsen. Neuwied-Darmstadt (Luchterhand) 1982
Zubke, Friedhelm: Pädagogik der Hoffnung. Würzburg (Königshausen) 1996

Personen- und Sachregister